四庫存目標注

顧廷龍題

杜澤遜　撰

程遠芬　編索引

捌

上海古籍出版社

二、書名索引

0010₄　主

33　主治　　　　　　　3135

童

17　童子鳴詩集　　　　5409
　　童子鳴集　　　　　5409
　　童子問　　　　　　2974
44　童蒙習句　　　　　963

0010₈　立

00　立齋先生標題解註音釋十
　　八史略　　　　　　1133
　　立齋先生標題解註釋文十
　　八史略　　　　　　1133
　　立齋閒錄　　　　　4413
　　立齋錄　　　　　　4413
80　立命堂二集　　　　5962
　　立命堂集　　　　　5962

0011₄　痊

71　痊驥集　　　　　　3153
　　痊驥通元論　　　　3151

疣

58　疣贅錄、續錄　　　5166

瘢

08　瘢論萃英　　　　　3072

瘞

47　瘞鶴銘辨　　　　　2563
　　瘞鶴銘考（明・顧元慶撰）
　　　　　　　　　　　2552
　　瘞鶴銘考（清・汪士鋐撰）
　　　　　　　　　　　2564

0011₈　痘

02　痘證理辨、附方　　3100
33　痘治附方　　　　　3100

痘治附辨　　　　　　3100

0012₇　病

37　病逸漫記　　　　　4433
46　病榻集　　　　　　5742
　　病榻寱言　3565，4128
　　病榻遺言　　　　　4438
　　病榻答言　　　　　4126

0016₇　瘡

00　瘡瘍經驗全書　　　3069

0019₆　療

71　療馬集、附錄　　　3152

0021₁　鹿

26　鹿伯順十五種認真草　5602
　　鹿皋詩集　　　　　6201
32　鹿洲公案　　　　　1847
43　鹿城書院集　　　　1604
　　鹿裘石室集　　　　5639
50　鹿忠節公認真草　　5602
　　鹿忠節公集　　　　5602
　　鹿奉常集　　　　　5602
71　鹿原集　　　　　　5117
　　鹿原存稿　　　　　5117

龐

77　龐眉生集　　　　　5455

0021₃　兖

50　兖東集　　　　　　6053
　　兖東遊詩　　　　　6053
　　兖東遊記　　　　　6053

0021₄　產

47　產鶴亭詩　　　　　6258
　　產鶴亭詩集　　　　6258

雍

00　雍音　　　5067，6336
01　雍語　　　　　　　5041
40　雍大記　　　　　　1978
44　雍草　　　　　　　5826
67　雍野李先生快獨集　5494
77　雍熙樂府　　　　　6821
80　雍益集　　　　　　5851

離

77　離騷經註　　　　　4703
　　離騷經解　　　　　4704
　　離騷經解略　4704,6094
　　離騷解　　　　　　4705

離騷草木疏補　　　4697
離騷中正　　　　　4708

黐

67　黐略　　　　　　1559

0021₇　廬

22　廬山紀事　　　　2151
　　廬山通志　　　　2205
　　廬山志　　　　　2219
74　廬陵誠齋楊萬里先生錦繡
　　策　　　　　　　4776
76　廬陽客記　　　　4985
　　廬陽客記　　　　2275

贏

50　贏秦傳　　　　　1122

贏

50　贏蟲錄　　　　　2339

0022₂　彦

60　彦思遺編　　　　2698

廖

44　廖恭敏佚稿　　　4910

序

43　序卦傳圖説　　　299
44　序芳園稿　　　　5227

0022₃　齊

10　齊雲山志　　　　2160
22　齊山詩集　　　　6335
30　齊家寶要　　　　622
33　齊治錄　　　　　2912

齋

50　齋中拙詠　　　4985，4987

齋

40　齋志齋集　　　　5664
　　齋志先生集　　　5664

0022₇　方

00　方齋補莊　　　　3678
　　方廣巖志　　　　2244
　　方言據　　　　　950
　　方言類聚　　　　951
07　方韶卿集　　　　4804
10　方正學先生遜志齋外紀
　　　　　　　　　　1555
15　方建元詩集、續集　5440

　　　方建元集　　　　　　5440
　　　方建元續集師心草　　5440
17　方鄹岬復初集　　　　5619
18　方改亭奏草　　　　　1364
22　方山文錄　　　　　　5259
　　　方山先生文錄　　　　5259
　　　方山紀述　　　　　　2783
　　　方山薛先生全集　　　5259
　　　方山全集　　　　　　5259
27　方舟先生易學　　　　　2
　　　方舟左氏諸例　　　　625
　　　方舟易學　　　　　　　2
　　　方衆甫集　　　　　　5530
32　方洲雜言　　　　　　4408
　　　方洲雜錄（明・張寧撰）
　　　　　　　　　　　　　4408
　　　方洲雜錄（明・鄭梓編）
　　　　　　　　　　　　　4127
　　　方洲張先生文集　　　4938
　　　方洲集　　　　　　　4938
　　　方洲先生集、讀史錄　4938
　　　方洲先生奉使錄　　　4938
37　方初菴集　　　　　　5476
　　　方初菴先生集　　　　5476
40　方壺詞　　　　　　　6793
　　　方壺詩餘　　　　　　6793
60　方國珍本末略　　　　1913

　　　方釟甫集　　　　　　5530
72　方氏事蹟　　　　　　1919
　　　方氏墨譜　　　　　　3430
87　方朔明心內篇、外篇、襟篇
　　　　　　　　　　　　　5591

　　　　　　　市

72　市隱園詩文　　　　　6552
　　　市隱園詩文初紀　　　6452

　　　　　　　高

00　高廟紀事本末　　　　1129
　　　高文襄公集　　　　　5288
　　　高言集　　　　　　　6591
　　　高註周禮　　　　　　506
02　高新鄭全集　　　　　5288
10　高吾詩稿　　　　　　5012
　　　高吾摘稿　　　　　　5012
11　高麗記　　　　　　　2337
　　　高麗世系　　　　　　1908
　　　高麗史　　　　　　　1908
20　高季迪賦姑蘇雜詠　　6320
26　高皇后傳　　　　　　1224
27　高郵王西樓先生野菜譜
　　　　　　　　　　　　　3048
30　高寄齋訂正方洲雜言　4408
　　　高寄齋訂正友論　　　3634

　　高寄齋訂正學圃雜疏　3484
　　高寄齋訂正缾花譜　　3477
36　高漫士詩集　　　　　4902
　　高漫士木天清氣集　　4902
44　高坡異纂　　　　　　4510
48　高松詩稿　　　　　　6532
50　高素齋集　　　　　　5610
60　高昌館來文　　　　　961
77　高鳳翰手札　　　　　6263
　　高閒雲集　　　　　　4839
88　高節菴集　　　　　　4881
90　高光州詩選　　　　　5249
　　高光州集　　　　　　5249

商

00　商文毅集　　　　　　4926
　　商文毅年譜　　　　　1521
　　商文毅公集　　　　　4926
　　商文毅公行實　　　　1520
　　商文毅公遺行集　　　1520
　　商文毅公全集　　　　4926
67　商略　　　　　　　　1987

帝

00　帝京景物略　　　　　2288
10　帝王紀年纂要　　　　1097
　　帝王寶範　　　　　　3951

26　帝皇龜鑑　　　　　　3925
43　帝城景物略　　　　　2288
88　帝鑑圖説　　　　　　2604

庸

00　庸齋日記　　　　　　2809
　　庸言(明·黃佐撰)　　2769
　　庸言(宋·楊萬里撰)　2716
　　庸言(清·張貞生)　　5859
　　庸言錄　　　　　　　3869
21　庸行編　　　　　　　4099
　　庸行篇　　　　　　　4099
50　庸書　　　　　　　　5859
　　庸書續編　　　　　　5859

旁

51　旁批詳註總斷廣名將譜
　　　　　　　　　　　　3017

廟

22　廟制考議　　　　　　584
　　廟制折衷　　　　　　593

鷹

50　鷹青山人集杜　　　　6261

0023₀　卞

37	卞郎中詩集	4928
44	卞蘭堂詩集	4928

0023₁　應

03	應試集	6606
10	應天府志	2030
22	應制集(明‧夏言撰)	5128
	應制集(清‧范良撰)	6606
44	應菴任意錄	3793
	應菴隨錄	3793
72	應氏易解	199

0023₂　康

34	康對山先生文集	5029
	康對山先生集	5029
80	康谷子集	5059
88	康節內祕影	3285

0023₇　庚

00	庚辛草	5639
	庚辛唱和詩	6310
50	庚申外史	1218
71	庚辰匜歲雜感詩	5821

廉

10	廉平錄	4001
50	廉吏傳	1698
81	廉矩	2779

庶

27	庶物異名疏	4314

0024₁　庭

44	庭幃雜錄	3585
77	庭聞州世說	4472

0024₇　度

55	度曲須知	6822

夜

21	夜行燭	2732
92	夜燈管測	3558

慶

10	慶玉華詩	2220

0025₂　摩

01	摩訶般若波羅密多心經	
		3702

0026₁ 唐

90 唐堂集 6138
唐堂集、續、補遺、冬錄 6138

0026₇ 唐

00 唐文歸 6506
唐文鑑 6361
唐文恪公文集 5532
唐文恪公集 5532
唐音癸籤 6746
唐音戊籤、閏餘 6485
01 唐語林 4392
04 唐詩廣選 6566
唐詩韻匯 6560
唐詩韻滙譜 6560
唐詩韻會 6560
唐詩説 6307
唐詩談叢 6746
唐詩百花鼓吹 6442
唐詩歸 6502
唐詩解 6539
唐詩紀 6447
唐詩近體集韻 6565
唐詩選 6413
唐詩選、彙釋、詩韻輯要、附
錄 6414

唐詩選脈會通評林 6529
唐詩選脉箋釋會通評林
6529
唐詩鼓吹 6304
唐詩鼓吹箋註 6304
唐詩苑、附錄 6414
唐詩畫譜 3367,3369
唐詩掞藻 6632
唐詩叩彈集、續集 6644
唐詩所 6462
唐詩類苑 6439
07 唐詞紀 6796
10 唐五十家詩集 6393
16 唐碑帖考 2555
唐碑帖跋 2555
17 唐子西文錄 6693
20 唐集輯要 3555
22 唐樂府 6521
25 唐律文明法會要錄 3034
27 唐解元倣古今畫譜 3367
唐句分韻初集、二集、續集、
四集 4380
唐紀 1154
30 唐宮閨詩 6582
唐宗伯公文集 5532
唐宋詩話 6700
唐宋元二十二家文集 6544

　　　唐宋十大家全集錄　6638
37　唐漁石集　5080
40　唐大秦寺碑　3636
　　　唐李衛公望江南　2987
42　唐荆川先生續文集、奉使集
　　　　　　　　　　5203
　　　唐荆川先生編纂諸儒語要
　　　　　　　　　　2777
44　唐藩鎮指掌　2626
　　　唐樊紹述集　4736
47　唐朝名畫錄　3350
60　唐四家詩　6649
　　　唐昌玉藥辨證　3466
63　唐賦附說　6707
70　唐雅(明·張之象編)　6438
　　　唐雅(明·胡纘宗撰)
　　　　　　　　　　5067,6336
72　唐氏三先生集、附錄　6343
　　　唐氏遺編　2698
77　唐賢三體詩句法　6307
88　唐鑑偶評　2671
　　　唐餘紀傳　1909
90　唐小漁集　5344
91　唐類函　4298

0028₆　廣

00　廣廣文選　6464
　　　廣文選　6363
01　廣諸史　4574
04　廣讌堂集　4604,5487
06　廣韻藻　4327
10　廣王衛王本末　1207
　　　廣百川學海　4035
　　　廣西通志　1993
18　廣群輔錄　4346
20　廣信府志　1985
21　廣仁品　4062
　　　廣仁品二集　4062
　　　廣仁類編　3970
　　　廣卓異記　1582,4507
26　廣皇輿考　1944
27　廣修辭指南　4270
　　　廣名將譜　3017
　　　廣名將傳　3017
30　廣寒殿記　4846
　　　廣字義　2934
32　廣州游覽小志　2329
　　　廣州人物傳　1630
　　　廣近思錄　2916
34　廣社　3920
37　廣滑稽　4571
　　　廣祀典議　2882
　　　廣通寶義　2493
40　廣志繹　2320

廣右戰功錄　1274
44　廣莊　5552
廣蒙求　4278
50　廣中五先生詩集、附刻　6435
廣中五先生詩選　6435
廣中五家詩集　6435
廣夷堅志　4507
廣事類賦　4368
廣東詩粹　6669
廣東通志(明·郭棐等撰)
2017
廣東通志(明·戴璟撰)
1997
廣東通志初稿　1997
60　廣易筌　125
70　廣辟寒　4052
71　廣歷子品粹　4007
73　廣胎息經　4650
74　廣陵集　5552
77　廣月令、後集　1932
80　廣金石韻府　1000
89　廣銷夏　4052
95　廣快書　4150

賡

26　賡和錄　936

0029₄　麻

00　麻衣道者正易心法　3181
44　麻姑集　6394
麻姑山丹霞洞天志　2194
麻姑山丹霞洞志誌　2267
麻姑洞天志　2164
麻姑丹霞洞天志　2164

0033₀　亦

00　亦廬詩　6199
亦廬詩集　6199
18　亦政堂訂正意見　3591
亦政堂訂正古今印史　3397
亦政堂重修考古圖　3415
34　亦爲堂集　5529

0033₆　意

60　意見　3591

0040₀　文

00　文齋文集　5681
文廟從祀先賢先儒考　2460
文府滑稽　6455
文文山集　6544
文章辨體、外集　6325
文章正論、緒論　6418

	文章百段錦	6702		文字會寶	6561
	文章練要	708		文定集	4770
	文章練要左傳評	708	32	文溪詞	6775
	文章鼻祖	6648	34	文淶水詩	4959
	文章表錄	6397		文淶水遺文	4959
	文章指南	6431		文遠集	5329
	文章歐冶	6707	36	文溫州詩	4967
	文章善戲	4557		文溫州集	4967
	文襄公奏議	1366	37	文湖州竹派	3359
	文襄公奏議、年譜	1418		文潔鄧先生佚稿	5475
	文章類選	6322		文潔集	5475
	文襄公別錄	5802		文通	6743
06	文韻考衷六聲會編	1048		文通集	5703
08	文說	6707		文選章句	6285
10	文正王公遺事	1477		文選音義	6290
	文正公尺牘	4743		文選雙字類要	4173
13	文武金鏡	2410		文選句圖	6281
	文武金鏡律例指南	2410		文選瀹注	6287
18	文璪清娛	6488		文選尤	6286
	文致	6548		文選錦字	4252
21	文儷	6499		文選纂注	6283
22	文山先生集	6366		文選纂註評苑	6283
23	文獻詩考	424		文選纂註評林	6283
	文獻通考節貫	4371		文選類林	4176
30	文憲集	4992	38	文海披沙	3822
	文安策略	4226		文海披沙摘錄	3822
	文字審	1021	40	文太青文集	5597

	文太青先生文集	5597
	文太青先生全集	5596
75	文壇列俎	6523
	文奇豹斑	4317
43	文式	6707
44	文苑詩格	6695
	文苑彙雋	4329
	文苑英華摘句	3929
	文苑英華纂要	3929
	文苑英華鈔	3929
	文苑春秋	2538,6364
	文苑春秋敘錄	2538
	文苑四先生集	3427
	文華大訓箴解	2818
47	文起堂集	5387
48	文翰類選	6353
	文翰類選大成	6353
50	文肅王公奏草	1386
	文肅集	5253
55	文典類函	4363
60	文園漫語	3629
64	文嘻堂詩集	5678
70	文雅社約	3583
72	文脈	6725
	文隱堂詩	5714
	文氏五家詩	4959
	文氏五家詩集	4959

	文氏家藏詩集	4959
75	文體明辨	6419
	文體明辨、首、目錄、附錄、附錄目錄	6419
80	文會堂琴譜	3386
	文谷漁嬉稿	5223
	文公先生經世大訓	2743
	文公朱子年譜	2706
	文公家禮儀節（明・邱濬撰）	607
	文公家禮儀節（舊本題明・楊慎編）	609
	文公所定古文孝經註	741
87	文錄	6693
88	文筌	6312,6707
	文竿彙氏	4311
	文敏遺集	5605
97	文恪集	5317

0040₁　辛

10	辛酉科武試錄	5591
	辛酉同遊倡和詩餘後集	5807
60	辛甲集	5831
77	辛巳廵歲雜感詩	5821
	辛巳泣蘄錄	1205
	辛卯集	5818

0040_6　章

17	章子留書	2839
	章子留書内集、外集、散集	
		2839
31	章江集	5937
38	章道峯集	5320
47	章格菴遺書	5674
50	章申公九事	3732
72	章質菴先生集	4888
80	章介菴文集	5164
	章介菴集	5164

0040_8　交

10	交石稿	4966
	交石類稿	4966
17	交翠館集	5482
22	交山平寇詩	5820
	交山平寇詳文	5820
	交山平寇本末、附詩、附文	
		1336
	交山平寇書牘	5820
27	交黎剿平事略	1289
	交黎撫勤事略	1289
40	交友論	3634
50	交泰韻	1034

0043_0　奕

| 44 | 奕世文集 | 6516 |
| | 奕世增光錄 | 1518 |

0044_1　辨

30	辨定嘉靖大禮議	2464
44	辨(辦)苗紀略	1342
53	辨惑編	2772
	辨惑續編	2771
72	辨隱錄	1733
77	辨學遺牘	3630
	辨問錄	5511

0044_3　弈

| 25 | 弈律 | 3403 |
| 50 | 弈史 | 3402 |

0060_1　言

04	言詩翼	430
17	言子	2719
	言子書	2719
21	言行彙纂	4118
	言行拾遺事錄	1498
	言行見聞錄	4158
25	言鯖	3721
50	言責要覽	5511

音

06 音韻源流 1079
音韻清濁鑑 1081
音韻日月燈 1038
25 音律節略考 942
47 音聲紀元 1035
61 音點春秋左傳詳節句解 628
音點春秋左傳詳節句解校
本 628

0060_3 畜

24 畜德錄(明·陳沂撰) 4093
畜德錄(清·席啟圖撰)
1628

0061_4 註

26 註釋評點古今名將傳 3017
註釋啟蒙對偶續編 4260
註釋古周禮 496
27 註解祥異賦 3230

0062_2 諺

01 諺語 4570

0062_7 謫

22 謫仙樓集 6484

0063_2 讓

32 讓溪甲集、乙集 5283

0071_0 亡

30 亡宋舊宮人詩 4799

0071_4 亳

32 亳州牡丹說 3470
亳州牡丹志 3469
亳州牡丹表 3470

0073_2 襄

76 襄陽府志 2046
襄陽外編 1544
襄陽守城錄 1201
襄陽遺集 4763
88 襄敏集(明·王以旂撰)
5095
襄敏集(明·王越撰) 4936
襄敏公集 4936

褒

77 褒賢集 1506

玄

00 玄言齋集 5430

15　玄珠密語　　　　3215
17　玄羽外編　　　　2626
24　玄牘紀　　　　　2551
40　玄女經　　　　　3298
44　玄蓋副草　　　　5612
60　玄晏齋困思鈔　　　831
　　玄品錄　　　　　4663
77　玄居集、哀榮錄　5565
　　玄居詩文集　　　5565
　　玄學正宗　　　　4651

0080₀　六

00　六言唐詩畫譜　　3367
01　六語　　　　　　4570
07　六詔紀聞　　　　4125
10　六一居士文集　　4747
　　六一居士詩話　　6715
11　六研齋二筆　　　4161
20　六壬五變中黃經　3265
　　六壬雲開觀月經　3266
　　六壬行軍指南　　3268
　　六壬心鏡　　　　3260
　　六壬心鏡要、後集　3260
　　六壬軍帳賦　　　3257
　　六壬觀月經　　　3266
　　六壬畢法　　　　3261
　　六壬畢法賦　　　3261

　　六壬兵占　　　　3270
　　六壬開雲觀月經　3266
21　六經三註粹鈔　　772
　　六經字便　　　　1018
　　六經圖定本　　　796
　　六經圖(清・王皜撰)　796
　　六經圖(清・江爲龍等編)
　　　　　　　　　　787
　　六經纂要　　　　4323
　　六經類聚　　　　4274
　　六經類雅　　　　4274
22　六樂説　　　　　906
27　六匌曼　　　　　3168
28　六齡童子贈言　　6123
37　六湖先生遺集　　6268
　　六湖遺集　　　　6268
　　六咨言　　　　　3550
　　六咨言集　　3550，4126
40　六爻原意　　　　　53
　　六李集　　　　　6420
44　六藝流別　　　　6376
47　六朝聲偶　　　　6392
　　六朝聲偶集　　　6392
　　六朝聲偶删補　　6514
50　六書辨通　　　　1015
　　六書雜説　　　　1016
　　六書正義　　　　990

六書統泝原　　　　958
六書例解　　　　　1016
六書總要　　　　　991
六書泝源　　　　　958
六書準　　　　　　1002
六書字辨　　　　　1018
六書泝原直音　　　992
六書通　　　　　　1003
六書索隱　　　　　968
六書指南　　　　　981
六書賦　　　　　　975
六書賦音義　　　　975
六書長箋　　　　　995
六書分類　　　　　1010
六書精蘊、音釋　　965
六書精蘊音釋舉要　965
88　六鑑舉要　　　　　3985
99　六瑩堂詩　　　　　6030
六瑩堂集、二集、評詞　6030

0090₆　京

20　京集　　　　　　　6008
32　京兆奏議　　　　　1421
41　京板校正大字醫學正傳
　　　　　　　　　　3092
44　京華元夕詩　　　　5569

50　京本校正大字醫學正傳
　　　　　　　　　　3092
京東考古錄　　　　2292
60　京口三山續志　　　2159
京口三山志　　　　2147

0091₄　雜

00　雜病治例　　　　　3081
雜文提要　　　　　3881
03　雜誠　　　　　　　2731
08　雜説(不著撰人名氏)　903
雜説(清・焦袁熹撰)　871
43　雜卦傳古音考　　　112
雜卦傳圖説　　　　299
50　雜事祕辛　　　　　4386
87　雜俎　　　　　　　4250

0110₄　鼀

47　鼀起褉事　　　　　3702

0121₁　龍

00　龍唐山志　　　　　2203
12　龍飛記　　　　　　1172
龍飛紀略　　　　　1107
21　龍虎山志　　　　　2139
22　龍巖子集　　　　　3670
26　龍皋文集　　　　　4960

　　龍皋文稿　　　　　　4960
28　龍谿王先生文錄鈔　　5239
　　龍谿王先生全集　　　5238
　　龍谿全集　　　　　　5238
31　龍憑紀略　　　　　　1270
32　龍溪語錄　　　　　　5239
　　龍溪集　　　　　　　5238
　　龍溪先生全集　　　　5238
　　龍溪草堂集　　　　　6125
35　龍津稿　　　　　　　5273
　　龍津原集　　　　　　5273
37　龍湖文集　　　　　　5139
　　龍湖集　　　　　　　5139
39　龍沙學錄　　　　　　2821
　　龍湫集　　　　　　　5738
　　龍湫山人遺稿　　　　5738
43　龍城錄　　　　　　　4489
53　龍輔女紅餘志　　　　3940
77　龍門子　　　　　　　4669
　　龍門子凝道記　　　　4669
　　龍門志　　　　　　　2180
95　龍性堂易史參錄　　　181

0124_7　敲

30　敲空遺響　　　　　　6214

0128_6　顏

17　顏子鼎編　　　　　　2729
　　顏子繹　　　　　　　2848
27　顏修來稿　　　　　　5809
　　顏魯公文集　　　　　6544
44　顏巷錄　　　　　　　3665

0162_0　訂

10　訂正吳社編　　　　　4443
　　訂正通鑑綱目前編　　1106
　　訂正史記真本凡例　　1083
33　訂補浯溪集　　　　　6399
　　訂補大易通變　144，3277

0164_6　譚

17　譚子詩歸　　　　　　5652
　　譚子雕蟲　　　　　　3849
40　譚友夏詩集　　　　　5652
　　譚友夏集　　　　　　5651
　　譚友夏合集　　　　　5651
　　譚樵海集　　　　　　5149
44　譚藏用詩集、集外詩　4742
71　譚藥　　　　　　　　4011
77　譚用之詩集　　　　　4742

0164₉　評

00	評註八代文宗	6471
04	評詩格	6695
44	評林新鍥甌甄洞稿文類、詩集	5341
50	評史心見	2631

0166₁　語

32	語溪倡和	5957

諧

01	諧語	4570
47	諧聲指南	993
	諧聲品字箋	1062
50	諧史（明・朱維藩撰）	4572
	諧史（宋・沈俶撰）	4552
	諧史集	4572

0180₁　龔

02	龔端毅奏議	1416

0212₇　端

27	端峰先生松菊堂集	5446
31	端江集	6651
50	端肅公集	5213
88	端簡文集	5180

0242₂　彰

24	彰德府志	1980

0260₀　訓

17	訓子語	4158
	訓子詩解	2708
28	訓俗遺規	4110
40	訓女蒙求	4193

0261₄　託

50	託素齋文集、詩集	5837
	託素齋集	5837
	託素齋全集	5837

0261₈　證

22	證山堂集	5882
33	證治大還	3123
38	證道編摘署	4126
77	證學論策	3599
	證學編	3599
80	證人社約言	2824

0263₇　讕

01	讕語	4570

0265₃　讖

01　讖語　　　　　　　4570

0266₄　話

01　話語軒集　　　　　6113

0280₀　刻

12　刻孫齊之先生松韻堂集
　　　　　　　　　　5410
　　刻孫百川先生文集　5308
21　刻皆春居士男女紳言　3959
　　刻皆春居士飲食紳言　3959
26　刻皇明吳郡丹青志　3355
44　刻莫廷韓遺廩　　　5622
80　刻曾西墅先生集　　4886

0292₁　新

00　新註朱淑真斷腸詩集、後集
　　　　　　　　　　4794
　　新註朱淑真斷腸集、後集
　　　　　　　　　　4794
　　新註無冤錄　　　　3032
01　新訂朱淑貞分類詩斷腸集
　　　　　　　　　　4794
　　新訂四書人物備考　820
02　新刻文獻詩考　　　424

新刻文錄　　　　　　6693
新刻譚友夏合集　　　5651
新刻詩說　　　　409,424
新刻詩譜　　　　　　424
新刻詩傳　　　　408,424
新刻詩傳綱領　　　　424
新刻詩地理考　　　　424
新刻詩考　　　　　　424
新刻詩學禁臠　　　　6706
新刻詩學事類　　　　4239
新刻讀詩一得　　　　424
新刻讀詩錄　　　　　424
新刻韻學事類　　　　4240
新刻二南密旨　　　　6686
新刻三元參贊延壽書　4657
新刻三餘贅筆　　　　3753
新刻玉海紀詩　　　　424
新刻王心齋先生奏疏類編、
別傳類編　　　1553,5444
新刻耳談　　　　　　4527
新刻石函平砂玉尺經全書
　　　　　　　　　　3244
新刻石函平砂玉尺經全書
真機　　　　　　　　3244
新刻張太岳先生文集　5310
新刻刑統賦　　　　　3029
新刻聽雨紀談　　　　3759

新刻群書備數　　　　4218

新刻山堂詩考　　　　 424

新刻綵綾貫明珠秋蘂錄

　　　　　　　　　　1145

新刻繡像牛馬經　　　3152

新刻物原　　　　　　4233

新刻宜齋野乘　　　　3740

新刻宛丘詩說　　　　 399

新刻官板補遺珍珠囊藥性

賦　　　　　　　　　3073

新刻官板大字評史心見

　　　　　　　　　　2631

新刻洗冤錄　　　　　3031

新刻袖中錦　　　　　3745

新刻逸詩　　　　　　 424

新刻李袁二先生精選唐詩

訓解、首　　　　　　6414

新刻古器具名　　　　3419

新刻古今名儒翰藻三場百

段文錦　　　　　　　6702

新刻七十二朝四書人物考

註釋　　　　　　　　 820

新刻藝圃球瑯集注　　3592

新刻楊端潔公全集　　5395

新刻胡氏詩識　　　　 424

新刻本水陸路程　　　1945

新刻批評百將傳正集、續集

　　　　　　　　　　2994

新刻批點金罍子　　　3567

新刻四六旁訓古事苑　4360

新刻易旨一覽　　　　 152

新刻易測　　　　　　　69

新刻呂新吾先生文集　5498

新刻困學紀詩　　　　 424

新刻劉直洲先生文集　5543

新刻刪補注釋藝圃球瑯集

　　　　　　　　　　3592

新刻陳太史經制考略　4294

新刻臞仙神隱　　　　4667

新刻闇然堂類纂皇明新故

事　　　　　　　　　4450

新刻印古詩語　　　　 424

新刻歐陽文忠公集　　4747

新刻無冤錄　　　　　3032

新刻小爾雅　　　　　 947

新刻慎言集　　　　　2770

08　新論　　　　2752，5041

12　新刊廬陵誠齋楊萬里先生

錦繡策　　　　　　　4776

新刊唐賢絕句三體詩注

　　　　　　　　　　6307

新刊京板校正大字醫學正

傳　　　　　　　　　3092

新刊京板批評正百將傳
2994
新刊諸子纂要　　　3961
新刊諸子纂要大全　3961
新刊諸儒奧論策學統宗增
入文筌詩譜　　　6312
新刊三禮考註　　　582
新刊張小山北曲聯樂府、外
集　　　　　　　6817
新刊重訂輯釋通義源流本
末　　　　　　　811
新刊何氏類鎔　　　4272
新刊崑山周解元精選藝圃
萃盤錄　　　　　4265
新刊皇明政要　　　1247
新刊皇明小說今獻彙言
4136
新刊伯恭呂先生讀史摘要
2578
新刊魯府祕方　　　3112
新刊憲臺考正少微通鑑全
編、外紀　　　　1092
新刊官版批評正百將傳
2994
新刊補註釋文黃帝內經素
問　　　　　　　3054

新刊袖珍小兒經驗良方
3084
新刊太醫院校正圖註指南
八十一難經　　　3060
新刊古杭雜記詩集　4559
新刊校正批點大字歐陽精
論　　　　　　　4831
新刊黃帝內經靈樞　3054
新刊姓源珠璣　　　4219
新刊楊文敏公後北征記
1230
新刊增補古今名家韻學淵
海大成　　　　　4241
新刊增入文筌諸儒奧論策
學統宗前集、後集　6707
新刊增入文筌諸儒奧論策
學統宗前集、後集、古文小
譜、詩小譜　　　6312
新刊翰林諸書選粹　4267
新刊翰林考正綱目批點音
釋少微節要通鑑　1092
新刊蛟峯批點止齋論祖
4785
新刊素問入式運氣論奧
3054
新刊呂先生議史摘要　2578
新刊纂圖元亨療馬集　3152

新刊晦軒林先生類纂古文
名家史綱疑辯　　　　3698
新刊陳眉公先生精選古論
大觀　　　　　　　　6527
新刊歐陽文忠公集　　4747
新刊八代文宗評註　　6471
新刊八十一難經　　　3060
新刊金文靖公前北征錄、後
北征錄　　　　　　　1229
新刊無冤錄　　　　　3032
新刊範圍數　　　　　3292
新刊性理集要　　　　2841
23　新編群書纂數　　　　4218
新編祕傳堪輿類纂人天共
寶　　　　　　　　　3249
新編漢唐綱目群史品藻
　　　　　　　　　　2605
新編漢唐通鑑品藻
　　　　　　　2605，2606
新編直指筭法統宗　　3177
新編南北經驗醫方大成
　　　　　　　　　　3079
新編古賦題　　　　　4208
新編古今奇聞類記　　4513
新編事文類要啓劄青錢
　　　　　　　　　　4206

新編事文類聚啓劄雲錦裳
　　　　　　　　　　4200
新編事文類聚翰墨大全
　　　　　　　　　　4183
新編事文類聚翰墨全書
　　　　　　　　　　4183
新編醫方大成　　　　3079
新編醫學正傳　　　　3092
新編篇韻貫珠集　　　1043
新編性理三書圖解　　3198
25　新傳理性元雅、指法　3387
26　新泉問辨續錄　　　　5041
新泉問辨錄　　　　　5041
30　新安文粹　　　　　　6339
新安二布衣詩　5668、6601
新安定變全城記　　　5603
新安學系錄　　　　　1616
新定九域志　　　　　1939
31　新河初議　　　　　　2075
新河成疏　　　　　　2085
新濬海鹽內河圖說　　2084
44　新舊唐書雜論　　　　2591
47　新婦譜　　　　　　　3656
48　新增音義釋文古今歷代十
八史略　　　　　　　1133
新增素問運氣圖括定局立
成　　　　　　　　　3049

新增居家必用事類全集

　　　　　　　　　　3903

50　新本白石山房稿　　4864

　　新奏准時估折鈔則例　2528

　　新書　　　　　　　2986

56　新輯文潔鄧先生佚稿　5475

　　新輯撫豫宣化錄　　1431

72　新劉河志　　　　　2105

　　新劉河志正集、附集　2105

80　新入諸儒議論杜氏通典詳

　　節　　　　　　　　2420

　　新鐫六言唐詩畫譜　3367

　　新鐫五言唐詩畫説　3367

　　新鐫元亨療馬集大全　3152

　　新鐫焦太史彙選中原文獻

　　　　　　　　　　6475

　　新鐫徐氏家藏羅經頂門針

　　　　　　　　　　3248

　　新鐫海內奇觀　　　1949

　　新鐫七言唐詩畫譜　3367

　　新鐫木本花鳥譜　　3367

　　新鐫草木花詩譜　　3367

　　新鐫梅竹蘭菊四譜　3367

　　新鐫歷代名賢事類通考

　　　　　　　　　　4330

　　新鐫陳太史子史經濟言

　　　　　　　　　　4294

新鐫旁批詳注總斷廣名將

　譜　　　　　　　　3017

新鐫書經講義會編　　340

新鐫東厓王先生遺集　5444

新鐫分類評註文武合編百

　子金丹　　　　　　4071

87　新鍥官板批評註釋虞精集

　　　　　　　　　　3626

新鍥翰林三狀元會選二十

　九子品彙釋評　　　4003

新鍥書經講義會編　　340

新鍥篔簹必用增補祕笈新

　書　　　　　　　　4280

新鋟評林旁訓薛湯二先生

　家藏酉陽捃古人物奇編820

新鋟評林旁訓薛鄭二先生

　家藏酉陽捃古人物奇編820

88　新纂六臣註漢文選　6283

0363₂　詠

04　詠詩集解　　　　6342

27　詠歸亭詩鈔　　　6207

　　詠物詩（明・朱之蕃撰）

　　　　　　　　　　5559

　　詠物詩（明・姚旅撰）6520

40　詠七十二候詩　　5694

48　詠梅集句　　　　4907

詠梅花集句　　　4907
50　詠史六言　　　　6245
詠史六言全韻　　6245
詠史集解　　　　6342
詠史絕句詩註　　6342
詠史遺編　　　　4963

0364$_0$　試

88　試筆　　　　　3731

0365$_0$　誠

00　誠齋文集　　　　5687
誠齋文節先生錦繡策　4776
誠齋雜記　　　　3941
誠齋先生錦繡策　4776
誠齋揮塵錄　　　3737
誠齋四六發遣膏馥　4184
誠意伯文誠公郁離子　3518
10　誠正齋文集　　　5731
誠正齋集　　　　5731
43　誠求齋集　　　　6652
誠求堂集　　　　6652
誠求堂彙編　　　6652

識

21　識仁編　　　　　3576
識仁定性解　　　2782

40　識大錄　　　　　1157
95　識性定性解註　　2782

誠

60　誠勗淺言　　　　2816

識

01　識語　　　　　　4570

0366$_0$　詒

35　詒清堂集、補遺　5815

0391$_4$　就

10　就正草　　　6178，6217
就正錄禮記會要　　538
88　就簡集　　　　　6114

0460$_0$　計

01　計諧集　　　　　5504
18　計改亭文集　　　5858
計改亭集　　　　5858
23　計然子　　　　　3648
53　計甫草詩　　　　5858

謝

00　謝康樂集　　　　6517
10　謝耳伯文集　　　5642

謝耳伯詩集、文集　　　5642

謝耳伯先生初集、全集 5642

22 謝山存稿　　　　　　5392

26 謝臯羽先生年譜　　　1564

謝臯羽年譜　　　　　1564

謝程山集　　　　　　5758

40 謝在杭集　　　　　　5553

44 謝茅評檀弓　　　　　561

謝茅評檀弓記　　　　561

謝華啓秀　　　　　　4227

60 謝四溟集、詩説　　　6723

0464₁　詩

詩　　　　　　　　　4158

00 詩序　　　　　　　　408

詩序參朱　　　　　　783

詩序解頤　　　　　　415

詩意　　　　　　　　447

詩文軌範　　　　　　6708

詩文原始　　　　　　6724

詩辨坻　　　　　　　6756

詩音辨略　　　　　　1050

詩音表　　　　　　　472

01 詩譚　　　　　　　　6739

詩評　　　　　　　　6695

02 詩話（清・毛奇齡）　6754

詩話（明・楊成玉編）6715

詩話（宋・陳日華）

　　　　　　4551,6699

詩話（宋・歐陽文忠公）

　　　　　　　　6700

詩話類編　　　　　　6744

06 詩韻辯略　　　　　　1050

詩韻更定　　　　　　1060

詩韻輯要　　　　　　6414

08 詩議（宋・程大昌撰）400

詩議（唐・僧皎然撰）6695

詩説（宋・張耒撰）　399

詩説（清・張敘撰）　472

詩説（漢・申培撰）　409

詩説（漢・申培撰）　424

詩説簡正錄　　　　　449

詩論　　　　　　　　400

詩譜　　　　　　　　424

09 詩談　　　　　　　　6720

17 詩翼　　　　　　　　6296

20 詩雋類函　　　　　　4299

詩統説　　　　　　　461

21 詩經序傳合參　　　　469

詩經旁參　　　　　　464

詩經廣大全　　　　　466

詩經叶音辨譌　　　　1075

詩經六帖　　　　　　421

詩經六帖重訂　　　　421

詩經説通	420	
詩經詳説	460	
詩經正解	482	
詩經正義	413	
詩經疏略	453	
詩經副墨	441	
詩經副墨通考	441	
詩經集傳述蘊	458	
詩經集成	459	
詩經比興全義	454	
詩經備考	433	
詩經傳説取裁	451	
詩經朱翼	448	
詩經朱傳翼	448	
詩經偶箋	440	
詩經總説	477	
詩經彙詁	481	
詩經微言合參	436	
詩經注疏大全合纂	439	
詩經測義	463	
詩經述蘊	458	
詩經大全	466	
詩經存固	414	
詩經考	435	
詩經指南圖	402	
詩經提要錄	475	
詩經拾遺	477	

	詩經圖史合考	423
	詩經脈	427
	詩經類考	418
	詩經惜陰錄	455
	詩經精意	446
23	詩牗	434
25	詩律武庫	4179
	詩律武庫前後集	4179
	詩傳	408
	詩傳孔氏傳	408
	詩傳綱領	424
	詩傳述蘊	458
	詩傳叶音考	1076
	詩傳（周・端木賜撰）	424
	詩傳闡、闡餘	426
	詩傳纂義	410
26	詩觸	445, 6807, 6808
27	詩歸	6502
	詩疑	399, 401
30	詩家直説	6723
	詩宿	6457
	詩準	6296
	詩宗集韻	4191
33	詩心珠會	6732
	詩述述	408
34	詩法家數（元・虞集撰）	
		4719

　　　詩法家數(元·楊載撰)
　　　　　　　　　　　　　6704
　　　詩法源流　　　　　6685
37　詩深　　　　　　　　479
　　　詩通　　　　　　　　425
38　詩逆　　　　　　　　431
40　詩志　　　　　　　　442
　　　詩女史、拾遺　　　6449
43　詩式　　　6684，6695
　　　詩式、補遺　　　　6684
　　　詩式校注　　　　　6684
　　　詩式校勘記　　　　6684
44　詩地理考　　　　　　424
　　　詩考(宋·王應麟撰)　424
　　　詩考(明·胡纘宗撰)　6336
　　　詩苑天聲　　　　　6606
　　　詩藪　　　　　　　6737
　　　詩藪內篇、外篇、雜篇　6737
　　　詩蘊　　　　　　　458
46　詩觀、別集　　　　6628
　　　詩觀初集、二集、閏秀別卷、
　　　三集　　　　　　　6628
47　詩格(魏文帝　曹丕)　6695
　　　詩格(炙轂子王叡)　6695
　　　詩格(宋·沙門文彧)　6695
　　　詩格(宋·梅聖俞)　6700
　　　詩格(無撰人)　　　6695

50　詩中旨格　　　　　6695
　　　詩中密旨　　　　　6695
　　　詩史(舊本題明·顧正誼
　　　撰)　　　　　　　2627
　　　詩史(清·葛震撰)　2660
　　　詩本旨　　　　　　472
60　詩品　　　　　　　6695
71　詩原　　　　　　　6594
72　詩所　　　　　　　6461
　　　詩脈　　　　　　　427
75　詩體明辨　　　　　6419
77　詩學正宗　　　　　6387
　　　詩學彙選　　　　　4316
　　　詩學禁臠　　　　　6706
　　　詩學權輿　　　　　6333
　　　詩學梯航　　　　　4827
　　　詩學事類　　　　　4239
　　　詩學押韻淵海　　　4210
　　　詩問(清·吳肅公撰)
　　　　　　　　　　444，450
　　　詩問略　　　　　　443
　　　詩貫　　　　　　　472
78　詩膾　　　　　　　6747
80　詩人考世　　　　　6457
　　　詩年譜　　　　　　6700
　　　詩義記講　　　　　474
　　　詩義固說　　　　　5987

詩義斷法　　　　　　403
88　詩餘圖譜　　　　　　6812
90　詩小譜(元·石桓撰)　6312
詩小譜(元·陳繹曾撰)
6707

0466₄　諸

00　諸方家彙編皇明名公文雋
6479
17　諸子褒異　　　　　4072
諸子褒異集　　　　4072
諸子彙函　　　　　3979
諸子格言　　　　　5465
諸子拔萃　　　　　4039
諸子國瑋集　　　　6537
諸子品節　　　　　3967
諸子纂要　　　　　3961
諸子纂要大全　　　3961
21　諸儒文要　　　　　6577
諸儒語要　　　　　2777
諸儒詩解鈎玄　　　437
諸儒要語　　　　　2827
諸儒奧論前集、後集、續集、
別集　　　　　　6312
諸儒奧論策學　　　6312
諸儒奧論策學統宗
6707,6312

諸儒微言　　　　　3603
諸儒校正唐書詳節　1858
諸儒校正東漢詳節　1858
諸儒檢身錄　　　　4118
諸儒易解鈎玄　　　145
諸儒學案　　　　　2800
諸儒性理文錦　　　6294
諸經諸史紀數　　　4286
諸經紀數　　　　　4286
諸經品節　　　　　3995
諸經纂註　　　　　4292
27　諸侯興廢　　　　　678
30　諸家老杜詩評　　　6700
40　諸真元奧　　　　　4674
諸真元奧集成　　　4674
44　諸葛武侯心書　　　2986
諸葛武侯十六策　　2984
諸葛丞相集　　　　4713
諸葛心書　　　　　2986
諸葛忠武侯兵法　　2985
50　諸史偶論　　　　　4196
諸史紀數　　　　　4286
諸史提要　　　　　1860
諸史品節　　　　　1867
諸書字考　　　　　983
諸書考略　　　　　4285
諸書考錄　　　　　4285

60　諸國年表　　　679

0468₆　讀

04　讀詩　　　417
　　讀詩一得　　　424
　　讀詩二十四觀　　　441
　　讀詩錄　　　424
17　讀孟子劄記　　　880, 881
　　讀子錄　　　6336
24　讀升菴集　　　3973
25　讀律佩觿　　　3042
　　讀朱子語類　　　786
26　讀白鹿洞規大義　　　2977
28　讀儀禮略記　　　525
30　讀宋史偶識　　　1089
35　讀禮記略記　　　560
　　讀禮偶見　　　617
　　讀禮疑圖　　　486
　　讀禮紀略　　　534
　　讀禮竊註　　　590
　　讀禮問　　　533
38　讀道德經私記　　　4606
40　讀大學中庸日錄　　　892
　　讀左補義　　　733
　　讀左漫筆　　　655
　　讀古紀源　　　4378
44　讀莊小言　　　4612

　　讀孝經　　　748
　　讀杜詩愚得　　　4720
　　讀杜心解　　　4734
　　讀杜愚得　　　4720
50　讀史亭詩集、文集　　　5725
　　讀史亭全集　　　5725
　　讀史商語　　　2624
　　讀史辨惑　　　2658
　　讀史訂疑　　　3700
　　讀史評論　　　2668
　　讀史集　　　1891
　　讀史彎疑　　　2652
　　讀史備忘　　　1134
　　讀史綱要　　　1126
　　讀史漢翹　　　1893
　　讀史津逮　　　1162
　　讀史漫錄　　　2615
　　讀史漫筆　　　2619
　　讀史蒙拾　　　1900
　　讀史書後　　　2637
　　讀史四集　　　1891
　　讀史圖纂　　　1153
　　讀史吟評　　　2650
　　讀史隨筆　　　4470
　　讀史錄　　　4938
　　讀史管見　　　2576
　　讀史小論　　　2664

讀史快編	1884
讀本十八史略	1133
讀書雜記	3826
讀書雜錄	3826
讀書雜鈔	3691
讀書一得	3778
讀書正音	1007
讀書止觀錄	4060
讀書樂趣	4101
讀書偶然錄	3857
讀書漫筆	1866
讀書十六觀	4045
讀書剳記	2844
讀書蕆要	2545
讀書蕆殘	2545，2546
讀書考定	3712
讀書日記	2931
讀書略記	358
讀書質疑	2884
讀書隨記、續記、剩語	3882
讀書鏡	2633
讀書剳記	2844
讀書錄存遺	4805
讀書敏求記	2543
讀書筆記	3529
讀書小記	2958
讀書堂集	5939
讀書堂綵衣全集	5939
讀書堂杜詩註解	4729
讀書堂杜工部文集注解	4729
讀書堂杜工部詩集注解、文集註解	4729
讀春秋	654
讀素問鈔、補遺	3056
讀易辨疑(清·齊祖望撰)	783
讀易辨疑(明·李開先撰)	175
讀易雜記	95
讀易韻考	1030
讀易緒言	142
讀易自識	275
讀易約編	220
讀易近解	186
讀易通例	47
讀易索隱	25
讀易蒐	168
讀易略記	138
讀易質疑	248
讀易隨鈔	316
讀易隅通	139
讀易鏡	161
讀易管窺	219

60

77　讀風臆評　　　　　412

　　讀周子劄記　　　2942

　　讀周禮略記　　　　500

　　讀騷列論　　4705，4707

　　讀騷大旨　　　　　4698

　　讀騷別論　　4705，4707

　　讀騷附論　　　　　4706

　　讀丹錄　　　　　　4686

90　讀尚書略記　　　　358

0469₄　謀

38　謀道續錄　　　　2941

77　謀與楚戰　　　　3702

0512₇　靖

00　靖康孤臣泣血錄　1177

　　靖康傳信錄　　　1354

　　靖康紀聞拾遺　　1179

　　靖康蒙塵錄　　　1178

　　靖康小雅　　　　1583

23　靖皖紀事　　　　1827

40　靖難功臣錄　　　1660

50　靖夷紀事　　　　1283

90　靖炎兩朝見聞錄　1181

0564₇　講

77　講學　　　　　　2971

0569₀　誅

26　誅吳錄　　　　　1202

0569₆　諫

41　諫垣疏稿　　　　1394

　　諫垣奏草　　　　1368

0662₇　諤

22　諤崖脞説　　　　3890

0664₁　譯

00　譯文備覽　　　　　961

50　譯史紀餘　　　　2362

0668₆　韻

00　韻府續編　　　　4221

08　韻譜本義　　　　1040

10　韻要粗釋　　　　　972

20　韻統圖説　　　　1058

21　韻經　　　　　　1022

24　韻岐(歧)　　　　1080

26　韻白　　　　　　1057

　　韻總持　　　　　1041

30　韻寶　　　　　　6369

44　韻蕋　　　　　　1059

50　韻表　　　　　　1037

	韻表新編	1068
67	韻略易通	1028
70	韻雅	1065
71	韻原表	1004
77	韻學	1073
	韻學要指	1064
	韻學集成	1027
	韻學淵海	4241
	韻學通指	1056
	韻學大成	1029
	韻學事類	4240
	韻學臆説	1072
	韻母	1038
	韻問	1055
80	韻會小補	1042
88	韻鑰	1038
90	韻粹	4357

0669₄　課

05	課講周易	239
32	課業餘談	4116

0710₄　望

10	望雲草	5786
22	望崖錄	3580
31	望江南	2987
	望江南詞	3210

0712₀　翊

16	翊聖保德傳	4643
37	翊運錄	1510
77	翊學詩	6386

0742₇　郊

23	郊外農談	3775
34	郊社辨	599
	郊社考辨	597
77	郊居遺稿	5505

郭

50	郭中州禹門集	6275
	郭東山文集、詩集	5307
80	郭公青螺年譜	5473

0748₆　贛

32	贛州府志	2027

0761₇　記

30	記室新書	4177
40	記古滇説	2338
71	記阿計替本末	1194

0762₀　詞

06	詞韻	6815

詞韻論略　　　　　6815

18　詞致錄　　　　　6463

20　詞稿、續稿　　　5714

21　詞旨　　　　　　6808

32　詞叢類採　　　　4288

38　詞海遺珠　　　　6423

44　詞林萬選　　　　6795

　　詞林典故　　　　2388

60　詞品(元・涵虚子撰)6820

　　詞品(明・楊慎撰)6369

77　詞學全書　　　　6816

詢

27　詢芻錄　　　　　3768

44　詢蕘錄　　　　　3768

調

27　調象菴稿　　　　5493

0762₇　譸

22　譸觚　　　　　　2293

　　譸觚十事　　　　2293

0763₂　認

30　認字測　　　　　3836

0767₂　謠

07　謠語　　　　　　4570

0821₂　施

15　施埞川集　　　　5256

24　施先生孟子發題　 805

60　施愚山先生別集　6753

　　施愚山先生全集　6753

0821₄　旌

44　旌孝錄　　　　　1525

80　旌義編　　　　　1589

0823₃　於

31　於潛令樓公進耕織二圖詩

　　　　　　　　　　3046

74　於陵子　　　　　3501

0824₀　放

00　放言居詩集　　　6152

47　放鶴村文集　　　6266

　　放鶴村集　　　　6266

80　放翁先生詩鈔　　6603

0828₁　旗

22　旗峯詩集　　　　5113

76　旗陽林氏二先生集　5113
　　旗陽林氏三先生詩集　5241
　　旗陽林氏三先生集
　　　　　　　5113，5241

0844₀　效

21　效顰集　　　　　4502

敦

21　敦行錄　　　　　4096
30　敦宿堂留書　　　5736

0861₄　詮

88　詮敘管子成書　　3027

0861₆　説

00　説唐詩　　　　　6612
　　説文廣義　　　　1011
　　説文解字五音韻譜　955
　　説文解字(宋・李燾撰)955
　　説文長箋　　　　994
04　説詩樂趣　　　　6761
　　説詩樂趣類編　　6761
　　詩詩堂集　　　　5774
16　説理會編　　　　2765
21　説經劄記　　　　764
22　説嵩　　　　　　2213

24　説儲　　　　　　3827
35　説禮正誤　　　　783
　　説禮約　　　　　558
44　説藪鬢髦　　　　3809
　　説楛　　　　　　3848
50　説書偶筆　　　　800
　　説書隨筆　　　　3603
60　説易　　　　　　144
　　説圍識餘　　　　4523
64　説疇　　　　　　3201
71　説原　　　　　　3817
　　説頤　　　　　　3803
91　説類　　　　　　3999

0861₇　謚

34　謚法通考　　　　2441
　　謚法纂　　　　　2453
44　謚苑　　　　　　2445

0862₁　諭

34　諭對錄　　　　　1348

0862₂　診

30　診家樞要　　　　3055
　　診宗三昧　　　　3128

0862_7　論

01	論語講義	5289
	論語説	889
	論語孟子考異	809
	論語外篇	2820
	論語傳註	868
	論語温知錄	880, 882
	論語湖南講	833
	論語逸編	2830
	論語大意	2794
	論語直講	821
	論語考異	809, 856
	論語義府	829
17	論孟考異	809
30	論定錄	5514
37	論祖	4785
44	論世八編	2647
77	論學	2920
	論學要語洞語、接善編	2753
	論學緒言	3622
	論學篇	2788, 2789
88	論範	4831
95	論性書	2878

0863_2　訟

37	訟過錄	5677

0863_7　謙

00	謙齋詩稿、補遺	6169
90	謙光堂詩集	5061

0864_0　許

00	許彥周詩話	6715
10	許靈長集	5601
12	許水部稿	5246
27	許魯齋先生心法	2725
	許魯齋考歲略	1501
40	許太常歸田稿	5267
44	許茗山集	5246
60	許昌梅公詩畧	1492
	許昌梅公年譜	1492
72	許氏説文解字五音韻譜	955
82	許鍾斗文集	5573
	許鍾斗集	5573

0865_1　詳

30	詳注百子金丹	4071
	詳注歷代史論	2636

0865_3　議

21	議處安南事宜	1251
50	議史摘要	2578
	議史摘粹	2578

64　議疇耳剽　　　3809

0865₇　誨

60　誨愚錄　　　5044

0925₉　麟

21　麟旨定　　　669
　　麟經統一编　　657
　　麟經統一篇　　657
　　麟經指南　　　633
25　麟傳統宗　　　675
32　麟溪集、別篇　6316
50　麟書　　　3734

0968₉　談

01　談諧　　　4551, 6699
20　談往　　　1330
　　談往錄　　　1330
21　談經　　　771
　　談經苑　　　826
37　談資　　　3969
44　談藪　　　4394
72　談兵髓　　　3019
88　談纂　　　4503

0972₀　鈔

34　鈔遠堂全集　　5595

1000₀　一

00　一齋詩集　　　5571
　　一齋集(明·朱善撰)　4857
　　一齋集(明·陳第撰)　5571
10　一百二十圖詩　4806
20　一統肇基錄　　3702
　　一統路程圖記　1945
31　一溉堂詩集　　5923
44　一菴語錄　　3553, 4126
　　一菴雜問錄　　3546
　　一菴遺集　　　2774
　　一枝軒吟草　　5613
50　一書　　　2798
　　一書增删　　　2798
56　一螺稿　　　5972
77　一貫編　　　3573
90　一半勾留集　　6058

1010₀　二

04　二謝詩集　　　5226
10　二酉委談　　　4514
　　二酉彙删　　　4349
　　二酉園詩集、文集、續集
　　　　　　　　5394
　　二酉園全集　　5394
12　二水樓詩集、文集　6115

	二水樓集	6115
21	二須堂文集	6211
	二須堂詩集	6211
	二須堂集	6211
22	二山草	5585
24	二休居士集	6516
	二科志	1617
25	二仲詩	5326
26	二程語錄	2695
	二程學案	2883
	二程全書	6544
	二程年譜	1535
	二程節錄、文集鈔、附錄	
		2693
	二程粹言	2692
27	二鄉亭詞	5798
28	二從北征錄	1229
30	二家詩鈔	6650
31	二馮評點才調集	6293
32	二業合一訓	5041
35	二禮集解	587
	二禮經傳測	583
36	二溫詩集	6407
	二溫集	6407
40	二十六家唐詩	6574
	二十一史論贊	1894
	二十一史論贊輯要	1888
	二十五言	3631
	二十九子品彙	4003
	二十九子品彙釋評	4003
	二十四泉草堂集	6096
	二太史樂府聯璧	6818
	二友傳	5178
	二臺稿	5267
	二南密旨	6686,6695
	二南遺音	5826,6674
	二李先生奏議	1442
42	二彭合集	4939
43	二戴小簡	6348
44	二范奏議	1353
	二麓正議	6334
45	二樓紀略	3871
	二樓小志	2258
46	二槐草存	5739
	二楞詩稿	6532
48	二梅公年譜	1492
49	二妙集	6412
50	二申野錄	1344
55	二曲集	5747
	二曲先生年譜	5747
	二曲全集	5747
74	二陸集	6365
75	二陳先生全集	5096
80	二谷讀書記	2785

二公政訓　　　　3957

88　二餘詞　　　　5233

1010₁　三

00　三立編　　　　2972

　　三六功課　　　　4689

01　三訂周易去疑　　147

04　三詩合編　　　　6664

10　三一子　　　　3602

　　三一子書　　　　3602

　　三一測　　　　4126

　　三元延壽書　　　4657

　　三元參贊延壽書　4657

17　三子定論　　　　2911

　　三郡圖説　　　　2016

20　三重賦　　6184，6185

21　三儒類要　　　　2793

　　三經見聖編　　　843

　　三經附義　　　　793

　　三經小疏　　　　392

22　三山翰林院典籍高漫士木
　　天清氣詩集　　　4902

　　三山鄭菊山先生清雋集
　　　　　　　　　　4806

23　三台文獻集　　　6422

　　三台文獻録　　　6422

24　三仕草　　　　5812

三續奇賞　　　　6534

25　三傳三禮字疑　　790

　　三傳彙義　　　　703

26　三吳水利論　　　2074

　　三和東行百詠集句　4895

27　三魚堂四書集註大全　856

　　三魚堂四書大全　856

28　三僧詩　　　　6532

　　三從北征録　　　1229

30　三家文鈔　　　　6588

　　三家評注李長吉歌詩　4740

　　三家世典　　　　1633

31　三江遺稿　　　　5008

　　三遷志(明・呂元善撰)
　　　　　　　　　　1463

　　三遷志(清・孟衍泰、王特
　　選、仲藴錦同撰)　1471

32　三洲詩膾　　　　5318

　　三州詩鈔　　　　6135

　　三巡集稿　　　　5196

35　三禮編繹　　　　586

　　三禮約編　　　　598

　　三禮考　　　　581

　　三禮考注　　　　582

　　三禮會通　　　　599

　　三禮合纂　　　　589

　　三禮纂註　　　　585

37	三洞群仙錄	4646
	三通政典	4261
	三通彙典	4261
	三通令典	4261
40	三十五忠詩	4161
	三十乘書樓詩集	6242
	三十乘書樓集	6242
	三十國記	3702
	三才彙編	4352
	三才藻異	4351
	三才考略	4266
	三才圖會	4255
	三難軒質正	2763
44	三藩紀事本末	1130
	三蘇文範	6372
	三蘇文粹	6575
	三蘇談	6586
	三蘇先生文粹	5675
	三蘇年表	1283
	三華文集	6117
	三華集	6117
46	三場通用引易活法	4199
47	三朝聖諭錄	1232
	三朝野史(不著撰人名氏)	
		1208
	三朝野史(宋·無名氏撰)	
		4400

50	三事遡眞	3571
	三忠文選(明·吳達可編)	
		6476
	三忠文選(明·胡接輝編)	
		6552
	三忠集	6454
	三素草	5761
60	三國六朝五代紀年總辨	
		2579
	三國紀年	2577
	三國史瑜	1895
	三易大傳	159
	三畏齋集	4863
	三異人集	6417
71	三原縣志	1971
	三原志	1971
74	三隨句圖	6695
75	三體摭韻	4370
77	三賢集	6400
88	三餘贅筆	3753

正

00	正音攟言	4256
03	正誼堂文集	6016
	正誼堂集	6016
	正誼堂續集	6016
06	正韻牋	1025

	正韻彙編	980			
	正韻箋	1025		**1010₃　玉**	
12	正孔子祀典説	2431，6349	10	玉靈聚義	3264
20	正統臨戎録	1243	11	玉琴書屋詩集	6659
24	正德集	5067	12	玉磑集	5775
	正德大同府志	1986	22	玉川子詩註	4738
	正續困勉録	857		玉川子詩集	4738
	正續今文選	6453		玉川子詩集註	4378
27	正修齊治録	2912		玉巖詩集	5959
	正修録	2912		玉巖集	5046
30	正字通	997		玉巖先生文集	5046
	正宏集	4591		玉峯名宦傳	1662
44	正蒙集解	2689		玉山詞	6787
	正蒙釋	2686		玉山遺響	5859
50	正史約	1121	26	玉皇胎息經註	4641
	正史闡微	3881	27	玉峰詩纂	6402
60	正易心法	3181	32	玉溪師傳録	2712
	正思齋雜記	3761	37	玉洞藏書	4677
	正固集	6578	38	玉海紀詩	424
	正固先生文集	6578		玉海纂	4192
	正固先生詩集	6578	40	玉臺文苑	6555
	正固先生集	6578		玉臺新詠	6291
77	正隆事迹記	1197		玉臺新詠箋註	6292
	正學編	2764		玉壺詩話	6687
	正學闡微	3881	43	玉城奏疏	5545
80	正氣録	5859	44	玉芝山房稿	5279
87	正朔考	3690		玉芝堂詩集、文集	6247

	玉芝堂集	6247		玉堂薈記	4471
	玉華洞志	2220		玉堂日鈔	6731
	玉茗堂文集	5579		玉堂公草	5289
	玉茗堂詩集	5579			
	玉茗堂集	5579		**璽**	
	玉茗堂集選	5579	17	璽召錄	1823
	玉茗堂全集	5579			
	玉藥辨證	3466		**1010₄　王**	
49	玉楸藥解	3146	00	王文端集	5461
60	玉恩堂集、附錄	5458		王文端公詩集、奏疏、尺牘	
62	玉唾壺	3708			5461
71	玉歷通政經	3213		王文端公集	5461
77	玉几山房吟卷	6126		王文端奏疏	1391
	玉屑齋百家論鈔	6518		王文靖集、附錄	5793
	玉屑仙明珠集	6784		王文靖公集、年譜、附	5793
	玉尺經	3244		王文正公遺事	1477
82	玉劍尊聞	4474		王文肅集	5379
88	玉笑零音	3805		王文肅集	4934
	玉笥詩談	6730		王文肅奏草	1386
90	玉堂詩話	4560		王文肅公文稿	5379
	玉堂稿北征集	5187		王文肅公文草	5379
	玉堂稿山居集	5187		王文肅公集	4934
	玉堂稿使東集	5187		王文肅公牘草	5379
	玉堂叢語	4452		王文肅公奏草	5379
	玉堂遺稿	5528		王文肅公全集	5379
	玉堂漫筆	4423		王文成集傳本	1572
	玉堂漫筆摘抄	4423		王襄敏集、續集	4936

	王襄敏公集	5095		類編	1553
01	王龍溪集	5238		王心齋先生奏疏類編、別傳	
	王龍谿先生語錄鈔	5239		類編	5444
	王龍谿先生全集	5238		王浚川所著書	5030
02	王端毅文集	4932	34	王邁人文集	5812
	王端毅公文集	4932		王邁人稿	5812
	王端毅公文集、續集	4932	35	王禮部集	6408
04	王謝世家	1723	37	王深父集	6700
10	王天游集	4871		王冠九文集	5692
	王石和文	6098	38	王遵巖集	5191
	王石和文集	6098		王遵巖家居集	5191
	王西樵詩	5831	40	王太傅集	4935
	王西樵詩選、附詩話	5831		王太蒙先生類纂批評灼艾	
	王西樓先生野菜譜	3048		集	3981
	王西樓野菜譜	3048		王右丞集	4735
17	王司勳五種	5831	43	王式丹詩選	6088
	王巳山文集、別集	6167	44	王恭毅駮稿	3037
21	王止一集	6408		王世周集	5411
	王仁子先生嫏嬛遺稿	5646		王世周先生詩集	5411
22	王制考	4231	46	王槐野先生存笥稿	5262
	王山遺響	2334	47	王嫏嬛集	5646
23	王允寧先生存笥稿	5262	48	王翰林集	6408
24	王侍御詩集	5240		王敬所集	5300
	王侍御集	5240		王梅溪集	6544
	王侍御類稿	5396	50	王中川先生文集	5175
27	王魯公詩鈔	4828		王忠銘天池草	5391
33	王心齋先生奏議類編、別傳			王奉常集	5376

60	王國典禮	2446
	王昊廬詩	5841
71	王陌菴詩集	4828
72	王劉異同	2902
	王氏雜記	4523
	王氏二書選要	3628
	王氏家藏集	5030
	王氏存笥稿	5262
	王氏蘭譜	3472
	王氏增補醫學正傳	3092
	王氏畫苑	3350
	王氏書苑	3351
	王氏父子却金傳	1811
76	王陽明文集	5021
	王陽明集	5021
	王陽明先生文鈔	5022
	王陽明先生全集	5023
77	王鳳林文集、詩集	5174
	王熙文集	5793
	王學質疑	2906
	王艮齋詩文集	6172
	王艮齋詩集、文集	6172
	王艮齋集	6172
	王門宗旨	2807
80	王介塘文略	5137
	王介菴奏稿	1359
	王公奏稿	1359

88	王竹亭先生遺詩、補遺	6623
90	王光菴集	4878
	王炎詩	4769

至

10	至正條格	2525
	至正直記	4402
16	至聖編年世紀	1474
	至聖先師孔子年譜	1473
38	至游子	4673

坙

| 30 | 坙室錄感 | 5747 |

1010₆　亘

50	亘史	4257
	亘史外紀	4257
	亘史鈔	4257

1010₇　五

00	五方元音	1074
	五言唐詩畫譜	3367
17	五子纂圖互註	4122
21	五行類應	3318
	五行類事	3314
	五行類事占徵驗	3314, 3315

五行類事占驗徵 3314

五行類占 3315

五經辨譌 782

27 五侯鯖 4310

五侯鯖字海 984

五色線 4497

五色線集 4497

28 五倫詩 6319

五倫詩選 6319

五倫懿範 3674

30 五家言 4139

40 五十家唐詩 6393

五十輔臣編年錄 1740

五木經 3409

44 五華纂訂四書大全 877

47 五胡十六國考鏡 1905

五鵲別集 5302

50 五車韻瑞 4318

五車霏玉 4234

60 五星要錄 3284

五星考 3296

66 五覘集 6114

67 五曜要流 3295

五曜源流 3295

72 五岳游草 2319

77 五服集證 531

80 五公山人集 5746

五經讀 776

五經翼 780

五經總類 4319

五經繹 766

五經字學考 1017

五經心義 762

五經圭約 777

五經孝語 2823

五經圖(不著撰人) 759

五經圖(清·盧雲英編) 788

五經異文 764

五經纂註 773

五經堂文集、語錄 5948

五經堂集 5948

五經類編 4363

22 五嶽集 6186

五嶽山人集 5220

五嶽遊草 5571

23 五代詩話 6757

五代名畫補遺 3350

五代史志疑 1088

五代史肪截 2663

五代春秋 1091

24 五先生正跡 1651

五先生政跡 1651

五先堂字學元元 1036

1010_8　豆

71	豆區八友傳	4578

靈

00	靈言蠡勺	3637
21	靈衞廟志	1558
30	靈寶真靈位業圖	4628
33	靈祕十八方加減	3097
37	靈洞山房集	6445
40	靈臺祕苑	3229
41	靈樞	3057
	靈樞懸解	3059
44	靈護閣集	5549
72	靈隱寺志	2255
80	靈谷寺志	2263

1011_3　疏

20	疏香閣遺集	5957
20	疏稿	1423
80	疏食譜	3459

琉

13	琉球圖説	2350
	琉球入太學始末	2462
	琉球錄	1295

1014_1　聶

20	聶雙江集	5119

1016_4　露

50	露書	3841

1017_7　雪

10	雪石堂詩集	5992
	雪石堂詩草	5992
20	雪舫詩鈔	6188
	雪舫集	5662
	雪舫膚見	2590
30	雪窗詩	5052
32	雪洲文集	4982
	雪洲集	4982
33	雪浪集	5643
	雪浪續集	5643
37	雪鴻堂文集(清・李蕃撰)	
		5856
	雪鴻堂文集(清・李鍾峩撰)	6097
	雪鴻堂文集(清・李鍾璧撰)	6073
	雪鴻堂集(清・李蕃撰)	
		5856

雪鴻堂集(清·李鍾峩撰)　　6097

雪鴻堂集(清·李鍾璧撰)　　6073

雪鴻堂全集　6073,6097

44　雪菴詩存　5934

　　雪菴清史　3840

　　雪林集　6008

57　雪邨集　6659

60　雪園詩集　5943

　　雪園易義、圖説　127

71　雪厓詩集　6578

　　雪厓先生詩集　6578

90　雪堂墨品　3431

　　雪堂隨筆　5566

1020₀　丁

10　丁晉公談錄　4391

44　丁艾集　5422

50　丁吏部文選　5079

53　丁戊山人詩集　5432

67　丁野鶴詩鈔　5904

　　丁野鶴先生遺稿　5904

77　丁卯實編　1203

1021₀　兀

31　兀涯西漢書議　2597

1021₁　元

00　元亨療馬集、療牛集　3152

　　元亨療馬集大全　3152

　　元亨牛馬經大全　3152

　　元亨全圖療牛馬駝集　3152

　　元音統韻　1047

06　元韻譜　1045

　　元親征錄　1214

07　元郭天錫手書日記真迹　1798

　　元郭髯手寫日記　1798

15　元(玄)珠密語　3215

17　元羽外編　2626

24　元牘紀　2551

26　元釋集　4854

27　元凱詩文集　5576

　　元凱集　5576

30　元宮詞　4848

34　元祐黨人碑考　1648

35　元遺山詩集　4809

　　元遺山先生詩集　4809

38　元海運志　2478

40　元壺雜俎　4024

　　元內府宮殿制作　2529

　　元女經　3298

43　元始上真衆仙記　4627

44	元蓋副草	5612
	元檜紀	2551
46	元相臣傳	1666
47	元朝遺佚附錄	3348
	元朝野詩集	6308
48	元故宮遺錄	1938
50	元史論	2636
	元史備忘錄	1152
	元史闡幽	2595
	元史節要	1862
55	元典章	2421
	元典章前集、新集	2421
60	元四家詩	6557
	元晏齋困思鈔	831
	元品錄	4663
72	元氏掖庭侈政	3702
	元岳山人詩稿	5417
	元岳山人詩選、咏物詩	5417
77	元風雅	6308
	元居詩文集	5565
	元居集	5565
	元學正宗	4651
88	元敏天池集	648
90	元光漫集	5247
	元光漫稿	5247

1021₄　霍

00	霍文敏公全集	5104
36	霍渭崖文集	5104

1022₇　丙

10	丙丁龜鑑、續錄	3301
30	丙寅北行日譜	1825
	丙寅集	6062

而

00	而庵說唐詩	6612

兩

00	兩廣奏草	1357，1358
	兩京遺編	4130
10	兩晉解疑	2608
	兩晉南北集珍	1902
	兩晉南北奇談	1864
22	兩崖文集	5171
	兩崖集	5171
	兩山墨談	3695
26	兩粵游草	5571
	兩粵草	5571
30	兩淮鹽法志	2491
	兩宮鼎建記	1824
31	兩河觀風便覽	2286

　　　兩河管見　　　　　　　2082
32　兩浙訂正鬴規　　　　　2500
　　　兩浙名賢錄　　　　　　1715
　　　兩浙鬴志　　　　　　　2500
　　　兩浙海防類考續編　　　2129
　　　兩浙兵制　　　　　　　3001
　　　兩溪先生遺集、詩餘　　5254
　　　兩溪先生存集　　　　　5254
34　兩漢解疑　　　　　　　2607
　　　兩漢雋言　　　　　　　1874
　　　兩漢蒙求　　　　　　　4185
37　兩湖文集　　　　　　　5273
43　兩城集　　　　　　　　5260
47　兩朝疏鈔　　　　　　　1438
　　　兩朝平攘錄　　　　　　1312
　　　兩朝憲章錄　　　　　　1119
　　　兩都集　　　　　　　　5504
75　兩陣公文集二種　　　　5096
89　兩鈔摘腴　　　　　　　3702

雨

22　雨山編　　　　　　　　5559
44　雨村集　　　　　　　　4983

鬲

35　鬲津草堂詩集　　　　　6023
　　　鬲津草堂五字古體詩　　6023

　　　鬲津草堂五字今體詩　6023
　　　鬲津草堂乃了集　　　6023
　　　鬲津草堂絕句詩　　　6023
　　　鬲津堂詩　　　　　　6023

爾

70　爾雅註疏參義　　　　　946
　　　爾雅參義　　　　　　　946
　　　爾雅補註　　　　　　　946

1023₀　下

44　下菰集　　　　　　　5553
76　下陴紀談　　　　　　4420
77　下學編　　　　　　　2961
　　　下學堂劄記　　　　　2894

1023₂　震

22　震川文集初本　　　　5393
　　　震川先生集　　　　　5393
36　震澤編　　　　　　　2144
90　震堂集　　　　　　　5365

弦

40　弦索辨謳　　　　　　6822

1024₇　夏

00　夏文靖公遺事　　　　1523

27　夏峰答問　　　　　2866

44　夏桂洲集　　　　　5128

50　夏忠靖遺事　　　　1523

　　夏東巖詩集　　　　5088

　　夏東巖先生文集　　5088

　　夏東巖先生詩集　　5088

　　夏東岩文集、詩集　5088

60　夏日吟　　　　　　5820

90　夏小正註　　　　　577

　　夏小正詁　　　　　479

　　夏小正集解　　　　579

　　夏小正傳註　　　　577

　　夏小正解　　　　　576

霞

23　霞外塵談　　　　　3997

　　霞外雜俎　　　　　4672

24　霞綺閣文集　　　　5861

27　霞舟易箋　　　　　133

38　霞海篇　　　5223, 5224

43　霞城集　　　　　　5053

60　霞園詩文集　　　　5868

　　霞園詩集、文集　　5868

77　霞居集　　　　　　5443

覆

01　覆瓿集　　　　　　5384

　　覆瓿草　　　　　　5384

1040₀　干

37　干祿字書　　　　　954

于

00　于文定公讀史漫錄　2615

22　于山集　　　　　　6063

　　于山奏牘附詩詞　　1427

27　于役草　　　　　　5694

50　于肅愍公和梅花百詠七言

　　律詩　　　　　　　6442

67　于野集　　　　　　6637

耳

02　耳新　　　　4466, 4522

09　耳談　　　　　　　4527

50　耳書　　　　　　　6145

89　耳鈔祕錄　　　　　4509

1040₉　平

20　平番始末　　　　　1254

22　平蠻錄　　　　　　1241

　　平倭四疏　　　　　1377

　　平倭錄　　　　　　1286

　　平山文集、詩集　　5330

　　平山集　　　　　　5330

平巢事蹟考（明・茅元儀撰）　1324

平巢事蹟考（舊本題曰宋人撰）　1209

26　平泉題跋　3349

　　平吳凱旋錄　6405

　　平吳錄　1245

27　平傜記　1215

30　平濠記　1276

　　平涼府通志　1998

　　平涼府志　1998

　　平寇志　1332

34　平漢錄　1262

38　平海疏議　1428

　　平海咨文　1428

47　平猺記　1215

50　平夷功次錄　1291

52　平播始末　1296

　　平播全書　1297

60　平蜀記　1220

　　平田詩集　5086

68　平黔三記　1294

72　平岳疏議　1428

77　平閩記　1337

91　平叛記　1331

　　平叛錄　1204

1041₀　无

21　无上祕要　4640

1043₀　天

00　天主實義　3632

　　天童寺集　2252

　　天方典禮擇要解　3675

　　天方典禮擇要解後編　3675

　　天府廣記　2294

　　天廚聚珍妙饌集　3464

　　天廚禁臠　6688

　　天文主管　3218

　　天文主管釋意　3218

　　天文諸占　3235

　　天文步天歌　3155

　　天文鬼料竅　3217

　　天文祕略　3220

　　天文大成管窺輯要　3236

　　天文書　3228

　　天文分野書　3221

　　天文精義賦　3159

　　天玄玉曆祥異賦　3224

10　天玉經外傳、四十八局圖　3241

　　天元玉歷祥異賦　3224

　　天元玉曆祥異賦　3224

	天下郡國利病書	1952
	天下山河兩戒考	1956
	天下名山諸勝一覽記	2316
	天下名山記	2315
	天下名山記鈔	2320
	天下名山大川古蹟記	2316
	天下名勝志	1948
	天下金石志	2557
12	天發神讖碑釋文	2561
	天發神讖碑考	2561
	天發神讖碑賦	2561
	天延閣詩前集、後集	5832
	天延閣聯句唱和詩	5832
	天延閣後集	5832
	天延閣贈言集	5832
	天延閣删後詩	5832
16	天理主敬圖	2923
20	天香樓偶得	3720
	天香閣文集、詩集、詞	6279
	天香閣詩集	6279
	天香閣詞	6279
	天香閣集	6279
21	天順日錄	1233
	天順日錄辨誣	1233
	天經或問後集	3171
	天經或問前後集	3171
22	天山存稿	5263
	天山草堂存稿	5263
23	天外談	5935
	天外集	6128
	天然窮源字韻	1014
	天台山方外志	2172
	天台詩選	6563
	天台山志(不著撰人)	2142
	天台山志(明・釋無盡撰)	2172
	天台縣志	2042
	天台志	2042
	天台林公輔先生文集	4876
26	天皇鰲極鎮世	3240
27	天倪齋詩	5493
30	天官翼	3170
	天官舉正	5501
33	天心復要	3160
34	天池雜稿	5423
	天池祕集	3984
	天池草	5391
	天漢全占	3231
	天潢玉牒	1135
	天遠樓集	5463
37	天祿識餘	3723
	天祿閣外史	3502
38	天游文集	4871
	天游集	4871

	天啓贛州府志	2027
	天啟宮詞	5662
	天啟宮詞百詠	5662
	天啟宮中詞	5662
	天啟宮中詞百詠	5662
40	天臺集	5367
42	天彭牡丹譜	3468
	天機素書	3239
44	天華山房祕藏玉杵臼	4340
47	天都載	3807
	天都閣藏書	4145
50	天中許子政學合一集	4165
	天中景行集	1756
60	天目集	5336
	天目山齋歲編	5278
	天目山志	2175
	天目山堂集	5336
	天目先生集	5336
	天目游記	2324
	天目樓集	5336
72	天隱子稿	5401
	天隱子遺稿	5401
77	天門詩集、文集	6277
	天學初函	4138
	天問天對解	4695
	天問補註	4701
78	天監錄	1695

| 80 | 天谷山人集 | 5581 |
| 88 | 天籟集 | 6500 |

1044₇　再

00	再廣歷子品粹	4007
11	再北上稿	5016
26	再和東行百詠集句	4895

1050₆　更

| 25 | 更生吟 | 5673 |

1060₀　石

01	石龍菴詩草、附刻	5295
	石龍菴集、附刻	5295
	石語齋集	5492
10	石盂集	5442
	石西集	5441
	石雲居文集	5728
	石雲居詩集、詞集	5728
	石雲居詞集	5728
	石雲居集	5728
	石雲居集、詩	5728
	石雲居士集、詩	5728
	石函平砂玉尺經	3244
11	石頭	5104
	石頭菴集	5644
	石頭菴寶善堂詩集	5644

石頑老人診宗三昧　3128
20　石秀齋集　5622
21　石比部集　5168
22　石川詩鈔　6109
　　石川集、附集　5044
　　石川瀛洲遺集、文稿　5044
　　石川集、遺稿、奏疏　5044
　　石川奏疏　5044
　　石巖山房集　6516
　　石峯奏疏　1365
26　石伯成詩稿　5556
　　石泉山房集　5361
30　石室私抄　5297
　　石室祕籙　3129
　　石室祕鈔　5297
31　石潭存稿　4891
　　石潭易傳撮要　15
　　石渠意見、拾遺、補闕　761
　　石渠閣重訂周易去疑　147
　　石渠閣校刻庭訓閱古隨筆　3978
　　石渠閣刪註四書人物考820
32　石溪文集　4898
　　石溪集　4898
　　石溪史話　2670
　　石溪周先生文集　4898
33　石浪詩鈔　5059

石渠詩稿、文稿　4969
石淙詩鈔、附諸公詩　4969
石淙稿　4969
37　石洞遺芳　6379
　　石洞遺芳集　6379
　　石洞貽芳集　6379
　　石湖先生詩鈔　6603
　　石湖志略、文略　2238
　　石湖草　6228
　　石初集　6331
40　石九奏詩集　5556
43　石城新草　6121
44　石鼓文音釋　967
　　石鼓文、音釋、今文、附錄　967
　　石鼓文正誤　970
　　石鼓文定本　1005
　　石鼓書院志（明・周詔撰）　2239
　　石鼓書院志（明・李安仁撰）　2245
　　石莊初集　5736
　　石蓮洞羅先生文集　5199
　　石芝山房草　5826
　　石村畫訣　3376
45　石樓臆編　4362
47　石匏庵集　5953

60	石見山集	5168
	石田雜記	4411
	石田詩選	4942
	石田集	4942
	石田稿	4942
	石田先生詩鈔、文鈔	4942
	石田先生集	4942
	石田先生事略	4942
	石品	3439
	石園詩草、隨草、續編、倡和	
	初集、隨草詩餘	5704
	石園集	5704
64	石畦集	2974, 2975
	石畦集童子問	2974
	石畦集經解	801
	石畦集經義雜著	801
	石畦集敬義錄	2975
65	石蹟記	2569
77	石屋詩鈔、補鈔	5950
	石屋剩集	5950
	石屋山居詩	5701
	石屋和尚住嘉興福源禪寺	
	語錄偈頌	5701
	石屋和尚住嘉興福源禪寺	
	語錄倡頌	5701
	石屋和尚住嘉興當湖福源	
	禪寺語錄	5701

	石屋和尚山居詩	5701
	石屋禪師山居詩	5701
	石屋禪師山居詩、偈讚、語	
	錄	5701
	石屋初集、二集、三集、四集	
		5950
	石門詩集	5443
	石門集	5443
	石門洪覺範天廚禁臠	6688
	石屏新語	3931
	石居漫興稿	5115
	石閭詩	6262
	石閭集	6207
80	石鐘山集	6337
	石鐘山志	6337
	石鏡山房增訂周易説統	146
82	石鍾山志	6337
90	石堂先生集	4796
	石堂先生遺集	4796
	石堂遺集	4796
	石堂遺稿	4796

西

00	西玄詩集	5125
07	西郭遺稿	6520
10	西元(玄)集	5125
	西夏事略	1906

	西天目山志	2175
11	西北文集	5779
	西北之文	5779
	西琴曲意	3633
17	西礀先生文集	4905
20	西番譯語	961
	西番事蹟	2996,2997
21	西征記	1791
	西征石城記	1239
	西征集	4977
	西征稿	5503
	西征道里記	1796
	西行稿	5016
	西行草	3611
	西行錄	4963
	西儒耳目資	1044
22	西嶽神詞事錄	2237
	西嶽華山誌	4653
	西巖集	5641
	西崑發微	4739
	西峯字說	3823
	西峯淡話	4465
	西山群仙會真記	4632
	西山集	5800
	西山紀遊	6013
	西山草	6006
	西山日記	4451

	西山類稿	4955
26	西粵對問	2309
	西吳里語	4441
30	西寧志	2050
31	西遷注	1814,5351
32	西溪百詠	5700
	西溪百詠詩	5700
	西巡類稿	4999
34	西漢文統	6549
	西瀆大河志	2090
35	西清詩話	6700
37	西湖高僧事略	4584
	西湖和蘇詩	5950
	西湖紀勝	2224
	西湖志	2227
	西湖夢尋	2208
	西湖賦箋	5764
	西湖覽詩志	2234
	西湖覽勝志	2234
	西湖八社詩	6430
	西湖八社詩帖	6430
	西湖繁勝錄	2274
	西澗文集	4905
	西澗先生文集	4905
	西澗初集	5979
	西澗草堂詩集	6259
	西澗草堂集	6259

38	西洋番國志	2343
	西洋朝貢典錄	2352
40	西臺漫記	4447
	西臺奏議(清・楊雍建撰)	
		1425
	西臺奏議(清・楊素蘊撰)	
		1421
	西南行草	5957
	西南紀事	1288
	西樵詩選	5831
	西樵山志	2225
	西樵山人詩集	5831
	西樵遺稿	5050
	西樵志	2225
	西樵野記	4506
41	西垣奏草	1357
43	西域行程記	1799
44	西村顧先生省己錄	2730
	西村省己錄	2730
45	西樓詩選	5550
	西樓集	5550
	西樓存稿	5550
	西樓全集	5550
47	西極篇	3200
48	西槎彙草	2531
50	西事珥	2283
51	西軒效唐集	4996

	西軒效唐集錄	4996
55	西曹雜詩	5857
	西曹秋思	6533
60	西圃叢辨	3728
	西田語略	2781
	西園遺稿	6567
64	西疇老人常言	3512
	西疇日鈔	2852
	西疇常言	3512
67	西墅集	4886
	西野遺稿	5252
	西野李先生遺稿	5252
71	西原先生遺書	5105
	西原約言	3538
	西原遺書	3537, 5105
72	西岳神祠事錄	2237
	西岳華山志	4653
77	西學凡	3636
87	西銘解拾遺	2688
	西銘問答	5687

酉

| 76 | 酉陽山人編蓬集、後集 | 5655 |

百

| 10 | 百一詩 | 6022 |
| | 百可亭集 | 5360 |

百可亭集奏議、書問、詩摘
稿　　　　　　　　5360
百可亭摘稿　　　　5360
17　百子咀華　　　　3991
百子金丹　　　　　4071
22　百川集　　　　　5308
24　百僚金鑑　　　　2419
26　百泉子緒論　　　3557
27　百將傳　　　　　2994
百名家詩選　　　　6613
百名家選　　　　　6613
30　百家論鈔　　　　6483
百家類纂　　　　　3982
百寶總珍集　　　　3423
43　百城煙水　　　　2210
44　百花洲集　　　　5569
百花鼓吹　　　　　6442
百花鼓吹、梅花　　6442
百苦吟　　　　　　5823
50　百中經　　　　　3293
百夷傳　　　　　　2341
53　百感錄　　　　　3540
77　百段錦　　　　　6702
百尺梧桐閣集　　　5945
百尺梧桐閣集詩、文　5945
百尺梧桐閣遺稿　　5945
百尺梧桐閣全集詩、文、遺

稿　　　　　　　　5945

1060₁ 吾

00　吾廬先生遺書　　6106
吾廬遺書　　　　　6106
吾廬遺筆　　　　　6106
40　吾友于齋詩鈔　　6162
47　吾好遺稿　　　　5905
67　吾野詩集　　　　5634
吾野漫筆　　　　　5399
98　吾悔集　　　　　5742

晉

00　晉唐指掌　　　　2626
晉文歸　　　　　　6506
07　晉記　　　　　　1165
12　晉列國指掌　　　2626
30　晉安風雅　　　　6510
32　晉溪本兵敷奏　　1360
晉溪奏議　　　　　1360
44　晉草　　　　　　5472
50　晉史乘　　　　　1904
晉史刪　　　　　　1149
晉書別本　　　　　1151
74　晉陵先賢傳　　　1712
87　晉錄　　　　　　2280

1060₃ 雷

08 雷譜　　　　　　　　3965，4535

37 雷次宗豫章古今記　　　　　2273

80 雷公砲製藥性解　　　　　　3111

1060₉ 否

50 否泰錄　　　　　1234，4920

1062₀ 可

00 可齋雜記　　　　　　　　4407

26 可泉辛巳集　　　　　　　5067

　　可泉先生文集　　　　　5212

　　可泉擬涯翁擬古樂府

　　　　　　　　5067，5068

　　可泉四岳集　　　　　　5067

44 可菴書牘　　　　　　　　5509

46 可如　　　　　　　　　　4053

86 可知編　　　　　　　　　4230

1063₂ 釀

22 釀川集　　　　　　　　　6049

　　釀川集文、詩、詞　　　　6049

　　釀川翁集　　　　　　　6049

87 釀錄　　　　　　　　　　3465

1064₇ 醇

21 醇儒傳　　　　　　　　　5181

1064₈ 碎

10 碎玉合編　　　　　　　　6279

80 碎金集　　　　　　　　　6272

醉

77 醉鷗墨君題語　　　　　　3361

80 醉翁滑稽風月笑談　　　　4556

1071₇ 瓦

80 瓦缶集　　　　　　　　　6120

1073₁ 雲

00 雲齋廣錄、後集　　　　　4496

22 雲川文集　　　　　　　　4916

　　雲川閣集　　　　　　　6112

　　雲川閣集詩、詞　　　　6112

　　雲川閣詩集　　　　　　6112

　　雲崗選稿　　　　　　　5187

　　雲嶠集　　　　　　　　5996

　　雲山漫興　　　　　　　4117

　　雲山堂集　　　　　　　5333

24 雲岐子保命集　　　　　　3072

　　雲岐子脈　　　　　　　3072

32　雲溪文集　6127
37　雲湖堂詩集　5718
　　雲湖堂集　5717
40　雲在詩鈔　6139
　　雲南機務鈔黃　1223
　　雲樵文集　5682
44　雲邁淡墨　4037
　　雲林遺事　1524
　　雲林寺志　2270
47　雲根清墅集　6160
　　雲根清墅山房詩　6160
50　雲中集　5714
　　雲中紀變　1268
　　雲東拾草、附錄　5457
77　雲岡遺稿　5187
　　雲岡選稿　5187
　　雲岡公文集　5187
　　雲門志略　2158
　　雲間雜記　4469
80　雲龕遺稿　5750
　　雲谷臥餘　3864

1077₂　函

22　函山集　5109
　　函山先生集　5109
50　函史　1143

1080₆　貢

77　貢舉敍略　2428

1090₀　不

10　不二齋文集　5470
17　不礙雲山樓稿　5931
44　不菴易贅　189
　　不共書　5858

1090₄　栗

00　栗齋文集　5435
40　栗太行山居集　5398
44　栗菴遺稿　4946

1096₃　霜

22　霜巖集　5149

1111₀　北

02　北新關志　2506
　　北新鈔關志　2506
10　北平錄　1221
21　北上稿　5016
　　北征記　1230
　　北征事蹟　1242
　　北征錄　1229
　　北行日譜　1825

	北行錄	4963
	北虜事蹟	2996
	北虞先生遺文	5329
	北虞遺文	5329
22	北山律式	4769
25	北使錄	1237
26	北泉文集	631
	北泉集	5167
	北泉草堂詩集	631，5167
27	北歸志	1832
30	北窗瑣語	4436
31	北河續記	2103
36	北邊事蹟	2996
	北邊備對	2118
	北還錄	1256
38	北游稿	5900
	北游續稿	5900
	北海野人稿	5178
	北遊稿	5016
	北遊漫稿	5420
	北遊漫稿文	5420
	北遊漫稿詩	5420
	北遊草、微草、還草	6117
43	北狩行錄	1180，1210
	北狩見聞錄	1194
	北狩錄	1180
44	北地紀	2009

45	北樓日記	1309
50	北史鈔	1886
	北奉使集	5203
55	北曲聯珠集	6817
67	北墅詩記	3491
	北墅緒言	5920
	北墅抱翁錄	3491
88	北笥存稿	5624

玑

| 50 | 玑青閣秋集 | 5820 |

1111₁　非

| 44 | 非老子略 | 5041 |

玩

00	玩鹿亭詩稿	5134
	玩鹿亭稿、附錄	5134
44	玩芳堂稿	5191
	玩芳堂摘稿	5191
48	玩梅亭詩集	5665
	玩梅亭集稿	5665
	玩梅亭稿	5665
50	玩畫齋雜著編	5620
60	玩易意見	17
	玩易微言摘鈔	82

1111_4　班

44　班范肪截　　　　　2662

71　班馬異同評　　　　1086

1112_0　珂

10　珂雪詩　　　　　　5940

　　珂雪詩集　　　　　5940

　　珂雪詞　　　　　　5940

1113_6　鼉

77　鼉尾集、續集、後集　5849

　　鼉桑樂府　　　　　6196

1114_0　珥

88　珥筆閒吟　　　　　5703

1120_7　琴

01　琴語集　　　　　　6114

08　琴譜正傳　　　　　3384

　　琴譜大全　　　　　3385

　　琴譜指法省文　　　5723

09　琴談　　　　　　　3394

11　琴瑟譜　　　　　　0913

32　琴溪集　　　　　　5096

60　琴圖補疑　　　　　943

77　琴學心聲　　　　　3393

　　琴學內篇、外篇　　3395

1121_1　麗

27　麗句集　　　　　　4328

40　麗奇軒四書講義　　851

　　麗奇軒易經講義　　173

1121_6　彊

03　彊識略　　　　　　4248

1122_7　彌

47　彌格子　　　3630(跋)

1123_2　張

00　張方洲奉使錄　　　4938

　　張康侯詩草　　　　5826

　　張文貞外集　　　　5879

　　張文僖公文集、詩集　4963

　　張文僖公詠史詩　　4963

　　張文僖公詩集　　　4963

　　張文僖公和唐詩　　4963

　　張文潛文集　　　　6544

　　張文忠集　　　　　5141

　　張文忠公詩文集　　5310

　　張文忠公集　　　　5141

　　張文學集　　　　　5537

　　張六湖集　　　　　6268

01	張龍湖集	5139
	張龍湖先生文集	5139
03	張誠菴詩集	6248
08	張澣東集	5374
	張澣東先生文集	5374
10	張可菴先生書牘	5509
12	張水南文集	5140
	張水南集	5140
	張弘山集	3619
	張弘山先生集	3619
17	張羽王集	5351
	張豫源牡丹百詠七言律詩	
		6442
	張子和心鏡別集	3074
	張子淵源錄	2953
	張君一先生毛詩微言	419
	張司馬定浙二亂志	1827
20	張乖崖事文錄	1513
	張稚松先生文集	6095
24	張伎陵集	5024
26	張白雲選名公扇譜	3367
30	張宛丘集	6544
	張安孝先生遺稿	503
31	張江陵全集	5310
	張邇可集	5996
40	張九一詩集	5358
	張大家蘭雪集	4844

	張太初集	5633
	張南湖集	5102
	張南湖先生詩集	5102
44	張考夫遺書	4159
46	張楊園先生集	4158
47	張超然詩集	5997
50	張表臣詩話	6715
	張秦亭詩集	5765
	張東白集	4947
	張東海詩集、文集	4961
	張東海集	4961
	張東海集詩文	4961
	張東海先生詩集、文集	4961
	張東海全集	4961
52	張靜思文集	5215
57	張抱初先生印正稿	2832
	張抱初年譜	1551
	張邦昌事略	1851
60	張界軒集	2868
	張禺山集	5063
	張禺山戊己吟、作詩、作詩	
	續	5063
67	張鷦庵先生集	4870
72	張氏雜著	5969
	張氏說詩	411
	張氏集註百將傳	2994
	張氏藏書	4142

　　　張氏醫通　　　　　　3125
76　張陽和先生不二齋文選
　　　　　　　　　　　　5470
　　　張陽和先生不二齋稿　5470
77　張居來集　　　　　　5335
80　張愈光詩文選、附錄　5063
　　　張愈光詩選　　　　5063
90　張小山樂府　　　　　6817
　　　張小山小令　　　　6817
　　　張光世傳　　　　　5024

1164₀　研

22　研幾圖　　　　　　　2723
　　　研幾錄　　　　　　2768
　　　研山齋珍玩集覽　　3922
　　　研山齋珍賞歷代名賢法書
　　　集覽　　　　　　　3371
　　　研山齋珍賞歷代名賢墨蹟
　　　集覽　　　　　　　3371
　　　研山齋珍賞歷代名賢圖繪
　　　集覽　　　　　　　3378
　　　研山齋墨蹟集覽、法書集覽
　　　　　　　　　　　　3371
　　　研山齋圖繪集覽　　3378
　　　研山齋歷代名賢法書集覽
　　　　　　　　　　　　3371

　　　研山齋歷代名賢圖繪集覽
　　　　　　　　　　　　3378
　　　研山齋鑒定歷代珍玩集覽
　　　　　　　　　　　　3922
　　　研山山人漫集　　　5480

1168₆　碩

53　碩輔寶鑑要覽　　　　1652

1171₁　琵

11　琵琶十七變　　　　　5826

1180₁　冀

43　冀越雜記　　　　　　4403
　　　冀越集　　　　　　4403
　　　冀越集記　　　　　4403
　　　冀越通　　　　　　4126

1210₈　登

30　登瀛集　　　　　　　6017
44　登封縣志　　　　　　2057

1212₇　瑞

10　瑞石山紫陽道院集　　4671
76　瑞陽阿集　　　　　　5514
88　瑞竹亭合稿　　　　　6623

1213₄　璞

77　璞岡集　　　　　　5245
90　璞堂文鈔　　　　　6274

1217₂　聯

27　聯句私鈔　　　　　6351
　　聯句錄　　　　　　6340

1219₄　璨

57　璨探　　　　　　　1524

1220₀　引

21　引經釋　　　　825，826
　　引年錄　　　　　　4685

列

17　列子辨　　　　　　4608
22　列仙通紀　　　　　4690
30　列流測　　　　　　4126
77　列卿紀　　　　　　1642

1223₀　水

07　水部稿　　　　　　5246
　　水部備考　　　　　2533
10　水西集　　　　　　5172
　　水西居士集　　　　5172

水雲詩鈔　　　　　4799
水雲詞　　　　　　6793
水雲集　　　　　　4799
水雲村诓稿　　　　4810
水雲村泯稿　　　　4810
水雲村吟稿　　　　4810
水雲錄　　　　　　3906
21　水經注碑目　　　　2550
　　水經注所載碑目　　2550
22　水利文集　　　　　2067
25　水牛經　　　　　　3148
32　水洲文集　　　　　5176
40　水南集　　　　　　5035
　　水南稿　　　　　　5035
44　水村易鏡　　　　　　6
50　水東集　　　　　　6063
60　水田居文集　　　　5753
　　水田居士文集　　　5753
　　水田居士集　　　　5753
　　水田居全集　　　　5753
　　水品　　　　　　　3451
　　水品全帙　　　　　3451
67　水明樓集　　　　　5557
80　水鏡詩集　　　　　4820
　　水鏡元公詩集　　　4820
　　水鏡集　　　　　　4820
88　水鑑　　　　　　　2116

弘

10　弘正詩抄　　　　　6381

1224₇　弢

53　弢甫五岳集　　　　6186
　　弢甫集　　　　　　6186
　　弢甫續集　　　　　6186

發

44　發蒙宏綱　　　　　6297

1240₀　刑

20　刑統賦　　　　　　3029
　　刑統賦疏　　　　　3029
　　刑統賦解　　　　　3029
27　刑名啓蒙心妙總集　2528
34　刑法敘略　　　　　3030

1240₁　廷

50　廷中疏草　　　　　5514

延

00　延慶寺紀略　　　　2249
10　延平文集　　　　　4771
22　延綏鎮志　　　　　2135
24　延休堂漫錄　　　　4421

40　延壽寺紀略　　　　2249
　　延壽書　　　　　　4657
　　延壽第一紳言　　　4649
74　延陵書塾合璧　　　6642
　　延陵合璧　　　　　6642

1241₀　孔

00　孔廟禮樂考　　　　2447
　　孔庭神在錄　　　　1744
　　孔文谷文集、續集、詩集
　　　　　　　　　　　5223
　　孔文谷詩集　　　　5222
　　孔文谷續集　　　　5223
　　孔文谷集、續集、詩集
　　　　　　　　5223，5224
01　孔顏孟三氏誌　　　1449
10　孔天徵文集　　　　5908
　　孔天徵集　　　　　5908
16　孔聖全書　　　　　1453
17　孔孟事蹟圖譜　　　1450
　　孔子論語年譜　　　1446
　　孔子家語　　　　　2672
　　孔子家語註　　　　2672
　　孔子遺語　　　　　2856
　　孔子世家補　　　　1444
　　孔子弟子傳略　　　1468
　　孔子年譜　　　　　1473

　　　孔子年譜綱目　　　1467
30　孔宅志　　　　　　　2266
32　孔叢子正義　　　　　2674
50　孔中丞句圖　　　　　6695
72　孔氏實錄　　　　　　1445
77　孔門兩弟子言詩翼　　430
　　　孔門易緒　　　　　　221
　　　孔門弟子傳略　　　1468
82　孔鍾英集　　　　　　5911
90　孔惟敘集　　　　　　5912
　　　孔尚任詩　　　　　6044
　　　孔尚任詩文集　　　6044

1241₃　飛

27　飛鳧語略　　　　　　3915
37　飛鴻亭集　　　　　　5169
44　飛燕外傳　　　　　　4387

1243₀　癸

50　癸未三春雜感疊韻詩　5821
　　　癸未夏鈔　　　　　4467

孤

10　孤石山房詩集　　　　6209
44　孤樹褒談　　　　　　4434
50　孤忠小史　　　　　　1915
71　孤臣泣血錄　　　　　1177

88　孤竹賓談　　　　　　3792

1249₃　孫

00　孫文垣醫案　　　　　3114
　　　孫文恭公遺書　　　5359
　　　孫文恪集　　　　　5251
　　　孫文恪公集　　　　5251
01　孫評詩書禮三經　　　768
10　孫百川集　　　　　　5308
　　　孫百川先生未刻稿　5308
17　孫子集注　　　　　　3022
　　　孫子參同　　　　　2982
　　　孫子彙徵　　　　　2983
22　孫山甫督學文集、詩集　5359
35　孫清簡集　　　　　　4968
　　　孫清簡公集　　　　4968
50　孫夫人詩集　　　　　5251
　　　孫夫人集　　　　　5251
72　孫氏醫案　　　　　　3114
77　孫月峯先生評文選　　6287
　　　孫月峰評經　　　　768
　　　孫月峰先生批評詩經　768
82　孫鍾元先生答問　　　2866

1260₀　副

25　副使遺稿　　　　　　4746
60　副墨　　　　　　　　5325

酬

27　酬物難　　　　3549，4126

1263₇　砭

27　砭身集　　　　2969

1310₀　恥

00　恥亭遺書　　　　2950
27　恥躬堂文集　　　　5842
　　恥躬堂詩文集　　　　5842
44　恥菴集　　　　4940

1313₂　琅

17　琅邪二子近詩合選　　5831
　　琅邪代醉編　　　　3992
78　琅鹽井志　　　　2058

1314₀　武

21　武經三子體注　　　2988
　　武經備旨彙解説約　　2988
　　武經體註　　　　2988
　　武經體註大全會解　　2988
24　武備新書　　　　3008
　　武備志略　　　　3023
26　武穆王集　　　　1526
27　武侯新書　　　　2986

　　武侯心書　　　　2986
　　武侯全書　　　　1537
30　武宗外紀　　　　1339
44　武林靈隱寺志　　　2255
　　武林西湖高僧事略　　4584
　　武林稿　　　　5267
　　武林志餘　　　　2268
　　武林草　　　　5939
50　武夷詩集　　　　6309
　　武夷集(明・包大中撰)
　　　　　　　　5433
　　武夷集(清・陳鵬年撰)
　　　　　　　　6063
　　武夷山詩集　　　　6309
　　武夷山志　　　　2143
　　武夷山志略　　　　2156
　　武夷遊詠　　　　6395
　　武夷九曲志　　　　2226
77　武學志　　　　2402

1315₀　職

30　職官志　　　　2392

1323₆　強

46　強恕齋文鈔　　　　6256
　　強恕齋詩鈔、文鈔　　6256
　　強恕堂詩集　　　　5929

強恕堂集　　　　　5929

1325₃　殘

50　殘本唐語林　　　4392
　　殘本文華大訓箋解　2818
　　殘本諸儒奧論策學統宗
　　　　　　　　　　6312
　　殘本雲川閣詩集　6112
　　殘本經史緒言　　5967
　　殘本湖陵江氏集　6682
　　殘本成仁遺稿　　6366
　　殘本賦清草堂詩鈔　6075
　　殘本金湯十二籌　3020
　　殘本光嶽英華　　6318

1413₁　聽

10　聽雨紀談　　　　3759
22　聽山亭草　　　　5904
33　聽心齋客問　　　3627
37　聽潮居存業　　　3867
44　聽花軒摘稿　　　5511

1420₀　耐

28　耐俗軒新樂府　　5922
　　耐俗軒詩集　　　5922
　　耐俗軒詩鈔　　　5922

1464₇　破

11　破研齋集　　　　5552
22　破山興福寺志　　2254

1513₀　璉

22　璉川詩集　　　　5256

1540₀　建

00　建文皇帝事蹟備遺錄　1275
　　建文遺蹟　　　　1275
　　建文朝野彙編　　1298
　　建文史待　　　　1320
　　建文事迹備遺錄　1275
　　建文書法儗　　　1307
30　建甯一物傳　　　1631
76　建陽縣志、雜志、續志　1961
90　建炎維揚遺錄　　1184
　　建炎復辟記　　　1188
　　建炎進退志　　　1354
　　建炎通問錄　　　1183
　　建炎時政記　　1182, 1354

1562₇　礵

00　礵庵槧　　　　　3203

1611₄　理

27	理解體要	2976
77	理學辨	2888
	理學就正言	3662
	理學正宗	2919
	理學要旨	2890
	理學儒學史學論	3895
	理學備考	1761
	理學傳心纂要	2865
	理學疑問	2957
95	理性元雅	3387

1613₀　聰

22	聰山詩集、文集	5748
	聰山詩選	5748
	聰山集	5748

1613₂　環

00	環應編	4028
16	環碧齋詩集、尺牘	5218
	環碧端小言	3609
17	環翠堂坐隱集選	5625
	環召集	6017
32	環溪集	5210
	環溪漫集	5210

1623₆　強

| 12 | 強聒錄 | 4161 |

1625₆　彈

| 82 | 彈劍草 | 5690 |

1660₁　碧

22	碧川文選	4976
	碧川文選、詩選、別錄、補遺	4976
	碧川文選、補遺	4976
	碧山新稿、續稿	6818
	碧山樂府	6818
	碧山樂府、拾遺	6818
32	碧漸堂詩草	1152
	碧溪叢書	1210
37	碧湖雜記	3743
44	碧麓堂集	5113, 5241
60	碧里雜存	4430

1661₀　硯

11	硯北雜錄	4102
	硯北叢錄	4483
	硯北易鈔	212

1661₄　醒

00	醒言	3651
22	醒後集、續集、附京省次	
		5459
44	醒世格言	5871

1664₀　碑

60	碑目	2554

1710₃　丞

46	丞相呂穆公遺事	1487

1710₇　孟

10	孟雲浦集、年譜	5517
	孟雲浦先生集	5517
17	孟子説解	828
	孟子發題	805
	孟子生卒年月考	1472
	孟子解	804
	孟子(宋・蘇洵評)	803
	孟子考異(宋・王應麟撰)	
		809
	孟子考異(清・陸隴其撰)	
		856
	孟子年譜	1447
24	孟化鯉文集	5517

27	孟叔龍先生集	5517
	孟叔子史發	2639
40	孟有涯集	5045
80	孟義訂測	822

1712₀　羽

10	羽王先生集略	5351

聊

60	聊園詩略前集、後集	5877
	聊園集	5877
	聊園續集	5877
	聊園全集	5877

1712₇　邛

88	邛竹杖	4478

瑯

16	瑯環記	3942
17	瑯琊曼衍	3704
	瑯琊漫鈔	3752
	瑯琊漫鈔摘錄	3752
46	瑯嬛史唾	4459

鄧

00	鄧文潔集	5475
	鄧文潔公佚稿	5475

30　鄧定宇先生文集　　　5475

31　鄧潛谷五經繹　　　　766

74　鄧尉聖恩寺志　　　　2251

　　鄧尉山志　　　　　　2149

1714₀　取

27　取象諸體　　　　　　96

1714₇　瓊

17　瓊瑤發明神書　　　　3070

31　瓊河稿山居集　　　　5187

　　瓊河稿卧痾集　　　　5187

40　瓊臺詩話　　　　　　6714

　　瓊臺先生詩話　　　　6714

44　瓊花譜　　　　　　　3467

　　瓊林雅韻　　　　　　6823

1717₂　瑤

90　瑤光閣詩集、文集、詩文新
　　集　　　　　　　　5670

　　瑤光閣集　　　　　　5670

1720₂　予

30　予寧草　　　　　　　5639

廖

17　廖廖集　　　　　　　5415

1720₇　了

00　了庵詩集、附　　　　5719

　　了庵詩、像贊　　　　5719

44　了莃文集　　　　　　5719

1722₀　殉

27　殉身錄　　　　　　　3702

1722₇　甬

50　甬東集　　　　　　　5568

　　甬東山人稿　　　　　5617

胥

40　胥臺集　　　　　　　5184

粥

60　粥品　　　　　　　　3465

鷳

67　鷳吹集　　　　　　　5957

1723₂　承

38　承啓堂稿　　　　　　5235

44　承華事略　　　　　　2582

豫

00	豫章詩話	6729
	豫章遊稿	5752
	豫章古今記	2273
	豫章書	1671
	豫章書院唱和詩	6117
	豫章唱和詩	6117
	豫章全書	1671
40	豫志	2322

聚

06	聚課瓊珠詩對	4203

1732₇　鄢

60	鄢署雜鈔	4541

1733₂　忍

21	忍經	3938
50	忍書	3738

1734₆　尋

22	尋樂文集	4899
	尋樂編	3647
	尋樂堂集	5058
27	尋壑外言	5924

1740₇　子

10	子平三命淵源註	3286
	子貢言詩	408
25	子朱子爲學次第考	2956
30	子家子	2718
44	子苑	4121
46	子相文選	5352
50	子史碎語	4038
	子史經濟言	4294
	子史彙纂	4334
	子史類語	4038
53	子威集	5331

1740₈　翠

30	翠滴樓詩集	5975
45	翠樓集	6605
46	翠娛閣評選湯若士先生小品	5579
77	翠屏筆談	4398

1750₆　鞏

17	鞏郡記	6336

1750₇　尹

04	尹訥菴先生遺稿	4868
	尹訥菴遺稿	4868

26　尹和靖年譜　　　1490

1760₂　召

34　召對錄　　　1290

1760₇　君

17　君子堂詩　　　2636
71　君臣相遇錄　　　1495
78　君鑒　　　3946

1762₀　司

24　司勳文集　　　5219
　　司勳五種集　　　5831
　　司勳集　　　5219
28　司牧安驥集　　　3149
　　司牧寶鑑　　　5747
　　司牧馬經痊驥通元論　　　3151
32　司業文集　　　6170
　　司業詩集　　　6171
53　司成遺翰　　　5262
71　司馬文正公傳家集　　　6544
　　司馬溫公詩話　　　6715

1762₇　郡

22　郡縣釋名　　　1946
60　郡國利病書　　　1952

邵

00　邵康節外紀　　　1554
　　邵康節加一倍法　　　3259
11　邵北虞先生遺文　　　5329
13　邵武府志　　　2004
17　邵子加一倍法　　　3259
　　邵子附錄　　　3184
50　邵青門全集　　　5980
72　邵氏家錄　　　5980
86　邵錫奏疏　　　1365

1768₂　歌

23　歌代嘯　　　5424

1771₀　乙

16　乙醜禮闈分校日記　　　3677
50　乙未亭詩集　　　6083
　　乙未私志　　　1305
77　乙巳占略例　　　3212
　　乙巳泗州錄　　　1792

1771₇　己

00　己亥存稿　　　5711
10　己酉航海記　　　1186
　　己酉避亂錄　　　1793
22　己山先生文集、別集　　　6167

30　己寬堂集　　　　　　5275
50　已未留　　　　　　　2840
　　己未留稿　　　　　　2840
64　己畦文集、詩集　　　5957
　　已畦詩集、文集　　　5957
　　己畦詩近刻　　　　　5957
　　己畦詩選餘舊存　　　5957
　　己畦詩舊存　　　　　5957
　　己畦集　　　　5957，6763

已

40　已有園續稿　　　　　5032
　　已有園小稿　　　　　5032

1780₁　翼

07　翼望山人文鈔　　　　5764
10　翼正錄　　　　　　　2601
　　翼元(玄)　　　　　　3182
44　翼藝典略　　　　　　891
77　翼學編　　　　　　　3968

1812₁　瑜

00　瑜齋詩草　　　　　　6241

1812₂　珍

15　珍珠船　　　　　　　4047

珍珠囊指掌補遺藥性賦
　　　　　　　　　　　3073
46　珍駕提羽　　　　　　3809

1814₀　攻

46　攻媿文集　　　　　　4779
　　攻媿先生文集、詩集　4779

政

00　政府書答　　5288，5291
02　政訓　　　　　　　　3957
08　政譜　　　　　　　　4381
12　政刑類要　　　　　　3033
55　政典彙編　　　　　　4366
77　政學合一集　　　　　4165
　　政學錄　　　　　　　2417
　　政問錄　　　　　　　4126
78　政監　　　　　　　　2589

致

26　致和堂文集　　　　　5381
27　致身錄　　　　　　　1318
86　致知格物解　　　　　2876
90　致堂讀史管見　　　　2576
　　致堂先生讀史管見　　2576
　　致堂先生崇正辨　　　2701

1818₁　璇

12　璇璣碎錦　　　　　5928

　　璇璣遺述　　　　　3172

1833₄　憨

24　憨休和尚敲空遺響　6214

1840₄　嫠

77　嫠賢文軌、拾遺　　6374

1844₀　孜

90　孜堂文集　　　　　5960

　　孜堂初集　　　　　5960

1863₂　磁

80　磁人詩　　　　　　6679

1865₁　群

10　群玉樓集　　　　　5143

　　群玉樓稿　　　　　5143

　　群碎錄　　　　　　4046

21　群經辨疑錄　　　　760

　　群經疑辯錄　　　　760

　　群經輔易説　　　　135

22　群仙珠玉集　　　　4675

　　群仙珠玉集成　　　4675

群仙會真記、像傳　　　4632

44　群芳譜　　　　　　3485

　　群芳清玩　　　　　4153

50　群史品藻　　　　　2605

　　群忠備遺錄　　　　1650

　　群忠錄　　　　　　1621

　　群書麗句　　　　　969

　　群書集事　　　　　4824

　　群書集事淵海　　　4224

　　群書備考古學捷　　4377

　　群書備數　　4217，4218

　　群書歸正集　　　　2802

　　群書摘草　　　　　3989

　　群書拾唾　　　　　4217

　　群書鉤元（玄）　　4211

　　群書纂數　　　　　4219

　　群書纂粹　　　　　4253

　　群書纂類　　　　　4220

　　群書類句　　　　　4189

53　群輔錄　　　　　　4168

70　群雅集　　　　　　6622

77　群賢梅苑　　　　　6799

80　群公翰藻　　　　　6424

　　群公四六　　　　　6300

　　群公四六續集　　　6300

　　群公小簡　　　　　6355

1874₀　改

00	改亭文集、詩集	5858
	改亭詩集、文集	5858
	改亭集	5858
10	改元考	2439
30	改定朱子年譜	1571
90	改堂先生文鈔	6108
	改堂文鈔	6108

1918₀　耿

10	耿天臺文集	5367
	耿天臺先生文集	5367
17	耿子庸言	2790
22	耿巖文集	5808
	耿岩文選	5808
50	耿中丞楊太史批點近溪羅子全集	5363

1918₆　瑣

09	瑣談	5501
27	瑣綴錄	4409

2010₄　壬

80	壬午功臣爵賞錄	1253
	壬午功臣別錄	1253
	壬午功賞別錄	1253
	壬午匭歲雜感疊韻詩	5821

垂

00	垂廣分門三蘇先生文粹	6575
02	垂訓樸語	3643
	垂訓朴語	3643
10	垂雲亭	6097
44	垂世芳型	2655

重

01	重訂高郵王西樓先生野菜譜	3048
	重訂廣事類賦	4368
	重訂集古梅花詩	5004
	重訂湛園未定稿	6077
	重訂古周禮	498
	重訂楊園先生全集	4158
	重訂申文定公書經講義會編	340
	重訂批點春秋左傳狐白句解	628
	重訂成仁遺稿	6366
	重訂四書輯釋	811
	重訂四書輯釋章圖通義大成	811
	重訂易經疑問	68

重訂易學説海　　　　103

重訂馬氏等音外集、内集
　　　　　　　　　　1051

　重訂欣賞編　　　　3966

02　重刻讀書鏡　　　　2633

　重刻二鄉亭詞　　　　5798

　重刻二十五言　　　　3631

　重刻王仁子先生嫩園遺稿
　　　　　　　　　　5646

　重刻天游集　　　　4871

　重刻西村顧先生省己録
　　　　　　　　　　2730

　重刻張太岳先生文集　5311

　重刻秋坡先生詩文集　4859

　重刻秋坡先生詩集　　4859

　重刻完菴劉先生詩集　4921

　重刻心齋王先生語録　2773

　重刻襪線集　　　　4895

　重刻涂子類稿　　　5054

　重刻來瞿塘先生日録内篇、
　外篇　　　　　　　3572

　重刻蔣文定公湘皋集　4993

　重刻萬氏家傳濟世良方
　　　　　　　　　　3094

　重刻楊復所先生家藏文集
　　　　　　　　　　5515

　重刻翰林校正少微通鑑大

全　　　　　　　　　1092

重刻畸人十篇　　　　3633

重刻鄭端簡公年譜　　1530

12　重刊麻姑山志　　　2267

重刊許氏説文解五音韻譜
　　　　　　　　　　955

重刊朱子儀禮經傳通解605

重刊宋朝南渡十將傳　1586

重刊校正唐荆川先生文集
　　　　　　　　　　5203

重刊救荒活民補遺書　2484

重刊救荒補遺書　　　2484

重刊醫方選要　　　　3083

重刊無垢先生橫浦心傳録
　　　　　　　　　　3504

23　重編五經圖　　　　788

重編朱子學的　　　　2737

重編使琉球録　　　　1295

重編古筠洪城幸清節公松
垣文集　　　　　　　4790

重編東坡先生外集　　4750

27　重修三原志　　　　1971

重修正文對音捷要真傳琴
譜大全　　　　　　　3385

重修兩浙鹺志　　　　2500

重修考古圖　　　　　3415

重修毘陵志　　　　　1970

28　重徵集　　　　　　6017

40　重校宋竇太師瘡瘍經驗全

　　書　　　　　　　3069

　　重校古周禮　　　　498

56　重輯祖陵紀略　　　2440

67　重明節館伴語錄　　1196

80　重鐫紫溪先生易經兒説　71

　　重鐫蘇紫溪先生易經兒説

　　　　　　　　　　　71

　　重鐫易經兒説　　　71

　　重鐫兩崖集　　　5171

86　重知堂詩　　　　5932

2013₂　黍

80　黍谷詩草　　　　5414

　　黍谷吟　　　　　5826

2022₁　停

73　停驂隨筆　　　　6121

　　停驂錄、續錄　　3764

2022₇　秀

22　秀巖集　　　　　5706

44　秀埜草堂詩集、年譜　6113

　　秀埜草堂集　　　6113

喬

44　喬夢符樂府　　　6817

傭

67　傭吹錄首集、次集　4325

雋

30　雋永　　　　　　4466

71　雋區　　　　　　4466

2024₁　辭

99　辭榮錄　　　　　1362

2024₇　愛

10　愛吾廬集　　　　5271

35　愛禮集　　　　　4855

　　愛禮先生集　　　4855

60　愛日堂詩　　　　6017

　　愛日堂詩集　　　6017

2025₂　舜

55　舜典補亡　　　　374

2026₁　信

28　信徵錄　　　　　4543

40　信古餘論　　　　2808

76　信陽子卓錄　　　　　2905
　　信陽子卓錄補遺　　　2905
　　信陽州志　　　　　　2035

2033₁　焦

17　焦弱侯問答　　　　　3607
22　焦山古鼎考　　　　　3417
40　焦太史彙選中原文獻　6475
72　焦氏説楷　　　　　　3848
　　焦氏筆乘　　　　　　3818
　　焦氏類林　　　　　　4002

2039₆　鯨

11　鯨背吟　　　　　　　2068

2040₀　千

10　千百年眼　　　　　　3842
21　千慮策　　　　　　　4775
29　千秋金鑑　　　　　　2678
　　千秋金鑑錄　　　　　2678
30　千家姓文　　　　　　4353
　　千家姓增補注釋　　　4353
40　千古辨疑　　　　　　3699
　　千古功名鏡、拾遺　　3509
60　千疊波餘、續編、補遺　5821
80　千金堤志　　　　　　2091

2040₇　受

34　受祺堂文集、續刻　　5982
　　受祺堂詩集　　　　　5982

季

34　季漢五志　　　　　　1163
　　季漢書　　　　　　　1148
77　秀周傳　　　　　　　1122

雙

10　雙雲堂文稿、詩稿　　6037
21　雙行精舍校注汪水雲集
　　　　　　　　　　　　4799
22　雙峯存稿　　　　　　4765
　　雙峯吟　　　　　　　6668
27　雙峰先生文集　　　　4765
　　雙峰先生存稿　　　　4765
　　雙峰舒先生文集　　　4765
31　雙江文集　　　　　　5119
　　雙江聶先生文集　　　5119
32　雙溪雜記　　　　　　4412
　　雙溪草堂詩集　　　　6006
44　雙桂集　　　　　　　6332
　　雙桂軒集　　　　　　6332
　　雙樹軒詩鈔　　　　　6212
46　雙槐歲鈔　　　　　　4410

74　雙陸譜　　　　　3411

2041₄　雞

40　雞土集　　　　　5283
60　雞足山志　　　　2215
74　雞肋集　　　　　4801

2042₇　禹

10　禹貢方域考　　　　384
　　禹貢廣覽　　　　　360
　　禹貢説　　　　　　336
　　禹貢説長箋　　　　336
　　禹貢詳略　　　　　330
　　禹貢譜　　　　　　378
　　禹貢正義　　　　　373
　　禹貢元珠　　　　　342
　　禹貢山川郡邑考　　341
　　禹貢備遺　　　　　347
　　禹貢備遺增注　　　347
　　禹貢解　　　　　　379
　　禹貢約義　　　　　387
　　禹貢通解　　　　　363
　　禹貢古今合注　　　357
　　禹貢標旨　　　　　363
　　禹貢圖註　　　　2637
　　禹貢圖説　　　　　335
　　禹貢圖注　　　　　356

　　禹貢臆參　　　　　377
　　禹貢匯説　　　　　350
　　禹貢匯疏　　　　　350
　　禹貢合注　　　　　357
22　禹川集　　　　　5350
27　禹峰先生文集　　5725
　　禹峰先生詩集　　5725
77　禹門集　　　　　6275
　　禹門寺志　　　　2250

2043₀　奚

50　奚囊手鏡　　　　3960
　　奚囊蠹餘　　　　5255

2060₄　舌

44　舌華錄　　　　　4023

看

10　看雲草　　　　　6092
60　看易凡例圖説　　　44

2060₉　香

10　香雪林集　　　　3471
22　香山詩鈔　　　　4737
　　香山集　　　　　6063
30　香宇集　　　　　5439
　　香案牘　　　　　4681

32	香溪集	6114
40	香奩四友	4566
	香奩四友傳	4566
43	香城居士七十以後詩	6023
	香域內外集	6213
44	香草居集	5999
60	香國	3437

2061₄　雜

77	雜闈源流錄	1765

2064₈　皎

23	皎然詩式輯校新編	6684

2071₄　毛

00	毛文簡集	5008
	毛文簡公遺稿	5008
	毛襄懋集	5072
	毛襄懋先生幽光集、書、行狀、墓志銘	5072
	毛襄懋先生文集	5072
	毛襄懋先生奏議	1363，5072
	毛襄懋先生別集	5072
	毛襄懋先生全集	5072
	毛襄懋奏議	1363
	毛襄懋全集	5072

04	毛詩廣義	480
	毛詩辨正	400
	毛詩訂韻	473
	毛詩説(清・諸錦撰)	470
	毛詩説(明・陳以蘊撰)	422
	毛詩説序	405
	毛詩正變指南圖(不著撰人)	402
	毛詩正變指南圖(明・吳繼仕撰)	769
	毛詩發微	428
	毛詩多識編	416
	毛詩解	424
	毛詩鳥獸草木考	432
	毛詩微言(明・唐汝諤撰)	436
	毛詩微言(明・張以誠撰)	419
	毛詩通義	462
	毛詩或問	406
	毛詩日箋	452
	毛詩原解	417
25	毛朱詩説	468
40	毛古菴先生全集	5089
47	毛鶴舫先生文集	5861
72	毛氏殘書三種	3895

2090₄　禾

50　禾中倡和　　　　　5957

采

10　采石瓜洲斃亮記　　1193
　　采石大戰始末　　　1193
　　采石戰勝錄　　　　1193
44　采薇集　　　　　　5340
　　采芝堂集　　　　　5699
　　采菊雜咏(明·李璵編)
　　　　　　　　　　　4153
　　采菊雜咏(明·馬宏衙撰)
　　　　　　　　　　　5685
　　采菽堂詩集　　　　5889

集

00　集唐　　　　　　　5826
21　集虛齋集　　　　　6094
　　集虛齋古文　　　　6094
　　集虛齋學古文　　　6094
　　集虛堂餘草　　　　6119
　　集虛堂小草、餘草　6119
22　集山傳　　　　　　4639
25　集朱子讀書法　　　2939
26　集程朱格物法　　　2939
40　集古文英　　　　　6562

集古隸韻　　　　　　966
集古梅花詩(明·童琥撰)
　　　　　　　　　　5004
集古梅花詩(清·張吳曼
撰)　　　　　　　　6055
集古印譜　　　　　　3398
集古印藪　　　　　　3398
44　集杜　　　　　　5826
48　集梅花詩　　　　6055
80　集鐘鼎古文韻選　996

2090₇　秉

50　秉忠定義集　　　6401

2091₄　維

31　維禎錄　　　　　1261
56　維揚巡幸記　　　1185
　　維揚志　　　　　1981

2108₆　順

10　順天府志　　　　2034
30　順寧樓稿　　　　6677
60　順昌戰勝破賊錄　1210
　　順昌戰勝錄　　　1190
62　順則集　　　　　6466

2110₀　上

10	上天竺山志	2183
25	上生集	5660
32	上浮集	5831
34	上池雜説	3106
35	上清後聖道君列記	4660

止

00	止齋論祖	4785
21	止止堂集	5428
26	止泉文集	5890
60	止啼集	5644

2110₁　些

| 88 | 些餘集 | 5866 |

2110₃　衍

27	衍約説	3746
88	衍範	3205
	衍範論	3205

2111₀　此

40	此木軒經説彙編	786
	此木軒紀年略	1125
44	此菴語錄	2864
	此菴講錄	2864

| 46 | 此觀堂集 | 5654 |
| 50 | 此事難知 | 3072 |

2120₁　步

10	步天歌	3155
	步天歌正韻	3155
	步天集	5432

2121₀　仁

26	仁和縣志	2012
27	仁峰文集、外集	5014
88	仁節先生集	5693
	仁節遺稿	5693

2121₁　征

22	征蠻紀略	5248
40	征南詩草	5495
	征南草	5495

徑

| 22 | 徑山集 | 2241 |
| | 徑山志 | 2248 |

2121₄　偃

| 66 | 偃曝談餘 | 3845 |

虐

18　虐政集　　　　　　1315

2121₇　虎

32　虎溪漁叟集　　　　5760
44　虎薈　　　　　　　3494
　　虎林游　　　　　　5694
77　虎邱詩集　　　　　6323

虛

00　虛齋三書　　　　　2741
　　虛齋先生集　　　　4981
　　虛齋先生遺集　　　4980
　　虛齋遺集　　　　　4980
80　虛谷遺書　　　　　2945
88　虛籟集　　　　　　5357

盧

26　盧白雲集　　　　　6233

甌

21　甌甄集　　　　　　5341
　　甌甄洞集　　　　　5341
　　甌甄洞稿文類、詩集　5341
　　甌甄洞稿、續稿　　5341
　　甌甄洞續稿詩、文　5341

　　甌甄洞續稿詩部、文部5341

2122₀　何

00　何文簡公文集　　　5009
27　何御史孝子祠主復位錄
　　　　　　　　　　　1839
30　何之子　　　　　　3597
44　何燕泉詩　　　　　5009
　　何燕泉集　　　　　5009
48　何翰林集　　　　　5404
72　何氏類鎔　　　　　4272

2122₁　行

17　行己外編　　　　　5432
34　行遠集　　　　　　5051
　　行遠外集　　　　　5051
36　行邊紀聞　　　　　1271
40　行臺稿　　　　　　5016
50　行素堂詩集　　　　5874
80　行年錄　　　　　　4361

2122₇　儒

10　儒函數類　　　　　4307
30　儒宗理要　　　　　2887
44　儒林全傳　　　　　1664
　　儒林錄　　　　　　1764
77　儒學管見　　　　　4124

儒門法語　　　　2910, 5968

儒門法語集　　　　2910

儒門法語輯要　　　2910

肯

38　肯綮錄　　　　　3688

膚

01　膚語　　　　　　5501

2123$_4$　虞

00　虞註杜律　　　　4719

17　虞子集靈節略　　4518

　　虞邵菴分類杜詩註　4719

26　虞伯生詩續　　　4824

　　虞伯生詩續編　　4824

　　虞伯生詩、補遺　6557

　　虞伯生選杜律七言註　4719

37　虞初志　　　　　4504

50　虞書箋　　　　　349

95　虞精集　　　　　3626

2123$_6$　慮

26　慮得集、附錄　　3517

2124$_0$　廄

40　廄臺續志　　　　2378

廄臺志　　　　　　2375

2124$_1$　處

30　處實堂集　　　　5386

　　處實堂集選　　　5386

　　處實堂後集　　　5386

44　處苗近事　　　　1278

50　處囊訣　　　　　6695

2124$_6$　便

77　便民圖纂　　　　3908

2125$_3$　歲

30　歲寒詞　　　5741, 6789

　　歲寒集　　　　　4893

　　歲寒居荅問　　　2866

　　歲寒堂文集　　　6278

　　歲寒堂初集、存稿　6278

　　歲寒堂存稿　　　6278

44　歲華紀麗　　4171, 4227

2128$_6$　須

32　須溪記鈔　　　　4800

頻

76　頻陽集　　　　　6469

　　頻陽四先生集　　6469

2133₁　熊

22	熊峯先生詩集	4994
	熊峯先生集	4994
27	熊峰集	4994
40	熊南沙文集	5209
	熊南沙集	5209
	熊南沙先生文集	5209
48	熊敬修先生閑道錄纂要	2893
77	熊學士詩文集	5806
82	熊鍾陵先生稿	5806

2140₆　卓

10	卓吾先生批評龍谿王先生語錄鈔	5239
21	卓行錄	1771
22	卓山詩集	6242
	卓山詩續集	6242
38	卓澂甫詩續集	5486
	卓澂甫集	5486
44	卓菴心書	2854
72	卓氏藻林	4302
87	卓錄補遺	2905
90	卓光祿集	5485

2143₀　衡

22	衡嶽志	2150
	衡山集	6186
32	衡州府志	2026
36	衡湘稽古	1345
44	衡藩重刻胥臺先生集	5184
50	衡書	3655
72	衡岳志	2150
77	衡門集	6429
	衡門芹	2833
	衡門晤語	1735

2150₆　衛

00	衛廟志	1558
25	衛生集	3093
76	衛陽集	5382
	衛陽先生集	5382

2160₀　占

27	占候書	3234
34	占法訂誤	245
60	占星堂集	5532

2160₁　皆

| 11 | 皆非集 | 5613 |
| 50 | 皆春園集 | 5589 |

2160₈　睿

80　睿養圖説　　　　　　　3646

2171₀　比

77　比興全義　　　　　　　454

2171₁　嶵

27　嶵崛山人集　　　　　　6260

2172₇　師

17　師子林紀勝　　　　　　6531
　　師子林紀勝集　　　　　6531
　　師子林紀勝續集　　　　6531
21　師經堂集　　　　　　　6110
30　師宗州志　　　　　　　2059
50　師中紀績　　　　　　　1338
　　師中小札　　　　　　　1428
67　師暇衷言　　　　　　　5301
・　師略衷言集　　　　　　5301

2174₁　峄

90　峄堂稿　　　　　　　　6044

2180₆　貞

10　貞元子詩草　　　　　　5657
80　貞翁淨稿　　　　　　　5026

2190₃　紫

00　紫庭草　　　　　　　　5596
10　紫霞軒藏稿　　　　　　5314
　　紫雲詞　　　　　　　　6050
21　紫虛崔真人脈訣祕旨　　3071
22　紫峯集　　　　　　　　5123
　　紫峯陳先生文集　　　　5123
27　紫峰集　　　　　　　　5743
42　紫桃軒雜綴、又綴　　　3820
44　紫藤花菴詩鈔　　　　　6659
76　紫陽宗旨　　　　　　　2709
　　紫陽通志錄　　　　　　2861
　　紫陽道院集　　　　　　4671
　　紫陽大旨　　　　　　　2897
　　紫陽大指　　　　　　　2897

2190₄　柴

41　柴墟齋集　　　　　　　4979
　　柴墟文集　　　　　　　4979
44　柴村文集　　　　　　　5884
　　柴村詩鈔　　　　　　　5884
　　柴村集、附錄　　　　　5884
　　柴村賦集　　　　　　　5884
57　柴邨集　　　　　　　　5884
72　柴氏古韻通　　　　　　1052
77　柴門集　　　　　　　　6677

90　柴省軒文鈔　　　　5764
　　柴省軒先生文鈔　　5764

2191₀　紅

26　紅泉逸草　　　　　5579
　　紅泉館集　　　　　5568
48　紅梅集句　　　　　5004

秕

00　秕言　　　　　　　3705

2191₁　經

00　經序錄　　　　　　2540
　　經廠書目　　　　　2542
　　經言枝指　　　　　826
08　經説　　　　　　　785
10　經正錄　　　　　　4158
11　經玩　　　　　　　792
17　經子法語　　　　　3928
　　經子難字　　　　　969
　　經子臆解　　　　　3579
21　經術要義　　　　　4104
27　經解　　　　　　　801
30　經濟文輯　　　　　6538
　　經濟文鈔　　　　　6519
　　經濟言　　　　　　4294
　　經濟言輯要　　　　4294

　　經濟宏詞　　　　　4379
　　經濟錄　　　　　　3568
44　經世要談　　　　　3535
　　經世石畫　　　　　2834
　　經世碩畫　　　　　2834
　　經世環應編　　　　4028
　　經世名言　　　　　4086
　　經世宏辭　　　　　6443
　　經世實用編　　　　2424
　　經世大訓　　　　　2743
　　經世格要　　　　　4232
　　經世指要　　　　　6515
　　經世策　　　　　　1101
　　經世民事錄　　　　3047
　　經世篇　　　　　　4343
　　經世篇考實　　　　4344
50　經史辨疑　　　　　791
　　經史緒言　　　　　5967
　　經史格言　　　　　5465
　　經史格要　　　　　4232
　　經史耨義　　　　　2846
　　經史慧解　　　　　3884
　　經史典奧　　　　　4014
　　經史問　　　　　　3729
　　經史筆記　　　　　3894
　　經書言學指要　　　5231
　　經書音釋　　　　　767

經書孝語　　　　2823
經書性理類輯精要錄　2940
74　經髓　　　　778
77　經學淵源錄　　802
經學隊仗　　　4194
78　經驗濟世良方　3103
經驗良方　　　3103
80　經義齋集　　　5865
經義雜著　　　801
經義管見　　　257
84　經鋤褉誌　　　3505
87　經鉏堂雜志　　3505
88　經籍異同　　　825
90　經小疏　　　　392

2191$_7$　秬

22　秬山稿　　　　5144

2199$_1$　縹

26　縹緗對類　　　4271
縹緗對類大全　4271

2202$_1$　片

10　片玉集　　　　5511

2210$_4$　耂

76　耂陽草堂説書　774

2210$_8$　豐

10　豐正元詩　　　5637
豐正元集　　　5637
豐正元先生詩　5637
22　豐川詩説　　　476
豐川續集　　　6224
豐川春秋原經　729
豐川全集　　　6223
豐川全集正編、外編、續編
　　　　　　　6223
32　豐溪存稿　　　4741
34　豐對樓文稿　　5422
豐對樓詩選　5421, 5422
35　豐清敏遺事　　1481
37　豐潤縣志　　　2023
44　豐麓集　　　　5606
67　豐暇觀頤　　　4073
76　豐陽集　　　　5339
豐陽先生集　　5339
豐陽人文紀略　6672

2213$_6$　蠻

17　蠻司合志　　　2136

2220$_0$　倒

53　倒戈集　　　　1315

制

24	制科雜錄	2465
	制科集	5294
44	制勑稿	5294

劇

09	劇談錄	6700

2221₄ 任

44	任菴語略	3885

崔

35	崔清獻言行錄	1511
	崔清獻全錄	1511
40	崔真人脈訣	3071
50	崔東洲集、東洲續集	5120
72	崔氏洹詞	5040
	崔氏小爾雅	948
88	崔筆山文集	5217
	崔筆山集	5217

2222₁ 鼎

80	鼎鐫諸方家彙編皇明名公文雋	6479
	鼎鐫鄒臣虎增補魏仲雪先生詩經脈講意	427

2222₇ 嵩

10	嵩下稿	5503
22	嵩崖學凡	2925
	嵩嶽廟史	2214
	嵩山集	6186
23	嵩岱集	6113
34	嵩渚文集	5110
	嵩渚集	5110
44	嵩菴文集	5870
	嵩菴詩鈔	5870
	嵩菴集	5870
50	嵩書	2165
76	嵩陽集	5261
	嵩陽學凡	2925
90	嵩少集	6473

僑

80	僑翁詩鈔	5354

峝

28	峝谿纖志、志餘	2364

2223₀ 舳

79	舳艭、續編	4538

2223₄ 嶽

27	嶽歸堂集	5650
	嶽歸堂未刻詩	5652
	嶽歸堂合集	5650
38	嶽遊紀行略	5041
44	嶽麓志	2212
	嶽麓書院志	2212

2224₄ 倭

22	倭變志	1311
50	倭患考略	1302
	倭患考原	1302
95	倭情考略	3005

2224₇ 後

00	後齋遺稿	5092
11	後北征記	1230
	後北征錄	1229
22	後山詩正集、逸集、詩餘	
		4762
	後山詩集	4762
	後山詞	6769
	後山居士詩話	6715
	後山居士詩集、逸詩、詩餘	
		4762
	後樂集、附錄	4787
	後樂堂集	6668
27	後蟹錄	3496
	後紀妃嬪傳外戚傳	2392
31	後渠庸書	2747
33	後梁春秋	1918
34	後漢三國兩晉論贊	6506
38	後洋書屋詩鈔	6159
	後海書屋遺文	3886
	後海書堂遺文	6219
	後海書堂遺文三種	6219
	後海堂雜錄	3887
44	後村詩餘	6779
	後村先生大全集	6779
	後村別調	6779
	後村長短句	6779
	後村居士詩餘	6779
	後村居士集	6779
	後村居士集詩餘	6779
46	後觀石錄	3441
50	後畫錄	3332
60	後圃編年稿	5900
	後圃編年續稿	5900
78	後鑒錄	1340

2224₈ 巖

10	巖下放言	3733
45	巖棲集	5504

巖樓幽事　　　　　3918

2226₄　循

30　循寄堂詩稿　　　5813
　　循良模範　　　　5511
　　循良前傳約編　　1787
38　循滄集　　　　　2326

2227₀　仙

22　仙巖志　　　　　2154
25　仙佛奇蹤　　　　4520
27　仙物奇蹤　　　　4520
44　仙苑編珠　　　　4633
47　仙都山志　　　　2152
　　仙都紀遊集　　　5997
　　仙都志　　　　　2141
60　仙愚館雜帖　　　3834

2229₃　縣

35　縣津山人詩集　　5845

2232₇　鶯

65　鶯嘯集　　　　　5414

2238₆　嶺

10　嶺西雜述　　3886, 6219
　　嶺西雜錄　　　　3886

嶺西水陸兵紀　　　3010
38　嶺海續聞　　　　2355
　　嶺海見聞　　　　2313
　　嶺海異聞、續聞　2355
40　嶺南文獻　　　　6487
　　嶺南文獻續　　　6496
　　嶺南文獻補遺　　6496
　　嶺南文獻軌範補遺　6496
　　嶺南雜記　　　　2305
　　嶺南二紀　　　　6015
　　嶺南五朝詩選　　6655
　　嶺南客對　　　　3012
　　嶺南草(清·朱緗)　6651
　　嶺南草(清·朱絳)　6651

2245₃　幾

21　幾何易簡集　　　3179
53　幾輔人物志　　　1745

2250₄　峯

32　峯溪集、外集　　5076

2255₃　峩

77　峩眉山志　　　　2195
　　峩眉志略　　　　2196

2260₁ 峇

21 峇爐山人集 6034
22 峇盧山人詩集、詩餘、文集 6034
   峇盧山人集 6034

2265₃ 畿

40 畿南奏議 1403

2271₁ 崑

22 崑崙山房詩集殘稿 6022
   崑崙山房詩稿 6022
   崑崙山房集 6022
   崑崙山房集明季咏史百一詩 6022
   崑崙山房稿 6022
   崑崙山房遺詩 6022
   崑崙山房明季百一詩 6022
   崑崙山房全集 6022
   崑崙山人詩 6022
   崑山雜咏 6427
   崑山人物傳、名宦傳 1662
   崑山人物志 1622
44 崑林外集 5789
   崑林小品 5789
   崑林小品集 5789

2271₇ 邕

87 邕歙集 5340
   邕歙稿 5340

2272₁ 斷

16 斷碑集 1808
76 斷腸詩 5624
   斷腸詩集、後集 4794
   斷腸詩集、後集、詞 4794
   斷腸詞 4794
   斷腸集 4794
   斷腸全集 4794

2272₇ 嶠

40 嶠南瑣記 4458

2273₂ 製

44 製蔬品法 3465
73 製脯鮓法 3465

2277₀ 山

10 山夏詩 5624
   山西通志 1958
   山西志 1958
12 山水訣(舊本題唐・王維撰) 3334

　　山水訣(舊本題唐・李成
　　撰)　　　　　　　3335
　　山水松石格　　　　3331
21　山行雜記　　　　　2327
27　山舟堂集　　　　　6076
31　山河兩戒考　　　　1956
33　山心集　　　　　　6114
34　山法全書　　　　　3254
38　山海經釋義、圖　　4486
　　山海等關地形圖　　2122
40　山左明詩鈔　　　　6671
　　山左筆談　　　　　2289
　　山志　　　　　　　3875
　　山樵暇語　　　　　4064
44　山薑花垭長短句　　5836
　　山帶閣集　　　　　5296
　　山村遺詩雜著　　　6329
　　山村遺稿　　　　　6329
　　山林清氣集、續集　4822
50　山東通志　　　　　1994
　　山東考古錄　　　　2291
　　山東鹽法志　　　　2496
　　山東全河備考　　　2106
57　山邨詞　　　　　　6329
　　山邨遺稿　　　　　6329
60　山圍堂集　　　　　5727
64　山曉閣詩　　　　　5998

77　山居詩　　　　　　5701
　　山居詩集　　　　　5398
　　山居集　　　　　　5398
　　山居代麞　　　　　3855
　　山居清賞　　　　　4135
　　山居頌　　　　　　5701
　　山居小玩　　　　　4153
　　山居小適　　　　　5514
78　山陰集(清・顧嗣立撰)
　　　　　　　　　　　6113
　　山陰集(清・林其茂撰)
　　　　　　　　　　　6239
80　山谷先生詩鈔　　　6603
　　山谷禪喜集　　　　4761
　　山谷老人刀筆　　　4759
　　山谷刀笔　　　　　4759
90　山堂詩考　　　　　　424
　　山堂瑣語　　　　　3760
　　山堂萃稿　　　　　5033
　　山堂萃稿、續稿、讀書箚記、
　　續記、答朋友書罟附　5033

幽

21　幽貞集　　　　　　5340
32　幽溪別志　　　　　2173
33　幽心瑤草　　　　　5359
77　幽居錄　　　　　　4401

80　幽谷集　　　　　　　5149

97　幽怪錄　　　　　　　4487

幽

77　豳風廣義　　　　　　3053

　　豳風槃　　　　　　　6497

2277₂　出

25　出使錄　　　　　　　1237

2290₀　剩

00　剩言　　　　　　　　3618

2290₁　崇

10　崇正辨　　　　　　　2701

　　崇正五十宰相年表　　1739

　　崇正閩書　　　　　　2031

　　崇正閣臣行略　　　　1722

22　崇川詩集　　　　　　6675

　　崇川節婦傳　　　　　6123

24　崇德堂集　　　　　　6142

　　崇德堂稿　　　　　　6142

30　崇安縣志　　　　　　1979

31　崇禎五十宰相傳　　　1739

　　崇禎五十輔臣傳　　　1739

　　崇禎碭山縣志　　　　2048

　　崇禎清江縣志　　　　2047

　　崇禎内閣行略　1722，1739

　　崇禎閣臣行略　　　　1722

　　崇禎閣臣年表　　　　1739

35　崇禮堂詩　　　　　　5441

37　崇祀鄉賢錄　　　　　5748

　　崇祀錄(清·張貞生)　5859

44　崇蘭館集　　　　　　5272

60　崇恩志略　　　　　　2260

70　崇雅堂集　　　　　　5521

　　崇雅堂稿　　　　　　6142

72　崇質堂集　　　　　　5303

2290₄　梨

10　梨雲館類定袁中郎全集

　　　　　　　　　　　5552

32　梨洲先生世譜　　　　5742

　　梨洲遺著彙刊　　　　5742

　　梨洲野乘　　　　　　4569

樂

00　樂府　　　　　　　　5691

　　樂府廣序　　　　　　6585

　　樂府遺音　　　　　　6783

　　樂府古題要解　　　　6683

　　樂府英華　　　　　　6580

　　樂府指迷　　　　　　6807

　　樂府原　　　　　　　6390

07 樂記補説   920
21 樂經元義   911
    樂經集註   927
    樂經以俟錄   925
    樂經内編   934
25 樂律古義   938
    樂律舉要   910
    樂律管見   4124
    樂律纂要   908
50 樂書六種   920
    樂書内編   934
55 樂典   912
60 樂園詩集   5809
    樂園集   5809
71 樂原   944
77 樂陶吟草   5489
80 樂善錄   3511
    樂善錄略   3511

巢

10 巢雲軒詩集、續集、詩餘
                        5484
57 巢探   1524
65 巢睫集   4886

2291₃   繼

15 繼疎遺集   5544

44 繼世紀聞   1252

2293₂   崧

53 崧甫初學文類   6238

2294₄   綏

00 綏廣紀事   1284

2299₃   絲

28 絲綸捷要便覽   1351

2299₄   綵

23 綵綫貫明珠秋蘂錄   1145

2302₇   牖

60 牖景錄   3811

2320₀   外

22 外制集   5288, 5290
24 外科集驗方   3083
53 外戚事鑒   3945

2320₂   參

10 參兩   3204
    參兩通極   5501
24 參贊事略   5041
74 參附群書三劉互註西漢詳

　　　　　節　　　　　　　　1858
77　參同契章句　　　　　4623
　　　參同契註　　　　　　4624
　　　參同契注(清・李光地撰)
　　　　　　　　　　　　　4623
　　　參同契注(清・陳兆成撰)
　　　　　　　　　　　　　4624
88　參籌祕書　　　　　　3226

2321₄　傶

30　傶寮集　　　　　　　5445

2323₄　伏

53　伏戎紀事　　　　　　1282
80　伏羲圖贊　　　　　　　112

俟

22　俟後編、補編、附錄　3814

獻

16　獻醜集　　　　　　　4792
28　獻徵錄　　　　　　　1684
94　獻忱集　　　　　　　1381

2324₀　代

00　代言錄　　　　　　　1347
10　代醉編　　　　　　　3992

2324₂　傅

22　傅山人集　　　　　　5432
40　傅木虛集　　　　　　5432

2325₀　戲

17　戲瑕　　　　　　　　3709

2332₇　鷥

33　鷥浦集　　　　　　　6229

2333₃　然

27　然疑錄　　　　　　　3892
71　然脂集例　　　　　　6758

2360₀　台

71　台鴈集　　　　　　　5433
77　台學源流　　　　　　1615

2371₁　崆

27　崆峒山志　　　　　　2181
　　　崆峒志　　　　　　　2181

2375₀　峨

77　峨眉山志　　　　　　2202
　　　峨眉志略　　　　　　2196

2392₇　編

15　編珠　　　　　　　4227
44　編蓬集、後集　　　5655

2395₀　織

00　織齋集　　　　　　5757
　　織齋集鈔　　　　　5757
　　織齋先生集鈔　　　5757
12　織水齋集　　　　　5757
50　織素堂集　　　　　5757

2396₁　稽

35　稽禮辨論　　　　　591
40　稽古訂譌　　　　　781
　　稽古編　　　　　　1156
　　稽古堂論古　　　　3842
77　稽留山人集　　　　5889

2397₂　秫

50　秫中散集　　　　　6517

2399₄　秫

44　秫坡詩稿　　　　　4859
　　秫坡先生詩文集　　4859
　　秫坡先生集　　　　4859

2408₆　牘

20　牘雋　　　　　　　6583

2409₄　牒

44　牒草　　　　　　　5640

2411₇　豔

10　豔雪齋詩評、詞曲評　6750

2420₀　射

44　射林　　　　　　　3824
50　射書　　　　　　　3405
60　射易淡詠　　　　　163
80　射義新書　　　　　3406
90　射堂詩鈔　　　　　5686

2421₀　仕

77　仕學全書　　　　　2416

化

47　化極彙參　　　　　4683
50　化書新聲　　　　　3503
80　化人游詞曲　　　　5904

壯

38　壯遊編　　　　　　5412

2421₁　先

10　先天換骨新譜、圖　4142
　　先天易貫　　　　　231
21　先儒齊治錄　　　2912
　　先儒正修錄　　　2912
40　先大夫愧菴先生年譜　6273
50　先秦兩漢文膾　　6528
52　先撥志　　　　　1327
　　先撥志始　　　　1327

佐

00　佐玄直指圖解　　3310
10　佐元直指圖解　　3310
77　佐同錄　　　　　1054

2421₂　他

22　他山字學　　　　1001

2421₄　佳

00　佳言玉屑　　　　4080
22　佳山堂詩集、二集　5794
　　佳山堂集　　　　5794
60　佳日樓詞　　　　5440

2422₁　倚

10　倚雲閣詩　　　　6020

　　倚雲閣詩集　　　6020
44　倚華樓詩　　　　6161
80　倚雉集　　　　　5792
　　倚雉堂集　　　　5792

2422₇　備

00　備忘　　　　　　4158
　　備忘錄遺　　　　4158
22　備倭記　　　　　3000
　　備倭圖記　　　　3000
35　備遺錄　　　　　1613
44　備考古今石刻碑帖目　2554

僞

00　僞齊錄　　　　　1852
17　僞豫傳　　　1210，1852

2423₁　德

32　德州志　　　　　2028
38　德滋堂歌詩附鈔　5884
44　德藻堂詩集　　　5714
60　德星堂文集、續集、河工集、
　　詩集　　　　　　6011
　　德星堂集　　　　6011

2424₁　侍

27　侍御公奏疏、遺詩　5235

　　　侍御靜生張公遺集　　5215
77　侍兒小名錄拾遺　　4187

待

35　待清遺稿　　4805
　　待清軒遺稿　　4805

2426₁　借

22　借山亭前集、續集　　5342

牆

50　牆東雜著　　6144

2426₄　儲

00　儲文懿公集　　4979
　　儲文懿柴墟集　　4979
43　儲越漁集　　6127

2440₀　升

44　升菴新語　　3706
　　升菴選禺山七言律詩　　5063

2441₂　勉

00　勉庵說經　　783
　　勉齋纂序周易廣義　　196
　　勉齋先生遺稿　　5007
　　勉齋遺稿　　5007

2451₀　牡

77　牡丹史　　3470
　　牡丹八書　　3470
　　牡丹榮辱志　　4547

2467₀　甜

10　甜雪齋文　　5638
　　甜雪齋詩　　5638
　　甜雪齋集　　5638

2471₁　嶢

22　嶢山文集、詩集　　6039
　　嶢山集　　6039

2472₇　帥

17　帥子古詩選　　6111

2473₈　峽

10　峽石山水志　　2229
　　峽雲閣詩鈔　　5586
　　峽雲閣存草、後存草　　5586
22　峽川志　　2233
　　峽山神異記　　4498
　　峽山志略　　2229

2480₆　贊

10	贊靈集	4664

2490₀　科

46	科場條貫	2436

2491₇　紈

24	紈綺集	5388

2492₁　綺

03	綺詠	5658
	綺詠續集	5658
44	綺樹閣詩稿、賦稿	5775
	綺樹閣稿	6025
	綺樹閣賦稿、詩稿	6025

2495₆　緯

01	緯譚	3166
09	緯談	3166
44	緯蕭草堂詩（宋至撰）	6090
	緯蕭草堂詩（宋犖撰）	5845
67	緯略類編	3715

2496₄　緒

22	緒山會語	2775

2497₀　紺

15	紺珠經	3099
30	紺寒亭文集	6032
	紺寒亭詩集、文集	6032
	紺寒亭詩別集	6032

2498₆　續

00	續高士傳	1760
	續文獻通考	4254
	續文選	6489
	續玄怪錄	4487
02	續刻麻姑山志	2164
	續刻楊復所先生家藏文集	
		5515
	續刻呂涇野先生文集	5064
08	續說郛	4008
10	續三體唐詩	6631
	續玉臺文苑	6555
	續元（玄）怪錄	4488
	續百將傳	2994
12	續列女傳	1718
	續刑法敘略	3043
20	續垂棘編三集、四集	6618
	續千文	956
	續千字文	956
	續集師心草	5440

22　續幽怪錄　　　　4487，4488　　　續韋齋易義虛裁　　　　72
23　續編珠　　　　　　　4227　　　　續古文奇賞　　　　　6534
24　續侍兒小名錄　　　　4187　　　　續古今考　　　　　　3693
25　續積善錄　　　　　　3702　　41　續狂夫之言　　　　　3644
26　續自警編　　　　　　3974　　42　續姚江逸詩　　　　　6660
　　續吳中往哲記　　　　1605　　44　續考古圖、釋文　　　3415
　　續吳中往誓記補遺　　1605　　　　續藏書　　　　　　　1142
　　續吳先賢贊　　　　　1649　　　　續世說　　　　　　　4390
　　續吳中故實記　　　　1606　　　　續黃白鏡　　　　　　4678
　　續吳中故實紀補遺　　1606　　46　續觀感錄　　　　　　3963
27　續修嚴州府志　　　　2041　　47　續朝邑縣志　　　　　2015
　　續句圖　　　　　　　6695　　50　續中山狼傳　　　　　3429
30　續安丘縣志　　　　　2051　　　　續事始　　　　　　　3685
　　續安邱志　　　　　　2051　　　　續夷堅志　　　　　　4500
　　續宛雅　　　　　　　6547　　　　續畫品錄　　　　　　3333
　　續宋編年資治通鑑　　1093　　　　續表忠記　　　　　　1755
　　續宋宰輔編年錄　　　2398　　　　續素問鈔　　　　　　3056
　　續竊憤錄　　　　　　1194　　60　續國雅　　　　　　　6451
31　續河南通志　　　　　2064　　　　續四書經學考　　　　　844
32　續近思錄(張伯行著)　2913　　　　續困勉錄　　　　　　　857
　　續近思錄(鄭光羲撰)　2880　　77　續閩小記　　　　　　2312
33　續補侍兒小名錄　　　4186　　　　續學范　　　　　　　3954
　　續補存歿四詠　　　　5755　　　　續問辨牘　　　　　　3594
34　續法喜志　　　　　　4588　　80　續金石錄　　　　　　2566
37　續資治通鑑綱目廣義　2593　　　　續金鍼詩格　　　　　6695
38　續澉水誌　　　　　　1988　　　　續俞仲子集　　　　　6408
40　續李滄溟集　　　　　6408　　　　續俞繡峯集　　　　　6408

88　續篓山房集略　　　3682

90　續小學　　　　　　2926

續

08　續論緒論　　　　　3126

2500$_0$　牛

21　牛經　　　　　　　3152

53　牛戒續鈔　　　　　4081

80　牛首山志　　　　　2153

2510$_0$　生

25　生生閣學易三章　　4144

　　生生篇　　　　　　70

2520$_6$　仲

26　仲穆遺稿　　　　　4817

40　仲志　　　　　　　1455

44　仲蔚先生集　　　　5400

使

00　使交紀事　　　　　5816

　　使交吟　　　　　　5816

　　使交錄　　　　　　1800

10　使琉球記　　　　　1835

　　使琉球錄(明・郭世霖撰)

　　　　　　　　　　　1295

　　使琉球錄(明・蕭崇業、謝
　　杰撰)　　　　　　1304

　　使西域記　　　　　1799

　　使西日記　　　　　1807

11　使北日錄　　　　　1206

　　使北錄　　　　　　1237

21　使緬錄　　　　　　3952

34　使滇集　　　　　　6035

44　使韃日錄　　　　　1206

50　使東日錄　　　　　4964

56　使規　　　　　　　3952

80　使金錄　　　　　　1200

2520$_7$　律

22　律例館校正洗冤錄　3031

40　律古詞曲賦叶韻　　1039

60　律呂新書　　　　　6515

　　律呂新書註　　　　935

　　律呂新書衍義　　　931

　　律呂新書衍義圖説　931

　　律呂新書補註　　　920

　　律呂新書分註圖纂(筭)915

　　律呂新書箋義　　　940

　　律呂正論　　　　　923

　　律呂正聲　　　　　922

　　律呂發明　　　　　918

　　律呂解註　　　　　926

律呂心法全書　　　3179
律呂古義　　　　　917
律呂考註　　　　　905
律呂圖説(清・王建常撰)
　　　　　　　　　932
律呂圖説(清・張紫芝撰)
　　　　　　　　　941
律呂質疑辨惑　　　924
律呂分解　　　　　918
律呂纂要　　　　　945
77　律陶　　　　　5826

2522₇　佛

37　佛祖統紀　　　4583

2524₀　健

48　健松齋集、續集　5944
健松齋續集　　　5944

2524₃　傳

00　傳註問　　　　868
04　傳詩嫡冢　　　429
17　傳習則言　　　2745
傳習錄論述參　　2838
傳習錄論、附集、宗譜、年譜
　　　　　　　　2838
傳習錄略　　　　2745

20　傳信辨誤錄　　　1522
傳信記　　　　　6700
27　傳疑錄　　　　3765
30　傳家迂言　　　3612
44　傳芳集　　　　6441
60　傳易考　　　　　52
傳是樓宋人小集　6619

2576₀　岫

10　岫雲集　　　　6263

2590₀　朱

00　朱文懿文集　　　5460
朱文懿集　　　　5460
朱文懿公文集　　5460
朱文公政訓　　　3957
朱文公定古文孝經　741
朱文公大同集　　4780
朱襄毅疏草　　　1406
朱襄毅公督蜀疏草　1405
朱襄毅公督黔疏草
　　　　　　1405，1406
10　朱一齋集　　　4857
朱一齋先生廣遊文集　4857
朱一齋先生文集、廣遊文集
　　　　　　　　4857
17　朱子文語纂編　　2711

朱子文集語類纂編　2711

朱子文集大全類編　4782

朱子文公傳道經世言行錄

　　　　　　　　　1579

朱子言行錄　1579

朱子六經圖　787

朱子語類纂　2710

朱子論定文鈔　6629

朱子要書　2978

朱子聖學考略　2881

朱子經濟文衡類編　2713

朱子白鹿洞規條目　2938

朱子白鹿洞規大義　2977

朱子儀禮經傳通解　605

朱子實紀　1516

朱子爲學考　2956

朱子大同集　4780

朱子大全　6544

朱子奏議　1355

朱子書要　2978

朱子或問小註　806

朱子四書語類　808

朱子晚年全論　2935

朱子學歸　2891

朱子學的　2737

朱子年譜(清・朱世潤編)

　　　　　　　　　1574

朱子年譜(宋・袁仲晦撰)

　　　　　　　　　1494

朱子年譜(清・黄中撰)

　　　　　　　　　1571

朱翼　4295

朱翼調燭　4296

朱翼委贅　4296

朱翼完甌　4296

朱翼志林　4296

朱翼曝愚　4296

朱翼管窺　4296

20　朱秉器文集　5453

朱秉器詩集　5453

朱秉器集　5453

21　朱止泉文集　5890

朱止泉集　5890

朱止泉先生文集　5890

朱止泉先生文稿　5890

朱止泉先生外集　5890

朱止泉先生朱子聖學考略

　　　　　　　　　2881

31　朱福州集　5129

37　朱淑真集　4794

朱淑真集注　4794

朱淑真斷腸詩集、補遺、詞

　　　　　　　　　4794

朱淑真斷腸詩集、補遺、後

集、詞　　　　　　　4794

40　朱熹集傳　　　　　　458

47　朱楓林集　　　　　　4849

57　朱邦憲集　　　　　　5425

60　朱圉山人集　　　　　6116

80　朱令昭詩　　　　　　6228

90　朱少師奏疏　　　　　1407

2590₆　种

40　种太尉傳　　　　　　1482

2592₇　繡

20　繡垂館遺稿　　　　　5957

24　繡俠集　　　　　　　6126

25　繡佛齋草　　　　　　5695

80　繡斧西征錄　　　　　1821

2598₆　積

17　積承錄　　　　3552，4126

50　積書巖詩集　　　　　5887

　　積書巖詩選　　　　　5887

　　積書巖宋詩選　　　　6616

80　積善錄　　　　　　　3702

續

77　續學堂文鈔、詩鈔　　6091

　　續學堂詩文鈔　　　　6091

2599₀　秣

74　秣陵集　　　　　　　6063

2599₆　練

00　練音集補　　　　　　6607

32　練溪集　　　　　　　6118

72　練兵實紀　　　3006，3007

77　練閱火器陣紀　　　　3025

2600₀　白

00　白鹿洞規條目　　　　2938

　　白鹿書院志（清・廖文英
　　撰）　　　　　　　2262

　　白鹿書院志（清・毛德琦
　　撰）　　　　　　　2264

　　白齋詩集　　　　　　5027

　　白齋先生詩集　　　　5027

　　白齋竹里詩集、文集　5027

　　白齋竹里詩集、文略　5027

　　白齋竹里詩集續、文略5027

　　白齋竹里集　　　　　5027

10　白露山人文集　　　　5005

　　白露山人遺稿　　　　5005

　　白雪堂詩　　　　　　5648

　　白雪樓詩集　　　　　5298

　　白雪堂詩稿　　　　　5648

白下集 5609
白石詞集 6773
白石詞選 6774
白石山房文稿 5955
白石山房集 5956
白石山房稿 4864
白石山房稿 5955，5956
白石先生詞 6774
白石道人歌曲、別集 6774
白石野稿 5034
白醉璅言 4523
白雲詩集、別集 6233
白雲詩集、咏梅詩 6233
白雲詩稿、文稿 6343
白雲詩鈔 6238
白雲集（明・唐桂芳撰） 6343
白雲集（明・陳昂撰） 5631
白雲山房集 5249
白雲村文集 5989
白雲村集 5989
白雲軒集 6036
20 白舫集 6058
22 白川集 5036
26 白泉家稿 5091
35 白濮文集 5927
白濮集 5927

白濮先生文集 5927
37 白洛原遺稿 5229
39 白沙詩文 4929
白沙詩教解、詩教外傳 4929
白沙先生詩教解、詩教外傳 4929
白沙遺言纂要 2742
44 白茅堂詩選 5744
白茅堂集 5744
白猿經風雨占候説 3222
白猿奇書兵法雜占象詞 2987
白猿風雨圖 3222
白華樓文稿、續稿、吟稿 5279
白華樓續稿 5279
白華樓藏稿、續稿、吟稿 5279
白菊齋訂四書本義集説 847
46 白楊集 5426
48 白榆集（明・胡應麟撰） 5504
白榆集（明・屠隆撰） 5577
白榆社詩草 5414
50 白東谷先生詩文全集 5735
60 白田草堂集 6130
白田草堂稿 6130

　　　白田草堂續稿　　　6130
　　　白田草堂存稿　　　6130
67　白鷺洲主客説詩　　　456
　　　白鷺洲書院志　　　2242

自

46　自娛齋詩集　　　5661
　　　自娛集　　　5661
86　自知堂集　　　5236
93　自怡堂集　　　5562
98　自愉堂集　　　5562

2610₄　皇

00　皇帝龜鑑　　　3925
　　　皇帝陰符經註　　　4595
10　皇王史訂　　　1124
　　　皇元聖武親征錄　　　1214
　　　皇元風雅　　　6308
35　皇清詩選　　　6614
37　皇祖四大法　　　1299
40　皇太后萬壽詩　　　6188
　　　皇太后回鑾事實　　　1210
44　皇華集(清・朱令昭撰)
　　　　　　　　　6228
　　　皇華集(朝鮮使臣唱酬)
　　　　　　　　　6384
　　　皇華集、續集　　　6383

　　　皇華紀聞　　　4482
47　皇朝新刊實賓錄　　　4178
　　　皇朝詔制　　　1349
　　　皇朝平吳錄　　　1245
　　　皇朝本紀　　　1098
　　　皇朝典章　　　2425
　　　皇都水利　　　2097
　　　皇極經世心易發微　　　3188
　　　皇極經世考　　　3189
　　　皇極經世書説　　　3186
　　　皇極經世書傳　　　3187
　　　皇極經世書類要　　　3184
　　　皇極經世節要　　　3185
　　　皇極生成鬼經數　　　3272
　　　皇極大定動數得一論　3262
　　　皇極聲音文字通　　　1026
　　　皇極數　　　3271
　　　皇極數鈔　　　3193
　　　皇極圖韻　　　1046
　　　皇極篇　　　5596
50　皇書帝佚　　　4151
　　　皇書秩典　　　4151
　　　皇書軼典　　　4151
67　皇明廣蒙求　　　4278
　　　皇明廣輿圖　　　2123
　　　皇明文徵　　　6470
　　　皇明文範　　　6388

皇明詞林人物考　1713
皇明詔制　1349
皇明詔令　1350
皇明一統輿圖　2123
皇明三元太傅商文毅公年
譜　1521
皇明三元考　2456
皇明疏議輯略　1436
皇明兩朝疏鈔　1438
皇明百家小説　4059
皇明功臣封爵考　2389
皇明珠玉　6344
皇明經濟文輯　6538
皇明經濟名臣錄　1731
皇明經世實用編　2424
皇明名臣言行錄前集、後集
　1623
皇明名臣像圖　1627
皇明禦倭錄　1306
皇明紀略　4418
皇明繩武編　1308
皇明繩武編擬續大學衍義
　1308
皇明徵群詩彙編、附錄　6426
皇明從祀四先生語錄　2829
皇明永陵編年信史　1116
皇明宸藻　6371

皇明定保錄　1325
皇明寶訓　1310
皇明鴻猷錄　1127
皇明祖訓　2422
皇明通紀述遺　1115
皇明十七事　3702
皇明九邊考　2124
皇明大政記　1118
皇明大政紀　1104
皇明大政纂要　1117
皇明大學志　2386
皇明嘉隆疏鈔　1437
皇明孝友傳　1728
皇明世説新語　4461
皇明相業軍功　1725
皇明史惺堂先生遺稿　5354
皇明青宮樂調　920
皇明肅皇外史（明・雷禮
撰）　1104
皇明肅皇外史（明・范守己
輯）　1300
皇明本紀　1098
皇明忠義存襃什　1717
皇明恩命世錄　1817
皇明書　1144
皇明書畫史　3348
皇明表忠記　1706

皇明輔世編　1669
皇明典故紀聞　1303
皇明昭陵編年信史　1116
皇明館課經世宏辭續集
　6443
皇明小史　4134
皇明小史摘鈔　1231
皇明政要　1247
77　皇輿考　1944

2620₀　伯

44　伯恭呂先生讀史摘要　2578
71　伯牙心法　3389

2620₇　粵

10　粵西疏稿　1383
粵西偶記　1837
粵西奏議　1383
粵西奏稿　5368
33　粵述　2297
38　粵游草　5714
粵遊詩集　5714
粵遊日記　1834
40　粵臺稿　5226
44　粵草（明·郭子章撰）　5471
粵草（明·陳第撰）　5571
50　粵東鹽政考　2505

68　粵吟稿　5432
77　粵風續九　6802

2621₃　鬼

94　鬼料竅　3217
鬼料竅天文略　3217

2622₇　偶

03　偶詠草續集　6761
07　偶記　4466
23　偶然云集　5917
26　偶得紺珠　4033
30　偶客談　4126
40　偶存詩學草　6281
偶存草（清·王植撰）　6143
偶存草（清·彭賓撰）　5709
偶存草詩集　6281
偶存草堂集　6281
68　偶吟雜稿　6123
偶吟草　6761

2623₂　泉

00　泉亭外集　5130
泉亭存稿　5130
04　泉詩集　6360
17　泉刀匯纂　2519
31　泉河史　2096

40	泉南雜志	2284
	泉志	3422
50	泉史	3465
80	泉翁大全集	5041

2624₁　得

10	得一參五	4693
33	得心錄	3140
44	得樹齋詩草	5826
	得樹齋詩鈔	5826
77	得月槀	4842

2624₈　儼

22	儼山外紀	3962
	儼山纂錄	3962
	儼山外纂	3962

2629₄　保

23	保台實績錄	1566
25	保生要錄	3702
	保生碎事	3133
26	保和冠服圖	2437
66	保嬰撮要	3087
	保嬰全書	3087

2633₀　息

00	息廬詩	6062

	息齋集、疏草	5703
	息齋集、外集、續外集、外集補遺	5703
	息齋藏書	3654

2640₀　皋

22	皋山志	2189

2640₃　皋

51	皋軒文編	5918

2641₃　魏

00	魏文毅公奏議	1417
	魏音	6336
27	魏叔子文鈔	6588

2643₀　吳

00	吳文端集	5010
	吳文正心三禮考注	582
	吳文正公年譜	1505
10	吳疏山集	1527
	吳疏山先生遺集	1527
	吳下塚墓遺文	2549
11	吳非熊詩	5668
	吳非熊集	5668
12	吳瑞穀集	5403
	吳廷楨詩選	6089

13	吳武安公功績記	1210		吳越遊稿	6444
17	吳郡二科志	1617		吳越世家疑辨	1917
	吳郡丹青志	3355		吳越錢氏傳芳集	6441
20	吳秀野遺集	5897	44	吳苧菴遺稿	5752
22	吳山穀音	5864		吳草廬文鈔	4815
	吳山穀語	5864		吳草廬先生粹言	4814
	吳山人詩	5668	47	吳都法乘	4590
	吳繼疏集	5544	50	吳中二集	6375
	吳繼疏先生遺集	5544		吳中水利通志	2078
24	吳侍御奏疏	1412		吳中往哲記	1605
27	吳船書屋詩	6160		吳中古蹟詩	4878
	吳船書屋集	6160		吳中故宴	1606
	吳船錄	3702		吳中故實記、續記、補遺	
28	吳徵君蓮洋詩鈔	5991			1606
31	吳江旅嘯	5775		吳中人物志	1668
	吳江水利考	2080		吳書山先生遺集	4838
	吳江水考增輯	2080	60	吳邑志	1974
34	吳漢槎詩集	5857	72	吳氏詩話	6698
	吳漢槎集	5857	77	吳興名賢續錄	1658
	吳社編	4443		吳興絶倡	6382
38	吳淞甲乙倭變志	1311		吳興絶唱集、續集	6382
	吳遊記	5432		吳興藝文補	6558
40	吳嘉紀詩箋校	5892		吳興掌故集	1996
43	吳越順存集、外集	1767	80	吳公教子書	3242
	吳越紀餘附雜吟	1911	88	吳竹坡文集、詩集	4915
	吳越游	5413		吳竹坡先生文集、附載、詩	
	吳越游集	5413		集	4915

2671₀　岘

22　岘山志　　　　　　　　2182

2671₁　崌

28　崌崗山房集　　　　　　6022

2690₀　和

05　和靖節集　　　　　　　6013
10　和西溪百詠　　　　　　5700
26　和白香山樂府　　　　　5950
48　和梅花百詠　　　　　　5004
　　和梅花百詠詩稿　　　　5004
50　和中峯和尚梅花百詠詩
　　　　　　　　　　　　　6442
　　和東行百詠集句　　　　4895
60　和昌谷集　　　　　　　6013

2691₀　緄

00　緄齋詩集、焚餘　　　　6095
　　緄齋詩選　　　　　　　6095

2691₄　程

00　程庸齋增廣性理字訓　　2714
　　程文恭遺稿　　　　　　5201
　　程文恭公遺稿　　　　　5201
02　程端明公洺水集　　　　6777

14　程功錄　　　　　　　　2924
17　程子詳本　　　　　　　2694
　　程子節錄　　　　　　　2693
24　程幼博集　　　　　　　5456
　　程幼博集詩文　　　　　5456
25　程仲權詩集、文集　　　5636
　　程仲權集　　　　　　　5636
　　程仲權先生詩集、文集　5636
　　程朱闕里志　　　　　　1545
37　程洺水先生集　　　　　6777
40　程士集　　　　　　　　5288
44　程蒙齋性理字訓　　　　2714
　　程若菴集　　　　　　　6121
48　程松谿先生文集　　　　5200
　　程梅軒集　　　　　　　4840
50　程書　　　　　　　　　2696
72　程氏墨苑　　　　　　　3429
　　程氏易通　　　　　　　　245
　　程氏性理字訓　　　　　2714
80　程念齋集　　　　　　　5001

2692₂　穆

44　穆考功逍遙園集選　　　5385

2692₇　綿

35　綿津山人詩　　　　　　5845
　　綿津山人詩集　　　　　5845

綿津山人集　　　　5845

2694₀　稗

20　稗乘　　　　　3702
25　稗傳　　　　　1587
50　稗史　　　　　6329
　　稗史彙編　　　4017

2694₁　釋

30　釋宮　　　　　　522
32　釋冰書　　　　4161
35　釋袾宏　　　3630(書)
77　釋骨　　　　　3134
90　釋常談　　　　3686

緝

10　緝玉錄　　　　6493

2711₇　龜

22　龜川詩集　　　5438
23　龜卜考　　　　　52
88　龜鑑易影皇極數　3326

2712₇　歸

00　歸庸齋詩、文　　5735
　　歸庸齋文錄　　　5735
　　歸庸齋詩錄　　　5735

歸庸集　　　　　5735
04　歸詩考異　　　5853
10　歸正集　　　　2802
　　歸正儀　　　　3675
　　歸雲集　　　　6263
22　歸山草　　　　5904
24　歸先生文集　　5393
38　歸涂閒紀　　　5591
40　歸太僕集　　　5393
　　歸有園稿　　　5347
　　歸有園稿詩編、文編　5347
　　歸去紀行錄　　5041
　　歸來續稿　　　5900
　　歸來草堂尺牘　5857
　　歸來集　　　　5433
　　歸來稿　　　　5900
44　歸藏易著　　　　274
60　歸田雜識　　　1803
　　歸田詩話　　　6712
　　歸田詩存、文存　6135
　　歸田稿　　　　5267
　　歸田遺草　　　6239
77　歸閒述夢　　　1804
　　歸叟詩文發源　6700
　　歸閒稿　　　　5016
80　歸善楊先生證學編　3599

2713₂　黎

17	黎子雜釋	3523，4127
22	黎川文緒	6411
32	黎洲野乘	4569
76	黎陽王襄敏公疏議詩文輯略	4936
	黎陽王襄敏公集	4936
	黎陽王太傅文集	4935
	黎陽王太傅詩文集	4935

2720₇　多

03	多識集	4078
	多識編	416
	多識類編	4113
21	多能鄙事	3904
43	多博唫	6164

2721₀　佩

40	佩韋存稿	6331

2721₂　危

40	危太樸集	4853
77	危學士全集	4853

2721₇　倪

10	倪雲林詩集	4835
	倪雲林先生詩集	4835
	倪雲林先生詩集、樂府、附錄	4835
43	倪城風雅	6663
90	倪小野集	5047
	倪小野先生全集	5047

鼻

67	鼻盟集	5748

2722₀　御

01	御龍子集	5501
22	御製廣寒殿記	4846
	御製正孔子祀典説	2431，6349
	御製官箴	2413
	御製大明律	2528
	御製回文詩	4847
	御製明堂或問	2430，6349
	御製周顛仙人傳	4665
	御製火警或問	6349
44	御著大狩龍飛錄	1216
50	御書世彙	5072

2722₂　修

07	修詞指南	4235
11	修琴閣集	6128

20	修辭指南	4235
28	修齡要指	4667
32	修業堂集	6516
37	修潔齋閒筆	3719
	修褉閣稿	5633
40	修吉堂文稿	5965
	修吉堂稿	5965
	修來文鈔	5809
	修真捷徑	4658
50	修史試筆	1779
	修攘通考	2123

2722₇　鄉

24	鄉射禮儀節	611
80	鄉會中試錄	5545
	鄉會公約	4128

躬

| 21 | 躬行實踐錄 | 2955 |

郂

00	郂庵重訂李于鱗唐詩選	
		6414
	郂庵增訂唐詩評	6414

2723₂　象

| 22 | 象山文集 | 4783 |

	象山岩新書	4381
	象山先生全集	4783
	象山先生年譜	1575
	象山全集	4783
24	象緯彙編	3162
	象緯全書	3225
	像續鈔	74
89	像鈔	74

2723₄　侯

| 43 | 侯城雜誡 | 2731，4127 |
| 47 | 侯朝宗文鈔 | 6588 |

2724₀　將

27	將將集	3002
	將將紀	3002
44	將苑	2985
77	將門祕法陰符經	3321
88	將鑑論斷	2989

2724₇　殷

| 10 | 殷石川集 | 5044 |
| 28 | 殷給事集選 | 5044 |

2725₂　解

| 12 | 解弢集 | 5570 |
| 16 | 解醒語 | 3702 |

44　解莊　　　　　　　4610

　　解莊子　　　　　　4610

71　解頤新語　　　　　6727

78　解脫集　　　　　　5552

2725₇　伊

00　伊府重刊清菴先生中和集

　　　　　　　　　　　4656

22　伊川先生改本大學　814

　　伊川粹言　　　　　2692

37　伊洛淵源續錄（明·謝鐸撰）　　　　　　　1600

　　伊洛淵源續錄（清·張伯行撰）　　　　　　　1776

46　伊想集　　　　　　6062

2726₁　詹

72　詹氏小辨　　　　　3846

80　詹養貞集　　　　　5510

　　詹養貞先生文集　　5510

2726₂　貂

19　貂璫史鑑　　　　　1678

2730₃　冬

00　冬夜箋記　　　　　3860

20　冬秀亭集　　　　　6058

28　冬谿集　　　　　　5448

　　冬谿外集、續稿　　5448

　　冬谿外集、內集、末　5448

　　冬谿內集、外集　　5448

30　冬官記事　　　　　1824

33　冬心集　　　　　　6257

　　冬心先生詩續集、補遺、續補遺、三體詩、甲戌近詩

　　　　　　　　　　　6257

　　冬心先生三體詩　　6257

　　冬心先生集　　　　6257

　　冬心先生集、續集、拾遺、三體詩、自度曲、雜著、隨筆

　　　　　　　　　　　6257

　　冬心先生續集　　　6257

　　冬心先生續集自序　6257

38　冬遊記　　　　　　3559

77　冬關詩草　　　　　5777

　　冬關詩鈔　　　　　5777

88　冬餘經説　　　　　789

2732₇　烏

00　烏衣香牒　　　　　3500

　　烏衣佳話　　　　　4523

40　烏臺詩案　　　　　1797

鳥

77	鳥鼠山人集	5067
	鳥鼠山人小集	6336
	鳥鼠山人小集、後集	5067

鷯

47	鷯鶉園集	6554

2733₇　急

48	急救良方	3096

2740₀　身

60	身易實義	206

2741₃　兔

60	兔園集	5406
	兔園草	5406

2742₇　鄒

00	鄒文莊集	5082
	鄒文莊公全集	5082
12	鄒水軒詞筌	4161
17	鄒聚所文集、外集	5479
	鄒聚所先生文集、易教、語錄、外集	5479
20	鄒孚如集	5526

38	鄒道鄉集	6544
40	鄒南皋語義合編	2810
50	鄒東廓先生文選	5082
	鄒東廓先生詩集	5082

匑

44	匑莪錄	5193

鶏

40	鶏土集	5283
60	鶏足山志	2215
74	鶏肋集	4801
	鶏肋編餘	6263
	鶏肋草	6092

2744₀　舟

50	舟車集	6052
	舟車集、後集、集唐	6052
	舟車後集、集唐	6052
	舟車初集	6052

2748₁　疑

03	疑誼偶述	3545，4126
22	疑仙傳	4642
30	疑字辨總錄	847
43	疑獄箋	3044

2752_0 物

60	物異考	3964
71	物原	4233
91	物類相感志	3900, 3901

2752_7 鵝

37	鵝湖講學會編	2272
	鵝湖摘稿	4992

2760_0 名

22	名山諸勝一覽記	2316
	名山記	2315
	名山記、圖	2328
	名山注	2318
	名山游記	2317
	名山勝概記	2328
27	名物通	4322
	名物考(明·劉侗撰)	4322
	名物考(明·陳禹謨撰)	826
	名物類考	4244
30	名家詞鈔	6804
	名家表選	6403
	名宦錄	5545
42	名媛詩歸	6504
	名媛彙詩	6570
44	名花譜	3492

	名世編	1704
	名世類苑	4439
46	名相贊	1598
61	名號歸一圖	679
71	名馬記	3493
	名臣言行錄前集、後集	1623
	名臣像圖	1627
	名臣志鈔	1724
77	名賢彙語	3987
79	名勝志	1948
80	名公翰藻	6424
	名公書判清明集	3034
88	名筆私秒	6410

2760_3 魯

00	魯齋研幾圖	2723
	魯齋心法	2725
	魯府祕方	3112
	魯府禁方	3112
	魯文恪存集	5032
	魯文恪公集	5032
04	魯詩世學	407
07	魯望集	5390

2760_4 督

35	督漕疏草	1429
58	督撫經略疏	1373

60　督蜀疏草　　　　　1405

2762₀　句

37　句漏集　　　　　5429
55　句曲紀遊詩　　　　5060
60　句圖　　　　　　　6695
77　句股述　　　　　　3178

2762₇　郎

60　郎園先生全書　　　6763

鄱

76　鄱陽遺事錄　　　　1496

鸰

32　鸰灣集　　　　　　5652

2771₂　包

23　包參軍集　　　　　5433
24　包侍御集　　　　　5234

2771₇　屺

60　屺思臺文集、詩集　5805
　　屺思堂文集　　　　5805
　　屺思堂集　　　　　5805
　　屺思堂續刻文稿　　5805

2772₀　幻

44　幻華集　　　　　　5645

勾

77　勾股述　　　　　　3178

峒

28　峒谿纖志　　　　　2364

2773₂　餐

20　餐秀集　　　　　　6215

2780₂　欠

25　欠伸餘句　　　　　6159

2780₆　負

44　負苞堂詩選、文選　5522
　　負苞稿集　　　　　5522
　　負苞堂稿　　　　　5522

2790₁　祭

31　祭酒琴溪陳先生集　5096

禦

28　禦侮錄　　　　　　1195

2790₄　彙

21　彙征錄　　　　　　2466

44　彙苑詳註　　　　　4246

50　彙書　　　　　　　6276

70　彙雅後編　　　　　 949

　　彙雅、續編　　　　 949

　　彙雅前集、後編　　 949

2791₇　紀

08　紀效新書　　　　　3008

10　紀元要略、補遺　　2473

　　紀元彙考　　　　　2468

22　紀剿除徐海本末　　1853

33　紀述　　　　　　　2783

38　紀游稿　　　　　　2325

　　紀遊稿　　　　　　5377

40　紀古滇説集　　　　2338

　　紀古滇説原集　　　2338

43　紀城文稿　　　　　5775

　　紀城詩稿　　　　　5775

　　紀城稿　　　　　　5775

44　紀夢要覽　　　　　3327

53　紀盛詩　　　　　　6022

　　紀盛集　　　　　　5939

60　紀異錄　　　　　　1771

77　紀聞類編　　　　　3625

79　紀勝詩　　　　　　5559

80　紀年總辨　　　　　2579

　　紀善錄　　　　　　1632

87　紀錄彙編　　　　　4131

繩

13　繩武編　　　　　　1308

2792₀　約

00　約言（明・湛若水撰）5041

　　約言（明・薛蕙撰）　3538

　　約言錄　　　　　　2879

60　約園詩鈔　　　　　6119

綱

88　綱鑑正史約　　　　1121

　　綱鑑附評　　　　　2645

90　綱常懿範　　　　　3955

2793₂　綠

10　綠雪亭雜言　　　　3772

　　綠天耕舍燕鈔　　　6748

34　綠波樓文集　　　　5358

　　綠波樓詩集　　　　5358

　　綠波樓集　　　　　5358

38　綠滋館稿　　　　　5548

　　綠滋館考信編、徵信編5548

42　綠杉野屋集　　　　　　6255

44　綠萍灣史論初集　　　　2659

　　綠蘿山房文集、詩集　　6132

　　綠蘿山莊文集　　　　　6132

　　綠蘿山莊詩集　　　　　6132

　　綠蘿山莊集　　　　　　6132

　　綠蘿山莊駢文、詩集　　6132

　　綠蘿山莊駢體文集　　　6132

88　綠筠軒詩　　　　　　　6225

緣

27　緣督集　　　　　　　　4784

95　緣情手鑑詩格　　　　　6695

2793₃　終

40　終南山傳　　　　　　　4661

　　終南山說經臺歷代仙真碑
記　　　　　　　　　　4661

　　終南山祖庭仙真內傳　4661

2793₄　縫

50　縫掖集　　　　　　　　5561

緶

22　緶山集　　　　　　　　5572

　　緶山先生集　　　　　　5572

2795₄　絳

64　絳跗閣文集　　　　　　6175

　　絳跗閣詩集　　　　　　6175

　　絳跗閣詩稿　　　　　　6175

2796₂　紹

77　紹興府志　　　　　　　2022

　　紹興正論　　　1210，1584

　　紹興采石大戰始末　　　1193

　　紹興內府古器評　　　　3416

　　紹興甲寅通和錄　　　　1189

2821₁　作

21　作師編　　　　　　　　2836

60　作易考原　　　　　　　　96

2822₇　倫

50　倫史　　　　　　　　　4077

傷

30　傷寒說意　　　　　　　3064

　　傷寒論條辨續註　　　　3141

　　傷寒懸解　　　　　　　3063

　　傷寒纘論、緒論　　　　3126

　　傷寒心要　　　3075，3115

傷寒心要論　　　　3075
傷寒心鏡　　　　　3074
傷寒治例　　　　　3082
傷寒直格論方　　　3115
傷寒標本心法類萃　3115
傷寒指掌　　　　　3107
傷寒醫鑒　　　　　3080
傷寒分經　　　　　3137

觴

18　觴政　　　3456，5552

2824₀　微

00　微言　　　　　3603

徵

10　徵吾錄　　　　1138
36　徵還隨草　　　6117
40　徵古堂類稿　　5697

徽

00　徽言　　　　　3926
17　徽郡詩、詩人爵里　6426
　　徽郡詩略　　　6426
32　徽州府志　　　1972

2824₁　併

00　併音連聲字學集要　1033

2824₇　復

00　復齋日記　　　4415
30　復宿山房集　　5461
37　復初集　　　　5619
40　復套議　　　　1371
44　復菴詩説　　　　468
　　復菴集　　　　6516
60　復園文集　　　5936
70　復辟錄　　　　1240
90　復堂雜説　　　3873

2825₃　儀

35　儀禮訓義　　　　528
　　儀禮經集註　　　524
　　儀禮集註　　　6336
　　儀禮經傳註疏參義內篇、外
　　篇　　　　　　　604
　　儀禮經傳內編、外編　604
　　儀禮釋例　　　　529
　　儀禮釋宮增注　　529
　　儀禮約編　　　　598
　　儀禮易讀　　　　530
　　儀禮節要　　　　602

儀禮節解　　　　　523
儀禮節略　　　　　602
儀禮惜陰錄　　　　526

2826_8　俗

01　俗語　　　　　3714

2828_1　從

00　從亡隨筆　　　1318
01　從龍譜　　　　1158
18　從政名言　　　2734
24　從先維俗議　　3595
40　從古正文　　　964
44　從姑山集、續集　5363

2829_4　徐

00　徐康懿公餘力稿　4945
　　徐文長文集　　5423
　　徐文長三集　　5423
　　徐文長集　　　5423
　　徐文長先生祕集　3984
　　徐文長逸稿　　5424
　　徐文長逸草　　5424
22　徐仙翰藻　　　4664
27　徐御史奏疏　　1424
36　徐渭集　　　　5424
38　徐海本末　　　1853

40　徐太拙詩稿　　5761
　　徐太拙集　　　5761
　　徐太拙先生遺集　5761
44　徐花潭集　　　5449
　　徐花潭先生集　5449
47　徐都講詩　　　5994
72　徐氏家藏羅經頂門針　3248
　　徐氏海隅集　　5346
　　徐氏海隅集詩編、文編、外
編　　　　　　　5346
76　徐陽溪集　　　5268

2831_1　鮓

02　鮓話　　　　　6145

2846_8　谿

21　谿上詠　　　　2188
22　谿山餘話　　　4427
　　谿山琴況　　　3392
60　谿田文集、補遺　5106

2854_0　牧

10　牧雲和尚病遊初草、後草
　　　　　　　　　5778
　　牧雲和尚嬾齋別集　5778
35　牧津　　　　　2414
44　牧萊胜語　　　4802

77　牧民忠告　　　　　　2412
88　牧鑑　　　　　　　　3975

2861₁　齹

67　齹略補　　　　　　　2510

2872₀　岇

44　岇老編年詩鈔　　　　6021

2891₆　稅

10　稅雲草　　　　　　　5826

2892₇　繪

30　繪扉稿　1379,5288,5289
　　繪扉外稿　　　　　　5288
　　繪扉內稿、外稿　　　1379
32　繪澠集選　　　　　　5519
　　繪澠全集詩集、文集、先集
　　搜遺　　　　　　　　5519

2896₆　繪

44　繪林題識　　　　　　3356

2898₁　縱

87　縱釣居文集　　　　　5951

2921₂　倦

38　倦遊草　　　　　　　5775
60　倦圃蒔植記　　　　　3490
　　倦圃曹先生尺牘　　　5714

2922₇　倘

37　倘湖樵書　　　　　　4040
　　倘湖樵書初編　　　　4040

2933₈　愁

00　愁言集　　　　　　　5957

2998₀　秋

12　秋水齋詩集　　　　　6190
　　秋水集　　　　　　　5916
　　秋水閣文集　　　　　6000
　　秋水閣文鈔　　　　　6000
　　秋水堂文集、餘集、詩集
　　　　　　　　　　　　6131
　　秋水堂集　　　　　　6131
　　秋水堂遺集　　　　　6131
20　秋舫一嘯　　　　　　5826
22　秋仙遺譜　　　　　　3404
31　秋江詩集　　　　　　6085
　　秋江集　　　　　　　6085
　　秋江集注　　　　　　6085

	秋澀筆乘	3832
34	秋社詩	6430
40	秋士新詩	2635
	秋士史疑	2635
44	秋蓬集	6027
	秋葉軒詩	6086
	秋葉軒詩草	6086
47	秋聲集	6602
60	秋日紀行雜言	5240
77	秋風櫂歌	6113
	秋閒詩草	5812
	秋興集	5569
79	秋塍文鈔	6135
	秋塍三州詩鈔	6135
80	秋谷雜編	4480
86	秋錦山房集	5990
88	秋笳集	5857

3010₁　空

22	空山易解	262
	空山堂春秋傳	726
44	空華集	5644
67	空明子文集	6123
	空明子雜錄	6123
	空明子詩集、文集、雜錄、詩餘	6123
	空明子詩餘	6123
	空明子集	6123
	空明子贈言	6123
	空明子全集	6123
77	空同詞	6776
	空同子	3530
	空同子瞽說	3521
	空同子纂	3531
	空際格致	3638

3010₄　塞

01	塞語	2999
11	塞北小鈔	1842
26	塞程別紀	1841

3010₆　宣

00	宣廟御製總集	4846
	宣夜經	3167
24	宣化錄	1431
26	宣和論畫雜評	3336
	宣和集古印史	3396
	宣和博古圖錄	3415
	宣和印史	3396
30	宣宗章皇帝御製官箴	2413
	宣宗皇帝御製詩	4846
	宣宗御製詩	2413, 4846
40	宣大奏疏	1375
58	宣撫降罰記	1827

3010₇　宜

| 00 | 宜齋野乘 | 3740 |
| 80 | 宜人集 | 6017 |

3011₃　流

30	流注指微賦	3076
	流寇志	1332
91	流類手鑑	6695

3011₄　淮

10	淮西從軍記	1191
17	淮郡文獻志	1634
28	淮鹺本論	2513
38	淮海集	6063
	淮海易譚	50, 5359
44	淮封日記	1805
77	淮關志	2487

3011₇　瀛

28	瀛鹺談苑	1293
31	瀛涯勝覽(明·馬觀撰)	
		2344
	瀛涯勝覽(明·張昇撰)	
		4963
32	瀛州亭詩初集	5964
	瀛洲社十老小傳	6553

3012₃　濟

30	濟寧州志	2032
40	濟南草	6651
78	濟陰綱目	3132
80	濟美錄	1646
	濟美堂集(明·吳文華)	
		5368
	濟美堂集(明·陳瓚)	5370

3012₇　滴

| 10 | 滴露軒雜著 | 4144 |

3013₇　濂

32	濂溪先生周元公年表	1491
	濂溪志(明·李嶸慈撰)	
		1533
	濂溪志(明·李楨撰)	1532
37	濂洛風雅(清·張伯行編)	
		6635
	濂洛風雅(元·金履祥編)	
		6305
	濂洛關閩書	2917
77	濂關三書	2691

3014₆　漳

| 44 | 漳埜文集 | 5179 |

3014_8　洨

33	洨濱文集	5216
	洨濱語錄	2778
	洨濱集	5216
	洨濱蔡先生文集	5216
	洨濱蔡先生語錄	2778
	洨濱蔡先生遺書	5216

3016_1　涪

74	涪陵紀善錄	1489

3020_1　寧

34	寧波府簡要志	1959
	寧遠堂詩集	6191
38	寧海將軍固山貝子保越平閩實績	1565
44	寧藩書目	2535

3020_7　穹

30	穹窿山志	2209

3021_1　完

10	完玉堂詩集	5776
44	完菴詩集	4921
	完菴集	4921
	完菴劉先生詩集	4921

寵

40	寵壽堂詩集	5933

3021_2　宛

70	宛雅	6547
	宛雅二編	6547
	宛雅三編	6547
	宛雅初編	6547
72	宛丘詩説	399
74	宛陵先生年譜	1492

3022_7　扁

47	扁鵲指歸圖	3122

宵

25	宵練匣	3590

3023_2　永

00	永言集	6554
10	永平府志	2052
22	永樂大典	4215
28	永徽法經	2524
32	永州府志	2024
	永州集	5276
40	永嘉先生三國六朝五代紀年總辨	2579

永嘉先哲錄　　　　　　1610

60　永思齋文集　　　　　　5536

永昌二芳記　　　　　　3475

74　永陵編年史　　1116，5500

永陵傳言錄　　　　　　1128

78　永鑒錄　　　　　　　　3948

家

01　家語正義　　　　　　2673

03　家誡要言　　　　　　2843

18　家政須知　　　　　　5904

35　家禮辨定　　　　　　　619

家禮儀節　　　607，609

44　家藏集　　　　　　　5030

家草　　　　　　　　5472

家世舊聞　　　　　　3702

56　家規輯要　　　　　　4043

62　家則、野志　　　　　　3812

77　家居小適　　　　　　5514

宸

00　宸章集　　　　　　　6349

宸章集錄　　　　　　1346

3026₁　㝷

00　㝷言　　　　　　　　3565

3030₁　進

27　進修錄　　　　　　　3601

40　進士王氏詩要格律　　6695

80　進善集　　　　　　　3676

3030₂　適

26　適和堂繼集　　　　　6554

適和堂初集　　　　　6554

30　適適齋詩文集　　　　5580

適適齋鑑羨集　　　　5580

60　適園雜著　　　　　　4128

適園語錄　　　　　　3702

95　適情錄　　　　　　　3401

3030₃　寒

00　寒廳集　　　　　　　6113

10　寒玉屏集　　　　　　6272

寒玉居集　　　　　　6272

寒夏合再　　　　　　4052

20　寒香草堂集　　　　　6183

寒香閣詩　　　　　　6133

寒香閣詩集　　　　　6133

寒香閣集　　　　　　6133

22　寒崖近稿　　　　　　5736

寒山藏　　　　　　　5640

寒山蔓草　　　　　　6524

26　寒泉子石苞　　　　5740
　　寒泉子直木堂詩集　5740
44　寒村詩文選　　　　6036
　　寒村集(清·鄭梁撰) 6036
　　寒村集(明·蘇志皐撰)
　　　　　　　　　　　5242
48　寒松堂詩集　　　　5786
　　寒松堂集　　　　　5786
　　寒松堂全集　　　　5786
57　寒邨集　　　　　　5242

3030₄　避

12　避水集驗要方　　　3105
53　避戎夜話　　　　　1176
　　避戎嘉話　　　　　1176
60　避暑漫筆　　　　　4460

3032₇　寫

95　寫情集　　　　　　5098

3033₆　憲

00　憲章錄　　　　　　1110
44　憲世編　　　　　　2801

3034₂　守

00　守麋紀略　　　　　1319
30　守汴日志　　　　　1328

45　守株子詩稿　　　　5210
67　守郂紀略　　　　　1319
80　守令懿範　　　　　1653

3040₁　宰

46　宰相守令合宙　　　1702
　　宰相全書　　　　　1702

3040₄　安

00　安序堂文鈔　　　　5860
　　安慶府志　　　　　1984
　　安慶志　　　　　　6336
26　安得長者言　　　　3645
27　安危注　　　　　　1705
37　安瀾文獻　　　　　2117
　　安祿山事蹟　　　　1850
40　安南使事記　　　　1335
　　安南使事紀略　　　1335
　　安南紀游　　　　　2365
　　安南世系略　　　　5816
　　安南奏議　　　　　1280
　　安南圖說　　　　　2351
　　安南即事詩　　　　4812
44　安老書　　　　　　3085
　　安老懷幼書　　　　3085
　　安楚錄　　　　　　1249
52　安靜子集　　　　　5775

70	安雅堂文集	5798
	安雅堂詩	5798
	安雅堂集	5798
	安雅堂稿	5798
	安雅堂書啓	5798
	安雅堂未刻稿	5798
	安雅堂拾遺文	5798
	安雅堂拾遺詩	5798
	安雅堂全集	5798
71	安驥集	3149
72	安丘縣志	2020
77	安邱縣志	2020
80	安分齋集	4862
	安分先生文集	4862

3040₇　字

00	字辨	1009
06	字韻合璧	999
26	字觸	3330
27	字彙補	1047
44	字考	988
	字考啓蒙	974
77	字學訂譌	986
	字學新書摘鈔	3342
	字學正本	1019
	字學元元	1036
	字學啓蒙	974

	字學指南	985
	字學同文	1020
80	字義總略	977

3042₇　寓

00	寓齋雜記	4414
44	寓燕集	5504
60	寓圃雜記	4414
70	寓檗稿	6128

3043₀　突

| 60 | 突星閣詩鈔 | 5896 |

3043₂　宏

10	宏正詩鈔	6381
22	宏山集	3619
33	宏治衡州府志	2026
	宏治湖州府志	1969
	宏治八閩通志	1966
44	宏(弘)藝錄	5142
88	宏(弘)簡錄	5142

3051₆　窺

| 10 | 窺天外乘 | 3784 |

3060₄　客

| 00 | 客座贅語 | 4161, 4455 |

38　客遊草　　　　　6659

　　客途記異　　　　4473

　　客途偶記　　　　4473

40　客杭日記　　　　1798

77　客問　　　　　　3562

3060₅　宙

80　宙合編　　　　　3809

3060₆　宮

77　宮閨小名錄、後錄　4358

90　宮省賢聲錄　　　1820

3060₈　容

00　容齋詩話　　　　6689

　　容齋四六叢談　　6690

40　容臺文集、詩集、別集　5538

　　容臺稿　　　　　5267

43　容城縣志　　　　2039

44　容菴文集　　　　5818

　　容菴詩集　　　　5818

74　容膝居雜錄　　　3680

　　容膝居集雜錄　　3680

3060₉　審

00　審齋詞　　　　　6768

3062₁　寄

33　寄心集　　　　　5571

60　寄園集字詩　　　5820

　　寄園寄所寄　　　4087

3073₂　良

50　良貴堂文鈔　　　3881

寰

30　寰宇通衢　　　　1941

40　寰有銓(詮)　　　3639

3077₂　密

27　密勿稿　　　　　1361

46　密娛齋詩稿　　　6265

3077₇　官

13　官職會通　　　　2373

20　官爵志　　　　　2404

22　官制備攷　　　　2397

　　官制沿革圖　　　2405

41　官板大字評史心見　2631

71　官歷刻漏圖　　　3157

77　官民準用　　　　2527

88　官箴　　　　　　2413

3080₁　定

10	定正洪範	323
	定正洪範集説	323
20	定舫雜詠	5811
22	定變錄	1827
26	定保錄	1325
27	定峰文選	5894
	定峰樂府	5894
30	定宇文集	5475
	定穴立向要訣	3253
	定穴立向開門放水墳宅便覽要訣	3253
32	定浙二亂志	1827
34	定遠縣志	2014
44	定菴集	4948

蹇

| 00 | 蹇齋瑣綴錄 | 4409 |

3080₆　寅

00	寅齋聞見	4428
44	寅菴集、外集	4884
76	寅陽十二論	3617

寶

| 00 | 寶文堂分類書目 | 2539 |

	寶章待訪錄	1539
01	寶顏堂訂正庚申外史	1218
	寶顏堂訂正三事遡真	3571
	寶顏堂訂正正朔考	3690
	寶顏堂訂正丙丁龜鑑、續錄	3301
	寶顏堂訂正无上秘要	4640
	寶顏堂訂正樂府指迷	6807, 6808
	寶顏堂訂正傳疑錄	3765
	寶顏堂訂正朱文公政訓	3957
	寶顏堂訂正吳社編	4443
	寶顏堂訂正谿山餘話	4427
	寶顏堂訂正物類相感志	3901
	寶顏堂訂正寤言	3565
	寶顏堂訂正汲古叢語	3564
	寶顏堂訂正古今考	3689
	寶顏堂訂正真西山政訓	3957
	寶顏堂訂正真珠船	3769
	寶顏堂訂正木几冗談	3802
	寶顏堂訂正畫説	3362
	寶顏堂訂正東谷贅言	3771
	寶顏堂訂正春風堂隨筆	4425

寶顏堂訂正黽采館清課
　　　　　　　　　3909
寶顏堂訂正願豐堂漫書
　　　　　　　　　4428
寶顏堂訂正長水日抄　3779
寶顏堂訂正長松茹退　4589
寶顏堂訂正脈望　　　3584
寶顏堂訂正閩部疏　　2277
寶顏堂訂正同異錄　　2748
寶顏堂訂正知命錄　　4426
寶顏堂增訂讀書鏡　　2633
22　寶制堂錄　　　　　5043
27　寶峰集　　　　　　4803
28　寶綸堂詩稿　　　　5811
　　寶綸堂集　　　　　5811
　　寶綸堂稿　　　　　5811
　　寶繪錄　　　　　　3364
30　寶宸堂集　　　　　6019
　　寶宸堂全集　　　　6019
40　寶古堂重修考古圖　3415
　　寶薈堂詩稿　　　　5969
44　寶華山志　　　　　2204
　　寶菌堂詩　　　　　6001
　　寶菌堂遺詩　　　　6001
　　寶菴集　　　　　　5513
80　寶善堂集　　　　　6036
　　寶善堂稿　　　　　5397

89　寶鈔通考　　　　　2477

寊

30　寊賓錄　　　　　　4178
44　寊地論　　　　　　4670
47　寊嬿齋詩集　　　　6198
　　寊嬿齋集　　　　　6198

寳

17　寳子紀聞　　　　　3625
　　寳子紀聞類編　　　3625

3090₁　宗

08　宗譜纂要　　　　　1677
　　宗譜纂要合傳習錄　1677
10　宗一聖論　　　　　3604
16　宗聖譜　　　　　　1732
　　宗聖志　　　　　　1464
25　宗朱要法　　　　　2881
30　宗定九新柳堂集　　5930
36　宗禪辯　　　　　　3702
40　宗悳文鈔　　　　　6164
44　宗藩訓典　　　　　4015

3090₄　宋

00　宋廬陵誠齋楊先生錦繡策
　　　　　　　　　4776

	宋文歸	6506
	宋文鈔	6425
04	宋詩删	6616
08	宋論	2587
10	宋五先生郡邑政績	1651
	宋元名家梅花鼓吹	6442
	宋元通鑑全編	1092
	宋元資治通鑑	1108
	宋元春秋解提要	707
	宋元周易解提要	213
13	宋琬全集	5798
17	宋丞相崔清獻公全錄	1511
	宋丞相李忠定公奏議、附錄	1354
21	宋儒致堂胡先生讀史管見	2576
	宋貞士羅滄洲先生詩集	4807
	宋貞士羅滄洲先生集	4807
24	宋先賢讀書法	2826
27	宋名家詞	6797
	宋名臣獻壽集	6299
	宋紀受終考	2592
30	宋濂溪周元公先生集(明·李嵊慈撰)	1533
	宋濂溪周元公先生集(明·周沈珂編)	1556, 1557
	宋寶太師瘡瘍經驗全書	3069
35	宋遺民錄(不著撰人)	1592, 6303
	宋遺民錄(明·程敏政撰)	1601
40	宋十五家詩選	6658
	宋南渡十將傳	1586
41	宋板目	2544
43	宋戴剡源文鈔	4816
44	宋荔裳入蜀詩	5798
	宋舊宮人詩詞	4799
	宋蔡元定律呂新書	935
46	宋楊文靖公龜山先生年譜	1568
47	宋朝南渡十將傳	1586
	宋胡忠簡先生文選	6552
50	宋史新編	1137
	宋史論(明·張溥撰)	2636
	宋史論(明·劉定之撰)	2587, 4920
	宋史偶識	1089
	宋史存	1892
	宋史質	1136
	宋史闡幽	2594
	宋史筆斷	2642
	宋史纂要	1879

　　宋史纂略　　　　　　1881
　　宋本韓柳二先生年譜　1493
　　宋忠武岳鄂王精忠類絕
　　　　　　　　　　　　1540
　　宋忠獻韓魏王君臣相遇傳
　　　　　　　　　　　　1478
　　宋忠肅陳了齋四明尊堯集
　　　　　　　　　　　　2575
　　宋東京考　　　　　　2271
56　宋提刑洗冤集錄　　　3031
60　宋四六叢珠彙選　　　6460
　　宋四名家詩　　　　　6603
　　宋四家詩　　　　　　6298
　　宋四家外紀　　　　　1559
　　宋四大家外紀　　　　1560
74　宋陸右丞蹈海錄　　　1512
77　宋周文忠先生文選　　6552
　　宋學商求　　　3544，4126
　　宋賢事彙　　　　　　3998
80　宋人小集　　　　　　6619
　　宋金元詩永補遺　　　6596
87　宋鄭所南先生久久書　4806
　　宋鄭所南先生心史　　4806
　　宋鄭所南先生鐵函心史
　　　　　　　　　　　　4806

　　　　　　　　案

88　案節坐功法　　　　　4644

　　　3092₇　竊

94　竊憤錄　　　　　　　1194

　　　3094₇　寂

90　寂光境　　　　　　　4520

　　　3111₀　江

00　江亭集　　　　　　　4828
10　江干草　　　　　　　5904
　　江西通志　　　　　　1977
21　江行草　　　　　　　6263
22　江峯集　　　　　　　6114
　　江山人集　　　　　　5416
26　江皋吟　　　　　　　5629
　　江皋小築集　　　　　6465
27　江岷嶽文集　　　　　5466
33　江心志　　　　　　　2261
34　江漢書院講義　　　　893
37　江湖閒吟　　　　　　6201
38　江泠閣文集、文續集、詩集、
　　詩餘、詩集續編、外集　5913
　　江泠閣文集、續集　　5914
　　江泠閣詩集　　　　　5913

江泠閣緒風吟　　　5913

40　江左十五子詩選　6589

　　江南春　　　　　6338

　　江南春詞　　　　6338

　　江南星野辨　　　2304

　　江右詩稿　　　　5327

　　江右名賢編　　　1676

47　江聲草堂詩集　　6168

　　江都縣志(明·葛洞撰)
　　　　　　　　　　2021

　　江都縣志(明·陸君弼撰)
　　　　　　　　　　2025

50　江東十考　　　　2992

　　江東十鑑　　　　2990

　　江東地利論　　　2119

70　江防總論　　　　2137

　　江防考　　　　　2128

　　江防圖考　　　　2127

80　江午坡集　　　　5192

沚

00　沚亭文集　　　　5723

　　沚亭集　　　　　5723

　　沚亭自刪詩　　　5723

　　沚亭刪定文集　　5723

3111₁　涇

44　涇林詩文集　　　　5237

　　涇林集　　　　　　5237

50　涇東小稿　　　　　4927

67　涇野先生文集　　　5064

　　涇野文鈔　　　　　5064

　　涇野集　　　　　　5064

　　涇野先生毛詩說序　405

　　涇野先生禮問　　　608

　　涇野先生別集　　　5064

　　涇野全集　　　　　5064

3111₄　汪

00　汪方壺詞　　　　　6793

　　汪文定集　　　　　4770

　　汪文定公集　　　　4770

12　汪水雲詩　　　　　4799

　　汪水雲詩鈔　　　　4799

17　汪子中詮　　　　　2806

20　汪禹乂詩集　　　　5483

　　汪禹乂集　　　　　5483

21　汪仁峰先生文集、外集5014

22　汪山人集　　　　　5402

26　汪白泉先生選稿　　5091

　　汪伯玉集　　　　　5324

　　汪伯子菁莪遺稿　　6026

35　汪遺民詩　　　　　5624
37　汪次公集　　　　　5326
40　汪直傳　　　　　　1854
　　汪南溟先生集　　　5324
72　汪氏二家詞　　　　6793
85　汪鈍翁文鈔　　　　6588

漑

90　漑堂詩餘　　　　　5745
　　漑堂前集、後集、續集、文
　　集、詩餘　　　　　5745
　　漑堂前集、後集、續集、詩餘
　　　　　　　　　　　5745

3111₆　洹

07　洹詞　　　　　　　5040
　　洹詞別本、附錄　　5040
　　洹詞記事鈔　　　　4020

3112₀　河

10　河工集　　　　　　6011
　　河工見聞錄　　　　5942
　　河西集　　　　　　6113
21　河上稿　　　　　　5503
　　河上草　　　　　　5970
　　河上楮談　　　　　3797
27　河紀　　　　　　　2101

31　河源記　　　　　　2066
　　河源志　　　　　　2066
　　河渠志　　　　　　2095
34　河瀆奏疏　　　　　1414
35　河漕通考　　　　　2093
37　河洛私見　　2741，4981
　　河洛先天圖説　　　309
　　河洛定議贊　　　　154
　　河洛真傳　　　　　157
　　河洛真數　　　　　3258
38　河汾詩　　　　　　4901
　　河汾詩集　　　　　4901
　　河汾燕閒錄　　　　3763
40　河南程氏粹言　　　2692
　　河套志　　　　　　2062
50　河東先生龍城錄　　4489
　　河東先生全集錄　　6638
60　河圖發微　　　　　3202
　　河圖洛書原舛編　　207
70　河防疏略　　　　　1432
　　河防芻議　　　　　2104
77　河開六書　　　　　3115
　　河間府志　　　　　2006
　　河間傷寒心要　　　3075

3112₁　涉

31　涉江詩　　　　　　5414

涉江詩選　　　　　　5414

44　涉世雄談　　　　　　2618

78　涉覽屬比　　　　　　4225

3112₇　馮

17　馮子節要　　　　　　2817

30　馮定遠集　　　　　　5801

38　馮海粟梅花百詠　　　6442

72　馮氏校定玉臺新詠　　6291

　　馮氏小集　　　　　　5801

80　馮舍人詩　　　　　　6008

　　馮舍人遺詩　　　　　6008

85　馮鈍吟集　　　　　　5801

3114₀　汗

36　汗漫游草　　　　　　6520

洱

38　洱海叢談　　　　　　2361

3116₀　酒

07　酒部彙考　　　　　　3458

08　酒譜　　　　　　　　3454

41　酒概　　　　　　　　3457

50　酒史　　　　　　　　3455

3116₁　浯

32　浯溪詩文集　　　　　6398

　　浯溪集　　　　　　　6399

　　浯溪考　　　　　　　2197

潛

00　潛齋處語　　　　　　3660

14　潛確錄　　　　　　　5747

30　潛室劄記　　　　　　2867

38　潛滄集　　　　　　　5797

44　潛菴文集節要　　　　5810

50　潛書　　　　　　　　3673

77　潛邱劄記　　　　　　3718

　　潛學稿　　　　　　　5366

　　潛學編　　　　　　　5366

80　潛谷集　　　　　　　5366

3116₈　濬

10　濬元　　　　　　　　3207

3117₂　涵

40　涵有堂詩文集　　　　6165

3119₄　溧

76　溧陽路總管水鏡元公詩集

　　　　　　　　　　　　4820

3126₆　福

15	福建右參政王君懋德却金傳	1811
40	福壽陽秋	4117
	福壽全書	4051
79	福勝庵八詠	5700
90	福堂寺貝餘	3850

3128₆　顧

00	顧廉訪集	5166
	顧文康全集	5038
	顧文康公文草、詩草、續稿、三集	5038
	顧文康公詩	5038
02	顧端文遺書	2813
	顧端文年譜	1550
	顧端文公遺書	2813
22	顧鼎臣文集	5038
28	顧給舍集	5243
30	顧憲副集	5112
37	顧洞陽遺詩	5112
40	顧太初先生詩選	5566
	顧太史編年集	5566
60	顧見山詩	5828
72	顧氏詩史	2627
	顧氏譜系考	1748

	顧氏易解	49
77	顧與治詩	5751
	顧與治詩集	5751

3130₂　邇

02	邇訓	4440

3130₃　逐

00	逐鹿記	3702

遯

00	遯言	3762
44	遯世編	4000
60	遯園漫稿	5566

3130₄　迁

08	迁議	3612, 3613
20	迁億	3612, 3614
87	迁錄	3612

返

25	返生香	5957

3130₆　逌

08	逌游璅言	3777
	逌游瑣言	3777
	逌游瑣語	3777

3190$_4$　渠

76　渠陽讀書雜抄　　　3691
77　渠風集略　　　　　6665

3210$_0$　洲

06　洲課條例　　　　　2490

測

50　測史剩語　　　　　2628

3211$_3$　洮

76　洮陽詩集　　　　　5826
　　洮陽集句　　　　　5826

3211$_8$　澄

31　澄江集　　　　　　5919
34　澄遠堂三世詩存　　6597
90　澄懷老人自訂年譜　6084
　　澄懷園文存　　　　6084
　　澄懷園語　　　　　6084
　　澄懷園詩選　　　　6084
　　澄懷園載賡集　　　6084
　　澄懷園全集　　　　6084
　　澄懷錄　　　　　　3934

3212$_1$　浙

10　浙西六家詞　　　　6806
　　浙元三會錄　　　　6347
　　浙西水利議答錄　　2067
　　浙西水利書　　　　2076
28　浙鹺紀事　　　　　5545
77　浙學宗傳　　　　　1708
84　浙鎮兵變始末　　　1827
　　浙鎮民變傳　　　　1827
90　浙省分署紀事本末　2382

漸

00　漸齋詩草　　　　　5094
　　漸齋奏疏　　　　　5094

沂

50　沂東樂府　　　　　6818

3213$_0$　冰

00　冰齋文集　　　　　6069
10　冰玉堂綴逸稿　　　5233
22　冰川詩式　　　　　6728
27　冰礐詩鈔　　　　　6228
　　冰礐集、詩餘　　　6228
　　冰礐堂詩稿　　　　6228
　　冰礐堂全稿　　　　6228

3213₄　溪

22	溪山琴況	3392
	溪山堂草	5462
90	溪堂麗宿集	4154
	溪堂集	6207

濮

22	濮川詩鈔	6677

3214₇　浮

10	浮石集	6063
	浮雲集	5712
27	浮物	3528
33	浮梁陶政志	2534

叢

01	叢語	3608
08	叢説	3786
16	叢碧山房文集、雜著、詩集	
		5987
	叢碧山房詩稿	5987
	叢碧山房詩初集、二集、三	
	集、四集、五集、文集、雜著	
		5987
	叢碧山房詩鈔	5987
	叢碧山房集	5987

44	叢桂軒集	5582
	叢桂堂詩文集	5666
	叢桂堂全集、詩集	5666

3215₇　淨

80	淨慈寺志	2240

3216₄　活

34	活法機要	3072
77	活民書	2484

3216₉　潘

17	潘子求仁錄輯要	2853
24	潘待清先生稿	4805
27	潘象安詩集	5630
	潘象安集、琴操	5630
44	潘黄門集	6517
50	潘中丞文集	6040
	潘中丞集	6040
88	潘笠江集	5163
	潘笠江先生集	5163

3222₁　祈

67	祈嗣真詮	3605

3230₁　逃

21	逃虚子詩集	4877

逃虛子詩集補遺　　　4877

逃虛子詩續集　　　　4877

逃虛子集、類稿補遺　4877

逃虛子道餘錄　　　　4877

逃虛類稿　　　　　　4877

3230₂　近

00　近言　　　　　　　2744

17　近取編　　　2757,5067

22　近峯聞略　　　　　4419

32　近溪子文集　　　　5363

　　近溪子外編　　　　5363

　　近溪子續集　　　　5363

　　近溪子明道錄　　　3574

　　近溪子附集　　　　5363

　　近溪先生詩集　　　5363

　　近溪羅先生一貫編　3573

　　近溪羅子一貫編　　3573

　　近溪羅先生一貫編

　　　　　　　　　3573,5363

　　近溪羅先生鄉約全書　5363

　　近溪全集　　　　　5363

38　近道齋文集、詩集　6129

　　近道齋集　　　　　6129

40　近古錄　　　　　　4158

60　近思續錄　　　　　2929

　　近思錄集解　　　　2708

75　近體樂府　　　　　6771

88　近鑑　　　　　　　4158

3230₃　巡

30　巡憲楊公保台實績錄　1566

43　巡城條約　　　　　3040

3230₆　遁

60　遁甲吉方直指　　　3312

3230₉　遜

23　遜代陽秋　　　　　1343

40　遜志齋外紀、續集　1555

60　遜國正氣紀　　　　1322

　　遜國君記鈔、臣事鈔　1314

　　遜國逸書　　　　　1318

　　遜國忠記　　　　　1729

　　遜國表忠記　　　　1706

3290₄　業

21　業儒臆說　　　　　2968

3300₀　心

00　心齋語錄　　　　　2773

　　心齋王先生語錄　　2773

　　心齋約言　　　　　2773

心齋類編(明・王元鼎編)
　　　　　　　　　1553
心齋類編(明・王襞撰)
　　　　　　　　　5444
21　心經附註　　　2720
25　心傳錄　　　　3504
26　心泉集　　　　5373
31　心源集　　　　5373
34　心遠堂詩集　　5784
　　心遠堂集　　　5679
　　心遠堂遺集　　5679
50　心史　　　　　4806
　　心書　　　2985,2986
60　心易　　　　　　236
　　心園説　　　　　795
　　心園書經知新　　393
77　心學宗　　　　2795
　　心學錄　　　　2760
　　心印正説　　　2927
　　心印紺珠經　　3098
80　心鏡編　　　　4120
95　心性書　　　　2749

3310₀　泌

60　泌園集　　　　5286

3311₁　浣

00　浣亭詩略　　　5836
　　浣亭歸來吟　　5836
12　浣水續談　　　3799
20　浣香閣遺稿　　5994

3311₇　滬

21　滬上秋懷倡和詩　5752

3312₇　浦

31　浦江志略　　　1992
　　浦江鄭氏旌義編　1589

3313₂　浪

38　浪游集　　　　5369

3314₇　浚

22　浚川公移集　　5030
　　浚川内臺集　　5030
　　浚川奏議集　　5030
　　浚川駁稿集　　5030
40　浚古先生集　　5186

3316₀　冶

40　冶古堂文集　　6072
43　冶城詩草　　　5414

　　冶城客論　　　　4511

治

00　治齋集　　　　5048
　　治齋奏議、詩詞、文集　5048
10　治平言　　　　3620
12　治水要議　　　2112
　　治水或問　　　2083
20　治禾紀略　　　1836
31　治河總考　　　2070
　　治河通考　　　2079
　　治河奏疏(明・李化龍撰)
　　　　　　　　　1396
　　治河奏疏(明・周堪賡撰)
　　　　　　　　　1414
　　治河前策、後策　2115
　　治河管見　　　2088
44　治世餘聞　　　1251

3318₆　演

41　演極圖説　　　3209
80　演禽心法　　　3306
　　演禽圖　　　　3290
　　演禽圖訣　　　3290

3320₀　祕

25　祕傳天祿閣寓言外史　3502

50　祕書廿一種　　　4166
77　祕閣元龜政要　　1114
　　祕閣書目　　　2536
88　祕笈新書、別集　4280

3322₇　補

00　補齋口授易説　　33
　　補註釋文黃帝内經素問
　　　　　　　　　3054
　　補註李滄溟先生文選　5299
01　補訂讀易隨鈔　　289
04　補計然子　　　3648
10　補正滑壽素問鈔　3055
24　補侍兒小名錄　4180
33　補祕笈新書　　4280
43　補妒記　　　　3932
55　補農書　　　　3051

黼

44　黼藻文章百段錦　6702
　　黼菴遺稿　　　5084

3324₇　袚

60　袚園集　　　　5782

3330₃　邃

40　邃古記　　　　1147

80　遂谷集　　　　　　　5070

3330₉　述

40　述古雜詩　　　　　　6022
　　述古堂書目　　　　　2544
　　述古堂錢氏書目　　　2544
50　述本堂詩集　　　　　6640
60　述異記　　　　　　　4540

3333₀　惢

26　惢泉手學　　　　　　437

3390₄　梁

07　梁詞人麗句　　　　　6695
60　梁園風雅　　　　　　6490
67　梁昭明文選　　　　　6283
　　梁昭明文選越裁　　　6288

3402₇　爲

18　爲政規模節要論　　　2528
　　爲政第一編　　　　　2418
71　爲臣不易編　　　　　1710
80　爲善陰騭　　　　　　3956

3410₀　對

22　對制談經　　　　　　4284
　　對山文集　　　　　　5029

對山集　　　　　　　5029
77　對屬發蒙　　　　　　4204
　　對問編　　　　　　　3791
91　對類　　　　　　　　4337

3411₁　洗

33　洗心居雅言集　　　　2612
37　洗冤錄　　　　　　　3031
38　洗海近事　　　　　　1272

3411₂　沈

02　沈刻元典章校補　　　2421
10　沈石田集　　　　　　4942
40　沈大若梅園集　　　　5518
　　沈嘉則詩選　　　　　5422
44　沈蘭軒集　　　　　　4924
72　沈氏韻經　　　　　　1022
　　沈氏農説　　　　　　3051
　　沈氏農書　　　　　　3051
　　沈氏學弢　　　　　　3996
77　沈鳳岡集　　　　　　5265
90　沈光邦傳　　　　　　937

池

22　池山禹門寺志　　　　2250

3411₄　灌

11	灌研齋集	5704
	灌研齋稿	5704
16	灌硯齋文集	5704

3411₈　湛

23	湛然堂詩稿	5437
32	湛淵集	6329
44	湛甘泉集	5041
	湛甘泉先生文集	5041
60	湛園雜詠	6482
	湛園集	5592
	湛園未定稿	6077
	湛園錄	5592
71	湛原集	5592

3412₁　漪

40	漪南集	6114

3412₇　瀟

16	瀟碧堂集	5552
	瀟碧堂續集	5552
36	瀟湘聽雨錄	3893
	瀟湘編	5413

滿

34	滿漢合璧五方元音	1074

3413₁　法

22	法製醫方藥性石室祕籙	
		3129
27	法綴	4126
30	法家哀集	3038
40	法喜志	4588
41	法帖譜系	3345
	法帖刊誤	3345
	法帖釋文	3345
44	法藏碎金	5613
	法藏碎金錄	4582
48	法教佩珠	4027
50	法書通釋	3344

3413₂　漆

60	漆園巵言	5599

3413₄　漢

00	漢唐宋名臣錄	1682
	漢唐綱目群史品藻	2605
	漢唐祕史	1225
	漢唐通鑑品藻	2605,2606
	漢文歸	6506

| | 漢音 | 6336 | 84 | 漢鐃歌發 | 6571 |

3414₀　汝

	漢雜事祕辛	4386			
04	漢詩	6627	12	汝水巾譜	3436
	漢詩音註	6627	40	汝南遺事	4454
	漢詩評	6627		汝南圃史	3486
	漢詩説	6654			

3414₇　凌

	漢詁篝	826			
10	漢晉南北朝唐宋文歸	6506	28	凌谿集	5025
13	漢武事略	3702		凌谿先生集	5025
17	漢丞相諸葛忠武鄉侯將苑		32	凌溪集	5025
		2985			

3416₁　浩

20	漢雋	1861			
26	漢魏六十名家	6556	00	浩齋語錄	2697
	漢魏六朝二十一名家集		34	浩波遺集	6253
		6517			

3416₄　渚

	漢魏詩乘	6545			
	漢魏名文乘	6556	22	渚山堂詩話	6719
	漢魏名家	6517			

3418₁　洪

	漢魏別解	4148			
32	漢溪書法通解	3380	13	洪武正韻會編	980
44	漢世説	4484		洪武聖政記(明·宋濂撰)	
	漢甘泉宮瓦記	3442			1217
	漢舊儀	2427		洪武聖政記(不著撰人名	
50	漢史億	2646		氏)	1227
	漢末英雄記	1581	17	洪子問疑錄	5041
71	漢原陵祕葬經	3237	32	洪洲類稿	5396
77	漢學典	2459			

47	洪都稿	5016
76	洪陽張先生問奇集	978
77	洪駒父詩話	6700
88	洪範註補	3196
	洪範政鑒	3299
	洪範皇極	3192
	洪範皇極註	3192
	洪範皇極補	3194
	洪範補註	3196
	洪範九疇數解	3190
	洪範圖説	3208
	洪範圖解	3191

滇

07	滇記	1912
21	滇行雜詠	5811
	滇行紀程、續鈔	1845
	滇行日記	1840,5988
26	滇程記	1810
38	滇遊記、附記	1844
40	滇南雜記	2282
	滇南集	5988,5989
	滇南行稿	4974
43	滇載記	1912
68	滇黔紀游	2333
	滇黔游集	5725

3419₈　淶

12	淶水詩文	4959
	淶水集	4959

3424₁　禱

10	禱雨雜記	3965
	禱雨錄	3965

3424₇　被

36	被褐先生詩文稿	5408
	被褐先生稿	5408

3425₃　襪

26	襪線集	4896

3426₀　祐

22	祐山文集、詩集	5225
	祐山雜記	4512
	祐山雜説	4512
	祐山詩集、文集	5225
	祐山先生文集	5225

3430₃　遠

20	遠壬文	3785

3430₄　達

21　達止集　　　　　　6331
46　達觀樓集　　　　　5590

3430₆　造

51　造甎圖説　　　　　2530
57　造邦賢勳錄略　　　3702

3430₉　遼

07　遼記　　　　　　　1269
27　遼紀　　　　　　　1269
40　遼大臣年表　　　　1166
43　遼載前集　　　　　2060
76　遼陽稿　　　　　　5503
80　遼金大臣年表　　　1166

3510₆　沖

28　沖谿先生集　　　　5321
44　沖菴奏議　　　　　1388
　　沖菴撫遼奏議、督撫奏議
　　　　　　　　　　　1388

3510₇　津

35　津逮祕書　　　　　4147

3512₇　清

00　清夜錄　　　　　　4397
　　清言　　　　　　　4466
02　清端集　　　　　　6070
20　清雋集　　　　　　4806
26　清泉小志　　　　　6404
　　清泉精舍小志　　　6404
28　清微仙譜　　　　　4660
30　清寤齋欣賞編　　　4016
31　清江二家詩　　　　6436
　　清江碧嶂集　　　　4818
　　清江縣志　　　　　2047
　　清源文獻　　　　　6486
　　清源關志　　　　　2486
32　清溪弄兵錄　　　　1175
　　清溪莊遺集　　　　5112
　　清溪暇筆　　　　　3825
44　清芬堂稿　　　　　5977
　　清芬堂存稿　　　　5977
　　清菴先生中和集　　4656
50　清忠堂奏疏　　　　1420
60　清暑筆談　　　　　4128
　　清異續錄　　　　　4576
67　清暉閣百家論鈔　　6483
　　清暉館集　　　　　5560
　　清暉堂稿　　　　　5560

90　清賞錄　　　　　　　4021
91　清類天文分野之書　　3221

3513₀　決

79　決勝綱目　　　　　　3003

漣

34　漣漪堂遺稿　　　　　5838

3516₆　漕

18　漕政舉要錄　　　　　2479
31　漕河志　　　　　　　2071
　　漕河奏議　　　　　　1367
　　漕河圖志　　　　　　2071
37　漕運通志　　　　　　2501
50　漕書　　　　　　　　2492
　　漕書八論　　　　2492,5351

3519₀　洙

36　洙泗源流　　　　　　1475

3519₆　涷

00　涷亭詩略　　　　　　5835
12　涷水司馬氏源流集略　1536
　　涷水編　　　　　　　5780

3520₆　神

00　神應經　　　　　　　3088
22　神仙通鑑　　　　　　4690
　　神仙感遇傳　　　　　4635
28　神僧傳　　　　　　　4585
32　神州古史考　　　　　2308
41　神樞鬼藏　　　　　　3223
　　神樞鬼藏經　　　　　3223
42　神機相字法　　　　　3325
72　神隱　　　　　　　　4666
　　神隱志　　　　　　　4666

3521₈　禮

00　禮庭吟　　　　　　　4941
　　禮庭吟稿　　　　　　4941
　　禮庭吟遺稿　　　　　4941
07　禮記意評　　　　　　557
　　禮記章句　　　　　　574
　　禮記章義　　　　　　568
　　禮記新裁　　　　　　551
　　禮記新義　　　　　　546
　　禮記說義集訂　　　　553
　　禮記詳說　　　　　　567
　　禮記疏略　　　　　　563
　　禮記要旨補　　　　　544
　　禮記手說　　　　　　556

禮記手書　　　　　555　　　　　禮要樂則　　　　　2786

禮記集註　　　　　541　　21　禮經集註　　　　　524

禮記集説辨疑　　　540　　　　　禮經奥旨　　　　　580

禮記集解(清・邱元復撰)　　　　禮經類編　　　　　588

　　　　　　　　　562　　22　禮山園文集　　　　5966

禮記制度示掌圖　　769　　　　　禮山園詩集、文集、文集後

禮記偶箋　　　　　565　　　　　編、續集　　　　　5966

禮記疑問　　　　　547　　　　　禮山園全集　　　　5966

禮記彙編　　　　　575　　　　　禮樂通考　　　　　603

禮記約編　　　　　598　　　　　禮樂合編　　　　　600

禮記通解　　　　　550　　24　禮緯含文嘉　　　　3300

禮記大全字疑　　　790　　26　禮白岳記　　　　　1822

禮記敬業　　　　　559　　66　禮器圖説　　　　　598

禮記中説　　　　　545　　77　禮學彙編　　　　　601

禮記輯覽　　　　　543　　　　　禮闈分校日記、七規　3677

禮記提綱集解　　　563　　　　　禮問　　　　　　　608

禮記日録　　　　　542　　　　　禮賢録　　　　　　1219

禮記會要　　　　　538

禮記會解新裁　　　551　　　　　　3526₀　袖

禮記明音　　　　　539

禮記(明・湯道衡撰)　554　　18　袖珍小兒方　　　　3084

禮記纂言　　　　　569　　　　　袖珍小兒經驗良方　3084

禮記纂注　　　　　554　　50　袖中錦　　　　　　3745

禮記類編　　　　　571

禮記惜陰録　　　　564　　　　　　3529₀　袾

禮部集　　　　　5464

10　禮元剩語　　　　4126　　30　袾宏　　　　　3630(書)

3530₀　連

00　連文釋義　　　953
22　連山易菁　　　274
43　連城　　　3816
76　連陽八排土風記　　　2367

3530₆　迪

40　迪吉錄　　　4058

3530₈　遺

22　遺山詩集　　　4809
　　遺山集　　　4809
　　遺山先生詩集　　　4809
　　遺山先生年譜略　　　4500

3610₀　泊

12　泊水齋文鈔　　　5594
　　泊水齋詩集　　　5594
　　泊水詩文集　　　5594
46　泊如齋重修宣和博古圖錄
　　　　　3415
　　泊如齋重修考古圖　　　3415

湘

22　湘山志　　　2217
　　湘山野錄　　　6700

26　湘臯集　　　4993
32　湘洲集　　　5546
37　湘湖水利志　　　2110
91　湘煙錄　　　4036

3611₄　猩

36　猩猩詠　　　4117

3611₇　溫

21　溫處海防圖略　　　2130
32　溫州府志　　　2045
80　溫公徽言　　　3926
　　溫公年譜　　　1547

3612₇　湯

17　湯子語錄　　　2889
31　湯潛菴文集節要　　　5810
　　湯潛菴先生文集節要　　　5810
38　湯海若問棘郵草　　　5579
44　湯若士文鈔　　　5579
　　湯若士稿　　　5579
　　湯若士全集　　　5579
60　湯品　　　3453
61　湯顯祖詩文集　　　5579
　　湯顯祖集　　　5579
　　湯顯祖戲曲集　　　5579
　　湯顯祖全集　　　5579

80	湯義仍詩	5579
	湯義仍先生集	5579
	湯義仍尺牘	5579

渭

31	渭涯文集	5104
71	渭厓文集	5104

3614₁　澤

20	澤秀集、總編	5430
67	澤鳴稿	5222

3614₇　漫

77	漫叟拾遺	4717
87	漫錄評正前集、別集、畸集、多集	4449
88	漫餘草	5812
90	漫堂説詩	6760
	漫堂墨品	3432

3619₄　澡

27	澡修堂集	5866

3621₀　祝

17	祝子遺書、附錄	5696
	祝子志怪錄	4505
	祝子罪知	3527
	祝子小言	3609,5218
50	祝事類偶	4269
72	祝氏事偶	4269
	祝氏事錄	4269

視

77	視履類編	1819

3625₆　禪

00	禪玄顯教編	3702
30	禪家公案頌	6235
	禪寄續談	3788
	禪寄筆談、續談	3788
44	禪林餘藻	4128

3630₀　迦

09	迦談	4582

3630₁　暹

60	暹羅譯語	961

3630₂　邊

25	邊仲子詩	5158
27	邊紀略	4127
50	邊奏存稿	1357
67	邊略	5288
70	邊防控扼形勢圖論	2121

3630_3　還

43	還越集	5504
47	還朝集	6017

3710_7　盜

41	盜柄東林夥	1696

3711_4　濯

26	濯纓亭筆記	3780
44	濯舊	3532
	濯舊集	3532
	濯舊稿	3532

3711_7　澠

32	澠溪草	5761

3712_0　洞

00	洞庭君山集	6363
	洞庭湖君山詩集	6362
	洞玄靈寶真靈位業圖	4628
10	洞元靈寶三師記	4660
	洞天福地嶽瀆名山記	4637
22	洞仙傳	4638
76	洞陽詩集	5112

湖

00	湖廣總志	2013
21	湖上稿	5504
	湖上草堂詩（清·朱崇道撰）	6195
	湖上草堂詩（清·朱綱撰）	6161
22	湖山外稿、附錄	4799
	湖山類稿、外稿、附錄	4799
32	湖州府志（明·唐樞撰）	2000
	湖州府志（明·王玜撰）	1969
	湖州竹派	3359
36	湖湘五略	1410
38	湖海集（清·高鳳翰撰）	6263
	湖海集（清·孔尚任撰）	6044
	湖海集（明·董澐撰）	5147
	湖海搜奇	4523
40	湖南通志	2063
41	湖壖雜記	2300
74	湖陵江氏集	6682

潤

32　潤州先賢錄　　　　1596

溯

30　溯流史學鈔　　　　2892
36　溯洄集　　　　　　6590

3712_7　滑

23　滑稽小傳　　　　　4554
72　滑氏診家樞要　　　3055
　　滑縣擒盜記　　　　1827
97　滑耀編　　　　　　6446

鴻

10　鴻雪集　　　　　　6263
37　鴻泥堂小稿、續稿　5151
　　鴻逸堂集　　　　　5888
　　鴻逸堂稿　　　　　5888
44　鴻苞　　　　　　　3598
47　鴻桷集　　　　　　5736
　　鴻桷續集　　　　　5736
50　鴻書　　　　　　　4306
72　鴻爪集　　　　　　5940
83　鴻猷錄　　　　　　1127

湧

40　湧幢小品　　　　　3813

3713_4　澳

77　澳門記略　　　　　2065

3713_6　漁

09　漁談　　　　　　　4161
10　漁石集　　　　　　5080
22　漁山詩　　　　　　5950
38　漁洋文略　　　　　5848
　　漁洋詩集、續集　　5847
　　漁洋山人文略　　　5848
　　漁洋山人評點崑崙山房詩稿　　　　　　6022
　　漁洋山人詩集　　　5847
　　漁洋山人自撰年譜　5846
　　漁洋山人精華錄訓纂　5846
　　漁洋先生評點赤嵌集　6047
40　漁樵對問　　　　　2679
　　漁樵閒話　　　　　4549
44　漁嬉稿　　　　　　5222
65　漁嘯集　　　　　　5099
72　漁隱橫舟稿　　　　6298
80　漁父詞集句　　　　4793

3714₀　淑

44　淑艾錄　　　　　　2960

3714₆　潯

76　潯陽蹠醢　　　　　2310

3714₇　汲

40　汲古編　　　　　　4339
　　汲古叢語　　　　　3564

3715₆　渾

23　渾然子　　　　　　3578

3716₀　洺

12　洺水詞　　　　　　6777

3716₁　澹

00　澹齋内言、外言　　3845
　　澹齋内外言　　　　3847
23　澹然集　　　　　　4883
　　澹然先生文集　　　4883
　　澹然居士文集　　　4883
29　澹秋容軒詞　　　　6791
30　澹窩因指　　　　　　92
37　澹初詩稿　　　　　6093
40　澹友軒文集　　　　5707

　　澹友軒集　　　　　5707
51　澹軒集　　　4911,4912
60　澹圃芋紀　　　　　3480
　　澹思子　　　　　　3581
　　澹園芋紀　　　　　3480
88　澹餘集　　　　　　5843
　　澹餘軒集　　　　　5843

3716₄　洛

44　洛村遺稿　　　　　5118
46　洛如詩鈔　　　　　6626
57　洛邨遺稿　　　　　5118
71　洛原遺稿　　　　　5229
77　洛學編　　　　　　1754

潞

12　潞水客談　　　　　2089

3718₀　溟

34　溟池集　　　　　　5537

3718₁　凝

00　凝齋筆語　　　　　3757
　　凝齋先生遺集　　　6251
　　凝齋遺集　　　　　6251

渼

50　渼書　　　　　　　5766

3718₂　次

44　次麓子集　　　　　3782

漱

10　漱石閒談　　　　　4523

3719₃　潔

40　潔古家珍　　　　　3072

3719₄　深

10　深雪偶談　　　　　6697
20　深秀亭詩集　　　　5984
　　深秀亭近草　　　　5984
　　深秀齋近草　　　　5984

滌

10　滌雪稿　　　　　　5972

3721₀　祖

74　祖陵紀略　　　　　2440

3721₄　冠

08　冠譜　　　　　　　3434

20　冠豸山堂文集　　　5902
　　冠豸山堂集　　　　5902
　　冠豸山堂全集　　　5902
60　冠圖　　　　　　　3435

3722₀　初

28　初從北征錄、詩　　1229
31　初潭集　　　　　　3972
68　初吟草　　　　　　5570
77　初學備忘　　　　　4158
　　初學藝引　　　　　3924

3722₇　冑

38　冑纂錄　　　　　　3688

3723₂　冢

30　冢宰文集　　　　　4870

3723₄　禊

41　禊帖綜聞　　　　　2558

3730₁　逸

01　逸語　　　　　　　2963
04　逸詩　　　　　　　424
05　逸講箋　　　　　　865
50　逸史搜奇　　　　　4529
60　逸園新詩　　　　　5604

逸園詩　　　　　　　5604

77　逸民傳　　　　　　　1647

逸民史　　　　　　　1719

3730₂　通

00　通言　　　　　　　　2699

10　通元(玄)觀志　　　　2265

21　通占大象曆星經3154,3216

32　通州志　　　　　　　2029

35　通漕類編　　　　　　2504

37　通祀輯略　　　　　　2429

40　通志堂集、附錄　　　5974

50　通惠河志　　　　　　2073

通書繹義　　　　　　2685

通書解拾遺、後錄　　2688

通書大全　　　　　　3313

通書捷徑　　　　　　3316

通書問　　　　　　　2684

88　通鑑釋地補注　　　　1096

通鑑綱目釋地糾繆、補注

　　　　　　　　　　1096

通鑑綱目測海　　　　1095

通鑑綱目前編(明・許誥

撰)　　　　　　　1100

通鑑綱目前編(明・南軒

撰)　　　　　　　1106

通鑑大感應錄　　　　2657

通鑑博論　　　　　　2586

通鑑感應錄　　　　　2657

過

00　過庭詩話　　　　　　6726

過庭私錄、外集　　　5130

過庭紀餘　　　　　　4485

31　過江二集　　　　　　6035

過江集　　　　　　　6035

3730₃　退

00　退庵詩集、文集　　　5799

22　退樂軒詩選　　　　　5342

44　退菴鄧先生遺稿　　　4867

退菴集　　　　　　　5799

退菴遺稿　　　　　　4867

80　退谷文集、詩集　　　6103

退谷集　　　　　　　6103

3730₄　逢

71　逢辰記　　　　　　　1794

運

80　運氣立成　　　　　　3054

運氣定論　　　　　　3117

運氣易覽　　　　　　3099

88　運籌綱目　　　　　　3003

3730₈　選

04	選詩	6507
	選詩句圖	6282
	選詩約註	6284
	選詩定論	6289
40	選校范文白公詩集、續選	
		4825
47	選聲集	6800
56	選擇集要	3317
80	選鐫石堂先生遺集	4796

3750₆　軍

21	軍占雜事	3233
44	軍權	3004

3760₈　咨

00	咨言	3550

3772₇　郎

31	郎潛集	6058

3780₀　冥

37	冥通記	4629
	冥冥篇	70
47	冥報錄	4534

3780₆　資

00	資塵新聞	4083
33	資治通鑑總要通論	2580
	資治通鑑綱目前編	1106
	資治通鑑述	2656

3812₇　汾

21	汾上續談	3798

3813₂　滋

44	滋蘭堂文集	6092
	滋蘭堂詩集	6092
	滋蘭堂集	6092

淞

48	淞故述	2278

3813₄　渼

74	渼陂集、續集	5015
	渼陂續集	5015

3813₇　冷

01	冷語	2930
10	冷石生演畸人十規	3633
77	冷邸小言	6733

3814₀　激

20　激㦤小擬　　　　　4126
50　激書　　　　　　　3650

滸

10　滸西山人初度録　　6818
50　滸東先生文集　　　5374

潄

10　潄玉齋類詩　　　　5570

瀓

60　瀓景堂史測　　　　2654

澂

12　澂水續志　　　　　1988
　　澂水志　　　　　　1988
33　澂浦續志　　　　　1988

3814₇　游

00　游讓溪甲集、乙集　5283
11　游琴稿　　　　　　5972
27　游名山記　　　　　2315
30　游宦餘談　　　　　3800
44　游燕集　　　　　　5553
47　游鶴堂墨藪　　　　3365

77　游閩稿　　　　　　5668
　　游具雅編　　　　　3912

3815₁　灄

12　灄水集　　　　　　5568

3815₇　海

00　海亭詩文集　　　　5383
　　海亭集　　　　　　5383
　　海康陳清端公詩集　6070
　　海康陳清端公年譜　6070
08　海議　　　　　　　4126
10　海石先生文集　　　5235
　　海石先生詩集　　　5235
　　海雲樓七十二候詩　5694
15　海珠小志　　　　　1543
17　海珊詩鈔、補疑　　6174
　　海瓊傳道集　　　　4654
21　海上占候　　　　　3232
　　海虞文苑　　　　　6568
22　海嶽名言　　　　　1539
　　海山記　　　　　　4389
23　海外紀事　　　　　2366
　　海岱日記　　　　　1838
27　海蠡編　　　　　　3587
30　海寇議　　　　　　2998
　　海寇後編　　　　　1853

31	海涯文集	5101
	海涯集	5101
	海涵萬象録	3750，4127
32	海沂子	3543
37	海運新考	2494
	海運詳考	2489
	海運編	2495
	海運志	2489
	海運圖説	2498
38	海道經	2068，2069
40	海塘録	2094
	海内名家工畫能事	3357
	海内奇觀	1949
	海樵子	2758
	海樵山人詩文集	5182
	海樵先生集	5182
	海樵先生全集	5182
44	海藏瘕論萃英	3072
48	海槎餘録	2346
50	海忠介公集	6645
	海表奇觀	2303
60	海昌外志	2049
70	海防總論	2137
	海防述略	2134
	海防奏議	1395
	海防圖論(不著撰人)	2132

	海防圖論(明・胡宗憲撰)	
		2125
74	海陵集	4766
76	海陽山水志	2177
	海隅集	5345，5346
77	海叟詩集、集外詩	4861
	海叟集	4861
	海鷗居日識	3616
	海門先生集	5507
78	海鹽縣圖經	2038
87	海釣遺風集	6345

3816₇　滄

31	滄漚集	5434
32	滄洲詩集、續集	4954
	滄洲集、續集	4954
	滄洲先生集	4807
	滄洲近詩	6063
33	滄浪詩話	6602
	滄浪櫂歌	4852
	滄浪吟	6602
	滄浪小志	2256
38	滄海披沙集	5450

3819₄　涂

| 12 | 涂水集 | 5081 |
| | 涂水先生集 | 5081 |

17	涂子一杯水	5671
	涂子期集	5671
	涂子類稿	5054

滁

| 32 | 滁州志 | 2002 |
| 76 | 滁陽王廟歲祀册 | 1507 |

3825₁　祥

12	祥刑要覽	3036
60	祥異繪圖集註	3224
	祥異賦	3230
88	祥符文獻志	1636
	祥符鄉賢傳	1635

3830₃　遂

25	遂生集	4092
37	遂初堂文集	5822
	遂初堂詩集、文集、別集	
		5985
	遂初堂集	5985

3830₄　遊

10	遊西山詩	6006
22	遊仙詩、集外詩	5801
	遊峩集	6413
23	遊峨集	6413

60	遊蜀稿	5109
	遊蜀吟稿	5109
87	遊録	4126
	遊録注	1564

遵

22	遵巖先生文集	5191
	遵巖先生文鈔	5191
	遵巖先生文粹	5191
38	遵道録	2751

3830₆　道

10	道一編	2739
20	道統圖贊	1459
	道統録	1774
22	道峯集	5320
	道山集	4903
	道山堂集	5726
	道山堂前集、後集	5726
24	道德經説奧	4604
	道德經懸解	4607
	道德經編註	4605
31	道源委録	1640
40	道南三先生遺書	2700
	道南正學編	1768
	道南源委	1775
	道南源委録	1640

　　道南書院録　　　　1737
　　道南録　　　　　　1737
44　道林諸集　　　　　2780
　　道林先生諸集　　　2780
48　道教靈驗記　　　　4634
50　道書類鈔　　　　　4687
　　道貴堂類稿　　　　5965
60　道園集　　　　　　4823
　　道園先生遺稿、詩續　4824
　　道園學古録　　　　4823
　　道園類集　　　　　4823
65　道蹟靈仙記　　　　4660
76　道驛集　　　　　　3881
77　道腴堂詩集道門定制
　　　　　　　　6150,4647
　　道學正宗　　　　　2811
　　道學淵源録　　　　1780
　　道學迴瀾　　　　　2851
80　道命録　　　　　　1499
95　道性善編　　　　　2794
99　道榮堂文集　　　　6064

　　　　　　道

22　道循編　　　　　　5575

　　　3864₀　啟

20　啟秀　　　　　　　6369

　　啟雋類函　　　　　6525
42　啟劄雲錦裳　　　　4200
　　啟劄淵海　　　　　4202
　　啟劄青錢　　　　　4206
　　啟劄錦語　　　　　4201
　　啟劄錦繡　　　　　6302
44　啟蒙對偶續編　　　4260

　　3912₇　消

77　消閒録　　　　　　2847

　　3918₉　淡

51　淡軒稿、補遺　　　4914
　　淡軒先生集　　　　4914
　　淡軒先生詩文集　　4914
　　淡軒先生詩集　　　4914

　　3930₂　逍

32　逍遥遊　　　　　　5904
　　逍遥園集　　　　　5385

　　3930₉　迷

45　迷樓記　　　　　　4389

　　4000₀　十

00　十六名家小品　　　6559
　　十六觀　　　　　　4045

十六國考鏡　　　　1905

十六國年表(清・張愉曾撰)　　　　　　　1922

十六國年表(清・孔尚質撰)　　　　　　　1924

十六策　　　　　　　2984

10　十二先生詩宗集韻　4191

十二月啓　　　　　4169

十三經解詁　　　　　763

十三經字辨　　　　　797

十三經類語　　　　4313

十可篇　　　　　　4022

21　十處士傳　　　　　4562

22　十嶽山人詩集　　　5157

十峯集　　　　　　6099

十種唐詩選　　　　6599

24　十科策略箋釋　　　4226

30　十家易象集説　　　　295

40　十九史略詳解　　　1133

十七朝史論一得　　2669

十七史論、年表　　2665

十七史詳節　　　　1858

十七史百將傳　　　2994

60　十景圖　　　　　　5591

71　十願齋易説　　　　　133

十願齋易説、易箋　　133

72　十岳山人詩集　　　5157

80　十八史略　　　　　1133

十八史略校本　　　1133

88　十笏草堂辛甲集　　5831

十笏草堂詩選　　　5831

十笏草堂上浮集　　5831

十笏堂詩　　　　　5831

4001₁　左

07　左記　　　　　　　1887

17　左司筆記　　　　　2518

左翼　　　　　　　　661

22　左觿　　　　　　　　636

25　左傳文章練要　　　　708

左傳文歸　　　　　6506

左傳評(清・王源撰)　708

左傳評(清・李文淵撰)736

左傳統箋　　　　　　682

左傳經世　　　　　1899

左傳經世鈔　　　　1899

左傳注解辨誤　　　　647

左傳博議拾遺　　　　712

左傳杜注辨誤　　　　647

左傳杜註補義　　　　716

左傳姓名考　　　　　717

左傳姓名同異考　　　717

左傳史論　　　　　2636

左傳典略　　　　　　665

左傳拾遺　　　　　　712
左傳國語國策評苑　　4132
左傳分國紀事　　　　1889
左傳分國纂略　　　　1903
左傳節文　　　　　　623
左繡　　　　　　　　721
37　左逸　　　　　　　　1167
　　左逸短長合刻　　　　1167
44　左桂坡集　　　　　　4943
50　左史筆記　　　　　　2518
　　左忠毅年譜　　　　　1577
60　左國諛詞　　　　　　1872
67　左略　　　　　　　　3018
72　左氏討　　　　　　　648
　　左氏諸例　　　　　　625
　　左氏論　　　　　　　648
　　左氏君子例、詩如例、詩補
　　疑　　　　　　　　　625
　　左氏釋　　　　　　　648
　　左氏始末　　　　　　1869
　　左氏春秋內外傳類選　4275
　　左氏春秋鑴　　　　　642
　　左氏兵法測要　　　　3021
　　左氏兵法略　　　　　3013
　　左氏兵略　　　　　　3013
　　左氏類選　　　　　　4275
90　左粹類纂　　　　　　4236

4001₇　九

01　九龍山志　　　　　2148
10　九正易因　　　　　46
　　九靈集　　　　　　4837
　　九靈山房遺稿　　　4837
　　九天元女六壬課　　3256
　　九天元妙課　　　　3273
17　九歌註　　　　　　4703
21　九經逸語　　　　　770
　　九經考異　　　　　770
　　九經圖　　　　　　799
22　九山游草　　　　　5737
23　九代樂章　　　　　6378
26　九鯉湖志　　　　　2179
27　九疑山志　　　　　2168
30　九宮八卦遁法祕書　3287
32　九州山水考　　　　365
36　九邊考　　　　　　2124
　　九邊圖論　　　　　2123
44　九芝集選　　　　　5519
　　九華山志　　　　　2186
　　九華志　　　　　　2186
47　九朝談纂　　　　　4068
　　九朝野記　　　　　4416
60　九星穴法　　　　　3243
　　九愚山房詩集　　　5353

九圜史圖　　　　　　　　3168

80　九谷集　　　　　　　　5941

丸

21　丸經　　　　　　　　　3410

4003₀　大

00　大六壬五變中黃經正文、釋
　　義　　　　　　　　　　3265
　　大六壬心鏡　　　　　　3261
　　大六壬無惑鈐　　　　　3267
07　大鄜山人詩集　　　　　5403
　　大鄜山人集　　　　　　5403
10　大元聖政典章新集至治條
　　例　　　　　　　　　　2421
　　人元聖政國朝典章　　　2421
　　大雲集　　　　　　　　5533
17　大司空遺稿　　　　　　5281
　　大司寇新城王公載書圖詩
　　　　　　　　　　　　　6600
　　大司寇蕭岳峯公夷俗記
　　　　　　　　　　　　　2353
　　大司馬鳳岡沈先生文集
　　　　　　　　　　　　　5265
18　大政記(明・雷禮撰)　1104
　　大政記(明・朱國楨撰)
　　　　　　　　　　　　　1118

大政管窺　　　　　　　　4338
20　大統皇歷經世　　　　　3319
21　大儒心學語録　　　　　2761
　　大儒大奏議　　　　　　1434
　　大儒奏議　　　　　　　1434
　　大儒學粹　　　　　　　2792
　　大儒粹語　　　　　　　2896
22　大崖集　　　　　　　　4991
　　大崖李先生詩集、文集4991
　　大樂元音　　　　　　　939
　　大樂律呂元聲　　　　　905
　　大樂嘉成　　　　　　　928
24　大科訓規　　　　　　　5041
　　大科書堂訓　　　　　　5041
25　大傳章旨　　　　　　　318
27　大象觀　　　　　　　　47
28　大復論　　　　　　　　3534
32　大業拾遺記　　　　　　4388
　　大業堂尺牘　　　　　　5342
33　大泌山房集　　　　　　5468
35　大禮集議　　　　　　　2435
37　大滌洞天記　　　　　　2236
43　大狩龍飛録　　　　　　1216
　　大戴禮删翼　　　　　　578
44　大藏一覽　　　　　　　4586
　　大藏一覽集　　　　　　4586
46　大旭山房文集　　　　　5568

大旭山房文稿　　　5568
大旭山房集　　　　5568
大觀堂文集　　　　1422
大駕北還録　　　　1256
50　大本瓊瑤發明神書　3070
52　大拙堂集　　　　5280
53　大成樂律　　　　930
大成樂律全書　　　930
大成通志　　　　　1759
60　大易疏義　　　　182
大易理數觀察　　　283
大易衍説(不著撰人)　164
大易衍説(元·李簡撰)　9
大易象數鉤深圖　　769
大易近取録　　　　297
大易法象通贊　　　10
大易通變　　　144, 3277
大易蓄疑　　　　　197
大易則通　　　　　169
大易闡微録　　　　250
大易合參講義　　　272
大易鉤元　　　　　12
67　大明一統文武諸司衙門官
制　　　　　　　2403
大明一統名勝志　　1948
大明天元玉曆祥異圖説
　　　　　　　　3224

大明武宗毅皇帝寶訓　1310
大明功臣誠意伯翊運録
　　　　　　　　1510
大明仁宗昭皇帝寶訓　1310
大明仁孝皇后勸善書　3943
大明律　　　　　　2528
大明穆宗莊皇帝寶訓　1310
大明宣宗章皇帝寶訓　1310
大明宣宗皇帝御製集　4846
大明憲宗純皇帝寶訓　1310
大明官志　　　　　2406
大明清類天文分野之書
　　　　　　　　3221
大明通寶義　　　　2493
大明太宗文皇帝寶訓　1310
大明太祖高皇帝寶訓　1310
大明孝宗敬皇帝寶訓　1310
大明萬曆己丑重改併五音
類聚四聲篇　　　957
大明英宗睿皇帝寶訓　1310
大明世系　　　　　3875
大明世宗肅皇帝寶訓　1310
大明同文集　　　　979
大明同文集舉要　　979
大明會典抄畧　　　2426
70　大雅堂摘稿　　　5334
71　大厓先生集　　　4991

　　　大厓李先生集　　　4991
　　　大臣譜　　　　　　1701
77　大同府志　　　　　　1986
　　　大學辨業　　　　　2920
　　　大學註　　　　　　819
　　　大學新編　　　　　822
　　　大學講義（明・高拱撰）
　　　　　　　　　　　　5289
　　　大學講義（清・楊名時撰）
　　　　　　　　　　　　870
　　　大學千慮　　　　　816
　　　大學衍義補輯要　　2722
　　　大學衍義通略　　　2721
　　　大學衍義輯要　　　2722
　　　大學稽中傳　　　　817
　　　大學傳註　　　　　868
　　　大學偶言　　　　　879
　　　大學黼藻文章百段錦　6702
　　　大學士高中玄公伏戎紀事
　　　　　　　　　　　　1282
　　　大學直講　　　　　821
　　　大學古本　　　　　874
　　　大學古義　　　　　2794
　　　大學古今正本通考　836
　　　大學古今通考　　　836
　　　大學古今本通考　　836
　　　大學中庸讀　　　　832

　　　大學中庸困學録　　875
　　　大學本文　　　　　874
　　　大學指歸、考異　　813
　　　大學典祀彙考　　　1786
　　　大學困學録　　　　875
　　　大學問　　　　　　864
　　　大學知本圖説　　　863
　　　大學管窺　　　　　814
80　大全賦會　　　　　6301
　　　大義集　　　　　　4806
　　　大義略敍　　　　　4806
90　大小宗通繹　　　　594
　　　大小雅堂集　　　　6113

太

00　太廟敕議　　　　　2438
　　　太玄別訓　　　　　3183
10　太元（玄）別訓　　　3183
　　　太平三書　　　　　2190
　　　太平樂府　　　　　6819
　　　太平清話　　　　　4464
　　　太平金鏡策　　4819，6703
　　　太函副墨　　　　　5325
　　　太函集　　　　　　5324
17　太子少保王忠銘先生文集
　　　天池草重編　　　　5391
　　　太乙廟算起例　　　3303

太乙詩集　　　　　　　　5305
太乙詩稿　　　　　　　　5305
太乙統宗寶鑑　　　　　　3303
太乙遁甲專征賦　　　　　3309
太乙淘金歌　　　　　　　3303
太乙成書　　　　　　　　3304
21　太師高文襄公墓志銘　5288
太師張文忠公集　　　　　5141
22　太僕寺志　　　　　　2381
太嶽太和山紀略　　　　　2228
26　太白山人漫稿　　　　5691
太白樓集　　　　　　　　6356
太白專征賦　　　　　　　3309
太保東湖屠公遺稿　　　　4965
太保費文憲公摘稿　　　　4992
太和堂集　　　　　　　　4965
28　太微經　　　　　　　3200
31　太涵集　　　　　　　5324
37　太湖備考　　　　　　2113
40　太古遺音　　　　　　3390
太古堂集　　　　　　　　5593
41　太極辨　　　　　　　2724
太極集註　　　　　　　　2682
太極繹義　　　　　　　　2685
太極解拾遺　　　　　　　2688
太極通書西銘解拾遺　　　2688
太極枝辭　　　　　　　　4126

太極圖說註解　　　　　　2683
太極圖說論　　　　　　　2681
太極圖說解　　　　　　　2683
太極圖說遺議　　　　　　2907
太極圖分解　　　　　　　2680
太極圖說　　　　2741，4981
44　太姥志　　　　　　　2163
太藪外史　　　　　　　　3560
50　太史華句　　　　　　1873
太史史例　　　　　　　　2610
太史屠漸山文集　　　　　5371
太素脈法　　　　　　　　3324
60　太易鈎玄　　　　　　　12
72　太岳雜著　　　　　　3781
太岳集　　　　　　　　　5310
太岳太和山志　　　　　　2162
76　太陽太陰通軌　　　　3161
77　太學新編黼藻文章百段錦
　　　　　　　　　　　　6702
太學新編聲律資用萬卷菁
華　　　　　　　　　　　4198
太學新增合璧聯珠聲律萬
卷菁華　　　　　　　　　4198
太學續編歷代事寔　　　　4198
太學志　　　　　　　　　2386
太學志略　　　　　　　　2386

太學增修聲資用萬卷菁華
　　　　　　　　　　4198
80　太倉十子詩選　　　6579
　　太谷詩集　　　　　6407
　　太公兵法　　　　　2981
90　太常總覽　　　　　2442
　　太常紀要　　　　　2472
　　太常沿革　　　　　2371
　　太常李樓雲樂書　　920
　　太常少卿魏水洲先生文集
　　　　　　　　　　5176

4004₇　友

00　友慶堂存稿　　　　5313
　　友慶堂合稿　　　　5313
08　友論　　　　　　　3634
10　友于小傳　　　　　1688
46　友柏堂遺詩選　　　6002
47　友聲詩　　　　　　5624
　　友聲集　　　　　　6681

4010₀　士

00　士齋詩集　　　　　5055
　　士齋集　　　　　　5055
44　士林詩選　　　　　6328

土

27　土魯番侵掠哈密事蹟　1266
　　土魯番哈密始末　　1266
　　土魯番哈密事蹟　　1266

4010₄　圭

44　圭菴語林　　　　　1771
80　圭美堂集　　　　　6104

臺

32　臺灣記略　　　　　2303
　　臺灣紀略　　　　　2056
　　臺灣隨筆　　　　　2306
50　臺中疏草　　　　　5514
90　臺省疏稿　　　　　1376

4010₆　查

33　查浦輯聞　　　　　4105

4010₇　直

38　直道編　　　　　　1509
40　直木堂詩集　　　　5740
51　直指算法統宗　　　3177

壺

08　壺譜　　　　　　　3407

10　壺天玉露(明・喬懋敬撰)
　　　　　　　　　　　1655
　　壺天玉露(明・錢陛撰)
　　　　　　　　　　　1707
50　壺史　　　　　　3408

4012₇　墉

43　墉城集仙録　　　4636

4013₆　螽

88　螽餘集　　　　　6114

4016₁　培

60　培壘居雜録　　　4034

4016₇　塘

40　塘南王先生友慶堂全稿、補
　　遺　　　　　　　5313

4020₀　才

07　才調集　　　　　6293
26　才鬼記　　　　　4531
33　才冶樓詩　　　　6035

4021₁　堯

22　堯山堂外紀　　　4042
　　堯山堂偶雋　　　6745

4021₄　在

00　在亭集　　　　　6207
　　在亭叢稿　　　　6207
37　在澗集　　　　　5112
60　在田録　　　　　3702
　　在園雜志　　　　3877
67　在野集　　　　　4861
68　在黔約略　　　　5591
71　在原詠、題贈　　5582
74　在陸草堂文　　　6061
　　在陸草堂集　　　6061
87　在鈞誦末　　　　3809

4021₆　克

80　克念堂文鈔　　　6074

4022₇　內

00　內府古器評　　　3416
23　內外篇　　　　　3582
25　內傳天皇鼇極鎮世神書
　　　　　　　　　　　3240
40　內臺集　　　5030, 5031
41　內板經書紀略　　2542
77　內閣行實　　　　1643
　　內閣書目　　　　2536
　　內閣奏稿　　　　6445

内閣奏題稿 1390
内閣録 4920
90 内省齋文集 5720

南

00 南雍志 2374
南雍戒勗淺言 2816
南廱志 2374
南齋稿 4889
南齋先生魏文靖公摘稿
　 4889
南齋摘稿 4889
南康志 2033
南唐拾遺記 1921
南交好音 5816
南京工部志 2399
南京行人司志 2401
南京鴻臚寺志 2396
南京太僕寺志 2380
南京太常寺志 2379
南京都察院志 2400
南京吏部志 2384
07 南詔事略 1910
南詔野史 1920
10 南雷文約 5742
南雷文定 5742
南雷文定、文約 5742

南雷文定三集、附録 5742
南雷文定五集、附録 5742
南雷文定四集、附録 5742
南雷文案、外卷 5742
南雷文鈔 5742
南雷雜著 5742
南雷詩文集 5742
南雷詩曆 5742
南雷集外文 5742
南雷續文案 5742
南雷餘集 5742
11 南北經驗醫方大成 3079
南北經驗醫方大成鈔 3079
南北十論 2993
南北史續世説 4390
南北史鈔 1886
南北奉使集 5203
南北朝文歸 6506
21 南征集 5520
南征紀程 1846
南征紀略 1828
南征録 1236
南行紀詠 4895
22 南川稿 5016
南川漫遊稿 5016
南峯逸稿 4985

南峯楊先生松籌堂文集

　　　　　　　　　　4984

　　南畿志　　　　　　1999

26　南臯鄒先生會語合編、議義

　　合編　　　　　　　2810

27　南阜詩刻　　　　　6263

　　南阜詩集　　　　　6263

　　南阜山人詩　　　　6263

　　南阜山人詩集　　　6263

　　南阜山人詩集類稿、敿文存

　　稿　　　　　　　　6263

　　南阜山人詩集類稿、文存稿

　　　　　　　　　　6263

　　南阜山人全集　　　6263

　　南船紀　　　　　　2532

　　南疑集　　　　　　6027

30　南濠詩話　　　　　6717

　　南濠居士詩話　　　6717

　　南漳子　　　　　　2314

　　南渡十將傳　　　　1586

　　南渡錄　　　　　　1194

　　南渡錄大略　　　　1194

　　南宮奏牘　　　　　1378

　　南宋元明僧寶傳　　4592

　　南宋元明禪林僧寶傳　4592

　　南宋名臣言行錄　　1599

　　南宋補遺　　　　　1213

　　南宋書　　　　　　1150

　　南宋書增削通本　　1150

31　南江外集　　　　　5191

　　南河志　　　　　　2098

　　南河全考　　　　　2098

　　南遷日記　　　　　1806

　　南遷錄　　　　　　1212

32　南州草　　　　　　6263

　　南溪詩話　　　　　6711

　　南溪書院志　　　　2253

　　南巡紀盛　　　　　6188

　　南巡日錄　　　　　1256

33　南浦詞　　　　　　6013

37　南湖詩　　　　　　5102

　　南湖詩集　　　　　5102

　　南湖詩餘　　　　　6798

　　南湖先生文選　　　5079

　　南湖紀略稿　　　　2235

38　南泠集　　　　　　5108

　　南海雜詠　　　　　4990

　　南海集　　　　　　5850

　　南滁會景　　　　　6377

　　南滁會景編　　　　6377

　　南游稿　　　　　　6023

39　南沙文集　　　　　5844

　　南沙先生文集　　　5209

40　南太紀略　　　　　1277

	南臺備要	2372	南中奏牘	5568
	南臺舊聞	2411	南史鈔	1886
	南塘先生四六	4786	南夷書	2342
	南塘四六	4786	南泰紀略	1277
	南內記	1812	南奉使集	5203
	南來志	1831	55 南曲詞韻	6818
41	南垣疏稿	5357	南曲入聲客問	6824
	南垣疏草	1408	南耕詞	5741, 6789
	南極篇	5596	南耕草堂詩	5741, 6789
			南耕草堂詩稿	5741
43	南城召對錄	1255		
44	南莊類稿	6238	57 南邨隨筆	3888
	南莊類稿選鈔	6238	60 南園詩鈔	6051
	南華評註	4615	南園五先生集	6551
	南華經副墨	4611	南園後五子詩集	6673
	南華經直解	4619	南園後五先生詩	6673
	南華通	4617	南園花信詩	6673
	南華真經副墨	4611	南園前五先生詩	6551
	南華本義	4618	67 南明汪先生書札	5325
	南華摸象記	4620	南昀文集	5968
	南華合璧集	6375	南昀文稿	5968
	南華簡鈔	4619	南昀詩稿、續稿	5968
	南村隨筆	3888	南昀先生詩選	5968
47	南朝史精語	1857	南野文選	5162
	南都新賦	5596	70 南陔集	6017
	南都稿	5503	南陔堂詩集	6166
50	南中集	5568	71 南阿集	2959
	南中志	2336	南原集	5049

　　南原家藏集　　　　5049

77　南屏淨慈寺志　　　2240

　　南門續集　　　　　6365

　　南門仲子續集　　　6365

95　南爐紀聞録　　　　1194

巾

10　巾石遺編　　　　　5231

有

30　有宮龜鑑　　　　　3937

44　有蘭書屋存稿　　　6271

67　有明異纂　　　　　4537

90　有懷堂文詩集　　　5964

　　有懷堂文集　　　　5964

　　有懷堂文集、詩集　6154

　　有懷堂詩文集　　　6154

　　有懷堂詩文稿　　　5964

　　有懷堂詩集　　　　5964

布

00　布衣存稿　　　　　4956

　　布衣陳先生遺集　　4956

　　布衣陳先生存稿　　4956

10　布粟集　　　　　　4067

希

37　希通録　　　　　　3702

45　希姓補　　　　　　4345

77　希賢録(清・朱顯祖撰)
　　　　　　　　　　　1753

　　希賢録(清・魏裔介撰)
　　　　　　　　　　　4082

4024₇　存

28　存復齋文集　　　　4829

　　存復齋集　　　　　4829

33　存心録　　　　　　2432

　　存治編　　　　　　2873

40　存存稿、續稿　　　6331

　　存古約言　　　　　2828

44　存菴詩集　　　　　5938

　　存菴奏疏　　　　　1424

51　存軒集　　　　　　4882

60　存愚録　　　　　　3556

77　存學編　　　　　　2872

80　存人編　　　　　　2874

88　存笥稿　　　　　　5262

　　存笥録　　　　　　1385

　　存餘堂詩話　　　　6721

90　存省稿正編　　　　6223

95　存性編　　　　　　2871

4030₀　寸

16	寸碧堂詩集、外集	5653
	寸碧堂稿	5653
80	寸金穴法	3251
	寸金易鑑	3289

4033₁　志

00	志齋醫論	3102
27	志壑堂詩	5807
	志壑堂詩集、文集、詩後集、	
	文後集	5807
	志壑堂集	5807
38	志道集	4774
60	志園集	5386
67	志略	1943
70	志雅堂雜鈔	3744
97	志怪録	4505

赤

12	赤水玄珠醫案	3114
22	赤嵌集	6047
43	赤城新志	1965
	赤城論諫録	1433
	赤城夏先生集、補遺	4998
	赤城集(明・夏鍭撰)	4998
	赤城集(明・顧起綸撰)	
		5430
	赤城會通記	1975
48	赤松遊傳奇	5904

4033₆　熹

00	熹廟拾遺	5662
	熹廟拾遺雜詠	5662
	熹廟拾遺百詠	5662

4040₀　女

21	女紅餘志	3940
44	女孝經	2677
48	女教經傳通纂	2954
	女教書	3935
77	女學	2952

4040₁　幸

| 65 | 幸跌草 | 6045 |

辜

| 17 | 辜君政績書 | 1503 |

4040₇　李

00	李文襄集	5802
	李文襄公文集	5802
	李文襄公集	5802

　　李文襄公奏議　1418，5802

　　李文襄公年譜　　　5802

　　李文貞公全集　6620，6621

　　李文定公貽安堂集　5309

　　李文遠公天順日録　1233

　　李文莊公全集　　　5546

　　李文饒文集　　　　6544

　　李文敏公文集定本　5605

　　李文敏公遺集定本　5605

　　李襄敏公奏議、遺思録1373

04　李詩選　　　　　　6373

　　李詩鈔述註　　　　4718

10　李二曲集　　　　　5747

　　李二曲先生全集　　5747

　　李于鱗唐詩廣選　　6414

　　李于田詩集　　　　5503

12　李延平集　　　　　4771

　　李延平先生文集　　4771

17　李及泉參于鱗箋釋唐詩選

　　　　　　　　　　　6414

　　李及泉奏議　　　　1391

　　李子田文集　　　　5361

　　李子田詩集、悦園稿　5361

21　李卓吾評于節闇奏疏、文

　　集、詩集、附録　　6417

　　李卓吾評選方正學文集、附

　　録　　　　　　　　6417

　　李卓吾先生讀升菴集　3973

　　李卓吾先生批選趙文肅公

　　文集　　　　　　　5253

　　李卓吾批評楊椒山奏疏、詩

　　集、文集、自著年譜、附録

　　　　　　　　　　　6417

　　李卓吾批點世説新語補

　　　　　　　　　　　4445

　　李衛公望江南歌　　2987

　　李衛公望江南集　　2987

　　李衛公通纂　　　　1514

　　李衛公兵法望江南　2987

　　李比部集　　　　　6420

22　李山人詩　　　　　5618

　　李山人詩集　　　　5618

23　李織齋集　　　　　5757

24　李侍御集　　　　　6420

　　李侍郎北使録　　　1237

　　李侍郎使北録　　　1237

　　李劬菴詩　　　　　5881

26　李白羽集　　　　　6420

27　李盤金湯十二籌　　3020

28　李徵伯存稿　　　　5146

　　李徵伯東行稿　　　5146

29　李秋羽集　　　　　6420

30　李宮保湘洲先生集　5546

31　李潛夫先生遺文　　5738

35　李遘句圖　　　　　　6695

36　李湘洲集　　　　　　5546

　　李溫陵集　　　　　　5349

37　李漁村先生稿　　　　5989

　　李退菴集　　　　　　5799

38　李滄溟集選　　　　　5299

40　李大厓集　　　　　　4991

　　李太白詩選　　　　　6373

　　李太史詩集　　　　　5362

　　李太史集　　　　　　6420

　　李杏山集　　　　　　6420

　　李袁二先生精選唐詩訓解、

　　首　　　　　　　　　6414

44　李塨集　　　　　　　6059

　　李杜詩選　　　　　　6373

46　李坦園詩　　　　　　5784

　　李賀詩歌集註　　　　4740

50　李中丞文集　　　　　5474

　　李中麓閑居集　　　　5211

　　李忠定集　　　　　　4767

　　李忠定集選　　　　　4767

　　李忠定奏議、文集　　4767

　　李忠定奏議、附錄　　1354

　　李忠定公集選　　　　4767

　　李忠定公奏議選、文集選

　　　　　　　　　　　　4767

52　李靜叔遺文　　　　　6264

58　李贄　　　　　　　　1829

60　李國樞文集　　　　　5605

　　李見羅書　　　　　　2794

61　李盱江文集　　　　　6544

67　李鷺洲文集　　　　　6115

　　李鷺洲詩集　　　　　6115

　　李鷺洲集　　　　　　6115

71　李長吉歌詩註　　　　4740

　　李長吉歌詩彙解　　　4740

72　李氏文集　　　　　　5349

　　李氏山房詩選　　　　5328

　　李氏山房集　　　　　5327

　　李氏樂書　　　　　　920

　　李氏居室記　　　　　3907

　　李氏醫鑑　　　　　　3130

　　李氏類纂　　　　　　4356

77　李開先集　　　　　　5211

83　李鐵君先生文鈔　　　6261

支

00　支離子詩　　　　　　4758

　　支離子集　　　　　　4758

　　支離集鈔　　　　　　4758

09　支談　　　　　　　　3606

17　支子政餘　　　　　　5500

　　支子藝餘　　　　　　5500

　　支子固先生彙輯異林　3808

支子全集　　　　　5500

支子餘集　　　　　5500

44　支華平先生集　　　5500

4046₅　嘉

02　嘉話　　　　　　　6700

05　嘉靖廣西通志　　　1993

嘉靖廣信府志　　　1985

嘉靖廣東通志　　　1997

嘉靖兩淮鹽法志　　2491

嘉靖邵武府志　　　2004

嘉靖仁和縣志　　　2012

嘉靖倭亂備鈔　　　1292

嘉靖山東通志　　　1994

嘉靖安慶府志　　　1984

嘉靖江西通志　　　1977

嘉靖江都縣志　　　2021

嘉靖河間府志　　　2006

嘉靖清源關志　　　2486

嘉靖大政類編　　　1323

嘉靖真定府志　　　2005

嘉靖貴州通志　　　2008

嘉靖貴州圖經新志　2018

嘉靖全州志　　　　2003

嘉靖惟揚志　　　　1981

20　嘉禾徵獻錄　　　　1777

嘉禾問錄　　　3547, 4126

22　嘉樂齋三蘇文範　　6372

30　嘉定縣志　　　　　2040

嘉定赤城志　　　　1965

77　嘉隆疏鈔　　　　　1437

嘉隆兩朝聞見紀　　1103

嘉興府志　　　　　1968

嘉興府圖記　　　　2001

嘉興志補　　　　　1983

4050₆　韋

10　韋弦自佩錄　　　　4061

韋弦佩　　　3447, 3624

24　韋德珪梅花百詠　　6442

44　韋蘇州集、補遺　　6508

4051₄　難

21　難經經釋　　　　　3061

難經懸解　　　　　3062

30　難字直音　　　　　1032

4060₀　古

00　古離別　　　　　　5526

古廳集　　　　　　6058

古唐詩歸　　　　　6502

古文正集　　　　　6544

古文正集二編　　　6544

古文矜式　　　　　6707

古文彙編　　　　　6535

古文字考　　　　　989

古文瀆編　　　　　6498

古文奇賞、續奇賞、三續奇

賞、明文奇賞　　　6534

古文孝經　　　　　741

古文孝經朱子訂定刊誤集

講　　　　　　　　745

古文輯選　　　　　6474

古文輯略　　　　　6592

古文品外録　　　　6526

古文周易參同契註　4625

古文周易傳義約説　19

古文小譜　　6707，6312

古文尚書辨　　　　380

古文尚書考　　　　370

古文精藻　　　　　6621

古言　　　　　　　3577

古言類編　　　　　3577

古音正義　　　　　1066

01　古語訓略　　　　　1152

04　古詩歸　　　　　　6502

古詩解　　　　　　6540

古詩選　　　　　　6598

古詩類苑　　　　　6440

06　古韻通　　　　　　1052

古韻通略　　　　　6815

古韻叶音　　　　　1053

08　古論玄箸　　　　　6492

古論元箸　　　　　6492

古論大觀　　　　　6527

10　古三墳　　　　　　319

古三墳書　　　　　319

古玉圖譜　　　　　3421

古雪齋近稿　　　　5627

古雪堂文集　　　　6270

20　古雋　　　　　　　6369

古雋考略　　　　　4264

古毛詩解　　　　　424

古穰雜録　　　　　3751

古穰雜録摘鈔　　　3751

21　古虞文表　　　　　6397

古虞文章表録　　　6397

古虞文録、文章表録　6397

古虞文録、續録　　6397

古處堂集　　　　　5721

22　古山文集　　　　　5103

古山集　　　　　　5103

古山先生文集　　　5103

古樂經傳　　　　　907

古樂經傳或問　　　5041

古樂經傳全書　　　907

古樂義　　　　　　929

古樂筌蹄　　　　　920

23	古參同契註	4626		古本南華內篇講録	4614
	古參同契集註	4626		古奏議	1441
27	古名儒毛詩解	424		古書世學	337
28	古俗字略	973		古表選	6564
34	古法書苑、古畫苑	3350	52	古括遺芳	6354
	古洪範	322	57	古握機經、緯	2979
37	古逸書	6512	60	古易彙編	81
40	古直先生文集	4931		古易考原	26
	古南澹翁老人嬾齋遺稿			古易世學	37
		5778		古易鈔義	93
	古奇器録	3418		古愚心言	5876
	古杭雜記	4559	63	古賦題、後集	4208
	古杭雜記詩集	4559	64	古叶讀	1049
41	古狂馮侍御劯蕘録	5193	66	古器評	3416
44	古老子	4603		古器總説	3419
	古菴文集	5089		古器具名	3419
	古菴諫草	1368		古器銘釋	976
	古菴毛先生文集	5089	72	古質疑	2632
	古黄遺蹟集	6352	77	古周禮釋評	501
	古林金石表	2559		古周禮（明·郎兆玉撰）	496
50	古史要評	2613, 5389		古周禮（明·陳仁錫撰）	498
	古史彙編	4333		古學偶編	798
	古事比	4365		古學捷録	4377
	古事苑	4360		古學典	2459
	古畫苑	3350	80	古人幾部	1742
	古本大學	814		古今廉鑑	1655
	古本大學解	902		古今文房登庸録	4565

古今諺	4553	古今名公百花鼓吹	6442
古今譚概	4011	古今約説	1957
古今評録	3839	古今鼪略	2510
古今謡諺	6369	古今寓言	4573
古今識鑒	3291	古今官制沿革圖	2405
古今詩材	4190	古今宗藩懿行考	1730
古今韻史	4050	古今濡削選章	6541
古今韻表新編	1068	古今游名山記	2315
古今韻分註撮要	1031	古今南華内篇講録	4614
古今韻會小補	1042	古今奇聞類記	4513
古今記林	4376	古今考	3689
古今詞話	6809	古今藝苑談㮣上集、下集	
古今詞論	6810		3933
古今五服考異	5853	古今好議論	4321
古今疏	4350	古今翰苑瓊琚	6371
古今疏治黄河全書	2092	古今事物考	4324
古今石刻碑帖目	2554	古今事物原始	4332
古今列仙通紀	4690	古今歷代十八史略	1133
古今集論字學新書	3342	古今歷代標題註釋十九史	
古今貞烈維風什	1716	略通考	1133
古今經世格要	4232	古今原始	3697
古今釋疑	3725	古今長者録	4019
古今將略	3009	古今風謡	4568
古今彝語	1880	古今印史	3397
古今名儒髓藻三場百段文		古今興地徵信編	1955
錦	6702	古今人物論	2623
古今名賢説海	3986	古今鎪祕論	3121

　　古今類傳　　　　　　　1933
　　古今類傳歲時部　　　　1933
　　古今類腴　　　　　　　4247
82　古劍書屋文鈔　　　　　6089
　　古劍書屋詩文鈔　　　　6089
　　古劍書屋詩鈔、補遺、詩餘、
　　文鈔　　　　　　　　　6089
85　古鉢集選　　　　　　　5963
88　古筠洪城幸清節公松垣文
　　集　　　　　　　　　　4790
　　古篆分韻　　　　　　　998
94　古懽録　　　　　　　　1758

右

23　右編　　　　　　　　　1435
　　右編補　　　　　　　　1440

4060₁　吉

32　吉州人文紀略　　　　　1789
38　吉祥相　　　　　　　　4161

4060₉　杏

22　杏山集　　　　　　　　6420
44　杏花村志　　　　　　　2257
　　杏村詩集　　　　　　　5898
50　杏東集　　　　　　　　5100
　　杏東先生文集　　　　　5100

4062₁　奇

38　奇遊漫記　　　1813, 5340
45　奇姓通　　　　　　　　4276
77　奇聞類記　　　　　　　4513
　　奇門說要　　　　　　　3320
　　奇門要略　　　　　　　3308
　　奇門遁甲賦　　　　　　3269
90　奇賞齋廣文苑英華　　　6534
　　奇賞齋古文彙編　　　　6535

4064₁　壽

43　壽域詞　　　　　　　　6768
44　壽世祕典　　　　　　　4089

4071₀　七

00　七言唐詩畫譜　　　　　3367
10　七元六甲天書　　　　　3307
　　七元六甲書　　　　　　3307
21　七經圖　　　　　　　　769
　　七經同異考　　　　　　784
27　七修類稿　　　　　　　3773
40　七十二峯足徵集　　　　6666
　　七十二候詩　　　　　　5694
　　七十二朝四書人物考註釋
　　　　　　　　　　　　　820
　　七克　　　　　　　　　3635

　　　七雄策纂　　　　　1169
41　七幅庵　　　　　　　5432
60　七星詩文存　　　　　4975
　　　七星巖志　　　　　2201
　　　七星岩志　　　　　2201
80　七人聯句詩記　　　　1802
81　七頌堂文集　　　　　5854
　　　七頌堂詩集　　　　5854
　　　七頌堂集　　　　　5854

4071₄　雄

80　雄雉齋選集　　　　　6101

4073₁　去

24　去僞齋文集　　　　　5498
　　　去僞齋集　　　　　5498
26　去吳七牘　　　　　　5552

4073₂　袁

00　袁文榮詩略　　　　　5270
　　　袁文榮公文集、詩集　5270
　　　袁文榮公文集、詩略　5270
10　袁石公遺稿　　　　　5552
17　袁胥臺集　　　　　　5184
25　袁使君集　　　　　　5552
27　袁魯望集　　　　　　5390
30　袁永之集　　　　　　5184

　　　袁宏道集箋校　　　　5552
38　袁海叟詩集　　　　　4861
　　　袁海叟在野集　　　　4861
50　袁中郎文鈔　　　　　5552
　　　袁中郎集　　　　　5552
　　　袁中郎先生全集　　　5552
　　　袁中郎十集　　　　5552
　　　袁中郎未刻遺稿　　　5552
　　　袁中郎全集　　　　5552

喪

27　喪祭雜説　　　　　　4158
35　喪禮吾説篇　　　　　527
　　　喪禮備纂　　　　　5030

4080₁　真

00　真意堂文稿　　　　　6078
　　　真意堂佚稿　　　　6078
　　　真文忠公政訓　　　　3957
08　真詮　　　　　　　　4691
09　真談　　　　　　　　4126
10　真靈位業圖　　　　　4628
　　　真西山集　　　　　6544
15　真珠船　　　　　　　3769
21　真儒一脈　　　　　　2829
30　真定府志　　　　　　2005
　　　真定奏疏　　　　　1415

46　真如子醒言　　　3651

4080₆　賣

44　賣菜言　　　2644

4090₀　木

10　木天清氣集　　　4902

　　木天禁語　　　6705

50　木本花鳥譜　　　3367

77　木几冗談　　　3802

80　木鐘臺集　　　4126

82　木鍾臺集　　　4126

88　木筆雜鈔　　　3741

4090₃　索

60　索易臆説　　　240

4090₈　來

28　來復堂集　　　5527

　　來復堂遺集　　　5527

44　來蘇吳氏原泉詩集　　　6360

47　來鶴軒草　　　5694

50　來青軒文選、詩選　　　5342

60　來易增删　　　284

　　來恩堂草　　　5489

66　來瞿塘先生日録內篇、外篇

　　　3572

80　來禽館集　　　5499

4091₆　檀

10　檀雪齋集　　　5647

17　檀弓　　　537

　　檀弓評　　　561

　　檀弓記　　　537

　　檀弓論文　　　573

　　檀弓叢訓　　　537

　　檀弓述註　　　549

　　檀弓通　　　556

　　檀弓輯註　　　548

　　檀弓(明・牛斗星撰)

　　檀弓原　　　552

77　檀几叢書　　　4164

4091₇　杭

17　杭郡雜詠　　　5950

32　杭州府志　　　1960

40　杭志三誥三誤辨　　　2054

4092₇　橋

40　橋李往哲列傳　　　1654

　　橋李往哲續編　　　1749

　　橋李往哲前編　　　1654

4093₁ 樵

01	樵語	5041
09	樵談	3507
12	樵水集	6602
22	樵川二家詩	6602
	樵川四家詩	6602
50	樵書	4040

4094₈ 校

01	校訂標註十八史略讀本	
		1133
02	校證讀書敏求記	2543
10	校正註釋四書人物考	820
	校正評注百子金丹	4071
	校正元親征録	1214
30	校定忠經集註	2676
33	校補禮記纂言	569
	校補春秋集解緒餘	697

4121₄ 狂

00	狂言	5552
	狂言別集	5552
46	狂狷裁中	2640
50	狂夫之言	3644

4122₇ 獅

22	獅山掌録	4291

4126₀ 帖

44	帖考	2560

4141₆ 姬

24	姬侍類偶	4181

4191₄ 極

37	極没要緊	4645

4192₀ 柯

00	柯齋選稿	5931
47	柯橡集	6187

4192₇ 樗

00	樗亭集	5013
44	樗林三筆	3861
	樗林集	5037
	樗林摘稿	5037
	樗林閒筆、偶筆、續筆	3861
77	樗叟詩杜拾遺	6700
80	樗全集、附録	5567

4194₇　板

42　板橋雜記　　　　　4581

4196₀　柘

44　柘坡居士集　　　　6252

栖

10　栖雲閣文、詩　　　5729
　　栖雲閣詩、拾遺　　5729
　　栖雲閣詩、拾遺、文集　5729
　　栖雲閣詩略　　　　5730
16　栖碧先生黃楊集、補遺、附
　　錄　　　　　　　　4833
40　栖真志　　　　　　1683
　　栖真館集　　　　　5578

4196₁　梧

01　梧語軒集　　　　　6113
31　梧江雜詠　　　　　6206
77　梧岡文正續兩集合編　5257
　　梧岡詩集　　　　　5257
　　梧岡詩稿、文稿　　6343
　　梧岡集　　　　　　6343

4199₁　標

00　標註十八史略　　　1133

61　標題詳註十九史音義明解
　　　　　　　　　　　1133
　　標題詳註史略補遺大成
　　　　　　　　　　　1133
　　標題句解孔子家語　2672
　　標題徐狀元補注蒙求　4172
　　標題補註蒙求　　　4172
　　標題蒙求　　　　　4172
　　標題事義明題十九史略大
　　全　　　　　　　　1133

4212₂　彭

00　彭文憲集　　　　　4930
　　彭文憲公文集　　　4930
　　彭文憲公筆記　　　4407
　　彭文思集　　　　　4939
　　彭文思公文集　　　4939
20　彭禹峰先生文集　　5725
21　彭比部集　　　　　5321
44　彭燕又先生文集、詩集　5709
　　彭若金集　　　　　4892
47　彭椒巖詩集　　　　5972
　　彭椒巖詩稿　　　　5972
50　彭中叔文鈔　　　　5910
　　彭惠安文集　　　　4944
　　彭惠安公文集　　　4944
　　彭東瀧先生遺稿　　4951

72　彭氏詩文集　　5709，5762
　　彭氏二文合集　　　　4939
80　彭合集　　　　　　　4930
　　彭公筆記　　　　　　4407
90　彭省廬文集、詩集　　5762
　　彭省廬先生文集、詩集5762

4220₀　蒯

27　蒯緱集　　　　　　　5422

4223₀　瓠

26　瓠息齋全集　　　　　6243
　　瓠息齋前集　　　　　6243
80　瓠尊山人詩集　　　　6149
　　瓠尊山人佚詩　　　　6149

4240₀　荆

32　荆溪歲寒詞　　　　　6789
　　荆溪外紀　　　　　　6569
　　荆溪林下偶談　　　　3741
　　荆溪唱和詩　　　　　6428
40　荆南墨農全集　　　　5869
44　荆樹居文略　　　　　5901
60　荆園進語　　　　　　5748
　　荆園小語　　　　　　5748
77　荆門列女紀略　　　　1772

　　荆門耆舊紀略、列女紀略
　　　　　　　　　　　1772

4241₃　姚

00　姚文敏集　　　　　　4923
　　姚文敏公集　　　　　4923
　　姚文敏公遺稿　　　　4923
17　姚承菴詩集　　　　　5489
31　姚江逸詩　　　　　　6624
50　姚東泉文集　　　　　5011
53　姚成庵文集　　　　　5489

4246₄　婚

35　婚禮廣義　　　　　　534
　　婚禮通考　　　　　　621

4252₁　靳

10　靳兩城先生集　　　　5260
22　靳嵩陽先生集　　　　5261

4257₇　韜

90　韜光菴紀遊詩　　　　6661
　　韜光菴紀遊集　　　　6661

4282₁　斯

00　斯文正統　　　　　　6584

4291₃　桃

32	桃溪文稿	4953
	桃溪詩稿	4953
	桃溪靜稿	4953
44	桃花源集(明・馮子京撰)	6432
	桃花源集(宋・姚孳編)	6295
47	桃穀山房稿	801
60	桃園詠	5552
80	桃谷遺稿	5093

4292₁　析

16	析酲漫錄	3710
27	析疑待正	3876

4292₇　橋

77	橋門聽雨詩	6326

4293₄　樸

00	樸庭詩稿	6208
77	樸學齋詩集	6081
	樸學齋詩稿、文稿	6081

4294₁　桯

57	桯擊始末	1313

4294₇　桴

44	桴菴詩	5708
	桴菴詩集	5708
	桴菴集	5708

4295₃　機

27	機緣預逗	5591

4296₄　栝

44	栝蒼彙紀	2010

4301₀　尤

10	尤西川先生擬學小記、續錄	2772

4304₂　博

07	博望山人集稿	5607
	博望山人稿	5607
27	博物要覽	3919
	博物志補	4564, 5028
77	博學彙書	4041

4310₀　卦

40	卦爻遺稿演	317
80	卦義辨正	153
	卦義一得	140

4313₂　求

21　求仁録　　　　　　　2853
40　求志齋言草　　　　　5250
60　求是堂文集　　　　　5677

4346₀　始

50　始青閣稿　　　　　　5493
76　始陽近稿　　　　　　5714

4355₀　載

03　載詠樓重鐫硃批孟子　803
38　載道集　　　　　　　2949
50　載書圖詩　　　　　　6600

4373₂　裘

44　裘萼膡稿　　　　　　5958

4375₀　裁

88　裁纂類函　　　　　　4197

戡

30　戡定玄機　　　　　　3016

4380₅　越

01　越語肎縈録　　　　　952
07　越望亭詩集　　　　　6409

22　越嶠書　　　　　　　1914
27　越鳥吟　　　　　　　5569
44　越草　　　　5421，5422

4385₀　戴

07　戴記緒言　　　　　　570
35　戴禮緒言　　　241，570
50　戴中丞遺集　　　　　5126
72　戴氏集　　　　　　　5070
92　戴剡源文鈔　　　　　4816

4394₇　梭

22　梭山農譜　　　　　　3052

4396₈　榕

44　榕村詩話　　　　　　6767
　　榕村講授　　　　　　6620
　　榕村全書　　6620，6621
78　榕陰新檢　　　　　　1709

4410₀　封

71　封長白山記　　　　　1341

4410₄　董

00　董文僖公集　　　　　4964
17　董子文集　　　　　　4712
　　董子故里　　　　　　1531

24	董幼海先生全集	5340
25	董仲舒集	4712
28	董從吾詩稿	5147
	董從吾稿	5147
30	董宗伯奏疏輯略	1382
34	董漢陽碧里雜存	4430
44	董黄門稿	5286
77	董膠西集	4712
	董學士泌園集	5286

堇

22	蓳山文集	4995
	蓳山集	4995
	蓳山遺稿	4995

堼

87	堼録	3921

4410₇　藍

24	藍侍御集	5167
30	藍户部集	6222

蓋

43	蓋載圖憲	3169

薑

33	薑心堂集	5248

4411₁　菲

26	菲泉集	5228
	菲泉先生存稿	5228
	菲泉先生存稿續刻	5228
	菲泉先生全稿	5228
	菲泉存稿	5228

4411₂　范

00	范文正年譜、補遺、義莊規矩	1485
	范文正公言行拾遺	1498
	范文正公政府奏議	1353
	范文正公集	6544
	范文正公遺蹟	1497
	范文正公奏議、書牘	1353
	范文正公尺牘	4743
	范文白詩集	4825
	范文白集	4825
24	范德機詩	6557
	范德機木天禁語	6705
50	范忠貞公畫壁集	5823
	范忠宣公集	6544
	范忠宣公奏議	1353

地

16	地理玉函纂	3241

地理玉函纂要　　　3241
地理總括　　　　　3247
地理大成山法全書　3254
地理大全一集、二集　3246
地理指掌圖　　　　1940
地理人天共寶　　　3249
60　地圖綜要　　　　1950

4411₃　蔬

00　蔬齋胐語　　　　3649
20　蔬香譜　　　　　3465

4411₇　蓺

44　蓺菊志　　　　　3474

4411₈　堪

00　堪齋詩存　　　　5828
　　堪齋集　　　　　5828
77　堪輿玉尺經　　　3244
　　堪輿類纂人天共寶　3249

4412₇　勤

10　勤王記　　　　　1795

蕩

37　蕩澹人僅存稿　　5354

4413₂　菉

88　菉竹堂稿　　　　4927
　　菉竹堂書目　　　2537

藜

20　藜乘集　　　　　6038
　　藜乘初集、二集　6038

4413₆　蟄

44　蟄菴日録　　　　5566

4414₂　薄

38　薄游集　　　　　5433
　　薄遊草　　　　　5561

4414₇　皷

22　皷山志　　　　　2199
67　皷吹續編　　　　6327

籔

01　籔語　　　　　　3608

4418₁　填

07　填詞名解　　　　6811
　　填詞圖譜、續集　6814
67　填郎續稿　　　　5345

4418₂　茨

44　茨菴集詩鈔　　　　6634

4419₄　藻

44　藻林　　　　　　　4302
51　藻軒閒録　　　　　4288
　　藻軒閒録補續詞叢類採
　　　　　　　　　　　4288

4420₁　苧

44　苧菴二集　　　　　5752
　　苧菴遺集　　　　　5752
　　苧菴壽言　　　　　5752

4420₂　蓼

44　蓼花詞　　　　　　6786
　　蓼村集　　　　　　6096

4420₇　考

00　考亭朱氏文獻全譜　1546
　　考亭淵源録　　　　1603
01　考訂朱子世家　　　1576
10　考工記　　　　　　496
　　考工記述註　　　　487
　　考工記通　　　　　497
　　考工記析疑　　　　511

　　考工記纂註　　　　502
　　考正晚年定論　　　2859
14　考功集選　　　　　5831
20　考信編　　　　　　1111
27　考槃餘事　　　　　3911
　　考紀　　　　　　　1595
30　考定石經大學經傳解　872
　　考定竹書　　　　　1090
40　考古辭宗　　　　　4249
　　考古圖　　　　　　3415
　　考古略　　　　　　4372
　　考古原始　　　　　4373
　　考古類編　　　　　4344

夢

21　夢占類考　　　　　3328
22　夢鼎堂文集　　　　6004
32　夢兆要覽　　　　　3327
44　夢蕉詩話　　5028，6718
　　夢蕉三種　　　　　5028
　　夢蕉存稿　　　　　5028
　　夢草堂詩集　　　　5635
　　夢草堂集　　　　　5635
　　夢草堂稿　　　　　5635
　　夢華子集　　　　　5897
　　夢村集　　　　　　6218
　　夢林元(玄)解　　　3329

51	夢虹奏議	1369
68	夢吟集、續集	5788
77	夢月巖詩集	6071

4421₁　荒

| 50 | 荒史(明·陸次雲撰) | 2362 |
| | 荒史(明·陳士元撰) | 1140 |

4421₂　苑

37	苑洛語録	2755
	苑洛先生語録	2755
	苑洛先生易學疏	129
	苑洛易學疏	129

菀

| 50 | 菀青集 | 6079 |

4421₄　花

00	花塵	3487
	花裏活	3488
01	花語山房詩文小鈔	
		6184, 6185
10	花王閣賸稿	5676
	花王閣賸稿遺稿用韻合編	
		5676
	花疏	3484
40	花南老屋詩集	5999

	花木鳥獸珍玩考	3916
44	花村談往	1330
50	花史(明·王路撰)	3487
	花史(明·仲遵撰)	4575
	花史(明·吳彥匡撰)	3488
	花史左編	3487
60	花品	3475
	花果會唱和詩、贈言集	5832
62	花影集	6785

莊

00	莊亨陽集	6131
10	莊元仲集	6131
17	莊子評註	4615
	莊子解	4616
	莊子通義	4609
72	莊氏算學	6131
77	莊屋合詁	4157

4421₇　蘆

| 22 | 蘆川歸來集 | 4772 |
| 50 | 蘆中集 | 6250 |

4421₈　茋

| 44 | 茋楚學記 | 5796 |
| 53 | 茋戎要略 | 3007 |

4422₁　荷

00	荷亭辨論	3756
	荷亭後録	3756
02	荷新義	2819

4422₂　茅

00	茅鹿門文集	5279
	茅鹿門先生文集	5279
	茅鹿門先生批評史記鈔	
		1870
22	茅山志	2140

4422₇　芳

10	芳雪軒遺集	5957
32	芳洲文集、詩集、續編	4894
	芳洲集	4894
	芳洲先生年譜	4894
	芳洲年譜	4895

蘭

08	蘭譜	3472
10	蘭雪齋集	4844
	蘭雪齋增訂文致	6548
	蘭雪集	4844
	蘭雪堂詩集	5781
	蘭雪堂集	5781

	蘭雪堂古事苑定本	4360
27	蘭舟漫稿	5233
28	蘭峪後集	6017
	蘭峪前集重臨集、蘭峪後集	
		6017
30	蘭室祕藏	3072
34	蘭渚先生遺稿	5017
	蘭渚遺稿	5017
40	蘭臺奏疏	1402
	蘭樵歸田稿	5971
44	蘭芳録	3993
	蘭葉筆存	3851
50	蘭史	3473
51	蘭軒集	4923
55	蘭曹讀史日記	2620
	蘭曹日記	2620
60	蘭易	3473
	蘭易十二翼	3473
63	蘭畹居清言	4466
67	蘭暉堂集	5371
78	蘭陰集	5504

蕭

00	蕭亭詩選	5899
10	蕭正固集	6578
22	蕭山水利書初集、續集、三集、附集	2114

　　　蕭山縣志刊誤　　　2055

72　蕭氏世集　　　　　6578

97　蕭輝山存稿　　　　4813

蒿

00　蒿廬集　　　　　　6063

44　蒿菴集　　　　　　5749

　　蒿菴集、補遺　　　5749

　　蒿菴集捃逸　　　　5749

　　蒿菴閒話　　3865，5749

帶

77　帶月草堂詩集　　　6157

　　帶月草堂集　　　　6157

勸

44　勸世恒言　　　　　3667

80　勸善書　　　　　　3943

　　勸善篇　　　　　　4117

莆

76　莆陽文獻、列傳　　1609

　　莆陽科第録　　　　1656

77　莆風清籟集　　　　6670

菁

44　菁菴遺稿　　　　　6026

4423₁　蔭

27　蔭緑詞　　　　　　5869

4423₂　蒙

00　蒙齋筆談　　　　　3733

02　蒙訓　　　　　　　3661

26　蒙泉雜言　　　　　3852

　　蒙泉類博稿　　　　3524

40　蒙古譯語　　　　　960

　　蒙古字韻　　　　　1024

4423₂　藤

78　藤陰剳記　　　　　2857

蘽

44　蘽桂軒詩　　　　　5582

4423₇　兼

44　兼葭館詩、續草　　5414

蔗

22　蔗山筆塵　　　　　2588

77　蔗尾詩文集　　　　6163

　　蔗尾詩集、文集　　6163

4424₇　蔣

08	蔣説	3863
38	蔣道林文粹	5230
	蔣道林集	5230
	蔣道林先生文粹	5230
40	蔣南泠集	5108

葭

60	葭里二集	5895
	葭里三集	5895
	葭里集	5895

菱

| 32 | 菱溪遺草 | 6230 |

覈

| 40 | 覈古介書 | 4152 |

4424₈　薇

| 20 | 薇香集 | 6220 |

4425₃　茂

| 27 | 茂綠軒集 | 5751 |
| 36 | 茂邊紀事 | 1263 |

藏

| 50 | 藏書 | 1141 |

4428₆　蘋

| 44 | 蘋村類稿、附錄 | 5965 |

4428₉　荻

| 32 | 荻溪集 | 4845 |

4430₃　蓮

00	蓮廬詩	5763
	蓮廬詞	5763
	蓮廬草	5978
60	蓮園集	5608

4430₄　蓮

11	蓮北魯文恪公存集	5032
38	蓮洋詩	5991
	蓮洋詩鈔	5991
	蓮洋集、補遺	5991
	蓮洋集選	5991
	蓮洋集、年譜、附錄	5991
	蓮洋吳徵君年譜	5991
80	蓮龕集	5830
	蓮谷先生讀易索隱	25

蓬

26	蓬牎日録	3830
30	蓬窗類記	4563
44	蓬莊詩集	6100
	蓬莊唐詩小識	6100
	蓬萊觀海亭集	6416
	蓬萊觀海集	6416
	蓬萊閣集	6416
51	蓬軒吳記、別記	4563

4430₇　芝

40	芝壇文集	6200
	芝壇集	6200
	芝壇史案	2666
	芝在堂文集	5756
	芝在堂集	5756
60	芝田稿文	5044
	芝田遺集	5044
	芝園外集	5165
	芝園定集、別集	5165
	芝園別集、奏議、公移	5165
90	芝堂遺草	5451

4432₀　薊

34	薊遼奏疏	1375
77	薊門塞曲	5571
	薊門奏牘	5568
	薊門篇	5826

4433₁　蕉

10	蕉雨軒詩餘彙選	6801
30	蕉窗雜録	3736
	蕉窗九録	3909
	蕉窗意隱詞	6781
44	蕉林文稿	5734
	蕉林詩集	5734
	蕉林詩集、文稿	5734
	蕉林詩鈔	5734
	蕉林近稿	5734
	蕉林書屋文集	5734
60	蕉園集	5996

蕪

43	蕪城集（顧嗣立撰）	6113
	蕪城集（史申義撰）	6035
60	蕪園詩集	5667
	蕪園詩集鈔	5667

燕

00	燕京賦	6184, 6185
03	燕詒録	5205
10	燕再	5624
	燕雲詩鈔	6117

　　燕雲録　　　　　　　　　1187
20　燕香齋文集、詩集　　　5702
　　燕香齋詩集　　　　　　5702
　　燕香二集　　　　　　　6220
　　燕香集　　　　　　　　6220
22　燕川集　　　　　　　　6249
　　燕川漁唱詩　　　　　　5791
　　燕山秋吟　　　　　　　5820
　　燕山叢録　　　　　　　4524
　　燕山八景圖詩　　　　　6324
26　燕泉集　　　　　　　　5009
　　燕泉何先生遺稿　　　　5009
　　燕泉何先生餘冬序録　　3758
27　燕峰文鈔　　　　　　　5759
　　燕峰詩鈔　　　　　　　5759
34　燕對録　　　　　　　　1244
40　燕左閣知新録　　　　　3727
　　燕臺筆録　　　　　　　2307
　　燕喜堂　　　　　　　　6073
　　燕喜堂文　　　　　　　6073
　　燕喜堂詩　　　　　　　6073
47　燕都志變　　　　　　　1739
77　燕几圖　　　　　　　　3424
　　燕閒録　　　　　　　　3763
　　燕居功課　　　　　　　3833
　　燕居荅述　　　　　　　2767
　　燕丹子　　　　　　　　4385

90　燕堂詩鈔　　　　　　　6053
　　燕堂詩鈔、賦稿　　　　6053
　　燕堂賦稿　　　　　　　6053

4433₃　蕊

10　蕊雲集、晚唱　　　　　5770
77　蕊閣集　　　　　　　　4778

慕

00　慕廬先生文稿　　　　　5964
　　慕廬先生有懷堂詩箋　　5964
22　慕巖詩略　　　　　　　6149
44　慕蓼王先生樗全集　　　5567

4433₆　煮

26　煮泉小品　　　　　　　3452

4433₈　恭

78　恭愍遺文　　　　　　　4916

4434₃　尊

20　尊香堂詩稿　　　　　　6010

4436₄　赭

77　赭留集　　　　　4714，5649

4439₄　蘇

00	蘇文奇賞	4753
	蘇文忠公膠西集	4752
01	蘇評孟子	803
04	蘇詩摘律	4756
21	蘇穎濱年表	1483
22	蘇山集	5342
	蘇山選集	5343
32	蘇州府纂修識略	1248
	蘇州汪氏族譜	5853
38	蘇淞浮賦議	2499
44	蘇老泉批點孟子	803
	蘇材小纂	1608
48	蘇松歷代財賦考	2516
50	蘇東坡外紀	1560
71	蘇長公譚史	1542
90	蘇米譚史	1542
	蘇米譚史廣	1542
	蘇米志林	1549

4440₀　艾

21	艾儒略	3630(撰)
24	艾納山房詩稿	6010
	艾納山房集	6010
44	艾菴密箋	2741, 4981

4440₁　葺

43	葺城賦注	6123

4440₆　草

00	草亭文集	5910
	草亭文集、詩集	5910
	草廬詩稿	6175
	草廬吳先生輯粹	4814
	草廬輯粹	4814
	草廬年譜	1505
06	草韻彙編	3375
30	草窗集	4909
	草窗梅花集句	5004
40	草木花詩譜	3367
44	草莽私乘	1591
50	草書集韻	3370
90	草堂續稿(明・黃衷撰)	
		5013
	草堂續稿(明・陶諧撰)	
		5016

4440₇　孝

21	孝經	752
	孝經章句	755
	孝經註義	746
	孝經詳說	751

孝經三本管窺　　　　753
孝經正文、內傳、外傳　750
孝經正誤、附錄　　　742
孝經集講　　　　　745
孝經集靈　　　　　4518
孝經集解（張星徽撰）　754
孝經集解（蔣永修撰）　747
孝經疑問　　　　　744
孝經句解　　　　　741
孝經宗旨　　　　　743
孝經通釋　　　　　758
孝經通義　　　　　756
孝經內外傳　　　　750
孝經本義　　　　　757
孝經類解　　　　　749
40　孝友傳　　　　　1727
50　孝史　　　　　　1790
　　孝史類篇　　　　4103

4440₈　萃

40　萃古名言　　　　4056

4440₉　苹

67　苹野纂聞　　　　4431

4442₇　萬

00　萬育仙書　　　　4694

萬文恭公集　　　　5293
萬文恭公摘集　　　5293
17　萬子迂談　　　　5292
22　萬山樓詩集　　　5819
33　萬淺原集　　　　5292
40　萬古法程　　　　2457
　　萬壽仙書　　　　4694
44　萬世玉衡錄　　　2909
　　萬世太平書　　　3669
47　萬柳溪邊舊話　　1588
48　萬松閣記客言　　3702
50　萬青樓詩文殘編　6234
　　萬青樓經星譜　　3175
　　萬青樓圖編　　　3175
　　萬青閣詩餘　　　5820
　　萬青閣自訂文集　5820
　　萬青閣自訂詩　　5820
　　萬青閣訂詳案　　5820
　　萬青閣自訂制藝　5820
　　萬青閣歸隱詩　　5820
　　萬青閣勘河詩記　5820
　　萬青閣全集　　　5820
60　萬里海防　　　　2126
　　萬里海防圖說　　2126
　　萬里小遊僊集　　6128
　　萬里志　　　　　4961

萬國史標十八史略標註
　　　　　　　　　1133

71　萬曆廣東通志　　　2017
　　萬曆應天府志　　　2030
　　萬曆襄陽府志　　　2046
　　萬曆信陽州志　　　2035
　　曆曆衡州府志　　　2026
　　萬曆德州志　　　　2028
　　萬曆濟寧州志　　　2032
　　萬曆谷城縣志　　　2039
　　萬曆江都縣志　　　2025
　　萬曆溫州府志　　　2045
　　萬曆湖廣總志　　　2013
　　萬曆嘉定縣志　　　2040
　　萬曆括蒼彙紀　　　2010
　　萬曆四川總志　　　2019
　　萬曆嚴州府志　　　2041
　　萬曆開封府志　　　2011
　　萬曆饒州府志　　　2036
　　萬曆餘杭縣志　　　2044
72　萬氏家傳濟世良方　3094
　　萬氏家抄濟世良方　3094
　　萬氏家鈔濟世良方　3094
80　萬年統紀　　　　　4336
90　萬卷菁華前集、後集、續集
　　　　　　　　　4198

荔

40　荔支通譜　　　　　3478

4443₀　樊

18　樊致虛詩集　　　　5585
27　樊紹述集　　　　　4736
　　樊紹述集註　　　　4736
32　樊川叢話　　　　　4446

莫

12　莫廷韓遺稿　　　　5622

4443₂　菰

50　菰中隨筆　　　　　3716

4444₁　葬

21　葬經　　　　　　　3237

4445₆　韓

00　韓文　　　　　　　6468
　　韓文杜律　　　　　6468
　　韓文公歷官記　　　1493
10　韓五泉詩　　　　　5066
　　韓五泉詩、五泉韓汝慶附錄
　　　　　　　　　5066
　　韓五泉詩集、附錄　5066

　　　韓五泉詩、韓安人遺詩、韓
　　　五泉附録志傳　　　　5066
　　　韓五泉先生詩集　　　5066
17　韓子迂評　　　　　　　3028
　　　韓子年譜　　　　　　　1493
22　韓仙傳　　　　　　　　4631
　　　韓山人詩正集續集　　4836
　　　韓山人詩集　　　　　4836
　　　韓山人詩續集、詞　　4836
　　　韓山人集　　　　　　4836
26　韓魏公家傳　　　　　　1478
　　　韓魏公別録　　　　　1479
30　韓安人遺詩　　　　　　5066
37　韓祠録　　　　　　　　1517
44　韓慕廬稿　　　　　　　5964
47　韓柳年譜　　　　　　　1493
50　韓吏部文公集年譜　　1493
　　　韓忠獻王集　　　　　6544
　　　韓忠獻家傳　　　　　1478
　　　韓忠獻遺事　　　　　1480
72　韓氏事蹟　　　　　　　1919

　　　　　　4446₀　姑

04　姑熟備考　　　　　　　2301
　　　姑孰集　　　　　　　5520
22　姑山事録　　　　　　　1563
44　姑蘇雜詠　　　　　　　6320

　　　姑蘇雜詠合刻　　　　6320
　　　姑蘇新刊禹貢説　　　336
　　　姑蘇名賢續紀　　　　1721
　　　姑蘇名賢小記　　　　1721
　　　姑蘇楊柳枝詞　　　　6609

　　　　　　　茹

40　茹古略集　　　　　　　4320

　　　　　　4449₃　荔

90　荔堂集　　　　　　　　5628

　　　　　　4450₄　華

13　華琯山房詩集　　　　5949
22　華川厄辭(明・王褘撰)
　　　　　　　　　　　　　3520
　　　華川厄辭(明・鄭梓編)
　　　　　　　　　　　　　4127
　　　華嵩遊草　　　　　　5552
　　　華嶽全集　　　　　　2167
　　　華山集　　　　　　　6186
　　　華山志　　　　　　　4653
26　華泉集選　　　　　　　5019
　　　華泉先生集選　　　　5019
35　華禮部集　　　　　　　5464
44　華苹集　　　　　　　　5500
　　　華苹山人詩集　　　　5752

　　華苹戲作　　　　　5752
　　華苹近律　　　　　5752
　　華林莊詩集　　　　6148
50　華夷譯語　　　　　　961
　　華夷花木鳥獸珍玩考　3916
　　華夷花木考　　　　3916
67　華鄂堂詩稿　　　　6080
　　華鄂堂集　　　　　6080
72　華氏黃楊集　　　　4833
　　華岳全集　　　　　2167
76　華陽文集　　　　　5323
　　華陽集　　　　　　5504
　　華陽宮紀事　　　　1936
　　華陽漫稿　　　　　5277
　　華陽洞稿　　　　　5375
　　華陽館文集、續集　　5322
　　華陽館詩集、文集　　5323
　　華陽館集　　5322，5323
80　華谷集　　　　　　6602
90　華光梅譜　　　　　3337

4450₆　革

47　革朝遺忠録　　　　1619
　　革朝志　　　　　　1260
78　革除編年　　　　　1257
　　革除遺事（黃佐撰）　1264
　　革除遺事（符驗撰）　1279

　　革除遺事節本　　　1264

葦

44　葦菴稿　　　　　　4813

4453₀　芙

44　芙蓉集　　　　　　5930
　　芙蓉鏡孟浪言　　　4525
　　芙蓉鏡寓言　　　　4425
　　芙蓉鏡卮言　　　　4525
　　芙蓉館集　　　　　5554

英

40　英雄記鈔　　　　　1581
　　英雄失路集　　　　5432

4453₂　黃

00　黃言　　　　　　　5588

4460₁　荅

88　荅策祕訣　　　　　6703

4460₂　苕

10　苕西問答　　　　　3681

4460₃　苔

08　苔譜　　　　　　　3483

4460₄　若

32	若溪集	6004
44	若菴集	6121
80	若金集	4892

著

| 27 | 著疑錄 | 4066 |

4460₇　茗

41	茗柯詞	6114
50	茗史	3448
88	茗笈(芨)	3447
	茗箋	3465

蒼

10	蒼雪山房稿	6161
	蒼霞山房詩意	5878
	蒼耳齋詩集	5481
	蒼耳齋集	5481
22	蒼崖子	3640
31	蒼洱小記	2335
37	蒼潤軒玄牘記	2551
	蒼潤軒碑跋、續跋	2551

4460₈　蓉

| 22 | 蓉川集 | 5090 |

	蓉川公年譜	5090
	蓉山集	5221
32	蓉溪書屋集、續集	6367
34	蓉渚別集	5871
48	蓉槎蠡說	3880

4471₁　老

10	老雲齋詩刪	6007
17	老子篆	4603
23	老傅集	6056
26	老泉文鈔	4749
	老泉文妙	4749
	老泉文鈔	4749
44	老老恒言	3923
	老樹村集	5757
	老杜詩評	6700

4471₂　卷

| 44 | 卷葹小草 | 6188 |

4471₄　耄

80	耄年錄	5279
88	耄餘雜識	3566，4128
	耄餘殘瀋	5965

4471₇　世

| 00 | 世廟識餘錄 | 1287 |

08　世説新語補　　　　　4445
　　世譜增定　　　　　　2603
10　世玉集選　　　　　　6477
21　世經堂集　　　　　　5159
　　世經堂續集　　　　　5159
24　世德堂文集　　　　　5873
　　世德堂詩集　　　　　5873
　　世德堂集　　　　　　5873
　　世緯　　　　　　　　5184
26　世穆兩朝編年史

　　　　　　　　1116，5500
50　世史正綱　　　　　　1099
　　世史積疑　　　　　　2596
60　世恩堂詩集、詞集、經進集

　　　　　　　　　　　　5983
　　世恩堂集　　　　　　5983

4472₂　鬱

28　鬱儀樓集　　　　　　5491
77　鬱岡齋筆塵　　　　　3819

4472₇　葛

02　葛端肅集　　　　　　5213
　　葛端肅公文集　　　　5213
40　葛太史集　　　　　　5531
　　葛太史公集　　　　　5531
44　葛莊詩鈔　　　　　　6066

　　葛莊編年詩　　　　　6067
　　葛莊分體詩鈔、補遺　6066
90　葛光祿集　　　　　　5667

4473₁　芸

30　芸窗詞　　　　　　　6780
33　芸心識餘、續　　　　3976
67　芸暉館稿　　　　　　5405

藝

32　藝活甲編　　　　　　6742
37　藝祖受禪録　　　　　1171
44　藝苑談概　　　　　　3933
　　藝苑雌黃　　　　　　6694
　　藝苑閒評　　　　　　3808
　　藝葵堂詩稿　　　　　5855
　　藝藪談宗　　　　　　6734
　　藝林剩語　　　　　　3815
　　藝林彙百　　　　　　4312
60　藝圃球瑯　　　　　　3592
　　藝圃球瑯集注　　　　3592
　　藝圃球琅　　　　　　3592
　　藝圃琳瑯　　　　　　3592
　　藝圃集　　　　　　　6207
　　藝圃蒐奇、補闕　　　4123
　　藝圃萃盤録　　　　　4265

4474₁　薛

00	薛方山紀述	2783
	薛文清行實録	1519
	薛文清行實録、從政名言、年譜	1541
	薛文清年譜	1541
	薛文清公從政名言	2734
	薛文介集	5581
	薛文介公文集	5581
17	薛子庸語	2784
	薛子論道	4127
	薛子道論	2735
44	薛考功集	5105

4477₀　廿

10	廿一史識餘	1897
	廿一史論贊	1894
	廿一史獨斷	2641
	廿二史紀事提要	1160

甘

10	甘露園長書、短書	3586
	甘露園短書	3586
12	甘水仙源録	4662
26	甘白集	4858
	甘白先生文集	4858
	甘白先生詩集	4858
	甘白先生張子宜詩集	4858
	甘白先生集	4858
	甘泉新論	2752
	甘泉集	5041
	甘泉先生文集	5041
50	甘肅奏疏	1375

4477₇　舊

00	舊京詞林志	2395
89	舊鈔唐李衛公望江南	2987

4480₁　共

12	共發編	3615

其

45	其樓詩文集	6266

楚

07	楚詞章句	4711
	楚詞評林	4700
	楚詞集解	4696
20	楚辭章句	4711
	楚辭評林	4700
	楚辭新註	4710
	楚辭新集注	4710
	楚辭聽直、合論	4699

楚辭集解、蒙引、考異　4696

楚辭九歌解　　　　4706

楚辭燈　　　　　　4702

27　楚紀　　　　　　1265

30　楚寶　　　　　　1736

31　楚江蠹史　　　　5962

38　楚遊詩稿　　　　5714

楚遊日記　　　　5774

40　楚臺記事　　　　2393

楚南苗志　　　　2369

44　楚萍草　　　　　5761

楚草　　　　　　5472

50　楚史梼(寿为壽)杌　1904

楚書　　　　　　2290

63　楚賦小譜　　　　6707

77　楚風補　　　　　6633

楚騷綺語　　　　4258

楚騷協韻　　　　4698

88　楚範　　　　　　6735

90　楚懷襄二王在位事蹟考

4710

4480₆　黃

00　黃帝演禽七元三傳心法

3306

黃帝祠額解　　　3801

黃帝内經靈樞　　3054

黃帝内經靈樞註證發微

3057

黃帝内經素問靈樞運氣音

釋補遺　　　　3054

黃帝内經素問註證發微、補

遺　　　　　　3057

黃帝内經素問遺篇　3054

黃帝奇門遁甲圖　3302

黃帝素問宣明論方　3115

黃帝授三子玄女經　3298

黃帝陰符經註(唐淳撰)

4595

黃帝陰符經註(宋・俞琰

撰)　　　　　4597

黃帝陰符經集解　4596

黃帝陰符經解　　4600

黃文簡公介菴集　4869

黃玄龍詩集、尺牘　5632

黃玄龍詩集、小品　5632

黃玄龍詩、小品　5632

黃玄龍先生詩集、小品 5632

08　黃説仲詩草　　　5407

10　黃元龍詩集、尺牘　5632

黃元龍詩集、小品　5632

黃元龍小品　　　3838

黃石公行營妙法　3210

黃吾野先生詩集　5634

17	黄豫章外紀	1560
22	黄山詩留	5783
	黄山集	5783
	黄山紀遊	5940
	黄山志	2193
	黄山谷集	6544
	黄梨洲文集	5742
	黄梨洲詩集	5742
	黄梨洲先生集	5742
	黄梨洲先生南雷文約	5742
26	黄白鏡	4678
30	黄淳父集	5611
	黄淳父先生全集	5611
	黄扉集	6017
	黄宗羲南雷雜著稿真蹟	5742
	黄宗羲全集	5742
31	黄河圖議	2087
	黄潭先生讀書一得	3778
33	黄梁遺蹟志	1816
37	黄洛村集	5118
	黄洛邨集	5118
	黄運兩河考議	2100
38	黄海	2155
40	黄太史精華録	4760
44	黄葉村莊詩集	5926
45	黄樓集	4751
46	黄楊集、補遺	4833
	黄楊集鈔	4833
50	黄忠宣集	4872
	黄忠宣公文集、別集	4872
52	黄靜山集	6238
	黄靜山所著書	6238
72	黄氏畫譜	3367
75	黄陳冤報録	1318
77	黄丹巖先生集	5056
	黄門集	1397，5497
	黄門稿	5286
80	黄介菴集	4869
	黄谷讝談	3783
	黄公説字	1006
	黄谷瑣談	3783
82	黄鍾通韻	943
88	黄竹農家耳逆草	6045
	黄竹農家慰饑草	6045

4480₉　焚

47	焚椒録	1211
88	焚餘稿	5900
	焚餘草	5986

4488₆　蘋

22	蘋川集	5497

4490$_0$ 樹

80	樹人堂集	6164
	樹人堂詩	6164

4490$_1$ 蔡

00	蔡文莊集	4981
	蔡文莊公集	4981
10	蔡可泉文集	5212
	蔡可泉集	5212
30	蔡洨濱文集	5216
31	蔡福州外紀	1560
44	蔡恭靖公遺稿	5372
72	蔡氏律同	909
	蔡氏九儒書	6515
	蔡氏九賢全書	6515

4490$_3$ 慕

22	慕崇禮年譜	1486

4490$_4$ 茶

10	茶疏	3449
21	茶經	3445
22	茶山老人遺集	4841
27	茶約	3444
30	茶寮記	3443
44	茶董	3446

	茶董補	3446
	茶花詠	3475
	茶花譜	3475
	茶花別名詠	3475
50	茶史	3450
	茶史補	3450
71	茶馬類考	2488

葉

00	葉文莊上谷奏草	1357
	葉文莊奏疏	1357
	葉文莊公全集	4927
10	葉玉城全集	5545
	葉玉成全集、附錄	5545
17	葉子詩言志	5575
30	葉寅陽十二論	3617
38	葉海峯文	5170
	葉海峯文集	5170
50	葉忠節稿	5878
	葉忠節遺稿	5878
	葉忠節公遺稿	5878
	葉書	4076

菜

47	菜根堂劄記	884

藥

00	藥亭詩集	6030
	藥亭集	6030
44	藥地炮莊	4613
80	藥鏡	3091

蕐

| 77 | 蕐閣集 | 4778 |

4490₈　萊

| 22 | 萊山詩集、遺集 | 5906 |
| | 萊山堂集、遺稿 | 5906 |

4491₀　杜

04	杜詩註解	4729
	杜詩説	4728
	杜詩論文	4731
	杜詩解	4726
	杜詩通、本義	4721
	杜詩選	6373
	杜詩概説	4728
	杜詩闡	4732
	杜詩分類	4725
	杜詩分類全集	4725
	杜詩會稡	4730
	杜詩鈔述註	4723

10	杜工部文集註解	4729
	杜工部詩説	4728
	杜工部詩通	4720
	杜工部編年詩史譜目	4729
	杜工部七言律詩	4719
	杜工部七言律詩註	4719
	杜天師了證歌	3068
17	杜子美沽酒游春記	6818
	杜子美七言律	6468
25	杜律意註	4722
	杜律意注	5258
	杜律意箋	4724
	杜律註	4719
	杜律註評	4727
	杜律詩評	4726
	杜律詳解	4733
	杜律疏	4733
	杜律虞註	4719
	杜律演義	4719
	杜律七言註解	4719
	杜律韓文	6468
	杜律本義	4721
	杜律單注	4720
40	杜壽域詞	6768
44	杜樊川集	6544
	杜韓詩句集韻	4375
	杜韓集韻	4375

50　杜東原詩集　　　　　5152
　　杜東原詩集、文集　　5152
72　杜氏通典詳節　　　　2420
90　杜少陵詩選　　　　　6373

4491₂　枕

01　枕譚　　　　　　　　3844
09　枕談　　　　　　　　3844
10　枕函小史　　　　　　4054
21　枕上語　　　　　　　3508
30　枕流日劄　　　　　　3653
50　枕中祕　　　　　　　4070
　　枕中書　　　　　　　4627

4491₄　桂

00　桂文襄奏議　　　　　1366
22　桂山堂詩鈔　　　　　6634
　　桂山堂集　　　　　　6634
32　桂洲文集、恩綸録、年譜
　　　　　　　　　　　　5128
　　桂洲詩集　　　　　　5128
　　桂洲夏文愍公奏議　　1370
　　桂洲集　　　　　　　5128
　　桂洲先生文集
　　桂洲先生奏議　　　　1370
　　桂洲奏議　　　　　　1370
44　桂坡集　　　　　　　4943

　　桂坡集前集、後集　　4943
　　桂林詩正　　　　　　438
　　桂林集　　　　　　　6113
　　桂林春秋義　　　　　672
　　桂林點易丹　　　　　145
48　桂故集　　　　　　　5351
79　桂勝集　　　　　　　5351

權

21　權衡一書　　　　　　4112

4491₇　植

00　植齋文集　　　　　　5791
　　植齋詩文集　　　　　5791

蘊

00　蘊亭詩稿　　　　　　6204

4492₁　薪

00　薪齋集　　　　　　　5724
　　薪齋初集、二集、三集　5725
41　薪櫄集　　　　　　　6273

4492₇　藕

32　藕灣文集
　　藕灣詩集　　　　　　5755
　　藕灣全集　　　　　　5755

77　藕居士詩話　　　　　6741

菊

22　菊山清雋集　　　　　4806
44　菊坡叢話　　　　　　6713
　　菊花百詠　　4985，4986
72　菊隱集　　　　　　　6023

4493₀　杕

40　杕左堂詩集、詞、續集　6032

4494₇　枝

01　枝語　　　　　　　　3889
22　枝山野記　　　　　　4416
　　枝山前聞　　　　　　4417

4496₄　楮

07　楮記室　　　　　　　4259

4498₆　橫

28　橫谿録　　　　　　　2188
32　橫溪録　　　　　　　2188
33　橫浦心傳録　　　　　3504
　　橫浦日新　　　　　　3504
87　橫樂稿　　　　　　　5428

4499₀　林

00　林鹿菴先生文集　　　6278
10　林下詞選　　　　　　6805
　　林下偶談　　　　　　6698
17　林子全集　　　　　　3623
26　林伯子詩草　　　　　5496
　　林泉集　　　　　　　6017
　　林泉結契　　　　　　4768
37　林次崖集　　　　　　5133
　　林次崖先生集　　　　5133
　　林初文詩文全集　　　5490
　　林初文詩選　　　　　5490
　　林初文先生詩選　　　5490
77　林屋文稿、詩稿　　　5795
　　林屋山人集　　　　　4808
　　林屋山人漫稿　　　　4808
　　林屋民風　　　　　　2218
　　林居漫録前集、畸集　4449
　　林學士詩集、文集　　5317
78　林臥遙千律詩　　　　5821
　　林臥遙千律詩　　　　5821
　　林臥遙集　　5820，5821
80　林全子集　　　　　　3623
　　林公輔集　　　　　　4876
91　林�文稿　　　　　5384

4510₆　坤

77　坤輿外紀　　　　　　2359

4541₀　姓

22　姓觿　　　　　　　　4243
31　姓源珠璣　　　　　　4219
71　姓匯　　　　　　　　4242
72　姓氏譜　　　　　　　4355
　　姓氏譜纂　　　　　　4282
　　姓氏補纂　　　　　　4282

4549₀　姝

12　姝聯　　　　　　　　4181

4593₂　棣

44　棣華書屋稿　6194, 6651

隸

44　隸華書屋近刻　　　　6651

4594₄　樓

44　樓老堂詩集　　　　　5659
　　樓老堂集　　　　　　5659

樓

57　樓邨詩集　　　　　　6088

樓邨集　　　　　　　　　6088

4599₆　楝

00　楝亭詩鈔、詩別集、詩鈔、詞
　　鈔別集、文鈔　　　　6041
　　楝亭詩鈔附詞鈔　　　6041
22　楝峯遺稿　　　　　　5138

4600₀　加

33　加減靈祕十八方　　　3097
80　加年堂講易　　　　　 185

4601₀　旭

22　旭山集　　　　　　　5555
44　旭華堂文集、補遺、續編
　　　　　　　　　　　　5973

4611₀　坦

00　坦齋文集　　　　　　4856
　　坦齋先生文集　　　　4856
　　坦齋劉先生文集　　　4856
21　坦行自誌　　　　　　6578
44　坦菴文集　　　　　　4873
　　坦菴集　　　　　　　4873
　　坦菴先生文集　　　　4873

4612₇　場

77　場居集　　　　　5503

4614₀　坤

70　坤雅廣要　　　　4561

4618₆　塡

88　塡篋音　　　　　6467

4621₀　觀

10　觀石後録　　　　3441
18　觀政集　　　　　5111
23　觀我堂集　　　　5380
　　觀我堂摘稿　　　5380
　　觀稼樓詩　　　　6160
24　觀化集　　　　　4679
25　觀生手鏡　　　　4069
27　觀象玩占　　　　3214
44　觀老莊影響論　　4621
　　觀樹堂詩集　　　6058
50　觀史雅言集　　　2612
90　觀光集　　　　　6254

4622₇　獨

21　獨行傳　　　　　6123
60　獨異志　　　　　4490

4625₀　狎

77　狎鷗亭摘稿　　　5389
　　狎鷗子摘稿　　　5389

4633₀　恕

00　恕齋偶存　　　　5921
80　恕谷後集、續刻　6059

4640₀　如

30　如宜方　　　　　3077

4641₃　媿

11　媿非文稿　　　　5364
44　媿林漫録　　　　4029

4643₄　娛

67　娛暉草　　　　　6013

4680₆　賀

44　賀蘭雪樵詩集　　5969
78　賀監紀略　　　　1562

4690₀　相

00　柏齋三書　　　　4124
26　相伯　　　　　3630(序)
90　相掌金龜卦　　　3280

柏

27	柏鄉魏氏傳家録、家約	3667
51	柏軒草	6128

4691₃　槐

00	槐亭漫録	3588
51	槐軒文集	5867
	槐軒詩集	5867
	槐軒集	5867
67	槐野文選、別集	5262
	槐野先生存笥稿	5262

4692₇　楊

00	楊文襄公文集、詩集	4969
	楊文靖年譜	1568
	楊文懿集	5515
	楊文敏公後北征記	1230
	楊文恪公集	5000
	楊襄毅本兵疏議	1375
	楊襄毅公奏疏	1375
02	楊端潔集	5395
	楊端潔公全集	5395
03	楊誠齋先生天問天對解	
		4695
12	楊廷筠	3630(跋)
17	楊子折衷	2750

	楊子書繹	359
25	楊仲弘詩	6557
	楊仲弘詩法	6704
27	楊龜山集	6544
28	楊復所先生家藏文集	5515
32	楊州瓊葉集	3467
38	楊道行集	5524
40	楊太史家藏文集	5515
	楊太史家藏集	5515
44	楊黃門奏疏	1425
48	楊猶龍詩	5787
	楊猶龍詩選	5787
60	楊園全書	4158
72	楊氏文鈔五種	6604
	楊氏塾訓	4065
	楊氏五家文鈔	6604
80	楊全甫諫草	1404
	楊益撼龍經	3252
	楊公政績記	1567

棉

76	棉陽學準	2951

4712₀　均

44	均藻	4228
	均藻述	4228

4713₈ 懿

00 懿言日録、二録、續録、別録
　　　　　　　　　　　3677
21 懿行編　　　　　　4074

4721₂ 匏

44 匏菴先生遺集　　　5953
　　匏菴遺集　　　　5953

4722₇ 郁

00 郁離子　　　　　　3518
　　郁離子微　　　　3518

鶴

20 鶴舫古文殘稿　　　5861
22 鶴嶺山人詩集　　　5841
　　鶴嶺山人集　　　5841
　　鶴山渠陽讀書雜抄　3691
　　鶴山筆録　　　　3738
　　鶴巢集　　　　　5828
26 鶴侣齋文稿　　　　6018
　　鶴侣齋文存稿　　6018
　　鶴侣齋詩、文稿　6018
　　鶴侣齋集　　　　6018
　　鶴侣堂文存稿　　6018
　　鶴侣堂集　　　　6018

　　鶴和篇　　　　　5675
30 鶴灘集　　　　　　5006
　　鶴灘稿　　　　　5006
　　鶴灘先生遺事　　5006
44 鶴林類集　　　　　4668
52 鶴靜堂集　　　　　5814
60 鶴田草堂集　　　　5208

4732₇ 郝

30 郝定公集　　　　　1419

4734₇ 鷇

00 鷇音集　　　　　　6668

4740₁ 聲

00 聲音文字通　　　　1026
　　聲音發源圖解　　1082
06 聲韻源流考　　　　1061
　　聲韻叢説　　　　1055
　　聲韻圖譜　　　　1070
　　聲韻會通韻要粗釋　972
25 聲律發蒙　　4212, 4213

4741₁ 妮

40 妮古録　　　　　　3917

4742₀　朝

10	朝天集	5940
28	朝鮮雜志	2345
	朝鮮紀事	1235
	朝鮮志	2354
	朝鮮國紀	1916
	朝鮮國志	2354
	朝鮮圖説	2349
	朝鮮新聲太平樂府	6819
67	朝野彙編	1298
	朝野遺記	4399
90	朝堂集	6606

4742₇　婦

40	婦女雙名記	4309

4744₇　好

25	好生編	5465

4748₆　嬾

00	嬾齋別集	5778
40	嬾真初集	6248
	嬾真初集詩選	6248
	嬾真草堂集、文	5566
	嬾真堂詩集、文集	5566
60	嬾園漫稿	5646

4762₀　胡

00	胡文穆集	4880
	胡文穆公文集	4880
10	胡元瑞集	5504
17	胡子衡齊	2791
	胡子易演	41
44	胡莊肅集	5206
	胡莊肅公文集	5207
	胡莊肅公遺稿	5207
48	胡梅林行實	1528
50	胡忠烈遺事	1578
72	胡氏詩識	424
80	胡公行實	1528

4762₇　都

10	都下稿	5503
	都下贈僧詩	4985
72	都氏鐵網珊瑚	3905
77	都門贈行詩	6128
80	都公談纂	4503

4772₀　却

57	却掃集	6017
80	却金傳	1811

4772₇　邨

67　邨鄲稿　　　　　　　5504

4780₁　起

20　起信論解　　　　　　6578

4780₆　超

23　超然詩集　　　　　　5997

4782₀　期

00　期齋集　　　　　　　5244
　　期齋呂先生集　　　　5244

4791₀　楓

20　楓香詞　　　　　　　5845
　　楓香集　　　　　　　6160
44　楓林集　　　　　　　4849

4791₇　杞

27　杞紀　　　　　　　　2053

4792₀　桐

22　桐乳齋詩集　　　　　6159
　　桐山詩集　　　　　　4919
　　桐山藏業　　　　　　5731
27　桐彝　　　　　　　　1659

　　桐嶼詩集　　　　　　4874
　　桐嶼集　　　　　　　4874
40　桐友遺編　　　　　　2698
44　桐村詩　　　　　　　6141
　　桐村集　　　　　　　6141
78　桐陰舊話　　　　　　1585
　　桐陰書屋詩　　6161，6194
　　桐陰書屋集　　　　　6194

柳

00　柳亭詩話　　　　　　6762
24　柳先生年譜　　　　　1493
32　柳洲詩集　　　　　　6587
37　柳漁詩鈔　　　　　　6189
44　柳黃同聲集　　　　　6330
　　柳村雜詠　　　　　　5775
　　柳村詩集　　　　　　5949
57　柳邨雜詠　　　　　　5775
77　柳開句圖　　　　　　6695
90　柳堂詩集　　　　　　6082

4792₇　橘

32　橘洲詩集　　　　　　5715
44　橘苑文鈔　　　　　　5774
　　橘苑詩鈔　　　　　　5774

郴

32　郴州文志　　　　6406

4793₂　橡

44　橡村詩稿　　　　6160
　　橡村集　　　　　6160

根

44　根黃集　　　　　4369
65　根味齋詩集　　　6056

4794₀　椒

30　椒宮舊事　　　　3702
72　椒丘詩　　　　　5904
　　椒丘先生策府群玉　4222
77　椒邱集　　　　　5904

4794₇　穀

03　穀詒堂主人剩稿　5806
22　穀山筆麈　　　　3593
28　穀似堂詩　　　　6331
43　穀城水運紀略　　5825
　　穀城山房筆麈　　3593
　　穀城山館文集　　5454
　　穀城山館詩集　　5454
71　穀原文草　　　　5195

穀原詩集　　5195,5196
穀原詩草續集　　　5196
穀原集　　　5195,5196

4796₂　榴

60　榴園管測　　　　3896
83　榴館初函　　　　5688
　　榴館初函集選　　5688

4796₄　格

18　格致叢書　　　　4143
27　格物麤談　　　　3902
　　格物圖　　　　　2788
　　格物問答　　　　3657
40　賴古堂詩集　　　5722

4814₀　救

00　救方格論、雜錄　3717
44　救荒活民補遺書　2484
　　救荒補遺書　　　2484
　　救荒事宜(明·張陞撰)
　　　　　　　　　　2511
　　救荒事宜(明·周孔教撰)
　　　　　　　　　　2502
　　救荒策會　　　　2509

4816₆　增

00　增廣字訓　　　　　　　2714
　　增廣古今人物論　　　　2623
　　增廣智囊補　　　　　　4010
　　增註唐賢三體詩法　　　6307
01　增訂廣輿記　　　　　　1953
　　增訂論語外篇　　　　　2820
　　增訂湖山類稿　　　　　4799
　　增訂南詔野史　　　　　1920
　　增訂東越文苑　　　　　1720
　　增訂周易澹窩因指集注　92
　　增訂周易去疑　　　　　147
02　增刻青溪草堂文　　　　6102
21　增虞伯生注杜工部詩　　4719
24　增續會通韻府群玉　　　4821
27　增修訂正音點春秋左傳詳
　　節句解　　　　　　　　628
　　增修詩學集成押韻淵海
　　　　　　　　　　　　　4210
　　增修雲林寺志　　　　　2270
　　增修復古編　　　　　　959
　　增修埤雅廣要　　　　　4561
　　增修陸狀元集百家註資治
　　通鑑詳節　　　　　　　1094
30　增定二十一史韻　　　　2664
　　增定玉壺冰　　　　　　4018

增定史韻　　　　　　　　2664
增定春秋衡庫　　　　　　663
增定雅俗稽言　　　　　　3711
33　增補武經三子體注　　　2988
　　增補武林舊事　　　　　2287
　　增補繡像牛馬駝經　　　3152
56　增輯易象圖説　　　　　305
63　增默齋詩集　　　　　　6196
72　增删濂洛風雅　　　　　6305
　　增删算法統宗、校算記3177
74　增附南明汪先生書札
80　增入文筌諸儒奧論策學統
　　宗前集、後集、古文小譜、詩
　　小譜　　　　　　　　　6312
　　增入諸儒議論杜氏通典詳
　　節　　　　　　　　　　2420
88　增節音注資治通鑑　　　1094

4823₁　猏

60　猏園　　　　　　　　　4521

4833₄　憨

00　憨齋存稿　　　　　　　5827

4842₇　翰

44　翰苑瓊琚　　　　　　　6371
　　翰苑須知　　　　　　　2388

翰苑叢鈔　　　　　4155
翰村詩稿　　　　　6205
翰林諸書選粹　　　4267
翰林王介塘文略　　5137
翰林集　　　　　　5404
翰林考正杜律七言虞註大
成　　　　　　　　4719
翰林典故　　　　　2388
翰林學士耐軒王先天游雜
稿　　　　　　　　4871
60　翰墨鼎彝　　　　　6572
翰墨選註　　　　　6458
翰墨大全　　　　　4183
翰墨全書　　　　　4183

4844₀　教

17　教習堂條約　　　　2908
30　教家類纂　　　　　4025
50　教秦緒言　　　　　5359
77　教民恒言　　　　　2875
80　教養全書　　　　　4354

4860₁　警

01　警語類鈔　　　　　3994
33　警心類編　　3983，5465
64　警時新録　　　　　3525

4864₀　故

30　故宮遺録　　　　　1938
50　故事選要　　　　　4305

敬

00　敬亭集、補遺　　　5672
敬亭倡和集　　　　5832
敬亭唱和詩　　　　5832
26　敬和堂集　　　　　5381
50　敬事草　　　　　　1389
72　敬所文集　　　　　5300
敬所王先生文集　　5300
80　敬義録　　　　　　2975

4891₁　槎

77　槎居譜　　　　　　3425
80　槎翁集　　　　　　4850
槎翁文集　　　　　4850

4892₁　榆

32　榆溪詩鈔　　　　　5772
榆溪集補　　　　　5772
榆溪集選、補　　　5772
榆溪逸稿、逸詩　　5772
48　榆墩文集　　　　　5772
榆墩集　　　　　　5772

榆墩集詩選　　　　　5772
榆墩集選文、詩　　　5772

4892₇　梯

22　梯仙閣餘課　　　　6181
50　梯青集　　　　　　6216

4893₂　松

06　松韻堂　　　　　　5410
　　松韻堂集　　　　　5410
10　松雪齋集　　　　　4811
26　松泉詩集　　　　　6231
　　松皋文集　　　　　5861
30　松窻録略　　　　　3702
31　松江府志　　　　　1976
　　松源集　　　　　　6179
　　松源經説　　　　　794
32　松溪文集　　　　　5200
　　松溪集　　　　　　5200
34　松漠記聞　　　　　1210
41　松垣文集　　　　　4790
　　松垣集　　　　　　4790
44　松蔭堂學易　　　　100
　　松桂讀書堂集　　　6192
　　松菊堂集　　　　　5446
76　松臞集　　　　　　4900
77　松風樓稿　　　　　5694

松風軒藏稿　　　　　5274
松風堂字辨　　　　　1009
松風餘韻　　　　　　6639
松月集　　　　　　　4875
松岡集　　　　　　　4917
松門稿　　　　　　　5516
80　松龕剩稿　　　　　5235
88　松籌堂集　　　　　4984

4895₇　梅

10　梅雪軒詩稿　　　　5488
20　梅禹金詩草　　　　5639
　　梅禹金集　　　　　5639
22　梅巖集　　　　　　4971
　　梅巖小稿　　　　　4971
　　梅仙觀記　　　　　4648
　　梅岩小稿　　　　　4971
40　梅堯臣句圖　　　　6695
41　梅墟先生別録　　　1548
　　梅顛稿　　　　　　5615
　　梅顛稿選　　　　　5615
44　梅莊文集　　　　　5996
　　梅莊集　　　　　　5996
　　梅花百詠　　　　　5738
　　梅花渡異林　　　　3808
　　梅花十詠　　　　　5700
　　梅花鼓吹　　　　　6442

梅花草堂筆談、二談　3795
梅花書屋倡和詩　5752
47　梅塢貽瓊　6450
60　梅里志　1573
梅國集　5042
梅園集　5518
80　梅谷集　5512
梅谷莊先生文集　5512
88　梅竹蘭菊四譜　3367

4898₆　檢

33　檢心集　4167
50　檢蠹隨筆　4031

4942₀　妙

34　妙遠堂詩集　5595
妙遠堂集　5595
77　妙貫堂餘譚　3878

4980₂　趙

00　趙文肅公文集　5253
趙文肅公集　5253
12　趙飛燕外傳　4387
24　趙待制遺稿　4817
25　趙仲穆遺稿　4817
30　趙寶峰集　4803
趙寶峰先生文集　4803

33　趙浚谷文集、詩集、永思錄、
趙浚谷疏案　5185
趙浚谷集　5185
40　趙太史詩鈔、文鈔　5253
趙南海詩　4933
43　趙裘萼公剩稿　5958
44　趙恭毅剩稿　5958
50　趙忠毅公儕鶴先生史韻
2616
趙忠毅公剩稿　5958
67　趙鳴秋集　4934
71　趙驪山先生類稿　5258
72　趙氏二美遺踪　3702
趙氏連城　3816
80　趙全讞牘　1266
90　趙半江集　4978

5000₆　中

00　中立四子集　4133
中庸講義（清・楊名時撰）
870
中庸講義（明・高拱撰）
5289
中庸説　868
中庸傳註　868
中庸解　885
中庸直講　821

中庸切己録　　　　　850
中庸本文　　　　　　874
中庸本旨　　　　　　873
中庸困學録　　　　　875
中庸點綴　　　　　　830
中庸合註　　　　　　810
中庸管窺　　　　　　815
08　中説　　　　　　3515
22　中川先生集　　　5175
中川遺稿　　　　　　5175
中巖文介先生文集　　5886
中巖集　　　　　　　5886
中峯禪師梅花百詠七言律
詩　　　　　　　　6442
中峯禪師梅花百詠七言絶
句　　　　　　　　6442
中山集詩鈔　　　　　6634
中山傳信録　　　　　2368
中山沿革志　　　　　1923
中山狼傳　　　　　　3429
中山竹枝詞　　　　　5959
26　中和集、後集　　4656
27　中峰詩稿　　　　6532
32　中州雜俎　　　　2299
中州稿(明·李化龍撰)
　　　　　　　　　5503
中州稿(明·陶諧撰)　5016

中州遺稿　　　　　　5175
中州道學編、補編　　1757
中州啓劄　　　　　　6306
中州金石考　　　　　2568
33　中祕草　　　　　5534
37　中郎觴政　　　　3455
中郎全集詩　　　　　5552
44　中麓山人拙對、續對　5211
中麓畫品　　　　　　3353
中菴籤易　　　　　　3275
47　中都志　　　　　1963
中都四子集　　　　　4133
67　中晚唐計　　　　6643
中晚唐詩叩彈集、續集6644
71　中原文獻　　　　6475
77　中興集　　　　　4806
中興禦侮録　　　　　1195
80　中谷詩集　　　　6407
88　中銓　　　　　　2806

申

00　申文定公書經講義會編340
27　申鳧盟先生年譜略　5748
80　申公詩説　　　　　409

史

01　史評　　　　　2598

	史評辨正	2651	32	史測	2654
06	史韻(清·仲宏道撰)	2664	34	史漢方駕	1087
	史韻(明·趙南星撰)	2616		史漢文統	6549
	史韻補注	2616	37	史通評釋	2572
07	史記文統	6549		史通訓故	2573
	史記瑣瑣	1084		史通訓故補	2574
	史記法語	1856		史通會要	2571
	史記鈔	1870	40	史太僕集	5529
	吏部職掌	2385	43	史裁	1882
	吏部奏疏	1375	50	史書	1896
08	史詮	1085		史書纂略	1881
	史説	2609	52	史折、續	2653
	史説萱蘇	4297	58	史拾載補	2629
	史論	2659	60	史品赤函	1890
	史論初集	2659		史異編	1898
09	史談補	2621		史異纂	4536
10	史要編	1871	67	史略詳註補遺大全	1139
12	史砭	2630	72	吏隱録	4435
17	史取	2614		史質	1136
18	史瑜	1895	77	史學正藏	2667
20	史乘考誤	2611		史學提要	2581
22	史巤	1885		史學提要箋釋	2581
	史觴	1883		史學璧珠	4303
24	史緯	1901	80	史義拾遺	2584
27	史疑	2635	83	史館録	4920
	史綱疑辨(辯)	3698	88	史餘	1246
28	史復齋文集	6240		史纂左編	1868

90	史懷	2625
96	史惺堂集	5354
	史惺堂先生年譜	5354

5000₇　事

00	事文玉屑	4295
	事文標異	3876
	事言要元(玄)	4290
07	事詞類紀	4273
	事詞類奇	4273
20	事辭輯餘	1321
21	事行紀略	3568
23	事編內篇	1697
26	事偶韻語	2585
27	事物紺珠	4281
	事物初略	3713
	事物考	4324
	事物考辨	3722
43	事始	3685
55	事典考略	4304
71	事原	3865
91	事類通考	4330

聿

| 27 | 聿修堂集 | 5785 |

5001₄　推

| 88 | 推篷寤語、餘錄 | 3570 |

5001₇　抗

| 00 | 抗言在昔集 | 6210 |

5003₂　夷

00	夷齊志	1458
	夷齊考疑	1457
	夷齊錄	1452
26	夷白齋詩話	6738
	夷白草文	6263
28	夷俗記	2353
	夷俗記校注	2353
77	夷門廣牘	4140

5003₇　摭

| 06 | 摭韻 | 4370 |
| 40 | 摭古遺文、補遺 | 982 |

5004₇　掖

41	掖垣諫草	1401
	掖垣題稿	1393
	掖垣人鑑	2391

5010₆　畫

05	畫訣	3376
08	畫説	3362
22	畫山水訣	3339
	畫繼	3350
	畫繼補遺	3343
27	畫響	5684
	畫紀補遺	3343
34	畫法年紀	3374
36	畫禪	3358
40	畫志	3368
44	畫苑	3350
	畫苑補益	3350
70	畫壁遺稿	5823
77	畫眉筆談	3495
	畫學祕訣	3334
78	畫鑒	4153
80	畫前易衍	3206
88	畫筌圖	3252
	畫筌圖解	3252

5010₇　盡

33	盡心編、證語	3616

5012₇　螭

11	螭頭密語	4437

5013₂　泰

22	泰山集	6186
	泰山紀事	2171
	泰山紀勝	2331
	泰山道里記	2232
	泰山蒐玉	6421
	泰山蒐玉集	6421
30	泰定養生主論	3078
32	泰州志	2043
40	泰真測徵	3809
60	泰昌日録	1316

5013₆　蟲

10	蟲天志	3499
68	蟲吟草閒集	5109

5014₈　蛟

22	蛟峯批點止齋論祖	4785

5022₇　青

07	青郊雜著	1048
10	青霞稿	5504
	青要集	6105
	青要山房文集	6105
	青要山房詩選	6105
19	青瑣高議校補	4495

　　　青瑣高議前集、後集　4495
　　　青瑣藎言　　　　　　1400
22　青巖叢録(明·王文禄撰)
　　　　　　　　　　　　　4127
　　　青巖叢録(明·王禕撰)
　　　　　　　　　　　　　3519
　　　青峯存集　　　　　　5284
27　青鳥先生葬經　　　　　3238
　　　青峰文集　　　　　　5284
　　　青峰先生存稿　　　　5284
　　　青嶼稿存　　　　　　6158
28　青谿遺稿　　　　　　　5710
30　青宮樂調　　　　　　　920
32　青溪玄同子雪舟胜詩　6641
　　　青溪詩集　　　　　　6434
　　　青溪詩偶存　　　　　6102
　　　青溪集　　　　　　　5422
　　　青溪何介夫詩集　　　6641
　　　青溪先正詩集　　　　6641
　　　青溪魯道原先生詩集　6641
　　　青溪寇軌　　　　　　1174
　　　青溪遺稿　　　　　　5710
　　　青溪草堂文偶存、詩偶存
　　　　　　　　　　　　　6102
　　　青溪暇筆　　　　　　3825
34　青社先賢詠　　　　　　6025
35　青油史漫　　　　　　　2634

37　青泥蓮花記　　　　　　4580
　　　青湖文集　　　　　　5122
　　　青湖先生文集　　　　5121
40　青坊稿宮論集　　　　　5187
44　青藜館集　　　　　　　5540
　　　青藤(籐)山人路史　　3794
　　　青藤書屋文集　　　　5423
　　　青蓮舫琴雅　　　　　3388
　　　青蘿文集　　　　　　5124
　　　青蘿館詩　　　　　　5337
　　　青蘿館詩前集、續集　5337
　　　青林雜録　　　　　　3789
56　青螺公遺書合編　　　　5473
60　青羅歷　　　　　　　　3156
71　青原山志略　　　　　　2259
　　　青原志略　　　　　　2259
77　青門旅稿　　　　　　　5980
　　　青門賸稿　　　　　　5980
　　　青門簏稿　　　　　　5980
88　青箱堂文集、詩集　　　5732
　　　青箱堂詩、文集、遺稿續刻、
　　　年譜　　　　　　　　5732
　　　青箱堂集　　　　　　5732
90　青棠詩集　　　　　　　5525
　　　青棠集　　　　　　　5525

肅

| 20 | 肅雝集 | 4834 |
| 26 | 肅皇外史 | 1300 |

5023₀　本

06	本韻一得	1078
21	本經逢原	3127
33	本心齋疏食譜	3459
44	本草求真	3135
50	本事詩	6700
72	本兵疏議	1375
	本兵奏疏	1375

5033₃　惠

22	惠山古今考、附録、補遺	
		2178
76	惠陽山水紀勝	2224

5033₆　忠

05	忠諫遺稿	5564
	忠諫靜思張公遺集	5215
12	忠烈編	1529
13	忠武誌	1569
21	忠貞文齋公文集	5681
	忠經	2676
	忠經詳解	2676

	忠經集註	2676
	忠經集註詳解	2676
23	忠獻韓魏王君臣相遇傳	
		1495
	忠獻韓魏王家傳	1478
	忠獻韓魏公別録	1479
25	忠傳	1590
30	忠宣集、別集	4872
80	忠介遺事	1570
	忠義存褒什	1717
	忠義録	1597
88	忠節録	1667

5040₄　婁

17	婁子敬(靜)文集	5181
21	婁上張氏説詩	411
31	婁江集	5504
	婁江志	2105

5043₀　奏

08	奏議	1392
	奏議稿	1430
	奏議稽詢	1443
10	奏疏	1430
	奏疏遺稿	1398
	奏疏輯略	1382，5340
34	奏對稿	1372

奏對録　　　　　　　1356

5050₃　奉

10　奉天靖難記　　　　1226
　　奉天刑賞録　　　　1273
25　奉使西域行程記　　1799
　　奉使集　　　　　　6238
　　奉使稿　　　　　　5559
　　奉使滇南集　　　　6014
　　奉使朝鮮稿　　　　5559
　　奉使録　　　　　　4938

5060₀　由

90　由拳集　　　　　　5578

5060₁　書

00　書文音義便考私編　1032
07　書記洞詮　　　　　6546
08　書譜　　　　　　　3369
20　書系　　　　　　　1155
21　書經講義會編　　　340
　　書經説意　　　　　339
　　書經詳説　　　　　376
　　書經疏略　　　　　369
　　書經集意　　　　　355
　　書經旨略　　　　　332
　　書經參義　　　　　389

書經疑問　　　　　　343
書經近指　　　　　　366
書經直解　　　　　　338
書經劄記　　　　　　383
書經蔡傳參義　　　　389
書經提要(明・章陬撰)328
書經提要(清・徐鐸撰)391
書經提要録　　　　　391
書經小疏　　　　　　392
22　書山集　　　　　　4838
　　書山遺集　　　　　4838
25　書傳洪範考疑　　　329
　　書傳通釋　　　　　326
　　書傳會衷　　　　　348
26　書繹　　　　　　　359
27　書疑　　　　　　　321
34　書法鈎元(玄)　　3341
40　書帷別記　　　　　344
　　書古文訓　　　　　320
44　書苑補益　　　　　3351
　　書蕉　　　　　　　3843
　　書林外集　　　　　4831
50　書史　　　　3345，3350
　　書畫史　　　　　　3366
56　書輯　　　　　　　3347
64　書疇彝訓　　　　　334
72　書隱叢説　　　　　3891

75	書肆説鈴	3829
77	書學正韻	1023
	書學彙編	3373
	書學彙輯	3345
	書學會編	3345
	書學慎餘	3179
	書問(明·湛若水)	5041
	書問(明·李復陽)	2794
80	書義卓躍	325
83	書館續吟	6113
	書館閒吟	6113
88	書纂	3346

5060₃　春

10	春雨堂雜鈔	3766
	春雨堂集	712
	春雨堂隨筆	4425
17	春及堂詩集	6180
	春及堂遺稿	6659
22	春山文集四六鈔	4795
	春山四六鈔	4795
28	春谿詩集	5173
29	春秋詩話	6764
	春秋諸傳辨疑	650
	春秋諸名臣傳譜	1673
	春秋諸國興廢説	679
	春秋讀意	643，4126

	春秋詞命	6346
	春秋説	713
	春秋説志	638
	春秋説、附録	671
	春秋論	685
	春秋詳説	706
	春秋麟寶	660
	春秋一得	735
	春秋二槐詩鈔	5739
	春秋三傳衷考	677
	春秋三傳事實廣證	740
	春秋三傳異同考	719
	春秋三傳同異考	719
	春秋三傳纂凡表	711
	春秋三書	670
	春秋正旨	5288
	春秋正業	686
	春秋正業經傳删本	686
	春秋五傳	579
	春秋五傳平文	679
	春秋五傳綱領	679
	春秋疏略	692
	春秋不傳	738
	春秋列傳	1612
	春秋列國圖説	678
	春秋君臣世略	680
	春秋翼附	649

春秋億	5346	春秋疑問	652
春秋集要	639	春秋疑義	693
春秋集傳(清・李文炤撰)		春秋名臣傳	1673
	715	春秋紀傳	1161
春秋集傳(明・胡纘宗撰)		春秋綱領	715
	6336	春秋以俟録	651
春秋集解	697	春秋家説	683
春秋集解讀本	739	春秋實録	667
春秋集古傳註	731	春秋測微	718
春秋衡庫	662	春秋透天關	631
春秋比事目録	710	春秋心印	660
春秋經傳類聯	4374	春秋深	730
春秋經傳類對賦	4175	春秋通論(清・劉紹攽撰)	
春秋經傳類求	734		725
春秋經疑問對	629	春秋通論(舊本題曰宋人	
春秋經世	637	撰)	626
春秋剩義	722	春秋通義	626
春秋外傳國語地名録	678	春秋遵經集説	698
春秋參義	701	春秋道統	624
春秋私考	640	春秋左翼	661
春秋編年舉要	1123	春秋左傳註解辨誤	647
春秋備要	690	春秋左傳評注測義	674
春秋續義發微	659	春秋左傳評林測義	674
春秋傳註	684	春秋左傳詳節句解	628
春秋傳議	687	春秋左傳統箋	682
春秋程傳補	681	春秋左傳句解	628
春秋條貫篇	699	春秋左傳狐白句解	628

春秋左傳地名録	678
春秋左傳姓名同異考	717
春秋左傳事類年表	720
春秋左傳典略	665
春秋左傳異名考	678
春秋左傳屬事	647
春秋左傳節文	623
春秋左傳節文註略	623
春秋左傳類解	1863
春秋大全	663
春秋大全字疑	790
春秋大義	700
春秋直解	654
春秋内外傳類選	4275
春秋志	689
春秋地考	640
春秋蓄疑	696
春秋世學	641
春秋胡傳參義	701
春秋事義慎考	702
春秋指掌、前事、後事	705
春秋揆	666
春秋揆略	666
春秋輯傳辨疑	694
春秋提要	635
春秋提要補疑	697
春秋提要(明・張岐然編)	679
春秋提要(明・劉城撰)	678
春秋握奇圖	627
春秋日食質疑	737
春秋國華	645
春秋四傳	632
春秋四傳私考	646
春秋四傳偶筆、續筆	783
春秋四傳通辭	664
春秋四傳通解	664
春秋因是	676
春秋圖説	634
春秋原經	729
春秋匡解	653
春秋闡義	656
春秋貫玉	1875
春秋全經左傳句解	628
春秋年考	680
春秋義(孫嘉淦撰)	714
春秋義(顧懋樊撰)	672
春秋義疏	704
春秋義解	732
春秋義補註	728
春秋義存録	723
春秋合題著説	630
春秋録疑	644

春秋筆削發微圖(明・張岐然編)　679

春秋筆削發微圖(明・吳繼仕考校)　769

春秋筆削微旨　724

春秋管見　727

春秋纂　668

春秋鈔　709

春秋類編　1878

春秋類對賦　4175

春秋類考　693

春秋類義折衷　691

春秋惜陰録　695

30　春寒閒記　3854

32　春浮園前集、別集　6578

34　春社詩　6430

44　春藻堂一螺稿　5972

春藻堂嘯廬稿　5972

春草樓集　5568

春草堂詩訂　6263

春樹草堂集　5804

47　春帆紀程　6121

67　春明集　5345, 5346

春明稿　5345

春明退朝録　6700

77　春風堂隨筆　4425

春駒小譜　3500

90　春慵軒詩集　4834

5073₂　表

50　表忠彙録　1667

88　表餘堂詩　5831

表餘堂詩存　5831

表餘落箋合選初集　5831

5080₆　貴

32　貴州通志　2008

貴州圖經新志　2018

63　貴賤定格三世相書　3281

貴賤定格五行相書　3283

責

24　責備餘談　2599

5090₀　未

00　未齋雜言　3523

未齋雜釋　3523

未齋集　5038

20　未信堂近稿　5809

77　未學學　4126

耒

57　耒耜經　3045

5090₂ 棗

| 44 | 棗林雜俎 | 3856，6755 |
| | 棗林藝簣 | 6755 |

5090₃ 素

10	素王記事	1451
	素靈微蘊	3145
22	素巖文集	6012
	素巖文稿	6012
	素巖紀年詩、紀游酬贈	6013
44	素菴集	4926
	素菴先生栖緑堂經史耨義	
		2846
50	素史氏感學編	4126
60	素園石譜	3438
	素園存稿	5332
77	素問病機氣宜保命集	3115
	素問註	3057
	素問註證	3057
	素問註證發微	3057
	素問玄機原病式	3115
	素問六炁玄珠密語	3215
	素問懸解	3058
	素問運氣括定局立成	3054
	素問入式運氣論奥	3054
	素問鈔補正	3055

5090₄ 秦

00	秦亭文集	5765
	秦方伯集	6408
	秦文歸	6506
10	秦璽始末	2454
11	秦張詩餘合璧	6798
34	秦漢文	6336
	秦漢文尤	6536
	秦漢文膽	6528
	秦漢文鈔	6530
	秦漢鴻文	6513
36	秦邊紀略	2138
60	秦蜀驛程後記	1833
72	秦氏七政全書	3173
	秦氏閨訓新編	4098
87	秦録	2279
90	秦少游詩餘	6798

橐

| 40 | 橐丸稿 | 5972 |

5090₆ 東

00	東齋記事	6700
	東方三大賦	5553
	東方先生類語	1534
	東方先生集	6517

東方和音　　　　　5559
東方朔占書　　　　3211
東方類語　　　　　1534
東廓文集　　　　　5082
東廓集　　　　　　5082
東廓鄒先生文集　　5082
東廓鄒先生遺稿　　5082
07　東郭先生文集　　5082
10　春雨雜述　　　　3749
東西天目志　　　　2185
東石講學錄　　　　2759
12　東水質疑　　　　3589
21　東征紀行錄　　　1238
東征忠義錄　　　　1250
東征漫稿　　　　　5433
東行百詠集句　　　4895
22　東崗文集　　　　4890
東崗集　　　　　　4890
東嶠先生集　　　　5002
東巖詩集　　　　　5088
東嶠集　　　　　　5002
東山草堂文集、詩集、續集
　　　　　　　　　6060
東山草堂詩集　　　6060
東山草堂集(清·潘安禮
撰)　　　　　　　6237
東山草堂集(清·邱嘉穗

撰)　　　　　　　6060
東山草堂邇言　　　3879
東山草堂陶詩箋　　4715
東山草堂全集　　　6060
東巢雜著　　　　　3774
東巢策斷　　　　　3774
23　東岱山房　　　　5327
東岱山房詩選　　　5328
東岱山房詩錄、外集　5327
東岱山房詩錄江右稿　5327
東岱山房詩錄使金陵稿、擬
古樂府　　　　　　5327
東岱山房稿　　　　5327
26　東白張先生文集　4947
東白集　　　　　　4947
東白草堂集　　　　5243
東白堂詞選初集　　6803
東吳水利考　　　　2086
東吳名賢記　　　　1641
東泉文集　　　　　5011
東泉集　　　　　　5011
東臯文集　　　　　4962
東臯雜記　　　　　3853
東臯詩存、詩餘　　6676
31　東江集鈔、別集　5689
東江別集　　　　　5689
東瀧遺稿　　　　　4951

	東源讀史	2600
	東源讀史録	2600
32	東洲集、續集	5120
	東洲枕上語	3508
	東洲几上語	3508
	東溪稿	4970
	東溪續稿	4970
	東溪蔓語	2776
33	東浦草堂文集、後集、詩集	
		6184
	東浦草堂詩	6184
	東浦草堂課餘文集、後集、	
	闕餘別集	6185
	東浦草堂集	6184
	東浦草堂各刻九種	6184
34	東漢文統	6549
	東漢精華	1859
36	東還紀程、續鈔	1845
	東還贈言	5811
37	東湖文集	6029
	東澗集	4797
	東祀録	1801
38	東游詩草、續草	5414
	東海文集	4961
	東海散人集	5694
	東遊集	5177
	東遊紀略	1849

40	東塘詩集	5072，5073
	東塘集	5073
	東南水利	2111
	東南防守利便	2120
	東嘉先哲録	1610
41	東垣十書	3072
	東坪詩集	6267
	東坪集	6267
	東極篇	5596
43	東越文苑	1720
	東越證學録	5508
	東越正學録	5508
44	東坡文談録	6709
	東坡詩話録	6709，6710
	東坡外集	4750
	東坡先生詩鈔	6603
	東坡先生外集	4750
	東坡先生物類相感志	3900
	東坡先生禪喜集	4754
	東坡先生漁樵閒話	4549
	東坡守膠西集	4752
	東坡禪喜集	4754
	東坡居士艾子雜説	1542
	東坡問答録	4548
	東坡年譜	1484
	東坡養生集	4755
	東莞學案	2962

東麓稿　　　　　　　　　5121
東麓遺稿　　　　　　　　5121
東苑文鈔、詩鈔　　　　　5768
東村集　　　　　　　　　5733
東萊先生詩律武庫　　　　4179
東萊先生校正北史　　　　1858
東萊先生校正南史詳節

　　　　　　　　　　　　1858
東萊先生校正隋書詳節

　　　　　　　　　　　　1858
東萊先生標註三國志詳節

　　　　　　　　　　　　1858
東萊先生增入正義音註史

記詳節　　　　　　　　1858
東萊先生分門詩律武庫

　　　　　　　　　　　　4179
東萊校正五代史詳節　　　1858
東萊校正晉書詳節　　　　1858
東萊易説　　　　　　　　　　4
東萊呂氏兩漢精華　　　　1859
東萊呂氏西漢精華　　　　1859
東萊呂紫微詩話　　　　　6715
東萊呂氏東漢精華　　　　1859
東林始末　　　　　　　　1329
東林書院志　　　　　　　2269
東林點將録　　　　　　　1691
東林同志録　　　　　　　1693

東林明黨録　　　　　　　1694
東林籍貫　　　　　　　　1692
46 東觀録　　　　　　　　　1809
47 東朝紀　　　　　　　　　3702
東都事略跋　　　　　　　5853
50 東夷圖説　　　　　　　　2355
60 東里文集　　　　　　　　4879
東里文集、詩集、續編、別

集、附録　　　　　　　4879
東里集　　　　　　　　　4879
東易問　　　　　　　　　 259
東田集　　　　　　　　　4973
東田漫稿　　　　　　　　4972
東田馬公傳　　　　　　　4973
東園文集、詩集續集　　　4950
東園詩集續編　　　　　　4950
東園客談　　　　　4405，4406
東園友聞　　　　　　　　4406
67 東墅詩集　　　　　　　　4887
東野志　　　　　　　　　1466
70 東壁遺稿　　　　　　　　5057
東壁園詩集　　　　　　　6554
71 東厓王先生遺集　　　　　5444
東厓集　　　　　　　　　5444
東厓先生集　　　　　　　5444
東厓遺集　　　　　　　　5444
東原文集　　　　　　　　5152

　　東原集　　　　　　　　5152
　　東匯詩集　　　　　　　5188
　　東甌詩集　　　　　　　6357
　　東甌詩集、補遺、續集　6357
　　東甌張文忠公奏對稿　　1372
72　東所文集　　　　　　　4989
　　東所張先生文集　　　　4989
　　東所先生文集　　　　　4989
76　東隅集　　　　　　　　6092
77　東閣録　　　　　　　　2122
　　東關圖　　　　　　　　4920
80　東谷集　　　　　　　　5735
　　東谷集文　　　　　　　5735
　　東谷集詩、文　　　　　5735
　　東谷集續刻文　　　　　5735
　　東谷集續刻詩　　　　　5735
　　東谷贅言　　　　　　　3771
　　東谷所見　　　　　　　3513
　　東谷隨筆　　　　　　　3513
　　東畬集　　　　　　　　5075
　　東畬先生詩選　　　　　5075
　　東畬先生家藏集　　　　5075
90　東省稿　　　　　　　　5503

5101₀　批

61　批點孟子書　　　　　　803
　　批點近溪子集　　　　　5363

　　批點近溪子續集　　　　5363
　　批點檀弓　　　　　　　535
　　批點考工記　　　　　　493
　　批點史記瑣瑣　　　　　1084
　　批點分類誠齋先生文膾前
　　集、後集　　　　　　　4777

5103₂　振

67　振鷺　　　　　　　　　6350
　　振鷺集　　　　　　　　6350

據

41　據梧詩集　　　　　　　6128

5104₁　攝

25　攝生要語　　　　　　　4688
　　攝生衆妙方　　　　　　3095
　　攝生消息論　　　　　　4655

5111₀　虹

27　虹舟講義　　　　　　　898

5114₆　蟬

50　蟬史　　　　　　　　　4308
　　蟬史集　　　　　　　　4308

5193₁　耘

10	耘石詩稿	5178

5202₁　折

00	折衷曆法	3165
	折衷歷法	3165
43	折獄卮言	3039
71	折腰漫草	5558
74	折肱漫録	3116

5204₇　撥

60	撥易堂解	254

5206₄　括

44	括蒼彙紀	2010
50	括囊稿	4959
60	括異志	4494

5207₂　拙

00	拙齋集(清・朱奇齡撰)	5995
	拙齋集(清・李遠撰)	6264
18	拙政編	3010
40	拙存堂經質	775
	拙存堂史括	2638

5210₀　蚓

44	蚓菴瑣語	4532

5211₈　蟺

09	蟺談	3702

5213₉　蟋

50	蟋蟀軒稿	5583
	蟋蟀軒草	5583

5225₇　靜

00	靜齋至正遺編	4402
	靜齋至正直記	4402
	靜齋類稿	4402
17	靜子日記	6238
21	靜便齋集	6155
30	靜安八咏	6311
	靜安八咏詩集	6311
	靜安八詠事蹟	6311
44	靜芳亭摘稿	5012
	靜菴張先生詩集	4865
	靜菴集(清・鄭日奎撰)	5871
	靜菴集(明・張羽撰)	4865
	靜樹編	6092
46	靜觀堂集	5018

51　靜軒集　　　　　　　4925
77　靜用堂偶編　　　　　2933
93　靜怡齋約言録　　　　2879
96　靜惕堂文集、詩稿　　5714
　　靜惕堂文集、詞稿　　5714
　　靜惕堂詩集　　　　　5713
　　靜惕堂詩稿、續稿　　5714
　　靜惕堂集　　　　　　5714
　　靜惕堂原稿　　　　　5714

5260₂　哲

71　哲匠金桴　　　　　　4229

5290₀　剌

40　剌壽稿　　　　　　　5109

5302₇　輔

44　輔世編　　　　　　　1669
71　輔臣贊和詩集　　　　6385

5303₅　撼

01　撼龍經　　　　　　　3252
　　撼龍經註　　　　　　3252

5304₄　按

10　按晉疏草　　　　　　1413

5304₇　拔

82　拔劍集　　　　　　　5432

5306₄　轄

60　轄圜窩雜著　　　　　3548
　　轄園窩雜著　　　　　4126

5310₀　或

44　或菴評春秋三傳　　　708
77　或問小註　　　　　　806

5310₇　盛

67　盛明百家詩　　　　　6408
　　盛明百家詩選　　　　6480

5311₁　蛇

08　蛇譜　　　　　　　　3497

5318₆　蟣

00　蟣衣生傳草　　　　　5473
　　蟣衣生粵草、蜀草　　5471
　　蟣衣生浙草　　　　　5471
　　蟣衣生浙草、晉草、楚草、閩
　　草、閩藩草、家草　　5472
　　蟣衣生蜀草　　　　　5471
　　蟣衣生蜀草、閩草、養草、留

	草	5471
	蠛衣生易解	61
	蠛衣生黔草	5473
	蠛衣生馬記	3493
	蠛衣生養草	5471
	蠛衣生劍記	3413

5320₀　戊

50	戊申立春考證	3163

成

00	成方切用	3163
21	成仁遺稿	6366
24	成化山西志	1958
	成化湖州府志	1969
	成化杭州府志	1960
	成化陝西志	1967
	成化間蘇材小纂	1608
	成化常州府續志	1973
30	成憲録	1113
47	成均講義	876
	成均課講周易	239
	成均課霽學庸	880
58	成數大定	3288
72	成氏詩集	6554

戚

40	戚大將軍孟諸公小傳	3014
80	戚公誌	3014

咸

00	咸齋文鈔	6068
30	咸淳集	4806
	咸賓録	2358

5322₇　甫

60	甫里集	5858

5333₀　感

00	感應類從志	3899
33	感述録、續録	3620
77	感興詩解	2708

5340₀　戒

22	戒山文存	5942
	戒山詩存	5942
44	戒菴文集	5003
	戒菴詩存	5942
	戒菴詩草	5826
	戒菴詩鈔	5826
	戒菴漫筆	3835
	戒菴老人漫筆	3835

戎

50　戎事類占　　3219

5400₀　拊

79　拊膝録　　1318
90　拊掌録　　4558

5404₁　擣

77　擣堅録　　4055

5404₇　披

36　披褐稿　　5408
71　披肝露膽經　　3245

5408₁　拱

26　拱和詩集　　4843

5408₆　攢

77　攢眉集　　4985，4988
88　攢筆録　　4370

5414₇　蠻

00　蠻齋詩話　　6753

5416₁　蛄

58　蛄蜒集　　5419

5419₄　蝶

00　蝶庵自藥　　5884
77　蝶几譜（明·李璵編）　4153
　　蝶几譜（明·嚴瀓撰）　3426

5502₇　拂

15　拂珠樓偶鈔　　6181

5503₀　軼

01　軼語考鏡　　3808
50　軼史隨筆　　3808

5523₂　農

08　農説　　3049
17　農務集　　4821
18　農政全書　　3050
50　農丈人文集、詩集　5523
　　農書　　4158
60　農田餘語　　4404

5533₇　慧

22　慧山記　　2148
77　慧閣詩　　5598

5560₀　曲

12　曲水庵八詠　　5700

21	曲徒録	1421
34	曲洧新聞	5501
37	曲澗遺稿	5663

5560₆　曹

17	曹子建集	6517
29	曹倦圃未刻編年佚詩	5714
	曹秋嶽先生尺牘	5714
31	曹江孝女廟志	1580
40	曹太史集	5355
	曹太史含齋集	5355
44	曹村集	6008
72	曹氏墨林	3433
77	曹月川先生夜行燭	2732
	曹月川先生語録	2733

5580₁　典

12	典引輯要	4367
22	典制紀略	4342
	典制考	599
	典樂要論	920
48	典故烈女全傳	2952
	典故紀聞	1303
88	典籍便覽	4223

5580₆　費

00	費文憲集選要	4992

	費文憲摘稿	4992
	費文憲公集	4992
	費文通集	5087
	費文通集選要	5087
	費文憲公文通公合集	5087
	費文通公集	5087
	費文通公集選	5087
80	費鐘石先生文集	5087

5590₀　耕

10	耕石齋石田集	4942
23	耕織圖詩	3046
88	耕餘集	5369
91	耕煙詞	5947

5599₂　棘

14	棘聽草	5802

5601₇　挹

40	挹奎樓文集	5863
	挹奎樓選稿	5863
50	挹青軒詩稿(清·張榮撰)	6123
	挹青軒詩稿(清·華浣芳撰)	6124
	挹青軒詩餘	6124
	挹青軒稿	6124

抱青軒自怡録　　　　6124

5602₇　揚

17　揚子折衷　　　　5041
32　揚州府志　　　　2061
　　揚州瓊花集　　　3467

暢

51　暢軒集　　　　　6113
88　暢餘集　　　　　6114

揭

60　揭曼碩文選　　　4826
　　揭曼碩詩　　　　6557
　　揭曼碩遺文　　　4826

5604₁　揖

10　揖雲齋集　　　　5961

輯

26　輯釋通義源流本末　811

擇

44　擇執録　　　　　4088

5605₀　押

06　押韻淵海　　　　4210

5608₁　提

77　提舉集　　　　　6331

5608₆　損

00　損齋備忘録　　　3754

5609₄　操

26　操縵録　　　　　3391

5619₃　螺

22　螺峯説録　　　　3658
31　螺江日記　　　　3726
37　螺冠子詠物詩、茶歌、酒詠
　　　　　　　　　　5616

5692₇　耦

55　耦耕集　　　　　6063

5701₂　抱

21　抱經齋詩集、文集　5986
　　抱經齋集、焚餘草　5986
22　抱山集選　　　　5852
47　抱劍廬詩草　　　6013

5701₃　拯

44　拯荒事略　　　　2476

5701₄　握

42	握機經	2979
	握機經緯	2979
	握機經解	2980
	握機緯	2979

5702₀　拘

| 21 | 拘虛晤言 | 3541 |

捫

| 17 | 捫虱新話 | 3735 |

5702₇　邦

| 04 | 邦計彙編 | 2475 |

掃

| 88 | 掃餘之餘 | 5591 |

5703₂　搋

| 55 | 搋曹名臣錄、續集 | 1607 |

5704₇　搜

20	搜采異聞集	3692
	搜采異聞錄	3692
35	搜遺稿	5709

5705₆　揮

| 00 | 揮麈新談 | 4523 |

5708₁　擬

03	擬詠鐘馗茶花詩	3475
04	擬詩外傳	3561
20	擬皎然十九字體	6695
30	擬進呈楊忠愍蚺蛇膽表忠記	5904
31	擬涯翁擬古樂府	5068
34	擬漢樂府(清·魏麐徵撰)	5950
	擬漢樂府(明·胡纘宗撰)	5067, 5069
48	擬故宮詞	5803
67	擬明史列傳	5853
77	擬騷集	5178
	擬學小記、續錄	2772

撰

| 45 | 撰杖集 | 5742 |

5711₇　艷

| 10 | 艷雪齋書品、畫苑、筆墨紙硯譜 | 3383 |

5712₀　蜩

88　蜩笑偶言　　　　3755，4127

5719₄　蟓

12　蟓磯山志　　　　　　2211

5750₂　擊

44　擊林集　　　　　　　6263

5790₃　繫

20　繫辭十篇書　　　　　116
　　繫辭精義　　　　　　　3

5798₆　賴

40　賴古堂集　　　　　　5722
　　賴古堂藏書　　　　　4161

5801₆　攬

22　攬彎録　　　　　　　3702

5802₇　掄

22　掄山集選　　　　　　5852

5803₁　撫

17　撫豫宣化録　　　　　1431
23　撫皖治略　　　　　　5825

44　撫楚治略　　　　　　5825
68　撫黔紀略　　　　　　5514
　　撫黔紀別録　　　　　5514
　　撫黔奏疏　　1425，1426
77　撫閩疏稿　　　　　　5357

5804₆　撙

00　撙齋先生緣督集　　4784

5806₁　拾

35　拾遺書　　　　　　　1614

輶

51　輶軒使者絶代語釋別國方
　　言類聚　　　　　　　951

5821₄　釐

10　釐正詩經序　　　　5041

5833₆　鰲

11　鰲頭十八史略校本　1133
　　鰲頭增註忠經定本　2676
22　鰲峯類稿　　　　　4997

5844₀　數

71　數馬堂荅問　　　　3897

5871₇　鼇

22	鼇峯講義	888
27	鼇峰類稿	4997
32	鼇溪文集	4827
	鼇溪集	4827
	鼇溪周先生文集	4827

5880₆　贅

00	贅言録	6348

5894₀　敕

08	敕議或問	6349
66	敕賜滁陽王廟碑	1507

5902₀　抄

10	抄丁丑會魁紫溪蘇先生心傳周易講意兒説	71

6000₀　□

80	□前韻梅花百詠七言律詩	6442

6008₆　曠

60	曠園雜志	4539

6010₀　日

00	日言	2796
02	日新録(宋・于恕編)	3504
	日新録(清・黄容撰)	1771
22	日畿訪勝録	2323
30	日進直講	821
31	日涉編	1931
50	日本國考略、補遺	2347
	日本考	2357
	日本考略	2347
	日本朝貢考	2433
	日本東夷朝貢考	2433
	日本圖纂	2348
86	日知堂文集	5872
	日知堂集	5872
90	日懷堂奏疏	5796
	日省編	2947

6010₁　目

87	目録	6695
99	目營小輯	1947

6010₄　星

10	星平會海	3297
21	星占	3227

　　　星經　　　　　　3154
27　星象考　　　　　　3158
48　星槎草　　　　　　5959
71　星曆釋意　　　　　3164
　　　星歷釋義　　　　　3164
88　星餘筆記　　　　　2298

墨

09　墨麟詩　　　　　　6134
17　墨君題語　　　　　3361
37　墨瀾亭文集　　　　6111
　　　墨瀾亭集　　　　　6111
44　墨苑　　　　　　　3429
　　　墨藪　　　　　　　3365
　　　墨菴經學　　　　　779
　　　墨林快事　　　　　3914
72　墨兵微畫　　　　　3809

壘

44　壘菴雜述　　　　　2855

6010₇　疊

22　疊山謝先生集　　　6366

6011₃　晁

35　晁沖之詩　　　　　4769

72　晁氏寶文堂書目　　2539
　　　晁氏寶文堂分類書目　2539
　　　晁氏迦談　　　　　4582
77　晁具茨先生詩集　　4769
　　　晁具茨集　　　　　4769

6012₇　蜀

16　蜀碧　　　　　　　1784
27　蜀名勝記　　　　　2166
34　蜀漢本末　　　　　1132
38　蜀道驛程記　　　　1830
44　蜀藻幽勝集　　　　6494
　　　蜀藻幽勝録　　　　6494
　　　蜀草　　　　　　　5471
47　蜀都雜鈔　　　　　2276
　　　蜀都碎事　　　　　2311
50　蜀中名勝記　　　　2166
　　　蜀中草　　　　　　5698
60　蜀國春秋　　　　　1326

蹄

32　蹄涔集　　　　　　6331

6014₇　最

40　最古園二編　　　　6136

6015₃　國

01　國語文歸　　　　　　6506
14　國瑋集　　　　　　　6537
17　國琛集　　　1638，4126
18　國殤紀略　　　　　　1738
30　國憲家猷　　　　　　4251
　　國寶新編　　　　　　1611
37　國初禮賢錄　　　　　1219
　　國初事蹟　　　　　　1228
40　國士懿軌　　　　　　1672
47　國朝謨烈輯遺　　　　4442
　　國朝謚法考　　　　　2463
　　國朝三家文鈔　　　　6588
　　國朝列卿記　　　　　1642
　　國朝練音集　　　　　6608
　　國朝練音初集　　　　6608
　　國朝吳郡丹青志　　　3355
　　國朝名公經濟文鈔　　6519
　　國朝名公翰藻、氏名爵里
　　　　　　　　　　　　6424
　　國朝栖雲閣詩　　　　5729
　　國朝畫徵錄、續錄　　3381
　　國朝典章　　　　　　2425
　　國朝典彙　　　　　　2423
　　國朝典故　　　　　　1633

　　國朝典故紀聞　　　　1303
　　國朝典故輯遺　　　　4442
　　國朝風雅　　　　　　6308
　　國朝館課經世宏辭　　6443
50　國史經籍志　　　　　2541
　　國史紀聞　　　　　　1120
63　國賦紀略　　　　　　2508
70　國雅(清·陳允衡編)　6615
　　國雅(明·顧起綸編)　6451
　　國雅初集　　　　　　6615
　　國雅品　　　　　　　6451
77　國風尊經　　　　　　404
　　國風省篇　　　　　　457
　　國學禮樂錄　　　　　2467
　　國門乙集　　　　　　5656
　　國門集　　　　　　　5656
88　國策談椓　　　　　　1168

6021₀　見

22　見山樓文集　　　　　5824
　　見山樓詩文集　　　　5824
　　見山樓詩集　　　　　5824
　　見山堂詩鈔　　　　　6093
38　見滄文集　　　　　　5269
40　見南江閣詩選、文選　5342
60　見羅先生書　　　　　2794

	見羅李先生觀我堂稿	5380
	見羅李先生書要	5380
77	見聞雜記	4448
	見聞記憶録	3858
	見聞紀訓	4508
	見聞考隨録	2755,4429
	見聞隨録	4429
	見聞隨筆	1334
	見聞録(清·徐岳撰)	4544
	見聞録(明·陳繼儒撰)	
		4463

四

00	四言史徵	2661
	四六膏馥	4184
	四六霞肆	4326
	四六叢珠	6460
	四六叢珠彙選	4214,6460
	四六附説	6707
	四六金鍼	6752
06	四譯館考	2471
10	四焉齋文集	6182
	四焉齋詩文集	6181
	四焉齋詩集	6181
	四焉齋集	6181
16	四聖一心録	75

	四聖懸樞	3144
	四聖心源	3143
	四聖圖解	920
20	四香樓詩集、詞	6048,6792
	四香樓詩鈔	6048
	四香樓詞鈔	6792
	四香樓集	6048
	四香堂集	6048
22	四川總志	2019
	四川名勝志	2166
	四川土夷考	2356
23	四然齋集	5584
	四然齋藏稿	5584
24	四先生詩集	6495
	四續待兒小名録	4180
	四續古文奇賞	6534
27	四侯傳	1686
30	四家詩選	6495
	四家詩鈔	6634
32	四州文獻摘鈔	2295
35	四禮翼	613
	四禮集説	615
	四禮疑	612
	四禮約言	616
	四禮寧檢篇	620
	四禮初稿	610

四禮輯　　　　　　　614

37　四溟詩話　　　　6723

　　四溟山人詩　　　6723

　　四溟山人全集　　6723

38　四遊稿　　　　　5452

40　四大家文選　　　6501

　　四友齋叢説　　　3786

　　四友齋叢説摘抄　3786

　　四存編

　　　2871，2872，2873，2874

47　四朝人物略　　　1746

　　四聲猿　　　　　5423

　　四聲切韻表　　　1077

　　四聲篇海　　　　957

50　四史鴻裁　　　　1876

　　四本堂座右編　　4095

　　四書章圖大成　　811

　　四書雜考　　　　820

　　四書就正録　　　896

　　四書讀　　　　　845

　　四書講習録　　　6106

　　四書講義　　　　818

　　四書講義困勉録、續録　857

　　四書講義尊聞録　900

　　四書翊註　　　　852

　　四書説註厄詞　　894

　　四書説約　　839，0853

四書説叢　　　　838

四書正學淵源　　835

四書五經難字　　984

四書酌言　　　　840

四書集説　　　　847

四書順義解　　　895

四書經學考補疑　844

四書參註　　　　883

四書疑問　　　　824

四書名物考　　　827

四書句讀釋義　　899

四書約旨　　　　890

四書窮鈔　　　　901

四書字畫辨疑　　847

四書測　　　　　837

四書近語　　　　5359

四書近指　　　　853

四書述　　　　　859

四書湖南講　　　833

四書初學易知解　858

四書通義(明·魯論撰)842

四書通義(明·劉剡撰)812

四書大全辨(辯)　849

四書大全纂要　　854

四書七十二朝人物考　820

四書索解　　　　862

四書考　　　　　841

	四書考異	841
	四書孝語	2823
	四書本義匯參	887
	四書輯釋	811
	四書輯釋章圖通義大成	811
	四書困勉録、續録	857
	四書晰疑	897
	四書則	846
	四書反射録	5747
	四書反身録、續補	869
	四書問目	807
	四書貫一解	861
	四書人物備考	820
	四書人物考訂補	820
	四書人物考、補考	820
	四書合講	834
	四書會解	834
	四書録疑	886
	四書纂言	878
	四書鈔	860
	四書惜陰録	855
60	四易通義	148
	四思堂文集	5790
64	四時宜忌	1925
	四時氣候	1926
	四時氣候集解	1926
67	四明文獻録	1594

	四明龍薈	4530
	四明山志	2206
	四明山古蹟記	2207
	四明風雅	6389
	四明尊堯集	2575

6022₇　易

00	易序叢書	7
	易序圖説	137
	易辨	38
03	易就	111
04	易讀	282
08	易説(宋・呂祖謙撰)	4
	易説(清・吳汝惺撰)	268
	易説(清・田嘉穀撰)	230
	易説辨正	246
	易説要旨	225
	易説通旨略	266
	易説存悔	290
	易論	198
10	易互	238
	易疏	128
12	易引	83
	易發	149
20	易備	118
21	易衍	3282
	易占經緯	3274

易旨一覽　　　　　152
易經辨疑(清・張問達撰)
　　　　　　　　　202
易經辨疑(清・鄭國器撰)
　　　　　　　　　311
易經講義　　　　　288
易經説意　　　　　134
易經詳説　　　　　215
易經一説　　　　　269
易經疏義統宗　　　116
易經可説　　　　　 91
易經碎言　　　　　237
易經理解　　　　　253
易經告蒙、圖註　　313
易經釋義　　　　　234
易經疑問　　　　　 68
易經勺解　　　　　 99
易經淵旨　　　　　 51
易經淺説　　　　　 31
易經補義　　　　　160
易經述　　　　　　195
易經澹窩因指　　　 92
易經通論　　　　　 90
易經通典　　　　　 31
易經大旨　　　　　 23
易經圭約　　　　　777
易經古文鈔義　　　 93

易經觀玩　　　　　299
易經增注　　　　　115
易經中説　　　　　 43
易經本義翼　　　　315
易經捷解　　　　　135
易經輯疏　　　　　307
易經提要録　　　　281
易經圖釋　　　　16,4920
易經兒説　　　　　 71
易經貫一　　　　　278
易經會意解　　　　308
易經會通　　　　　 96
易經頌　　　　　　117
易經纂　　　　　　121
易經纂言　　　　　232
易經小傳　　　　　123
易經粹言　　　　　237
22 易例舉要　　　　　294
易鼎三然　　　　　130
23 易外別傳　　　　　4651
易參　　　　　　　151
24 易贊　　　　　　　 93
25 易律神解　　　　　937
易律通解　　　　　937
易傳辨異　　　　　2548
易傳撮要(明・劉定之撰)
　　　　　　　　　4920

	易傳撮要(明・劉髦撰)			易準	302
		15,4891		易窺	106
	易傳闡庸	63		易宮	218
	易傳義	166		易宗集注	208
27	易修墨守	4126	32	易測	69
	易脩墨守	39	36	易盪	224
	易象	217	37	易深	287
	易象集説	295		易通	88
	易象納言	280	40	易十三傳	3197
	易象解	32		易大象説録	190
	易象約言	280		易大象義	95
	易象通	66		易存	176
	易象大旨	40		易韋	222
	易象援古	271	43	易卦剖記	244
	易象圖説	305	44	易芥	97
	易象與知編	167		易蓍圖説	274
	易象會旨	59		易林疑説	98
	易象數鉤深圖	226	46	易觀(清・凌去盈撰)	276
	易象管窺	60		易觀(清・胡淳撰)	279
	易象鈔	74	50	易史參録	181
	易像鈔	74		易史象解	120
	易解	49	51	易指要繹	86
	易解拾遺	300	53	易或	201
	易解別録	213	58	易數總斷	3278
	易疑(明・方時化撰)	87		易贅	189
	易疑(明・陳言撰)	54	60	易見	304
30	易憲	143		易思圖解	118

	易冒	3279
	易圖識漏	21
	易圖親見	141
	易圖疏義	303
	易圖定本	194
67	易略	101
70	易臆	102
71	易牙遺意	2461
	易辰	136
	易原	200
77	易學(明・吳極撰)	108
	易學(明・沈一貫撰)	55
	易學識遺	67
	易學説海	103
	易學疏	129
	易學要論	245
	易學殘本	105
	易學統此集	122
	易學參説	216
	易學象數舉隅	18
	易學啓蒙	52
	易學啓蒙訂疑	11
	易學古經正義	162
	易學蓍貞	171
	易學四同、別録	29
	易學圖説續聞	265
	易學圖説會通	264

	易學鐵笛	89
	易學飲河	79
	易學筮貞	171
	易學管見	107
	易學精義	245
	易問箋	28
	易貫	260
80	易鏡	235
	易義便覽	291
	易義隨記	243
	易會	73
81	易領	78
	易頌	83, 84
88	易筌	76
	易簡編	104
	易箋問	28
	易範同宗録	3195
89	易鈔圖説	93

圃

| 44 | 圃華集 | 6128 |
| 50 | 圃史 | 3486 |

6033₀　思

00	思玄庸言	3526
	思玄集	4958
03	思誠堂集	5875

10　思元齋韻藻　　　　4228
　　思元齋均藻　　　　4228
　　思元集　　　　　　4958
16　思聰録　　　　　　2835
28　思復堂文集、附載　　5993
　　思復堂文集、附録、末　5993
　　思復堂集　　　　　5993
　　思復堂前集、附録　　5993
37　思通集　　　　　　2965
40　思古堂集　　　　　5767
51　思軒文集　　　　　4934
77　思賢録、續録　　　1504

恩

80　恩命世録　　　　　1817

6033₁　黑

54　黑蝶齋詩删　　　　6087
　　黑蝶齋詩鈔　　　　6087

6033₂　愚

00　愚齋反經録　　　　2970
40　愚直存稿　　　　　6331
60　愚愚稿　　　　　　5428

6040₀　田

17　田子藝集　　　　　5439

21　田秕山稿　　　　　5144
27　田叔禾集　　　　　5190
　　田叔禾小集　　　　5190
　　田叔禾小稿　　　　5190
50　田表聖先生奏議集　1352
　　田表聖奏議　　　　1352
77　田閒集　　　　　　5109
　　田居乙記　　　　　4004
　　田居稿　　　　　　5503

6040₄　晏

10　晏元獻類要　　　　4174
80　晏公類要　　　　　4174

6042₇　禺

22　禺山文集、詩集　　5063
　　禺山詩　　　　　　6063

男

17　男子雙名記　　　　4279
40　男女紳言　　　　　3959

6043₀　因

02　因話録　　　　　　3702
67　因明子　　　　　　3600
81　因領録　　　　3554，4126

6050₀　甲

17	甲子年定峰山左雜詠	5894
	甲子會紀	1109
	甲乙倭變	1311
50	甲申集、二集、三集、詩集	
		5746
	甲申匜歲雜感疊韻詩	5821

6050₄　畢

34	畢法賦	3261

6050₆　圍

21	圍徑真旨	3180
43	圍城褉録	5591
	圍城夢卜	5591
	圍城警策	5591
	圍城目録	5591
91	圍爐詩話	4739, 6759

6060₀　呂

02	呂新吾文集	5498
	呂新吾先生文集	5498
	呂新吾先生去僞齋文集	
		5498
	呂新吾先生閨範圖説	3990
17	呂子節録、補遺	2804
22	呂山人集、續集	5617
24	呂先生議史摘要	2578
27	呂叔簡先生明職篇	2415
31	呂涇野集	5064
33	呂梁洪志	2376
37	呂次儒集	4757
47	呂期齋集	5244
50	呂忠穆公遺事	1487
	呂忠穆公年譜	1488
67	呂明德堂文集	5603
72	呂氏摘金歌	3294
	呂氏筆奕	3837
80	呂全吾集	5498
	呂公實政録	4137

回

22	回鑾事實	1192

昌

10	昌平山水記	2192

6060₄　固

43	固哉叟詩鈔	6065

暑

30	暑窗臆説	3866

圖

00　圖註王叔和脈訣　　3067

　　圖註水陸路程途　　1945

　　圖註難經　　　　　3060

　　圖註脈訣辨真　3060，3067

　　圖註脈訣、附方　　3067

　　圖註八十一難經　　3060

　　圖註八十一難經辨真　3060

27　圖像水黃牛經合併大全

　　　　　　　　　　　3152

43　圖卦億言　　　　　　56

50　圖畫見聞志　　　　3350

　　圖書衍　　　　　　848

　　圖書紀愚　　　　　20

　　圖書祕典　　　　　3672

　　圖書祕典一隅解　　3672

　　圖書質疑　　　　　30

60　圖易定本　　　　　194

6071₁　昆

67　昆明集　　　　　　5430

毘

74　毘陵正學編　　1626，5089

　　毘陵志（明・王偆撰）1962

　　毘陵志（明・朱昱撰）1970

毘陵忠義祠録　　　1624

毘陵人品記（明・吳亮撰）

　　　　　　　　　　1703

毘陵人品記（明・葉燮、葉
金、毛憲撰）　　　1625

6071₇　疂

20　疂采館清課　　　　3909

6073₂　畏

44　畏菴集　　　　　　4918

　　畏菴周先生文集　　4918

60　畏壘山人文集　　　6083

　　畏壘山人詩集　　　6083

　　畏壘山人詩集、筆記　6083

　　畏壘筆記　　　　　3724

園

77　園居雜詠　　　　　5578

圜

50　圜中草　　　　　　5456

6077₂　疊

44　疊菴雜述　　　　　2855

6080₁　是

44　是菴日記　　　　　　4382

異

27　異物彙苑(明・王世貞)4245

　　異物彙苑(明・閔文振)4277

43　異域志　　　　　　　2339

　　異域圖志　　　　　　2340

44　異林(明・朱睦㮮)　　4516

　　異林(明・支允堅)　　3808

77　異聞總録　　　　　　4501

6090₃　爨

10　爨瓦三編　　　　　　3809

6090₄　呆

00　呆齋集　　　　　　　4920

　　呆齋宋論　　　　　　2587

　　呆齋存稿　　　　　　4920

　　呆齋藏稿　　　　　　4920

　　呆齋周易圖釋　　　　　16

　　呆齋前稿、存稿、續稿　4920

杲

90　杲堂文續鈔　　　　　5907

　　杲堂文鈔、詩鈔　　　5907

　　杲堂内集、外集、文鈔　5907

困

00　困亨別稿　　　　　　5143

　　困辨録　　　　　　　2766

24　困勉齋私記　　　　　2964

77　困學紀詩　　　　　　　424

　　困學録　　　　　　　2918

　　困學録集粹　　　　　2918

　　困學纂言　　　　　　3980

果

10　果疏　　　　　　　　3484

22　果山修道居誌　　　　4692

47　果報見聞録　　　　　4542

6090₆　景

21　景行館論　　　3551，4126

　　景行録　　　　　　　3936

27　景仰撮書　　　　　　3953

80　景命萬年録　　　　　1173

6091₄　羅

17　羅司勳文集　　　　　5219

21　羅經頂門鍼　　　　　3248

　　羅經消納正宗　　　　3250

22　羅山詩稿　　　　　　5141

31	羅江東外紀	1561
32	羅溪閣韻語	5683
	羅浮集	6113
	羅浮山志	2221
	羅浮山志會編	2222
	羅浮外史	2223
	羅浮野乘	2169
	羅近溪集	5363
	羅近溪先生語要	5363
38	羅滄洲詩	4807
	羅滄洲集	4807
67	羅明德公文集	5363
80	羅念菴集	5199

6104₀　旴

31	旴江羅溪先生全集、語要、孝仁訓、鄉約	5363

6106₁　晤

01	晤語	1735

6136₀　點

60	點易丹	145

6180₈　題

68	題贈稿	5016

6201₃　眺

29	眺秋樓詩	6046
	眺秋樓詩集	6046

6201₄　唾

33	唾心集	5432
77	唾居隨録	3671, 5859

6220₀　剔

98	剔弊廣增分韻五方元音	1074

6240₀　別

20	別集張子和心鏡	3074
26	別釋常談	3687
50	別本讀書蕞殘	2546
	別本干祿字書	954
	別本北平録	1222
	別本玫瑰文集	4779
	別本熊峰集	4994
	別本後樂集、附録	4787
	別本朱子年譜	1571
	別本白石詞	6774
	別本白石山房稿	5956
	別本象山文集	4783
	別本緣督集	4784

別本家禮儀節　　　　　609
別本實賓錄　　　　　4178
別本汪文定集　　　　4770
別本潛邱劄記　　　　3718
別本浚谷集　　　　　5186
別本漢舊儀　　　　　2427
別本洪武聖政記　　　1227
別本澹軒集　　　　　4912
別本海陵集　　　　　4766
別本袁海叟詩集　　　4861
別本彭惠安公文集　　4944
別本考古圖　　　　　3415
別本蘆川歸來集　　　4772
別本蓮洋集　　　　　5991
別本革朝遺忠錄　　　1620
別本茶經　　　　　　3445
別本坤輿外紀　　　　2359
別本聲律發蒙　　　　4213
別本胡莊肅集　　　　5207
別本松雪齋集　　　　4811
別本春秋大全　　　　　663
別本東里文集　　　　4879
別本東田集　　　　　4973
別本農政全書　　　　3050
別本四書名物考　　　　827
別本晏子春秋　　　　1476
別本羅念菴集　　　　5199

別本嗜退山房稿　　　6122
別本公是集　　　　　4745
別本尚書大傳、補疑　　398

6292₂　影

20　影香窗存稿　　　　6659

6301₄　嘰

00　嘰言　　　　　　　2805

6303₂　詠

27　詠物詩　　　　　　5559

6323₄　猷

37　猷次瑣談　　　　　3790

6355₀　戰

60　戰國人才言行錄　　1674
　　戰國策談概　　　　1168
　　戰國策去毒　　　　1170

6384₀　賦

35　賦清草堂詩鈔　　　6075
44　賦苑　　　　　　　6576
77　賦學剖蒙　　　　　4205

6386₀　貽

30	貽安堂集	5309
	貽安堂稿	5309
35	貽清堂集、補遺	5815
	貽清堂日鈔	4453
44	貽桂軒集	6668

6401₀　叱

77	叱馭集	6058

6401₁　曉

00	曉齋存稿	6193

6402₁　畸

80	畸人十篇	3633

6404₁　時

10	時一吟詩	5883
17	時習新知	3610
27	時物典彙	4283
50	時事漫記	3808
77	時用集	6042
	時用集正編續編	6042
80	時令彙紀	1935

6406₁　嗜

26	嗜泉詩存	5148
37	嗜退山房集	6122
	嗜退山房稿	6122
	嗜退菴語存	4084

6408₁　哄

90	哄堂詞	6770

6500₀　畊

37	畊漁軒遺書	6321

6500₆　呻

68	呻吟語	2803
	呻吟語節録	2804

6502₇　晴

22	晴川集	6008
	晴川蟹録、後録	3496

嘯

00	嘯廬稿	5972
40	嘯臺集	4902
88	嘯餘譜	6813

6508₁　睫

22	睫巢集、後集	6261

6509₀　味

44	味蔗詩集	6113
77	味閒軒遺稿	5059

6602₇　喝

77	喝月詞	6063

6621₄　瞿

00	瞿文懿制敕稿、制科集、詩	
	文集	5294
	瞿文懿公集	5294
22	瞿山詩略	5833
40	瞿塘目錄	3572
77	瞿罔卿集	5614

6624₈　嚴

00	嚴文靖公集	5287
10	嚴石谿詩	5158
32	嚴州府志	2041
72	嚴氏春秋論	686

6643₀　哭

78	哭臨紀事	5820

6666₈　嚚

66	嚚嚚子樂原	944

6682₇　賜

50	賜書樓嶢山詩集	6039
	賜書樓嶢山集、補刻、詩集	
		6039
	賜書堂詩選	6176
	賜書堂詩鈔	6176
	賜書堂嶢山集	6039
77	賜閒堂集	5378
	賜閒堂稿	5128
88	賜餘堂集	5478

6701₆　晚

00	晚唐詩鈔	6680
10	晚雲樓近稿	5740
44	晚樹樓詩稿	6005
65	晚晴樓詩稿、詩餘	6221
	晚晴樓詩草	6221
77	晚聞篇	3666
88	晚簾詩文鈔	5885
	晚簾集	5885

6702₀　明

00	明童佩集	5409

明高皇后傳　　　　　　　1224
明帝后紀略　　　　　　　1146
明文武諸司衙門官制　　2403
明文雋　　　　　　　　　6479
明文徵　　　　　　　　　6470
明文遠　　　　　　　　　6645
明文在　　　　　　　　　6653
明文奇賞　　　　　　　　6534
明文授讀　　　　　　　　6625
明文範　　　　　　　　　6388
明辯録　　　　　　　　　2860
明辨類函　　　　　　　　3845
明六朝索隱　　　　　　　1105
01　明語林　　　　　　　4475
02　明新建伯王文成公傳本
　　　　　　　　　　　　1572
04　明詩歸、補遺　　　　6503
07　明記略　　　　　　　4418
　　明詞林人物考　　　　1713
　　明詔制　　　　　　　1349
　　明詔令　　　　　　　1350
08　明謚考　　　　　　　2451
10　明三元太傳商文毅公年譜
　　　　　　　　　　　　1521
　　明三元考　　　　　　2456
　　明疏議輯略　　　　　1436
　　明聶雙江先生文集　　5119

明夏赤城先生文集　　　　4998
明夏東巖集　　　　　　　5088
明百家詩選　　　　　　　6480
明百家小説　　　　　　　4059
明貢舉考　　　　　　　　2444
11　明張文忠公全集　　　5310
　　明張伯起詩稿　　　　5386
12　明水文集　　　　　　5116
　　明水陳先生文集　　　5116
13　明職　　　　　　　　2415
14　明功臣封爵考　　　　2389
15　明珠玉　　　　　　　6344
　　明珠集　　　　　　　6784
18　明政要　　　　　　　1247
19　明璫彰癉録　　　　　1618
20　明季百一詩　　　　　6022
21　明儒講學考　　　　　2967
　　明儒王東厓先生遺集　5444
　　明儒林録　　　　　　1764
　　明經濟名臣傳　　　　1731
22　明倭寇始末　　　　　1333
23　明代名臣志鈔　　　　1724
　　明代河渠考　　　　　2107
　　明代内府經廠本書目　2542
　　明代相業軍功考　　　1725
24　明德詩集　　　　　　5363
　　明德先生文集　　　　5603

	明德先生年譜	5603		明遺事	4468
明德公文集	5363	37	明祖訓	2422
明德堂文集	5603		明祖四大法	1299
明德堂集	5603		明逸編	4476
25	明律	2528		明通紀述遺	1115
26	明皇雜録	6700		明通寶義	2493
28	明倫集(宋·塗近正撰)		38	明道先生改本大學	814
	2717		明道書院紀蹟	1843
明倫集(清·鄭文炳編)			明道録(明·殷雲霄撰)
	6667			5044
明倫初集、續集	6667		明道録(明·羅汝芳撰)
30	明宣宗詩文	4846			3574
明永樂甲申會魁禮部左侍	40	明十六種小傳	1689
郎會稽質菴章公文集	4888		明大政記	1104
明良交泰録	2736		明大政管窺	4338
明良記	4020		明大政纂要	1117
明良集	1259		明太保費文憲公詩集	4992
明良録略	3702		明太保費文憲公文集選要
明官制	2406			4992
明寶訓	1310		明南京工部志	2399
31	明江南治水記	2109		明南京都察院志	2400
32	明浙西李之藻傳	3630	44	明孝友傳	1728
明遜國君臣事鈔	1314		明世説新語	4461
33	明治新刻備考標記十八		明世説逸編	4476
史略	1133		明藝文志	2547
明祕閣元龜政要	1114	47	明朝寶訓	1310
35 | 明漕運志 | 2514 | | 明朝典彙 | 2423 |

	明朝典故輯遺	4442
50	明史雜詠	6174
	明史雜詠箋注	6174
	明史論	2636
	明史藝文志稿	2547
	明夷集	5670
	明本紀	1098
	明書(清・傳維鱗撰)	1159
	明書(明・鄧元錫撰)	1144
	明書畫史	3348
	明表忠記	1706
53	明輔世録	1669
55	明典章	2425
	明典禮志	2449
	明典故紀聞	1303
60	明四禮集説	615
	明異纂	4537
71	明歷年圖	4144
	明臣謚類鈔	2443
72	明劉儼集	4922
	明氏實録	1907
74	明陸簣齋集	5189
80	明人文斷	6751
	明人百家小説	4059
90	明小史	4134
	明小史摘鈔	1231

	明堂或問(明世宗御撰)	
		2430
	明堂或問(明・費宏編)	
		6349
	明堂問	596
	明少保費文通公文集選要	
		5087

6702₇　鳴

29	鳴秋集	4933
38	鳴道集説	3514
47	鳴鶴餘音	6794
53	鳴盛集	6159

6706₁　瞻

| 10 | 瞻雲稿 | 5972 |

6706₂　昭

23	昭代名臣志鈔	1724
	昭代叢書	4162
	昭代典則	1112
67	昭明文選越裁	6288
	昭明詩選	6507
74	昭陵六駿贊辨	2562
	昭陵編年史	1116,5500
76	昭陽扶雅集	6602
78	昭鑑録	3947

6708₂　吹

44	吹萬集	6128
82	吹劍三録	3742
	吹劍續録	3742
	吹劍草	5501
	吹劍録	3742
	吹劍録全編	3742

6710₄　墅

09	墅談	3770

6710₇　盟

77	盟鷗集	5059

6712₂　野

07	野記	4416
20	野香亭集	6003
	野航雜著	5060
44	野莊集	4851
	野獲園集	5680
	野菴文集	4937
	野菴集	4937
	野菜譜	3048
77	野服考(宋·方鳳撰)	4188
	野服考(明·張應文撰)	
		4142

80	野人清嘯	5615

6712₇　郢

10	郢堊集	5502
50	郢中集	6022

6716₄　路

50	路史	3794

6782₇　郿

40	郿臺志	2377
	郿臺志略	2377

6792₇　夥

40	夥壞封疆録	1690

6801₁　昨

11	昨非齋日纂	4057
	昨非菴日纂	4057
44	昨夢録	4393

6801₉　唫

90	唫堂博笑集	6573

6802₇　吟

26	吟牕褋録	6695
30	吟窗雜録	6695

40　吟臺詩草　　　　　6668
90　吟堂博笑集　　　　6573

6804₀　嗷

44　嗷荔集　　　　　　6113

6804₆　嘩

44　嘩藝棄存　　　　　5432
64　嘩囈集　　　　　　4830

6805₇　晦

00　晦庵先生校正周易繫辭精
　　義　　　　　　　　　3
44　晦菴文鈔　　　　　4781
　　晦菴文鈔續集　　　4781
　　晦菴先生改本大學　814
　　晦菴先生所定古文考經
　　句解　　　　　　　741
　　晦村初集　　　　　5935
51　晦軒林先生類纂古文名家
　　史綱疑辯　　　　　3698

6806₁　哈

30　哈密事蹟　　　　　1266

6832₇　黔

40　黔南軍政　　　　　5591

黔南十集　　　　　5591
黔南學政　　　　　5591
黔南尺牘　　　　　5591
黔志　　　　　　　2321
44　黔草　　　　　　　5473
50　黔中疏草　　　　　5514
91　黔類　　　　　　　4268

6886₆　贈

00　贈言小集　　　　　6313

7010₃　璧

12　璧水群英待問會元　4182
　　璧水群英待會元選要　4182

7021₄　雅

00　雅音會編　　　　　6341
08　雅説集　　　　　　4079
　　雅論　　　　　　　6749
22　雅樂發微　　　　　904
　　雅樂考　　　　　　921
28　雅似堂文集、詩集　5677
　　雅俗稽言　　　　　3711
30　雅宜集　　　　　　5154
　　雅宜山人集　　　　5154
33　雅述　　　　3533，5030
38　雅道機要　　　　　6695

80	雅義	904
90	雅尚齋詩草二集	5616
	雅尚齋二集	5616

雕

77	雕邱雜録	3862

7022₇　防

36	防邊紀事	1285

7023₆　臆

00	臆言	2886

7064₁　辟

00	辟雍講義	870
	辟雍紀事	2458
30	辟寒	4049
	辟寒再	4052
	辟寒補	4052

7071₇　龑

88	龑餘雜集	5145
	龑餘集	5145

7090₄　檠

44	檠菴集	5436

7113₆　厴

60	厴園文集、補遺、詩前集、後集、續集、七言雜詠	5738
	厴園詩前集、後集、續集、文集、補遺	5738

7121₁　阮

00	阮亭選志壑堂詩	5807
	阮亭選古詩	6598
67	阮嗣宗集	6517

歷

23	歷代帝王紀年纂要	1097
	歷代帝王纂要譜括	1131
	歷代帝系年號	2474
	歷代帝系年號考	2474
	歷代文歸	6506
	歷代二十一傳殘本	1122
	歷代貢舉志	2448
	歷代武舉考	2523
	歷代君鑒	3946
	歷代循良録	1741
	歷代山澤征稅記	2517
	歷代山陵考	2243
	歷代樂章	6606
	歷代名吏録	1787

歷代名畫記　　　　　3350
歷代名臣芳躅　　　　1699
歷代名氏爵里　　　　6461
歷代名賢事類通考　　4330
歷代守令傳　　　　　1665
歷代宰輔彙考　　　　2408
歷代河渠考　　　　　2107
歷代内侍考　　　　　1687
歷代古文國瑋集　　　6537
歷代地理直音　　　　1152
歷代地理指掌圖
　　　　　　　　1940, 2123
歷代地圖　　　　　　1152
歷代茶榷志　　　　　2515
歷代相業軍功考　　　1725
歷代相臣傳　　　　　1663
歷代史論　　　　　　2636
歷代史纂左編　　　　1868
歷代車戰敍略　　　　3024
歷代事變圖譜　　　　1152
歷代畫家姓氏　　　　3377
歷代畫家姓氏韻編　　3377
歷代忠義録　　　　　1597
歷代甲子考　　　　　2648
歷代吟譜(不提撰人)　6695
歷代吟譜(蔡傳撰)　　6692
歷代馬政志　　　　　2522

24　歷代臣鑒　　　　　　3944
47　歷代駙馬録　　　　　3949
　　歷代關市征稅記　　　2517
　　歷代輿地徵信編　　　1955
　　歷代輿圖　　　1940, 2123
　　歷代銓政要略　　　　2370
　　歷代銓選志　　　　　2407
　　歷代小史　　　　　　3988
　　歷仕録　　　　　　　1815
　　歷朝諸家評王右丞詩畫鈔
　　　　　　　　　　　　4735
　　歷朝璫鑑　　　　　　1680
　　歷朝從龍譜　　　　　1158
　　歷朝翰墨選註　　　　6458
　　歷朝賦楷　　　　　　6636
　　歷朝賦格　　　　　　6617
80　歷年二十一傳殘本　　1122
　　歷年紀略　　　　　　5747

隴

60　隴蜀餘聞　　　　　　4481
80　隴首集　　　　　　　5669

7121₂　陋

44　陋巷志　　　　　　　1465
51　陋軒詩　　　　　　　5892
77　陋學詩續　　　　　　5892

陋學集　　5892

7121₄　雁

22　雁山志（清・僧實行撰）
　　　　2230
　　雁山志（明・朱諫撰）2146
　　雁山志勝　　2170
　　雁山圖志　　2230
37　雁湖釣叟自在吟、附錄5156

7122₀　阿

00　阿育王山志　　2157
04　阿計替傳　　1194

7123₄　厭

37　厭次瑣談　　3790

7124₇　厚

00　厚齋自著年譜　　6022
01　厚語　　4032
24　厚德錄　　3510

反

27　反身續錄　　5747

7126₉　曆

34　曆法問答　　6131

88　曆算叢書　　3174

7128₆　願

00　願齋易説、易箋　　133
22　願豐堂漫書　　4428
26　願息齋文集　　5869
77　願學記　　4158
　　願學編　　2756，5067
　　願學堂文集　　5816
　　願學堂集　　5816

7129₆　原

04　原詩　　5957，6763
43　原始祕書　　4216
50　原本五行類事占徵驗　3314
　　原本直指算法統宗　3177
60　原易　　165

7131₁　驪

15　驪珠隨錄　　6396
22　驪山集　　5258

7132₇　馬

02　馬端肅三記　　1239
18　馬政志　　2521
21　馬師津梁　　3124
28　馬谿田公集　　5106

50	馬東田文集	4972
	馬東田文集、詩集	4972
	馬東田漫稿	4972
72	馬氏等音外集、内集	1051
77	馬學士文集	4912

7171₁　匡

00	匡廬紀游	2332
22	匡山集	6024
	匡山社集	5585
38	匡遊草	6238
44	匡林	3868
55	匡棘堂集	5715
78	臣鑒	3944
88	臣鑑	3944

7171₇　甌

| 20 | 甌香集 | 6677 |
| 31 | 甌江逸志 | 2296 |

7173₂　長

10	長干集	6113
12	長水日鈔	3779，4128
17	長子心鈴	3006
25	長生詮	4520
26	長白山人集	6365
	長白山録、補遺	2198

32	長溪瑣語	2281
39	長沙府嶽麓誌	2212
	長沙藥解	3066
44	長蘆鹽法志	2503
	長者言	3645
	長林四世弓冶集	6668
48	長松茹退	4589
65	長嘯軒詩集	6151
77	長留集(清·孔尚任撰)	
		6044
	長留集(清·劉廷璣撰)	
		6067
80	長谷集	5183

7178₆　頤

22	頤山私稿	5107
25	頤生微論	3110
44	頤菴心言	3683

7210₀　劉

00	劉文靖公遺事	1502
	劉文和公集	4931
	劉文安公文集	4920
	劉文安公詩集	4920
	劉文安公呆齋先生策略	
		4226
	劉文安公呆齋先生策略、年	

　　　譜　　　　　　　　　4920

　　　劉文介公集　　　　　4922

13　劉職方公年譜　　　　5574

15　劉聘君全集　　　　　5469

17　劉豫事蹟　　　　　　1855

　　　劉子威雜俎　　　　　4250

　　　劉子威集　　　　　　5331

　　　劉子節要　　　　　　2825

21　劉須溪先生記鈔　　　4800

　　　劉須溪先生記鈔、集略、附

　　　錄　　　　　　　　　4800

24　劉侍御集　　　　　　5285

25　劉練江集　　　　　　5573

　　　劉練江先生集　　　　5574

31　劉河間傷寒醫鑒

　　　　　　　　　3080，3115

　　　劉河間醫學六種　　　3115

　　　劉馮事始　　　　　　3685

40　劉太史續刻稿　　　　5805

　　　劉太史真稿　　　　　5805

　　　劉太史存稿、續刻稿　5805

　　　劉直洲集　　　　　　5543

　　　劉直洲先生文集　　　5543

　　　劉堯誨先生全集　　　5357

　　　劉古直集　　　　　　4931

48　劉槎翁文集　　　　　4850

71　劉原父公是先生集　　4745

72　劉氏鴻書　　　　　　4306

　　　劉氏類山　　　　　　4301

　　　劉兵垣奏疏　　　　　1411

88　劉攽貢父詩話　　　　6715

7210₁　丘

00　丘文莊公集　　　　　6645

38　丘海二公文集合編　　6645

7221₂　卮

40　卮壇對問　　　　　　3883

7221₇　厄

00　厄言餘錄　　　　　　3767

7222₁　所

40　所南文集　　　　　　4806

　　　所南翁一百二十圖詩集

　　　　　　　　　　　　　4806

7223₀　瓜

44　瓜蔬疏　　　　　　　3484

7223₂　脈

05　脈訣　　　　　　　　3071

07　脈望　　　　　　　　3584

16　脈理求真　　　　　　3135

| 60 | 脈因證治 | 3147 |

7223₇　隱

22	隱山鄙事	3179
52	隱拙齋文鈔	6236
	隱拙齋集	6236

7226₁　后

22	后山詩集	4762
27	后紀妃嬪傳外戚傳	2392
31	后渠庸書	2747

7240₀　刪

01	刪訂通鑑感應録	2657
33	刪補唐詩選脈箋釋會通評林	6529
	刪補晉書	1151
	刪補古今文致	6548
	刪補賾生微論	3110

7242₂　彤

| 50 | 彤史拾遺記 | 1762 |
| 88 | 彤管新編 | 6437 |

7274₀　氏

| 08 | 氏族箋釋 | 4347 |

7277₂　岳

00	岳廟集	1526
10	岳雲石集	5197
13	岳武穆王集	1526
17	岳郡圖説	2037
28	岳倫集	5197
34	岳瀆名山記	4637
76	岳陽紀勝彙編	6448

7280₁　兵

10	兵要望江南歌	2987
41	兵垣奏疏	1411
42	兵機彙纂	3016
	兵機類纂	3016
80	兵鏡	3022
	兵鏡備考	3022
	兵鏡或問	3022

7280₆　質

| 44 | 質菴文集 | 4888 |
| 60 | 質園詩集 | 6226 |

7326₀　胎

| 26 | 胎息經 | 4641 |
| | 胎息經註 | 4641 |

7331₁ 駝

21　駝經　　　　　　　3152

7332₂ 驂

22　驂鸞録　　　　　　3702

7370₀ 臥

38　臥遊録　　　　　　3927

7420₀ 肘

22　肘後神經　　　　　3311
　　肘後神經大全　　　3311

7421₄ 陸

00　陸文定公書　　　　4129
　　陸文裕公行遠集、外集5051
17　陸子學譜　　　　　2936
　　陸君啓先生易略　　101
20　陸舫詩草　　　　　5904
23　陸狀元集百家註資治通鑑
　　詳節　　　　　　　1094
　　陸稼書先生問學録　2904
27　陸象山文集　　　　4783
　　陸象山集　　　　　6544
　　陸象山先生全集　　4783
　　陸象山年譜　　　　1575

30　陸宣公奏議　　　　6544
　　陸密菴文集、録餘、詩集、詩
　　餘　　　　　　　　5840
　　陸密菴詩集、文集、贈答詩
　　　　　　　　　　　5840
40　陸右丞蹈海録　　　1512
72　陸氏集異記　　　　4491
　　陸氏虞初志　　　　4504
　　陸氏世史　　　　　1734
　　陸氏世史鈔　　　　1734
77　陸學士雜著　　　　4128
　　陸學士題跋　3349，4128
88　陸簣齋文集　　　　5189
　　陸簣齋集、外集　　5189
90　陸堂文集、詩集、續詩集
　　　　　　　　　　　6137
　　陸堂詩學　　　　　465
　　陸堂易學　　　　　241

7422₁ 碕

90　碕堂摘稿　　　　　5246

7423₂ 隨

00　隨意吟　　　　　　2965
40　隨志　　　　　　　1991
44　隨草、續編　　　　5704
　　隨村先生遺集　　　6153

	隨村遺集	6153
56	隨扣集	6677
60	隨園病餘草	6235
	隨園文鈔	6235
	隨園詩集、附録	6235
	隨園詩草	6235
72	隨隱漫録	3702

7423₈　陝

10	陝西行都司志	2007
	陝西志	1967
	陝西鎮考	2133

7520₆　陣

| 44 | 陣勢 | 3016 |

7521₈　體

| 46 | 體獨私鈔 | 2901 |

7529₆　陳

00	陳文正集	4773
	陳文正公集	4773
	陳文恭公集	4773
	陳文岡集	5266
	陳文岡先生文集	5266
	陳文岡先生集	5266
01	陳龍川文集	6544

10	陳玉几詩集	6126
	陳元凱集	5576
	陳元凱先生文集	5576
	陳元老句圖	6695
	陳兩湖集	5273
	陳石閭詩	6262
11	陳張本末略	1913
12	陳副使詩	4746
	陳副使遺稿	4746
17	陳子旅書	4161
	陳子兼文稿	5275
	陳子性藏書	3323
	陳司業文集	6170
	陳司業詩集、文集、經怨、掌録	6170
	陳司業集	6170
21	陳虞山琴溪二先生家書	5096
	陳紫峰集	5123
	陳紫峯先生周易淺説	31
22	陳山人小集	5182
	陳剩夫集	4956
	陳剩夫先生集	4956
26	陳白楊集	5426
35	陳清端文集	6070
37	陳凝齋集	6251
	陳凝齋先生遺集	6251

38　陳海樵律詩　　　5182
40　陳太史子史經濟言　4294
　　陳太史經制考略　　4294
　　陳士業先生集　　　5736
　　陳士業全集　　　　5736
41　陳梧岡集　　　　　5257
　　陳梧崗如崗全集　　5257
46　陳如岡文集　　　　5477
60　陳日華詩話　4551, 6699
67　陳明水集　　　　　5116
　　陳明卿先生訂正四書人物
　　備考　　　　　　　820
72　陳后岡詩集、文集　5204
　　陳后岡集　　　　　5204
77　陳眉公訂正許然明先生茶
　　疏　　　　　　　3449
　　陳眉公訂正麟書　　3734
　　陳眉公訂正一菴雜問録
　　　　　　　　　　3546
　　陳眉公訂正玉笑零音　3805
　　陳眉公訂正碧里雜存　4430
　　陳眉公訂正山行雜記　2327
　　陳眉公訂正備倭圖記　3000
　　陳眉公訂正疑仙傳　4642
　　陳眉公訂正物異考　3964
　　陳眉公訂正祈嗣真詮　3605
　　陳眉公訂正祐山雜説　4512

　　陳眉公訂正漁樵閒話録
　　　　　　　　　　4549
　　陳眉公訂正渾然子　3578
　　陳眉山訂正海槎餘録　2346
　　陳眉公訂正薛方山紀述
　　　　　　　　　　2783
　　陳眉公訂正黃帝祠額解
　　　　　　　　　　3801
　　陳眉公訂正茶寮記　3443
　　陳眉公訂正春雨雜述　3749
　　陳眉公訂正農説　　3049
　　陳眉公訂正卧游録　3927
　　陳眉公訂正問荅録　4548
　　陳眉公先生訂正冬官紀事
　　　　　　　　　　1824
　　陳眉公先生十集　　4146
　　陳眉公先生精選古論大觀
　　　　　　　　　　6527
　　陳眉公太平清話　　4464
　　陳眉公考槃餘事　　3911
　　陳學士吟窓雜録　　6695
88　陳竹山文集　　　　4866
　　陳竹山先生文集　　4866
97　陳恪勤集　　　　　6063
　　陳恪勤公集　　　　6063

7570₇　肆

46　肆覲集　　　　　　6017

7621₄　矐

22　矐仙神隱　　　　　4666
　　矐仙肘後神樞　　　3311
51　矐軒先生四六　　　4791
　　矐軒四六　　　　　4791
80　矐翁詩集　　　　　6298

7622₇　陽

22　陽峯集　　　　　　5083
　　陽山詩集　　　　　5925
　　陽山草堂　　　　　5925
　　陽山草堂集　　　　5925
27　陽峰家藏集　　　　5083
32　陽溪遺稿　　　　　5268
67　陽明文鈔　　　　　5022
　　陽明要書、附錄　　5020
　　陽明要書、年譜、逸事辨證
　　　　　　　　　　　5020
　　陽明先生文集、年譜　5021
　　陽明先生要書、附錄　5020
　　陽明先生浮海傳　　1515
　　陽明保甲法　　　　2483
　　陽明鄉約法　　　　2482
　　陽明全集、傳習錄、語錄
　　　　　　　　　　　5023

隅

60　隅園集　　　　　　5497

7624₀　脾

60　脾胃論　　　　　　3072

7710₀　且

00　且亭詩　　　　　　5787
　　且亭詩集　　　　　5787
　　且亭詩鈔　　5787，6634
　　且亭集　　　　　　6634
60　且園近詩　　　　　5718
　　且園近集　　　　　5718

7710₄　閩

02　閩訓新編　　　　　4098
20　閩秀方外詩　　　　6639
　　閩秀集、詩餘　　　6678
　　閩秀集初編　　　　6678
30　閩房集　　　　　　6232
88　閩範　　　　　　　3990

7712₇　邱

38　邱海文集　　　　　6645

　　　邱海二公文集合編　6645

　　　邱海集　6645

　　　邱海合集　6645

74　邱陵學山　4127

7713₆　閩

00　閩高待詔詩集　4902

07　閩部疏　2277

21　閩行日記詩　5950

38　閩遊草　5714

40　閩南唐雅　6511

　　　閩南道學源流　1639

50　閩中考　2285

　　　閩中荔枝通譜　3478

　　　閩中吟　5950

　　　閩書　2031

77　閩學源流　1639

　　　閩學志略　1785

7721₀　几

21　几上語　3508

風

30　風憲禁約　3041

41　風姬易遜　113

44　風林類選　6314

　　　風林類選小詩　6314

70　風雅遺音(宋・林正大撰)
　　　6778

　　　風雅遺音(清・史榮撰)478

　　　風雅逸篇　6370

77　風騷要式　6695

　　　風騷旨格　6695

鳳

22　鳳山鄭氏詩選　6481

32　鳳洲筆記、續集、後集　5315

34　鳳池集　6630

44　鳳林集　5174

　　　鳳林先生文集　5174

67　鳳鳴後集　4906

77　鳳凰臺記事　3702

7721₄　隆

00　隆慶永州府志　2024

24　隆德堂詩文稿　5587

34　隆池山樵詩集　5427

　　　隆池山樵集　5427

7721₆　閱

40　閱古隨筆牘　3978

50　閱史約書　1152

　　　閱史津逮　1954

55　閱耕餘録　3828

覺

00	覺齋詩編	2851
11	覺非集	4885
22	覺山史説	2609
39	覺迷蠡測、剩言、附録	4587

7722₀　月

10	月下偶談	3747
22	月川語録	2733
	月巖集	5817
31	月河所聞集	4395
37	月湖讀畫録	3382
	月湖集	5000
	月湖爭稿、遺稿、續稿、四稿、五稿、六稿	5000
	月湖賸稿	6217
	月湄詩餘	5840
44	月坡詩集	6246
60	月旦堂仙佛奇踪合刻	4520
	月旦堂仙佛奇蹤	4520
72	月隱先生遺集	5696
	月隱遺稿鈔	5696
80	月令廣義	1928
	月令通考	1927
	月令七十二候集解	536

同

00	同文備考	971
	同文鐸	1038
27	同歸集	4090
30	同安林次崖先生文集	5133
45	同姓名録	4359
50	同春堂遺稿	5285
60	同異録	2748
64	同時人贈言	4144
	同時尚論録	6550
80	同人集	6581
	同人傳	4364

周

00	周廣菴集	6013
	周廣菴全集	6013
	周文歸	6505
10	周元公集	1556
	周元公世系遺芳集	1557
	周元公年譜	1491
11	周張兩先生全書	2687
	周張全書	2687
17	周子疏解	2690
	周子年譜	1491
20	周季平先生青藜館集	5540
	周禹川集	5350

24	周先生和梅花韻七言律詩	
		6442
26	周程張朱正脈	2877
27	周叔夜集	5314
	周叔夜先生集	5314
30	周宣王石鼓文定本	1005
	周官辨	512
	周官辨非	508
	周官翼疏	514
	周官析疑	511
34	周漢中集	5203
35	周禮文物大全	504
	周禮文物大全圖	769
	周禮注疏合解	498
	周禮訂釋古本	505
	周禮訓雋	488
	周禮説	492
	周禮説略	503
	周禮三註粹鈔	519
	周禮發明	490
	周禮集註	484
	周禮集傳	513
	周禮集解	506
	周禮冬官補亡	483
	周禮約編	598
	周禮注	483
	周禮完解	494

	周禮定本	485
	周禮補亡	483
	周禮述註	491
	周禮沿革傳	521
	周禮古本訂註	495
	周禮井田譜	520
	周禮輯義	517
	周禮拾義	518
	周禮因論	489，4126
	周禮質疑	516
	周禮問	509
	周禮全書	483
	周禮會要	515
	周禮節訓	510
	周禮惜陰録	507
38	周海門先生文録	5507
41	周顛仙傳	4665
44	周恭肅集	5036
	周恭肅公集	5036
50	周中丞疏稿	1399
	周忠介公遺事	1570
60	周易麈談	179
	周易旁注圖説	13
	周易旁注前圖(明·朱升撰)	13
	周易旁注前圖(明·姚文蔚撰)	80

周易旁注、前圖、卦傳	13	周易翼簡捷解	135
周易旁注會通	80	周易集註、圖説	301
周易應氏集解	199	周易集解增釋	292
周易廣義(清・潘元懋撰) 196		周易上下經解	8
周易廣義(清・鄭敷教撰) 131		周易後天歸圖	306
		周易懸象	314
周易辨	204	周易懸鏡	3276
周易辨正	153	周易剩義(清・童能靈撰) 263	
周易辨疑	175		
周易六十四卦辨疑	175	周易剩義(清・黃燦撰)	312
周易訂疑、序例	11	周易參同契註	4625
周易讀翼揆方	286	周易參同契註解	4622
周易讀本	300	周易私録	45
周易説翼	22	周易贊義	27
周易説統	146	周易緯史	261
周易説略	177	周易生生真傳	158
周易詳説	251	周易傳義約説	19
周易議卦	24	周易傳義補疑	48
周易正解(清・程廷祚撰) 245		周易象訓	310
		周易象通	66
周易正解(明・郝敬撰)	77	周易象義(明・唐鶴徵撰) 58	
周易五贊	196		
周易疏略	184	周易象義(明・章潢撰)	95
周易元始	252	周易象義合參	227
周易可説	91	周易像鈔	74
周易不我解	35	周易解	262
		周易彙解衷翼	270

周易解翼 258

周易句讀讀本 300

周易句解 99

周易滴露集 183

周易定本 194

周易宗義 94

周易宗義删 94

周易淺解 214

周易述蘊 210

周易清解 209

周易澹窩因指集注 92

周易通 203

周易通義 228

周易冥冥篇 71

周易大衍蓍 274

周易存義録 192

周易爻物當名 124

周易古文鈔 93

周易古經 34

周易古本 114

周易古本辨 114

周易古本記疑 114

周易古本全書彙編 81

周易古今文全書 52

周易去疑 147

周易對卦數變合參 156

周易析義 289

周易析疑 289

周易卦變圖傳 42

周易蘊義圖考 211

周易觀玩篇 299

周易觀象疑問 318

周易觀瀾 298

周易獨坐談 126

周易郁溪記 187

周易起元 188

周易中説 43

周易摘鈔 255

周易本義述蘊 210

周易本義拾遺 233

周易本義晰 229

周易本義原本 11

周易揆 109

周易撥易堂解 254

周易蛾術 267

周易感義 170

周易井觀 296

周易輯説存正 266

周易輯説明解 5

周易輯要 285

周易繫辭精義 3

周易易簡編 104

周易四尚 267

周易圖説 196

周易曉義　　　　　293

周易時論　　　　　110

周易時論合編　　　110

周易時論合編圖象幾表110

周易時義注　　　　150

周易明善録　　　　172

周易原始　　　　　252

周易闡理　　　　　223

周易舉隅　　　　　12

周易義參　　　　　205

周易義叢　　　　　36

周易會緝　　　　　249

周易會通　　　　　96

周易頌　　　　　　84

周易鐵笛子　　　　89

周易録疑　　　　　242

周易纂　　　　　　121

周易纂註　　　　　180

周易纂解正宗　　　178

周易小疏　　　　　277

周易尚占　　　　　3263

周易粹義　　　　　273

周易惜陰詩集　　　193

周易惜陰録　　　　191

72　周氏遺芳集　　　1557

周氏冥通記　　　　4629

用

00　用六集　　　　　5705

52　用拙集　　　　　5422

陶

04　陶詩彙註　　　　4716

陶詩析義　　　4714, 5649

陶詩箋　　　　　4715

05　陶靖節集(宋・湯漢等箋
注)　　　　　4168

陶靖節集(明・汪士賢編)
6517

陶靖節集、總論　　6508

10　陶元亮詩　　　　4714

陶元亮詩集　　　4714

陶元亮詩集析義　4714

21　陶仁節稿　　　　5693

40　陶韋合集　　　　6508

44　陶莊敏集　　　　5017

陶庵雜記　　　　6578

胸

22　胸山集　　　　　6063

7722₂　膠

44　膠萊新河議　　　2077

7722₇　閒

10	閒雲館集	5465
	閒雲館集鈔	5465
	閒雲館別編	5465
30	閒適劇談	3563
	閒窗括異志	4499
38	閒道錄	2831
	閒道堂集	5866
43	閒博錄	3939
44	閒者軒帖考	2560
77	閒居集	5211
	閒居草	5855

邪

80	邪氣集	1315

7724₁　屏

22	屏山李先生鳴道集	3514
77	屏居集	5369

7724₇　服

22	服制圖考	533

殿

10	殿西集	6113

履

10	履霜集	5222
44	履菴集	5293
46	履坦幽懷集	4957

屛

30	屛守齋集	6203
	屛守齋遺稿	6203

7725₁　屛

56	屛提齋稿	5493

7725₃　犀

22	犀崖文集	5716
	犀崖文後集	5716
71	犀厓文集	5716

7726₁　膽

88	膽餘軒集	5843

7726₄　居

30	居家必用	3903
	居家必用事類全集	3903
32	居業齋文集、別集	6009
	居業齋詩鈔、文稿、別集	
		6009

　　居業齋全集　　6009
　　居業録類編　　2738
40　居士集　　4747
　　居來山房集　　5335
　　居來先生集　　5335
50　居東集　　5553
　　居東吟　　5881
77　居學餘情　　4567
90　居常飲饌録　　3465

屠

00　屠康僖公文集　　4965
24　屠緯真集　　5578
32　屠漸山蘭暉堂集　　5371
71　屠長卿集　　5579

7726₇　眉

10　眉三子半農齋集　　5839
80　眉公群碎録　　4046
　　眉公十集　　4146
　　眉公書畫史　　3366
　　眉公見聞録　　4464

7727₂　屈

17　屈子章句　　4711
77　屈騷心印　　4709

7728₂　欣

23　欣然堂集　　5893
90　欣賞編　　3966
　　欣賞續編　　3966

7733₁　熙

47　熙朝聖德詩　　5942
　　熙朝樂事　　3702
　　熙朝名臣實録　　1685

7733₆　騷

44　騷苑　　4237
67　騷略　　4788

7734₀　馭

22　馭倭録　　1306

7736₄　駱

10　駱兩溪集　　5254
23　駱台晉文集　　5563
24　駱先生文集　　5563

7740₀　又

90　又尚集　　1769

閔

17	閔子世譜	1456
44	閔莊懿集	4952
	閔莊懿公詩集、文集	4952
80	閔午塘詩集	5232
	閔午塘集	5232
	閔午塘先生詩集	5232
	閔午塘先生集	5232

7740₁　聞

60	聞見集	4477
	聞見録	4528
	聞見類纂小史	3958
71	聞雁齋筆談	3796
80	聞鐘集	4091

7740₇　學

00	學庸切己録	850
	學文堂文集	5946
	學文堂文集、詩集、詩餘	
		5946
	學文堂集	5946
	學文堂全集	5946
	學言	2863
	學言、續	5735
04	學詩樓集	6113
	學詩闕疑	471
07	學記	618
	學部通辨	2787
11	學彊恕齋考訂步天歌	3155
12	學孔精言舍彙稿	5359
	學孔精舍詩鈔、補輯雜文、附録	
		5359
20	學舫	2937
	學統	1773
	學統存	4111
21	學術辨	2903
23	學稼餘譚	6766
24	學仕要箴	4097
	學科考略	2450
27	學的	2737
	學約續編	2858
30	學宮備考	2470
	學宮輯略	1788
	學案	2870
31	學源堂文集	5829
	學源堂詩鈔	5829, 6634
	學源堂集	6634
35	學禮闕疑	572
38	學海類篇	4156
	學道記言	3569
40	學士林文恪公詩集	5317
	學古瑣言	3577

	學古適用編	4013
	學古適用篇	4013
	學古堂詩集	6027
	學校問	595
44	學者秋隨筆	688
	學林就正	3707
50	學夫詩	5652
55	學典	2459
56	學規	4158
	學規類編	2914
60	學易象數舉隅	18
	學易述談	85
	學易大象要參	256
	學易居筆錄	3748
	學易舉隅	62
	學易闡微	247
	學易堂筆記	4144
	學易堂筆記、二筆、三筆、四筆、五筆	4144
	學圃雜疏	3484
	學圃藼蘇	3971
	學園集經學	779
	學園集經學、詩文、續編	5771
	學園集、續編	5771
72	學脈正編	2850
77	學問要編	3516

| 88 | 學範 | 3954 |
| | 學箕初稿 | 6045 |

7744₀　丹

10	丹霞洞天志	2267
22	丹巖集	5056
	丹巖先生集	5056
32	丹溪心法	3104
	丹溪心法附餘	3104
44	丹麓雜著十種	4163
50	丹青志	3355
76	丹陽舟次唱和	5820

7744₁　開

01	開顏集	4550
	開顏錄	4550
31	開江書	2105
	開河記	4389
44	開封府志	2011
	開荒十二政	2507

7744₇　段

| 44 | 段黃甫詩稿 | 5623 |
| | 段黃甫集 | 5623 |

7748₂　闕

| 60 | 闕里廣志 | 1470 |

闕里誌　　　　　　　1448
闕里書　　　　　　　1461

7760₁　醫

00　醫方大成　　　　　3079
　　醫方大成論　　　　3079
　　醫方大成論和語鈔　3079
　　醫方選要　　　　　3083
35　醫津一筏　　　　　3142
　　醫津筏　　　　　　3142
37　醫選要　　　　　　3083
50　醫史　　　　　　　3090
60　醫壘元戎　　　　　3072
　　醫品補遺　　　　　3113
77　醫學六要　　　　　3109
　　醫學正傳　　　　　3092
　　醫學發明　　　　　3072
　　醫學彙纂指南　　　3131
　　醫學求真錄總論　　3135
　　醫學指南　　　　　3131
　　醫學管見　　　　　3086
　　醫開　　　　　　　3089
　　醫貫砭　　　　　　3138

闇

23　闇然堂類纂　　　　4450
27　闇修齋稿　　　　　5754

閣

26　閣皁山志　　　　　2189

7760₂　留

32　留溪外傳　　　　　1763
40　留臺雜記　　　　　2383
　　留臺疏稿　　　　　5511
　　留臺奏議　　　　　1439
41　留垣疏草　　　　　1408
　　留垣疏草、環碧齋詩、尺牘、
　　小言　　　　　　　5218
　　留垣奏議　　　　　1407
47　留都疏稿
　　　　　1383，1384，5368
　　留都武學志　　　　2402
50　留夷館集　　　　　5568
　　留青日札　　　　　3804
　　留青日札摘鈔　　　3804
　　留書(明·章世純撰)　2839
　　留書(清·黃宗羲撰)　5742
　　留書別集　　　　　2839
77　留留青　　　　　　3806
88　留餘堂集　　　　　5348

7760₄　昏

35　昏禮辨正　　　　　592

昏禮通考　　　　　　621

7760₆　　闆

77　闆邱詩集　　　　6113
　　闆邱集　　　　　6113

7760₇　　問

00　問辨牘　　　　　3594
　　問辨續録　　　　5041
　　問辯録　　　　　5288
10　問天旋嘯　　　　5820
12　問水集　　　　　2072
　　問刑條例　　　　2528
22　問山文集　　　　6050
　　問山詩集、文集　6050
　　問山集　　　　　6050
26　問絹集　　　　　6058
27　問疑録　　　　　5041
40　問奇集　　　978，5465
55　問棘郵草　　　　5579
60　問目　　　　　　4158
77　問學録　　　　　2904
80　問羲軒文鈔　　　6244
　　問羲軒詩鈔、賸草　6244
　　問羲軒剩草　　　6244

7771₆　　闟

90　闟黨逆案　　　　1317

7771₇　　巳

00　巳瘧編　　　　　3702

黽

07　黽記　　　　　　2814

7772₀　　卯

37　卯洞集　　　　　5431

印

10　印正稿　　　　　2832
40　印存元(玄)覽　　3400
　　印存初集　　　　3400
44　印藪　　　　　　3398
50　印史　　　　　　3399

7772₇　　鷗

31　鷗汀詩集　　　　5099
　　鷗汀詩全集　　　5099
　　鷗汀漁嘯集　　　5099
　　鷗汀別集　　　　5099
　　鷗汀長古集、前集、別集、續
　　集、漁嘯集、頓詩　5099

72　鷗馴集　　　　　　　6128

7773₂　艮

00　艮齋文選　　　　　　5988
　　艮齋筆記、雜傳　　　5989
22　艮嶽記　　　　　　　1937

閩

30　閩瀛漫語　　　　　　5511

7777₂　關

00　關帝紀定本　　　　　1552
37　關洛記游稿　　　　　5377
50　關中集　　　　　　　5547
　　關中叢書　　　　　　6627
　　關中陵墓志　　　　　2246
72　關氏易傳　　　　　　　　1
77　關學編　　　　　　　1783

7777₇　門

80　門人記述　　　　　　3831
　　門人所記　　　　　　4158
91　門類　　　　　　　　6695

7778₂　歐

76　歐陽文忠公集　　　　4747
　　歐陽文忠公居士集　　4747

歐陽論範　　　　　　　4831
歐陽遺粹　　　　　　　4748
歐陽南野集　　　　　　5161
歐陽南野先生文集
　　　　　　　5161, 5162
歐陽南野先生文選　　　5162
歐陽恭簡集　　　　　　5074
歐陽恭簡公文集　　　　5074
歐陽恭簡公集　　　　　5074
歐陽精論　　　　　　　4831
88　歐餘漫録　　　　　3831

7780₁　具

44　具茨晁先生詩集　　4769
　　具茨先生晁沖之叔用詩集
　　注抄　　　　　　　4769
71　具區志　　　　　　2102

巽

00　巽齋先生四六　　　4795
　　巽齋四六　　　　　4795
22　巽川集　　　　　　4949
　　巽川祁先生文集　　4949
　　巽峯集、附録　　　5085

與

00　與玄草　　　　　　5639

48　與梅堂遺集　　　　6145

興

22　興樂要論　　　　　　920
28　興復哈密國王記　　1239
46　興觀集　　　　　6329
80　興善寺歷代名賢留題集
　　　　　　　　　6662

輿

03　輿識隨筆　　　　4289
44　輿地名勝志　　　1948
60　輿圖記敍　　　　1942

7780₆　賢

03　賢識錄　　　　　4432

貫

15　貫珠集　　　　　1043
　　貫珠編貝集　　　4907

釁

37　釁祀紀蹟　　　　1782
50　釁中草　　　　　5698

7780₇　尺

10　尺五堂詩刪　　　5938

尺五堂詩刪初刻、近刻5938
24　尺牘新語　　　　6611
　　尺牘雋言　　　　6491
　　尺牘清裁、補遺　6415
　　尺牘嚶鳴　　　　6647
　　尺牘筌蹄　　　　6315
40　尺木堂學易誌　　　132

7780₉　爨

10　爨下語　　　　　3641

7790₄　桑

12　桑弢甫文集、詩集、續集
　　　　　　　　　6186
　　桑弢甫集　　　　6186
17　桑子庸言　　　　3526
48　桑榆集　　　　　5735
72　桑氏思玄集　　　4958

閑

30　閑家編　　　　　4109
　　閑家類纂　　　　4115
　　閑窗括異志　　　4499
38　閑道錄（熊賜履撰）2893
　　閑道錄（沈壽民撰）2831
77　閑關錄　　　　　2754

7810₇　鹽

18	鹽政志	2485
34	鹽法考	2512
	鹽法考略	2480
48	鹽梅志	1681
60	鹽邑志林	4141

7810₉　鑒

99	鑒勞録	1826

7821₆　覽

40	覽古評語	3787

7823₁　陰

02	陰證略例	3072
76	陰陽管見	4124
88	陰符經註（唐淳撰）	4595
	陰符經註（侯善淵撰）	4599
	陰符經註（宋·俞琰撰）	
		4597，4651
	陰符經註（清·李光地撰）	
		4602
	陰符經註（金·劉處玄撰）	
		4598
	陰符經三皇玉訣	4594
	陰符經集解	4596

	陰符經解	4600
	陰符經質劑	4601

7831₂　馳

21	馳經	3152

7834₁　駢

01	駢語雕龍	4238
	駢語類鑑	4384
30	駢字憑霄	4293

7870₀　臥

27	臥象山房詩集	5988
	臥象山房詩正集	5989
	臥象山房集、附録	5988
	臥象山房賦集	5989
	臥象山房賦集、文集、附三	
	生傳、自爲墓志銘、賜履紀	
	恩二律、東武吟	5988
38	臥遊録	3927

7876₆　臨

00	臨雍録	2434
02	臨證指南	3139
	臨證指南醫案	3139
22	臨川文獻	6593
	臨川吳文正公年譜	1505

臨川湯若士先生玉茗堂尺
牘、絕句選　　　　　5579

臨川湯顯祖紅泉逸草　5579

67　臨野堂文集　　　　　5961

臨野堂文集、詩集、詩餘、尺
牘　　　　　　　　　5961

臨野堂集　　　　　　5961

7922₇　勝

47　勝朝彤史拾遺記　　1762

87　勝飲編　　　　　　4085

7923₂　滕

10　滕王閣集（明・李嗣京編）
　　　　　　　　　　　6542

滕王閣集（明・董遵編）
　　　　　　　　　　　6380

滕王閣續集（清・蔡士英
編）　　　　　　　　6595

滕王閣續集（明・李嗣京
編）　　　　　　　　6542

滕王閣續集（明・董遵編）
　　　　　　　　　　　6380

滕王閣徵彙詩文　　　6595

滕王閣全集　　　　　6595

8000₀　八

00　八音考略　　　　　　840

八音摘要　　　　　　914

04　八詩六帖　　　　　4195

21　八經類集　　　　　4287

23　八代文宗評註　　　6471

八代文鈔　　　　　6509

八代四六全書　　　6463

24　八紘譯史、紀餘　　2362

八紘荒史　　　　　2363

26　八線測表　　　　　3176

八線測表圖說　　　3176

40　八十一難經　　　　3060

43　八卦餘生　　　　　　14

71　八厓詩文集、緒論　5097

八厓集　　　　　　5097

72　八劉唐人詩集　　　6643

75　八陣合變圖說　　　2995

77　八閩政議　　　　　2497

八閩通誌　　　　　1966

80　八分書辨　　　　　1016

八矢注字圖說　　　1069

人

00　人文爵里　　　　　3429

08　人譜　　　　　　　4161

12　人瑞翁集　　　　5113，5241
　　人瑞録　　　　　　　　1778
23　人代紀要　　　　　　　1102
　　人代紀要考證　　　　　1102
27　人象賦　　　　　　　　3292
　　人物論　　　　　　　　2623
　　人物概　　　　　　　　826
28　人倫外史　　　　　　　2753
38　人道譜　　　　　　　　4100
44　人模樣　　　　　　　　2837

入

37　入洛志勝　　　　　　　6117
46　入覲聯句録　　　　　　4970
60　入蜀集　　　　　　　　5798

8010₄　全

00　全唐詩話　　　　　　　6696
　　全唐詩話、詩評、文評　6722
　　全唐詩説、詩評　　　　6722
06　全韻六言詠史詩　　　　6245
26　全吳水略　　　　　　　2081
27　全修海塘録　　　　　　2094
32　全州志　　　　　　　　2003
　　全浙兵制　　　　　　　3001
50　全史論贊　　　　　　　1877
60　全易十有八變成卦定議155

74　全陝政要略　　　　　　1995

8010₇　益

00　益齋存稿　　　　　　　5641
32　益州名畫録　　　　　　3350
86　益智編　　　　　　　　4026
　　益智録　　　　　　　　1747

8010₉　金

00　金齋集　　　　　　　　5264
　　金文靖公北征録　　　　1229
　　金文靖公前北征録、後北征
　　録　　　　　　　　　　1229
　　金文通集　　　　　　　5703
　　金文通公集、詩集、外集
　　　　　　　　　　　　　5703
10　金玉新書　　　　　　　2526
　　金石文　　　　　　　　6391
　　金石備考　　　　　　　2556
　　金石續録　　　　　　　2567
　　金石遺文　　　　　　　971
　　金石遺文録　　　　　　2565
　　金石古文　　　　　　　6368
　　金石表　　　　　　　　2559
　　金石圖　　　　　　　　2570
　　金栗齋先生文集　　　　5435
20　金焦集　　　　　　　　6113

22	金山雜志	2145		金國南遷總略	1212
36	金湯借箸	3020		金囷集	4820
	金湯借箸十二籌	3020		金囷吟	4820
	金湯十二籌	3020		金圖經	1198
40	金大臣年表	1166		金罍子	3567
	金臺稿翰集	5187	71	金匱懸解	3065
	金臺紀聞	4423	72	金氏精華録箋註辯訛	5846
	金臺紀聞摘抄	4424	74	金陵稿(吳兆撰)	5668
	金臺答問録	5042		金陵稿(殷雲霄撰)	5044
	金壺記	3338		金陵稿成均集	5187
44	金蘭集、續集	6321		金陵古金石考	2553
	金蘭集、補録	6321		金陵古金石考目	2553
	金蘭集、附録	6321		金陵古今圖考	1989
	金華府志	1964		金陵梵刹志	2247
	金華文統	6359		金陵世紀	1990
	金華文略	6610		金陵覽勝詩	5198
	金華雜識	4457		金陵臥遊六十咏	5566
	金華詩粹	6543		金陵答問	5041
	金華詩粹姓氏傳略	6543	77	金丹詩訣	4630
	金華正學編	6358		金丹正理大全玄學正宗	
	金華先民傳	1637			4651
	金華徵獻略	1750		金丹正理大全諸真玄奧集	
	金華遊録	1564		成	4674
	金華遊録注	1564		金丹正理大全群仙珠玉集	
	金華賢達傳	1593		成	4675
55	金井志	2231		金丹正理大全金丹大要	
60	金國文具録	1210			4659

　　金丹大要　　　4659
　　金閭齋集　　　6146
　　金閭齋先生集　6146
　　金興山房稿　　5319
80　金人南遷録　　1212
　　金介全集　　　6021
　　金谷遺音　　　6772
83　金鍼詩格　　　6695
86　金鑾祕論　　　3121
88　金管集　　　　6184

8011₄　鐘

22　鐘鼎字原　　　1013
　　鐘鼎逸事　　　1508
23　鐘台詩文集　　5467
　　鐘台集　　　　5467
40　鐘臺集　　　　5467

8011₆　鏡

77　鏡閣新聲集　　5704

8012₇　翦

29　翦綃集　　　　4798
47　翦桐載筆　　　4456
79　翦勝野聞　　　4422

鐫

27　鐫彙附百名公帷中繁論書
　　經講義會編　　　340
33　鐫補雷公砲製藥性解　3111

鐫

40　鐫李及泉參于鱗箋釋唐詩
　　選　　　　　　6414
　　鐫袁中郎未刻遺稿　5552
44　鐫地理參補評林圖訣全備
　　平沙玉尺經　　3244

8020₇　今

00　今文溯洄集　　6590
　　今文選　　　　6453
　　今文周易演義　　47
　　今文尚書説　　　380
　　今言　　　　　1267
12　今水經　　　　2108
23　今獻彙言　　　4136
40　今有堂詩集　　6114
　　今古輿地圖　　1951
　　今古鈎元(玄)　4063
44　今世説　　　　4479
60　今易詮　　　　　64

8021₁　乍

33　乍浦九山補志　　　2191

8022₀　介

10　介石堂水鑑　　　2116
40　介塘文略　　　5137
44　介菴奏稿　　　1359
51　介軒遺筆　　　3872

8022₁　前

22　前川奏疏　　　1374
30　前定録　　　4519
32　前溪集　　　6147
77　前聞記　　　4417

俞

10　俞二子集、續集　　　6408
25　俞仲蔚文稿　　　5400
　　俞仲蔚集　　　5400

8022₇　分

30　分宜清玩譜　　　3420
　　分宜清玩籍　　　3420
44　分藜集　　　6114
91　分類誠齋文膾後集　　　4777
　　分類尺牘新語　　　6611

分類尺牘新語廣編、補編
　　　　　　　　6611
分類尺牘新語二編　　　6611
分類通鑑　　　1865
分類標註朱子經濟文衡
　　　　　　　　2713

剪

47　剪桐載筆　　　4456
79　剪勝野聞　　　4422

弟

21　弟經　　　2845

8023₇　兼

22　兼山堂集　　　5976
30　兼濟堂奏疏　　　1417

8025₁　舞

40　舞志　　　919

8025₃　羲

21　羲經　　　65
　　羲經十一翼　　　65
　　羲經易簡録　　　116
50　羲畫憤參　　　174

8030₇　令

50　令史高山集　　　　　1711

8033₁　無

25　無生訣　　　　　　　4520
37　無冤録　　　　　　　3032
　　無冤録輯注　　　　　3032
42　無垢張狀元心傳録　　3504
　　無垢先生橫浦心傳録　3504
44　無甚高論　　　　　　3596
47　無聲詩史　　　　　　3372
50　無事編　　　　　　　4075
77　無悶堂集　　　　　　5997
　　無聞堂稿　　　　　　5306
87　無欲齋詩草　　　　　5602
　　無欲齋詩鈔　　　　　5602
98　無悔齋詩集　　　　　6197
　　無悔齋集　　　　　　6197

8033₂　念

00　念齋文集　　　　　　5001
　　念齋集　　　　　　　5001
10　念西堂詩集　　　　　6269
37　念初堂集　　　　　　2388
　　念初堂稿、續集　　　5312
　　念初堂遺稿　　　　　5312

44　念菴文集　　　　　　5199
　　念菴集　　　　　　　5199
　　念菴羅先生文要　　　5199
　　念菴羅先生文録　　　5199
　　念菴羅先生集　　　　5199
60　念園存稿　　　　　　5735
63　念貽贐紀　　　　　　1848

8034₆　尊

16　尊聖集　　　　　　　1454
27　尊鄉録節要　　　　　1602
38　尊道集　　　　　　　2928
52　尊拙堂文集　　　　　5535

8040₀　午

00　午亭集　　　　　　　5862
40　午塘集　　　　　　　5232
44　午坡文集　　　　　　5192
　　午夢堂詩鈔　　　　　5957

8040₄　姜

21　姜貞毅先生自著年譜　5672
　　姜貞毅先生敬亭集、補遺、
　　附録　　　　　　　　5672
24　姜先生全集　　　　　6077
50　姜奉常文集　　　　　5542
　　姜奉常集　　　　　　5542

72　姜氏祕史　　　　　1258

77　姜鳳阿文集　　　　5356

　　姜同節集　　　　　5542

8042₇　禽

26　禽總法　　　　　　3305

32　禽遁　　　　　　　3322

　　禽遁七元成局書　　3322

50　禽蟲述　　　　　　3498

8043₀　美

44　美芹十論　　　　　2991

8044₆　弇

32　弇州山人題跋　　　3352

　　弇州史料　　　　　1714

　　弇洲稿選　　　　　5316

　　弇洲山人四部稿選　5316

8050₀　年

61　年號韻編　　　　　2455

8055₃　義

00　義方録　　　　　　4891

27　義烏人物志　　　　1645

77　義門鄭氏奕葉集　　6657

　　義門鄭氏奕葉吟集　6656

　　義門鄭氏家儀　　　606

　　義門鄭氏道山集　　4903

8060₁　合

01　合評選詩　　　　　6507

02　合刻五家言　　　　4139

　　合刻武康四先生集　5254

　　合刻周張兩先生全書　2687

04　合諸名家評註三蘇文定

　　　　　　　　　　　6372

　　合諸名家評注三蘇文選

　　　　　　　　　　　6372

80　合并字學集篇集韻　987

普

73　普陀山志(清・朱謹、陳璿

　　撰)　　　　　　　2216

　　普陀山志(明・周應賓撰)

　　　　　　　　　　　2161

77　普門醫品　　　　　3113

8060₂　含

00　含玄齋遺編　　　　4263

　　含玄齋別編　　　　4263

　　含玄子　　　　　　4680

10　含元齋別編　　　　4263

　　含元子　　　　　　4680

50　含中集　　　　　　6261
　　含中睫巢兩集校録　6261
　　含素子塵譚　　　　4684

8060₅　善

02　善誘文　　　　　　3506
21　善行續録　　　　　1644
　　善行録、續録　　　1644
28　善俗稗議　　4128，4129
90　善卷堂四六　　　　6043

8060₆　曾

00　曾襄愍公復套議　　1371
10　曾西墅先生集　　　4886
17　曾子孝實(明・朱鴻輯)
　　　　　　　　　　　2823
　　曾子孝實(明・潘府撰)742
　　曾子問講録　　　　 566
　　曾子全書　　　　　2675
22　曾樂軒集　　　　　4744
48　曾松瀝先生集　　　4900

會

01　會語續録　　　　　3575
　　會語支言　　　　　2898
27　會侯文鈔　　　　　5861
　　會侯先生文鈔　　　5861

30　會定運磚運灰等項做工則
　　例　　　　　　　　2528
33　會心録　　　　　　4106
55　會典鈔略　　　　　2426

8060₈　谷

10　谷平文集　　　　　5114
　　谷平先生文集　　　5114
12　谷水詩集、文集　　5903
　　谷水集　　　　5903(撰)
60　谷口山房詩集　　　5881

8071₆　餷

90　餷堂考古　　　　　2452

8073₂　公

17　公子書　　　　　　3950
27　公侯簿　　　　　　2387
47　公穀彙義　　　　　 703
50　公肅集　　　　　　5036
53　公輔集　　　　　　4876
60　公是文集　　　　　4745
　　公是集　　　　　　4745
　　公是先生文集　　　4745
　　公是先生集録　　　4745
88　公餘筆記　　　　　3679

食

27	食色紳言	3959
	食色觀	4094

養

00	養痾集	5504
	養痾漫筆	4396
25	養生雜類	3930
	養生雜纂	3930
	養生膚語	4682
	養生弗佛二論	3652
	養生月覽	3930
	養生類要	3101
	養生類纂	3930
	養生之塾文集	6161
86	養知錄	4114
88	養餘月令	1930

8080₆　貧

40	貧士傳	1661

8090₁　佘

22	佘山詩話	6740
	佘山人詩集	5153
	佘山人集	5153

8090₄　余

24	余德甫集	5338

8091₇　氣

27	氣候集解	1926

8141₇　矩

00	矩齋雜記	4533
	矩文	6459
32	矩洲詩集	5013
	矩洲集	5013

瓶

44	瓶花齋雜録	3821
	瓶花齋集	5552
	瓶花譜	3477
50	瓶史	5552

8141₈　短

71	短長	1167

8178₆　頌

17	頌帚二集	5591
	頌帚三集	5591
	頌帚居士戒草	5591

8211₄　鍾

01　鍾評左傳　　　　　　　　673
12　鍾水堂詩　　　　　　　6156
　　鍾水堂集　　　　　　　6156
22　鍾山語録　　　　　　　6700
23　鍾台先生文集　　　　　5467
25　鍾律陳數　　　　　　　933
26　鍾伯敬評註唐詩選、附録
　　　　　　　　　　　　6414
　　鍾伯敬批點世説新語補
　　　　　　　　　　　　4445
88　鍾筠溪家藏集　　　　　5078

8242₇　矯

00　矯亭存稿、續稿　　　　5065

8275₃　饑

77　饑民圖説　　　　　　　1818

8280₀　劍

24　劍俠傳　　　　　　　　4492
44　劍草　　　　　　　　　3011
76　劍陽名儒録　　　　　　1629

8315₀　鐵

00　鐵立文起　　　　　　　6765

10　鐵函心史　　　　　　　4806
27　鐵綱珊瑚　　　　　　　3905
33　鐵冶志　　　　　　　　2481
90　鐵堂詩草　　　　　　　5826

鍼

27　鍼灸聚英　　　　　　　3118
　　鍼灸聚英發揮　　　　　3118
　　鍼灸大成　　　　　　　3108
　　鍼灸大全　　　　　　　3108
　　鍼灸節要　　　　3118, 3119

8315₃　錢

17　錢子測語　　　　　　　3539
30　錢永州集　　　　　　　5276
34　錢法纂要　　　　　　　2480
38　錢海石先生詩集　　　　5235
　　錢遵王讀書敏求記校證
　　　　　　　　　　　　2543
　　錢遵王述古堂藏書目録
　　　　　　　　　　　　2544
40　錢太史崔灘稿、附録、紀事、
　　遺事　　　　　　　　　5006
47　錢鶴灘稿　　　　　　　5006
50　錢東畬集　　　　　　　5075
78　錢臨江先生集　　　　　5075
87　錢録　　　　　　　　　2520

8377₇　館

06　館課集　　　　　　　　6606
77　館閣漫録　　　　　　　2390

8412₇　鉏

21　鉏經續草　　　　　　　6173
　　鉏經餘草　　　　　　　6173

8418₁　鎮

10　鎮平世系記　　　　　　1675
31　鎮沅紀略　　　　　　　5514
　　鎮沅懷德録　　　　　　5514

8471₁　饒

20　饒雙峯年譜　　　　　　1500
32　饒州府志　　　　　　　2036
40　饒南九三府總圖説　　　2016

8471₇　鎓

90　鎓堂考故　　　　　　　2452

8490₀　斜

22　斜川詩集　　　　　　　4764
　　斜川集　　　　　　　　4764
　　斜川集、訂誤、附録　　4764
　　斜川集校注　　　　　　4764

8511₇　鈍

00　鈍齋文鈔　　　　　　　6054
47　鈍根雜著　　　　　　　3898
68　鈍吟集詩箋註　　　　　5801
　　鈍吟集、別集、餘集　　5801
　　鈍吟老人遺稿　　　　　5801
　　鈍吟全集　　　　　　　5801
80　鈍翁續稿　　　　　　　5853
　　鈍翁全集　　　　　　　5853
　　鈍翁前後類稿　　　　　5853

8513₀　鉢

22　鉢山堂詩集　　　　　　6031

8612₇　錫

22　錫山宦賢考略　　　　　1766
　　錫山景物略　　　　　　2187

錦

25　錦繡論　　　　　　　　4776
44　錦芳太史醫案求真初編
　　　　　　　　　　　　　3135
　　錦帶　　　　　　　　　4169
　　錦帶補註　　　　　　　4170
　　錦帶書　　　　　　　　4169
47　錦帆集　　　　　　　　5552

83　錦錢餘笑　　　　　4806

8640₀　知

02　知新後語　　　　　5041
　　知新録　　　　　　3727
11　知非録　　　　　　2943
　　知非録　　　　　　4012
23　知稼翁詞　　　　　6768
26　知白堂稿　　　　　5214
80　知命録　　　　　　4426

8660₀　智

50　智囊　　　　　　　4009
　　智囊補　　　　　　4010
　　智囊全集　　　　　4010
60　智品　　　　　　　4006

8712₀　銅

71　銅馬編　　　　　　5600
82　銅劍讚　　　　　　3412

釣

40　釣臺集(明・吳希孟輯)
　　　　　　　　　　　6472
　　釣臺集(明・楊束編)　6472
　　釣臺集(明・陳文煥編)
　　　　　　　　　　　6456

8713₂　銀

00　銀鹿春秋　　　　　1726

録

60　録異記　　　　　　4493

8713₄　鍥

60　鍥易林疑説　　　　　98

8714₇　鋟

60　鋟圖註王叔和脈訣琮璜
　　　　　　　　　　　3067
　　鋟圖註八十一難經　3060

8718₂　欽

30　欽定平夷功次　　　1291
　　欽定滁陽王廟碑歲祀册
　　　　　　　　　　　1507
　　欽定逆案　　　　　1317

歙

16　歙硯志　　　　　　3428

8742₇　鄭

00　鄭京兆集、外集　　5447
02　鄭端簡文集　　　　5180

	鄭端簡年譜	1530
	鄭端簡公徵吾録	1138
21	鄭處士麟溪集	6316
30	鄭寒村集	6036
52	鄭靜菴先生詩集、文集	5871
60	鄭思齋文集	5132
	鄭思肖集	4806
72	鄭所南集	4806
	鄭所南先生文集	4806
	鄭所南先生詩鈔	4806
	鄭所南先生心史	4806
	鄭所南先生鐵函心史	4806
	鄭氏家儀	606
	鄭氏女孝經	2677

8762₂ 舒

| 64 | 舒曉齋存稿 | 6193 |

8768₂ 欲

| 28 | 欲從録 | 2885 |

8778₁ 饌

| 50 | 饌史 | 3463 |

8778₂ 飲

10	飲醇堂文集	6013
12	飲水詩集、詞集	5974
26	飲和堂詩集、文集	5834
	飲和堂集	5834
31	飲河集	5644
	飲酒詩	5488
78	飲膳六種	3457
	飲膳正要	3460
80	飲食須知	3462
	飲食紳言	3959

8782₀ 剡

| 88 | 剡筭 | 3414 |

8810₁ 䇲

| 88 | 䇲篴集 | 5432 |

8810₄ 坐

72	坐隱集	5625
	坐隱先生訂碁譜、題贈	5625
	坐隱先生集	5625
	坐隱先生全集	5625
	坐隱園戲墨	5625

8810₈ 笠

22	笠山詩選	5880
31	笠江集	5163
	笠江先生近稿	5163

筮

28　筮儀　　　　　　　196
40　筮吉肘後經　　　　3311

8811₄　銓

18　銓政論略　　　　　2409

8811₇　鑑

01　鑑語經世編　　　　2649
37　鑑湖詩説　　　　　445

8812₇　筠

00　筠廊偶筆　　　　　3870
28　筠谿集　　　　　　5773
32　筠溪文集　　　　　5078
　　筠溪集(清·范青撰)　5773
　　筠溪集(明·戴顒撰)　6348
　　筠溪家藏集　　　　5078
51　筠軒詩文稿　　　　6343
　　筠軒詩稿、文稿　　6343
　　筠軒清祕録　　　　3913

�

22　�山堂文集　　　5039
　　�山堂集　　　　5039

筇

88　筇竹杖　　　　　　4478

8813₂　篆

11　篆斐堂子史彙纂　　4334

8813₇　鎌

22　鎌山草堂詩合鈔　　5058

8815₃　籤

60　籤易　　　　　　　3275

8822₀　竹

08　竹譜(李衎撰)　　　3340
　　竹譜(陳鼎撰)　　　3481
　　竹譜詳録　　　　　3340
10　竹下晤言　　　　　3542
　　竹西亭稿　　　　　6263
16　竹聖脊吟草　　　　5596
20　竹香詩集　　　　　6227
　　竹香集　　　　　　6227
30　竹窗詩文辨正叢説　6701
　　竹窗叢説　　　　　6701
32　竹派　　　　　　　3359
　　竹溪十一稿詩選　　6298
33　竹浪亭集補梅花集句　5004

38　竹裕園筆語　　　　　　4160

43　竹垞文類　　　　　　　5981

44　竹坡老人詩話　　　　　6715

　　竹村雜記　　　　　　　3874

47　竹嬾畫賸、續畫賸　　　3360

48　竹嫩墨君題語　　　　　3361

50　竹素堂集　　　　　　　5539

　　竹素堂稿　　　　　　　5539

　　竹素堂續稿　　　　　　5539

　　竹素堂藏稿　　　　　　5539

　　竹素堂合併全集　　　　5539

60　竹里文略　　　　　　　5027

　　竹里詩集　　　　　　　5027

72　竹所吟稿　　　　　　　6298

77　竹居詩集　　　　　　　4860

　　竹居集　　　　　　　　4860

84　竹鎮紀略　　　　　　　5799

8822₇　箐

00　箐齋讀書録　　　　　　3694

44　箐菴遺稿　　　　　　　6026

笏

24　笏岫樓集　　　　　　　6057

簡

67　簡明醫彀　　　　　　　3120

88　簡籍遺聞　　　　　　　3701

簫

07　簫韶考逸　　　　　　　916

篇

06　篇韻貫珠集　　　　　　1043

38　篇海類編　　　　　　　962

8823₂　篆

00　篆文纂要　　　　　　　1008

06　篆韻　　　　　　　　　998

30　篆字彙　　　　　　　　1012

籐

78　籐陰劄記　　　　　　　2857

8824₃　符

17　符司紀　　　　　　　　2394

40　符臺稿　　　　　　　　5267

8832₇　篤

87　篤敘堂詩集　　　　　　6659

8834₁　等

47　等切元聲　　　　　　　1067

8843₀　笑

38	笑海叢珠	4546
44	笑苑千金	4555
52	笑拙墅稿	5626
77	笑門詩集	6280

8844₆　算

| 34 | 算法統宗 | 3177 |

8850₃　箋

00	箋註十八史略校本	1133
	箋註陶淵明集	4168
30	箋注唐賢絕句三體詩法	
		6307
40	箋卉	3482

8850₇　筆

00	筆麈(明・王肯堂撰)	3819
	筆麈(明・于慎行撰)	3593
	筆玄要旨	3354
07	筆記(程大純)	2946
	筆記(連鑲撰)	4444
	筆記(陳繼儒撰)	4044
09	筆談	6700
10	筆元(玄)要旨	3354
20	筆乘	3818

22	筆峯存稿	5127
	筆山崔先生文集	5217
38	筆道通會	3363
50	筆史	4579
64	筆疇	3522

8851₂　範

21	範衍	3199
27	範身集略	4107，4108
30	範家集略	4107，4108
60	範圍數	3292

8854₀　敏

| 43 | 敏求機要 | 4207 |

8860₁　答

| 77 | 答問 | 4158 |
| 88 | 答策秘訣 | 4819 |

簪

10	簪雲樓雜說	4545
	簪雲樓集	4545
44	簪花詞	4181

8862₇　筍

| 48 | 筍梅譜 | 3479 |

8864₁　籌

38　籌海重編　　　　2131

8872₇　節

00　節序同風録　　　1934
20　節愛汪府君詩集　5091
30　節宣輯　　　　　1929
　　節定燕射禮儀　　5041
44　節菴集　　　　　4881
47　節婦傳　　　　　1781

8877₇　管

17　管子権　　　　　3026
30　管窺輯要　　　　3236
　　管窺小識　　　　4462
48　管檜詩選　　　　6128

8879₄　餘

00　餘言　　　　　　2617
22　餘山先生遺書　　2944
　　餘山遺書　　　　2944
27　餘冬序録　　　　3758
　　餘冬序録　　　　6369
　　餘冬序録摘鈔　　3758
　　餘冬詩話　　　　6716
35　餘清堂稿　　　　5311

40　餘力稿　　　　　4945
　　餘杭縣志　　　　2044
42　餘姚海堤集　　　6317
　　餘姚海隄集　　　6317
44　餘菴雜録　　　　3859
60　餘日事文　　　　1935

8880₆　簣

00　簣齋雜著　　　　3776

8890₂　策

00　策府群玉　　　　4222
20　策統綱目　　　　4331

8890₃　纂

33　纂補春秋諸名臣傳　1673
60　纂圖互註四子書　4122
　　纂圖類方馬經　　3150

繁

10　繁露園集　　　　5551

8894₀　敘

10　敘天齋講義　　　2966
40　敘古頌　　　　　2583

8912₇　銷

10	銷夏	4048
	銷夏再	4052
	銷夏補	4052
	銷夏小品	5566

9000₀　小

00	小序	424
01	小語	3642
10	小爾雅	947
	小石集	6516
12	小孤山詩集	6478
	小孤山集	6478
17	小司馬奏草	1387
20	小秀埜集	6113
21	小紅詞集	6053
22	小山詩初稿、續稿、後稿、詩 餘、文稿	6177
	小山詩文全稿	6177
	小山詩文集	6177
	小山樂府前集今樂府、後集 蘇堤漁唱、續集吳鹽、別集 新樂府、外集、補集	6817
	小山草	5541
	小山全稿	6177
30	小瀛洲社詩	6553
	小瀛洲十老社詩	6553
	小窗自紀、豔紀、清紀、別紀	
		4577
	小窗自紀、別紀、清紀、廣清 紀	4577
	小窗清紀	4577
	小窗清紀、別紀	4577
33	小心齋劄記	2812
37	小漁先生遺稿	5344
	小漁遺稿	5344
38	小海存稿	5304
43	小戴禮編餘	601
44	小蘭陔詩文集	6140
	小蘭陔詩集	6140
	小蘭陔集	6140
	小草齋文集	5553
	小草齋集、續集	5553
	小草齋稿	5553
	小草齋續集	5553
	小菴羅集	5623
50	小史摘鈔	1231
71	小匡文鈔	5769
77	小學集解(清・張伯行撰) 	2702
	小學集解(清・黃澄撰) 	2703

小學集解（清・蔣永修撰）

　　　　　　　　　　　2705

小學稽業　　　　　　　2921

小學總論　　　　　　　2706

小學句讀記　　　　　　2707

小學史斷、續集　　　　2580

小學分節　　　　　　　2704

小學纂註　　　　　　　2706

小學纂註校本　　　　　2706

9001_4　惟

56　惟揚志　　　　　　　1981

9003_2　懷

10　懷玉山亭記　　　　　5099

20　懷舫詩集、續集、別集　5915

　　懷舫詞　　　　　　　5915

　　懷舫詞別集　　　　　5915

　　懷舫集　　　　　　　5915

　　懷舫自述　　　　　　5915

24　懷幼書　　　　　　　3085

44　懷葛堂文集　　　　　5909

　　懷葛堂文集、詩集　　5908

　　懷葛堂集、外集　　　5909

50　懷忠録　　　　　　　1657

9020_0　少

10　少石集　　　　　　　5135

21　少師朱襄毅公督蜀疏草

　　　　　　　　　　　1405

22　少嶽詩集　　　　　　5418

　　少嶽集　　　　　　　5418

　　少峯草堂詩集　　　　5241

　　少峯草堂集　　5113, 5241

26　少泉詩集　　　　　　5194

　　少泉詩選、詩續、文選、文續

　　　　　　　　　　　5194

　　少泉詩選、詩續選、文選、續

　　文選　　　　　　　　5194

　　少泉集　　　　　　　5194

27　少鵠詩稿　　　　　　5155

　　少岷拾存稿、司徒大事記

　　　　　　　　　　　5071

28　少微家塾點校附音通鑑節

　　要、外紀　　　　　　1092

　　少微通鑑節要　　　　1092

30　少室山房稿　　　　　5504

　　少室山房續稿　　　　5504

　　少室山房全稿　　　　6737

37　少湖文集　　　　　　5160

　　少湖先生文集　　　　5160

44　少華集　　　　　　　5136

　　少華先生遺稿　　　5136

　　少林古今録　　　　6433

47　少鶴詩集　　　　　5155

　　少鶴集　　　　　　5155

72　少岳詩集　　　　　5418

74　少陵詩格　　　　　6691

90　少少集　　　　　　6659

9021₁　光

22　光嶽英華　　　　　6318

44　光菴集　　　　　　4878

9022₇　尚

08　尚論編(明・鄒泉撰)　2602

　　尚論編(印須子)　　2643

　　尚論持平　　　　　3876

10　尚元齋三世詩　　　6520

　　尚元草　　　　　　6520

　　尚元草、咏物詩　　5417

26　尚白齋鋟讀書十六觀　4045

　　尚息編　　　　　　6036

27　尚約文鈔　　　　　4913

　　尚約居士集　　　　4913

　　尚絅小語　　　　　3642

40　尚友齋論古　　　　2622

　　尚友録　　　　　　4315

　　尚友堂詩文集　　　5564

　　尚友堂集　　　　　5564

50　尚書旁注　　　　　324

　　尚書辨解　　　　　346

　　尚書講義　　　　　361

　　尚書説要　　　　　331

　　尚書譜　　　　　　333

　　尚書讀記　　　　　394

　　尚書一得録　　　　783

　　尚書要旨　　　　　345

　　尚書天地圖説　　　3255

　　尚書引義　　　　　367

　　尚書集解　　　　　364

　　尚書賸義　　　　　397

　　尚書私學　　　　　395

　　尚書傳翼　　　　　351

　　尚書解意　　　　　362

　　尚書約旨　　　　　385

　　尚書約注通典略　　386

　　尚書注解纂要　　　396

　　尚書近指　　　　　366

　　尚書通典略　　　　386

　　尚書通義　　　　　381

　　尚書大傳、補疑　　398

　　尚書直指　　　　　327

　　尚書葦籥　　　　　354

　　尚書揆一　　　　　353

　　尚書軌範撮要圖　　769

尚書口義　　　　　　　372

尚書晚訂　　　　　　　352

尚書質疑(清・王心敬撰)

　　　　　　　　　　388

尚書質疑(清・顧棟高撰)

　　　　　　　　　　390

尚書體要　　　　　　　368

尚書舉隅　　　　　　　382

尚書今文説　　　　　　241

尚書今古文考　　　　　358

尚書義疏　　　　　　　375

尚書小疏　　　　　　　392

尚書惜陰録　　　　　　371

常

01　常評事集　　　　　　5098

　　常評事寫情集　　　　5098

　　常語筆存　　　　　　2889

04　常熟水論　　　　　　2099

　　常熟縣破山興福寺志　2254

　　常熟縣志　　　　　　1982

09　常談考誤　　　　　　3703

32　常州府志續集　　　　1973

35　常清靜經　　　　　　3702

9050₀　半

00　半庵詩稿　　　　　　6028

25　半生亭文集　　　　　6036

　　半生亭詩集　　　　　6036

　　半生亭集　　　　　　6036

30　半窻史略　　　　　　1164

31　半江集　　　　　　　4978

　　半江趙先生文集　　　4978

32　半洲詩集　　　　　　5131

　　半洲稿　　　　　　　5131

44　半菴詩稿　　　　　　6028

　　半菴稿　　　　　　　6028

55　半農齋集　　　　　　5839

60　半園集　　　　　　　5556

72　半隱文集　　　　　　4897

　　半隱集　　　　　　　4897

　　半隱閒情　　　　　　4117

9050₂　拳

90　拳拳録　　　　　　　3664

掌

87　掌録(繡雲居士撰)　　4030

　　掌録(清・陳祖范撰)　3730

88　掌銓題稿　　　　　　1380

9060₁　嘗

96　嘗惺先生書經補説　　5354

9060_2　省

21	省愆集	4869
	省愆稿	5062
40	省克編	4117
50	省中稿	5267
51	省軒文鈔	5764
	省軒考古類編	4344
52	省括編	4005

9080_0　火

48	火警或問	1346, 6349
66	火器圖	3015

9090_4　米

00	米襄陽譚史	1542
	米襄陽外紀	1538, 1560
	米襄陽遺集	1539
	米襄陽志林	1539
40	米友堂集	6659
44	米芾志林	1539

棠

37	棠湖詩	4789
	棠湖詩稿	4789
44	棠村詩稿	4789
	棠村詞、樂府	5734
74	棠陵文集	5077
	棠陵集	5077
	棠陵文選	5077

9096_7　糖

10	糖霜譜	3465

9101_6　恒

22	恒嶽志(清・張崇德撰)	2200
	恒嶽志(明・趙之韓、王滮初同撰)	2174
	恒山集	6186
	恒山存稿	5736
51	恒軒詩集	4904
	恒軒集	4904
	恒軒遺稿	4904
76	恒陽集	4994

9106_1　悟

40	悟真篇	4676
	悟真篇注解	4676

9148_6　類

00	類方馬經	3150
	類音	1063
10	類要	4174

20　類雋　　　　　　　　4262

　　類稿　　　　　　　　5054

23　類編名公四六啓劄雲錦續
　　集　　　　　　　　　4200

　　類編南北經驗醫方大成
　　　　　　　　　　　　3079

　　類編古今名賢彙語　3987

　　類編古今事林群書一覽
　　　　　　　　　　　　4209

　　類編標註文公先生經濟文
　　衡　　　　　　　　　2713

　　類編歷法通書大全　3313

30　類字本意　　　　　1071

37　類次書肆説鈴　　　3829

43　類博雜言　　　　　3524

44　類苑詳注　　　　　4246

　　類苑瓊英　　　　　4300

45　類姓登科考　　　　4341

50　類書纂要　　　　　4383

56　類輯練兵諸書　　　3014

70　類雅　　　　　　　4335

88　類箋唐王右丞詩集、文集、
　　集外編、年譜、唐諸家同詠
　　集、題贈集　　　　4735

　　類箋王右丞集、附文集4735

　　類纂古文字考　　　989

9158₆　頻

30　頻宮禮樂全書　　　2461

9181₄　煙

10　煙霞小説　　　　　3977

　　煙雲手鏡　　　　　2176

　　煙雲過眼録　　　　3379

34　煙波漁隱詞　　　　6782

9181₇　爐

90　爐火鑒戒録　　　　4652

9206₄　恬

18　恬致堂詩話　　　　6736

40　恬志堂詩話　　　　6736

9280₀　剗

10　剗元文鈔　　　　　4816

31　剗源文集　　　　　4816

　　剗源文鈔　　　　　4816

　　剗源先生文鈔　　　4816

32　剗溪漫筆　　　　　4026

55　剗曲集　　　　　　6058

9281₈　燈

30　燈窗末藝　　　4985, 4988

9306₀ 怡

10	怡雲堂集	5372

9313₆ 蟹

00	蟹音	5775

9383₃ 燃

44	燃桂稿	5569
71	燃脂集	5831
77	燃犀集	4515

9406₁ 惜

78	惜陰録	3536

9408₁ 慎

00	慎齋遺集	5796
	慎言	2746, 5030
	慎言集訓	2770
27	慎修堂集	5952
	慎修堂詩集	5952
46	慎獨軒文集	6202

9408₆ 憤

74	憤助編	2900

9488₁ 烘

90	烘堂集	6768, 6770

9501₀ 性

10	性靈稿	5621
16	性理辨義	2932
	性理譜	2895
	性理正宗	2915
	性理三書圖解	3198
	性理要解	2740
	性理要選	2841
	性理群書集覽	2762
	性理集要	2841
	性理綜要	2841
	性理備要	2728
	性理總要	2841
	性理字訓	2714
	性理大中	2899
	性理標題彙要	2842
	性理析疑	2973
	性理圖説	2797
	性理會通	2849
	性理吟	5150
	性理纂要	2922
	性理纂要附評	2922
	性理鈔	2799

50 性圖 2869
52 性影集 6107
77 性學吟 5891
80 性命心説 2723

9502₇　情

20 情采編 6522
60 情田詞 6790

9503₇　快

10 快雪堂集 5506
　　快雪堂漫録 4517
46 快獨集 5494
50 快書 4149

9592₇　精

37 精選姓源珠璣 4219
44 精華録訓纂 5846
　　精華録 4760
50 精忠類編 1540

9601₃　愧

11 愧非集 5364
44 愧林漫録 4029

9601₄　悷

90 悷堂文集 5354

9682₇　煬

00 煬帝海山記 4389
　　煬帝迷樓記 4389
　　煬帝開河記 4389
10 煬王江上録 1199

9701₀　恤

52 恤援朝鮮倭患考 1302

9701₄　怪

10 怪石贊 3440

9706₁　憺

60 憺園文集 5954
　　憺園集 5954
　　憺園全集 5954

9708₆　懶

40 懶真初集 6248

9725₆　輝

22 輝山存稿 4813

9782₀　灼

44 灼艾集 3981
　　灼薪劇談 3696

爛

41	爛柯山洞志	2184
	爛柯山志	2184

9788₂　炊

77	炊聞詞	5831，6788
	炊聞卮語	5831

9791₀　粗

27	粗解刑統賦	3029

9824₀　敝

17	敝帚齋餘談	4526
	敝帚齋餘談節録	4526
	敝帚集(清・趙秉忠撰)	
		6250

	敝帚集(清・陳元龍撰)	
		6017
	敝帚集(明・陳益撰)	4908
	敝帚軒剩語、補遺	4526
88	敝篋集	5552

9892₇　粉

41	粉籹品	3465

9913₆　螢

10	螢雪叢説	3739

9942₇　勞

99	勞勞篇	5826

9990₄　榮

40	榮壽録	4948

三、刻工寫工及刻鈔者名號索引

0010₄　主

| 48 | 主敬堂 | 1984 |

童

00	童　鋬	4251	5335
10	童晉之	3110	6606
25	童仲旭	482	
34	童漢臣	1450	
60	童國瑾	3675	
	童國選	3675	
79	童勝龍	3969	
90	童憶泉	425	

0010₈　立

	立	955	1023
		1110	1147
00	立　文	3171	3988
10	立雪廬	961	
	立　吾	2017	
17	立　子	1023	

| 34 | 立達堂藏板 | 3979 |
| 80 | 立命堂 | 5962 |

0010₉　鋬

| | 鋬 | 1036 |

0020₁　亭

| 22 | 亭　山 | 1023 |

0020₇　亨

| | 亨 | 4262 | 4582 |

0021₁　鹿

22	鹿巖精舍	2179
25	鹿傳霖	5602
27	鹿角山房	4580
43	鹿裘石室	5639
77	鹿兒島	1133

龐

| 08 | 龐敦陸堂 | 5360 |

23	龐俊	27
42	龐塏	5989
44	龐英山	5360

0021₄ 雍

| 64 | 雍睦堂 | 5278 5611 |

0021₆ 竟

| 98 | 竟悅 | 6325 |

0021₇ 亮

| 71 | 亮臣 | 1063 |

盧

27	盧峰書院藏板	6515
74	盧陵蕭亮刻	5453
	盧陵劉岱采	766
	盧陵肖亮刊	5453

0022₂ 彥

10	彥正	4747
23	彥俊	2017
24	彥偉	2017
30	彥進	2017
34	彥造	2017 2426
41	彥垣	2017
	彥楨	6376

46	彥相	2017
50	彥貴	2017
53	彥成	2017
92	彥愷	2017
97	彥輝	4829

廖

00	廖文	5394
24	廖科齡	5952
34	廖斗虛	5394
40	廖奎	5394
	廖希顏	1360
	廖希元	5267
50	廖惠	5394
71	廖長齡	5952
77	廖岡齡	5952

0022₃ 齊

	齊	1972
22	齊山	5090
30	齊之	1944
	齊之鸞	4392

0022₄ 齐

| | 齐 | 1133 |

齐

	齐	1023
77	齐 卿	5954

0022₇　方

	方	1972　4017
00	方 龐	83　84　85
	方 文	5335
	方 孝	2787
	方文牽	6418
10	方一峰	3338
	方元啟	5077
12	方 瑞	5033
	方廷璽	5182
14	方功惠	1181　1200
		1205　3159
	方礎臣	6107
20	方維甸	6220
21	方 炱	1435
24	方 仕	607　1127
		1603
	方 升	4719
26	方伯振	2031
	方得禄	5237
30	方之善	6451
31	方濬頤	731

32	方兆儀	3964
33	方 梁	5032
35	方 迪	1861
37	方淑如	2986
38	方啟賢	1435
40	方九功	5346
	方士淦	2231
	方士林	5837
	方士騏	805　3504
	方嘉樹	5440
	方 來	4327
41	方柄道人	1000
44	方菜如	5921
	方 桂	6107
	方林鶴	5050
46	方觀承	512
	方如騏	1679
47	方朝佐	5944
50	方 中	1505
	方中愳	110
	方中通	110
	方中泰	110
	方中履	110
51	方 振	2031
60	方景明	958　1023
61	方 顯	5261
64	方時化	5476

67	方	明	2017	5954
72	方岳貢		3050	
77	方	鵬	4939	
	方	學	1303	
	方民太		5237	
88	方	鎰	6702	
90	方	光	5335	

育

| 育 | 3026 |

商

20	商維濬	5423	
24	商德協	4926	
31	商	濬	1312	3733
			3739	4180
			4186	4187
			4489	4490
			4499	4501
			5423	
34	商	祐	1642	4285
			4286	
51	商振倫	1521	
60	商	旦	6325	
77	商用祚	4315	

高

	高		2494	4290
00	高	立	351	
	高應禎		2672	
	高應選		4301	
	高應乾		2761	
	高應蟾		69	
	高應冕		6390	
	高廣恩		613	
	高	廩	1620	
03	高	斌	2881	
10	高玉生		821	5288
			5291	
	高	元	321	401
	高元質		6263	
	高爾達		4725	
	高爾公		5747	
11	高	珩	321	401
12	高	廷	6525	
17	高	玥	6107	
	高	取	4301	
	高承埏		3942	4487
	高子車		5246	
20	高重刻		4301	
	高	秀	1977	
21	高	儒	1642	4285

		4286			4227		
	高儒奎	5159		高有閏	821	1378	
	高　衡	6120			1379	1380	
22	高　岸	3113			1381	4438	
	高　山	1965			5288		
	高　出	3113		高　吉	5568		
24	高　仕	351		高　七	3988		
	高　化	351		高貫亨	1600		
	高　岐	1028	42	高　彬	5363		
	高　科	1027		高　棣	4902		
25	高　傑	1501	44	高　薦	1027		
26	高自三	4247		高世魁	1086		
30	高宰平	6306	46	高　如	5568		
	高安吳文充寫	5252	47	高朝用	2995		
	高良相	1868	50	高　中	5568		
	高　寶	4285		高書勳	3254		
31	高　源	6092	53	高　成	1999		
33	高　梁	1642	4286	60	高　□	6377	
34	高　洪	4252	5159		高　四	3988	
		6424		高見龍	357		
35	高　沖	5568		高見吾刻	2267		
37	高　瀨	1086		高思誠	1127		
	高　選	4254	64	高　時	5394		
38	高　祥	321	72	高氏家塾藏本	6263		
	高肇慢	5929	77	高鳳岐	3279		
40	高士達	4809		高鳳翰	6263		
	高士奇	717	4171		高　舉	1028	

87	高　欽	351	
88	高　銓	3037	
90	高尚武	1642	4285
		4286	
	高尚鈺	4176	
91	高恒懋	5721	
97	高　焰	351	

席

27	席紹雯	6227	
43	席戴登	846	

帝

44	帝　蕃	2017	
86	帝　錫	5634	

0023₀　卜

	卜	1304	6424
40	卜大有	1267	1700

0023₁　應

01	應　龍	3114	
04	應　麒	5951	
09	應　麟	5951	
10	應天府	607	
	應天王其玉梓	52	
20	應　喬	2017	

23	應　台	2017	
24	應德書堂	1133	
29	應　秋	2017	
	應秋三	2017	
	應秋四	2017	
30	應　賓	2631	
34	應汝臣刊	1350	
35	應禮琮	2899	
	應禮璧	2899	
57	應招刊	1350	
67	應明德	1944	
77	應　賢	1861	
82	應　鍾	1868	4735
90	應尚六刊	1350	
	應尚七刊	1350	

0023₂　康

09	康　麟	6341	
10	康丕揚	1478	1479
		1480	1485
		4750	5494
12	康瑞貞	5422	
17	康乃心	6627	
22	康山草堂	3421	
27	康　阜	3028	
30	康　宇	6812	
40	康　培	6357	

80 康　年　2576

0023_7 廉

00 廉　訪　5130
廉讓間　2151
40 廉有聲　2833　2834

0024_1 庭

庭　1110

0024_7 慶

10 慶雲堂　1077
53 慶成王府　5397
88 慶餘堂藏板　1416

0026_7 唐

唐　3977
00 唐應蓮　5194
唐　文　2441
唐文治　1570
唐文壁　2441
01 唐　龍　5381
04 唐　誥　4235
09 唐　麟　632
10 唐正之　1869
唐元素　5655
唐石簃　2257　4060
4616
12 唐廷瑞　1110　6702
唐廷仁　6458
唐廷臣　2994
14 唐　琳　2979
15 唐翀宇　1106
唐建元　6686
17 唐尹刻　6427
唐尹雕　1641
22 唐鼎元　58
唐繼冲　4017
23 唐允孝　2040
唐允執　5532
25 唐仲冕　4764
26 唐伯誠　5513
唐鯉飛　3073　3111
唐鯉耀　3104　3248
30 唐淳伯　3796
唐之翰　2217
唐富春　3073　3385
唐官刻　6387
32 唐　礼　2441
35 唐　禮　484
37 唐鴻學　5759
38 唐道孚　5655
40 唐　龙　1435
唐　才　4173

	唐堯臣	3038	
42	唐杉	4173	
43	唐龙	3002	
44	唐藩	5061	
	唐藩朱彌鋠	1859	
	唐世柱	2090	
	唐林	484	632
		5323	
47	唐鶴徵	5203	
50	唐冑	1511	
	唐本屋清兵衛	3367	
	唐惠疇	3031	3038
51	唐振吾	421	555
60	唐國達	421	5310
		5543	
	唐泉	4527	
	唐晟	4527	
64	唐時升	5572	
72	唐氏書院	39	489
		643	1638
		3544	3545
		3547	3548
		3549	3550
		3551	3552
		3553	3554
		4126	
	唐氏快閣	319	

77	唐鳳	632	
	唐風樓	2559	2991
	唐周	4445	
	唐卿	4126	
86	唐錦池	3031	3038
		3248	3389
		3390	
90	唐少橋	3152	

0028₆　廣

	廣	3013	
00	廣慶堂	421	1386
		5379	5543
	廣慶堂藏板	556	
	廣文堂	1310	
10	廣西臬臺	1623	
	廣百宋齋	887	
20	廣信桂德化刊	4131	
21	廣仁堂	2804	2862
		2952	3677
		4957	
24	廣德官署	5125	
30	廣濟劉傳正本梓行		5059
32	廣州郡署	2702	
40	廣志堂	1764	
50	廣春樓	4835	
	廣東海幢寺藏板		2222

	廣東撫署	4655	4667			3735	3765
55	廣慧助刻	2248				3769	3771
70	廣雅書局	1576	1952			3802	3805
		2702	3730			3901	3909
		4392	4770			3927	3959
		6130	6737			4404	4408
77	廣　賢	957				4518	4548
80	廣益書局	887	3063			4549	
	廣倉學宭	975			亦政堂藏板	1474	

0033_0　亦

	亦政堂	1824	2277	21	亦歲寒齋	5335	
		2327	2346	22	亦山草堂	4719	
		2748	2783	27	亦　郇	3189	
		2815	3000	40	亦有生齋	4764	
		3049	3163	60	亦園藏板	6043	
		3301	3355

0033_6　意

		3358	3397		意	1485	
		3413	3415	44	意　林	794	
		3443	3449

0040_0　文

		3455	3477		文	90	146
		3484	3493			955	1027
		3529	3564			1110	1137
		3565	3578			1147	1607
		3591	3605			2580	3511
		3627	3634			3977	4249
		3689	3734			4252	5267

		5442	5499	23	文　然	1721	
		5515	6440		文　台	5611	
	文　立	3988		24	文德堂	4087	
	文　諒	1137		25	文　生	2576	
	文　六	2374			文　仲	2426	2576
10	文　一	4759		30	文　進	1137	
	文三捷	5597			文　宇	2017	
	文三畏	4972			文字歡娛室	124	
	文正書院	1485				1264	1630
	文玉堂	1074				1648	6764
	文　元	5611			文富堂	3057	3485
	文　云	6066				5935	
12	文　瑞	1868	6341	31	文源堂	177	
	文瑞樓	721	1576	32	文淵堂	3129	4734
		3466	4619	34	文　漢	1972	
		4740	4769	35	文　津	4233	
		4798	4799		文　迪	1499	1972
		4807	4829			4719	
		4846	4877	37	文瀾閣	4772	
		4902	4984		文選廔	4227	4228
		6754	6771		文　憲	1108	
	文發堂	721	3129	38	文　祥	1485	1620
	文廷式	4215			文　祚	6262	
13	文武堂	3073			文道堂	3108	
17	文　子	5266			文肇祉	4959	4967
20	文秀堂	4087		40	文士奇	2017	
21	文　儒	957			文奎堂	2543	3071

		3072	3138	55	文曲山堂	5253	
	文杏堂藏板	4150		60	文星堂	3060	
	文來書局	1901			文　昱	5367	
41	文樞堂	6447			文　四	2374	
44	文苑閣	1484			文　園	6676	
	文蔚堂	1484	3060	61	文　顯	5367	
		4730		67	文　明	5422	
	文茂堂	6612			文明書局	3397	3413
	文茂堂梓行	4318				3418	3443
	文萃堂	1008	3177			3449	3452
	文　華	1946				3455	3456
	文華堂	733				3477	3484
	文　英	4734				3493	3494
	文英堂	3129				3522	3529
	文　若	6485				3541	3546
	文林閣唐錦池梓		3389			3564	3565
		3390				3566	3571
47	文起堂藏板	359				3584	3591
48	文翰樓	6503				3605	3606
51	文　振	4979				3609	3627
53	文盛書局	1130	4071			3634	3644
	文盛堂	1474	3111			3645	3689
		3177	4318			3690	3691
	文盛堂藏板	4298				3720	3723
	文成祠	5238				3734	3735
	文成堂	577	1074			3743	3749
		3177				3752	3755

3759	3765			4481	4489
3769	3771			4492	4493
3779	3801			4508	4510
3802	3805			4512	4517
3825	3844			4518	4522
3845	3865			4538	4540
3901	3909			4545	4548
3911	3917			4549	4550
3918	3927			4552	4589
3941	3953			4600	4627
3957	3959			4630	4631
3964	4004			4640	4642
4044	4045			4678	4736
4046	4047		文　昭	5082	
4048	4049		文　照	5082	
4238	4386	70	文　璧	6717	
4397	4399	77	文　圣	5363	
4403	4404		文　卿	1944	
4407	4408		文　巳	6424	
4409	4411		文賢書局	1074	
4422	4423		文興堂	1074	3177
4424	4425	80	文　八	4759	
4426	4427		文益堂	3152	
4428	4430		文善刊	6339	
4431	4433		文會書舍	1247	
4443	4463		文會堂	14	399
4464	4479			408	409

	887	947	
	1145	2676	
	2677	2770	
	3029	3031	
	3038	3386	
	3397	3740	
	3745	3753	
	3759	4170	
	4218	4233	
	4239	4240	
	4594	4666	
	文會堂佐助	482	
	文會堂藏板	14	
86	文錦堂	177	
90	文　光	4439	
	文光堂	3152	

$$0040_1 \quad 辛$$

40	辛　奇	2019

$$0040_3 \quad 率$$

60	率口程珂伯玉	3056

$$0040_6 \quad 章$$

	章	91	1110
		1133	1485
		3977	5299
00	章　亨	4735	
	章　高	2031	
	章　應	6325	
	章　慶	1108	
	章　意	1868	
	章文先	5164	
	章　宣	1108	
	章　亳	4747	
	章　袞	4235	5233
	章袞刻	6387	
10	章一元	5376	
	章　震	4583	
12	章廷珪	3108	
16	章　聰	4235	
	章聰刻	1868	
17	章弼寫	1642	4286
	章君錫	2040	
20	章　重	4888	
	章　信	4583	
	章　禹	1023	
21	章　仁	1620	1868
		1999	
	章儒刻	6387	
	章穎生	2264	
22	章　循	1620	1868
		5098	5143
		5376	

	章利	2040				章莒	4698	
25	章傑	6325				章權	4235	4609
	章桀	6325		46		章相	1108	
26	章吳	4439		48		章松	1620	1875
	章和	3447	4290				2011	3101
	章穆	2441	5376				5100	5223
27	章忽	1868					5397	
28	章倫	1868		50		章夫言	5025	
30	章守中	1999				章掖	1620	2441
	章安	1620				章掖刻	484	5220
31	章沅	1306				章秦	1868	
	章福記書局	1074		51		章扦刻	6424	
	章福水	2040		53		章甫言刊	5036	
34	章浩	6325		58		章掄吳桃	5376	
	章達	759		60		章日	1999	
37	章次	2040				章國華	2441	5159
38	章祥	6325					5376	
	章啟人	5098				章景祥	2575	
40	章志清	4888		64		章時	1108	3570
	章右	2040		77		章鳳刻	4182	
	章右之	4439	5376			章印	1999	
		5393	5611	78		章臨	4583	
	章右之刻	5220	5393	80		章鏽	5378	5552
		6424				章俞	1868	
	章木	5376				章無逸	6737	
44	章藻	4759		81		章鈺	2543	
	章華	5578		83		章鉞	5151	

86	章　鐸	2168	
87	章　欽	962	2040
		6320	6371
		6372	
88	章敏言刊	5036	
90	章　少	6525	
	章炫然	838	
96	章　懼	6325	
98	章　悦	1999	

0040_7　孝

30	孝　宗	4251

0040_8　交

	交	4290

0044_1　辨

40	辨志書塾	4820
	辨志堂	508

0060_1　言

	言	1110	4249
		4252	5267
04	言計祖	3697	
07	言記祖	3697	
22	言繼祖	3697	

0073_2　衣

24	衣德樓	5907
27	衣紹堂	869

衷

26	衷白堂藏板	5857

襄

44	襄藩貞白書院	4015

褒

77	褒賢世家家塾歲寒堂		
		1485	1496
		1497	1498
		1506	

裹

40	裹古堂藏板	1744

玄

	玄	1607	3977
		4252	
12	玄弢	6440	
26	玄白堂	5639	6546
34	玄對樓梓	5306	
35	玄津草堂	1109	

| 37 | 玄舉 | 3804 |
| 78 | 玄覽中樞 | 1797 |

0080_0　六

	六	6424
00	六彥	4747
10	六一	3988
	六二	3988
18	六孜	587
21	六經堂	652
	六經堂藏板	68

	343	547
	744	824
	5489	

24	六付	5300
30	六安崔繼堯刊	6455
	六宗華	1999
40	六奎	6325
	六有齋	2108
	六有堂	2271
47	六朝	6325
50	六本	4254
60	六晏	4747
61	六旺	1137	4721
	六旺刊	4770
67	六明	4254
88	六篆樓	1690	1695

| | | 1696 |
| 六符 | 3972 |

0080_2　亥

| 亥 | 4252 |

0090_4　欒

| 欒 | 5299 |
| 67 | 欒明 | 451 |

0090_6　京

京	4947	5273
	6440	6446
21	京師奎文堂	1600
	京師書肆西村喜兵衛	6307
	京師醫局	3074	3075
		3080
22	京山郝氏	77	346
	京山書林	4681
31	京江童氏重刊藏板	3675
47	京都五車樓	1133
	京都板木屋七左衛門	2541
	京都林權兵衛	4445
	京都書林北村四郎兵衛	
		1152
50	京東林九兵衛	4445
60	京口許良	1137

	京口余高	1137	
	京口余迎	1137	
	京口余光	1137	
73	京胎大堂	3635	
80	京八尾勘兵衛	4318	

0121₁　龍

	龍	5363	
00	龍　膺	5394	
	龍文書局	3173	
	龍文閣	4799	
17	龍翼堂	2636	
22	龍山唐之翰寫	2217	
30	龍定濤	1164	
	龍定瀾	1164	
31	龍江書院	1751	1752
		2878	3861
34	龍池山房	2549	
36	龍遇奇	2810	
40	龍大有	1232	6349
	龍友居士	1038	
44	龍萬育	1952	
60	龍圖鳳	1164	
67	龍鳴鏜	1164	
75	龍體廓	1164	
	龍體正	1164	
77	龍岡藏板	5590	

95	龍性堂藏板	181	

0128₆　顏

00	顏　文	1858	
30	顏　宜	1858	
37	顏　通	1858	
40	顏士塤	6157	
	顏堯揆	4724	

0164₆　譚

02	譚新嘉	843	
10	譚二華	36	
20	譚　秀	1612	
28	譚作梅	5150	
	譚　繪	36	
30	譚宮橋	1477	
40	譚吉璁	6318	
42	譚　韜	788	
45	譚　坤	1612	
77	譚學敏	1601	
97	譚　耀	4001	

0180₁　龔

00	龔　亮	1861	
01	龔龍川	3502	4265
10	龔元成	3786	
	龔　雷	4719	

16	龔碧川	2580
17	龔子和	484
20	龔舜紹	1891
	龔秉德	5196
24	龔魁	1027
28	龔以達	1861
30	龔永孚	1416
33	龔梁	2008
38	龔遂	2426
40	龔士廉	632
	龔才刊	1927
	龍堯惠	5577
	龍在升	4252
44	龔林	5128
57	龔邦録	4232
60	龔旻	1861
61	龔顯榮	1977
75	龔體仁	304
77	龔卿	2031
87	龔銘	1891
94	龔爟	5187

0212₇ 端

00	端方	1484
27	端紀刻	788
32	端礼	1027
50	端書	6189

| 67 | 端明 | 5180 |
| 80 | 端介堂 | 5703 |

0240₀ 刘

	刘	90	763
		1485	1870
		3443	3447
		3451	4031
		4229	4249
		4290	5236
		5363	5454
		5499	
00	刘主	3002	
	刘亭	4275	
	刘应登	6418	
	刘彦中	4173	
	刘序	2374	
	刘高	5347	
	刘卞	1027	1435
		5201	
	刘應登	6418	
	刘應洲	1435	
	刘廣	3827	
	刘鳶	1027	5300
	刘文	6418	
	刘文登刊	1436	5095
	刘文蓮	5837	

	刘文孝刊	1436	
	刘文卿	5376	
01	刘　龍	5201	
08	刘　旋	2374	
10	刘　一	5253	
	刘　二	1948	
	刘　三	4254	6418
		6486	
	刘　正	1999	6363
	刘　王	4275	
	刘亞二	2017	
	刘　元	2426	6363
	刘元漢	2017	
	刘　丙	1999	2374
		5033	
	刘　震	1999	
	刘　霞	1999	
	刘　云	492	1540
		1999	
	刘云承	2426	5422
	刘云鳳	5422	
	刘雲承	5422	
12	刘　登	6418	
	刘廷憲	6565	
14	刘　琦	2374	
15	刘　聘	3002	
16	刘　環	4285	

17	刘　承	1297	
	刘子和	3221	
	刘子安	3221	
	刘君叟	2576	
18	刘　璇	2374	
20	刘　信	6418	
	刘信刊	2374	
	刘信明	5837	
	刘毛虫	2802	
	刘　采	1999	2421
	刘秉艾	5237	
21	刘　順	6363	
	刘　仁	351	1027
		4251	
	刘仁刊	5363	
22	刘　山	1999	4017
		4251	
23	刘　俊	1086	
	刘　然	5341	
24	刘　付	1999	
	刘　仕	6418	
	刘仕仁	1642	
	刘仕任	1642	4286
	刘仕智刊	2315	
	刘　德	1435	5300
	刘　升	1861	4173
25	刘傑刊	5422	

26	刘自	1297	
	刘得	5347	
	刘和	320	
30	刘济	6363	
	刘完宗	6418	
	刘永	1297	
	刘永祚	5237	
	刘守奇	2315	
	刘安	983	2802
		3002	4252
	刘良公	321	
	刘官生	3274	
	刘寰	3955	4573
31	刘福成	1086	2004
		4412	4432
	刘福成刊	1350	
32	刘洲	1435	
34	刘汝忠	1642	4285
		4286	
	刘汝恩	4285	4286
35	刘清	2017	3274
37	刘祖	5347	
	刘初臣	3768	
38	刘浤	5335	
	刘祥	1435	
	刘啟元	1108	
40	刘义	3002	5253

	刘义孝	5237	
	刘大	1642	4285
		4286	
	刘大超	4175	
	刘士	585	
	刘直	1027	
	刘克明	5095	5237
	刘志	2441	
	刘李	1870	
	刘奇	1999	5033
43	刘龙	5201	
44	刘恭	4275	
	刘其	6418	
	刘荣	1027	1169
		1999	2004
46	刘相	2426	
47	刘朝相	5422	
	刘朝贵	2017	
	刘机	3104	
48	刘松	6418	
49	刘赵	4275	
50	刘中	1435	
	刘寿	4419	
	刘贵	1027	
53	刘甫	5300	
54	刘拱	1999	2374
57	刘邦文	2031	

60	刘　目	2010	2315
	刘國彦	6418	
	刘　四	6418	
	刘　見	4251	
	刘景舟	3221	
61	刘　顯	3002	
64	刘　叶	632	1868
71	刘　臣	5300	
	刘　長	3002	
77	刘圣公	321	
	刘鳳刻	5539	
	刘　隆	5335	
	刘　用	4173	
	刘　卿	4275	
80	刘　人	6418	
	刘　金	4285	
	刘　兑	2441	
86	刘　智	2123	2135
	刘智刊	2010	
87	刘　欽	1027	3191
		5341	6418
	刘欽文	5837	
88	刘　銳	1027	
90	刘　少	5335	
94	刘燁刻	1868	

0260₀　訓

	訓	2494

0261₈　證

80	證人堂	2824

0264₁　誕

00	誕　文	6181	6182

0292₁　新

21	新　仁	957	1043
22	新樂王	6296	
24	新德黄應淳刻	1440	
26	新泉精舍	2750	
	新吳繡衣第藏板		1369
30	新安秘閣書院藏板		5157
	新安吳應芝刊	5344	
	新安吳文馨	6472	
	新安吳祚校梓	2240	
	新安吳芝校梓	2240	
	新安吳觀祚刻	5344	
	新安吳敬校梓	2240	
	新安吳懷謙校梓		2240
	新安徐輝刊	1681	
	新安汪廷愷	6263	
	新安汪徽書	5539	

新安汪汝淳校梓　2240

新安汪氏　　　319

新安有斐軒梓　6475

新安黃應義刻　5552

新安黃鋌刊　　644

新安黃鋮刊　　1868

新安黃鋒刊　　3198

新安歙西黃鑣刊　　1868

新安歙西黃鐳刊　　3198

47　新都汪元范書　3762

新都黃仲文刊　1964

新都黃釗寫刻　2096

新都黃錕梓　　2096

新都劉然書　　6546

53　新　甫　　　972

60　新昌門人熊考祥履周膳寫

6199

68　新喻張喬松　　3002

77　新興潘洋　　5041

新賢堂　　　　1092

0332₇　鷲

27　鷲　峰　　　2252

0363₂　詠

48　詠梅軒藏板　1504

50　詠春堂　　　978

詠素堂　　　　196

0365₀　誠

00　誠　齋　　1625

10　誠一堂　　3394

0366₀　詥

35　詥清堂　　3481　3482

3495　3497

4162

44　詥燕堂藏板　5133

47　詥穀堂　　4833

0391₄　就

10　就正齋　　1092

0460₀　計

00　計　文　　1999

計文卿　　1999

13　計　璸　　5858

44　計萬言　　4439

計萬堂　　4439

80　計介甫　　5233

90　計　堂　　4439

謝

00　謝應科　　5423

	謝應科刊	5548		47	謝朝元	4656		
	謝應科鐫	3567		50	謝東山	537	803	
	謝應徵	1359		57	謝邦應	1807		
	謝應奎	4679		60	謝　思	2926		
	謝應春	6418		77	謝與棟	3818		
	謝庭桂	4901		80	謝　鏞	817	850	
	謝章鋌	5553				5758		
10	謝三賓	3689		86	謝　鐸	1965		
	謝天瑞	6812		90	謝少南	22	331	
12	謝廷璋	558				405	608	
	謝廷傑	1510	2482			638		
		3518						

0463₄　謨

21	謝　仁	451	5335
	謝　行	5568	

00	謨　六	4247

	謝衙藏板	3689
	謝貞侯	3274

0464₁　詩

	謝　頴	3930

00	詩　六	4759
10	詩雪軒	6030

24	謝　科	1642	4285
	謝　紘	6325	

0466₁　誥

30	謝適園	4814
32	謝兆熊	2926

	誥	5033

	謝　礼	451

0466₄　諸

33	謝浦泰	2787	4958
37	謝湖居士	2376	

	諸	3026

40	謝士元	582
42	謝彬寫	3279
44	謝蘭生	1504

23	諸允修	557
28	諸　倫	6325
70	諸　璧	5774

0468₆　讀

10	讀五千卷書室	1266
50	讀史精舍	2544
	讀書齋	4798
	讀書山房	4500
	讀書樂園藏板	5858
	讀書坊	4294
	讀書樓	2626
	讀書堂藏板	4729
	讀未見書齋	1327

0564₇　講

77	講學山房	3671
	講學山房藏板	2334
		5859

0569₆　諫

	諫	5033

0664₁　譯

86	譯鐸	1602

0668₆　韻

45	韻樓	5870
	韻樓藏板	4320

0710₄　望

10	望三益齋	1576	2562
		2563	4729
	望雲仙館	3820	3923
		4526	
30	望之	6	320

0742₇　郭

	郭	1110	1137
		3026	3977
00	郭立志	5829	
	郭雍	6119	
	郭方康	5100	
	郭應寵	2615	
	郭庭梧	2604	
	郭文	2031	5201
		6418	
	郭文寫	3567	
	郭言	1110	
	郭京	1137	5104
	郭京刻	5104	
10	郭一元	3104	
	郭一德刻	3104	
	郭正域	1022	
	郭王	1027	
	郭元	5104	

	郭元昌	1720			郭完刻	5104	
	郭元昭	3414			郭家興	2017	
	郭　丙	1165			郭之培	362	
	郭　雨	2441			郭　良	3002	5140
	郭雨山	955	33	郭　述	6418	
	郭雲鵬	4489	4748	34	郭　洪	6418	
11	郭　張	1137		37	郭　祖	674	
12	郭　登	5104		40	郭大用	3318	
	郭　刊	5395			郭士進	1465	
	郭廷冕	5030			郭　才	5341	5385
	郭廷鳳	4979			郭志學	3469	
	郭孔延	5473			郭　奇	5201	
	郭孔陵	2572			郭　榜	1435	
	郭延翕	6024			郭榜刻	2010	5104
17	郭孟威	2521				5394	
	郭子章	408		41	郭　標	2010	
	郭子仁	5473		42	郭　彬	4759	5104
	郭子遇	4416		43	郭　朴	1478	1479
20	郭　秀	5622				1480	
22	郭崇鄘	5009		44	郭　華	1999	
	郭繼成	92		46	郭　相	1137	
23	郭岱瞻	5829		48	郭　乾	5082	
24	郭　偉	5082		50	郭泰原	5611	
	郭　勳	6821		51	郭振基	6041	
27	郭　鏊	2377		53	郭　成	2040	
	郭名遠	4747			郭成望	2040	
30	郭　完	4247			郭成刊	92	2129

54	郭　拱	4759	5104
		5199	
60	郭思隆	4759	
	郭　昌	4439	
	郭昌言	1868	4439
		4721	
	郭昌其	4721	
	郭昌時	1868	
	郭景生	3221	
	郭景光刊	1946	
77	郭　用	5104	
	郭　鵬	3408	
	郭學禮	2791	
	郭　奰	5104	
79	郭騰聚刻	5552	
80	郭金湯	2664	
	郭　錞	1574	
90	郭惟勳	2096	
	郭　光	2031	

0748$_6$　贛

| 32 | 贛州府 | 3084 |

0762$_0$　調

| 10 | 調　元 | 5871 |

0762$_7$　誦

| 24 | 誦　先 | 6172 |
| 44 | 誦芬室 | 4495 |

鄸

| 40 | 鄸　柱 | 6486 |

0766$_2$　詔

| | 詔 | 3955 |

0821$_2$　施

	施	4017	4588
		5363	6440
00	施文明	2535	
08	施　詳	1860	
10	施五刊	5140	
	施　元	4750	
	施元友	1086	2004
	施爾忬	3837	
	施天濟	677	
	施天寵	677	
	施天輝	677	
	施　雲	6451	
12	施　瑞	1861	
17	施承緒	677	
	施承軻	677	

22	施　山	4749	
	施繼封書	3517	
24	施佐郎刊	2004	
	施　綷	2654	
25	施仲刻	1714	
	施仲美刻	3828	
27	施　槃	1865	
28	施從謙	145	
30	施永昮	2004	4412
32	施　漸	1623	
	施添準	5004	
33	施必明	799	
35	施禮耕	6391	
37	施　鴻	2654	
	施　選	6418	
38	施　祥	1860	
40	施大猷	6414	
	施志鋭刻	5123	
44	施　華	2022	
46	施觀民	5191	
47	施均宅	961	
	施均寶	961	
48	施　敬	5742	
50	施壽刻	4254	
60	施　見	763	
	施見山	5423	
77	施閏章	5751	

	施肥刊	2004	
80	施企曾	6753	
	施念曾	6752	
	施　美	1714	
88	施篤臣	3104	
90	施惟誠	5151	
99	施榮登	2831	

0821₄　旌

24	旌德湯能臣鐫圖		2193
	旌德李光遠鐫	1399	
	旌德劉亭刻	4275	
	旌德周玉刻	1886	
60	旌邑郭騰聚刻	5552	
	旌邑湯義刻	2190	
	旌邑李光遠刻	5552	
	旌邑趙國良鐫	96	
	旌邑劉慶之鐫	96	
	旌邑劉子美刻	203	
	旌邑劉永日刊	6612	
	旌邑劉達甫刻	4313	
	旌邑劉惟學梓	4313	

0823₃　於

23	於然室	3097
31	於潛儒學	4032
	於潛周希聖書	4032

40	於大如	2604	
42	於斯立	4006	
	於斯行	4006	
58	於鼇	3999	

0824₇　斿

90	斿　光	2802	

0828₁　旋

20	旋采堂藏板	6606	
40	旋吉堂	5712	

0844₀　敦

24	敦化堂	3071	3072
		4344	
28	敦復堂藏板	887	
		6167	
44	敦茆	4050	
46	敦賀屋九兵衛	4586	
50	敦本堂	4719	6282
		6684	6692
74	敦陸堂	5360	
78	敦臨堂	692	
	離臨堂藏板	184	369
		453	563

0863₇　謙

20	謙受堂藏板	6790	
24	謙德堂	115	478
		618	1159
		1297	1401
		1417	2417
		2778	2866
		2867	2871
		2872	2873
		2874	2891
		2920	2921
		2999	3163
		4712	4972
		5676	5748
		5786	5887
		5922	6059
80	謙益堂藏板	6123	6124
	謙　公	5954	

0864₀　許

	許	763	1137
00	許　亨	1868	
	許亨刊	2022	
	許應元	5242	
04	許　讚	1100	
08	許謙次	5896	

10	許天敍	968	
	許可久	2395	
12	許孫荃	869	
17	許孟仁	4656	
	許胥臣	3636	
	許召登	5482	
20	許維新	4254	
21	許順義	772	
22	許繼登	6475	
24	許　佐	6431	
26	許自期	5818	
	許自昌	6714	
28	許　倫	1942	4721
30	許　良	1137	
35	許　清	4938	
37	許　瀾	1086	
40	許培榮	6223	
	許堯勛	3914	
	許嘉謨	5075	
50	許　中	1860	
	許中麗	6318	
	許泰和	1501	
51	許　振	6189	
67	許　明	1435	
77	許閬堂藏板	6580	
80	許　鏞	5573	
	許養刊	2146	

87	許　鏘	2594	
90	許尚中	2604	
	許　焞	1632	3529
		3535	3776
		3859	4443
91	許恒遠堂	3079	

0968_9　談

07	談詔寫	36	
27	談紹寫	6562	
40	談志遠寫刊	2449	
82	談劍山居	3213	

0972_0　鈔

20	鈔香室	4302	

1000_0　一

	一	4582	
00	一　廉	5252	
20	一　秀	4301	
21	一經堂	491	
22	一樂堂	3384	
24	一　科	1612	
30	一　富	4859	
32	一灣齋	196	
	一灣齋藏板	478	
35	一　清	2739	5122

37	一初齋	6414
	一　選	1612
	一　郎	4419
40	一木堂	4728
44	一　菴	1010
50	一本堂	890	4709
60	一　園	4993
76	一隅草堂	1013
77	一　印	4375

二

	二	5160
00	二六書堂	4746
	二棄艸堂	5957
	二棄草堂	6763
10	二酉書莊	3056
	二酉園	6737
	二酉堂	5039
22	二仙庵	2330	4628
		4632	4637
		4641	4646
		4648	4659
		4661	4662
		4673	4691
		6794
26	二自山房	5759

	二泉書院藏板	2148
27	二條通玉屋町上村次郎衛
	門開板	6728
40	二南堂	4702	6612
44	二老閣	38	138
		1195	3525
	二老閣藏板	6036	6077
46	二如居士	3934
55	二曲書院藏板	6223
87	二銘軒藏板	879	3726
88	二餘軒	1952

工

	工	91	955
		3443	3447
		5515

1010₁　三

	三	5160
00	三讓堂	4702
	三讓堂藏板	313
10	三元堂	1130	3125
	三吾官舍	1226
12	三癸亭	5296
21	三衢大西堂	3069
	三衢舒氏四泉	6283

2	三山郡庠	323		88	三餘草堂	78	417
	三山書舍	3092				1773	4243
	三樂堂	6696			三餘堂	1	319
6	三　泉	4523				346	409
7	三多齋	2988	3239			943	947
		3242	3243			1581	2625
		3245	3246			2676	2986
	三多堂	733				3154	3502
	三魚堂藏板	1170				4168	4386
33	三浦源藏板	346				4387	4627
37	三郎書局	4586		90	三省堂	2935	
10	三十六硯居	5211	5757	93	三怡堂	2299	
	三十甕書樓	6242			**正**		
	三木親信	1133					
44	三蘇祠	1484	4764		正	2766	3447
46	三槐堂	844	2144			3451	3452
		3073	3111			4249	4290
		4383	6759			5435	5454
50	三書堂	1133		00	正　彥	4571	
53	三盛堂	1074			正　文	6418	
60	三畏堂	997	1953	03	正誼書院	1491	1774
		2988				1775	2695
71	三原縣署	6711				2702	2737
77	三賢居書屋	4859				2787	2904
80	三益主人	845				2906	2913
	三義堂	1074				2914	2916

		2917	2918	18	玉玲瓏閣	1512	680
		4771	4956	20	玉　禾	4375	
		6016	6635		玉禾堂	994	
	正誼書局	2695	2702	22	玉岩堂	1108	
		2904	2914		玉　山	6359	
		2916	2917	31	玉　涵	677	
		2918		35	玉連環室	2520	
	正誼堂	11	247	38	玉海樓	4792	
		1774	1775	44	玉樹軒藏板	5642	
		1776	2695		玉　林	401	
		2702	2754	47	玉磬齋	600	
		2913	2914	51	玉虹樓	3716	
		2916	2917	53	玉　成	321	
		2918	4965		玉成堂	1133	
		6635		55	玉軸樓	721	
10	正　一	3988		76	玉　陽	1990	
12	正　璠	2241		77	玉屑齋元板	6519	
24	正德堂	2723			玉尺山房	6684	6704
31	正江余高	1137				6705	6706
	正江余六	1137				6723	
	正江余迎	1137		80	玉　谷	5275	
32	正業堂	4315		88	玉鑰堂	51	
50	正　青	6418			玉　符	385	386
77	正學書院	5358					

1010₃　玉

	玉	90	5273

1010₄　王

	王	763	955
		1027	1110

		1133	1137				6363	
		2045	2130		王文德		5021	
		2580	2686		王文進		3702	
		3577	4031		王文林		2216	
		4249	4262		王文昭		5886	
		4588	5267		王文光		2347	
		5294	5299		王　言		6821	
		6440			王　衣		2773	
0	王　立	587			王　玄		6325	
	王　充	2592			王玄樞		5646	
	王　雍	2773			王　京		1603	
	王彦通	3191		01	王　龍		1108	1435
	王　齊	4719					5461	
	王　方	587	3827	02	王　訓		4571	
		4571		03	王　斌		1304	5253
	王方毅	5715		04	王　謨		5396	
	王育德	2103			王　誥		1108	4735
	王　應	3988					5259	
	王應龍	6418			王　勛		6223	6224
	王應俊	340		08	王謙夫		6357	
	王應遜督刊	5366		10	王　一		2739	5212
	王應龙	6418			王一言		586	
	王　庭	5739			王一中		4249	
	王慶餘	6065			王　二		3988	
	王　文	43	587		王　三		3002	4573
		1297	2022		王三元		2129	
		4292	4583		王三元刊		92	

	王三刊	3852			王　石	3002	
	王三四	4292			王吾刻	6576	
	王三錫	1438			王可爵	4285	
	王　正	587	4747		王可成	335	428
		5335			王　云	3028	425
	王　玉	320	4721		王　雲	3028	443
	王　璽	4756			王雲刻	5279	
	王至公	401			王雲鷟	6416	
	王　五	542	1304		王　霖	5840	
		6363		12	王烈光	3651	
	王元登	5181			王　廷	3537	510
	王元貞	3331	3332		王廷望	1610	
		3333	3334		王廷生刊	1350	477
		3335	3336		王廷生刊字	2004	
		3337	3339		王廷憲	4262	
		3340	3341		王廷溥	1303	538
		3342	3350		王廷補鄧仕	5385	
		3351	3731		王廷相	5045	
		4002			王廷相刊	1964	
	王元名刊	4770			王廷幹	4998	
	王元滂寫	1350			王廷燦	1754	
	王元敬	3057			王延生	4747	
	王元明刊	4770		13	王　武	1304	636
	王元烜	5980			王　戩	5896	
	王　震	2491		14	王　功	6223	622
	王干城	344		15	王建中	3002	
	王于蕃	94		17	王孟達	4769	

王孟四	1027	王秉鉞	344
王珊	2031	王秉銓	344
王予	451	21　王順之	4017
王乃昭	1512　5152	王仁	43　2022
王弼	1602		3274
王承之	5262	王仁俊	2273
王承禧	3602	王肯堂	344
王承祚	5262	王卓	4759
王尋	3988	王矣	6363
王子	1027　3221	王衡記	3702
王子正	4747	王桌	4759
王子蟾	416　495	王經	1603　1868
	1609　3809	王經二	4247
王子蟾	549	王繒	1861
王習	587	王頴	6440
王君任	321	22　王川	4254
18　王珍	1963	王鼎	2576
王政	6696	王繼成	2441
20　王垂綱	2987	王繼晃	5507
王秀	5082	王繼明	2791
王秀刊	2011	23　王允孚	2106
王喬	43	王允明	4192
王舜	2374	王獻	5015
王禹疇	613	王弁	2267
王皓	788	王我建	5851
王爵	6363	王綜	2187
王禾	6363	24　王化遠	3651

王先謙	565	594	
王　佐	1946	2162	
王　德	4285		
王德瑞	2017	5422	
王德瑛	755		
王德森	5738		
王德明	1434		
王德光	2022		
王　佑	3032		
王　告	1108		
王　科	6418		
25 王　仲	5300		
王仲元	1086		
王仲昭	1504		
王　健	5254		
王　俸	5363		
王　朱	2022	4017	
26 王自珍寫	1946		
王伯才	4252	4258	
	4439	6451	
王伯才刻	1874		
王　保	2031		
王　皐	4292		
王　吳	4254		
王　和	2022		
王和刊	2374		
27 王修齋	5182		

王　象	2031		
王象乾	3758	636⁹	
	6812		
王象晉	6812		
王　久	2031		
王尔吉	320		
王　粲	321		
王叔本	3556		
王叔杲	4998		
王紹思	4936		
28 王以正	2022		
王以道	1	2022	
王以才刊	1964		
王以南	2022		
王以敬	2031		
王以成	2022		
王　倫	6	320	
	2374	6363	
王　徵	1044		
王徵逸	5030		
王　儀	5073		
王　綸	6380		
30 王宜中	2576		
王宜忠	2576		
王　濟	6325		
王　寧	1023		
王　完	4127		

王　寵	1942		王宗舜	5207	
王永從	4586		王宗沐	972	1623
王永清	5826			4993	5161
王家俊	2774		王宗敏	5567	
王家棟	2154		王宗炎	1177	1591
王　進	1861			3505	
王之京	4126	31	王　汗	1868	
王之詮	2773	32	王　州	3697	
王之垣	2773		王兆鰲	2015	
王之輔	1438		王兆杲	5849	
王之義	823		王　礼	91	2022
王　宇	4290			5159	
王　安	4290		王近山	3502	4265
王安舜	4929		王業浩校刻	1679	
王　富	3274	33	王　溥	1303	
王　容	4285		王　治	5141	
王　良	1137	2017	王治刊	1348	
	5122		王　補	2773	
王良弼	4721		王　梁	36	
王良萬	4721	34	王　澍	3502	
王良相	4721		王　汝	146	
王良舉	4721		王汝訓	1436	
王良智	1984		王汝夔	3502	
王　寅	5157		王汝鄰	4962	
王　寊	4292		王　浩	1086	3274
王宗彥	5194		王　祺	2248	
王宗予	5194	35	王　溱	2751	5098

	王 涷	1655			王 大	3988	
	王禮培	4585			王大度	3827	
	王連方	3827			王大韶	2245	
36	王 褆	2773			王大益	1663	
37	王 洞	1655			王 太	3988	
	王 祖	1714			王 士	2004	
	王祖嫡	3328			王士彦	957	
	王 通	4747			王士貞	4533	
	王迎之	587			王士禛	1815	5019
38	王 激	6357				5158	5831
	王 海	542				5896	5963
	王 洽	1490			王士華	2004	
	王 道	3191	4870		王培孫	3005	
		6365			王 才	36	
	王道行	521	637		王堯封	345	
		813	1101		王 堯	1023	
		2373			王 克	451	
	王道和刻	5507			王克昌	5793	
	王道南	1			王 有	2022	2031
	王道增	1927			王 南	2022	
	王道顯	2799			王希圣	2129	
	王啟疆	344			王希賢	2926	
40	王 龙	1620			王希慎	2017	
	王 九	4251			王存一	3341	
	王九成	38	3191		王 志	2395	5171
	王九思	2129			王志堅	6498	
	王九叙	5262			王嘉實	1438	4324

	王嘉愷	367	687		王若屏	1142		
	王吉人	5842			王　荀	5461		
	王壽康	4109			王　喆	3404		
	王　七	3988			王　世	1435		
	王　真	2774			王世瑛	2831		
	王木刻	36			王世玢	2831		
	王木寫	36			王世仁	677		
	王　榜	215	6418		王世貞	3332	3333	
		6627				3350	5464	
42	王　圻	3689				6415		
	王荆岑	5498			王世韜	1679		
	王　橋	43			王世茂	6572		
43	王　越	4292			王世英刊	1942		
	王　术	36			王世貫	1435		
44	王協夢	5857			王世隆	2130		
	王藩臣	5253			王　共	1655		
	王夢良	5128			王其章	2218		
	王芝林	3522	3953		王其龍	2218		
		4871			王其玉	52		
	王　燕	5732			王　材	1868		
	王懋訥	6088			王材振	5841		
	王懋曾	5391			王　荣	2315	4229	
	王懋鋸	3819				5253		
	王孝艾	2543			王　桂	2031	2576	
	王萬育	4732			王　植	883		
	王　華	2004			王　楠	587		
	王　英	1868	3048	45	王坤寫	1977		

	王　棟	1027	1868
46	王加良	2017	5422
	王　塤	4785	
	王如錫	4755	
	王　相	1303	5831
		5892	
	王相臣	4175	
	王　槐	2022	
47	王懿榮	5428	5672
	王　朝	4292	5347
		5381	
	王朝鳴	4292	
	王朝用	4800	5056
	王妳子	5347	
	王妳四	5347	
	王　胡	1867	
	王都寫	1642	4286
	王　杞	2576	
48	王　乾	2374	5033
	王　教	6696	
	王　松	1027	1655
		5122	
	王　枚	320	
50	王中渠	5030	
	王　夫	587	
	王泰來	6263	
	王　本	325	

	王本刊	2374	
	王　忠	1603	
	王　惠	3954	
	王　春	1297	2023
	王　貴	1435	4285
		4286	
	王貴刻	1642	
	王東泉	5030	
	王東臯	5777	
51	王振祖	5718	
	王振華	340	
52	王折桂謄録	215	
	王　靜	2581	2715
		5203	
53	王　盛	320	
	王　成	1127	1714
		2315	
	王成刻	4254	
54	王　勛	6223	6224
	王　耤	3431	3432
		3744	3805
		4277	4228
60	王日新	2576	
	王曰高	5867	
	王　昷	4254	
	王　昱	2022	
	王　國	1868	

	王國覿	2800			王時倬	2040		
	王國珍	1868			王時初	4002		
	王國維	4181	6779		王時槐	5199		
	王國牧	1345			王時敏	1386	5379	
	王國樞	2800	67	王　明	451	1670		
	王國楨	2090	2092			1868	2820	
		6435				3988	4173	
	王　四	1435				4285	4978	
	王　易	3002				5335	6418	
	王　思	489	3967		王　昭	1868		
	王思誠	4978			王昭服	5175		
	王思城	5335			王嗣經	3762		
	王思成	5335			王嗣槐	2681		
	王思賢	2022	70	王　璧	2773			
	王思義	3471	5396	71	王　臣	2040		
	王　因	2022	72	王氏棠蔭館	319			
	王　吳	2011			王岳陞	344		
	王　昇	4934			王　兵	587	2374	
	王　回	2022	77	王鳳翔	5498			
	王　昌	1860			王　月	4292		
	王昌祖	5718			王　用	2374	5033	
	王景元	6177			王同讚	5244		
	王景英	1086			王同鼎	1127		
61	王　顯	4254			王同倫	4719		
	王顯子	1027			王鵬運	2283		
64	王　時	1964			王又華	6810		
	王時玏	949			王聞刊	4583		

王聞遠	2549	3673	
	3718		
王學傳	2386		
王閎	4583		
王印元	2604		
王民皡	4290		
王興	5300		
王賢	43	6363	
79 王勝	2005		
王勝二	4759		
80 王企埥	5829		
王益	587		
王益吾	1117		
王金科	1308		
王鎬刊	4721		
王今山	2019		
王念祖	5867		
王善	1714	4254	
王命濬	4867		
王公	401		
王余高	4889		
84 王鎮刊	3274		
86 王錫齡	2214		
王錦	1642	4285	
	4286		
王智	587		
87 王欽	1999		
王欽明	2633	3644	
	3843	3917	
	4044	4045	
	4047	4463	
	4464		
88 王籥	5095		
王箴聽	6130		
王箴輿	2832		
90 王惟宋	4735	5259	
王惟臣	5015		
王惟賢	5080		
王惟善	4941		
王堂	3028	4721	
	6418		
王堂刊	2146		
王少塘	3587		
王光	2022		
王光宙寫	1350		
王尚	3002		
王尚修	4031		
王尚質	2040		
91 王炳爕	5216		
94 王慎吾	3031	3038	
97 王恪	5719		
王燦	5488		

至

17	至　柔	5701
38	至　道	2029
80	至　公	321

1010₇　五

	五	3955	
10	五百經幢館	5084	
	五雲樓	1074	
	五雲松溪	168	
	五雲堂	3073	3111
21	五經堂	1761	1773
	五經堂藏板	5948	
		6618	
22	五樂堂	4235	6387
28	五徵堂藏板	6173	
44	五草園藏板	5836	
	五華書院	877	4969
		5430	
	五世讀書園	5326	
	五桂樓	5742	
	五桂堂	540	
50	五車樓	1133	5720
	五書堂	2528	
77	五鳳樓	4315	4385
88	五敏園	6150	6151
		6152	

盂

22	盂縣教育會	6098

1010₈　巫

22	巫繼咸	4249

靈

22	靈峯精舍	1773
88	靈竺玄樓藏板	3639

1011₁　霏

10	霏玉樓	3487

1014₁　聶

14	聶　璜	5012
22	聶繼皋	5363
27	聶叔頤	5163
30	聶　瀜	1998
46	聶如璋	5757

1017₇　雪

10	雪石軒	6262
40	雪　樵	4933

1020₀　丁

	丁	1110	
00	丁應標	2248	
	丁　文	1642	4286
10	丁一刊	2123	
	丁　二	2123	
	丁　丙	4799	
	丁雲鵬	3429	
11	丁孺端	5079	
12	丁廷會	4777	
14	丁　瓚	3055	
22	丁　山	321	
26	丁自申	5123	
30	丁之喬	4996	
	丁　賓	5238	5317
	丁　寶	1555	
34	丁汝端	5079	
	丁汝寬	5079	
	丁　洪	413	5486
37	丁鴻儒	2123	
	丁祖蔭	5662	
40	丁　坊	4609	
44	丁蓼菴	4451	
	丁世濬	5535	
	丁桂芳	5934	
54	丁拱宸	6050	

61	丁　顯	943	1051
		1052	1056
		1057	1063
		1064	
64	丁時善	2604	
97	丁　恂	5079	
	丁耀亢	5521	5904

1021₁　元

	元	763	955
		1110	1133
		1676	2031
		2494	3955
		4290	4582
		5033	5435
		5499	6440
		6545	
00	元應會	4820	
17	元孟朝	5082	
25	元　生	1086	
27	元　修	4719	
30	元　宰	4783	
38	元　海	2426	
40	元　吉	2576	
43	元始堂	1520	
50	元　夫	5481	
51	元　振	3002	

88	元　銓	1946	
	元　符	2805	4223

1021₄　霍

11	霍　冀	2676	
42	霍　韜	1349	
77	霍與瑕	5104	

崔

21	崔上會	1297

1022₃　霽

10	霽雲閣	3380
22	霽峯	6235
30	霽宇	6812

1022₇　万

	万	1436	4262
		5095	6446
00	万文光	5335	
	万言	4439	
10	万一	4251	
	万三	4251	
12	万刊	4921	
21	万儒	5499	
23	万傳	385	386
26	万伯成	3104	

	万伯明	2019
30	万定	1297
40	万志	1435
44	万華	2019
	万其	5335
47	万朝文	2019
60	万里	2441
86	万智	3104

而

10	而晉	4297
90	而光	677

雨

	雨	4262
00	雨亭	4844
12	雨水亭	93
44	雨莘	6280
80	雨金堂	5393
	雨公	3837

兩

00	兩廣督署	3134	
28	兩儀堂	510	1074
		2706	3060
		3087	
30	兩淮都轉運鹽使司	1655	

32	兩浙鹽驛道庫藏板	2227

鬲

35	鬲津草堂	4370

爾

24	爾　先	6475
36	爾　祝	345
43	爾　博	5567
56	爾　操	3002
70	爾雅堂藏板	6608

1023₀　下

23	下　伏	587
40	下大賔	2129
42	下荊南道署藏板	2228
77	下　鳳	2022
	下學堂	1773

1023₂　弦

17	弦歌精舍	4504

1024₇　夏

	夏	5442	6489
00	夏　立	43	
	夏　彦	4258	
	夏　鸞	1868	

	夏　文	632	
	夏文瑞	1868	
	夏文德	4609	
	夏文憲	2787	
	夏文憲	1108	
	夏文祥	1108	1620
	夏文祥刻	36	
	夏文錫	632	
	夏文煥	1868	
	夏　京	1388	
10	夏　二	2022	
	夏二復	1308	
	夏三復	1308	
	夏元刻	5341	
	夏　晉	587	
	夏　云	5180	5578
	夏　雲	5180	
	夏　霖	1868	
12	夏廷章寫	2592	
	夏廷聰	36	
17	夏　子	788	
20	夏舜夫	1868	
	夏禹國	1308	
21	夏上官	2129	
	夏上中	2129	
	夏　仁	25	
	夏　儒	1138	

	夏衙藏板	6610			夏世泰	1308	
22	夏繼虞	1308			夏荣刻	1868	
23	夏　俊	1868		46	夏　恕	36	1868
24	夏休生	3998		50	夏　本	2022	
27	夏侯子鎏	5216			夏　忠	1308	
	夏名賢	4998		53	夏　甫	6437	
30	夏之正	6610		57	夏　邦	2022	4439
	夏　憲	4721			夏邦彦	1874	2441
	夏　良	1868				4252	4258
	夏良刻	5254				4439	4759
	夏良才	5376			夏邦彦刊	5287	
	夏　官	4721			夏邦祥	36	
33	夏　浚	4770		58	夏　掄	5376	
34	夏汝珍	357			夏　敖	1868	
	夏洪基	4045		60	夏　里	3967	
37	夏　郎	4001			夏　昇	1868	
38	夏　激	1868			夏昌期	2017	
	夏道南	5255			夏昌盛	2017	
40	夏九州	4770			夏　昆	1714	
	夏大賓	2129			夏景星	1308	
	夏大賓刊	92			夏景頤	4709	
	夏大有	2129			夏景陽	4721	
	夏大本	2022		64	夏　時	6307	
41	夏　楨	1467		67	夏明刊	2038	
44	夏荔園	1467	1468	71	夏長清	1467	1468
	夏世亨	1308		77	夏　鳳	2022	
	夏世祥	1308		86	夏　錫	632	

90	夏　尚	4292	
	夏尚官刊	92	
	夏尚實	2129	
	夏尚思	2129	
	夏尚恩	4292	
97	夏　煥	36	
99	夏　燮	1327	

霞

24	霞綺園藏板	6681	
34	霞漪閣	4577	
77	霞舉堂	2198	2648
		3431	3432
		3440	3656
		4163	4479

1033₂　恧

| 恧 | 955 | |

1040₀　于

	于	2494	4249
		4588	5294
00	于　庭	5259	
	于文刻	5473	
01	于　龍	4285	
10	于　二	4292	
	于　正	1998	

11	于珂臣	459	
17	于孟龍	4747	
24	于德昌	1510	3518
		5064	
	于待聘	4324	
	于　緯	2615	3593
		5454	
25	于　俸	2017	
30	于永清	3908	
33	于　必	4065	
	于必胡志	4065	
34	于汝庭	5259	
	于　遠	2017	
38	于　禬	1438	
40	于　龙	4285	
44	于　藻	2557	
	于　茂	2017	
	于　華	1714	
47	于　胡	4065	
53	于成刻	1868	
60	于　畢	2687	
67	于　明	1499	
77	于熙學	6096	
90	于肖龍	1467	
94	于慎行	5454	

		403	644
		1026	1175
		1184	1599
		1804	1805
		1995	2431
		2680	2700
		2866	3156
		3159	3222
		3235	3715
		3733	4068
		4154	4174
		4198	4856
		5113	6300
		6349	6374

1040₇　亐

| 60 | 亐　見 | 5335 | |

1040₉　平

10	平露堂	3021	3050
22	平　山	958	
	平樂寺	3092	
25	平　仲	1040	
30	平安蘭園	2368	
31	平江馮元惇校書	2804	
	平江貝氏千墨荼鈔藏本		
		6257	
	平江路儒學	3264	
34	平遠書屋	1003	
53	平　甫	6817	
67	平野屋善兵衞	2676	
71	平厓書屋	1914	
74	平陵史繼辰	92	

1043₀　天

	天	1304	4947
		5041	
00	天　文	5475	
10	天　一	1063	
	天一閣	1	16
		319	330

12	天瑞堂	2886	
	天瑞堂藏板	1753	
22	天　僕	1005	
24	天　付	5252	
	天德堂	3132	3133
		3177	
	天德堂藏板	4731	
26	天　得	4770	
	天保樓	3129	
	天和堂	4383	
30	天寧寺	4585	
	天寶樓	3114	
	天寶書局	3045	3333

		3334	3409
		3453	4489
		4492	
31	天　渠	6	320
33	天心閣藏板	573	
37	天禄齋藏板	3297	
	天禄閣	1784	
38	天祚抄	5507	
	天　祥	1063	1303
		2017	
40	天　士	5550	
	天　右	1435	
	天　七	4247	
44	天藜閣	705	6598
	天藜閣藏板	5796	
	天茁園藏板	6762	
47	天都吳彦三敦節氏書	4050	
67	天　明	4759	
71	天馬山房藏板	5814	
76	天咫閣	5710	
77	天尺樓	5152	
80	天益山藏板	768	
86	天錫刊	1350	
88	天籟堂	5409	
97	天　煦	5252	

1044₇　再
| 40 | 再　來 | 2319 | 5695 |
| 77 | 再　吳 | 2004 | |

冄
| 40 | 冄　友 | 4419 | |

1052₇　霸
| 32 | 霸州道 | 2484 | |
| 74 | 霸陵李燦然刊 | 1044 | |

1060₀　石
	石	1110	
00	石應魁	5168	
10	石雲居	5579	
11	石頭書院	5104	
12	石　璞	4719	
	石　珽	5556	
16	石　珵	5556	
17	石　君	1091	
21	石經艸堂藏板	1046	
26	石伯勝	1086	
30	石　宗	254	
31	石渠閣	1045	3978
		4246	4306
		6637	

33	石梁終	4285		43	百城樓藏板	4445	
36	石泗	2031			**西**		
40	石志良	957					
43	石城王荆岑督刊		5498		西	1147	1304
44	石藻	6271				6440	
	石芭	6271		00	西齋	4712	
	石村書屋	6772	6774	10	西天竺青河髮僧		4585
		6775		30	西安府	2605	2606
47	石帆花屋	6790				5029	5262
48	石松	2687		32	西溪草堂	5845	
50	石夫	6419		40	西爽堂	5742	
53	石書	6066			西爽堂藏板	1122	
60	石疊山房	964		44	西村喜兵衛	6307	
65	石嘯居	849			西村又左衛門	6307	
71	石厓	324		60	西蜀張一鯤雕行		5639
79	石勝	1086			西圉	3466	
80	石全	1642	4285		西圉	6771	
		4286			西田勝兵衛	4586	
	石鏡山房	92	146		西園	4019	5886
		5933		71	西阪艸堂	2065	
81	石甋山房藏板	5765		74	西陂艸堂藏板	6547	
88	石竹山房	3099	3100		**酉**		
90	石惟慎	5725					
	石光	2031		22	酉山堂	1174	1208
	百					1229	1230
						1240	1613
22	百川高氏	3934				1660	1912

		1937	2118
		3060	3733
		3743	4389
00	雷　孝		6418
38	雷　祥		957
		4552	4558
		4559	

1060₃　雷

| 00 | 雷　孝 | 6418 | |
| 38 | 雷　祥 | 957 | |

面

| 43 | 面城樓 | 1194 | 2352 |
| | | 2421 | |

1062₀　可

	可	1133	
00	可　孝	5376	
22	可繼堂	6645	
27	可　久	385	386
		2395	
38	可道刻	2794	
77	可閒堂藏板	6510	
78	可臨堂藏板	5293	

1060₁　吾

| | 吾 | 1147 | |
| 21 | 吾　儒 | 1620 | |

晉

	晉	5033	
00	晉　府	3311	
12	晉水施必明攬刻		799
	晉水柯爲章刻	5918	
30	晉家仁	2833	2834
	晉家銓	2833	2834
37	晉淑健	2833	2834
74	晉陵孟純禮刊	4299	
	晉陵孟純禮寫刻		5468
76	晉陽書院	5779	
77	晉　卿	145	

1064₈　醉

21	醉經樓	1180	3343
		3688	
27	醉緑居	2633	3644
		3845	3918
		4463	4464
40	醉古堂	5310	
55	醉耕堂藏板	5552	
88	醉竹軒	5742	

1073₁　云

| | 云 | 955 | 5033 |

		5299	6424		雲杜魏實秀書	3762	
		6446			雲林閣	3372	
24	云　升	385	386	45	雲樓寺	4588	
40	云　九	5524		47	雲根書屋	4719	
47	云　鶴	5422		48	雲翰樓	978	
				72	雲丘書院藏	5119	

雲

					雲隱堂	115	
00	雲　亭	6197		77	雲　卿	3827	
12	雲瑞樓	4488	4642		雲間平露堂	3021	
	雲水樓藏板	4605			雲間張美刻	419	
21	雲衢張氏鼎新朵行	1093			雲間孫訥刻	648	5434
22	雲山書院	1613	1660		雲間孫崇文刻	1813	
		1912	1937		雲間顧濟刻	3570	
		2118	3743		雲間潘晉卿刻	3569	
		3754	4389		雲間周有光刻	3438	4027
		4393	4394				

1077₂　函

		4396	4399				
		4406	4552	22	函山館藏板	2541	
		4558	4559	50	函　中	5614	
26	雲自在龕	1948	2274				
		2543	5151				

1080₆　貢

40	雲在樓	337		30	貢安國	2412	
	雲南布政使司	3908			貢　良	1137	
	雲南書局	1920		31	貢江良	1137	
	雲南圖書館	5498		40	貢大化	6712	
44	雲蔭堂	5747					

賈

	賈	4031	
00	賈應春	4429	
27	賈　緣	4856	
30	賈　安	957	
40	賈　爽	4831	
	賈克忠	1700	
80	賈毓祥	3027	
90	賈小一	957	
	賈　棠	187	4973
95	賈　性	4224	

1090₀ 不

10	不二齋	2390
22	不斷□齋藏板	5268
27	不負齋	6070

1090₄ 粟

20	粟香室	3740	6721

1111₀ 北

22	北　山	5867
	北山僧明中寫	6159

1111₁ 非

47	非　馨	6470

玩

	玩	4017

1111₇ 甄

35	甄　津	5199

琥

	琥	4947

1113₆ 鞋

44	鞋英館	456	529
		565	594

1118₆ 項

00	項亮臣	1555	
10	項玉筍	1749	
	項元汴	5418	
	項元濂	5366	
16	項　瓌	4829	
25	項仲連	5157	
26	項皋謨	335	
44	項夢昶	6329	
	項夢原	1089	
88	項篤壽	1138	1267
		1530	1877
		3577	5180

項篤周　　　　4127

1120₇　琴

琴　　　　　　3013　5328
22　琴川書屋　　　370
琴川周應時　　1027

1121₁　麗

36　麗澤書屋　　1527
麗澤館　　　　6723
麗澤堂　　　　3073　4182
55　麗農山房　　221

1121₆　彊

46　彊恕堂藏板　1579

1123₂　張

張　　　　　　612　1137
　　　　　　　1147　1870
　　　　　　　2494　4031
　　　　　　　4290　4588
　　　　　　　5299
00　張　立　　2031　2129
　　　　　　　3988
張　亨　　　1948
張　方　　　1998　4251
張方客　　　5896

張裔軒　　　　1092
張　卜　　　　1642　4285
　　　　　　　4286
張　應　　　　4248
張應時　　　　2950　5161
張　慶　　　　1670　5381
張慶徵　　　　1568
張廣祖　　　　3221
張亦緝　　　　2604
張　文　　　　1137　1642
　　　　　　　1655　2687
　　　　　　　4285　4286
　　　　　　　4573　5180
　　　　　　　5335
張文言　　　　1642　4285
　　　　　　　4286
張文元刊　　　5611
張文瑞　　　　2114
張文瓚　　　　6190
張文泉　　　　4285
張文綬　　　　6190
張文柱　　　　4445
張文藝齋　　　6102
張文林　　　　6343
張文光　　　　4439
張文炳　　　　1465
張文頴　　　　1168

張　孛	4292		
張　峯	1435		
張　言	3069		
張　六	2004	4573	
	4757	5335	
01　張　龍	5381		
張龍袞	5459		
03　張　斌	4439		
張　誠	2632		
08　張旅桂	2214		
張　效	3569		
張　詮	2576		
張　謙	2652		
10　張　一	1948		
張一秀	3221		
張一鯤	5639		
張一棟	3095	3096	
張一鳳	1642	4286	
	5235		
張　二	1670		
張三畏	6457		
張　正	869		
張正岳	6570		
張　玉	3274	4375	
	5335	6445	
	6644		
張玉輔	115		

張　五	1137	3988	
張五刊	335		
張　元	1027	2031	
	2040	3002	
	3098	4248	
	5253	5347	
張元亨	1876		
張元電	3963		
張元刊	5571		
張元旭	5215		
張元昇	5215		
張元吳	2004		
張元善	987		
張元錫	4963		
張元憬	5507		
張　霽	6189		
張　萬	3191		
張　雨	2140		
張雨珊	1117		
張天順	50		
張天植	6688		
張可久	3592		
張可旺	4571		
張　電	484	632	
	1620		
張　雲	5341		
11　張　斐	3074	3075	

		3080	張豫誠 1177
12	張　登	50	張　弨 954
	張引川	4541	張子道 3988
	張弘至	4961	張　習 4830　5152
	張廷獻刻字	2532	5186　6320
	張廷俊文英寫	4734	張　翼刊 1948
	張廷宲	6225	18　張　璈 1874　4439
	張延登	954	6451
	張　孫	1948　3988	張　璈刻 4258
13	張　武	6418	張　璬 115
14	張　琦	3063　5027	張　珍 5180
	張　璜	1868	20　張　重 1027
	張　瓚	2692	張　位 2388　4806
15	張　瓚	4856	張　秀 3221
	張　瓚刻	1868	張喬松 3002
16	張聖佐	2657	張　采 499
	張　環	2124	張維樞 3026
17	張珮之	5376	張維城 5424
	張　玘	319	張維藩 3109
	張　瑚	5201	張稚通 2182
	張　琛	5335	21　張　順 1435
	張羽卿	484	張　仁 632　957
	張承業	1435	2017　2022
	張承祖	335　1435	4251
	張承祖刊	2247	張仁浹 292
	張承芳	69	張　行 5253
	張承葉	1435	張　便 632

	張　鹵	1133	
	張睿卿	2182	
	張師載	2881	
	張師栻	146	
	張　經	6363	
	張經世	955	
22	張胤隆刻	5509	
	張鼎思	3002	
	張　後	5335	
	張後刊	2017	
	張　山	763	
	張繼寅	4759	
	張　彩	3028	
23	張　允	940	
	張允中繕寫	1992	
	張獻翼	5386	
24	張佳胤	5255	5261
		5336	
	張德方	1	
	張德坤	4725	
	張德夫	5270	
	張德榮	1188	1601
	張　僖	1510	3518
	張　岐	5159	5180
25	張　生	451	
	張　仲	1485	4375
	張仲實	1861	

	張体元	4573	
	張純修	1022	5974
26	張自新	2800	
	張伯行	1774	4956
	張　穆	4500	
27	張堅刊	2004	
	張仰生	2315	
	張象賢	1944	
	張　冬	1948	
	張魚藻	5569	
	張名遠	3221	4747
	張　魯	5070	
	張魯文	726	
	張　紀	1670	
	張　綱	4886	
	張叔璽	5335	
	張叔籟	2326	
	張紹文	6084	
	張紹仁	2238	
	張紹祖	3569	
	張紹祖刻	6539	
	張紹棠	6084	
28	張作楠	321	401
		1174	1937
		3519	3520
		3739	4669
30	張　寧	5512	

	張寬然	3971		32	張兆炎	1168	
	張　永	4285		33	張　溥	2576	3846
	張永茂	4747				4169	
	張永忠	5374			張述齡	2174	
	張家喻督刊	541		34	張　沈	5376	
	張　進	1137			張　汝	2031	
	張　憲	632			張汝元	5633	
	張守約	6189			張汝霖	1944	5238
	張守中	3048	4721			5470	6764
		5102			張汝翼	6055	
	張守星	2214			張汝德刊	2123	2315
	張守愚	6190			張汝舟	4759	
	張守明	4571			張汝紀	5141	
	張安淳	3795			張汝濟	5347	
	張　富	4721			張汝治	4001	
	張良知	5064			張汝戀	5470	
	張　定	451			張汝賢	3758	
	張定徵	5481			張汝美	2010	2123
	張　寅	484	2005			2315	
	張賓宇	4039			張　洪	1435	
	張　宗	2441			張洪刊	2004	
	張宗孟	5015	6818		張洪儒	4725	
	張宗宝	1999			張　祐	4719	
	張宗祥	1212	2404		張　祐	432	1948
	張宗載	5335				3002	5347
	張宗乾	2374				5381	6510
31	張福興	3274			張　達	6	320

35	張溱	5242	
	張溱刻	6728	
	張禮	2208	
36	張澤	5651	
37	張湖	1714	4164
		4254	
	張鴻賜	5306	
	張祖	4254	
	張禄	5335	
	張運泰	6556	
38	張海	2019	
	張海鵬	737	1097
		1130	1179
		1184	1188
		1217	1218
		1220	1228
		1240	1242
		1245	1262
		1264	1274
		1327	1524
		1613	1784
		1853	1854
		1855	1913
		2069	2074
		2243	2277
		2293	2352
		2495	2591
		2607	2608
		2676	2998
		3045	3181
		3238	3410
		3422	3459
		3518	3709
		3942	4169
		4171	4392
		4407	4454
		4471	4739
		5662	5802
		6759	
	張遂	1027	
	張道宗	2338	
39	張泮	5106	
40	張力廷	3572	
	張大純	2210	
	張大忠	2489	
	張大益	50	
	張大猷	3414	
	張友生	2123	
	張士寧	3077	
	張士楸	5509	
	張士隆	1478	1479
		1480	
	張培道	6822	
	張在	2441	3274

		5376	
張在乙	2053		
張在戊	2053		
張寉鳴	1435		
張克文	1862	4218	
張有常	4017		
張　希	2395		
張希載	5465		
張希舉	4989		
張存誠	4168		
張志選	5033		
張吉士	6818		
張吉甫刻	1560		
張　奇	4285		
張壽鏞	1959	2206	
	4788	4803	
	4816	5027	
	5134	5907	
張　雄	957		
張　木	2580	6325	
張　垣	5446		41
張載華	1739		43
張　萱	3810	4641	44
張夢錫	4495		
張　芹	6343		
張　芳	5725		
張茂生	5594		

張茂初刻	949	
張茂槐	2017	5422
張茂春	6457	
張茂貴	2017	
張芝庭	6001	
張燕翼	1668	5386
張懋倫	4691	
張懋辰	4445	
張　華	1435	1714
	4254	5159
張華年	6023	
張　英	2031	
張若遷	3891	
張若時	5082	
張世綏	4961	
張世偉	1825	
張世緯	2678	
張世績	2678	
張世綱	2678	
張世澤繕寫	4971	
張世坊	2334	3671
	5859	
張世坤	2334	3671
	5859	
張世則	3149	
張　節	5335	5559
張贊督刊	6457	

	張　荣	5381	
	張荣旺刊	2004	
	張　杜	5422	
	張　桂	6575	
	張桂芬	5569	
	張桂芳	5569	
	張桂卿	797	
45	張　椿	4324	
	張　楝	1108	
46	張　旭	5035	
	張　相	1867	3967
		4439	
47	張　鶴	2004	
	張鶴鳴	408	
	張　朝	6363	
	張　杞	657	
48	張翰如	203	
	張　敬	1603	
	張松孫	221	
	張　樽	1642	4285
		4286	
50	張　泰	1449	6817
	張　本	1108	1110
	張　惠	1027	
	張　忠	1473	
	張忠良	50	
	張書紳	6818	

	張　春	6418	
	張春刻	6728	
	張　貴	2017	4001
		4176	
51	張振先	6448	
	張　軒	1948	
53	張　拭	183	
	張　成	451	1861
	張成宗	2441	
55	張慧華	4769	
	張　贊	632	1868
57	張　邦	1109	5259
	張邦彦	1996	
	張邦敬刊	1603	
	張邦本	4735	5259
	張　輅	3505	
58	張　敖	632	5159
		6325	
	張　鰲	5151	
60	張□功刻	2040	
	張國維	145	3050
		4806	
	張國仁	4864	
	張國祥	26	
	張　四	1137	
	張四科	6203	
	張易刻	5376	

張　　愚	3619	3620	
張　　恩	1861	6325	
張　　田	1086		
張曼漪	6684	6686	
張　　昇	320		
張　　旺	1861		
張　　吶	2633		
張　　曉	4247		
張時震	5254		
張時徹	3095	3096	
	5204		
張時中	3697		
張時曉	4247		
張時曉刊	2315		
張時用	2604		
張時節刊	5262		
張賜銘刊	2004		
張　　明	451	5376	
張明璽	3619		
張明俊	3619		
張明俠	3619		
張明傑	3619		
張明喆	1861		
張鳴岐	5376		
張　　暉	4574		
張暉寫	69		
張鶚翼	6696		

	張　　鷺	4127	4408	
	張　　照	2031	3002	
		6510		
71	張　　辰	5063		
	張　　巨	4292		
72	張所望	4861	6390	
	張氏敦臨堂	184		
	張氏滋德堂	214		
	張　　岳	2129		
	張　　兵	632		
74	張　　隨	2161		
75	張體元	4247		
	張體乾	5991		
77	張堅刊	2004		
	張　　鳳	484	2029	
		2441	5386	
	張鳳刻	3570		
	張鳳翼	1668		
	張　　隆	3002	6418	
	張　　尾	3274		
	張　　用	957		
	張卿雲	6075		
	張　　鵬	5031		
	張鵬一	5982		
	張鵬飛	3022		
	張鵬翮	1569		
	張又良	264		

	張學戀	2114	6268				4739	56⋯
	張　譽	1653			張　銘	4126		
	張問達	1044			張　欽	5201		
	張　呉	413	1137	88	張　銓	1541	55⋯	
	張　興	3988			張鑑祥	2051		
79	張　勝	4247			張　籛	4729		
80	張人崧	6105			張　範	4864		
	張企之	5507			張敏德	3198		
	張　全	3988			張　箕	2441		
	張全恩	2140		90	張惟任	6312		
	張金吾	6779			張惟良	6472		
	張今傅	5063			張　惇	5509		
	張　弟	2031			張　少	4017		
	張　尊	1642	6363		張少吾	999		
	張　美	419	5473		張光祖	4781		
	張　年	4573			張尚淳	3619		
	張　善	1861			張　棠	5776		
	張　会	1027		91	張炳翔	5662		
	張公瑞	2672		97	張煥寫	1977		
	張養正	2626	5614	99	張　榮	3988		
		6737						

1142₇　孺

82	張鍾福	999
84	張　銑	1504
86	張　錫	320
	張錫琨	6625
	張錫蘭	2185
87	張鈞衡	3928 　4441

17	孺翼	677

1164₀　研

27	研綠山房	4736
40	研古樓	1739

87	研録山房	5445	

1173₂　裴

01	裴　龍	5201	5335
02	裴　端	4001	
26	裴　吳	4262	
39	裴　沙	72	4001
40	裴　皮	72	
	裴來京	144	
43	裴　龙	5335	
44	裴世壘	2011	5095
	裴世壘刻	5419	
60	裴　旦	1465	
64	裴　魁	5335	

1180₁　冀

24	冀　綺	4497	
30	冀守謙	6492	

1180₆　贅

	贅	5033

1210₈　登

	登	4262	6446
01	登龍館	4321	
10	登　天	2164	
	登　雲	2156	

1212₇　瑞

	瑞	1036	1133
		3013	3827
		5299	
10	瑞露軒藏板	750	
	瑞　石	4859	
	瑞石軒	1015	
	瑞雲館	999	
24	瑞　先	5423	
28	瑞　倫	2017	
	瑞　儉	2017	
30	瑞安許倫刊	4721	
	瑞安許倫梓	4721	
44	瑞　華	5422	
	瑞　其	2017	
58	瑞　鰲	2017	
80	瑞金賴俶寫	6236	

1213₄　璞

90	璞堂藏板	5917

1215₃　璣

21	璣衡堂	3177

1223₀　水

10	水西書屋藏板	898

28	水繪庵	6581	
33	水心齋	4719	
	水心草堂	870	2924
67	水明廔	4923	
	水野氏	1133	
71	水原氏	953	
88	水筠山房	4413	

弘

	弘	1133	2031
00	弘文書院	997	
02	弘訓堂	6603	
21	弘仁堂	4236	
38	弘道書院	1514	3132
	弘道堂藏板	2288	
48	弘教書院	4583	4585

1224₇ 弢

60	弢 園	4581	

發

10	發干蘇恒録	6047	

1240₀ 刊

	刊	3977

1240₁ 廷

	廷	91	1036
17	廷 珮	6363	
20	廷 受	3827	
24	廷 升	1137	
27	廷 彝	3099	
	廷 紀	1670	
67	廷 吹	1886	
77	廷 巳	1670	

延

25	延 生	4747
27	延綠吟館藏板	6018
40	延古堂	2543
74	延陵堂藏板	3416

1241₀ 孔

	孔	1110	
12	孔弘鐸	2672	
17	孔承業	1448	
21	孔貞來	1432	
22	孔繼涵	1193	1487
		1488	1794
		1795	2108
		3353	4844
44	孔葒谷	4844	

51	孔　振	2079	
54	孔　時	1750	6069
57	孔　昭	2676	
	孔昭薰	3716	
90	孔尚先	930	

発

30	発　之	451	

1241₃　飛

10	飛霞閣藏板	6607	
37	飛鴻延年堂	3397	
	飛鴻堂	2566	3795

1249₃　孫

	孫	2686	4588
00	孫奎詩	1465	
	孫　育	4969	
	孫應科	5434	
	孫應鰲	1099	5125
	孫　文	52	4254
	孫　辛	5335	
	孫　幸	1642	
	孫　辜	4285	
02	孫　訓	1620	
03	孫詒讓	4869	
04	孫　訥	52	648

		1714	5434
	孫訥刻	2554	4254
		4272	
06	孫　諤	5991	
10	孫元衡	5899	
	孫平仲	1861	
	孫平成	5041	
	孫天年	4799	
	孫可權	1435	
12	孫弘範	4561	
	孫廷根	2926	
15	孫建長	5843	
16	孫　強	5082	
17	孫弓安	208	
19	孫　琰	2857	
21	孫能正	2453	4026
22	孫　後	1435	
	孫　峩	5991	
	孫崇文	1813	
	孫繼元	5135	
	孫繼芳	1714	4861
23	孫　然	5041	
	孫　岱	2561	
24	孫　付	1435	
	孫　佐	6361	
	孫德興	2576	
	孫幼安	3702	

25	孫傳庭	1826				孫世科	4275	
27	孫叔謙	1328				孫世昌	2155	
30	孫　濟	1861		46	孫　相	335	
	孫之騄	794		47	孫朝肅	5410	
	孫之益	4951		48	孫敬南	1903	4732
	孫　良	4275		50	孫泰來	3114	
	孫良相	1435		53	孫　甫	955	
	孫　宗	6519		60	孫星衍	3031	3298
31	孫馮翼	4385				4385	
34	孫　湛	1861		63	孫　默	6788	
	孫　濤	6696		66	孫　暤	4893	
	孫　沐	904		67	孫明志	3927	
35	孫　清	1861			孫明孝	5648	
38	孫海舟	2241		72	孫氏家塾	364	
40	孫大綬	4611		77	孫朋來	3114	
	孫　士	1714			孫鵬初	3762	
	孫士元	1697			孫居貞	5745	
	孫士佃	5237			孫居相	2713	
	孫士英刻	4272			孫學古	912	2769
	孫士昌刻	4272		80	孫　弟	4582	5100
	孫士金	1436	5237			5223	
	孫希範	4914			孫　善	1861	
	孫　志	1601		88	孫　銳	2024	
	孫志強	5082		90	孫光裕	5353	
	孫　杰	1438			孫光㬋	4994	
41	孫　梗	6472		94	孫　煊	448	
44	孫恭先	5041		96	孫　燦	632	

97	孫　炯	3378	

1264_0　砥

22	砥　崖	4445	

1314_0　武

	武	5400	6545
22	武　山	5436	5441
30	武進盛氏	452	
	武進陳奎鏤板	6577	
44	武村新兵衛	6737	
	武林仁和郁文瑞書	989	
	武林孫應科刻	5434	
	武林孟養志校梓	2240	
	武林朱衙藏板	6561	
	武林朱景三	143	
	武林宋云鴻	949	
	武林顧氏	145	
	武林還讀齋梓行	6278	
	武林李衙藏板	1044	
	武林芹香齋鐫	6058	
	武林陳善寫	5254	
57	武邨市兵衛	3071	3072
		3087	3118
77	武隆阿	2804	
	武岡王府	5155	

1413_1　聽

10	聽雨齋	4700	
	聽雨何時軒	2677	
27	聽　彝	2144	
	聽彝書屋	1416	
	聽彝堂	374	399
		400	401
		592	594
		595	719
		862	946
		1339	1762
		2120	2278
		2464	2473
		3181	3298
		3688	3740
		4568	4673
		5058	
36	聽瀑軒藏板	5292	
48	聽松閣	1010	

1413_4　瑛

30	瑛　寶	3473	

1418_1　珛

	珛	4947	

1419₀ 琳

13	琳琅主人	6531

1420₀ 耐

80	耐　公	5216

1461₄ 確

22	確　山	3189

1540₀ 建

10	建王以敬	2031
	建王有	2031
	建　元	2031
21	建熊祥	2031
24	建　科	2031
25	建朱齊	2031
30	建寧府	632
	建寧熊思	2031
	建寧葉寵	2031
	建安朱氏與畊堂刊	1093
	建安詹璟刊	1132
	建安書坊	4122
	建安書院	1132
	建安書堂	1862
	建安陳氏餘慶堂刊	1093
31	建江宗	2031

	建江荣	2031
60	建吳貴	2031
	建吳卿	2031
	建邑楊材鑴	5523
74	建陸章	2031
	建陸興	2031
76	建陽張汝美刊	2010
	建陽熊光	2031
	建陽葉□	2031
	建陽葉義	2031
	建陽書坊	1858
	建陽劉佛貴刻	2031
	建陽劉貴	2031
	建陽陳弟	2031
87	建鄭相	2031

1610₄ 聖

10	聖雨齋藏板	6189
40	聖壽寺	4110
77	聖母領報會	3633
80	聖　善	6610
95	聖　性	2204

1611₄ 理

00	理　齋	1759
44	理董軒	1000

1612₇　瑒

瑒	3988

1613₂　環

16	環碧山房	1920
17	環翠堂	5625
	環翠堂藏板	6523
32	環溪草堂藏板	2881

1623₆　强

46	强恕齋藏板	1096

1660₁　碧

14	碧琳瑯館	536	3224
22	碧巢	5777	
28	碧鮮齋	2412	
41	碧梧亭	3060	3067

1661₀　硯

00	硯廬	121	
10	硯雲書屋	4020	4436
		4458	4503
		4522	4526
11	硯北堂	4055	
22	硯豐齋	6291	
97	硯鄰藏板	6578	

1661₄　醒

00	醒亭	1300

1710₅　丑

丑	1023

1710₇　孟

	孟	4006	4588
		5499	
00	孟享	4747	
01	孟龍	4747	
10	孟璀	6325	
11	孟孺	5314	
22	孟稱舜	4844	
24	孟化鯉	2772	
25	孟純	4864	
	孟純禮	4299	5468
26	孟得	4747	
	孟和	4747	
27	孟紹曾	6402	6427
30	孟涼	4747	
34	孟達	1868	
40	孟奇	3810	
46	孟相	1868	
47	孟起	4002	
67	孟明	4902	

77	孟　熙	4625	
	孟　艮	2011	
80	孟養志	2240	

1711_0　珮

30	珮　之	6451	

1712_0　卯

10	卯　玉	4820	

刁

17	刁承祖	852	
90	刁懷瑾	852	2867
		5705	6584

羽

	羽	91	
77	羽　卿	484	

1712_7　鄧

	鄧	2686	
00	鄧應瑞	1143	5366
	鄧應琚	1143	
	鄧　庠	4970	
	鄧慶宷	5550	
	鄧　文	401	4251
	鄧文談	1642	4286

	鄧　袞	1977	
03	鄧　誠	2590	
10	鄧爾纘	5550	
	鄧天寵	6733	
	鄧　石	983	
	鄧雲霄	3530	
	鄧雲臺	3563	
12	鄧弘文	6257	
17	鄧承藩	5262	
	鄧子珍	741	
	鄧子遷	2769	
	鄧召佩	1642	4286
	鄧召林	1642	4286
	鄧召景	1642	4286
18	鄧　珍	321	
20	鄧秀夫	4719	
	鄧　千	4251	
21	鄧　順	321	
	鄧仁聲	6733	
22	鄧　鼎	1861	
23	鄧　俊	1861	
24	鄧　德	320	
	鄧　仕	1303	5385
	鄧　升	433	
25	鄧　繡	1369	
26	鄧　和	4251	5385
27	鄧尔仁	6	

#	名號			#	名號		
28	鄧以誥	1663	1665			1275	1280
		1666				1281	1507
29	鄧鱗	6733				1628	1633
30	鄧宣	6	320			2344	2347
	鄧實	2560	5742			2413	3752
		5857				3754	3825
	鄧寶	1977				4407	4409
	鄧宗	1435				4413	4414
	鄧宗渭	586	766			4416	4417
31	鄧福	3098				4422	4433
32	鄧兆	433				4563	4665
34	鄧漢	741	5341			4846	
38	鄧浤	5341			鄧志	1388	1435
40	鄧大	983			鄧吉	401	
	鄧士龍	961	1098	44	鄧茂	321	
		1135	1217	47	鄧格	321	
		1219	1220	50	鄧忠	1435	
		1221	1226		鄧奉	1435	
		1228	1229		鄧秦	5341	
		1230	1232	53	鄧甫卿	321	
		1233	1234	57	鄧邦述	2543	
		1235	1237	60	鄧國	6	320
		1238	1239		鄧昇	1861	
		1241	1243	61	鄧顯鶴	367	683
		1244	1245	64	鄧時龍	1876	
		1253	1254	67	鄧明	1388	
		1264	1268		鄧明鏡	5570	

85	鄧　鍊	5317	
87	鄧　欽	4251	5341
	鄧欽達	5341	
90	鄧　光	4251	

弱

12	弱水草堂藏板	4710

瑯

16	瑯環藏珍板	668
46	瑯嬛清閟	6817

1714₀　取

42	取斯堂	4488

1717₂　瑶

22	瑶　岑	6630

1720₂　予

37	予　淑	6475

廖

17	廖廖閣藏本	4390

1720₇　了

	了	4582
10	了一道人	1044

弓

44	弓　華	1023
53	弓　甫	4297

1721₄　翟

	翟	3955	
00	翟　文	5104	
20	翟　信	5199	
21	翟　仁	5104	
	翟臾刊	2010	
22	翟繼良	335	
27	翟　名	5524	
	翟名一	5524	
30	翟　良	5104	
	翟良文刻	1655	
	翟良才	5199	
40	翟　才	5104	5199
		5524	
	翟才十	5524	

1722₀　卬

00	卬　文	5954
21	卬　順	5954
24	卬　德	741
30	卬　良	6066
34	卬　漢	741

40	卬	九	5954	
	卬	士	6	
44	卬	芁	320	
47	卬	格	5954	
71	卬	臣	741	5954
77	卬	闇	741	

1722₇　乃

30	乃	安	1137
77	乃	隆	413

胥

40	胥大樂	5517
	胥大升	5517
86	胥　智	974
90	胥尚節	5353

務

50	務本書局	3060
	務本堂藏板	4368

鸛

22	鸛　山	6419

1723₂　承

24	承先堂	4833	
38	承啟堂	2523	3043

		3849	
	承啟堂藏板	4864	
40	承志園	6562	
77	承學堂	3173	
88	承　篤	5734	

豫

00	豫章熊炡刻	4301	
	豫章穆文寫	4301	
	豫章安定草堂藏板		797
	豫章南邑艾香寫		674
	豫章吉郡郭祖寫		674
	豫章楊文刻	6737	
	豫章胡志遠	4301	
	豫章書院	3172	
	豫章別業	535	
76	豫陽講宇	6395	

聚

00	聚慶堂	820	
	聚文堂	1953	3152
20	聚秀堂	1328	1330
		1341	1835
		1845	1953
		2056	2291
		2292	2296
		2297	2300

	2302	2305		3087	4337
	2331	2332		6613	
	2333	2359	聚錦堂藏板	3394	4051

1724₇　及

	2364	2365	
	2650	3717	及　　　90
	3720	3723	
30	3860	3870	及　之　5006

1740₇　子

	4481	4532	子	1027　1110
	4534	4538		1137　1147
	4539	4540		1607　3092
	4542	4543		3977　4290
	4544	4545		5363
	4581	4593		
22	聚樂堂	2540	00 子 高	4747　6296
24	聚升堂	5863	子 文	321　6066
40	聚奎樓	65　2456		6110
		2633　3644	子 京	5418
		3645　3843	07 子 記	4747
		3844　3918	10 子 云	3988
		4045　4046	12 子 登	5611
		4146　4681	子 刊	4921
	聚奎樓李潮時行甫　65		17 子 柔	5572
	聚奎堂藏板　891		18 子 珍	5954
60	聚星樓	2257	20 子 重	5954
	聚星堂	2662	子 秀	320　5611
77	聚學軒	2570	21 子 仁	1612
86	聚錦堂	1953　2849		

	子　睿	1620	
23	子　伏	5376	
24	子　休	36	
	子　德	2805	4747
26	子　和	4747	
27	子　佩	5954	
	子　名	4747	
30	子　宜	2029	
	子　濂	4725	
	子　良	36	
34	子　遠	2555	
35	子　清	4416	
37	子　遐	4376	
38	子　祥	1964	
	子　道	3988	
40	子　才	6440	
41	子　極	4223	
44	子　芹	5444	
	子　茂	2017	
	子　英	5954	6424
	子　蒼	2899	
	子　蕃	4611	
50	子　中	4747	
52	子　靜	2441	5611
57	子　擢	6235	
	子　蟾	487	
60	子　昂	4967	

67	子　昭	6440	
71	子　厚	4734	5004
77	子　展	5707	
88	子　箴	731	

1740₈　翠

27	翠峰丹房	4656	
47	翠幄草堂	3414	4521
88	翠竹書室	2575	

1742₇　邢

	邢	2494	4229
00	邢文明	4725	
14	邢　琦	6723	
21	邢仁督刊	4720	
41	邢　址	3098	
44	邢世科	50	
	邢村范希仁	6485	
50	邢　表	1513	
60	邢　昱	6418	
77	刑居正	4911	

1750₇　尹

00	尹席珍	293	
	尹應元	5262	
	尹應祥	3502	
	尹應中	4868	

	尹　廉	2800	
10	尹石公	2247	
30	尹濟源	2412	
	尹家書籍鋪	4488	
37	尹祖懋	5085	
42	尹桃珠	5085	
44	尹　權	5335	
47	尹朝英	4409	
50	尹春泰	1984	
52	尹蟠珠	5085	
60	尹思道	293	

1760₂　召

召		955	4264

習

60	習是齋	3630
	習是齋藏板	3636

1760₇　君

	君	5400	5454
10	君　正	6	
	君　玉	5027	
15	君　聘	5422	
17	君子堂	2635	
20	君　重	1047	
22	君山堂	679	6502

24	君　壯	5791	
25	君　生	321	401
27	君　侯	5954	
30	君　宝	1023	
	君　宣	5954	
38	君　遂	3002	
40	君　直	1063	
53	君　甫	6644	
77	君　用	1133	

1762₀　司

35	司禮監	1092	1216
		2581	2714
		4337	
60	司昌齡	5779	
71	司馬露	1536	1547
	司馬祉	1536	
	司馬泰	5131	

1762₇　邵

	邵	1110	
00	邵　高	4292	
	邵　廉	3697	3731
		4720	5082
		5191	
03	邵　誠	644	
17	邵承范書	607	

28	邵以正	4641	
30	邵 濂	5329	
	邵良卿	5279	
34	邵遠平	5142	
40	邵大爵	1998	
	邵士奇	2129	
	邵 在	6451	
	邵 南	5008	
	邵南喬	1771	
43	邵 城	5009	
44	邵 埴	1108	1603
		5430	6451
	邵埴刻	3263	
51	邵振蒼	2129	
60	邵日新	1473	
	邵恩多	3501	
66	邵 器	4609	
71	邵 陞	5319	
76	邵陽陳大章	5041	
77	邵履嘉	6790	
	邵與游	5329	
95	邵 煉	1511	
99	邵 榮	1998	

郡

80	郡人徐普寫	5386	

1771₀　乙

44	乙藜閣	68	

1771₇　巳

40	巳有園藏板	5032	

1780₁　翼

80	翼善堂藏板	5774	

1790₄　柔

42	柔橋隱居	1433	

1814₀　政

	政	1972	3338

致

26	致和堂	3104	4318
	致和堂梓行	5022	
34	致遠堂	3132	
53	致盛堂	3132	
77	致用常	759	

1840₄　婺

32	婺州州學	319	
	婺洲容齋	3928	
50	婺東藕塘賢祠藏板	1750	

1865₁ 群

10	群玉山房	3073	6247
16	群碧樓	2543	
77	群學社	5742	

1916₆ 瑤

32	瑤溪金氏一經堂藏板	491

1918₀ 耿

20	耿　采	344	
27	耿　名	3191	
30	耿　濂	215	
	耿定力	1384	5368
44	耿世傑	3191	
46	耿如瑾	4244	
80	耿毓孝	574	
87	耿銀臺	5367	

1940₀ 孫

40	孫　右	1714

1973₂ 毳

毳	5515

2010₄ 壬

60	壬　四	3988

	壬　易	3988

重

00	重慶善成堂	721
	重慶堂藏板	5295
60	重思齋	5894

垂

10	垂雲堂	6293

2021₈ 位

位	5499

2022₁ 停

10	停雲閣	3022
	停雲館	4920

2022₇ 秀

12	秀水王慶餘刻	6065	
	秀水張暉寫	69	
	秀水朱仁刻	5578	
	秀水朱恒寫	5578	
	秀水居士	4586	
32	秀州許嘉謨寫刻		5075
	秀州范氏清宛堂藏		1539
40	秀　七	2315	
44	秀埜草堂	4813	4817

		4818	4820
		4834	
67	秀野草堂	5701	

喬

00	喬文良	1964	
12	喬廷棟	1653	
21	喬縉督刊	2420	
22	喬山堂	6526	
24	喬　佑	5108	
28	喬復元	5488	
44	喬世寧	17	4932
47	喬朝選	4932	
60	喬國楨	3141	
	喬因羽	5358	
85	喬　鉢	144	

雋

30	雋永堂	3127	

僑

11	僑　孺	5331	

2023₂　依

00	依庸堂	1770	
27	依綠園	6666	
48	依様壺盧山館	3353	3355

		3358	3359
		3360	3362
		3372	3376
		3381	

2024₇　愛

00	愛　盧	4759	
10	愛吾盧藏版	6714	
36	愛澤樓	5938	
40	愛古堂藏板	278	
44	愛蓮齋	32	
	愛蓮書屋	577	
53	愛成堂	5380	
60	愛日軒	1194	
	愛日堂	396	1354
	愛日精盧	4178	6306
		6779	
80	愛余堂	4810	

2025₂　舜

02	舜　端	6069	

2026₁　信

	信	1110	4609
		5454	5562
26	信　自	6424	
30	信　之	5358	

44	信　芳	3865				3116	
	信芳書房	799		22	千山艸草	5931	
	信芳閣	5892		60	千墨莽	6257	6531
	信芳閣藏	5831					
77	信學齋	195	859				

2033₁　焦

	焦	2494	5454
04	焦　竑	112	1141
		1484	4228
10	焦　二	1435	
15	焦　璉	2403	
21	焦衙藏板	4228	
22	焦　循	4472	6485
	焦山枯木堂	5913	
40	焦希儒	2005	
	焦希程	5049	
	焦木堂	5913	
44	焦范溪	5099	
	焦世德	1465	
96	焦　煜	1526	6472

2040₀　千

	千	5294	
21	千頃齋	4449	
	千頃堂書局	3074	3075
		3080	3097

2040₇　季

	季	6440	
00	季　立	5363	
09	季　文	1999	
09	季　麟	3248	
24	季德甫	5087	
	季　升	2576	
28	季　復	5648	
30	季　良	5176	
37	季　朗	5323	
40	季　奎	4583	
45	季　棟	1137	
50	季　本	4173	
	季東魯	5524	

受

	受	3013	
12	受　廷	320	
20	受采堂	2102	
30	受　之	2225	
50	受中堂	686	

雙

10	雙　平	4747	
22	雙峯書屋	3364	
44	雙桂草堂	2543	
	雙桂軒	1703	
67	雙照樓	3431	3432
		6779	
88	雙笏山房	5950	6602

2042₇　禹

	禹	1965	
20	禹航師儉堂版	71	
31	禹　源	5515	
32	禹　州	1965	
41	禹　柯	1965	
86	禹　錫	5631	

舫

| 00 | 舫　齋 | 5772 | |

2044₇　爰

| 00 | 爰宣館 | 101 | |

2060₄　看

| 10 | 看雲憶弟居 | 1300 | |

2060₉　香

10	香雪堂	5956	
	香雪堂藏板	5704	
32	香溪書屋	3160	
66	香嚴精舍	5404	
80	香谷山房	2986	4148

番

| 76 | 番陽郡齋 | 1485 | |

2064₈　皎

| 80 | 皎兮閣 | 6548 | |

2071₄　毛

	毛	2686	4262
00	毛文强	2853	
	毛文光	1091	
	毛文燁	4416	
02	毛端士	5949	
	毛　訢	1626	5089
10	毛一鷺	1485	1496
		1497	1498
	毛　晉	1524	1549
		1592	4456
		4809	5801
		6446	6557

		6780	6797
		6812	
	毛　貢	1331	
23	毛　綜	1363	5072
24	毛德琦	2219	
	毛　偉	4701	
25	毛仲愈	1363	5072
	毛　健	4701	
32	毛　淵	4954	
34	毛汝麒	1363	5273
40	毛士遠	1642	4285
		4286	
	毛有爲刻	2687	
	毛　奇	1860	
44	毛世彬刊	5548	
48	毛　敬	3221	
	毛枚詹	6609	
50	毛　表	6706	
60	毛　旻	1984	
	毛　昇	4695	
	毛　昌	1860	
74	毛　陞	4062	
77	毛　鳳	2031	
	毛鳳苞	4456	6446
	毛肥刊	1350	
	毛際可	5784	
80	毛　益	484	

87	毛　翔	1435	4285
90	毛少池	5325	
91	毛恒所	4062	

2074₆　爵

	爵	3013	3827

2090₄　禾

40	禾　七	2374	

采

22	采山亭	6644	
44	采芝山房	4782	
72	采隱山居	319	2676
		2986	3502
		4148	4712

集

21	集　虛	5688	
60	集思堂	6238	
	集思堂藏板	6251	
70	集雅齋藏板	3367	
77	集賢書舍	4247	
	集賢堂	3248	6508
80	集義堂	932	1028
		4942	

2091₄　維

00	維　高	5952
	維　庚	5952
02	維新書局	3060
26	維　伯	5954
52	維　哲	937
56	維揚資政左室	1027
76	維隅堂藏板	1010
88	維　第	5952

稚

37	稚　通	2182

2104₇　版

44	版藏本宅	6104
88	版築居	5499

2108₆　順

24	順德李文田	5428
	順德堂藏板	2219
		2264
25	順積樓	2867
33	順治李廷對	4017
38	順裕堂	25
53	順　甫	1063　5298

2110₀　上

	上	1137	4290
10	上元栢志宸刻	5509	
	上元栢志寰刻	5509	
	上元栢青芝鐫圖		2193
	上元陳元明書	459	
30	上元叚經刻	5614	
30	上官顯刻	1467	
38	上洋江左書林	721	
	上海書局	887	1431
		2636	3125
		4071	
	上海醫學書局	3422	

止

51	止軒藏板	5991

2110₃　衍

34	衍法寺	4586
71	衍厚堂藏板	5857

2111₀　此

44	此藏軒	4613
57	此邨莊助	2706

2120₁　步

77	步月樓	887	3115
		4826	6043

2121₀　仁

	仁	90	1133
		1143	1380
		1485	4947
		5299	5400
		5515	6718
00	仁讓堂	1505	
26	仁和張錫蘭畫	2185	
	仁和後學柴應楠敬書	1168	
	仁和葛氏	471	
	仁和郁文瑞書	989	
30	仁實堂	2590	
40	仁 九	1063	4247
	仁壽堂	2994	3071
		3072	3829
46	仁 加	4247	
53	仁 甫	1023	3438
		4936	
	仁甫林有麟	4017	

2121₂　儇

77	儇屏書屋	1582

2121₄　衢

32	衢州府署	6390

2121₇　伍

10	伍 云	1999	
17	伍 聰	2017	
22	伍崇曜	1077	1195
		1201	1493
		1511	2089
		2166	2352
		2537	2541
		2544	2564
		3744	3818
		3865	4085
		4402	4479
		4774	5742
		5857	

虎

	虎	2494	3092
44	虎林後學張文穎書	1168	
67	虎跑寺沙門妙禨刊	957	

盧

00	盧 雍	4712
	盧 高	2288

	盧文弨	1180	1188		盧見曾	5846		
		2541	2574	61	盧顯文	5459		
		3756	4796	71	盧辰告	788		
		6684		74	盧陵王珍	1963		
10	盧雲英	788		77	盧　璧	5459		
20	盧維禎	5459		80	盧　鎬	2138		
22	盧　山	4254		87	盧欽文	5459		
29	盧秋海	6390		88	盧　鑑	4759		
30	盧　寧	912		97	盧　炯	1602		
	盧永祥	4738			盧　燠	5459		

2122₀　何

	盧之麟	5459	
	盧之頤	6283	
34	盧洪遠	1663	
44	盧　塋	5459	
	盧世淮	3781	3854
	盧世清	4759	
	盧樹柟	319	408
		409	947
		1581	2676
		2986	4168
45	盧　坤	2412	
	盧　柟	1	
47	盧　朝	4254	
50	盧　忠	6325	
	盧　貴	4248	
58	盧　整	6423	
60	盧國煐	5459	

	何	1110	3827
		3977	4588
		6440	
00	何　亨	1108	3404
		5259	
	何　序	1108	1110
		1127	1603
		5464	
	何序刻	4513	
	何　方	1110	
	何　庸	5464	
	何應亨	4735	5259
	何應亨刊	3404	
	何應文	4571	
	何應宰	4571	

	何應元	4735	
	何應貞	4735	5259
	何應芳	1620	1868
	何應乾	2315	
	何　庠	1620	
	何　文	587	2426
	何文仲	2426	
	何文甫	4439	
	何文甫刻	648	
	何文璧	5780	
	何玄之	4861	
	何　六	1435	
08	何　詮	5430	
10	何一德	1108	2441
	何一金	632	3786
		5159	5314
	何三畏	5366	5475
	何　元	587	
	何元錫	6819	
	何爾復	4017	
	何天福	1998	
11	何碩卿	1550	
12	何　瑞	4735	
	何瑞倫	2017	
	何水德	5180	
	何廷俊	613	
17	何孟春	3758	

	何承德	5180	
	何承業	2441	
20	何喬遠	5505	647C
	何　信	958	1023
	何　鯨	2787	6447
	何鯨刻	2395	
	何　鯨	1110	
21	何　仁	1110	1714
	何　貞	1108	1110
		1127	1603
		5259	5430
	何　經	1127	
22	何繼高	5239	
23	何允安子厚刻	4734	
	何允中	319	408
		947	4168
		4387	
	何　俊	2820	
24	何　化	1108	
	何待聘刻	5408	
	何待時刻	5408	
	何　儔	5259	
	何偉然	5552	
	何　勉	484	632
	何　科	1435	
25	何仲仁	4439	
26	何　白	1999	

27	何 免	6363			何太青	6174	
	何叔防	405			何士序刻	5464	
28	何 价	2769			何士晉	607	
	何 倫	1108			何在闇	4222	
29	何秋濤	1214	2364		何 存	2426	
30	何 淮	1127			何 志	1603	
	何之滄	5294			何志道刻	1673	
	何之源	1110	6451		何柱臣	466	
	何之清刻	3517		41	何 栢	6418	
	何之瀚	5293		43	何 城	1265	
	何 憲	52	1714	44	何 芳	1110	1868
	何 宇	2812			何 華	1435	
	何 富	5259			何世龍	5473	
32	何礼刊	1108			何世程	2846	
	何近富	5259			何世龙	5473	
33	何心淨書并刻	4322			何世隆	5473	
34	何汝高刻	2178			何 桂	1265	
	何汝敷	5228		45	何棟如	3329	
37	何 禄	1435		47	何朝忠	4735	
38	何 祥	1868	5404		何起鳴	4324	
	何 道	1127		48	何敬塘	6283	
	何道甫	1873	5159	50	何泰吉	5009	
		5314	6424		何 表	587	
	何道堅	2140		53	何 成	1108	1127
	何 啟	1603				1603	5294
40	何 龙	5473			何成德	1108	5404
	何大節	4735			何成業	5159	5314

57	何邦美	5128			何鑰刻	5259	6562
60	何　星	1949			何　鎡	4735	5430
	何　恩	587	5033			6451	6562
	何　昇	820	1108		何鎡刻	1603	
		1109	1603		何　節	5033	
		4735	5151	89	何　鎗	1861	1940
		5259				2123	3518
	何　昌	6575				3927	4669
	何景春	1133		90	何　堂	6329	
66	何　喦	1603					
67	何　明	4609			**2122_1　行**		
77	何　堅	1108			行	1133	
	何　又	1108		12	行　登	974	
	何印兹	4222			行登恩	974	
80	何　全	1861		77	行　屋	5707	
	何　侖	4609		80	行　父	4223	
	何　年	2019					
	何　兹	1127			**2122_7　肯**		
82	何　釗	1603	5430	44	肯　菴	6256	
		6451					
86	何　鈿	4735	5259		**儒**		
	何　錦	3592			儒	1485	
88	何　鑑	4735	5430	30	儒　宗	293	
	何　鈴	4735		70	儒雅堂	3097	3116
	何　鑰	1108	3263				
		4735	5430		**2123_4　虞**		
		6408	6451	00	虞　亮	4747	

	虞　高	2004
.7	虞　孟	3221
	虞孟和	4747
	虞　子	4747
20	虞　秀	3988
24	虞德燁	1027
26	虞得荣	5347
30	虞　富	4894
31	虞福祐	2004
	虞福貴	2004
40	虞　志	2017
	虞　壽	3221
44	虞　荣	5347
47	虞妳負	542
60	虞　四	3988
72	虞　后	4747
79	虞　隣	5844
80	虞　八	4894
99	虞　榮	4894

2125₃　歲

30	歲寒堂	1485	1496
		1497	1498
		1506	4743

2128₆　須

40	須友堂	2944
71	須原屋伊八	1152

頻

26	頻伽精舍	4583	4585

2131₇　鑪

20	鑪　香	510

2133₁　熊

	熊	90	3318
		5363	
00	熊立吾	2017	5422
	熊　齊	4894	
	熊應喬	2017	
	熊　文	1009	1861
	熊　六	4247	
03	熊　斌	6333	
08	熊　施	1655	4247
		5104	
	熊施八	5140	5199
10	熊一廉	5252	
	熊一刊	542	6685
	熊一濂刻	5252	
	熊一濂刊	2315	
	熊一清	2315	
	熊　二	2004	5104
		5212	

	熊　三	2031			熊　宠	5104	
	熊玉屏	4754			熊進賢	3827	
	熊　万	2031			熊　寶	3104	
	熊　可	2031			熊宗立	3054	
17	熊　珊	5199		31	熊　福	4301	
	熊子真	2004			熊　还	4412	4419
	熊子臣	2098		34	熊汝龍	4466	
20	熊　維	3171			熊汝達	2487	
21	熊　仁	4759			熊汝敬	4747	
22	熊胤衡	5209			熊汝昇	4131	
	熊伕照	4747			熊洪張	1137	
	熊山刊	1350		35	熊冲宇	3060	
	熊樂刊	2315		38	熊　祥	2031	
23	熊　俊	4759			熊　啓	5140	
	熊　儐	5363			熊啟一	5199	
24	熊偉刻	5104		40	熊　九	3274	
	熊　德	2017			熊士旂	3636	
	熊　佖	2315	5252		熊才刻	5314	
	熊偉刻	2010			熊　悳	2017	
25	熊仲龍	5705			熊　七	2004	
	熊佛照刊	1350		44	熊考祥	6199	
	熊　健	1022			熊　楚	4747	
27	熊　盤	4750			熊　黄	130	
	熊　久	3002	4894	50	熊　寿	2031	
	熊　紀	1861			熊　本	4759	
29	熊　秋	5104			熊　奉	4441	
30	熊　淮	4759			熊　春	4247	

		熊　貴	3104	
52		熊靜居	3145	
53		熊成應刻	3569	
		熊成七刊	2315	
		熊　威	413	
60		熊　四	1137	3002
		熊　思	2031	
		熊　昇	5104	
		熊昇二	4247	
		熊昇三刊	2358	
67		熊　明	1435	
71		熊長久刻	5367	
77		熊　堅	5347	
		熊　鳳	4759	5140
		熊鳳刻	5252	
		熊　鵬	5524	
		熊　鵬	1435	
		熊鵬刻	1435	
		熊　殿	4247	
		熊殿刊	1655	
		熊層二	4759	
		熊層一刊	5199	
		熊層四	4759	
80		熊八偉	2315	
		熊　念	4759	5104
		熊念十刻	5104	
		熊　曾	5104	

82	熊劍化	5176	
86	熊　智	5104	
90	熊堂刻	1655	
	熊　光	2031	5806
91	熊　炡	4301	

2140₁　衍

| 00 | 衍　齋 | 1797 |

2140₆　卓

10	卓爾昌	5485	
24	卓德徵	143	
25	卓仲禮	1663	
67	卓明卿	5267	6439
71	卓長齡	5742	

2143₀　衡

10	衡王府	3095	3096
36	衡湘書院	764	5236
44	衡　藩	5184	
76	衡陽郡齋	2576	

2150₆　衛

25	衛生堂	3139
44	衛執蒲	1415
48	衛　樽	2986
50	衛東楚	5174

54	衛拱宸	5569	
80	衛曾保	3191	

2155₀　拜

10	拜石山房	5738	
21	拜經樓	1939	4789
		5240	
	拜經堂藏板	4716	

2160₀　占

10	占　元	1363	5072

2160₈　睿

53	睿　甫	3002

2171₀　比

10	比　玉	5631
72	比丘廣賢助刊一塊	957

2172₇　師

00	師　文	6308	
12	師　孔	5394	
17	師　孟	5830	
21	師貞堂	1375	
28	師儉堂	71	1828
		2646	5723
		6479	

	師儉堂藏板	5360	
40	師古齋	1888	
	師古堂	1477	1480
		1504	2862
		2960	3990
80	師善堂	4915	
	師　曾	5014	

2180₆　貞

	貞	3092	
26	貞白書院	4015	
	貞白堂	3123	
80	貞義書院	5141	
88	貞節堂	1212	3215
		4633	

2190₃　紫

00	紫文閣	3132	
10	紫霞軒	5314	
42	紫荊花館	4669	
44	紫芝漫抄	6770	6772
		6774	6775
		6776	
57	紫蟾山房	6036	
76	紫陽書院	1545	4782
	紫陽書院藏板	5678	
77	紫　殿	1164	

2190₄　柴

	柴	4249
0	柴應楠	1168
	柴　文	3697
	柴文學	3697
22	柴胤璧	5084
37	柴週嶽	846
44	柴　林	1655

2191₀　紅

10	紅豆齋	3338	
	紅豆齋藏板	5846	
27	紅鵝池館	1591	
40	紅杏山房	1	319
		408	409
		947	1581
		2676	2986
		3154	3502
		4168	4386
		4387	4627
44	紅藤碧樹山館	5310	
	紅藥山房	4495	

2191₁　經

10	經　正	4292	
	經　五	2741	4981

	經元堂	1784	4347
24	經緯堂	3057	
28	經綸元記	3060	
	經綸屋	3061	
	經綸堂	2672	3060
		3108	3132
		4368	
30	經濟堂	6043	
60	經國正	4292	
	經國堂	4071	
	經國堂藏板	3108	
		4702	
87	經鉏堂	2537	3139
		6083	6779
88	經餘堂	3108	

2198₆　穎

31	穎　涵	5954	

2200₀　川

	川	1436	3827
		3977	5363
21	川上草堂	5036	
50	川東巡署	5359	

2210₄　坌

00	坌膏堂	6488

2210₈　豐

10	豐干程登仕書	2155	
15	豐　建	5637	
43	豐城熊鵬	5524	
	豐城余光寫	5104	

2211₀　乩

22	乩川黃鍾刻	4529

2221₄　任

	任	612	1133
00	任慶雲	3524	
	任　章	3697	
17	任柔節	1456	
18	任　政	5473	
	任政刊	92	
20	任秀膡錄	1980	
40	任有齡	40	
53	任成刊	4292	
58	任　轍	2584	
80	任養心	4236	

崔

	崔	4262	4582
		4588	
01	崔　語	4324	

10	崔爾進	3414	553
12	崔廷健	5217	
22	崔繼堯	6455	
24	崔　德	2011	
25	崔仲臣	5186	
	崔仲臣刊	1875	201
	崔仲卿刊	5223	
50	崔　耄	3191	
57	崔邦服	1876	
60	崔　恩	2011	5186
90	崔　爌	1511	

2222₁　鼎

32	鼎　溪	4233
48	鼎翰樓	3060
77	鼎　卿	3697

2222₇　嵩

22	嵩山房	6683	
	嵩山書院	478	6778
	嵩山堂	1133	
27	嵩　仔	1861	
28	嵩　齡	2179	
76	嵩陽書院藏板	1757	

2223₄　嶽

10	嶽雪樓	4702	4772

5　嶽生堂　2213

7　嶽歸堂　5652

2224₇　後

22　後樂堂　5894

37　後逸亭　4841

2224₈　巖

80　巖益藩　3036

嶽

32　嶽州黃鍊刊　1868

嶽州歙邑黃鐙刊　1868

60　嶽邑黃鑠刊　1868

2226₄　循

00　循　齋　6091

70　循陔堂　738

2227₀　仙

仙　　5394

44　仙華書院　4837

2229₃　縣

47　縣桐書屋　4736

2238₆　嶺

50　嶺表書院　5016

2248₁　嶷

46　嶷如館　5691

2250₂　掣

20　掣鯨堂　6654

2271₁　崑

22　崑山唐伯誠刻　5513

崑山唐周刻　4445

崑山縣齋　6427

崑山館道可處士　4217

2273₂　製

86　製錦堂　2842

2275₇　崢

10　崢霄館　5579

2277₀　山

山　　146　1023

3002　4252

4947　5394

6341

12	山形屋傳右衛門	3822
24	山崎宗運	3134
26	山穆㽵胡氏	797
34	山　濤	1328
40	山　木	1027
50	山中書局	1133
	山本長兵衛	3071	3072
	山東官書局	2291
	山東布政司	3054
	山東博物館	6263
	山東書局	5428	5672
		5749	5757
67	山暉草堂	2236
76	山陽後學邱敦美寫	6130
78	山陰王良智	1984
	山陰縣學藏板	530
	山陰宋氏	370
	山陰馬忠刊	1679

幽

| 32 | 幽溪講堂 | 2172 |

2277₂　出

| 10 | 出雲寺 | 1133 |
| | 出雲寺和泉掾 | 3079 |

2290₀　利

| | 利 | 90 |
| 30 | 利濟堂 | 3136 | 313? |

2290₁　崇

00	崇文書屋	4026
	崇文書局	721	1317
		1690	1691
		1692	1693
		1694	1695
		1696	2108
		2415	2484
		2676	2702
		2735	2758
		2986	3061
		3138	3501
		3518	3530
		3543	4110
		4137	4385
		4641	4673
		5662	5802
	崇文書堂	6684	6686
		6692	6695
	崇文堂	3032	3129
02	崇新書局	1858
10	崇正書院	6403

.1	崇順堂	598	3060
	崇仁官署	4823	
24	崇德書院	3108	
	崇德堂	1073	2288
		3132	
	崇德堂藏板	883	
25	崇岫堂藏板	2308	
30	崇實會館	4440	
38	崇道堂	6278	
44	崇　藩	1863	
50	崇本書院	3401	
60	崇恩閣	4226	
	崇恩閣藏板	16	
70	崇雅堂	771	1126
		1712	1780
		3214	
	崇雅堂藏板	883	4112
80	崇善堂藏板	3017	

2290₄　樂

38	樂道齋	537	967
		1175	1797
		1912	2577
		3182	3353
		3688	3738
		3919	4227
		4228	4229

		4568	
	樂道堂藏書	3208	
40	樂志齋	4306	
	樂志堂	3901	
	樂壽山堂	6562	
	樂真堂	3310	
60	樂是廬	6807	
80	樂善堂藏板	5142	
81	樂敍堂	5676	

2291₃　繼

15	繼　疎	1527	
40	繼志堂	1134	3397
47	繼聲堂藏板	2795	
80	繼美堂	1254	
	繼善堂	3248	
86	繼錦堂	1312	

2291₄　種

24	種德堂	3054	
88	種竹書屋	4806	

2293₂　崧

00	崧　齋	5486	
	崧齋雕本	6439	

2294₀　秖

| 00 | 秖襄 | 788 |

2294₄　綏

| 30 | 綏安雙笏山房藏板 | 6602 |

2300₀　卜

| 10 | 卜元 | 451 |
| 44 | 卜世昌 | 1115 |

2321₀　允

	允	90	1137
00	允文	4375	
10	允二	5367	
	允三	5367	
26	允白	6333	

2322₁　佇

| 10 | 佇雲堂 | 5805 |

2323₄　伏

21	伏虎寺照裕録刊	2202
26	伏吳	5376
58	伏掄吳桃	5376

獻

| 26 | 獻和 | 3002 |

2324₂　傅

	傅	4017	
00	傅應奎	1010	
	傅衣庵僧海耀助刻	2248	
10	傅元	1642	4286
	傅而保	5088	
17	傅子和	6418	
21	傅經	1009	
22	傅崇礼	5341	
24	傅魁	4441	
27	傅叔訓	2415	4137
30	傅宗善	3165	
34	傅汝賢刊	2247	
40	傅希準	5055	
	傅嘉祥	4176	
44	傅夢龍	4071	
	傅共	1137	
50	傅春	1948	
	傅春刊	5548	
51	傅振商	4725	
64	傅魁刊	5341	
67	傅明	4131	
77	傅鳳翔	1350	

傅　銳	1137		
傅　鏞	5055		
傅　光	4131		
傅燮磨	5791		
傅燮調	1159	5791	
傅燮雕	5791		
傅燮鈞	5791		

2324_7　俊

俊	3451	
4 俊　升	6655	

2325_0　臧

0 臧爾炳	5522	
3 臧威爾	3113	

2332_7　鶩

7 鶩湖後學王嗣經書	3762

2333_3　然

18 然松書屋	2238	3877
	5662	6753

2350_0　牟

76 牟陽耿濂謄錄	215

2355_0　我

32 我　溪	5199

2360_0　台

台	3013	3827
	5515	

2361_1　皖

31 皖江節署	6431
41 皖　垣	4440

2374_7　峻

峻	1110

2377_2　岱

30 岱寶樓	6044	6067
32 岱淵堂	4731	

2393_2　稼

44 稼　莊	5991

2396_1　稽

12 稽瑞樓	3046	
40 稽古齋	1141	1142
稽古堂	1484	

2401₇ 乇

44 乇共荣　　　433

2420₀ 付

	付	1086	1110
		1676	4262
		4796	
00	付立	6418	
	付亮	1169	6418
	付彦成	4747	
	付高	1137	
10	付天祥	5367	
12	付廷脩刊	5199	
	付廷贵	4441	
17	付子和	6418	
21	付仁	5199	
	付吴刊	2777	
22	付山	3274	
24	付魁	4441	
27	付名仲	4747	
32	付礼	1027	
34	付汝亮	1303	
	付汝虔	6418	
37	付资	4747	
40	付友刊	5363	
	付尧	5199	

	付奇	2315	31●
		5104	52●
	付奇刊	2010	
42	付機	4441	
44	付華生	2315	
46	付相	2315	
47	付机	1169	
48	付增刊	5363	
50	付中	2777	
	付貴	5199	
60	付显	3221	
64	付時四刊	2315	
67	付明	2315	277●
77	付圣	1948	
80	付善可	3221	
	付曾	1655	514●
	付曾刊	5363	
97	付耀	2374	
99	付變	1169	
	付變刊	6418	

仪

仪	5499

2421₀ 化

化	1137	3827
	4252	

30	化 之	451	

仕

	仕	1086	1972
		4588	6424
		6440	
00	仕 章	1137	
34	仕 達	1297	
44	仕荣刊	1350	
50	仕 貴	2017	
60	仕昂刊	4770	

魁

	魁	4262	4725
		5095	6446

2421₁　先

	先	4725	
16	先醒齋	4451	

2421₄　僅

47	僅好齋	2331	

2421₇　仇

	仇	4252	
28	仇以茂	2592	
77	仇 朋	4439	

	仇 鵬	4258	

2423₁　德

	德	1110	
08	德 謙	3804	
10	德 雲	2802	
17	德 聚	5435	
	德聚堂	4298	
24	德 先	5954	
30	德 容	2241	
40	德有鄰堂	3724	6083
	德有隣齋藏板	6083	
47	德馨堂	809	3071
		3072	
60	德星堂	2299	
64	德時刊	5400	
80	德 義	4719	

2424₁　侍

44	侍 者	4747	

2425₆　偉

31	偉 禎	2017	

2426₀　佑

	佑	1086	

2426₁　借

| 10 | 借一瓻館 | 4760 | |
| 27 | 借緑軒 | 2643 | |

2426₄　儲

10	儲平甫	4979	
46	儲　玷	4979	
47	儲　均	4979	
60	儲日升	5798	
90	儲掌文	6061	
97	儲　燿	4979	

2429₀　休

| | 休 | 5562 | |

2432₇　勳

| | 勳 | 1036 | |

2440₀　升

| | 升 | 1137 | |
| 50 | 升　東 | 5395 | |

2441₂　勉

| 77 | 勉學書樓 | 998 | |
| | 勉學書院 | 5617 | 6341 |

2472₇　帥

12	帥廷鏌	4516	
30	帥之憲	6111	
80	帥念祖	6111	

2490₀　科

| | 科 | 2031 | 3002 |

2495₆　緯

| 00 | 緯文堂 | 1779 | 1847 |
| | | 2951 | 2952 |

2496₁　結

| 27 | 結緑囊 | 6704 | 6705 |
| | | 6706 | |

2498₆　續

22	續艸堂藏板	472	
48	續梅花百詠齋	6670	
89	續鈔堂	2902	
	續鈔堂藏板	5742	

2500₀　牛

34	牛斗星	827	
44	牛樹梅	869	4019
		5747	

2510_0　生

	生	2580	4249
25	生生館	96	
26	生白堂	1000	

2520_6　仲

	仲	2494	2766
		4262	4582
		5299	5363
		5454	6346
00	仲文	1964	
10	仲玉	4719	
	仲于陛	1455	
16	仲聖	2803	
20	仲孚	6318	
21	仲仁	4439	5159
	仲虛	1122	
30	仲之琛	6628	
	仲安	4816	
	仲容	5509	
	仲宗	3511	
38	仲裕	1133	5385
40	仲声	1465	
42	仲韜	1400	
43	仲式	2017	
44	仲英	4223	
53	仲軾	1824	
67	仲昭	2681	
80	仲羲	937	
	仲年	1087	
87	仲翔	491	
	仲舒	491	
88	仲簡	2206	

2522_7　佛

44	佛林	4747	

2523_0　体

10	体元	5236	

2524_0　健

88	健餘堂藏板	2415	

2524_3　傳

	傳經堂	251	283
21		724	2707
		2862	2906
		2935	2956
		2754	2787
	傳經堂藏板	2567	5390
44	傳萬堂	3073	3110
60	傳是樓	49	1091
90	傳卷樓	5667	5696

2590₀ 朱

	朱	39	1148
		2494	3827
		4582	4796
		5212	5267
		6341	6440
00	朱彦名	961	
	朱　齊	2031	
	朱　方	2550	
	朱　高	2004	4747
	朱文正刻	1868	
	朱文震	3074	3075
		3080	
	朱文穎	4292	
	朱文治	6561	
	朱袞錫	2926	
03	朱誼泹	5488	
	朱誼瀾	5488	
	朱誼𡖖	5488	
04	朱　謨	6451	
07	朱翊鏜	998	
	朱翊銘	4015	
	朱郊弟	2022	
	朱記榮	1748	2291
		2293	3298
		3716	3717
		4385	
10	朱　一	413	3852
		3988	4419
	朱　二	413	2040
		6525	
	朱　三	1948	4747
	朱正暉	5779	
	朱正民	3522	
	朱　玉	1303	4782
		5385	
	朱玉文	3221	
	朱　王	2022	4017
	朱　露	1595	
	朱万里	2441	
	朱爾邁	5742	
	朱　雯	4061	
	朱天福	5523	
	朱天祥	1303	
	朱吾弼	1439	2713
	朱云刊	5363	
	朱雲刻	2807	5366
11	朱彌鋠	1859	
12	朱　烈	4337	
	朱廷敬	1868	
	朱廷臣	6394	
	朱廷煥	2287	
	朱孫弗	2881	

15	朱　璉	1944			752	753
17	朱　圣	5385		朱　紫	4095	
	朱　珣	3141		朱術垧	3436	
	朱承爵	4760		朱　經	1303	
	朱承皋	5171	22	朱鼎臣書	69	
	朱承燿	5171		朱　山	52	1714
	朱　聚	215			4254	4285
	朱子淨	5611		朱崇沐	1355	2713
	朱子靜	2040	2441	朱　鬃	5744	
		5376	23	朱俊溥	5171	
	朱　君	451	24	朱　升	2581	
	朱君美繕寫	4760	25	朱純臣	484	
	朱　乙	1027	26	朱得之	803	4609
18	朱　珍	1964	27	朱　夕	3988	
20	朱　秀	4292		朱象玄	4064	
	朱　信	2022		朱彝尊	684	1824
	朱維吉	2484	4901	28	朱從延	1484	
	朱維陛	1534	30	朱寵瀼	2580	3071
	朱維鑑	4857			3072	
21	朱　順	5442		朱家寶	5425	
	朱順生	1086		朱家法	5422	5425
	朱　仁	4133		朱家教	5425	
	朱仁刻	2395	5578	朱家學	5425	
	朱　行	1714		朱之柱	5171	
	朱　熊	4719	4720	朱之㮚	5460	
	朱　衡	569	602	朱之蕃	1989	3350
		613	709		3351	4879

		5506	5559		朱希賢	4927	
	朱之楫	5171			朱嘉猷	2040	
	朱安刊	4573			朱壽鏞	5890	
	朱宇	4285			朱真刊	5363	
	朱宇清	1859		42	朱彬	587	
	朱宇温	5061		43	朱載堚	6296	
	朱良	1964			朱載堯	4015	
	朱宗甫	3221			朱載壎	998	
	朱察卿	5129		44	朱芬	4158	
31	朱源孝	2926			朱苇雕	1861	
	朱源星	1405	1407		朱蔚然	6526	
33	朱浚明	5154			朱芽	3988	
34	朱祐檳	955			朱萬里	2441	
	朱禧任	4849			朱葵之	1194	
37	朱鴻	741			朱華九	4573	
	朱祖	1714	4254		朱材	4573	
	朱祖謀	6793			朱荣	1642	4285
	朱祁銓	6353				4286	
38	朱淞潤	6271			朱權	1225	6707
	朱祥	3988			朱林	5363	
	朱道	1714		45	朱坤	93	
40	朱大	4750		47	朱朝聘	1876	
	朱士儒	5794			朱朝貴	3810	
	朱士錦	1045			朱奴	5347	
	朱圭	6609		48	朱樽	4126	
	朱有	3569		50	朱本	1435	2687
	朱有成	3569			朱本道	4656	

	朱　貴	1860			朱　臣	4894	
	朱東光	4133			朱長統	5425	
51	朱振祖	954			朱長世	5425	
53	朱　軾	602	752		朱頤坦	3112	
		753		72	朱　質	5145	
	朱　盛	3988		76	朱覢秀	2802	
	朱　成	5335		77	朱覺圓	4586	
	朱　威	3988	4894		朱　卿	52	
57	朱邦衡	2544			朱學忠	3120	
60	朱國佐	5568		80	朱人龍	1405	1406
	朱國春	4127			朱企鉁	5275	
	朱國盛	4633			朱　金	413	
	朱　四	542	4247		朱　弟	2022	
		4894	6685		朱　善	2129	
	朱　昂	6207			朱善慶	4720	
	朱景三	143			朱善繼	4720	
62	朱　曬	4785			朱養純	3502	
63	朱　畹	5831	6008	86	朱錫庚	3505	
64	朱　時	4292			朱　錦	1310	
	朱睦㮮	1377	4173		朱　智	3988	
		5175	6728	88	朱　篔	4127	
67	朱　明	335	3087		朱　筠	4764	
	朱明書院	2750	2752	90	朱　少	4301	
		5041			朱常淓	1730	
71	朱厚熹	6353		91	朱　恒	5578	
	朱厚矯	4213			朱炳如	5236	
	朱厚煜	1216		92	朱愷仲	5896	

| 94 | 朱慎鍾 | 5397 | |
| 99 | 朱燮元 | 1106 | |

2591₇　純

25	純　仲	2805	
26	純白齋	58	1212
		2801	3466
		6771	
32	純淵堂藏板	3187	
50	純忠堂	2604	

2592₇　繡

10	繡石書堂	1135	1228
47	繡鶴堂藏板	4095	
80	繡谷亭	2	760
		2421	3524
		3744	
	繡谷唐氏廣慶堂藏板	1386	
	繡谷麗澤書屋	1527	

2593₀　秩

| 42 | 秩斯堂 | 3141 | |

2598₆　積

20	積秀堂	6503	
	積秀堂藏板	4010	
	積秀堂學畬堂藏板	4347	

22	積山書局	887	1003
		1130	
24	積德書堂	3	
50	積書巖藏板	378	
	積書樓	5705	
80	積善書堂	1092	
	積善堂	3032	
88	積餘齋	4794	

2599₀　秣

74	秣陵徐應選督刻	5644	
	秣陵博古堂	1104	1300
	秣陵藏板	4328	
	秣陵蔡拱日書	6541	
	秣陵劉希賢刻	2247	
	秣陵陳邦泰寫	3350	
	秣陵陳邦泰校梓	1928	
	秣陵陶國臣刻	4255	
	秣陵竹潭周宗孔校梓	3995	

2599₆　練

| 12 | 練廷彬寫 | 6576 | |

2600₀　白

	白	4947	
00	白鹿洞書院	997	
	白方鴻	2863	

白衣素屏居士 4582
10　白玉堂　1366
　　白下吳天祥刻　5655
　　白雲舘　6704　6705
　　　　　6706
28　白以道　3792
30　白崔山房　4433
38　白啓京　5229
　　白啓吳　5229
　　白啓常　5229
40　白有成　2129　4292
44　白華書屋　2256
　　白華堂藏板　110
　　白楚珍　2267
47　白鶴堂　1784
70　白　璧　2755
77　白門于肖龍書　1467
97　白　輝　1931

自

　　自　1086　5571
02　自新齋　2726
10　自　三　4247
26　自得軒藏板　2470
37　自　溟　5482
43　自　尤　4290
48　自　警　4586

60　自　四　4247
86　自知堂　5236
87　自鉏園藏板　5775　6025
93　自怡堂　1920

2610₀　細

　　細　3002

2610₄　皇

47　皇都三書堂　1133
53　皇甫汸　5229

2620₀　伯

　　伯　1137　5236
03　伯　誠　5104
10　伯　玉　3056
17　伯　子　6440
22　伯　川　5180
30　伯　安　6439
48　伯　翰　677
　　伯　敬　6256
53　伯　成　4247　4527
60　伯　昌　5308
　　伯　景　1885
80　伯　美　4747
　　伯　含　4223

佃

佃	1436

2620₇ 粵

50	粵東書局	6	320
		321	323
		399	401
		741	4175
	粵東三元堂	1130	
	粵東官署	6464	
	粵東撫署	3036	
70	粵雅堂	124	936
		1077	1264
		1511	1630
		1648	2752
		4002	4085
		5742	6764

2621₀ 但

50	但貴元	4936

侃

侃	1023	4582

2623₂ 泉

泉	3511

07	泉郭光	2031
10	泉石泗	2031
	泉石光	2031
12	泉 弘	2031
32	泉州府陳弘刻	2031
	泉州府學	3252
	泉州龔卿	2031
34	泉洪仰	2031
40	泉李三	2031
44	泉蔡山	2031
	泉蔡戍	2031
	泉林長	2031
	泉林光	2031
90	泉 光	2031

2624₁ 得

15	得 珠	5128
44	得樹軒	1484
77	得月樓	1591

2624₈ 儼

22	儼山書院	1174	1208
		1229	1230
		1240	1585
		1613	1660
		1912	1937
		2118	3733

	3743	3754	
	4389	4393	
	4394	4396	
	4399	4406	
	4552	4558	
	4559		

2629₄　保

23	保傅堂	1521	
24	保德堂	5806	
30	保定府	2987	
77	保學堂	3672	
90	保粹堂	3431	3432

2633₀　息

55	息耕堂	1177	5424

2641₃　魏

00	魏裔介	954	2649
	魏文可	5333	
	魏　六	4747	
10	魏一蘭	5253	5347
	魏　二	2017	
	魏　云	5253	
17	魏郡車養志寫	2096	
23	魏允柟	6587	
25	魏　生	3988	

	魏仲舉家塾	1493	
27	魏　名	4747	
30	魏　濠	5170	
	魏　憲	5784	5787
		5828	5831
		5840	5841
		5858	5881
	魏憲刻	1948	
	魏　良	5347	5381
	魏良刻	4725	
	魏實秀	3762	
34	魏　浩	5180	
	魏　祺	6325	
36	魏　泗	1670	5347
38	魏　海	4747	
40	魏士賢	3988	
	魏有刊	5253	
	魏希明	965	
	魏　右	4747	
	魏　森	3988	
44	魏荔彤	5915	
	魏　荣	5253	
50	魏　貴	5253	
60	魏國用	1027	
	魏國志	1027	
	魏　四	5253	
	魏四刊	5253	

64	魏時用	2124	
77	魏學謐	5786	
	魏學誠	5786	
	魏學訥	5786	
	魏學謙	5786	
	魏學禮	5323	
	魏留耘	6437	
	魏賢訓	5297	
	魏賢訒	5297	
80	魏養蒙	5461	
86	魏錫祚	2043	
90	魏光禄子秀	5065	
	魏裳	5298	
96	魏煜	5786	

2643₀ 吳

	吳	1110	4249
		4290	5212
		5363	5454
		6718	
00	吳亭	488	
	吳亮	5478	
	吳應龍	4735	
	吳應龍書	632	6562
	吳應元	5611	
	吳應芝寫刻	5344	
	吳應暘	2613	5389

	吳應明	1435	
	吳應曦	2613	5389
	吳康壽	5926	
	吳文	4251	6363
	吳文充	4759	
	吳文充寫	5252	
	吳文馨	6472	
	吳文長	1465	
	吳文常	1465	
	吳孝	4251	
	吳奕	5478	
	吳夆	6418	
	吳夆文	6418	
07	吳詔	4721	
10	吳一麟	5128	
	吳三	1137	
	吳正	6575	
	吳正之刻	5220	
	吳王	4254	
	吳元生	1086	
	吳元祥	177	
	吳下陸士仁書	6420	
	吳天育	1086	
	吳天禄	1107	
	吳天祥	1098	5655
	吳天挺	1537	
	吳天恩	5253	

	吳　晋	5033	
	吳可大	582	
	吳可中	5628	
	吳　云	983	4254
	吳雲□	4255	
12	吳登籍	4719	
	吳　廷	1435	5335
		6418	
	吳廷刻	5393	
	吳廷玉	1027	
	吳廷瑞	5335	
	吳廷七十七歲刊		5468
	吳廷舉	607	4991
	吳廷齡	2613	5389
13	吳　琯	319	947
		1122	4166
		4387	4389
		4585	6447
14	吳　琦	4915	
	吳　璜	6208	
15	吳　琠	5710	
17	吳翌鳳	1601	1850
		4181	4403
		4799	5029
		6706	
	吳郡章鏞刻	5552	
	吳郡章欽刻	6371	6372

	吳郡王伯才刻	4252	
	吳郡鄧弘文録寫		6257
	吳郡仇鵬刻	4258	
	吳郡緑蔭堂	820	
	吳郡徐普寫	5341	
	吳郡寶翰樓	4731	
	吳郡寶翰樓發兑		5998
	吳郡顧懷寫	4258	
	吳郡顧植	6451	
	吳郡沂詠堂雕	5847	
	吳郡沈玄易	4439	
	吳郡沈玄易刻	5314	
	吳郡姚可達書	6372	
	吳郡劉溥卿刻	1649	
		5331	
	吳郡金純甫書	548	
20	吳重熹	5831	6788
	吳　采	5036	
	吳秉忠	5631	
21	吳仁度	1527	
	吳能尚	5631	
22	吳　川	1108	
	吳　山	544	
	吳繼仕	769	
	吳繼安	1861	
	吳　綖	4928	
	吳縣姚可達書	5509	

23	吳允嘉	4441			吳　良	488	
	吳允中	1028			吳良刊	5140	
	吳　伏	5376			吳良用	4439	
	吳獻台	6729			吳　賓	1435	
24	吳德聚	1441			吳　寶	6575	
	吳偉業	5962			吳宗琰	5389	
	吳勉學	4281	4303	31	吳江縣學	4935	
		4310	4337		吳江沈氏	392	
26	吳自新	5267			吳源起	4719	
	吳伯高刊	963		34	吳　汝	4251	
	吳伯禧	582			吳禧祖	734	
27	吳　御	25			吳達可	1519	5199
	吳　繩	4254				5475	
28	吳從政	4561		37	吳洵美	1709	
	吳從志	4176			吳鴻翔	4734	
30	吳　淮	4251			吳　淑	558	
	吳　永	947		38	吳　瀹	5041	
	吳　之	433			吳　海	5082	
	吳之振	4799			吳　祥	1098	1108
	吳　騫	105	4789		吳　遵	5064	
		5662			吳遵之	4992	
	吳守礼	5186			吳遵道	5130	
	吳守中	5403			吳遵晦	5130	
	吳宏仁	385	386		吳道明	1376	5255
	吳宏道	6306			吳敞鵬	4176	
	吳富刊	1350		40	吳大玉	5499	
	吳宅桂堂	6575			吳大佶	677	

	吳　太	4894	
	吳　友	413	
	吳士端	6089	
	吳士緝	6609	
	吳士良	5341	
	吳士冠手書	5552	
	吳培元	1159	
	吳克明	1027	
	吳有仁	5171	
	吳　志	1063	6575
	吳志忠	693	
	吳　杰	93	
	吳壽暘	5803	
	吳　七	4894	
41	吳振臣	5857	
42	吳　橋	5128	
43	吳越華	582	
44	吳夢材	4248	
	吳蔚起	6638	
	吳　茂	130	
	吳　孝	5385	
	吳世高	983	
	吳世良	4412	4432
		5128	
	吳　萊	1370	5128
	吳桂芳	6440	
	吳　林	6609	
45	吳　棟	5341	
46	吳觀祚	5344	
47	吳趨宛委堂書坊		6589
	吳期炤	4886	
48	吳梅村	4876	
50	吳　中	1620	
	吳中章莒書	4698	
	吳中信寫	1350	
	吳中吳曜書	5180	
	吳　春	6307	
53	吳　盛	130	
	吳成刻	5341	
57	吳　邦	36	4439
		6423	
	吳邦亮	4412	4432
	吳邦達	4583	
60	吳　昷	4894	
	吳國琦	6737	
	吳　四	542	
	吳　恩	5253	6486
	吳甲郎	4747	
	吳昌碩	5612	
	吳　景	1435	
	吳景先	1435	
63	吳　默	107	
64	吳時元	5218	
	吳時薪	990	

	吳時用	6574	
67	吳　曜	5180	5183
		5220	5404
		5448	6728
	吳曜寫	6387	
	吳　昭	433	
	吳昭明	4217	4218
	吳嗣爵	6108	
	吳　照	1857	
71	吳原禮	4747	
	吳　臣	5253	
	吳長春	1086	
	吳長明	632	
72	吳氏家藏板	4719	
75	吳陳琰	6630	
76	吳　陽	1435	
77	吳鳳瑞	5119	
	吳鳳鳴書	6728	
	吳隆孫	4586	
	吳覺隆	4586	
	吳門高洪寫	4252	
	吳門高洪書	6424	
	吳門章循	5098	
	吳門章啟人刻	5098	
	吳門章松刊	5223	5397
	吳門計介甫刊	5233	
	吳門張翰如書	203	

	吳門何一金	5159	
	吳門何成業刻	5314	
	吳門德馨堂	809	
	吳門穆大展局刻字		6247
	吳門徐普寫	5314	
	吳門姚可達書	6320	
	吳門葉碧山受梓		6544
	吳門葉聚甫受梓		6544
	吳門葉顯吾受梓		6544
	吳門馬凌雲刻	648	
	吳門闕氏章欽	962	
	吳門周交甫受梓		6544
	吳　學	1303	
	吳學嚴	4266	
	吳　興	4248	4894
	吳興縣署	6088	
	吳興沈氏萬卷樓鈔本	1205	
	吳興凌氏	429	
79	吳　騰	5341	
80	吳人吳曜寫	5183	
	吳人俞策書	5256	
	吳　介	5033	
	吳　弟	1137	
	吳令聞	6065	
	吳毓梅	765	973
		4243	
	吳養春	990	

84	吳　鎮	5826		10	程一礎	743	4518
86	吳　錦	6418			程至遠	6777	
90	吳惟貞	5169			程元方	5577	
	吳惟明	805			程元昞	6777	
	吳懷保	4719			程于廷	5053	
	吳尚絧	5544			程覃叔	4769	
	吳尚中	6041			程百二	3443	3456
	吳　棠	4729				6737	
91	吳　炬	1505		11	程　珂	3056	
	吳　焯	4817		17	程子貴	6728	
99	吳　榮	983	4894		程子明	5302	
					程子美刻	2805	
	2671₀　峴				程君恩	1669	
22	峴　山	5783		19	程　琰	5292	
	峴山西向堂	5910		20	程　信	5082	
				21	程　儒	5082	
	2690₀　和			22	程胤兆	5636	
	和	3451			程胤萬	5636	
00	和序堂	278			程　釜	512	4716
80	和義堂藏板	300		23	程允德	1896	
				24	程仕登	2155	
	2691₄　程				程纘洛	2754	
	程	1870		25	程　岫	5892	
00	程彥令	5082		27	程　稍	994	
	程文杰	3056		28	程　儀	5082	
02	程端初	3641			程從遷	3056	
04	程　謹	1027		30	程之彥	4223	

	程之章	4223	
	程良玉	3279	
	程定之刊	442	
	程　宗	1484	3731
	程宗傅	6033	
31	程福亮	2696	
33	程　邃	2805	
34	程　湛	2696	
	程汝繼	94	
	程　達	3994	
38	程道行	6448	
	程　啓	1616	
	程啟充	6711	
	程　榮	3045	
39	程　泮	5444	
40	程大位	3177	
	程大畢	4320	
	程大均	2964	
	程　友	4747	
	程培初刻	5821	
	程有松	2967	
	程志隆	5742	
43	程　城	708	
44	程夢星	6114	
	程　茂	708	
	程懋學	4223	
	程　喆	2462	

	程世鵬	4796	
46	程　楊	1861	
47	程朝京	6486	
	程好之	4145	
53	程　成	2576	
	程　威	1601	
54	程拱宸	537	803
56	程　揚	1861	
60	程國儀	2967	
	程國禎	1034	
	程國祥	1388	
	程國楨	5503	
	程思柔	1601	
77	程際盛	5292	
	程聞禮	324	
	程開祐	4298	
	程開祐	803	
80	程善定	5400	
	程　曾	1601	
82	程　鐪	3099	
90	程光珠	5710	
	程光裕	5201	
	程光鉅	2946	
	程尚德刻	502	
95	程性初	2581	2714
99	程　榮	319	409
		2676	3154

		4387

2692₂　穆

00	穆　文	4301
	穆文寫	1977
10	穆大展	6247
14	穆　桂	451
46	穆　相	4719
50	穆春英	1595
60	穆國珍	4750
61	穆　旺	320
77	穆周氏	6046
	穆殿衡鐫	6046
90	穆光胤	5385

2694₁　釋

00	釋文儒	957	
02	釋新仁	957	1043
03	釋就堂	4858	
32	釋淨朗	6531	
35	釋袾宏	4584	
37	釋澹葊	2256	
	釋通澤	5643	
40	釋在觀	1200	
46	釋如巖	957	1043
	釋如彩	957	1043
47	釋超志	5778	

47	釋超撥	1814	2492
		5351	
50	釋本贊	957	
77	釋覺恒	957	1043
90	釋惟光	2247	

2694₇　稷

| 22 | 稷山葛邦基 | 5353 |

2711₇　龜

| 22 | 龜山藏板 | 6131 |

2712₇　邹

10	邹二刻	5104	
	邹　正	3104	
	邹元弼	3104	
	邹天奇	4301	
	邹天朝刊	3104	
	邹天明	3104	
	邹天卿刻	5104	
	邹天卿刊	3104	
12	邹　刊	4921	
20	邹爵刻	5104	5252
21	邹　順	3104	
	邹　仁	4301	
	邹拜達	1655	
24	邹　科	2315	

25	邹　傑	1147	1655
30	邹　賓	2315	4010
	邹賓刻	5104	
34	邹達刻	5252	
38	邹　道	4301	
40	邹太刻	5104	
	邹友刊	3104	
	邹希賢	3104	
	邹希美刊	4765	
46	邹　相	40	
47	邹　胡	3104	
50	邹　中	3104	
57	邹邦彦	5252	
	邹邦瑚	4301	
	邹邦傑	1676	
	邹邦傑刻	1147	
	邹邦治	3104	
	邹邦達	2010	
	邹邦達刻	2777	5343
		5394	
	邹邦□刻	4516	
	邹邦显刻	5104	
60	邹國正	5199	
	邹國安	5199	
	邹國賓	5199	5252
	邹國臣刊	5252	
	邹　显	1027	

	邹显刊	5104	
	邹國賓	2315	
	邹國祥刊	92	
	邹　景	3002	
67	邹　明	1435	3104
77	邹　吳	2315	
	邹吳刻	5252	
	邹吳刊	1655	
79	邹　勝	4301	

歸

17	歸子寧	5393	
	歸子祐	5393	
21	歸仁齋	2841	4183
30	歸安吳良用刻	4439	
	歸安沈潤鐫	5348	
37	歸鴻館	2553	
38	歸道傳	5393	
44	歸燕堂藏板	5020	
	歸世昌	5393	
47	歸朝煦	51	

2713₂ 黎

00	黎庶昌	3	5359
	黎文遠	5837	
	黎　諒	3521	
10	黎云升	385	386

8	黎致遠	5837	
37	黎祁遠	5837	
14	黎華玉	4859	
16	黎　旭	587	
18	黎翰遠	5837	
60	黎異之	4859	
80	黎善積	4859	

2720₇　多

00	多文堂	733	3104
21	多歲草堂藏板	4374	
22	多山堂藏板	1012	

2721₀　佩

40	佩古堂	4704	
	佩古堂藏本	6094	
44	佩蘭居	5552	
80	佩　兼	1739	

2721₂　危

	危	5363	
00	危　高	3002	4747
	危　文	2576	
10	危　三	1948	
30	危　安	3002	
	危　富	3988	
31	危　福	4747	
	危福右	2004	
	危福貴	2004	
34	危　洪	91	

2721₇　倪

10	倪元夫	4127	
	倪元忠	4127	
	倪　霤	6653	
16	倪　珵	4835	
17	倪承諡刻	3570	
	倪承寬	6180	
21	倪仁性刊	1964	
22	倪繼宗	5047	6624
		6660	
30	倪　密	2040	
32	倪兆蛟	6278	
40	倪　奎	2040	
44	倪夢圭	4127	
	倪世榮	5376	
	倪　荣	2022	
53	倪　成	632	
	倪成諡刻	3570	
	倪成密	5159	
58	倪鰲士	856	
77	倪　用	2022	

鳬

67	鳬 盟	5748

2722₀ 向

22	向山堂校刻	796	
40	向大岡	2604	
60	向日園	1467	1468

仰

	仰	1110	3013
		3827	
00	仰 高	2017	

2722₂ 修

	修	4252
01	修訂法律館	2421
37	修汲堂藏板	6186
48	修敬堂	3116
	修敬堂藏板	1573
88	修竹書室	2839

2722₇ 脩

28	脩 齡	5532
77	脩 學	4877

2723₂ 象

10	象雷館	3132
22	象山縣學	1861

2723₃ 佟

44	佟世集	6145
60	佟國器	3823

2723₄ 侯

10	侯于趙	545
12	侯廷珮	5501
20	侯重喜	2892
25	侯 秩	6363
46	侯加地	3318
	侯楊氏	1762
50	侯東萊	1623
60	侯 愚	6451
71	侯 臣	344
	侯臣寫	2794

2724₇ 殷

26	殷伯岩	5787
28	殷從儉	4993
59	殷 輶	6320

2725₇　伊

⋯0	伊　廬	441
	伊　府	4656
⋯24	伊　科	6418
⋯28	伊齡阿	2487
⋯37	伊祁惇德堂藏板	852
⋯0	伊在進	1435
⋯44	伊蔚堂	6696
	伊勢屋額田正三郎	3818

2726₁　詹

⋯00	詹文明	5422	
	詹　六	542	
⋯10	詹　一	3988	5128
⋯16	詹　現	4747	
	詹　璟	1132	
⋯18	詹　璈	926	
⋯21	詹　仁	3988	
⋯22	詹　仙	5128	
	詹　山	5391	
	詹　崇	5122	
⋯24	詹德象	5510	
⋯30	詹永信刊	1350	
	詹　良	6486	
	詹　賓	4747	
⋯34	詹达隆	6486	

38	詹道行	5510	
44	詹　蓬	1350	
	詹　世	5128	
	詹　林	3054	
45	詹　椿	1964	
50	詹事講	3574	4784
		5639	
	詹　春	1964	
60	詹國禮	5625	
	詹　四	3988	
	詹易齋	1168	
71	詹長卿	1092	
72	詹氏進德堂	811	
	詹　兵	4747	
77	詹　肥	3274	
80	詹　八	3541	4419
	詹　弟	1086	
	詹弟刊	1350	
90	詹光陛書	4223	

2731₂　鮑

12	鮑廷博	2560	3742
		6712	6717
		6767	
17	鮑承勛	5853	
22	鮑繼文	6696	
28	鮑以文	4764	

| 40 | 鮑　雄 | 1516 | 4785 |
| 60 | 鮑國忠 | 1440 | |

2732₀　勺

| 60 | 勺圃藏板 | 5944 |

2732₇　烏

10	烏石山房	1194
26	烏程姚氏乙藜閣	68
	烏程錢拱宸	3002

鴛

| 50 | 鴛鴦七志齋 | 5982 |

鄅

| 60 | 鄅景從 | 6624 |

2733₆　魚

| 10 | 魚元傅 | 1218 | 1317 |
| | | 1632 | 1721 |

2741₆　免

| | 免 | 4262 |

2742₇　鄒

| 00 | 鄒彥章 | 6528 |
| | 鄒　袞 | 5479 |

	鄒　袞	5479
10	鄒　正	1137
	鄒　王	4759
	鄒元弼	4131	638(
	鄒元弼刊	6542
	鄒　天	4759
	鄒天爵	4759
	鄒天衢	5524
	鄒天奇刻	1664
	鄒天明	4247	4759
	鄒天明刊	5104
	鄒天卿	4759
12	鄒孫二刻	5104
20	鄒　爵	4759
21	鄒　仁	5082
	鄒　儒	4324
24	鄒化刻	1946
25	鄒　傑	4247	4759
30	鄒永章	4777
	鄒永明	4777
	鄒之嶧	2240
	鄒守愚	5165
	鄒　安	4247	4759
		5253
	鄒　賓	4247
34	鄒　漪	5787
	鄒　達	4759

<table>
<tr><td></td><td>鄒達刻</td><td>1655</td><td></td></tr>
<tr><td>8</td><td>鄒祥英録</td><td>73</td><td></td></tr>
<tr><td></td><td>鄒道元</td><td>4246</td><td></td></tr>
<tr><td>4</td><td>鄒　蓋</td><td>5082</td><td></td></tr>
<tr><td>6</td><td>鄒　相</td><td>4247</td><td></td></tr>
<tr><td>7</td><td>鄒邦傑刊</td><td>2358</td><td></td></tr>
<tr><td></td><td>鄒邦治</td><td>5475</td><td></td></tr>
<tr><td></td><td>鄒邦達刻</td><td>1655</td><td>5252</td></tr>
<tr><td>0</td><td>鄒國相</td><td>4247</td><td>4759</td></tr>
<tr><td></td><td>鄒國相刻</td><td>5104</td><td>5252</td></tr>
<tr><td>7</td><td>鄒　明</td><td>1655</td><td>4247</td></tr>
<tr><td></td><td>鄒明刻</td><td>1435</td><td></td></tr>
<tr><td>71</td><td>鄒頤賢</td><td>5069</td><td></td></tr>
<tr><td>74</td><td>鄒　駪</td><td>1504</td><td></td></tr>
<tr><td>77</td><td>鄒同光</td><td>6455</td><td></td></tr>
<tr><td></td><td>鄒　卿</td><td>4759</td><td></td></tr>
<tr><td></td><td>鄒　興</td><td>1137</td><td></td></tr>
<tr><td>80</td><td>鄒　美</td><td>5082</td><td></td></tr>
<tr><td></td><td>鄒　義</td><td>5082</td><td></td></tr>
<tr><td></td><td>鄒　善</td><td>5082</td><td></td></tr>
<tr><td></td><td>鄒　養</td><td>5082</td><td></td></tr>
<tr><td>90</td><td>鄒光胤</td><td>2240</td><td></td></tr>
<tr><td></td><td>鄒光大</td><td>4777</td><td></td></tr>
<tr><td></td><td>鄒光岳</td><td>4131</td><td></td></tr>
<tr><td>97</td><td>鄒耀刻</td><td>1946</td><td></td></tr>
</table>

2744₀ 舟

舟　1133

2744₇ 般

44　般若庵　6257

2744₉ 彝

81　彝敍堂　1765

2760₀ 名

名　3955
22　名山聚梓行　6288
25　名　仲　4747

2760₃ 魯

00　魯　亭　2257
　　魯　府　3112
10　魯　元　2129
　　魯元刊　92
12　魯　刊　5205
18　魯　瑜　2103
20　魯重民　4282　4283
　　魯　信　43
22　魯鼎梅　842
24　魯仕驥　6251
27　魯　詹　1062

40	魯克恭	6256	
47	魯　超	6622	
82	魯　釗	170	

2762₀　句

26	句吳書院	5191

2762₇　郎

60	郎　園	1691	4581
		5957	

2771₂　包

17	包習先	321
32	包　礼	2395
47	包　杞	5234
77	包與世	3221

2772₀　勾

60	勾吳何尔復	4017

2790₂　尔

10	尔　玉	401
25	尔　生	320

2790₄　彙

77	彙賢齋	3244

2791₇　紀

10	紀　元	1931
	紀五常	803
25	紀　繡	4130
30	紀容舒	5676
34	紀汝倫	4114
51	紀振東	6404
67	紀明倫	1465

絕

49	絕妙好辭齋	5892

繩

13	繩武堂	4093

2792₀　約

60	約　園	478	1481
		1485	2206
		3473	3750
		3981	4788
		4803	4816
		4931	4976
		5135	5613
		5907	6119
		6126	

紉

| 紉 | 臣 | 5954 |

2792₂　繆

1	繆步瀛	1504	
2	繆 淵	1108	1603
4	繆荃孫	956	1483
		1850	1852
		1857	3029
		3468	5742
0	繆 中	5892	
6	繆 錦	5892	
0	繆 懷	1388	
8	繆 燧	2216	

2793₂　緑

0	緑天館	3501	
1	緑斐軒	3752	
7	緑君亭	1549	
24	緑綺軒	3487	
26	緑囪藏本	6111	
30	緑 窗	6122	6164
	緑窗藏板	6111	
44	緑蔭園	1616	
	緑蔭堂	721	820
		3073	3129

		5869	6787
		6789	6804
88	緑筠堂	4416	

2794₀　叔

00	叔 高	4902
12	叔 弘	1931
17	叔 承	677
30	叔 永	4527
47	叔 翹	6390
50	叔 泰	1133
67	叔 明	5403
77	叔 賢	6822

2795₃　穋

27	穋 脩	5299
44	穋 孝	6470

2795₄　絳

10	絳雲樓	3338
64	絳跗閣	579
	絳跗閣藏板	470
65	絳跌堂	2326

2796₂　紹

00	紹文堂	5284
	紹衣堂	3875

40	紹　堯	2017
	紹　古	2697
77	紹興府學	1860

2810₀　以

26	以　得	5341
	以　和	3189
28	以倫刊	2010
32	以　漸	677
40	以　才	1
	以才刊	2592
44	以　黄	2899
53	以　成	772
56	以　規	4864
72	以　所	5044
80	以　善	4747

2820₀　似

22	似　山	6272

2821₁　作

24	作德堂	6471

2822₇　倫

	倫	1137	5041
20	倫　采	5954	
50	倫　泰	1297	

2824₀　徵

44	徵草軒	4102

徽

32	徽州黄仲武等	1964
	徽州黄汝清刊	1964
	徽州黄鎰刊	1868

2824₇　復

00	復　齋	2520	520
35	復禮堂	6333	
37	復初堂	728	
	復初堂藏板	264	26
		385	38
60	復　昌	6069	

2825₃　儀

10	儀一堂藏板	5733
55	儀典堂	246

2826₆　僧

67	僧明中	6159

2828₁　從

01	從龍張有常	4017
67	從野堂	5765

2828₆　儉

40　儉壹堂　　1327

2829₄　徐

	徐	1110	1133
		1304	2615
		3318	4017
		4229	5299
00	徐立寫	1977	
	徐亮	1860	
	徐應瑞	4523	
	徐應選	5644	
	徐文	1023	
	徐文止	6696	
	徐文台	5376	
	徐文德	1023	
	徐文駒	6110	
	徐文益刊	958	
01	徐龍池	820	6415
	徐顏	1860	
07	徐調元	1440	
10	徐二	957	6424
	徐三曾	5761	
	徐玉	1714	
	徐玉符	385	386
	徐元玠	2185	

	徐元復	2926	
	徐元嘏	1287	5346
		5347	
	徐爾章鐫	6676	
	徐天祚抄	5507	
	徐天柱	6166	
	徐天驥	6166	
	徐至	5122	
	徐平	5122	
12	徐登	3841	5595
	徐瑞能	2017	
	徐瑞鰲	2017	
	徐廷魁寫	1946	
	徐廷槐	6111	
13	徐武	763	
14	徐琳	4430	4508
17	徐孟賢	961	
	徐乃昌	4488	4794
	徐子信	2929	
	徐子中	4747	
	徐子思	1023	
20	徐重	4254	
	徐信	6545	
	徐禾	1087	
21	徐肯	4292	
	徐仁	2687	
	徐夫	1868	

徐縉	6393	徐宗亮	5090
徐縉芳	1478　1479	徐宗幹	2232
	1480　1495	31　徐禎	674　4302
22　徐胤錫	336		6424　6545
徐豐	5268	徐禎刊	5639
徐山刻	1868	徐禎秩	3812
徐繼芳	646	徐禎稷	3812
23　徐參微	670	徐禎穉	3812
徐允錫	336	32　徐冽	5509
24　徐化	451	徐兆稷	1287
徐魁寫	1977	33　徐泳	4583
徐幼文	6531	徐泳同胡昶	4583
25　徐仲文	1023	徐必達	1491　2687
徐仲和	3422	34　徐汝晉	3569
徐健	4945	36　徐澤醇	2910
徐紳	5064	37　徐洛	6325
26　徐得安	6205	徐冠	4850
27　徐象橒	1684　1812	38　徐收	1465
	2541　4452	徐遵王	385　386
28　徐佺	5159	徐肇惠	5159
徐繪	2441	徐啓	25　4759
30　徐宇	2807	40　徐九臯	5045
徐安刻	3396	徐大岡	2604
徐安刊	6530	徐友益刊	1023
徐安封	5371	徐士元	4850
徐良彥	5176	徐士鳳	470　6175
徐官	965　4292	徐士寫	1350

	徐　堆	1435				1480	
	徐克範	5004		徐　荣	5376		
	徐有倫	1303		徐　林	1027		
	徐志定	177	45	徐　棟	1435		
	徐嘉炎	5986	46	徐　恕	4734		
	徐奮鵬	5482	47	徐　桐	1663		
41	徐　坪	5434	48	徐乾學	5857	5974	
	徐桓生	2929		徐　榦	6602		
	徐　柯	642		徐　敬	4292		
	徐　標	2098		徐　松	1214	1852	
42	徐　坵	1435			1855	1907	
43	徐　栻	5207	5251	50	徐　中	451	1714
44	徐夢熊	1663		徐中孚	5067		
	徐夢豹	1663		徐中允	677		
	徐薦鶚	646		徐泰寧	3595		
	徐　茂	433	1303	徐　惠	4292		
	徐懋升	3804		徐奉祥	2604		
	徐執菴	1605	1606	徐　東	1435		
	徐執策	3524		徐東山	6415		
	徐　世	320	51	徐　振	451		
	徐世章	2232		徐振德	1732		
	徐世禮	5041		徐　軒	674	1861	
	徐世茂	1303		徐軒刊	4252		
	徐世朝	1303	52	徐挺之	6427		
	徐樹屏	3656	4098	53	徐盛一	2315	
	徐樹銘	3063		徐　成	451		
	徐樹敏	1478	1479	54	徐拱宸	4497	

56	徐揚先	1120				徐介壽	2423	
57	徐邦式	5033				徐善生	5468	
58	徐　敫	6363				徐　普	5341	5386
60	徐星伯	1582				徐養相	543	
	徐　昌	4747				徐養量	1931	
	徐昌祚	4524		82		徐鍾震	4933	
	徐　圖	6418		83		徐　鉞	541	
	徐　昆	5991		84		徐　釚	1178	1180
	徐景南	4219					1194	1212
	徐景鳳	1248	2145	86		徐　智	1027	3350
		2275	4985				4337	5324
64	徐時作	5565					6461	
71	徐　長	433				徐智督刊	1143	
	徐　頤	4945		88		徐　銓	340	
72	徐　丘	1435				徐　節	5385	
74	徐慰懷	3404		90		徐小山	4265	
77	徐　堅	6321				徐惇復	2256	
	徐聞刊	4583				徐惇孝	2256	
	徐學聚	4304				徐　少	5423	
	徐學禮	5262				徐光啟	3637	
	徐即登	3002				徐　尚	5423	
	徐與參	2423				徐　省	4292	
78	徐　鑒	1642	1868	91		徐　炬	4322	
79	徐　勝	4301		94		徐　慎	6325	
	徐騰芳	3827		97		徐　輝	1681	
80	徐益孫	5314						
	徐　鏞	2434						

2833_4　悠

23　悠然亭藏板　　5090
　　悠然樓　　　　6102

2846_8　谿

10　谿雲閣　　　　3048

2854_0　牧

00　牧　齋　　　　1591

2892_7　紛

77　紛欣閣　　　　4759

繪

47　繪娵堂　　　　4541

2921_2　倦

60　倦　圃　　　1598　1613
　　　　　　　　3629　5662
　　　　　　　　6321　6384

2922_7　倘

37　倘湖藏板　　　140
　　倘湖小築　　　139　140
　　　　　　　　　141　4040
　　　　　　　　　　　　4041

2991_9　継

　　継　　　　　　91
10　継　元　　　1133
40　継　存　　　2017

2998_0　秋

16　秋碧堂藏板　　5734
27　秋彝齋　　　　5662
34　秋　池　　　　6225
　　秋濤鯨　　　　6503
40　秋壽鯨　　　　6503
47　秋　帆　　　　6176
53　秋　甫　　　　5090
88　秋籟閣　　　　5208

3010_1　空

22　空山堂　　262　726
40　空有齋　　　　4519

3010_4　室

61　室町鯉山町田中清左衛門
　　　　　　　　3114

3010_6　宣

　　宣　　　　　3013

3010₇　宜

23	宜稼堂	3474	
25	宜　仲	2017	
26	宜和堂	3445	3456
29	宜秋館	1352	4788
		4791	4792
		4805	4844
37	宜禄堂藏板	5025	5296
44	宜黃應氏	237	464
	宜黃黃氏	370	
50	宜　中	2576	
80	宜　年	3141	
	宜年堂	2	

3011₄　注

| 44 | 注韓居 | 4228 |

淮

	淮	1485	5400
00	淮　府	6353	
40	淮南書院	3350	
	淮南書局	731	
78	淮陰公舍	1863	

3011₇　瀛

| 10 | 瀛　一 | 4019 |

| 22 | 瀛山書院 | 5435 | |
| 40 | 瀛塘別墅 | 3466 | 6771 |

3012₃　濟

	濟	3511	5394
10	濟　可	3651	
22	濟峯藏板	840	
30	濟寧分司	2096	
76	濟陽縣衙藏板	5749	
77	濟　卿	4776	
80	濟美堂	4489	

3012₄　済

| | 済 | 5400 |

3012₇　汸

| | 汸 | 1110 |

3013₂　濠

| 21 | 濠上存古學堂藏板 | 2958 |
| 40 | 濠塘藏板 | 3172 |

3014₆　漳

20	漳毛鳳	2031
34	漳洪正刻	2031
44	漳黃順	2031
80	漳曾玉	2031

	漳曾翔	2031		5920	6787
37	漳鄭德	2031	20　宛委山堂	1	319

3014₇　淳

	淳	4262
30	淳安縣署	4704　6094

3014₈　洨

22	洨川賈小一	957

3020₁　寧

10	寧一堂藏板	3053	
23	寧我齋	4734	
27	寧鄉學署	1736	
34	寧遠堂	143	
36	寧邊府	2720	
44	寧　藩	1225	3311
47	寧都官署	359	
52	寧靜堂	6805	
60	寧昌李昺書	957	

3021₁　完

12	完璞堂	5936

3021₂　宛

17	宛羽齋	2300	2362
		2364	5919

右欄宛委山堂數字續：

399	408
409	947
1174	1176
1211	1229
1233	1234
1235	1237
1239	1240
1242	1256
1264	1524
1581	1585
1605	1611
1613	1628
1661	1822
1904	1937
2066	2118
2145	2273
2275	2277
2284	2288
2344	2346
2353	2676
2677	2679
2715	2731
2747	2758
2764	2783
2815	2986

3045	3048	3590	3591
3049	3154	3624	3634
3163	3213	3645	3685
3333	3334	3686	3689
3337	3340	3690	3700
3358	3359	3709	3731
3361	3366	3733	3734
3403	3409	3735	3739
3410	3418	3740	3742
3422	3424	3743	3744
3443	3449	3749	3751
3451	3452	3752	3753
3453	3456	3755	3757
3459	3468	3759	3768
3470	3472	3771	3772
3477	3484	3775	3777
3505	3506	3780	3784
3510	3511	3802	3805
3512	3513	3819	3825
3518	3519	3829	3835
3520	3522	3844	3899
3523	3524	3901	3909
3526	3529	3918	3927
3530	3535	3940	3941
3538	3541	3942	3953
3564	3565	3962	3964
3570	3577	3992	4004

4008	4020		4494	4495
4045	4046		4496	4497
4168	4169		4499	4506
4171	4178		4508	4510
4180	4186		4511	4512
4187	4259		4514	4517
4276	4386		4547	4549
4387	4388		4550	4552
4389	4391		4558	4559
4392	4393		4568	4627
4394	4396		4628	4629
4397	4399		4631	4665
4404	4406		4672	4681
4407	4408		6693	6694
4409	4410		6697	6712
4412	4414		6720	6721
4416	4417		6723	6738
4419	4421		6807	6808
4422	4423		6820	
4424	4425	宛委堂	6088	6089
4427	4428	74 宛陵郡齋	2576	
4430	4431	宛陵尤廷弼刊	585	
4432	4433	宛陵劉大德鐫	4531	
4434	4443	宛陵鐂光信刊	2257	
4465	4487	97 宛鄰書屋	3063	
4489	4490			
4492	4493			

3021₄　寇

| 76 | 寇　陽 | 5081 |

雇

00	雇文華	6363
27	雇名一	5524
37	雇　運	1435
53	雇　成	1714

3022₇　房

| 44 | 房　懋 | 957 |

3023₂　永

	永	3511	4947
20	永信刊	1350	
21	永仁道人	2676	
22	永豐縣學	4747	
24	永　德	2017	
30	永　安	2017	
40	永嘉王堂刊	4721	
46	永　加	385	386
60	永思堂藏板	4721	5089
67	永明書院	2672	
71	永厚堂	800	
80	永　年	2576	
86	永錫堂藏板	5085	

| 90 | 永懷堂 | 6544 |

家

| 04 | 家塾藏板 | 5469 |

3026₁　宿

| 48 | 宿松尹春泰 | 1984 |

3026₂　宿

| 00 | 宿應麟 | 5160 |

3026₇　启

| 30 | 启　良 | 2017 |

3030₁　進

	進	2494	2799
		5454	
21	進步書局	3999	4010
		4023	4057
		4086	4479
		4500	4538
	進　仁	1972	
24	進德書堂	531	3079
	進德堂	811	
27	進脩館藏板	1150	
53	進　甫	5516	
77	進賢熊鳳刊	2315	

進賢傅魁刊　5341
進賢書堂　3071　3072
進賢堂　582

3030₂　適

00　適　亭　6207
30　適適山堂　4015
60　適　園　1330

3030₃　寒

20　寒香館　1432

3030₇　之

之　1137　3955
22　之　山　1063
31　之　源　1110

3033₆　憲

25　憲　生　5954
90　憲　光　4223

3034₂　守

守　3827　4290
00　守　文　4571
守　言　5394
12　守　刊　4065
16　守硯堂　3057

50　守中書堂　326

3040₁　宇

宇　91　1147
3451　3452
4017　5515
31　宇　涵　6644
57　宇邨書屋　6569

3040₄　安

安　1086　1436
2494　2686
3447
10　安正書堂　4221
安正堂　484　1229
1230　2605
4183　4831
安　玹　3097
12　安　烈　1663
安　刊　4262
21　安順堂藏板　2701
27　安紹芳　1673
30　安寧州書院　537
31　安福楊時祥　57
44　安茂卿　4390
安　林　4747
46　安如石　5203

	安如磐	5199	
50	安　肅	6821	
60	安　國	2078	4236
		4942	
	安邑宋氏	239	
64	安疇九	5780	
70	安雅堂	5798	
80	安　公	321	
88	安　簀	5775	

宴

	宴	3827	

3042₇　寓

60	寓園藏板	2062	

3043₀　实

	实	5435	

3043₂　宏

	宏	1137	5400
34	宏達堂	4740	6292
38	宏道書院	17	608
		761	1223
		3695	4392
		4625	
	宏道堂	628	1074

		2581	2714
		3060	3108
		3132	3244

3060₆　宫

50	宫本昂	3053	

富

	富	3827	
00	富文齋	6070	
	富文書局	2623	
50	富春馬邦良	3002	

3060₈　容

00	容　齋	3928	
43	容城唐繼沖	4017	

3062₁　寄

60	寄　園	1755	
71	寄願堂	1922	
	寄願堂藏板	215	

3073₂　良

	良	1110	1485
		1972	4947
46	良　相	1868	
53	良　甫	1044	4770

寰

　　寰　　　　1147
17　寰　羽　　4574

3077₂ 密

10　密雲路　　1504

3077₇ 官

　　官　　　　3827　5160
10　官　一　　4747
17　官乃青　　2004
31　官福郎　　1086
53　官　成　　4747

3080₁ 定

　　定　　　　3013　3511
　　　　　　　5499

蹇

68　蹇　曦　　4835

3080₂ 穴

16　穴硯齋　　1179　1184
　　　　　　　1188　1194
　　　　　　　1195　1201
　　　　　　　1205　1212
　　　　　　　1218　1269
　　　　　　　1482　1852
　　　　　　　3505　5004

3080₆ 寅

35　寅清樓　　210　389
　　　　　　　517　568
　　　　　　　604　701
　　　　　　　702　703
　　　　　　　757　946
　　　　　　　2673　2674

實

50　實事求是齋　3260

寳

00　寳文照　　3625
25　寳　傑　　1438

賓

　　賓　　　　2799
31　賓渠旅舍　3177

寶

　　寶　　　　1373
00　寶　文　　5252
24　寶　付　　5252

97	賓　煕	5252	

寶

00	寶文書局	1576	
	寶文堂	1074	3132
		4582	4769
	寶章書屋	721	
04	寶誥堂	2692	
11	寶研齋	1590	
17	寶　珣	4734	
21	寶仁堂	137	760
	寶仁堂藏板	1010	
22	寶　崖	6630	
28	寶綸樓	1348	
	寶綸堂藏板	3010	
30	寶寧堂	607	
44	寶華順	3108	
	寶華盦	1484	
	寶芸齋	1194	1201
		3509	
46	寶旭齋	1028	
	寶恕堂	2722	
48	寶翰樓	749	856
		1953	2330
		3125	4544
		4731	5998
		6643	

	寶翰樓梓行	6616	6809
50	寶書堂	1074	
60	寶墨堂	4714	
	寶田山莊	750	
77	寶閒齋	1212	
	寶印齋	3396	
	寶興堂	3132	
	寶賢堂	3311	
80	寶鏡堂	2366	
	寶善堂	2403	3139
		3923	4003
		4748	
	寶命堂	3057	
83	寶鐵齋	5152	
88	寶笏樓藏板	4740	

3090₁　宗

	宗	1137	1436
		2045	3511
		5571	
00	宗　方	4251	
	宗文書舍	4434	
	宗文書堂	3079	
	宗文堂	1092	1477
		1480	2679
		2715	3459
		3506	3507

		3510	3512
		3513	3686
		3731	3739
		4219	4489
		4547	4788
		4792	6282
	宗　孝	4251	
	宗　袤	1435	
12	宗　瑞	1435	
16	宗　聖	2254	
21	宗仁刊	1927	
24	宗德書堂	2762	
30	宗　滾	1435	
	宗　之	5424	
	宗　富	1297	
40	宗　培	370	1170
		2903	2904
	宗古堂	286	
44	宗　樊	4586	
72	宗　質	1862	
90	宗惟恭	2553	

3090₄　宋

	宋	2615	3318
		4588	5442
		5454	5499
10	宋　玉	4292	

	宋云鴻	949	
11	宋　珏	5631	
14	宋　璜	2214	
17	宋　弼	5991	
	宋承殷	2732	
18	宋　瑜	6575	
23	宋允刻	5479	
	宋允一刊	5367	
	宋允刊	57	2800
		5367	
26	宋　泉	3028	
28	宋儀望	541	5082
		5162	
30	宋賓王	4503	4984
	宋宗元	260	
32	宋　礼	1927	2022
36	宋澤元	1135	1217
		1219	1220
		1229	1230
		1232	1233
		1234	1237
		1262	1339
		1340	1348
		1613	1648
		1660	1762
		1797	2344
		2464	2607

		2608	3804
		4407	4422
		4433	4438
		4513	6762
	宋漫堂	6490	
40	宋存標	2635	
	宋志益	2222	
44	宋世犖	1334	
46	宋楫	908	
57	宋邦憲	5798	
60	宋思仁	282	
	宋杲	319	4747
		6575	
	宋景濂	5738	
77	宋周	4251	
80	宋人	1297	
	宋美	3028	
87	宋銀	4251	
90	宋光廷	5299	
92	宋愷	3498	
99	宋犖	1484	4768
		5772	6088
		6089	6128
		6589	
	宋榮堂	1133	

宼

	宼	3955	

3094₇ 寂

67	寂照僧如杲助刻	2248	

3111₀ 江

	江	91	1870
		3577	6440
00	江文	3002	5253
		5300	
10	江一	3988	
	江二	3002	
	江元禧	4811	
	江元通	632	
	江元貴刊	1350	
	江雨來	4181	
	江夏蔣継隆刻	5341	
	江夏萬儒刊	5499	
	江夏楊炡刻	5341	
	江天寺	2247	
	江西布政司	1484	4759
	江西彭仁刊	987	
	江西書局	1370	4392
	江西撫署	2702	
	江西省翰墨居鄭文貴刻		

		6111	
	江　百	4254	
	江　云	2031	
17	江　子	4747	
	江子名	3221	
20	江　毛	4419	
21	江上瑛	2831	
	江上珍	2831	
	江　仁	1086	
23	江允貫	677	
24	江德新	3791	
	江德中	3791	
25	江仲仁	3274	
26	江自成	3793	
	江　和	1653	3221
27	江　磐	2771	
30	江　宝	413	
	江濟刊	5262	
	江寧王景成刻	5509	
	江寧穆周氏	6046	
	江寧業彭齡繕寫		2193
	江寧周啟友監刻		693
	江　良	92	3988
		4275	
	江良刊	2129	
	江　宗	2031	
31	江　濬	1360	
32	江州官舍	1847	
33	江　心	1948	
34	江湛然	6737	
	江　洪	6424	
	江　達	1086	
37	江　朗	4419	
40	江左書林	721	887
		3060	3061
		3063	3073
		3108	3111
		3115	3129
		3132	3177
	江南雋	820	
	江南製造總局	137	3177
	江　存	5253	5381
	江　志	1137	2031
	江右郭京	1137	
	江右郭相	1137	
	江右貢良	1137	
	江右貢江良	1137	
	江右付高	1137	
	江右鄒興	1137	
	江右彭智	1886	
	江右姜正	1137	
	江右姜俸	1137	
	江右曾良	1137	
	江右養雲書屋	147	

44	江　莆	5253	
	江　茂	1086	4292
	江茂刻	3569	
	江蘇書局	1576	2412
		2415	2706
		3051	3177
		4137	4029
		4158	6638
	江世會	3429	
	江　荣	2031	
46	江　旭	3002	5253
47	江都書肆嵩山房		6683
50	江接芹	6609	
	江　惠	2031	
	江　春	3421	
53	江　盛	1086	
	江　甫	957	2277
		3002	5187
		5253	5381
60	江日潡	273	
	江曰芬	2017	5422
	江　旦	5347	
	江　四	2031	2739
	江思恩	2017	5422
	江　田	5122	
71	江　厚	3221	
	江長深	1086	

72	江后子	3221	
	江氏生生館	96	
77	江學詩	1501	
78	江陰繆淵寫	1108	1603
80	江　八	4176	
	江八斗	6682	
86	江錦脩書樣	693	
90	江　光	2017	

3111₁　涇

	涇	1380	
22	涇川徐禎刊	5639	
50	涇東草堂藏板	6177	
76	涇陽龐俊繕錄	27	

瀧

| 32 | 瀧溪曉樓藏板 | 2164 | |

3111₄　汪

	汪	1870	
00	汪立名	2330	6649
	汪高科	2805	
	汪高明	4223	
	汪應瑞	18	
	汪應經	18	
	汪應魁	632	
	汪應鳳	18	

	汪文珍	5293		汪復初	3073	
	汪文宦刊	4520		汪從龍	5435	
	汪文柏	4861	30	汪　宜	2576	
	汪文菁	5945		汪　淮	6426	
07	汪望齡	5014		汪良迪	5420	
10	汪三省	5014		汪　宗	2031	
	汪玉球	6749		汪宗元	2739	
	汪元兆	1880		汪宗豫	5436	5441
	汪元湛	6475		汪宗伋	6475	
	汪元標	3994		汪宗伊	5091	
	汪元范	3762		汪宗淳	6475	
12	汪廷愷	6263	32	汪　浸	2805	
	汪延齡	4376	34	汪汝謙	2240	
	汪延良	5122		汪汝淳	2240	3631
14	汪　琪	4262			3633	
16	汪　璥	5122		汪洪度	5668	6601
17	汪孟鋗	6252	37	汪逢瑞	5284	
	汪瑤光	5325		汪逢源	5284	
20	汪　信	1297	38	汪　瀚	5068	
	汪　禹	1297		汪道亨	586	
	汪　統	3511		汪道長	5625	
22	汪嵩齡	5014		汪　啟	1297	
	汪繼美	5435		汪啟淑	6189	
25	汪仲圭	5434	40	汪大良	2019	
27	汪修能	1142		汪大鈞	6767	
28	汪以成	979		汪大節	1861	
	汪　徽	5539		汪士漢	1904	4166

		4492	
汪士賢	3454	3459	
	3468	3469	
	3498	4547	
	4712		
汪　奎	18		
汪　燾	5014		
汪來聘	5284		
汪來安	5284		
汪來起	5284		
汪　森	4799	5631	
43 汪載德	5004		
44 汪　荃	5945		
汪　薇	99		
汪懋麟	5945		
汪萬頃梓	2424		
汪其俊	1724		
45 汪　棟	6793		
48 汪猶龍	4307		
50 汪中鵬	1662		
汪貴信	1297		
60 汪曰楨	6793		
汪國楠	2713		
汪思中	2576		
汪　昇	1458		
64 汪時元	5298	5337	
汪時震	5435		

67 汪　明	2031	
汪嗣志	5435	
汪　照	2561	
73 汪駿聲	4806	
77 汪學海	5516	
汪學基	6283	
汪歐亭	1771	
80 汪　畬	1880	
82 汪鍾霖	5014	
汪鍾鼎	5435	
汪鍾日	5435	
84 汪　銈	5284	
86 汪錦雯	5014	
88 汪　鈖	5284	
汪　竹	4251	
90 汪尚寧	5041	

3111₇　瀘

32 瀘州鹽局	6307	6631

3112₀　汀

汀	72	1137

河

40 河內屋喜兵衛	4110
河內屋茂兵衛	4110
河內屋八兵衛	3177

	河內堂	4702	
	河南官書局	5045	5362
57	河抱堂	5652	
77	河間張	1137	

3112₁　涉

60	涉　園	3517	3522
		4741	6779

3112₇　馮

	馮	1036	2769
		6440	
00	馮　慶	1868	
10	馮　一	952	
	馮亞祥	2017	
	馮元仲	768	
	馮元惇	2804	
15	馮　甦	2319	5695
17	馮承熙	3062	
18	馮　孜	5270	
21	馮貞群	5742	
22	馮繼科	2765	
24	馮　科	2017	
25	馮積慶	36	
27	馮　鄒	1137	
	馮紹堯	2017	
30	馮宜仲	2017	
32	馮兆年	3431	3432
34	馮　浩	1015	1016
36	馮　昶	1002	
37	馮祖憲	5742	
38	馮　道	1603	
40	馮大受	5272	5314
	馮嘉會	975	2167
		2743	
	馮　吉	2820	
	馮　校	1620	
44	馮　翥	3067	
	馮夢禎	5578	
	馮夢錫	5573	
47	馮朝楨	2804	
50	馮　忠	6715	
51	馮振宗	5339	
53	馮　成	2017	
58	馮　鷔	5291	
64	馮時雍	4872	
67	馮　明	1137	
	馮嗣昌	5509	
77	馮　段	1137	
79	馮　勝	2017	
80	馮金聲	5870	
	馮　念	2820	
	馮　姜	1137	
	馮　義	2820	

馮公卓　　　2017

90　馮尚通　　　2017

94　馮慎可　　　2017

96　馮　惺　　　2820

97　馮　煥　　　1909

3114₀　汗

50　汗青閣　　　3725

3114₉　潯

40　潯南書舍　　1208　1480

　　　　　　　2066　2118

　　　　　　　3506　3507

　　　　　　　3512　3513

　　　　　　　3685　3686

　　　　　　　3739　3742

　　　　　　　3744　3901

　　　　　　　3936　4393

　　　　　　　4399　4489

　　　　　　　4490　4494

　　　　　　　4550　4792

3116₁　浯

32　浯州小學堂　　3

潛

11　潛研堂　　　1214

3116₈　澐

12　澐發堂　　　2633　3644

　　　　　　　3645　3843

　　　　　　　3918　4044

　　　　　　　4045　4046

　　　　　　　4146　4681

3118₆　瀕

12　瀕　水　　　5863

3119₄　溧

76　溧陽陳千瑞刻　5375

　　溧陽學宮　　3468

3119₆　源

　　源　　　　　3511

07　源記書莊　　3063

3126₆　福

　　福　　　　　1436　3827

00　福　六　　　4247

10　福　三　　　4247

11　福張元　　　2031

　　福張體元　　4247

15　福建漕治　　2679

　　福建志剛刊　　4131

	福建范洪	4131	
	福建葉以倫刊	2010	
	福建羅三	4247	
	福建羅全刊	4131	
	福建劉仕智刊	2010	
	福建余子校刊	5080	
25	福朱四	4247	
46	福觀助刻	2248	
50	福　申	4030	
60	福羅三	4247	
74	福　陸	4247	
	福陸一	4247	
	福陸有	4247	
	福陸好	4247	
77	福　興	957	
80	福曾郎	4247	

3128_6　禎

20	禎　信	6545	
40	禎　士	1861	

顧

	顧	3824	
00	顧　方	5517	
	顧　廉	3570	4735
	顧廣瞻	4621	
	顧　文	6561	

	顧文華寫	6526	
	顧文耀刻	340	
07	顧諏應	2926	
08	顧謙服	5038	
10	顧三經	1006	
	顧正誼	2627	
	顧元慶	1524	1605
		1611	1617
		1791	1802
		2346	2552
		2744	3740
		3752	3759
		3927	4387
		4422	4433
		4672	6693
		6697	6738
	顧爾行	1438	
	顧天齋	5890	
12	顧　登	5018	5166
	顧登洲	5018	
	顧　瑤	5101	
17	顧孟兆	3796	
	顧承刻	3570	
	顧子清	4416	
	顧子英	2711	
	顧子美	5611	
19	顧　璘	4953	

21	顧貞觀	2852	
23	顧　俊	1999	
25	顧仲子圖籍之寓	6562	
26	顧伯達	2031	
27	顧　修	1091	3742
		4852	
	顧名儒	1271	
30	顧　濟	3570	
	顧　宥	1860	
	顧　宸	353	
	顧宇刻	1714	
31	顧　沅	2559	3877
		6753	
34	顧汝加	4439	
	顧　渚	6531	
	顧　達	2031	
35	顧　連	632	
36	顧　湘	3845	
37	顧祖武	6562	
	顧祖源	5430	
40	顧九思	1393	5611
	顧希文	5314	
	顧希賢刻	340	
	顧　杰	5159	
	顧杰刻	5159	
41	顧梧芳	628	
44	顧芳宗	977	

	顧懋樊	101	
	顧　植	1873	187
		4258	4439
		6451	
	顧　菰	1952	
46	顧　相	6451	
	顧　槤	1874	3263
		4252	4258
		4439	6451
47	顧起元	1462	4455
		5566	
50	顧　中	4258	
53	顧　成	4439	
	顧咸正	5038	
	顧咸建	5038	
60	顧　昉	5517	
	顧思孝	5828	
	顧　昌	1006	2040
	顧景祚	439	
64	顧時中	484	632
		1874	5159
		5314	
65	顧晴崖	2803	
67	顧　明	6	
	顧嗣立	4805	4817
		4817	4834
		5701	

72	顧氏芸閣	3398	4984
	顧　岳	6325	
77	顧　巽	2031	
	顧　賢	6451	
80	顧　金	1868	
	顧令祥	4721	
	顧美魯	5329	
	顧公彥刻	5538	
82	顧鍾瑄	1550	
	顧鍾琦	1550	
	顧鍾珣	1550	
	顧鍾璁	1550	
	顧鍾英	1550	
86	顧　鐸	2079	
88	顧　鈴	1868	
90	顧懷魯	5329	
	顧懷九	5777	
91	顧　慨	3824	
96	顧爆祚	672	
99	顧變光	2557	2568

3130₁　逕

| 22 | 逕川徐禎 | 6545 |

3130₄　迁

| 48 | 迁松閣 | 4820 |

3130₉　还

| | 还 | 1147 |

3168₆　額

| 28 | 額倫特 | 6223 |

3210₀　渊

| | 渊 | 1485 |

淵

| 70 | 淵雅堂 | 3354 | 3398 |

3211₃　兆

35	兆　清	5435
44	兆　權	2017
77	兆　周	4375

3211₈　澄

	澄	3511
33	澄心草堂	3401
	澄心堂	3401
97	澄輝堂	6809

3212₁　沂

| 03 | 沂詠堂 | 5847 |
| 10 | 沂　元 | 5391 |

浙

30	浙寧汲綆齋	733	
31	浙江行省儒學	958	
	浙江官書局	890	
	浙江布政司	905	3092
	浙江布政使司	2129	
	浙江書局	869	1121
		1715	2415
		2706	2910
		3125	4110
		4137	5882
43	浙越王時玠鑴	949	

漸

| 34 | 漸逵 | 5532 | |

3213₀ 冰

10	冰玉堂	1789	6723
	冰雪山房	3738	
	冰雪堂藏板	1569	
34	冰遵閣	4807	
40	冰壺堂	1641	

3213₄ 沃

	沃	4017	
25	沃朱	4017	

溪

| 20 | 溪香書屋 | 538 | 803 |

濮

| 00 | 濮文 | 2040 | 2441 |

濮

	濮	3977	
33	濮梁	2543	
76	濮陽春	1918	

3214₂ 将

| | 将 | 5400 | |

3214₇ 浮

| 10 | 浮玉山房 | 6574 | |

叢

50	叢書堂	1200	1479
		1585	1904
		3685	3691
		3735	3742
		3744	3928
		3964	4178
		4393	4487
		4490	4494

		4549	4559	

3215₇　淨

| 7 | 淨　朗 | 6531 | | |

3216₄　活

| 活 | 1086 |

3216₉　潘

	潘	5499	6440
		6489	
00	潘方伯	5163	
	潘康年	2576	
	潘　文	1714	6492
	潘文孝	6418	
	潘文熙	6040	
10	潘　玉	4175	
	潘　晉	4747	
	潘晉卿	3569	
	潘　云	1714	
	潘雲獻	4237	
13	潘武刻	2395	
16	潘　璁	433	
17	潘瑤章	6040	
	潘弼亮	4257	
	潘子嘉	5041	
20	潘位刊	1350	

	潘季馴	643	
	潘維垣寫	3471	
23	潘允哲	5029	
24	潘仕成	1218	3017
		3716	4769
		6723	
	潘　升	2022	
27	潘紹經書	2615	
29	潘　儁	5262	
30	潘永年	2576	
	潘之恒	5394	
	潘　良	2576	
	潘宗貴	1612	
34	潘汝楨	4883	
36	潘　湘	1435	
37	潘　汲	2732	
	潘祖蔭	2604	
38	潘　洋	5041	
	潘道根	3716	5693
		6368	
40	潘大復	3505	
	潘士誠	2543	
44	潘芷洲	4455	
	潘　蔓	4259	
45	潘　榛	1612	
46	潘　相	1435	
48	潘　橓	1435	

50	潘 耒	1748			3154	323
52	潘撝菴	5989			3298	340
60	潘是仁	4794	4834		3410	464
		5701				

3230₂ 近

77	潘學憲	5163				
	潘 眉	4731		60	近思書院	1984
80	潘 美	2129		91	近恒山人	543

3230₉ 遜

82	潘鍾瑞	4794				
90	潘光宷	2017		88	遜敏齋	2741
	潘尚仁	6272			遜敏齋藏板	4981

3290₄ 業

	潘 省	1714				
91	潘恒刊	1714		10	業 元	4285
	潘 怀	4292		21	業 儒	4285
94	潘 璞	2022				
97	潘煥宸	5622				

3300₀ 心

3219₄ 灤

					心	91	1143
						5273	6440
31	灤源書院	6093		00	心 齋	3778	5565

3221₀ 礼

				34	心遠堂	4386	4387
	礼	5499		46	心 如	4571	
				55	心井盦	4806	

3223₀ 氷

必

| | 氷 | 3955 | | 53 | 必 成 | 2576 |

3224₀ 祇

| 31 | 祇洹館 | 2677 | 3045 |

3310₀　沁

6	沁泉山館	5432	5443

3311₁　浣

0	浣雪堂	3890	
44	浣花軒	4377	
	浣花居	4	400
		956	1936
		2120	
	浣花居藏板	350	
60	浣易齋	231	

3311₇　滬

43	滬城梅益徵録	2520

3312₇　浦

44	浦芳體	4734
	浦蘭潔	4734

3313₂　浪

44	浪華書肆	2676	
	浪華書肆明善堂		1133

3314₂　溥

30	溥濟藥室	3079

3316₀　治

42	治樸學齋	1852	1855

3316₉　潘

00	潘府勉學書院刻		5617
44	潘　藩	72	6341

3322₇　補

00	補　齋	5735	
50	補史亭	6767	
90	補　堂	2990	5854
		6261	
	補堂藏板	143	

3330₉　述

40	述古堂	1205	1582
		2192	2544
		3046	3456
		3459	
53	述　甫	5363	
80	述善堂藏板	899	
87	述鄭齋	1425	
	述鄭壘	3856	
90	述堂藏板	2272	

3390₄　梁

	梁	1110	2799
00	梁齊邦	4519	
	梁　高	2756	
	梁應台	2017	
	梁應堯	5422	
10	梁于遠	2017	
17	梁承祖	760	
18	梁　孜	2769	
20	梁　喬	3468	
23	梁允桓	3862	5782
	梁允植	5734	
24	梁仕貴	2017	
25	梁　生	401	
26	梁　稷	6470	
31	梁　福	2017	
34	梁汝魁	5161	
35	梁清傳	4474	
	梁清遠	4474	
37	梁　洛	5186	
38	梁啓心	6159	
40	梁在廷	2017	
41	梁　梧	6683	
44	梁夢龍	6728	
	梁　華	1642	4285
		4286	

50	梁本智	2017	242
		5422	
60	梁曰源謄寫	6186	
77	梁閏德刊	2017	
80	梁　合	6418	
	梁公亮	2017	

3400₀　斗

	斗	2580	3092

3402₇　为

	为	3827

爲

10	爲　三	5140	

3410₀　對

22	對山堂	4040
44	對樹書屋	1591

3411₁　洗

33	洗心樓藏板	206
47	洗桐齋	1850

3411₂　沈

	沈	3977	4249
		4252	4582

0	沈方蕙	6007			沈 理	2441	
	沈應魁	4574		17	沈 琛	937	
	沈應尨	69			沈豫昌	2633	
	沈文瑞	5180			沈及之寫	3471	
	沈文魁	4609			沈及之寫刻	1382	1813
	沈玄龍刻	5386			沈及之寫並刻	5530	
	沈玄易	1873	3570		沈子安刊	1964	
		4439	5159		沈子華	36	
		5314	5386		沈君實刻	3471	
	沈玄易刻	3328		20	沈 喬	1868	
01	沈龍翔	5265			沈維鐈	2862	
07	沈 望	69	2129	21	沈 儒	1435	
10	沈元震刻	3471			沈師昌	2633	
	沈元霖	937		22	沈鼎新	6333	
	沈元朗	937			沈 巖	6485	
	沈元易	2441		24	沈德先	1219	
	沈一科	1435	2687	27	沈 修	5486	
	沈玉亮	6630			沈紹祖	5210	
	沈玹志	4879		28	沈 倫	5376	
	沈可均	3820			沈儆炌	3094	3822
12	沈 彪	5391				6698	
	沈廷璐	2831		30	沈 淮	3771	
	沈廷芳	571	6092		沈 寵	2739	
15	沈 翀	2831			沈家本	3029	3032
	沈 珠	5041			沈守義	2080	2532
16	沈聖暉	5689			沈 实	52	1714
	沈聖昭	5689				4254	

沈良刊　92　2129
31 沈　濬　1918
32 沈　溪　1867　5371
33 沈黼熊　6087
沈　梁　4292
35 沈　連　974
37 沈　潤　488　5348
沈逢春　3972
38 沈　瀓　3930
40 沈九河　5459
沈九疇　3104
沈大寧　2555
沈　太　4275
沈士龍　3422
沈有容　5571
沈有則　501
沈希孟　5751
41 沈　標　6822
42 沈　圻　3372
43 沈尤含　838
沈　龙　2129
沈　域　3593
沈　樑　4292
44 沈　芬　6419
沈芳欣　320
沈荻廬　6137
沈　孝　4254
沈世偉　6236
沈　荣　1999
沈　林　6486
46 沈觀生　2831
47 沈朝明　5180
沈朝煥　949
沈朝陽　1103
沈　都　4262　5095
5186
沈起元　5927
48 沈　翰　2831
沈敬雷　974
沈敬袁　974
沈　松　1868
沈松石　3502
49 沈妙果　4586
50 沈　泰　4275
沈　忠　4254
沈　春　6486
51 沈振麟繪圖　2604
53 沈　成　5159
沈　咸　5348
沈咸熙　6189
60 沈　思　2129　5006
沈思恭　974　5517
沈思敬　974
沈思恩　5517

	沈　田	5159	
64	沈時化	5376	
67	沈　照	2029	
71	沈　原	319	
72	沈　彤	2574	
	沈氏洗心樓	206	
	沈氏世楷堂	142	
	沈氏梅居	5006	
74	沈　騏	6419	
77	沈與文	2744	
80	沈　兪	5376	
	沈善登	3826	
81	沈　鑷	3191	
88	沈　鑰	6027	
90	沈光寧	5422	
	沈光祖	1435	2687
	沈尚傑	2543	
	沈　炎	2543	
91	沈　恒	4735	
99	沈　榮	2374	

池

48	池松旭	4719
67	池　明	5365
76	池陽郡齋	4173

3412_7　滿

44	滿蒙叢書刊行會	1842

3413_1　法

	法	4947
25	法律館	2421
40	法古堂	5953
	法　樟	5783
44	法若真	305
97	法輝祖	6095

3413_2　漆

10	漆元中	3974

3413_4　漢

	漢	5033	
00	漢文書局	3063	
04	漢讀書樓	4110	
10	漢　一	2315	
26	漢皋督銷司	2267	
44	漢　英	1369	5954

3414_0　汝

	汝	1137	1143
		4252	
21	汝　行	4800	

24	汝 德	2123	2315
26	汝 泉	2805	
40	汝 太	130	
	汝 南	3002	
44	汝 孝	5230	
	汝 華	1964	
	汝 若	5258	
46	汝 加	6424	
48	汝 敬	3221	4747
61	汝顯堂	3152	
77	汝 用	5236	
80	汝 美	2010	2123
97	汝 煥	130	

3414₇　凌

10	凌一心	1050	
	凌 雲	2040	
12	凌瑞森	6566	
17	凌 承	1027	
20	凌稚陵	1086	
32	凌澄初	1476	
34	凌濛初	4445	4754
		6507	6508
40	凌大德畫	2247	
	凌南榮	6566	
44	凌杜若	488	
95	凌性德	4504	

3416₁　浩

23	浩然齋	4609
	浩然閣	3069

潛

76	潛陽趙希遜刻	2175

3418₁　洪

	洪	1861	4017
00	洪 文	1714	
02	洪 新	1860	
08	洪 說	1861	
10	洪一鵬	25	
	洪 正	2031	
	洪 玉	2019	
15	洪 珠	967	1490
18	洪 改	3104	
21	洪 仁	1435	4292
		4750	
	洪 仁	4750	
27	洪 仰	2031	
	洪仰全	2031	
	洪尔賢	6629	
28	洪 倫	1655	
30	洪寬仲韋書	3841	
34	洪汝奎	3422	

38	洪肇楸	6261	
40	洪 李	1137	
41	洪 垣	5041	5082
	洪 梗	4672	
44	洪夢錫	5573	
	洪若臯	5844	
	洪 其	4747	
47	洪朝選	5223	
51	洪振珂	6795	6798
53	洪 甫	5954	
60	洪 四	4724	
	洪思召	6629	
77	洪 叧	413	4248
80	洪 鐘	4889	
98	洪 悦	1861	

淇

80	淇 益	3675

3419₀　沐

47	沐朝弼	2338

3426₀　祐

77	祐 卿	3602

3426₄　褚

17	褚子明	451
37	褚 選	484
67	褚 明	451
85	褚 鉄	5266

3430₃　遠

32	遠州濱松水野	2711

3430₄　達

10	達 三	5954
47	達朝堂鎸	6669

3430₉　遼

44	遼藩	2580	
	遼藩朱寵瀼	3071	3072

3510₇　津

30	津寄廬	1300
31	津河廣仁堂	3677

3512₇　清

	清	5230	
00	清立館雕	6530	
04	清謹軒	4602	4623
		4703	
21	清虛館	3214	
24	清德堂	3071	
26	清白堂	5175	5341

	清白堂藏板	5918	
28	清繪齋	3367	
30	清宛堂	1539	
31	清江書堂	582	
	清江堂	2606	
	清　源	978	3983
34	清遠樓	3446	4588
	清遠堂	859	
36	清渭草堂	6336	
40	清真館	4641	
44	清麓精舍	1077	
	清苑堂	4763	
	清芬堂	6696	
	清芬堂藏板	574	890
	清　茂	2576	
60	清旦閣	5500	
67	清暉樓藏板	5047	
	清暉閣	3403	
	清暉館	5410	
	清暉堂	5975	
	清暉堂藏板	5916	
68	清吟閣	4207	
	清吟堂	717	
77	清風堂藏板	5354	
88	清鑑居藏板	6141	

3520₆　神

47	神超姜雲龍	4017
63	神默齋	116
71	神　阿	5176

3521₈　禮

	禮	1110
00	禮　六	4247
26	禮　和	5830
30	禮宗書院	3485

3529₀　袾

30	袾　宏	4584

3530₀　連

00	連　彥	4747
	連彥傳	4747
12	連　刊	5053
16	連理亭	4440
30	連守仁	2046
43	連城童氏	263

3530₈　遺

21	遺經堂	3009	3244
		4659	
30	遺安草堂	1760	4719

	3610₀ 泊			03	湯　斌	2027
16	泊如齋	3415　3990		04	湯誥寫	1977
				07	湯詔寫	1977
	湘			08	湯謙亨六吉甫	81
10	湘雲閣藏板	2102		10	湯天一	5837
40	湘　南	5899		17	湯　琛	3952
44	湘　芷	3675		21	湯　仁	5599
50	湘東暑齋	1080			湯能臣	2193
				30	湯　淮	1435
	3611₀ 況				湯　沆	1754
82	況　鍾	2676			湯之昱	3381
				34	湯　沐	5524
	3611₇ 温			38	湯道衡	546
	温	1133		40	湯士瀛	738
24	温德端	5223		46	湯旭刻	1009
30	温永文	2017		50	湯泰時方來甫	81
	温守志	5353		53	湯成烈	1504
34	温汝倫	2017　5422			湯　甫	1435
60	温日晤	2820		60	湯口彌三郎	3132
71	温　厚	2374　5256			湯日昭	5009
74	温陵陳寶璜	1044		67	湯　明	4292
80	温　慈	1999			湯鳴預	6629
					湯鳴岐鐫	6676
	3612₇ 湯			77	湯開遠	5579
	湯	1110　6440		80	湯　義	2190
00	湯　諒	2576		81	湯　籥	738
				86	湯　智	6325

90   湯光雅   6629

3614₁   澤

40   澤存堂   1416

3614₇   漫

90   漫 堂   5744

3619₄   澡

27   澡修堂   5866

3621₀   祝

03   祝 詠   2404
12   祝廷滂   907
      祝廷錫   3820
20   祝季刻   2010
      祝季良   978
22   祝崇信   5082
40   祝大勝   130
43   祝 求   4759
44   祝世廉   4505
48   祝 教   5273
50   祝 未   4247

3630₂   遇

64   遇 時   2395

邊

12   邊廷掄   6235
40   邊有猷   3092

3630₃   還

04   還讀齋   4010   4725
              6278   6606
      還讀樓   2149

3711₂   氾

44   氾 英   6424

3712₀   洞

10   洞天書屋藏板 2267
26   洞泉子   4679

湖

00   湖廣布政司   2743
      湖廣會館   613
11   湖北官書處   3061   3138
      湖北官書局   613
22   湖山草堂   1787
40   湖南書局   2636
      湖南節署   6247

潮

32	潮州郡齋	1861

瀾

	瀾	5400

汹

26	汹穆齋	3214

3712₇　鴻

00	鴻　亭	5133	
	鴻文書局	529	
	鴻章書局	3923	
30	鴻寶齋	688	1003
		1872	1873
		1874	4252
		4258	6290

溺

77	溺學堂	5829

3713₄　渙

	渙	1380

3713₆　漁

40	漁古山房	6043

3714₀　淑

20	淑　采	5128
30	淑　之	677
94	淑慎堂	6061

3714₆　潯

21	潯衙藏板	388	575
32	潯州府	3908	
	潯州郡署	6113	
	潯溪朱府藏板	1118	

3714₇　汲

40	汲古閣	1	46
		408	673
		1094	1211
		1212	1592
		2243	2558
		2676	2677
		3045	3046
		3154	3181
		3238	3298
		3332	3333
		3403	3409
		3410	3416
		3422	3426
		3437	3447

3466	3468			6819
3472	3485		汲古閣藏板	6557
3735	3940			
3941	3942		**3715₆ 渾**	
4147	4153	78	渾脱居	5748
4169	4171			
4352	4386		**3716₁ 澹**	
4493	4497	25	澹生堂	57 4833
4528	4559	29	澹秋軒藏板	2655
4628	4629	30	澹寧居	338
4641	4642		澹寧居藏板	272
4789	4798		澹寧堂	2287
4809	4818		澹寧堂藏板	4099
4830	4835	40	澹志堂	1194
4836	4848	44	澹 若	5779
5685	5694		澹 菴	2256
5778	5801	53	澹成堂	4344
6446	6683	67	澹 明	4176
6696	6768	70	澹雅書局	3731
6769	6770			
6771	6772		**3716₄ 潞**	
6773	6774	44	潞 藩	1730
6775	6776			
6777	6779		**3718₁ 凝**	
6780	6795	10	凝雪書屋藏板	6065
6797	6798	40	凝真子	6322
6812	6817			

3719_3　　**潔**

33　潔梁堂藏板　　2509

3719_4　　**深**

20　深秀亭　　5984
47　深柳讀書堂　　6628
　　深柳堂　　482

3721_0　　**祖**

　　祖　　2494
38　祖　祥　　1435
40　祖大壽　　3113
　　祖　友　　4747
60　祖昌泰　　646
77　祖　賢　　4894

3721_4　　**冠**

20　冠豸山藏板　　263　　938
22　冠山堂　　5954
98　冠悔堂　　3095

3722_7　　**祁**

00　祁文寫　　1642　　4286
　　祁文友　　4949
25　祁　生　　6　　320
30　祁寯藻　　1412

46　祁　如　　1027
76　祁陽學署　　5705
　　祁陽惇德堂藏板　　6584

3730_2　　**通**

02　通　訓　　2217
03　通　識　　2217
21　通　衢　　2248
27　通　俱　　2217
28　通　攸　　2217
36　通　澤　　5643
40　通志堂　　6　　320
　　　　321　　323
　　　　399　　400
　　　　741

逼

37　逼追堂　　1848

迎

　　迎　　4133

過

22　過繼美　　2697
30　過客軒　　2125
60　過　勗　　2697

3730₃　退

33	退補齋	321	401
		1174	1217
		1589	1773
		1796	3519
		3520	3739
		3927	4179
		4669	4837
		5080	
	退補齋藏板	5865	6379
60	退圃藏板	1654	1749
80	退　翁	2179	
90	退省堂	4719	

3730₄　遏

40	遏壽堂	1944

遲

77	遲鳳翔	4921

3730₇　遙

20	遙集居	3226
50	遙青齋	2330

3730₈　選

	選	3827	5041

3741₄　冗

	冗	90

3772₇　郎

37	郎潤堂	1842	4171
		6631	
40	郎九齡	558	
44	郎　封	2257	
72	郎氏堂策檻	947	

3780₆　資

48	資敬堂	3713

3810₄　塗

64	塗時相	4212

3812₁　渝

32	渝州馬攀龍校刊	5341

3812₇　瀹

00	瀹齋	2291

3813₂　滋

24	滋德堂藏板	214
44	滋蘭堂	3429

淞

72　淞隱閣　　　3717　6760

3813₇　冷

23　冷然閣　　　3042
40　冷士嵋　　　5913
47　冷　鶴　　　5913
77　冷　鵬　　　5913

3814₀　漱

10　漱雪軒藏板　2311
44　漱芳居　　　3924

瀓

28　瀓谿艸堂藏板　4176

潃

32　潃溪草堂　　6321

3814₇　泞

53　泞　成　　　4290

游

　　游　　　　5363
00　游　立　　　2031
　　游　文　　1086　2004

10　游　一　　　3988
　　游　正　　　3988
　　游　玉　　　5253
　　游元涇　　　6812
17　游子建寫　　1870
20　游季勳　　4564　5028
　　　　　　　　6718
23　游允芳刊　　4376
25　游仲式　　　2017
26　游　臯　　　5253
37　游　選　　　2802
40　游士任　　　4583
　　游希臯　　　5381
　　游希臯刊　　2277
43　游　朴　　　4434
　　游　榕　　　6419
44　游　荣　　　5253
47　游鶴堂　　　3365
52　游靜宇　　　4564
53　游　成　　2031　5347
60　游日陞　　4564　5028
　　　　　　　　6718
　　游日益　　　5337
　　游　見　　　5568
67　游　明　　　5253
77　游　邱　　　5568

3815₇　海

10	海　雲	6465	
17	海　珊	6208	
21	海虞顧美魯鐫	5329	
	海虞顧懷魯鐫	5329	
22	海山仙館	3017	3716
30	海寧縣圖書館	5712	
47	海　鶴	4969	
48	海盐夏雲刻	5180	
74	海陵陳應芳	3002	
78	海鹽夏儒刊	1138	
97	海　耀	2248	

3816₁　洽

| 35 | 洽禮堂 | 5764 |

3819₄　涂

00	涂　文	4759
	涂文輔	3623
30	涂安刊	6519
40	涂大懋	5671
	涂來泰	5671
60	涂見春	5671

滁

| 76 | 滁陽郡齋 | 1860 |

滁陽朱鬃　　5744

3825₁　祥

	祥	1143
10	祥　三	5395
77	祥　卿	5954

3826₈　裕

| 07 | 裕記書莊 | 3381 |
| 10 | 裕元堂 | 3087 |

3830₃　遂

30	遂安堂	6637	
37	遂初堂	1063	1748
		2192	2293

3830₄　遵

| 80 | 遵義官書局 | 2623 |

遊

| 31 | 遊　河 | 1536 |

3830₆　道

10	道可處士	4217
26	道和刻	5507
30	道寧堂藏板	245
	道宗堂	1639

53	道　甫	1601
80	道義堂	3313
90	道　常	3626

3850$_7$　肇

00	肇慶府	3345	
21	肇經堂	1784	3071
		3072	

3860$_4$　啓

| 30 | 啓　良 | 2017 |
| 42 | 啓　彬 | 5670 |

3864$_0$　啟

| 00 | 啟　文 | 6475 |
| 22 | 啟後堂 | 2787 |

3866$_8$　豁

| 23 | 豁然堂藏板 | 1679 |

3912$_0$　沙

10	沙　震	5894
	沙　晉	5894
17	沙　豫	5894
44	沙村草堂	3485
70	沙　璧	5004

3915$_0$　泮

| 30 | 泮宮本祠藏板 | 4981 |

3918$_9$　淡

25	淡生堂	321	969
		1218	1352
		1912	1919
		2341	2344
		3466	3750
		4462	4861
26	淡泉書屋	2996	2997
44	淡菊齋梓藏	3596	
46	淡如齋	3311	

4000$_0$　十

10	十二研齋	2562	
	十干詩塢	6680	
	十不齋	1075	
11	十研齋	5812	
	十研居	6046	
40	十大有	949	
44	十萬卷樓	3505	3744
		4858	4860
80	十八鶴草堂	1467	
88	十竹齋	1034	1706
		3400	4326

		6739	
十竹齋板		1542
十笏齋		5100
十笏草堂		5831

4001₁　左

	左	4017	
30	左宗郢	586	766
		5366	
	左宗郢刊	5363	
38	左　祥	1435	
41	左　楨	5631	
60	左思忠	4872	
72	左氏祠堂	1577	
77	左印喆	4823	
90	左光先	4767	
	左光斗	3013	

4001₃　尢

| | 尢 | 3977 |

4001₄　龙

| | 龙 | 1607 |

尨

| | 尨 | 955 |

4001₇　九

04	九誥堂	6612	
21	九　上	5954	
22	九　川	5157	
31	九江郡齋	1499	
44	九蓮厲心	4583	
	九芝堂	5519	
46	九　如	1063	
48	九松居士尊生齋		6442
60	九思堂	619	
88	九籟樓藏板	5795	

丸

| 77 | 丸屋市兵衛 | 3079 |

4002₇　力

	力	4582	5394
53	力　成	1948	
71	力　辰	1948	

4003₀　大

	大	1110	2494
		4290	4582
00	大文堂	721	1953
		3104	3111
		3244	4101

		6043	6761			3911	4168
	大文堂藏板	3057				4386	4387
	大　牟	5335				4481	4487
10	大石山房	1176	1234			4492	4493
		1524	1605			4496	4497
		1611	1617			4581	6712
		1791	1802		大酉堂	3069	
		2346	2552	11	大　矼	2248	
		2744	3529	15	大　聘	5335	
		3752	3759	17	大　召	5335	
		3825	3953	20	大　壬	1137	
		4397	4407		大集堂	3171	
		4422	4433	21	大儒書院	1640	
		6721	6738		大經堂	3152	
	大酉山房	456	596	24	大　壯	2426	
		947	1064		大德堂	4544	
		1341	1835	26	大和田九衞門	607	
		1837	1845	27	大名府	1436	1438
		1938	2056	30	大　富	4747	
		2291	2292		大　良	2019	
		2296	2297	31	大　遷	957	
		2300	2302	32	大　兆	6418	
		2305	2331		大業堂	338	808
		2332	2333			901	3071
		2359	2362			3104	4486
		2363	2364			5552	5890
		2365	3046		大業堂藏板	1000	

33	大梁楊國俊寫	2573	
	大梁書院	372	1612
		1754	2751
		4500	
	大梁書局	376	460
		567	706
		751	
36	大還閣	3392	
37	大通樓	2281	
	大通書局	947	3154
40	大有刻	6426	
	大有堂	1310	
	大來堂	6800	
	大來堂藏板	1894	
41	大坂河內屋	4831	
43	大　式	6418	
44	大樹堂	1018	
46	大觀堂	1182	1478
		1479	1480
50	大　中	2576	
	大中丞宋漫堂先生發刻		
		6491	
	大　春	2802	
53	大成書局	3087	
60	大呂書院藏板	5358	
71	大阪書房	1133	
72	大隱樓	2211	

77	大同書院	2804	
	大鄆山館	4816	
80	大　年	5703	
	大余合	4065	
88	大　節	587	5259

太

	太	1133	3977
10	太平府	607	
	太平縣署	5170	
17	太乙山房	845	
24	太　升	5395	
26	太和堂	4965	
	太和堂藏板	4494	
37	太湖劉岳	1984	
	太　初	5633	
40	太壹園藏板	2214	
50	太素齋	5228	
60	太田庄右衛門	647	
80	太倉張又良書	264	

4004₇　友

	友	4947	5363
		5499	5515
10	友于書堂	3903	
	友于堂	3139	4183
12	友　孫	3988	

22	友　山	1023	
25	友　生	3988	
18	友　松	385	386
30	友益齋	6094	
88	友竹書室	1601	4799

4010₀　士

	士	2494	3092
		4582	6424
		6446	
10	士　玉	5954	
	士　元	4850	
20	士　重	5018	
30	士　良	1133	
34	士　達	4747	
35	士禮居	3029	3929
		6308	6392
37	士　通	4747	
40	士　奇	5101	
	士　真	1972	
77	士　周	6447	

4010₄　圭

44	圭菴藏板	1771	

奎

	奎	5033	

10	奎元堂	3323	
67	奎暉閣	482	
	奎暉閣秀治郎	482	
70	奎壁堂	6479	

4010₆　查

12	查弘道	4719	
17	查子穆	6526	
26	查和敏	6139	
40	查克弘	6680	
67	查鸚存	6139	
77	查鵬扶	6139	
91	查炳麟	5238	
94	查慎行	4790	4876
97	查　耀	6139	

4010₇　直

	直	4582	
00	直齋藏板	220	
	直方堂	3803	
30	直　窰	957	

壺

22	壺山房	5714	
72	壺隱居	2114	

4016₁　培

24	培德堂	4784	
34	培遠堂	1121	2722
		2804	4110
71	培原書屋	5552	
77	培風齋藏板	6098	

4016₇　塘

44	塘　南	5199	

4020₀　才

	才	1137	2494
		3511	3977
		4249	5236
		5328	6446
		6545	
40	才　十	5524	

4020₇　声

34	声　遠	385	386

麥

22	麥崇礼	2017
77	麥鳳翔	2017

4021₁　堯

00	堯　六	4247	
10	堯　三	4247	
22	堯山堂	4486	
40	堯　十	4247	
	堯　大	5568	

4021₄　在

12	在　廷	2017
46	在　觀	1200
51	在　軒	6205
74	在陸草堂藏板	6127
80	在兹堂	4949

4021₆　克

	克	1133	
21	克　仁	451	
44	克勤齋	1092	5578
		6283	
	克勤齋余碧泉梓行	5316	

4022₇　有

00	有文堂梓行	4730
	有文堂藏板	6603
10	有不爲齋	1754
11	有斐軒	6475

　　有斐堂藏板　　1165

21　有　仁　　2395

37　有　禄　　2017

44　有　坡　　4796

50　有本堂　　2831

90　有懷堂　　4359

布

18　布政司吏龔顯榮寫　　1977

　　布政司吏鄧袤寫　　1977

　　布政司吏鄧寶寫　　1977

　　布政司吏曾雄寫　　1977

希

　　希　　1110　4252

　　　　　6424

00　希　文　　6545

17　希　尹　　1876

30　希　準　　5055

37　希鄴堂　　6050

44　希　林　　1027

47　希聲居士俞允諧書　　6417

50　希貴堂　　6489

94　希　慎　　2017

南

　　南　　5363

00　南京張蔽刊　　5559

　　南京穆春英刻　　1595

　　南京僧録司　　2247

　　南京范文刊　　1927

　　南京韓士鉉刻　　6543

　　南京盛文高刊　　3996

　　南京國子監　　1435

　　南京兵部武庫司　　1943

10　南雷懷謝堂　　6624

32　南溪義社　　5469

44　南菁高等學堂　　870

　　南菁書院　　456　　529

　　　　　565　　594

　　南芝堂藏板　　6599

　　南枝堂　　2541

　　南林劉氏求恕齋藏　　5300

56　南　耦　　6220

57　南邨草堂　　3375

60　南昌府學　　1434　6380

　　南昌府吏樊禮寫　　1977

　　南昌府吏曾遷寫　　1977

　　南昌郭廷鳳刻　　4979

　　南昌熊偉刻　　2010

　　南昌熊汝龍刻　　4466

　　南昌熊汝昇刻　　4131

　　南昌傅明刊　　4131

　　南昌傅光刊　　4131

	南昌付奇刻	2010	
	南昌邹道寫	4301	
	南昌鄒元弼刊	4131	
	南昌鄒天衢	5524	
	南昌鄒光岳刻	4131	
	南昌萬伯誠刻	2010	
	南昌萬唯新刊	6472	
	南昌萬國相刊	4131	
	南昌黄相寫	4516	
	南昌胡雲寫	1655	5140
	南昌胡志遠	4301	
	南昌書局	4790	
	南昌曾□	5252	
	南昌曾□寫	5252	
65	南　映	5776	
70	南陔居士	1591	
	南陔堂藏板	196	
76	南陽講習堂	2711	4809
		6779	
80	南益堂	6485	
90	南　小	5363	

4024₇　存

03	存誠堂	4337	
24	存德書堂	4206	
	存德堂	3060	3063
40	存存齋藏板	1473	

	存古學堂藏板	2958	
50	存素齋藏板	2615	
77	存問堂	4889	
90	存　光	2019	
96	存悝書院	2910	
98	存悔堂	4618	

4033₁　志

	志	1137	1436
		3447	3451
		6440	
00	志　高	2604	
08	志謙堂	253	
21	志　行	5954	
25	志　生	4375	
26	志　伯	5954	
30	志寧堂	1956	
35	志清堂藏板	1038	
38	志　道	4747	
40	志古堂	2706	
67	志　明	3976	
72	志　剛	4131	
77	志學軒藏板	5482	
80	志　父	5204	

赤

10	赤　雲	6653	

熹

24	熹　先	5954

4033₃　杰

44	杰　英	5347

4040₇　李

	李	72	1109
		1110	1436
		1870	4017
		4249	4262
		6440	
00	李　立	4175	
	李充實	2793	
	李　厅	4724	
	李　彥	4173	
	李彥瑁	869	
	李彥啓	2017	
	李彥荣	2017	
	李彥相	2017	
	李彥朝	2017	
	李彥机	2017	
	李彥貴	2017	
	李彥成	2017	
	李彥昇	3522	
	李彥卽	2017	

李　方	1027	1297
	2687	
李　高	4571	
李應秋	2017	
李應學	3697	
李齊芳	4611	
李慶英	3189	
李　文	1860	4292
	4724	5180
	6418	
李文卿	3002	
李文藻	736	1077
	2412	3865
	6264	6265
	6671	
李文芝	5194	
李文田	961	1690
	1691	1692
	1695	1696
	3541	3934
	5428	6551
李文舉	632	
李文簡	5207	
李文焰	1543	
李　交	5361	5367
李　六	3002	5347
	5381	

01	李龍雯	2135	
04	李 詩	6094	
05	李 諫	4571	
07	李調元	1912	4227
		4228	4229
		4568	6368
		6370	
	李調鼎	558	
10	李一德	1612	
	李 二	3274	
	李 三	2031	5122
		3988	
	李三俊寫	2800	
	李三才	3583	
	李 正	2019	
	李正奮	3155	
	李 玉	3221	
	李玉璽	1984	
	李玉滿	1984	
	李玉書	3152	
	李玉鉉	5252	
	李玉鉞	5252	
	李 王	4017	
	李王春	1297	
	李 至	1297	
	李 五	3221	5253
		5347	

	李 璋	1232	
	李 元	6418	
	李元弼	6465	
	李元齡	4262	
	李元海	2426	
	李元壽謄寫	4939	
	李元甫	4038	
	李元陽	1086	
	李 霽	5605	
	李天馥	5784	
	李天申	5830	
	李天八	3104	
	李再禎刊	1699	
	李可章刊	2017	
	李雲鵠	2713	
11	李北枝	5757	
	李 琴	4571	
12	李 登	3827	4002
	李登雲	5216	
	李 瑞	4571	
	李廷對	4017	
	李廷榮	5211	
	李廷華	2496	
	李廷觀	1942	
	李廷楫	4267	4776
	李孔文	4771	
	李 孫	5242	

3 李武曾	5940	李　山	413
7 李　�玭	6359	李嶸慈	1533
李　瑂	3820	李樂亭	2929
李　承	5180	李繼藩刊	2017
李承勳	3493	李　綏	6325
李承華	5340	23 李　台	4571
18 李珍刊	2426	李　紱	2935
20 李　秀	4519	24 李仕基	2004
李　信	1297　2739	李　化	4572
李　受	6325	李　升	1304　1435
李維迪	4602　4623	25 李生華	5340
	4703　6620	李　仲	3013
李維楨	5324	26 李自滋	2043
李維鈞	5713	李自茂	5252
21 李上亨	4571	李　和	1297
李上進	4571	李和璧	1392
李步鄒	5830	李　緝	483
李　仁	1027　6418	27 李冬涵	1601　2243
李仁父	6372		2559　2567
李　經	6325		3638
22 李鼎元	537　967	李　烏	3274
	1175　1797	李甸四	5896
	2577　3353	李繩遠	6597
	3919　4227	李紹文	4461
	4228　4568	李紹先	2604
	6368　6370	28 李佺臺	3414
李畿嗣	4956	李徵儀	1127

	李復初	5031		34	李爲淦	1328	
	李從謙	1044			李　澍	262	5242
	李嶟瑞	5900		35	李　清	6325	
29	李継存	2017			李清植	4602	4623
30	李宜楨	1543				4703	6620
	李宜權	1543				6621	
	李　淮	1027	5335	36	李　淐	2720	
	李永貴	4571			李　澤	6325	
	李　之	4375			李遇春	1435	
	李之鼎	1352	4788	37	李　潮	65	1868
		4805	4844			6325	6540
	李之藻	3636			李潮偕	5990	
	李之芳	1432			李　汎	2739	
	李　憲	4233			李　禄	1137	
	李安民	4110			李　迟	3827	
	李安然	2721			李迎春	4571	
	李　宴	4571			李　通	5347	
	李　良	2426	6486	38	李　瀚	4809	
	李良柱	1022			李啓良	2017	
	李宗延	995		40	李　十	413	
	李宗岠	5546			李　义	1297	
	李宗樞	964			李　九	3002	
	李宗燦	2017			李九疇	5252	
31	李　江	1303			李九叙	1392	
	李　福	632	5242		李　大	1435	
32	李　浙	815			李大晉	5579	
33	李　泳	262			李大用	4262	

李　太	6418	41　李　槙	4264　5064
李　士	1670	42　李　軋	1297
李士龍	964	李　橙	6465
李士劭	2616	43　李　龙	50
李士通	6575	李　戴	5309
李士棻	6707	44　李　勤	1297
李奎七	5199	李夢麟	5109
李　培	2138　5143	李　荷	4929
李　才	1860	李　蘅	1176　1524
李　堯	1303		1605　1617
李堯相	2721		1791
李克家	3219		
李有年刊	1350	李　芬	2017
李　南	6325	李　芳	1297
李希賢	175	李　蘭	2702
李存信	1682	李茂春	1681　5499
李存年刊	1350	李葆元	6115
李　志	1297	李孝源	3510　3511
李志高	2604		3692　3733
李嘉遇	3389　3390		3739　4180
李右諫	4065		4186　4187
李　吉	5253		4499　4501
李奇瑗	5748	李　葵	1027
李　木	3191	李世垣	3728
李木齋	4806	李世軋	1297
李　森	6380	李其凝	5605
李森寫	6542	李其恕	5605
		李菊芳	5990

45	李　坤	6418		53	李盛鐸	2458	474●
46	李如一	1591				4795	
	李　相	4853			李成之	3835	
47	李　郁	6486			李咸懷	2532	
	李鶴儔	1200		55	李扶翰	846	
	李　朝	1297	1435	58	李　轍	5830	
		2017			李敷寬	5830	
	李朝信	632		60	李曰冠	5830	
	李朝夔	537	967		李國棟	2017	
		1175	1912		李　四	5253	5347
		2577	3182		李四維	3530	
		3353	3688		李　昺	957	
		3738	3919		李　思	1143	6372
		4227	4228		李思謙	982	
		4229	4568		李思義	5082	
		6368	6370		李　冕	4747	
48	李　松	2315			李　昇	4178	
50	李　中	1297			李　昌	1860	
	李中簡	6212			李　昆	6363	
	李　申	6418			李景明膳録	215	
	李　泰	440			李　羅	3530	
	李　青	4229	4285	61	李　旺	5503	
		4286		64	李時馥	2615	
	李惠商膳録	215			李時漸	6422	
	李　奉	3191			李時心	632	2604
	李　東	5032			李時成	5242	
	李東光	1631		66	李　暘	2723	

7	李　明	1297	4747		李昌聲	5780	
		4750			李　昪	2820	
	李明光	1435		80	李　八	3988	
	李鳴梧	6115			李人龍	5069	
	李瞻玄	5114			李　益	2031	
	李昭先	2604			李　金	5246	
	李嗣京	5262			李金仰	4571	
	李鶚翀	1591	3835		李金福	4571	
70	李雅刻	1401			李金才	4571	
	李　檗	3695			李金孝	1297	
71	李　長	3274			李毓恒	2559	2567
	李長源	1027			李　義	1297	
	李長祚	1005	5303	82	李鍾裁	6073	
77	李　隆	50			李鍾份	5918	
	李月桂	3108		84	李饒義	6115	
	李用楫	5836		86	李錫齡	4625	
	李用中	3095			李　智	1297	5353
	李際期	1	2066	88	李　銓	3835	
		3045	4008		李　銓	4020	6721
	李熙載	1392			李敏德	5255	
	李學詩	3258		89	李　鎧	2017	
	李丹臣	4160		90	李惟守寫	1642	
	李開先	6817			李　堂	6256	
	李開鄴	1328			李　少	5571	
	李開藻	5434			李少泉	65	425
	李開春	5133				3840	
	李印文	2604			李少渠	3502	

	李　光	1435		27	嘉　名	5573	
	李光遠	1399		32	嘉業堂	1996	2138
	李光遠刻	5552				3695	4395
	李光遠鐫	5552				5035	5286
	李光暎	3372				5922	6261
	李光明莊	3073		44	嘉蔭簃	2354	2544
	李尚爵	4571				6779	
	李尚進	1036			嘉樹齋	6562	
	李尚吉	3002			嘉樹堂藏板	4445	
	李尚美	4734		47	嘉趣堂	948	1097
91	李　炳	1653				1135	1217
94	李燁然	2185	2248			1608	1611
96	李　怕	3988		50	嘉惠堂	1188	1480
97	李　煥	484	750			2054	2183
		1110	4439			2255	2270
		4735	5341			2300	2308
	李　燦	846				2314	3938
	李燦然	1044				4559	4584
99	李　瑩	262				4794	4881
	李榮芳	4767				4996	5142
						5190	5251
	支					5485	6793
90	支光閭	5503		77	嘉興徐士鳳編寫		6175
				80	嘉善曹承宗寫	1298	
	4046₅　嘉				嘉會堂	370	809
20	嘉禾瑞石軒藏板		1015		嘉會堂藏板	856	857
22	嘉樂堂藏板	2187					

4050_6　韋

1　韋仁山房　　2206

4055_7　毐

毐　　　6440

4060_0　古

古　　　955　4588

00　古音堂　　510

古亳徐二　　957

05　古講堂　　3485

20　古香齋　　4695　6506

古香山房　　3303

古香女子　　2676　2986
　　　　　　　4387　4627

古香書屋　　2341　6329

21　古虞汲古閣藏　6797

26　古自寵校刊　6457

29　古秋堂　　4325

古秋堂藏板　780

30　古濠葛欽敬之　483

古之賢　　48

37　古淥水園　6653

40　古杭荒墩菴比丘真窟刊
　　　　　　　957

44　古藤書屋　1970

古芸齋　　335

48　古翰樓　　1022　6704
　　　　　　　6705　6706

55　古慧居　　5808

60　古墨齋　　5545

古吳章鏞刻　5378

古吳章欽刻　2040

古吳朱士儒梓　5794

古吳李嘉遇梓　3389
　　　　　　　3390

古吳陳長卿梓　4306

古吳金麟書　1108　1478

80　古并居藏板　2577

87　古歙豐南吳氏藏板　3310

古歙黃應組繡梓　　5625

古歙黃應潮刻　4223

古歙黃鍾刊　3198

古歙黃惟用鐫　3972

右

右　　　3977　5363

00　右文堂發兌　733

30　右　　之　5376　5393
　　　　　　　5611

4060_1　吉

吉　　　955　3955

12	吉水郭才刊	5341	
	吉水郭學禮寫刊		2791
	吉水郭惟勳寫	2096	
	吉水鄧欽達刻	5341	
	吉水鄧欽刻	5341	
	吉水宋允刻	5367	
	吉水李交寫	5367	
	吉水李交刊	5361	
	吉水李奎七刊	5199	
	吉水楊賢刊	4065	
	吉水周應爵	1984	
21	吉 占	1998	
30	吉 之	4823	
	吉安刘云刻	492	
	吉安刘云刊	1540	
	吉安刘然刻	5341	
	吉安刘欽刻	5341	
	吉安彭佐刊	5475	
	吉安晏述	5341	
	吉安劉	1137	
31	吉 禎	975	
32	吉州郡齋	3731	
	吉 澄	633	1092
38	吉 祥	3191	
42	吉彭鋭	1137	
53	吉 甫	3818	
67	吉野屋權兵衛	3092	

72	吉劉祥	1137	
	吉劉義	1137	
	吉劉歆	1137	
80	吉 人	677	128●
	吉曾朝	1137	

4060₅ 喜

40	喜左衛門	3104	

4060₉ 杏

10	杏雨山堂	2232	
44	杏華樓	1952	
	杏華書屋	5046	
60	杏 園	3073	3111

4062₁ 奇

	奇	5033	
10	奇晉齋	4469	4517
30	奇字齋	1127	4172
		4735	6451
	奇字館	5430	
90	奇賞齋	116	

4064₁ 壽

22	壽 山	957	
27	壽峰書屋藏板	1075	
44	壽華軒	5734	

5	壽椿堂藏板	3888	
8	壽檜堂	6419	

4071₀　七

2	七瑞山房	1861	
16	七硯書堂	4485	
46	七　如	5568	
48	七松居	4719	
55	七曲會	3063	
57	七略書堂	2462	
	七略書堂藏板	3880	

4073₁　去

23	去　偏	5791	
60	去　異	5791	

4073₂　袁

	袁	1023	1110
00	袁　袞	3585	
	袁　襄	3585	
03	袁　誠	2732	
10	袁　電	1999	
	袁雲卿	1133	
12	袁廷臣	3191	
17	袁孟朝	5082	
19	袁　聚	948	1611
		2069	2072

		2074	2376
		2495	3528
		3529	4125
		4665	
21	袁　經	1523	
22	袁　川	2029	3570
	袁繼志	5517	
24	袁升聞	3636	
26	袁伯璿	1036	
	袁伯瓛	1036	
27	袁叔度	5552	
30	袁　宸	1108	4735
		5159	5404
	袁宸刻	3570	4698
		5180	5183
	袁宸刊	2029	
	袁　宏	1620	2029
		5159	5180
		5236	5404
	袁宏刻	1868	3570
	袁宏刊	632	
	袁　賓	4990	
32	袁州府學	73	
34	袁汝是	5183	
	袁洪愈	5251	
36	袁　昶	1214	
40	袁大純	3291	

	袁　才	2029		20	木　喬	4037		
53	袁　威	2010		21	木　仁	451		
57	袁　擢	6457		23	木　參	4037		
60	袁景高	5270		24	木　升	5395		
67	袁　照	5552		25	木仲舸	3191		
77	袁熙臣	3998		30	木　宿	4037		
80	袁尊尼	5184		44	木　桂	451		
	袁　年	5390		47	木　懿	4037		
88	袁敏孝	5159		48	木松堂	3940	4798	
	袁敏學	4128				4848		
90	袁尚和刻	4032		67	木　明	2400		

4080₁　真

71	木鴈軒	411					
77	木犀香館	1077					
	木犀山房	2803					
	木犀軒	1180	1804				

	真	4262				3856	4108
00	真意堂	693				4746	4795
07	真部騰采閣	1600					
80	真合齋	177	3865				

4080₆　賫

4090₈　來

77	賫　卿	5300		12	來廷楫	4040
				21	來行學	3396

4090₀　木

				28	來　復	5562
	木	955	1023		來儀堂	6536
10	木　天	3675		34	來汝賢	4883
	木石山房	3101		50	來青閣	4375
	木石山人	3101		60	來恩堂	744
	木石居	6745		72	來氏倘湖小築	139

		140	141
7	來譽堂	3329	
8	來　臨	5562	
0	來禽館	3825	

4091₇　杭

7	杭郡郁文瑞書	6530	
0	杭賓仁	6767	
2	杭州書局	869	
	杭州書林後墅吳山	544	
3	杭城尊行齋藏板	1163	

4092₇　橋

0	橋李王建中	3002	
	橋李胡元貢書	649	
	橋李曹氏倦圃藏書	6321	
	橋李錢士明書	418	

4093₁　樵

| 2 | 樵山草堂 | 6551 | |

4094₈　校

1	校經山房	1003	3061
		3129	3138
		3139	3381
	校經書院	1414	

4099₄　森

| 44 | 森桂堂 | 4266 | |

4141₆　姬

| 80 | 姬　命 | 6470 | |

4191₆　桓

| | 桓 | 2766 | |
| 10 | 桓　一 | 5104 | |

樞

| 71 | 樞原藏本 | 176 | |

4192₀　柯

	柯	1607	1965
		3977	4249
		6718	
00	柯　庭	1771	
	柯　文	1861	
20	柯維楨	6287	
21	柯仁義	36	632
25	柯　倬	3697	
40	柯樟林	4890	
42	柯　橋	1868	
45	柯株林	4890	
47	柯欓林	4890	

	柯橌林	4890	
50	柯奉	3697	
53	柯成名寫	5347	
60	柯星	2031	

4194₇　板

42	板橋書屋藏板	3602	
44	板藏本堂	5313	
	板藏邱氏可繼堂		6645

4196₀　柘

71	柘原受業方桂膳寫		6107

栖

40	栖真館	5578	

栢

12	栢水	1027	
25	栢生	320	
40	栢志宸	5509	
	栢志寰	5509	
50	栢青芝	2193	

4212₂　彭

	彭	4249	4252
00	彭高	1435	
	彭應宗	3697	

	彭應舉	1303	
	彭亦	2374	
	彭文	1868	
02	彭端吾	2449	3013
04	彭計一	3697	
10	彭元	1169	
	彭元瑞	4794	
	彭天	4439	
	彭天恩	1868	1874
		4258	4439
	彭云	955	
22	彭繼志	2800	
	彭繼芳	2800	
	彭繼美	2800	
24	彭仕	1303	
	彭佐	5475	
27	彭紹賢	5422	
28	彭齡	2193	
30	彭宣	5139	
	彭家麟	869	
	彭家屏	1899	
	彭富	5244	
	彭定求	3814	
	彭宗孟	1267	
37	彭潤宏	5321	
40	彭友文	2800	
	彭士超	5709	5762

	彭　坊	4930	
	彭　存	6418	
	彭志楨	4930	4939
11	彭　柯	2374	
13	彭始搏	5725	
14	彭戀謙	5747	
16	彭　堝	3104	
	彭相和	2800	
	彭相賢	2800	
50	彭　中	2374	
	彭泰士	2910	
60	彭　四	1027	
	彭恩刻	6424	
	彭恩眷	5139	
71	彭　頤	4930	
77	彭　几	1169	
	彭用章	2800	
80	彭　尊	1027	
	彭　年	5080	
86	彭智刻	1886	
88	彭　銳	1137	
	彭篤福	4939	
90	彭惟直	1888	
	彭惟成	1888	

4240₀　荆

12	荆　瑞	957	

14	荆　琪	957	
16	荆　現	957	
	荆　璪	957	
18	荆　珍	957	
22	荆山書林	2339	3045
		3238	3256
		3298	3344
		3409	3410
		3443	3451
		3453	3461
		4140	5615
		6450	
60	荆國器	957	
	荆圃草堂	5991	

4241₃　姚

00	姚應魁刻	2819	
	姚應焌	4127	
	姚廣孝	2140	
	姚文然	224	
	姚文清	3104	
	姚文選刻	2819	
	姚文變	224	
10	姚　璽	4923	
	姚可達	5509	6320
		6372	
17	姚　翼	5620	

20	姚舜漁	4586	
	姚舜咨	1188	3090
		3900	
	姚舜卿	5404	
30	姚淳起	547	652
		744	
	姚淳顯	5489	
	姚安府	537	
	姚宗甲	4902	
31	姚江書院	898	
37	姚咨	1647	2148
		3090	3505
		4488	
40	姚培謙	510	6639
44	姚茂善	3942	
45	姚椿	3424	
46	姚觀元	2564	
47	姚起刻	6728	
51	姚振宗	2679	4391
55	姚慧禎	4586	
60	姚思仁	2484	
	姚恩寫	2374	
	姚邑茅夢龙	4583	
	姚景瀛	5689	
71	姚厚	2746	
72	姚氏乙藜閣	68	
77	姚卿	4564	

	姚履旋	982	
	姚學閡	5230	
88	姚餘	4173	
	姚簀	4127	

4252₁　靳

10	靳雷	5260
33	靳治荆	5742
44	靳懋仁	5003
58	靳敖	4001
77	靳圣光	5503

4282₁　斯

| 10 | 斯正 | 5088 |
| 64 | 斯跂 | 6317 |

4291₃　桃

| 60 | 桃園山莊藏板 | 4179 |

4293₄　樸

44	樸菴	5892	
67	樸墅	3056	
77	樸學齋	905	2283
		4956	

4299₄　橪

| 00 | 橪亭 | 4719 |

4301₀　尤

	尤	3977
00	尤　立	2031
12	尤　瑞	1027
	尤廷弼	585
20	尤　禹	1027
22	尤　任	2040
26	尤　自	4290
30	尤良才	632
31	尤　江	4290
	尤　涇	2576
	尤　遷	2576
33	尤必成	2576
34	尤　汝	2441
	尤汝庚	2441
	尤汝鵬	5509
	尤　遠	2576
	尤　達	2576
37	尤　涇	2576
40	尤　大	2441
	尤大盛刊	501
	尤　士	4290
	尤　直	2040
	尤　七	4290
86	尤錫土	2441
	尤錫土刊	548

4304₂　博

40	博古齋	6683	
	博古堂	1104	1300
		4363	

4313₂　求

21	求仁堂藏本	5574	
23	求我齋	1170	2692
		2930	
30	求寡過齋	869	
46	求恕齋	5300	
60	求是齋	114	
	求是軒	2702	
	求是堂藏板	4325	
80	求善居藏板	2919	

4315₀　城

40	城南夏廷章寫	2592	
50	城書室	4861	5622

4324₂　狩

67	狩野永納	3046

4345₀　戟

77	戟　門	5211

4346₀　始

22	始豐山房	3266

4355₀　載

03	載詠樓	803
24	載德堂藏板	2156

4373₂　裵

00	裵應時	3878	
12	裵聯桂	3878	
27	裵　磐	254	
	裵魯青	874	
47	裵杼樓	4788	4792
		4861	5631
60	裵曰蓮	3878	
	裵曰楠	3878	
	裵曰菊	3878	

4380₁　龔

44	龔　林	4721
61	龔　旺	4721
80	龔　八	4721

4380₅　越

44	越　藍	293
50	越肅湯仁刊	5599

4385₀　戴

	戴	1110	4588
		5442	
00	戴　立	2022	
	戴　序	6418	
	戴應試	4292	5279
	戴應詔	5279	
	戴應聘	5279	
	戴　文	5335	6424
	戴文燦	5799	
	戴　牟	6418	
10	戴天憲	5394	
12	戴廷魁	6237	
15	戴　聘	5335	6418
17	戴　子	4251	
21	戴　儒	4441	
22	戴　任	2424	
23	戴　俊	1930	
24	戴　仕	1683	
	戴　化	1435	
	戴　勉	1601	
27	戴　殷	3056	
28	戴　作	1435	1438
29	戴継述	5394	
30	戴良臣	1861	
31	戴　濬	642	

34	戴　洪	5180	
37	戴　禄	2621	
10	戴　士	6424	
	戴士充	5126	
43	戴　式	2395	5335
		6418	
44	戴　孝	1127	
	戴世荣	1861	
46	戴相堯	2496	
50	戴　本	5335	
	戴　奉	1027	
53	戴　盛	5742	
	戴盛甫刊	771	
60	戴　晟	5742	
77	戴　用	1510	3518
	戴　卿	6451	
80	戴　金	1247	
	戴　曾	5742	
	戴　谷	5201	
84	戴　銑	2592	
87	戴鈞衡	512	
90	戴惟孝	76	1435
		2395	
	戴惟孝刊	1885	4455

4390_0　朴

67	朴　墅	3099

4396_8　榕

77	榕　門	610

4410_0　封

	封	91
25	封仲可	6018

4410_1　芷

00	芷　齋	1739
60	芷園藏板	2611

4410_4　基

	基	3002

董

00	董應舉	582	
	董　康	2421	4495
	董　庭	5538	
10	董天右	1435	
12	董廷勛	5286	
15	董　聘	1308	
16	董　聰	1022	
17	董君和	5116	
21	董　仁	6418	
25	董傳文	1382	1813
		5340	

30	董宜陽	5154	
34	董漢儒	2528	5220
	董漢策	47	
	董 达	4248	
38	董 裕	2492	5438
40	董帷儒	149	
	董 太	4248	
	董希賢	2721	
	董志學	5434	
	董 奇	1137	
44	董其昌	7	5272
57	董邦寧	6419	
60	董思政刊	6358	
	董思翁	7	
	董 田	215	
67	董嗣璞	5648	
	董嗣茂	5286	
77	董熙仁刊	4292	
	董閭京	5936	
80	董金鑑	4488	
88	董 簫	558	

4410₆　萱

| 30 | 萱永堂藏板 | 3129 |

4410₇　藍

| 00 | 藍 章 | 2995 | |

08	藍謙修	1779	1847
		2951	
40	藍壽塈	5334	
60	藍思紹	5167	

4411₂　范

	范	5212	5299
		6440	
00	范彦從	4747	
	范應期	5413	
	范 文	1927	2576
	范文英	4743	
10	范 一	2739	
	范一刊	4573	
	范二刊	4573	
	范 三	2123	4747
	范元福	632	
	范震生	4175	
	范可奇	1944	
	范 雲	4805	4806
		4818	
12	范 璞	3274	
	范璞刊	1350	
	范弘遇	5823	
	范廷瑚	1047	
17	范子章刊	6463	
	范子茂	401	

	范 翼	1761			范成恩	2123		
21	范能濬	1353		57	范 輅	905		
28	范 倫	607		61	范 旺	3988		
30	范 宜	4747			范旺得	2802		
	范涼麾	4769		64	范 曉	2820		
	范永鑾	2528			范時崇	1353		
31	范 福	1964			范時泰	5488		
34	范 淶	586	4223	67	范 明	1964		
37	范凝鼎	899			范照藜	6249		
	范 礽	2151		77	范 陶	4017		
	范 通	4747			范双平	3221		
38	范 祥	3697	4249		范 員	1948		
40	范九龍刊	4525			范員負刊	4770		
	范有韜	558		80	范 金	6618		
	范希仁	4758	4794		范 鏞	6618		
		4806	5235	84	范 銑	6618		
		6485		87	范 欽	3181		
	范 志	2277		90	范惟一	1996	3904	
	范 奈	4721				5140		
41	范 栢	3002			范惟元	1485	1496	
	范 楷	587				1497	1498	
44	范 茂	321				1506	4743	
	范 荣	3221		97	范 翱	6618		
46	范 相	587						
47	范 翻	6618						
50	范貴刊	2010						
53	范 盛	4750						

4412₇　蒲

57	蒲 邨	6623	

勤

24	勤德堂	1133
40	勤有堂	3029

4413₂　隸

11	隸斐堂	4334
44	隸猗館	2613
88	隸筠軒	6785
	隸竹堂藏板	3319

藜

50	藜青堂藏板	4711	
67	藜照樓	4619	
	藜照書屋	3060	3139
	藜照軒藏板	603	
77	藜　閣	6174	

4414₇　皺

44	皺蘭館藏板	99

4420₇　考

00	考亭書院藏板	4782

夢

20	夢香閣	6582	
22	夢川亭	5164	5579

		6593	
37	夢選慶	606	1593
		1637	1645
		3964	4188
43	夢　龙	4583	
44	夢花室	4843	
	夢蓮居士	6531	
48	夢梅仙館	1211	1937
		4386	4387
		4389	
77	夢覺子	4691	
86	夢　錫	40	
88	夢篆樓	5957	

尊

44	尊　村	5211

4421₂　苑

10	苑西客舍	5485

4421₄　花

00	花齋藏板	3502	
42	花橋水閣	642	1911

莊

	莊	4017
00	莊應禎	5255

22　莊山書屋藏板　5807

4422₁　芹

20　芹香齋　　　6058

荷

44　荷花池　　　5747

4422₂　茅

　　茅　　　　　1133
00　茅文燿　　　6437
10　茅一相　　　3966
　　茅元儀　　　3598
　　茅元吉　　　1023
12　茅瑞徵　　　2120
20　茅　維　　　1484
23　茅　獻　　　1996
32　茅兆河　　　4610
　　茅兆海　　　1870
35　茅　溱　　　1040
44　茅藉吉　　　5269
60　茅國縉　　　5279　5525
　　茅國積　　　5279
67　茅晚成　　　69　2129

4422₇　芳

　　芳　　　　　2130

34　芳社洲刻　　5486
44　芳樹園藏板　4853

芬

73　芬陀羅館　　1340

蒿

　　蒿　　　　　4947

芮

　　芮　　　　　763
10　芮可成　　　4285
　　芮　云　　　4292
22　芮　山　　　2129
26　芮　泉　　　488
30　芮宇涵　　　6644

蒂

40　蒂古堂　　　3400

蕭

50　蕭奉　　　　4286

菁

44　菁華堂　　　3129　4702

莆

34	莆洪奂	413	
60	莆易書林	5780	
	莆田鄭綱梓	27	
76	莆陽官署	5886	

蕭

00	蕭　亮	5453	
01	蕭　冀	6009	
08	蕭　謙	3081	3082
12	蕭弘謙	891	
22	蕭山孫宗刊	6519	
	蕭山徐宇寫	2807	
26	蕭　穆	5742	
30	蕭　良	1714	
	蕭良幹	5238	5239
32	蕭近高	5313	5363
38	蕭肇鴻	891	
39	蕭　泮	1354	
40	蕭大亨	2353	4264
44	蕭　茂	1861	
	蕭蔡俊寫	5366	
45	蕭　椿	586	1169
		6418	
46	蕭如松	5253	
50	蕭　春	1027	

53	蕭　成	1143	
	蕭　甫	2575	
58	蕭敷政	4913	6623
	蕭敷教	4913	6623
60	蕭　昉	4913	
67	蕭鳴鳳	1501	
77	蕭　賢	4254	
79	蕭騰鴻	984	
90	蕭少衢	6479	

带

| 21 | 带經堂 | 3722 | |
| 77 | 带月樓 | 1953 | |

蘭

00	蘭亭書坊	5488	
10	蘭雪堂	2664	4360
		5775	
	蘭雪堂藏板	75	
22	蘭山書院	5747	5826
28	蘭谿張惟良刊	6472	
33	蘭祕齋藏板	1016	
70	蘭陔草堂	6186	
80	蘭　谷	6174	

4422₈　芥

| 17 | 芥子園 | 997 | |

4423₁　蔭

10	蔭玉閣	6422
27	蔭緑軒	5869
48	蔭松堂	1078

4423₂　蒙

26	蒙　泉	1159

藤

32	藤溪義學	1493	3422
41	藤梧館	333	
55	藤井孫兵衞	1133	

4423₇　兼

44	兼葭館校梓	5394

4424₀　蔚

00	蔚文書局	1074
	蔚文堂	733

4424₇　蔣

	蔣	1110	1137
00	蔣文刊	2022	
	蔣文化	5009	
	蔣文炅	3274	
01	蔣　顔	4173	

10	蔣一葵	4486	
12	蔣型寫	6065	
17	蔣　羽	1137	
	蔣承意	5341	
24	蔣先庚	1045	
25	蔣仲义	2022	
	蔣　佛	4747	
	蔣佛林	4747	
27	蔣　盤	3988	
28	蔣　儀	3091	
29	蔣継重	5341	
	蔣継祖	5341	
	蔣継隆	5341	
	蔣継勝	5341	
30	蔣永修	747	
	蔣之秀	5481	
	蔣守文	6418	
	蔣良騏	2473	
31	蔣　源	3988	
37	蔣　潮	36	
	蔣　祖	6575	
38	蔣　榮	6172	
40	蔣　义	2022	
	蔣　太	320	
44	蔣　芝	5102	
	蔣　孝	4168	
	蔣世枋	1167	2584

	蔣世英	2045	5171
	蔣世卿	2395	
	蔣　荣	1435	4175
47	蔣　超	777	3864
50	蔣　泰	3381	
	蔣惠迪	293	
60	蔣　晶	3988	
	蔣國祥	2151	6009
	蔣　四	5347	
	蔣　易	6308	
	蔣昂刻	2395	
64	蔣時機	147	
	蔣時昂	2395	
66	蔣曙刊	6530	
67	蔣嗣昌	4993	
75	蔣陳錫	2909	
77	蔣鳳藻	1721	
	蔣　朋	2022	
80	蔣　義	2022	
	蔣曾瑩	1511	
87	蔣銘頊	5696	
90	蔣光煦	2352	
91	蔣　炳	6230	

4424₈　薇

80	薇　谷	5991	

4425₃　茂

	茂	1137	
24	茂　勳	2017	
27	茂　叔	6526	
30	茂　之	1023	
31	茂　汪	2017	
35	茂清書屋	4445	
44	茂　芳	4574	
	茂　芬	2017	5422
46	茂　槐	2017	5422
50	茂　貴	2017	

藏

21	藏經書院	4583	4584
		4592	4593
27	藏修書屋	3372	
	藏修堂	3097	
50	藏書室	4416	
60	藏　園	1973	

4426₁　蒼

20	蒼香館	2648	

4426₄　猪

17	猪子梅壽	3057	

4429₄　葆

10	葆元堂	5114
90	葆光樓	3502

4430₄　蓮

34	蓮池書院	243	474
44	蓮華池	5872	
	蓮　菴	1000	

蓬

30	蓬瀛閣	1748	2192
		2293	

4430₇　芝

26	芝泉堂	6079
40	芝在堂藏板	5756
44	芝蘭書室	5329

4433₁　蕉

26	蕉白居藏板	200
44	蕉林書屋	5734

燕

10	燕石齋	1484
17	燕翼堂	4702
63	燕貽堂	3632

蕪

37	蕪湖縣發刻	139

4433₃　慕

	慕	4252
10	慕天顏	5723
28	慕　以	4709

4433₆　煮

10	煮石堂梓	5904
30	煮字山房	1074

4433₈　恭

40	恭壽堂	3758
77	恭　卿	3002

4433₉　戀

02	戀　訓	5481
23	戀　我	5482

4439₄　蘇

00	蘇　立	4251	
	蘇　齋	4774	
	蘇文韓	5324	5578
10	蘇　五	3988	
	蘇爾詒	5991	

	蘇天刻	4254
12	蘇廷玉鼇石甫	70
	蘇廷魁	1754
22	蘇繼	3792
31	蘇祉	70
	蘇祉榮洲甫抄	70
	蘇顧令祥	4721
32	蘇州府	5045
	蘇州府學	2676
	蘇州郭昌言	4721
	蘇州郭昌言鋟梓	4721
	蘇州夏邦彥刊	4759
	蘇州盧鑑刻	4759
	蘇州李澍謄寫	5242
	蘇州城隍廟橋西塊南首劉文斗鐫刻書籍局	6607　6608
	蘇州嚴春	2315
	蘇州錢世英刊	4721
	蘇近	5517
40	蘇士潤	5199
	蘇臺雲翁	4178
	蘇埥	5195
	蘇堯松	71
44	蘇埴	5195
	蘇茂經	1998
46	蘇楊國器	4721

55	蘇捷成	5195
60	蘇昌其	4721
66	蘇嚴春	2315
77	蘇周	974
	蘇學	4133
	蘇民懷	4719
80	蘇人張溱刻	5242
	蘇人姚卿寫	4564
	蘇養性	974
90	蘇尚仁	1998
91	蘇恒	6047

4440₀　艾

	艾	72
12	艾璞	6334
20	艾香	674
	艾毛刊	1350
25	艾傑	6702

4440₆　草

| 44 | 草草巢 | 6683　6808 |
| 71 | 草臣 | 5651 |

4440₇　孝

	孝	1303　2400
		2494　4006
		4262　4582

		5095	6346
		6446	
00	孝　章	2853	
24	孝德堂藏板	792	
40	孝　友	6575	
	孝友堂	676	4868
	孝友堂藏	2114	
	孝友堂藏板	6268	
60	孝　思	2892	5374
	孝昌官署	6627	
80	孝　父	4223	
	孝義家塾	566	
87	孝　叙	4724	

4440₈　萃

00	萃慶堂	519	772
		2994	3003
		4527	
	萃文書局	3381	
35	萃清齋	6396	
40	萃古齋	1856	1952
		2537	
	萃古齋鈔本	6321	
44	萃華書局	2020	6051
	萃華堂	3071	3072
	萃英居士藏板	4702	

4442₇　萬

00	萬　文	130	
	萬　章	6363	
10	萬玉堂	6296	
	萬　云	4247	
12	萬弘声刻	2267	
	萬廷蘭	4809	
14	萬　璜	1505	
17	萬承天	565	
	萬承式	565	
	萬子云	4247	
	萬子雲	4759	
	萬　習	5293	
21	萬儒刻	5499	
	萬　經	565	
23	萬　傅	385	386
24	萬　德	1098	
26	萬伯誠	2010	
	萬伯誠刊	3104	
	萬伯成	1655	2315
	萬伯成刊	2010	
28	萬以敦	530	
30	萬流井藏板	5059	
31	萬　福	565	688
37	萬次郎	1603	
	萬潔如寫	2267	

38	萬遂寫	1977			537	967
40	萬　志	1435			1112	1175
42	萬斯大	5742			1205	1797
44	萬世德	1436	1438		1912	2577
	萬世標	5613			3182	3353
	萬葉堂	793			3688	3738
	萬葉堂藏板	225			3919	4216
	萬　棋	130			4227	4228
	萬　林	4229			4229	4273
48	萬松書院藏板	2469			4350	4568
50	萬　接	5341			6368	6370
	萬青閣	5821			6443	
	萬　春	5293		萬卷堂	1138	1530
53	萬成刻	1655			1877	3060
57	萬邦孚	2998	3094		5180	
		3981	5134	萬卷堂藏板	4713	
	萬邦寧	5613		97 萬　煥	130	
60	萬唯新	6472				
	萬國相	4131		**荔**		
	萬國臣	6380		12 荔水莊	6081	
	萬思刻	1388				
80	萬　會	5293		**勢**		
	萬　曾	5293		76 勢陽潭龍	965	
86	萬　智	5293				
88	萬笈堂	6539		**4443₀ 樊**		
90	萬尚烈	5475		20 樊維城	1462	3507
	萬卷樓	338	347		3539	3577

		4141	4430
		4499	4938
		6720	
23	樊獻科	632	1092
		1510	3518
25	樊仲升	1465	
26	樊得仁	2180	3191
		5066	
35	樊　禮	1977	
44	樊榭山房	3934	
47	樊好龍	1465	
67	樊明文	1308	
86	樊　智	3191	

葵

	葵	5499	
60	葵　里	5662	

莫

10	莫　晉	5238	
46	莫如德	6370	
60	莫曰光	4769	

4445₆　韓

01	韓龔芳	2986	
21	韓衙藏板	1723	
22	韓　崇	5152	

24	韓仕鉉	4457	
	韓德澤理工	1980	
26	韓　穆	1504	
27	韓叔陽	1353	4669
30	韓　宜	4262	
37	韓逢休	6147	
	韓逢祐	5457	
40	韓士鉉	6543	
44	韓夢周	394	6259
45	韓　棟	6268	
46	韓如璜	6470	
47	韓懿章	359	
57	韓邦彦	6418	
60	韓國箕	6558	
77	韓居貞	2833	2834
86	韓　錫	319	

4446₀　茹

17	茹子凌	6388	
30	茹實齋	5696	
40	茹　尨	1435	
	茹　爻	2022	
	茹真生	964	
48	茹　松	4229	
74	茹　陵	2022	

姑

44	姑蘇高洪寫	5159
	姑蘇郭秀刻	5622
	姑蘇張雲刻	5341
	姑蘇吳時用書	6574
	姑蘇吳曜寫	6387
	姑蘇徐普書	5341
	姑蘇官署	3027
	姑蘇顧俊刊	6392
	姑蘇馬龍	3824
	姑蘇劉時昇	1027
	姑蘇陸榮刻	4998
	姑蘇陳聖如刊刻		6255
	姑蘇周潮	5151

4450₄　華

	華	91
00	華亭徐氏文房	6392
	華文高	4777
	華文潤	4777
	華文吉	4777
	華文明	4777
	華文熙	4777
	華文煥	4777
	華文輝	4777
10	華玉森	6289

	華五倫	4833	
	華元平	4777	
16	華　珵	1477	148C
		2679	2715
		3459	3468
		3506	3507
		3510	3512
		3513	3686
		3731	3737
		3739	4391
		4489	4547
		4788	4792
		6282	
17	華翼綸	4833	
22	華川書屋	721	
	華繼祥	3517	
23	華允誠	4833	
25	華岫雲	3139	
28	華從智	3517	
30	華宏源	4833	
	華　察	540	3780
		4833	
31	華　福	632	1086
		4747	
	華福刊	3274	
38	華滋蕃	5308	
40	華希閔	2693	4368

	華希閎	4368	
44	華蓮峰	4655	4667
60	華日堂	4101	
	華日堂藏板	6761	
76	華陽書院	1639	
98	華　燧	3929	

4453₀　芙

44	芙蓉外史	1739	
	芙蓉官舍	5493	

英

	英	1086	1110
		4252	
12	英　刊	4921	
17	英　已	6424	
20	英　信	6424	

4460₀　苗

21	苗　卓	4582	
77	苗　囿	4130	
	苗　居	5095	5237

4460₁　耆

44	耆英堂藏板	2543

薯

44	薯蔡張氏敦臨堂	184

4460₂　苕

21	苕上布衣	2125
43	苕城張府藏板	6813

4460₄　若

12	若　水	6476
17	若耶府	3149

著

60	著易堂	1341	1830
		1831	1832
		1833	1835
		1837	1841
		1842	1845
		2056	2106
		2134	2137
		2198	2232
		2296	2297
		2302	2305
		2306	2329
		2332	2333
		2360	2361
		2364	2365

		2367	2368
		4481	6761

4460₇　茗

21	茗上雕雲舘藏板	5403

蒼

10	蒼雪菴	1212
40	蒼　存	5900

4460₈　蓉

31	蓉江懷古堂梓	5919

4464₇　護

44	護蔭堂	574

4470₀　斜

80	斜雉山房藏板	6226
	斜雉堂	4157

4471₂　也

24	也　升	6256	
47	也趣軒	4758	4794
		4806	

4471₇　世

	世	1110	1137

		1304	300⁹
		5236	536³
		5454	
00	世磨堂	6285	
04	世讀軒	5009	
20	世　維	5954	
24	世德堂	1303	2545
		3595	3835
		4527	6415
		6458	6810
		6811	6814
		6816	
26	世自刊	5395	
28	世綸堂	6174	
32	世業堂	820	
35	世　清	6404	
36	世澤堂藏板	1337	
38	世裕堂	955	4219
41	世楷堂	142	352
		370	468
		508	532
		579	719
		737	752
		953	1055
		1328	1341
		1564	1677
		1778	1841

	1842	1855	48	世翰堂	4238
	1921	1922	50	世　中	1874
	2065	2304		世　忠	5319
	2306	2314	60	世　昴	3274
	2329	2360		世恩堂	5083
	2361	2362		世恩堂藏板	1363
	2364	2462	67	世　明	5954
	2463	2465	71	世　臣	3141
	2562	2563	72	世　質	5918
	2882	2960	77	世學樓	1220	1479
	3025	3051			1480	1791
	3134	3142			1904	2066
	3376	3382			2118	2273
	3392	3441			3415	3459
	3442	3481			3472	3506
	3482	3491			3507	3510
	3495	3497			3511	3512
	3724	3865			3513	3685
	4162	4481			3686	3688
	4533	4581			3731	3735
	5662	5928			3739	3742
	6753	6754			3743	3744
	6758	6760			3753	3899
	6763	6824			3901	3928
44	世　茂	1303			3936	4178
	世　英	2045	2441		4387	4389
		4439			4393	4394

		4399	4487
		4489	4490
		4494	4547
		4549	4550
		4552	4558
		4559	4792
80	世美堂	5944	
86	世錦堂	5578	
	世錦堂藏板	4708	

4472₂　鬱

| 77 | 鬱岡齋 | 3300 |

4472₇　葛

00	葛文顯	3191
	葛峚	5335
	葛峚	5201
	葛襄	1861
25	葛仲	3191
30	葛之垣	1861
	葛寅亮	94
37	葛澗	2750
40	葛志貞	4981
	葛奇	5201
53	葛成家刊梓	5353
57	葛邦基	5353
67	葛明	4285

	葛鳴揚		4744	
77	葛周玉		5213	5531
80	葛錞		3189	
87	葛欽		483	

4473₁　芸

20	芸香堂藏板	4702	
44	芸葉軒	2412	
77	芸閣	3398	4984
		6305	

藝

24	藝德堂	1074	
37	藝潤書屋藏板	1578	
38	藝海樓	3301	4772
44	藝蘭圃藏板	2113	
	藝蘭小圃	2113	
	藝芸書舍	4794	
60	藝圃	4302	
77	藝風堂	6779	

4474₁　薛

00	薛應旂	1108
08	薛敦儉	1541
12	薛孔洵	4796
22	薛繼言	2734
26	薛和尚	4747

27	薛仍然	1541			88	甘　簡	741	
34	薛　洪	1642	4285		97	甘　耀	4285	
		4286						
40	薛士彥	5363				**4477₇　舊**		
	薛　布	5151			22	舊山樓	1591	3835
	薛志良	3221					4020	
44	薛茂椮	2768			27	舊名堂藏板	734	
	薛茂杞	30	2768		33	舊補史堂	4857	
	薛世熹	5105			77	舊學山房	510	
60	薛　甲	5151						
	薛昌胤	2734				**4480₁　共**		
67	薛明益	3998	6420			共	91	
72	薛所蘊	5707			24	共　化	5395	
					77	共學山居藏板	6146	
	4477₀　甘							
						其		
00	甘　文	1642	4285			其	1110	1137
		4286					3009	4252
10	甘　玉	321					5400	
	甘雲鵬	5032						
20	甘　信	321				**楚**		
25	甘　生	321						
27	甘　彞	5954			44	楚　藩	1820	
44	甘世尹	2800				楚藩崇本書院	3401	
46	甘相明	2800			60	楚　四	2315	
55	甘　典	320	5954		80	楚人溫厚刻	5256	
67	甘　明	5954			81	楚頌堂藏板	3711	
77	甘鵬雲	5216						

4480₆ 黃

黃		1137	2130
		2766	4302
		5267	6718
00	黃彥教	2017	
	黃齊賢	3758	
	黃鷹熊刻	6475	
	黃應台刻	1440	
	黃應組	5625	
	黃應淳	1440	
	黃應淳刻	5628	
	黃應潮	4223	
	黃應祥	2017	
	黃應道	3429	
	黃應彬刻	5628	
	黃應泰	3429	
	黃應春	5122	
	黃應星	5435	
	黃應鳳	3988	
	黃應義	5552	
	黃应中鐫	420	
	黃　文	1086	3274
		5122	
	黃文斌刊	6339	
	黃文漢刊	1499	
	黃文迪	4719	

	黃文敬	6339	
	黃文顯	5367	
	黃文善	6339	
01	黃　龍	2017	4719
02	黃新元	5628	
07	黃　毅	2412	
10	黃一龍	1435	
	黃一調	413	
	黃一和	5253	
	黃一之寫	1977	
	黃一林	1435	
	黃一騰	2777	
	黃一錠	5187	
	黃　二	3002	5128
	黃　三	4747	
	黃正位	3942	
	黃正色	139	2799
	黃正祖	5394	
	黃正蒙	5403	
	黃正中	4291	
	黃　五	4747	
	黃丕烈	2238	3716
		3929	4495
		6308	6392
		6794	
	黃元幬	2831	
	黃爾洪	2244	

	黃可权刊	4176			黃繼宗	4291	
2	黃　登	6655		23	黃獻可書	3841	
	黃　琇	1868		24	黃　佐	3187	
	黃廷瑤	5634			黃德新刻	5476	
14	黃　瑾	3198			黃德聚	5435	
17	黃　瑚	1868			黃德寵	3436	
	黃璩刊	1868			黃德戀	3415	
	黃　瓊	4719			黃德時	3415	
	黃　子	4747			黃德時刊	4719	
	黃子高	4747			黃德鑄	2831	
	黃子名	4747		25	黃仲文	1964	
	黃子學	3778			黃仲文刊	491	
	黃子光	2613			黃仲元	6426	
	黃君瑞	319			黃仲武	1964	
	黃君復	1132			黃仲虛刊	1964	
18	黃　致	2802			黃仲昭	4899	
	黃　瑜	3345			黃仲開書	4849	
	黃　群	4918			黃体坤	1964	
20	黃　愛	1868	6426		黃秩模	655	1083
	黃季迪刊	442				1208	1582
21	黃　順	2031				2066	2534
	黃倬照	4714				2619	2843
	黃師顏	5639				3007	3039
22	黃任恒	3372	3376			3418	4399
		3431	3432			4518	6686
	黃　鼎	3114	3236	26	黃白山房	5379	
	黃巖路橋楊氏藏板	1602			黃伯茂	5414	5630

	黄伯符刻	4849	
	黄伯符刻併書	3599	
	黄伯符刊	3249	
	黄　保	4747	
27	黄象潜	5634	
	黄　侯	2820	
	黄魯曾	6375	
	黄叔琳	6757	
	黄紹奇	5422	
28	黄作孚	922	
	黄儀廣	200	201
30	黄　宝	4173	
	黄　淮	4942	
	黄　漳	5054	
	黄　淳	4867	
	黄永龍	2017	
	黄永能刊	2017	
	黄永德	2017	
	黄永喬刊	1499	
	黄永旻刊	1499	
	黄　宸	1102	
	黄　憲	4529	
	黄守言	5394	5630
	黄守信	4611	
	黄安期刻	344	
	黄　容	1771	
	黄良貴	2017	

	黄　寶	4173	
	黄宗仁	1964	
	黄宗炎	93	
31	黄　潜	1451	
	黄福英	1086	
32	黄兆沂	3376	
	黄兆清	5435	
	黄澄刊	1964	
33	黄　溥	6333	
	黄　治	25	
	黄述郎	2576	
34	黄　池	5403	
	黄池刻	6475	
	黄　漢	4529	
	黄漢刻	6426	
	黄　汝	4254	6522
	黄汝亨	5506	
	黄汝霖	4445	
	黄汝清	1964	3803
	黄汝清刊刻	2609	
	黄汝嘉刊	4769	
	黄　洪	4747	
	黄　祐	5670	
	黄逵卿	912	6376
35	黄清之	5435	
36	黄　暹	845	
37	黄澗刻	5400	

	黃　洛	632		黃　榜	558	
8	黃　瀚	2093	41	黃　桓	3982	6717
	黃　祥	2004		黃　楷	5041	
	黃　道	4747		黃標寫	1350	
	黃道祥	2004	42	黃彭年	3299	
	黃肇沂	3431	3432	43	黃龙秀	3221
	黃　啓	3002	5187		黃　朴	5385
	黃啓立	5422	44	黃　華	5347	
	黃啓正	5422		黃世喆	2803	
	黃啓先	5435		黃　荣	4248	
10	黃　龙	1435	46	黃觀華	5347	
	黃　九	1948		黃如桂	1232	1347
	黃大幹	3187			1356	4879
	黃大年	5435		黃　相	1137	4516
	黃大鎮	6426		黃　槐	5385	
	黃　奭	1581	47	黃　鶴	6333	
	黃　士	1303		黃朝用	3274	6685
	黃　臺	1964		黃　起	2802	4894
	黃克儉	1491		黃起龍	1609	
	黃希賢	5267	48	黃　幹	4251	5201
	黃希錫	3758		黃　松	5385	
	黃　志	2017	50	黃　中	4894	4992
	黃志科	2017			5246	
	黃志宇	766		黃中立	2787	
	黃志道	4747		黃中致	2802	
	黃吉士	2787		黃中焜	558	
	黃奇刻	5435		黃　忠	4894	

	黃　春	5347	
	黃貴謙	5422	
51	黃振堃	1332	
	黃　軒	4747	
53	黃　甫	2031	
57	黃邦彥	2986	2995
58	黃　鰲	926	
60	黃　昱	1972	5201
	黃昱刊	4971	
	黃晟刊	4971	
	黃國忠刻	5630	
	黃國卿	5267	
	黃　四	2277	
	黃四刊	6685	
	黃四崇	3221	
	黃　昌	1972	
	黃晨刊	4971	
	黃　晟	3415	
	黃　昃	4719	
	黃　旻	4719	
	黃旻刊	1499	
	黃　昊	1499	
	黃昊刊	1972	
	黃　昇	1861	
	黃昇刊	1499	
	黃　昌	2820	
	黃昌衢	1765	

	黃昌齡	3702	
	黃　景	2019	
67	黃　明	413	425
		5201	
	黃昭郎	3274	
71	黃長壽	4982	
74	黃　陞	5262	
77	黃隆秀	3221	
	黃隆恩	5634	
	黃周言	1620	
	黃周賢	632	5220
		6574	
	黃周賢刻	5404	
	黃周賢刊	5180	
	黃周賢等刻	5180	
	黃岡李茂春刻	5499	
	黃岡李鐸	1984	
	黃岡陶子麟刻	1857	
	黃　門	2602	
	黃居中	6470	
	黃昃刊	1350	
	黃　賢	4564	6718
79	黃勝業	2017	
80	黃　企	6575	
	黃金賢	4967	
	黃金鉉	2040	
	黃　鏡	1868	

黃　鎬　4902
黃　鑣　1868
黃　鉉　585　1964
黃鉉刊　3198
黃　鍍　6424
黃美中刊　5315
黃余棟　2471
81 黃　鑪　5337
黃鍇刊　677
82 黃釧刊　6426
黃　鍾　3198　4529
黃　釗　2096
黃鋌刻　491
黃鋌刊　644
黃鑌刻　644
黃　鑠　1868
黃鑠刊　491
83 黃　鋐　5394
黃　釴　1868
黃　鉞　991　1868　5394
84 黃鉼刊　3198
黃　鑄　5192
黃　錤　5400
85 黃　錬　1868
黃錬刊　5298
86 黃　錕　2096
黃錫刊　4176
黃錫蕃　3343
87 黃　鏘　5394
黃鏘刻　5400
黃　鋒　3198
黃　銘　6376
黃銘刊　1868
黃　鉛　4611
黃鉛刊　3198
黃　鎦　491　6426
黃　欽　4529
88 黃　鎰　1868
黃　鈴　6475
黃　鏳　3198　6426
89 黃　鏜　1868　6426
黃　鏻　3429
黃　錟　491
90 黃惟信　36
黃惟用　3972
黃少川　6530
黃光刻　983
黃尚瀾刊　1904
黃　裳　2209
91 黃　炳　2206
97 黃輝如　1620

蕡

25	蕡　仲	4933	

4490₀　村

21	村上平樂寺	4302	
	村上勘兵衛	3079	

樹

00	樹　廬	4019	
10	樹　玉	3675	
24	樹德堂	1754	
27	樹　侯	5634	
38	樹滋堂	394	5213
		5531	
	樹滋堂藏板	735	
		2694	6259
44	樹蕙草堂	1952	
	樹蘐草堂	1952	
73	樹駿堂	1194	

4490₁　蔡

	蔡	5363	5442
00	蔡　立	4747	
	蔡　彦	1861	
	蔡彦夆	3221	
	蔡應龍	5212	

	蔡應麟	5212	
	蔡文生	2576	
	蔡　六	2739	4290
		4770	
10	蔡　一	2802	
	蔡　三	4747	
	蔡　五	1999	
	蔡西齋	6176	
12	蔡廷魁	2741	4981
13	蔡　武	764	
	蔡武刊	1022	
17	蔡　玘	4747	
20	蔡　重	6515	
21	蔡　順	632	
	蔡順刊	1350	
22	蔡　山	2031	
23	蔡獻臣	2812	
24	蔡仕荣	4770	
	蔡仕賢	4770	
	蔡　德	2426	
	蔡德宝	3221	
26	蔡伯庸	6320	
	蔡　和	4747	
	蔡和刊	4770	
27	蔡　鏊	324	
	蔡名烜	1573	
	蔡　尔	4292	

	蔡紹元	2017	
30	蔡宸恩	5208	
31	蔡福友刊	1350	
32	蔡　澄	4297	
	蔡溪藏板	5817	
34	蔡汝楠	5100	
	蔡汝賢	2354	
	蔡洪清刊	1350	
35	蔡　清	1861	
40	蔡　太	1861	
	蔡太刊	5262	
	蔡友刊	4770	
	蔡克廉	5191	
	蔡　奇	6486	
41	蔡　根	2374	
44	蔡　封	4290	
	蔡　恭	1861	
	蔡　戀	1861	
	蔡　荣	4770	5253
47	蔡朝光刊	4611	
48	蔡增譽	52	
50	蔡本源	6515	
	蔡　貴	5128	
53	蔡　成	2031	
54	蔡拱日	6541	
60	蔡國熙	1490	
	蔡　昌	1861	

	蔡　昴	2123	
72	蔡氏家塾校正	1094	
77	蔡與淳	2812	
	蔡　賢	542	4292
	蔡賢刊	4770	
80	蔡毓榮	3392	
	蔡含靈	5216	
	蔡善繼	3998	
90	蔡光邵	2253	
	蔡尚才	5372	
95	蔡　性	926	

4490₄　茶

22	茶　山	6531	
44	茶夢齋	1188	1647
		3505	4390
		4488	
	茶夢菴	3900	
74	茶陵郡齋	4856	

荣

荣	1023	2766
	3002	3318

葉

葉	1485	4017
	5442	

	葉應生	2315	
	葉應芳謄寫	6285	
	葉　文	2031	
	葉文修	2739	
	葉文輝	1086	
	葉文輝刊	3852	
	葉　奕	1091	
	葉　玄	5385	
	葉　六	542	3541
		3988	5122
01	葉龍溪	2602	
10	葉　一	3988	5212
		5253	
	葉　二	1861	3274
		3988	4573
	葉　三	2004	3002
		3098	5253
	葉　五	4412	
	葉　元	4750	
	葉　天	1714	
	葉天民	1670	
	葉天養	5253	
	葉天錫	1350	
	葉天养	5253	
	葉再生	4747	
	葉再友	2004	4747
	葉再興	632	4747

	葉耳生	1086	
	葉耳生刊	1350	
	葉耳友	3852	
	葉耳友刊	1350	
	葉耳昊刊	1350	
	葉石君	1091	
12	葉　瑞	2031	
	葉廷琯	6257	
	葉廷甲	870	2924
16	葉碧山	6544	
17	葉孟武	632	
	葉瑤池	4318	
	葉聚甫	6544	
	葉　翼	6317	
20	葉重華	1357	1358
	葉　妥	2004	4747
	葉　采	1086	
	葉秉敬	1037	
21	葉熊刊	2004	
22	葉巢子	6307	
24	葉　仕	1948	
	葉仕榮刊	1350	
	葉德刊	4573	
	葉德輝	1691	1850
25	葉　生	1964	2315
		3988	
	葉　朱	4017	

26	葉　伯	4747	
	葉伯逖刊	1350	
27	葉向高	414	5451
	葉仰高	2017	
	葉仰峰	3110	
	葉　脩	5253	
	葉　冬	6486	
	葉名澧	1201	
	葉紹顓	5020	
28	葉以倫	2010	2315
	葉以倫刊	2010	2123
	葉　倫	2123	
	葉儀廷	6471	
30	葉　寵	2031	
	葉　良	3274	
	葉定寫	1350	
	葉　宗	5253	
	葉宗禖	3381	
31	葉还寫	1350	
32	葉　添	1714	4254
	葉沃若	5545	
	葉近山	820	4295
34	葉　池	3274	
	葉池刊	2004	
	葉　遠	1086	
	葉　達	2031	
36	葉還寫	1350	

37	葉潤生寫	1350	
	葉　郎	6486	
38	葉道官	1023	
40	葉　义	2031	
	葉　九	542	
	葉　友	4747	
	葉　士	1948	
	葉士美	1485	
	葉　才	5187	
	葉有華	2040	
	葉志詵	2374	2520
		2564	
	葉　壽	1137	
	葉　雄	4747	
	葉雄刊	1350	
	葉　森	1431	
44	葉夢龍	6174	
	葉夢淇	1357	4927
	葉　莊	4419	
	葉　芳	4867	5878
	葉茂實	5435	
	葉茂芝	917	
	葉　萬	1091	
	葉世荣	4412	4432
	葉　共	4254	
	葉　材	5187	
	葉　桂	3988	

	葉　權	3988			葉　疇	4799	
	葉　模	3988		67	葉　明	3988	
	葉　林	3274		71	葉長坤	5561	
	葉林宗	1091		77	葉尾郎	632	2004
46	葉　覲	3104				4747	
	葉如春	5615			葉　陶	4747	
	葉槐生	5742			葉陶刊	2004	
47	葉均宇	1944	3706		葉　興	5122	
48	葉敬溪	6283		80	葉　八	413	3852
	葉　松	1670	1861			4419	
		2374	4747		葉　金	1625	
50	葉　寿	1086			葉金刊	1350	2004
	葉　青	632			葉　弟	587	
	葉　春	2031			葉　年	2031	
	葉　貴	1453			葉　義	2031	
53	葉　咸	2031			葉　養	5253	
	葉　威	2031		87	葉　鈞	2929	
60	葉　□	2031		90	葉　堂	6325	
	葉　显	6525			葉　养	5253	5347
	葉　見	4131			葉养刊	2277	
	葉　恩	1868			葉　棠	1999	6325
	葉昌熾	2273	4877	99	葉　榮	1670	
	葉昆池	662					
	葉景先	558			**菜**		
61	葉　顯	5568					
	葉顯吾	6544		47	菜根堂	884	
64	葉　時	4799					

藥

25　藥　生　　5930

4490_8　萊

33　萊浦山房　　5139

4491_0　杜

　　杜　　　　3026
00　杜應奎　　5363
　　杜文中　　1027
　　杜文忠　　1027
20　杜　喬　　1642　4285
　　　　　　　4286
33　杜　心　　4571
　　杜必敬　　4747
34　杜　㳠　　4725
46　杜加贵　　4286
　　杜加貴　　1642
60　杜　思　　1620
　　杜　甲　　　472　2990
　　　　　　　5854　6261
77　杜　隆　　4285
80　杜　金　　5082

4491_2　枕

31　枕江堂　　5784　5787

　　　　　　5828　5831
　　　　　　5840　5841
　　　　　　5858　5881
　　　　　　6613
53　枕戈草堂　5858
87　枕鈞齋藏板　5746

4491_4　桂

10　桂天成　　6418
　　桂雲堂　　5166
　　桂雲堂藏板　5018
17　桂子龍　　6576
　　桂子通刻　6576
22　桂山堂　　　15　2681
24　桂德化　　4131　6576
26　桂伯安刊　6576
　　桂伯宗　　6576
30　桂　安　　6576
　　桂　宗　　6576
32　桂洲書院　1370
35　桂　連　　4712
40　桂　龙　　6576
　　桂森堂　　3724
41　桂垣書局　　535　613
　　　　　　　721
43　桂　載　　1366
44　桂花書屋　　944

	桂芬齋	5341	
	桂芝館	4252	4258
53	桂　成	1435	
67	桂明刊	6576	

權

10	權至功	4719	

4491₇　蘊

40	蘊古堂	3071	

4492₇　菊

77	菊屋長兵衛	3110	

藕

20	藕香籛	1270	

4494₇　菽

00	菽　衣	6181	6182

4498₆　橫

22	橫山草堂	5913	
67	橫野洲草堂	3341	

4499₀　林

	林	1110	1485
		4302	5299

00	林　彥	4747	
	林廣顯	666	
05	林　靖	4719	
07	林記書莊	3072	
10	林一松	6486	
	林一中	1433	
	林　正	4248	
	林　玉	4248	
	林可成	5204	
12	林　飛	6119	
16	林　現	4747	
17	林孟龙	6418	
	林召祖	1620	
	林司德	2031	
20	林喬芳	6486	
	林集虛	5742	
22	林　任	6280	
	林繼登	99	
24	林　魁	4956	
	林　德	2017	
	林　佶	4806	
	林　升	319	
25	林　生	3988	
	林　健	5422	
	林　健	2017	
27	林名香	4297	
30	林進卿	4855	

林　之	433		
林　安	4747		
林　富	1510	3518	
林　寶	451		
林　宗	1091		
林宗堯	3002		
33　林必可	5459		
林　濱	1107		
34　林漢臣	2031		
35　林清刊	1350		
36　林遇時	2395		
37　林汲山房	4764		
林祖述	2802		
40　林有麟	3438	4017	
	5458		
林希謙	666		
林希哲	666		
林　志	632		
林古度	5490	5631	
43　林　龙	2031		
44　林　芳	4248		
林蔚書	91		
林　茂	958		
林茂之	2166		
林茂春	2604		
林茂昇	5422		
林懋舉	3087		

林華昌	99		
林世遠	2144		
林世勤	4238		
林甚右衛門	3079		
林樹聲	1000		
林　桂	766	1303	
	1435		
46　林觀保	3221		
47　林朝祖	5448		
林　杞	6575		
50　林　春	4248		
71　林　辰	2031		
77　林聞芬	99		
林學本	4695		
林異中	666		
86　林　智	632		
88　林竹坡	5701		
林　符	3036		
91　林　燡	6377		
林炳章	4914		
94　林　慎	5113	5241	
99　林　榮	5128		

4510₆　坤

坤	1110	2494
	2615	4229
	6346	

25	坤　生	1063	

4593₂　棣

44	棣萼山房	5213	
	棣華書屋	3474	

隸

26	隸釋齋	1493	3422

4594₄　棲

77	棲鳳樓藏板	6117	

4596₀　柚

53	柚　甫	4734	

4600₀　加

	加	4252	5559

4611₀　坍

22	坍　仙	6353	

4621₀　觀

23	觀我生齋	2288	
	觀我堂	6106	
	觀稼樓	1601	
40	觀古堂	1850	
49	觀妙齋	3372	

4622₇　獨

16	獨醒居士	3455	
22	獨山莫氏	50	

4640₀　如

10	如不及齋	4831	
22	如　巖	957	1043
	如　山	4577	5552
	如　彩	957	1043
50	如　春	3955	
60	如　杲	2248	
67	如　昭	413	
72	如隱草堂	4504	
	如　后	4747	

4643₄　娛

67	娛暉堂	3113	

4680₆　賀

04	賀劼堂	2655	
10	賀元文	5753	
21	賀步高	5753	
	賀步雲	5753	
	賀步堂	5753	
40	賀培新	6235	
41	賀　梧	5753	

44	賀恭生	136	
	賀戀求	5753	
50	賀　表	4285	
60	賀晶鼎	136	
77	賀　印	5335	
80	賀養敬	1824	

4690₀　相

	相	6346	
46	相　如	5552	

柏

20	柏香堂	5928	6228
21	柏經正堂	613	2833

4691₀　梘

40	梘壽刊	72

4691₃　槐

00	槐　廬	3298	4385
44	槐蔭堂藏板	6627	
51	槐軒藏板	5867	

4692₇　楞

66	楞嚴寺	4585

楊

	楊	5299	5363
		6489	
00	楊　亮	6418	
	楊方刻	5341	
	楊應詔	1639	
	楊應元	649	
	楊應□	2130	
	楊　庚	2031	
	楊　文	1027	2040
		2395	2777
	楊文刻	6737	
	楊文奎刻	70	
	楊文蓀	1426	
	楊文顯	632	
02	楊　端	3467	4747
	楊新泉	5341	
03	楊讖西	4800	
	楊　諓	5068	
04	楊詩寫	1946	
10	楊　一	3002	
	楊一科	2011	
	楊一清	3149	
	楊一桂	4226	4920
	楊一鶚	632	1640
	楊　三	1435	

楊三開	553	20　楊喬幹	2017
楊　玉	1948　2019	楊秉正	4290
楊　五	3002　6486	楊秉璋	2706
楊　玨	4173	楊秉衡	2995
楊雪服	1574	21　楊　仁	5028
楊　元	60　3002	楊仁刻	5223
	5347	楊師孔	557
楊　震	4724	楊　貞	2004
楊　于	632	楊　經	3191
楊石山	958　1023	22　楊胤賢	4126
楊　可	2145　2275	楊　山	3589
	4985	23　楊　我	5571
楊雲服	2713	24　楊德周	4976
楊　霖	3725	楊德周刊	3997
11　楊斐菉	3675	25　楊　生	1303
楊斐蒨	3675	26　楊伯珝	4721
楊斐蒽	3675	楊　細	5253
12　楊　瑞	3518	楊程祖	5892
楊廷樞	3226	27　楊　冬	4262
楊廷桂	3675	楊　名	6400
楊廷筠	2803　3635	楊繩基	3675
	4005	28　楊　作	4759
13　楊武臣寫	4292	楊復吉	1591
17　楊　珣	4173	30　楊　淮	2031　3002
楊子龍	4126	楊守禮刻	1308
楊君覘	3938	楊　宏	2501
楊君臨	3104	楊良壽	5122

	楊宗吾	1810	1912		楊茂林	3318	
	楊宗賢	5353			楊懋卿	3071	3072
32	楊兆瑛	3354	3363		楊　華	69	
	楊　沂	3002	5347		楊世尨	1435	
33	楊　演	2761			楊世雄	642	
	楊　瀕	3002	5347		楊　材	5523	
34	楊洪玉	2019			楊　桂	1435	2687
	楊　淋	4724			楊　林	4724	
	楊　祐	5069		46	楊　觀	5004	
	楊　过	3104			楊如勝	4894	
35	楊潛夫	5093		47	楊　鶴	1372	1714
36	楊　泗	3002				3414	5532
37	楊初東	5481				6539	
38	楊　海	1642	4285		楊　好	5300	
		4286			楊　榴	1818	
	楊　祥	6418		48	楊敬泉	3226	
	楊道會	2799		50	楊　中	4175	
	楊　肇	1652			楊中坦	5742	
40	楊九澤	5128			楊　寿	3274	
	楊士尊	470			楊本良	2315	
	楊　奎	5363			楊春育	1818	
	楊　才	3988			楊春融	1818	
	楊　右	5201			楊素蘊	5881	
	楊　七	5300			楊　束	6456	6472
	楊七乙	5300			楊束眼	1400	
	楊真刻	2010		55	楊　捷	1337	
44	楊蔚村	6307		58	楊　搰	3389	3390

60	楊日升	5688	
	楊國俊寫	1301	
	楊國器	4721	
	楊　四	4176	
	楊見晙	5515	
	楊思兆刊	5363	
	楊思成	2576	
	楊田寫	5347	
64	楊時祥	57	
	楊時薦	5030	
	楊時甫	2800	
66	楊瞿崃	4028	
67	楊　明	5347	
	楊　昭	2017	
70	楊璧卿	1092	
	楊雅臣	2926	
71	楊　辰	2576	
72	楊氏復初堂	264	265
77	楊　鳳	6358	
	楊用徵	1568	
	楊同春刻	1683	3446
		4588	
	楊履吉	5787	
	楊聞中	5395	
	楊開沅	5742	
	楊　賢	4065	
78	楊臨泗	4471	

80	楊人德	2040	
	楊　金	4735	
	楊公哲	2017	
81	楊　鑣	4960	
86	楊　錕	1473	
	楊錫綬	1781	
87	楊　欽	5253	
88	楊　銳	3191	
	楊　鑑	1504	
90	楊光訓	5258	5512
94	楊　煡	5341	
96	楊　煌	5341	

4702₇　郟

22	郟　鼎	1861	

4712₀　均

24	均　佐	3221	

4722₇　郁

	郁	1110	1147
		4017	4229
00	郁文瑞	989	6530
	郁文堂	304	
	郁　章	2441	
30	郁　宗	6325	
37	郁憲章	5376	

鶴

11	鶴琴書屋藏板	234	
22	鶴峯史君	5099	
	鶴山書院	5073	
	鶴巢藏書	6594	
44	鶴夢軒	3361	
60	鶴　田	5139	

4732₇ 郝

	郝	4249	
00	郝文學	3697	
20	郝千石	77	494
		523	550
		654	
	郝千秋	494	523
		550	654
33	郝　梁	6296	
34	郝洪範	78	771
		1084	3610
		5541	
40	郝　杰	2357	
57	郝邦傑	3191	

4742₀ 朝

07	朝記書莊	3380	
28	朝鮮京中	1092	
	朝鮮嶺營	1092	
	朝鮮校書館	4221	
	朝鮮全州府	4657	
41	朝坂集義堂藏板		932

4742₇ 娜

46	娜嬛別館	5994	

4748₆ 嬾

40	嬾真堂	1749	
72	嬾　髯	1512	
	嬾髯叟	5152	

4749₂ 妳

53	妳　成	3988	

4750₂ 拏

10	拏雲精舍	6171	

4762₀ 胡

	胡	1023	2615
		3318	4588
00	胡慶勳	2701	
	胡慶宗	4583	
	胡文富	4609	
	胡文靜	1354	
	胡文學	1423	6615

	胡文敏	4880					4493	4629
	胡文煥	399	408		胡可大	1194		
		409	947		胡　雲	1655	5140	
		1145	2676	11	胡　珥	5201		
		2677	2770		胡張書	4880		
		3029	3031	12	胡　斑	4488	6531	
		3038	3047		胡廷璨	1926		
		3386	3419	20	胡秀紋	1		
		3686	3697	21	胡仁化	1465		
		3740	3745		胡　經	4880		
		3759	4143	24	胡德琳	5749	6096	
		4170	4218			6212		
		4233	4239		胡德順	4880		
		4240	4324		胡纘宗	5125		
		4594	4657	25	胡　体	587		
		4666	6684	26	胡　皋	607		
		6686	6693	27	胡　槳	2926		
		6704	6705		胡紹安	4880		
		6706		28	胡攸援	4880		
07	胡翊寫	1350		30	胡宛春	5094		
10	胡正言	1034	1542		胡　宿	4880		
		3400	4326		胡　進	433		
		6739			胡　之	6363		
	胡　玉	1127			胡之衍	3443	3456	
	胡元貢	649			胡之太	4056		
	胡元成	4082			胡守志	1642	4285	
	胡震亨	3422	4171			4286		

胡　宰	4880	胡　志	4065
胡　宮	4880	胡志遠刻	4301
胡　定	5236	胡志慧刊	1946
胡　宗	587　1435	胡志余必	4065
胡宗慶	4583	41　胡　梗	5207
胡宗侃	4880	44　胡夢周	2831
胡宗憲	1868	胡　蘭	4880
胡宗楸	1637	胡蔚先	169　5706
胡宗閥	2202	胡莘皐	6817
31　胡　江	587　2374	胡樹槐	3120
胡　濬	2701	胡　荣	5335
32　胡兆麟	4880	胡　桂	2140　2374
33　胡心得	5486	胡林秀	2202
胡　濱	3522　3953	45　胡　坤	4609
	4871	46　胡覲徵	2864
34　胡汝寧	2146	50　胡中郎	2019
35　胡　迪	5419	51　胡振宇刻	6372
36　胡　溫	323	53　胡　成	1027
胡湯卿	4247	60　胡曰璉	2833　2834
胡　昶	4583	胡思敬	2364
37　胡逸民	1465	胡　昇	4880
38　胡啓淳	2831	胡昇繕寫	4182
胡啓淵	2831	胡景桂	5922
40　胡大正	2576	67　胡明善	2581　2714
胡大壯	2576	77　胡鳳丹	1796　3927
胡　太	587		4837　6379
胡士容	3998	胡用信	5044

胡　卿　4247
胡卿刻　6418
胡　賢　2604
80 胡　曾　6723
90 胡尚忠　1465

4762₇　都
10 都　璋　4780
38 都肇斌　3905
80 都會三賢居書屋藏板　4859
86 都　錫　3191

4772₇　邯
67 邯鄲裴來京　144

4780₁　起
20 起秀堂　2994
25 起　生　5634

4780₄　趣
60 趣　園　4913　6623

4780₆　超
40 超　志　5778
52 超　撥　1814　2492
　　　　5351

4791₀　楓
20 楓香艸堂藏書　6160

4792₀　桐
10 桐石山房　3022　3060
44 桐花館　4719
桐華書屋　1952
78 桐陰書屋　1472

柳
40 柳大中　6683
44 柳蓉邨　6683
80 柳　全　3697
96 柳　煌　715

栩
60 栩　園　4351

4794₀　椒
22 椒峯齋　5946
44 椒花吟舫　4764
60 椒　園　571

4794₇　穀
20 穀采齋　6529
67 穀明堂藏板　2310

4795₃　檋

12　檋　發　　3878

4796₄　格

25　格　生　　321
40　格古齋　　1647

4816₆　增

12　增　瑞　　2232

4841₇　乾

　　乾　　5033
10　乾　石　　5223

4842₇　翰

60　翰墨園　　3381　3773
　　翰墨居　　6111
　　翰墨餘香堂　　2580

4844₀　教

50　教忠堂　　6620　6621
80　教養堂　　6696

4850₂　擎

10　擎一　　4099
40　擎士　　6166

4864₀　敬

　　敬　　2130
00　敬文堂　　177　1074
　　　　　4368
10　敬　五　　6623
25　敬　仲　　5180
27　敬修堂　　3097　3692
　　　　　3827　4499
30　敬　之　　483
32　敬業書院　　1674
40　敬吉堂録　　4451
46　敬恕堂　　2958
50　敬　中　　5180
　　敬事堂　　5787　5829
　　　　　5987
　　敬書堂　　721
60　敬日堂　　203
　　敬思堂藏板　　2806
72　敬　所　　972
77　敬賢書堂　　1092
90　敬　堂　　598
94　敬慎堂　　2634

4893₂　松

　　松　　1137　5363
20　松　亭　　3092

	松塵軒藏板	5509	
10	松雪齋	971	2543
31	松江府	2086	
	松源僧大矼助刻	2248	
32	松溪縣學	247	
40	松南書屋	2564	
44	松桂讀書堂	6192	
46	松柏堂	3903	
	松伯堂藏板	6042	
77	松風書院藏板	846	
	松學清署	247	
88	松筠主人	2982	
	松筠館	1542	2982
		4054	

4895₇　梅

	梅	4017	
00	梅文會堂	1600	
10	梅元紹寫	1350	
	梅元吉寫	1350	
15	梅　建	1051	
17	梅予摶	2831	
24	梅纘高	3173	
27	梅壑散人	5662	
	梅峰書屋藏板	5372	
32	梅兆頤	2831	
	梅溪書院	2713	6308

40	梅南書屋	3071	3072
	梅　真	130	
44	梅花草堂	1194	
	梅花書屋	289	5752
	梅　樊	4017	
	梅英堂	4775	
47	梅穀成	3173	6091
	梅朝刻	1683	
51	梅　軒	4210	
67	梅墅石渠閣	1045	
		4246	4445
72	梅隱書屋藏板	2541	
77	梅月軒	4720	
	梅　居	5006	
80	梅益徵	2520	
	梅谷僧通衢助刻	2248	

4928₀　狄

30	狄　永	6575
	狄良金	5367
47	狄　杞	6575
77	狄已刊	5367

4942₀　妙

| 32 | 妙　裰 | 957 |
| 44 | 妙蓮室 | 4586 |

4980₂　趙

	趙	3977	
00	趙　童	4830	
	趙　彦	1670	
	趙應麒刊	92	
	趙應瑞	974	5517
	趙應其	4439	
	趙應其刊	92	
	趙文奮	1027	
	趙文希	1303	
	趙文華	4803	
	趙文炳	2415	3108
		4137	
02	趙訓夫	5146	
03	趙詒琛	5738	
04	趙熟典	5875	5973
	趙　訥	5223	
08	趙　謙	6325	
	趙敦之	4062	
10	趙一相	1964	
	趙三八刊	1350	
	趙　元	4017	
	趙元益	1591	
	趙　丙	961	
12	趙瑞蘇	974	
	趙廷瑞	6377	
	趙延登	3596	
14	趙琦美	2341	
16	趙　聖	2374	
	趙　環	1449	
17	趙孟龍	6539	
	趙孟升	2543	
	趙承恩	1527	
	趙子伯	4502	
	趙子清	1458	
	趙子芳	385	386
20	趙　信	794	
	趙秉政	5374	
21	趙行登	974	
	趙　經	4735	
22	趙　嵩	368	
	趙繼抃	1336	5820
23	趙　俊	2713	
24	趙德仲	5253	
	趙　纘	366	
25	趙仲本寫	1350	
	趙　伸	23	
26	趙伯一	5066	
	趙　臯	2031	
27	趙侗斅	5958	
30	趙　瀛	2580	3098
	趙永和	1964	
	趙永厚堂	800	

	趙宸韡	5939	
	趙之謙	1319	
	趙之玉	1798	4805
		4822	
	趙之信	5801	
	趙守巖	5185	
31	趙滇六刊	1350	
	趙滇録刊	1350	
	趙遷	4502	
34	趙湛	5824	
38	趙襘	4978	
	趙道	1964	
	趙榮	2269	
40	趙大忠	5157	
	趙太	5568	
	趙友良	4062	
	趙士忠	1612	
	趙希遜	2175	
	趙志	4571	
	趙志信	5082	
	趙志皐	6445	
	趙七	2374	
	趙七九刊	1350	
41	趙標	537	803
		5513	
43	趙越	5423	
44	趙藩冰玉堂	6723	

		趙蕙芽	2106	
		趙世方	2441	
		趙世溥	1390	5452
		趙世祥	5376	
		趙世忠	1077	
		趙其	484	
		趙某泉	4822	
46		趙恕	957	
47		趙均	994	995
		趙鶴	6359	
50		趙泰蛀	835	
		趙本立	5488	
51		趙振芳	200	201
57		趙邦豸	5503	
		趙邦秩	5227	
		趙邦和	5227	
		趙邦程	5227	
		趙邦才刊	5374	
		趙邦賢	4013	
		趙邦賢刻	5576	6320
60		趙□其	1874	
		趙國良鐫	96	
		趙昂印	4182	
67		趙鳴鳳	5246	
71		趙頤光	4263	4683
77		趙學南	3005	
		趙開美	4548	4549

	趙　印	1027
	趙　賢	5213
30	趙　念	6205
	趙尊嶽	6783
	趙養性	1663
82	趙鍾秀	1092
83	趙鈇	3697
86	趙　智	1027
90	趙懷玉	4764
	趙光照	2544
91	趙　炳	961
92	趙　忻	5262
94	趙慎修	1133

4994₄ 楼

| 00 | 楼文欽刊 | 1964 |

5000₆ 中

	中	4252	4588
		5559	6341
		6489	
22	中崖	2258	
	中山	1063	
24	中升	3577	
26	中白	2287	
	中和堂藏板	939	5322
31	中江久四郎	647	

44	中執氏	32
50	中　夫	587
52	中　抽	1898
53	中　成	1297
67	中野小左衛門	4172

史

	史	2615	4588
		5454	
00	史　方	1388	
	史高先	5499	
	史　章	5023	
10	史　元	4292	
	史元熙	5639	
11	史　珥	5354	
22	史繼辰	92	586
		2129	
37	史資教	1998	
44	史　模	1388	
71	史辰伯	4799	
77	史　際	1990	
	史學遷	925	2447
	史闕疑	5099	
88	史　簡	5001	5354

申

| 27 | 申凫盟 | 5787 |

31	申涵光	5748	
40	申大倫	50	
47	申報館	4416	4436
		4458	
50	申申閣藏板	4317	
60	申　四	50	
77	申　用	2604	
80	申毓來	1770	

車

00	車鳶志	5237
10	車　玉	955
22	車鼎豐	2711
40	車大才	5503
	車奇才刻	5374
50	車書樓	6572
80	車養志	2096

5000₇　聿

27	聿修堂	3061

5001₄　擁

44	擁萬樓	424	
	擁萬堂	408	3502
50	擁青閣	1336	

5001₇　抗

40	抗希堂藏板	710

5002₇　韋

50	韋　惠	2017

摘

44	摘藻堂	5701	5777

5003₀　夫

	夫	1110	1137
30	夫　富	4747	

5003₂　夷

26	夷白齋	947	6697
	夷白堂	1949	
74	夷陵劉戡之校梓		5644

5010₆　畫

86	畫錦堂	1478	1479

5013₂　泰

22	泰山堂	3060
26	泰伯廟	1573
30	泰宇曹説	4583
32	泰州新華書店古舊部	6421

37　泰初堂　　　　　4284
38　泰　符　　　　　5625

5022₇　青

07　青郊書院从玫山房　　　1048
10　青玉山房　　　2368
　　青霞外史　　　4611
　　青雲樓　　　　3129
　　青雲堂　　　　3061
32　青州學署　　　2929
40　青木嵩山堂　　1133　6767

肅

00　肅　度　　　　6087

5023₀　本

　　本　　　1110　1137
　　　　　　1436　4262
　　　　　　6440　6446
00　本立堂　　3017
　　本府藏板　2504　6590
03　本誠堂　　1159
21　本衙樂志齋藏板　　4306
　　本衙繩其居藏板　　5498
　　本衙藏板　　31　　91
　　　　　　　97　　183
　　　　　　210　　347

　　　　　　389　　425
　　　　　　466　　517
　　　　　　568　　569
　　　　　　604　　686
　　　　　　701　　703
　　　　　　709　　806
　　　　　　895　1019
　　　　　1948　1956
　　　　　2080　2410
　　　　　2646　3022
　　　　　3999　4358
　　　　　4361　4699
　　　　　4823　5123
　　　　　5382　5521
　　　　　5719　5744
　　　　　5767　5798
　　　　　5805　5815
　　　　　5860　5861
　　　　　5915　5918
　　　　　5938　6016
　　　　　6060　6105
　　　　　6129　6136
　　　　　6153　6224
　　　　　6243　6247
　　　　　6249　6529
　　　　　6585
24　本　贊　　957

30	本家藏板	4801	5951
		6091	
	本宅藏板	384	5909
	本　實	5481	
32	本澄堂	3129	
78	本監藏板	2467	
86	本　智	2017	2426
90	本堂藏板	5371	5866
91	本　恒	4247	

5033₃　惠

35	惠迪堂	4776	
76	惠陽諸生	30	

5033₆　忠

	忠	1147	3447
		3451	3452
		5559	
20	忠愛堂	1663	2419
24	忠　仕	1303	
35	忠禮書院	1370	
40	忠直堂藏板	5392	
44	忠孝堂	4928	
46	忠恕堂	3510	3938
		3959	
53	忠　甫	2580	
88	忠節堂	4776	

5034₃　專

04	專諸巷朱圭上如刻		6609

5040₄　婁

17	婁聚玄	5181	
77	婁　堅	5572	
97	婁　烱	5181	

5043₀　奏

60	奏星堂	664

5044₇　冉

17	冉務乾	215
	冉務悜	215
20	冉統高	215
22	冉循規	215
27	冉仰高	215
38	冉海亭	215
40	冉南薰	215
50	冉本崇	215
	冉本岫	215
	冉本杲	215
	冉貴貞	215
72	冉氏寄願堂	215
78	冉臨朔	215

5050₃　奉

22	奉川章臨刊	4583	
	奉川王閎	4583	
30	奉思堂藏板	115	

5060₁　書

07	書記周禮寫	5523	
10	書三味樓	613	2938
		2950	3828
22	書種齋	4365	
	書種樓	362	
	書種堂	1589	5552
		6656	
25	書生堂	6307	
31	書福樓	2543	
32	書業堂	721	887
		3060	3087
		3108	3125
		3127	3132
		3177	3485
		6293	
40	書坊唐富春	3385	
	書坊胡賢梓	2604	
44	書帶齋	3486	
	書林童憶泉	425	
	書林唐廷瑞	6702	

書林唐鯉耀	3104	
書林唐鯉耀季鱗父	3248	
書林唐富春	3073	
書林唐振吾	421	
書林唐國達	5543	
書林王應俊	340	
書林王萬育	4732	
書林五車樓	5720	
書林五書堂	2528	
書林丁廷會	4777	
書林張裔軒	1092	
書林張斐	3074	3075
	3080	
書林張運泰	6556	
書林聚升堂	5863	
書林聚奎樓李少泉	65	
書林集賢堂唐錦池	3248	
書林盧四郎刊	1964	
書林何柱臣	466	
書林何敬塘	2456	
書林熊玉屏	4754	
書林熊維立文氏	3171	
書林後墅吳山	544	
書林德馨堂	3071	3072
書林吳世林梓	2672	
書林詹林	3054	
書林詹易齋	1168	

書林安正堂　　2605

書林宗文堂鄭望雲　　1092

書林清江書堂　582

書林大集堂藏板　　3171

書林克勤齋余碧泉　　5578

書林克勤齋余近泉　　1092

書林李氏善慶堂　　3592

書林李少泉　　425　3840

書林李少渠　　3502

書林來儀堂　　6536

書林葉仰峰　　3110

書林葉近山　　820

書林葉均宇　　1944

書林楊懋卿　　3071　3072

書林楊璧卿　　1092

書林邨上平樂寺　　2737

書林四知館楊君臨　　3104

書林陟瞻余應虬　427　820

書林劉宗器　　4221

書林劉希言　　3092

書林劉懷川　　4317

書林劉剡　　1133

書林陳應翔　　4487

書林陳君錫華玉森梓行

　　　　　　6289

書林陳賢　　3244

書林風月堂　　4577

書林周千秋　　2866

書林周希旦　　3071

書林周曰校　　3112

書林周曰校刊　2631

書林翁倚山　　3094

書林俞秀山　　419　　436

書林余應虬　　427　　820

書林余彰德　　1042

書林余延熹　　6556

書林余碧泉　　6283

書林余象斗　　4007

書林余泗泉　　4527

書林余圯儒　　4445

書林余氏　　6366

書林饒仁卿　　3698

書林鄭大經　　3626　4360

書林鄭雲竹　　1029　4719

書林鄭以厚　　4132

書林鄭少齋　　2986

書林舒承溪　　820

書林少泉李潮　　65

73　書院藏板　　877

77　書留草堂　　207　　374

　　　　　　456　　457

　　　　　　509　　527

　　　　　　566　　592

　　　　　　593　　594

		595	596	67	春暉堂		470	579
		699	862		春暉堂藏板		6175	
		863	864					

5073₂　表

表	3318	4739

		865	866
		867	952
		1064	1339

5080₆　貴

		貴	5499	
00	貴文堂	3132	3177
08	貴　謙	2017	
80	貴　全	4747	

		1340	1571
		1762	1839
		2054	2055
		2110	2136
		2464	2465
		2906	3441
		4701	5994
89	書鈔閣	1332	1722

5090₀　未

00	未　豪	1137
10	未　三	1137
40	未　志	1027
77	未學齋藏板	1933

5060₃　春

		春	1023	1148
			3013	5454
			5499	
00	春亭書院	4782		
17	春　及	3878		
	春及堂	6087		
22	春　山	6821		
	春山堂	2474		
44	春藻堂	5972		
	春草軒	3893		
	春草園	794		

耒

00	耒鹿堂	3022

5090₃　素

20	素位堂	3132
44	素　菴	1023
77	素履齋	5293

5090₄　秦

	秦	1110
00	秦亭楊箋録	5068
	秦彦奎	4001
17	秦承恩	1578
22	秦　山	1714
24	秦　勳	2657
26	秦伯林	3191
30	秦　汴	1135
	秦　淳	2657
33	秦　治	2657
38	秦肇基	2657
40	秦　奎	4001
43	秦　杙	2657
44	秦　藩	4585
	秦　桂	2657
45	秦　棟	2657
46	秦　堨	6776
50	秦　奉	3191
60	秦　昂	6696
77	秦　熙	2657
	秦與邠	846
83	秦　鉉	5664
91	秦　炳	2657

5090₆　東

	東	5363
00	東京青木嵩山堂	4702
11	東　棐	3971
13	東武李氏研緑山房校鈔書籍	4736
	東武劉燕庭氏校鈔	2549　2551
22	東山家塾	6085
	東山草堂	2967
26	東皋堂	5514
	東吳書林	5259
	東吳小痴	6531
30	東瀛居士	4277
32	東溪堂	3087
33	東　冶	6292
40	東塘書屋藏板	6222
	東嘉王治刊	5141
	東嘉王治梓	1348
	東嘉王治鋟	1348
44	東葭劉永祚	4017
	東林道南祠藏板	1568
46	東觀閣	4313
47	東都官版書店發行所	2412
60	東里恬養軒藏板	1609
70	東璧齋劉瑞宇	1948

5103₂　振

02	振新書社	3031	
24	振綺堂	1850	1855
		2481	3483
		4535	4784
		4810	4817
30	振　之	451	
44	振華堂	4110	
67	振鷺堂	3510	3511
		3692	3733
		3739	4180
		4186	4187
		4499	4501
70	振　雅	6561	
77	振賢堂藏板	3323	

5104₀　軒

| | 軒 | 4588 |
| 40 | 軒　南 | 5830 |

5114₆　蟬

| 72 | 蟬隱廬 | 1146 |
| | 蟬隱居 | 4531 |

5178₆　頓

| 47 | 頓起潛 | 5099 |

5193₁　耘

| 70 | 耘雅堂 | 6723 |

5204₁　挺

| 20 | 挺秀堂 | 452 |

5204₇　授

| 18 | 授政堂藏板 | 466 |

5206₄　括

| 00 | 括齋王氏 | 5969 |

5225₇　靜

00	靜　齋	6810
34	靜遠堂藏板	175
40	靜嘉堂文庫	3419
	靜奇東軒藏板	4734
79	靜勝堂藏板	6290
90	靜懷居	4247

5300₀　戈

| | 戈 | 1485 |
| 00 | 戈　立 | 2022 |

5304₄　按

| 30 | 按察司吏高秀寫 | 1977 |

5310₇　盛

	盛		5299	
00	盛 彦	4173		
	盛 文	1435		
	盛文高	3996		
	盛文堂	3088		
10	盛 元	1023		
17	盛子先	6418		
24	盛 先	6418		
	盛德容	4739		
27	盛 名	4750		
28	盛以進	6723		
30	盛宣懷	3740	3835	
		3953	5946	
		5980	6569	
		6721		
40	盛 克	2219		
50	盛 忠	2129		
53	盛 甫	5314		
61	盛 顯	2484		
64	盛時選	3034		
77	盛熙祚	3010		
88	盛符升	5851		

5315₀　蛾

21	蛾術書屋	2572

5320₀　成

	成		1110	536₂
00	成 立	2315		
	成文信	2706		
	成文堂	2952	306₀	
		3177		
25	成仲登	5082		
	成仲燈	5082		
30	成 富	413		
38	成裕堂	1011		
40	成有堂	3809		
	成 奇	2315		
	成七刊	2315		
44	成萬材	997		
	成 桂	4954		
47	成都府學	6702		
57	成邦彦	4429		
88	成敏覺	6728		
90	成 光	1745		

戚

30	戚 寵	6374

咸

44	咸林李從謙書	1044

5322₇　甫

甫		146	4252
）甫　言		5611	

5333₀　感

₇ 感峰樓鈔藏	4933	

5408₁　拱

拱	5033	5435

5492₇　勅

₀ 勅書樓藏板	5753	

5500₀　井

₀ 井　立	1435	
井　文	1714	
井辨居	2960	
₀ 井嵒氏	2065	

5503₀　扶

₂ 扶搖館	4807	

5560₆　曹

₀₀ 曹庭棟	3923	4746
	4807	
曹文仲	2576	

	曹文暹		961	
	曹文富		5473	
08	曹　説		4583	
10	曹正彦		4571	
	曹　璋		1473	
	曹丙炎		2209	
16	曹硯史		4759	
17	曹承宗		1298	
	曹君平		839	
19	曹　琰		2541	6693
			6697	
20	曹　位		4247	4759
	曹秉鈞		3360	3361
			3820	
21	曹仁孫		6439	
22	曹　山		1714	
23	曹　峻		373	
27	曹　脩		4173	
	曹　侯		4292	
28	曹　儀		2576	
30	曹　寅		6041	
33	曹　溶		400	1209
			4700	
34	曹　洪		1027	
	曹　祐		1127	
	曹　祐		1127	
	曹　逵		926	

37	曹祖鶴	5355		曹錫黼	6181	618
40	曹士掄	2167	88	曹鑑平	6587	
	曹臺望	5607		曹簡在	293	
	曹臺珪	5607	90	曹忭	5128	638
	曹臺觀	5607		曹尚仁	1435	
	曹臺岳	5607		曹炎	6712	
	曹臺繁	5607	91	曹炳曾	4861	562
	曹培廉	1524	97	曹灼	3072	
	曹克謙	1473				
	曹克明	1473		**5580₆　費**		
44	曹荃	2661	00	費廣	356	
	曹菁	2926	10	費元愷	1504	
	曹英	4292	27	費綱刻	352	
50	曹申吉	5940	30	費寅	5995	
	曹素功	3433	32	費礼	4275	
58	曹拾	5159	44	費懋謙	5087	
60	曹泉	5180	57	費邦教	1725	
	曹旻	5180				
	曹昌	5159		**5590₀　耕**		
61	曹顯	4586	10	耕石齋	4029	
64	曹時聘	4254	88	耕餘樓藏板	5742	
77	曹熙	5159		耕餘堂	477	
	曹熙衡	2202	91	耕煙草堂	3773	
	曹學佺	1948				
80	曹金	5120		**5601₇　挹**		
84	曹銑	1146	20	挹秀軒	3045	3333
86	曹錫端	6181	6182		3334	3409

		3453	4389
		4487	4489
		4492	
10	抱奎樓	4702	

5602₇　暢

77	暢　閣	3499

揚

32	揚州府	2485
	揚州府學	2910
	揚州詩局	6799
	揚州書院	6363
40	揚　友	3988
67	揚　明	5253

揭

21	揭貞傳	5760
26	揭和衷	3172

5604₁　擇

70	擇雅堂	4349
80	擇善堂	2420

輯

00	輯慶堂	6665

5608₆　損

00	損齋藏板	5864
30	損　之	5363

5701₂　抱

13	抱殘守闕齋	5552

5701₇　把

77	把印時	2604

5702₀　抑

57	抑抑堂	2206

5702₇　邦

	邦	1110
00	邦　彥	6424
67	邦　明	3028

掃

44	掃葉山房	510	721
		887	1003
		1012	1013
		1074	1150
		1233	1235
		1256	1524
		1576	1605

1611	1937
2676	2706
2758	2986
3045	3060
3061	3073
3108	3111
3132	3138
3139	3177
3254	3333
3334	3381
3409	3453
3459	3501
3513	3518
3519	3530
3543	3570
3591	3709
3742	3751
3753	3759
3771	3772
3825	3829
3901	3909
4004	4020
4059	4110
4385	4386
4387	4393
4394	4397
4404	4407

4414	4417
4419	4422
4425	4427
4430	4431
4433	4487
4489	4492
4499	4504
4505	4508
4510	4514
4517	4628
4629	4665
4673	4740
5310	5742
6008	6696
6697	

5712₀　蝻

30	蝻　寄	3132	3133
	蝻寄自怡	6611	
	蝻寄藏板	3132	3133

5716₁　蟾

32	蟾溪草堂	3279	

5772₇　邨

21	邨上平樂寺	1042	2737
		3092	

邨上勘兵衛　　4217

5790₃　繫

88　繫籍軒藏板　　269

5798₆　賴

27　賴　俶　　6236
10　賴古室　　4153
　　賴古堂　　1000　3330
　　　　　　5892　6586
60　賴　恩　　966

5802₇　撿

10　撿　夏　　5376

5803₁　撫

32　撫江府儒學　2761
　　撫州王勝二刊　4759
　　撫州袁威寫　2010
40　撫臺商發刊　4315

5806₁　拾

88　拾餘廬　　1068

5810₁　鼇

44　鼇萬館　　4322

5822₇　劈

00　劈文閣藏板　1952

5824₀　敖

44　敖　英　　1619

5844₀　數

27　數峰草堂　5738
77　數閒草堂　6233

5871₇　鼇

27　鼇峰書院　666

5894₀　敕

50　敕書樓藏板　444

6000₀　□

00　□　玄　　1115
12　□廷憲　　2040
32　□州朱聚　215
34　□汝昇刻　2835
35　□清茂　　2576
43　□城劉卿寫　1731
53　□咸新刊　1434
84　□　錡　　5039

6001₄　唯

10　唯　一　　　　677

6010₀　日

02　日　新　　　　2576
　　日新書莊　　　721
　　日新書堂　　　403　　811
　　　　　　　　1133　4206
　　　　　　　　4747
　　日新堂　　　　2762　4206
　　　　　　　　4819　4824
　　　　　　　　4961　6703
14　日殖齋　　　　647
38　日啓新齋　　　2814
42　日　斯　　　　6491
44　日　華　　　　6526
　　日華堂　　　　6170
　　日菴藏板　　　5755
67　日野屋源七　　3446

曰

31　曰　江　　　　2799

6010₂　显

80　显　公　　　　6644

6010₃　国

　　国　　　　　　4290　529:
46　国　相　　　　4229
77　国　與　　　　4573
　　国　用　　　　5036　523€

6010₄　国

18　国　珍　　　　5294
24　国　升　　　　5395
30　国　定　　　　5395
37　国　氾　　　　6424
40　国　太　　　　5395
50　国　本　　　　5395

呈

　　呈　　　　　　2769

星

00　星文堂　　　　2368
31　星源詹國禮督鐫　5625
77　星鳳閣　　　　4805　4822

墨

06　墨韻堂藏板　　3450
20　墨香閣藏板　　5139
27　墨緣堂　　　　5738

28　墨繪齋　　　　2328
33　墨耕堂　　　　2974　2975
37　墨潤堂書宛　　1907
　　墨潤堂書苑　　1319
44　墨林山堂　　　5418
55　墨耕堂　　　　801

6010₈　昱

昱　　　　　　　　4947

6011₃　晁

11　晁　瑓　　　4582　4769

6011₄　雖

60　雖　園　　　1830

6012₇　勗

勗　　　　　　　　1972

6015₃　國

17　國子監　　　　2467
24　國　佐　　　　5568
28　國徵刊　　　　5361
40　國士書院　　　6492
　　國　壽　　　　6458
77　國學扶輪社　　4489

6020₇　罗

　　罗　　　　　3318　5363
　　　　　　　　5515　6346
　　　　　　　　6424　6545
00　罗　六　　　1086　3768
　　　　　　　　4251
10　罗　三　　　5253
　　罗　正　　　5335
22　罗　山　　　1714
23　罗允朝　　　2017
24　罗　先　　　5385
25　罗仲信　　　2004
30　罗永成刊　　2004
　　罗富刊　　　2004
31　罗　福　　　1086　4419
　　罗福勝　　　1086
38　罗　洋　　　3098
40　罗　直　　　4302　6424
46　罗　相　　　5335
50　罗　貴　　　2004
77　罗　吳　　　2004　4419
80　罗羊刊　　　2004

6021₀　四

　　四　　　　　3451　4031
　　　　　　　　5273

00	四庫館	2087	2118
		2125	2126
		2127	2166
		2348	2349
		2350	2351
		2498	2499
		2571	2732
		2733	3087
		3453	3466
		3468	3518
		3524	3530
		3733	3763
		3764	3765
		3766	4161
		4392	4393
		4394	4396
		4399	4406
		4423	4424
		4425	4426
		4427	4428
		4489	4582
		4641	4735
		4770	4772
		4784	4798
		4799	5831
12	四瑞堂	313	
16	四硯堂	2803	
20	四爲堂	2708	
	四香堂	4222	
21	四仁堂	3060	
22	四川鹺務官舍	869	
	四川國學研究會		869
24	四德堂	313	4361
34	四爲堂藏板	233	513
			715
40	四古堂	1179	1194
			5738
43	四始堂	5590	
67	四明郡庠	1133	
	四明徐泳刊	4583	
80	四美堂	1953	
	四美堂藏板	4052	
86	四知館	3104	
93	四　怡	4588	

見

| | 見 | 2494 | 5095 |
| 17 | 見君子閣 | 4994 | |

6022₇　易

00	易　齋	1874	
	易　文	5201	
05	易　諫	2374	
10	易正文	2395	

	易正文刊	6418	
11	易 贊	5033	
44	易 林	1999	
46	易柏寫	1977	
55	易 贊	2374	
60	易国泰	5395	
	易 里	6363	
64	易時中刊	2740	
77	易學實	5474	
80	易 兹	1303	1435
		5201	6418

6023₂　晨

晨	1972

6033₀　思

	思	6489	
00	思玄室	6562	
03	思 誠	4978	
16	思硯齋	869	
21	思 行	5064	
22	思 山	4523	
26	思得堂	3125	3126
		3128	
	思 和	4969	
28	思復堂	5993	
30	思 宣	957	

	思 宜	957	
	思 寧	957	
	思永堂藏板	6596	
	思 容	957	
33	思補山房	2803	
	思補堂	613	1051
	思補堂藏板	1124	
37	思過堂	4110	
40	思古堂	3657	3658
		3659	3868
	思古堂藏板	5769	6756
48	思敬堂	3570	
50	思 中	2576	
53	思 成	2576	
	思成堂	5185	
77	思賢書局	1117	6778

恩

	恩	1143	
10	恩平縣衙藏板	6671	
	恩平縣署	6264	6671

6033₂　愚

00	愚齋藏板	5876

6040₀　田

00	田彦直	6575

	田	文	1642	4285
			4286	
	田文鏡		1431	
10	田正符		5837	
	田元振		5467	
	田	夏	3505	
25	田仲敖		3191	
27	田	俶	1754	
31	田	江	1086	
34	田汝麟		5099	
40	田大益		3804	
	田大年		2621	
	田士昭		5467	
44	田藝蘅		5190	
50	田中文内		811	
	田中長左衛門		2687	4221
60	田	里	433	
71	田原仁左衛門		3088	
77	田同之		6154	
90	田少華		5981	

旻

	旻	1133	1972

6040₄　晏

		晏	言	4759	5104
00					
04		晏	謨	4247	

	晏	詩	4759	
	晏	誥	4759	
17	晏	承	2395	
	晏君壽刊		3567	
21	晏	仁	6363	
30	晏良榮		6414	
31	晏	福	6418	
35	晏	禮	4759	
40	晏	九	2374	
50	晏	夫	6418	
60	晏日喬		5648	
	晏吳六		2315	
67	晏	明	4759	5104

6040₇　曼

22	曼山館	1684	1812
		2541	4452
77	曼 卿	3020	

6043₀　吳

	吳	91	2045
		3977	4017
00	吳立堅	3189	
	吳 鍌	1999	2374
	吳彥三	4050	
	吳應暘	2613	
	吳應曦	2613	

	吳　廓	2227	
	吳文週	1655	
10	吳　一	3988	
	吳　二	4065	
	吳　玉	3221	
	吳玉抱	3416	
	吳　五	1861	3221
	吳　元	1948	2022
	吳震方	3717	
	吳于貴	2017	
	吳　可	3988	
	吳可先	3711	
	吳云二	3221	
12	吳弘獻	2926	
	吳發高校刻	2314	
	吳廷爵	2017	
	吳廷齡	2613	
	吳　孫	3988	
13	吳　琯	1904	2118
14	吳耐軒	3416	
16	吳　環	1963	
17	吳翌鳳	1973	2238
		2544	3934
	吳乃成	2031	
	吳郡章松刻	3101	
	吳郡章鐸書	2168	
	吳郡夏邦彦刻	1874	

	吳郡張若遷刻	3891	
	吳郡朱樽刊	4126	
	吳郡遙集居藏板		3226
	吳郡錢世傑寫	1874	
	吳郡錢世傑書	2358	
18	吳　玠	1999	
20	吳　重	2374	
	吳　信	2022	
21	吳儒貴	2017	
22	吳　山	2374	
23	吳允嘉	3744	
	吳允恭錄	4126	
24	吳　升	2374	
	吳勉學	1882	3071
		3074	3080
		3115	
25	吳　岫	2120	
27	吳仰貴	2017	
28	吳倫刻	3569	3570
30	吳宣甫	2576	
	吳宜甫	2576	
	吳之甲	3414	
	吳之鵬	3002	
	吳　騫	1939	
	吳　憲	1999	2374
	吳　安	1867	3098
	吳安刊	2004	

	吳 良	2315			吳都寫	2374	
	吳宗琰	2613		48	吳　敬	2240	
31	吳　江	1999	3092	50	吳中偉	3120	
	吳　福	2374			吳本涵	2224	
34	吳　洪	1655			吳本厚	2224	
	吳　逵	3524			吳　春	2019	2374
	吳達可	2777			吳　貴	1670	2031
37	吳洵美	1888			吳貴刊	2426	
	吳　退	3141			吳　耒	1714	
38	吳　祚	2240			吳東儒	4127	
	吳　祥	3069		53	吳　成	2031	
40	吳大志	3416		60	吳　四	1868	
	吳友貴	3988			吳思賢	4176	
	吳士顏	2079			吳　恩	3988	
	吳士安	3214			吳甲郎	3098	
	吳士貴	1670			吳昌綬	2542	3431
	吳　才	2576					3432
	吳有仁	2395			吳　昂	1999	
	吳壽格	3020		61	吳　顯	3988	
43	吳　城	2227		62	吳　睡	3221	
44	吳　芝	2240		67	吳　曜	2029	3570
	吳萬化	3415			吳曜寫	3328	
	吳世林	2672			吳　明	2019	
	吳樹申	3604			吳　照	1861	
	吳　模	3056		71	吳陞杲	3744	
47	吳朝楨	2761		74	吳　陞	3338	
	吳朝鳳	1998		77	吳　隆	3988	

	吳用先	1868	3013
	吳　岡	1999	
	吳門張紹祖刻	3569	
	吳門何一金刻	3786	
	吳門朱有成	3569	
	吳門沈玄易刻	1873	
	吳門袁敏學	4128	
	吳門趙邦賢刻	4013	
	吳門馬凌雲刻	3569	4128
	吳　卿	2031	
	吳興康阜寫	3028	
	吳興王堂刊	3028	
	吳興朱德明刊	2140	
	吳興周玲刻	3028	
	吳興周邦明刻	3028	
79	吳　勝	3988	
80	吳　介	1999	2374
87	吳　欽	1861	
90	吳惟明	3504	
	吳懷謙	2240	
	吳　雀	3988	
	吳省南	2532	
	吳省蘭	1912	
	吳兴張鉻校刻	3505	

因

60	因因堂藏板	4723

	因園趙氏藏板	6205

昊

	昊	3002

6044₀　昇

		昇		1972
10		昇　三		4247
30		昇　寅		4734

6050₀　甲

20	甲秀園	5087
	甲秀園藏板	4992

6050₄　畢

		畢		5299
00		畢應豪		5279
10		畢元刊		4292
29		畢秋帆		6176
31		畢　沅		6176
44		畢戀康		6499

6060₀　呂

		呂		1110	3577
00		呂應龍		2017	
		呂應菊藏板		5498	
		呂應中		50	

	呂應簫	3990	40	呂大忠	4251	
	呂交汝	1137		呂士陛	4297	
08	呂謙恒	5603		呂賁恒	5603	
10	呂元	1861	45	呂梾	1349	
	呂元貞	6644	47	呂聲宏	2803	
	呂爾培	4741		呂聲洋	2803	
	呂天澤	3191	50	呂中	4251	
	呂天恩	2769		呂肅高	6105	
12	呂刊	1115		呂忠	4251	
17	呂鼐	4842	54	呂拱	6575	
	呂承孝	2129	57	呂邦佑	3060	
	呂承孝刊	92	60	呂圖南	4489	
18	呂致祥	3990		呂景蒙	2758	
20	呂維祜	1038	64	呂時暘	6629	
21	呂虛舟	6374	67	呂鳴瑒	4215	
22	呂繼曾	5603	77	呂圣章	5837	
24	呂化舜	1466		呂鳳岐	4741	
	呂緒曾	5603		呂履恒	5603	
25	呂律	4001		呂民服	5358	
	呂純如	5576		呂賢彬	4741	
	呂積初	4741	80	呂無隱	399	6779
28	呂復恒	5603		呂美璟	4741	
30	呂宣曾	6072	86	呂知思	1034	
32	呂兆璜	5603		呂知恩	612	2803
	呂兆琳	5603		呂知畏	1034	2803
	呂兆琚	5603	94	呂慎高	5498	
	呂兆瑜	5603		呂慎多	5498	

99	吕　瑩	4297

昌

44	昌　其	1868	4721
53	昌　盛	2017	

冒

22	冒　鸞	3078
33	冒　溶	6581

6066₀　品

10	品石山房	1328	1330
		1784	
44	品蓮書屋藏板	613	

6071₁　毘

74	毘陵吳之鵬	3002
	毘陵吳令聞書	6065
	毘陵陳奎刻	1940
	毘陵陳奎刊	6577

6071₇　邑

00	邑庠生趙環謄寫		1449
21	邑何鑰刻	6408	

6073₂　畏

10	畏天齋藏板	5729

90	畏　堂	1931

6080₁　是

18	是政堂	5066
	是政堂藏板	5023
90	是堂山人	5240

異

28	異　徵	4297

6080₆　員

25	員　生	4747

圓

00	圓　慶	2241

6080₉　炅

	炅	1972

6090₄　杲

	杲	1972

困

77	困學齋	3913

6090₆　景

	景	4947

00	景　文	4785	
10	景晉齋	1883	
21	景　虞	5830	
24	景　先	1435	
27	景　舟	4747	
30	景　濂	3878	
42	景姚山房	5742	
	景姚堂	4720	
44	景　華	6325	
	景萊書室	4713	
50	景　中	4747	
	景　由	5830	
52	景　哲	5423	
60	景日暲	2214	
67	景野亭藏板	2224	
77	景風館藏板	1044	
80	景義堂	6050	
97	景輝刊	1946	

6091₄　羅

	羅	1861	4006
		4017	4290
00	羅　六	4747	
	羅　京	2052	
07	羅　記	1964	
10	羅一中	5253	
	羅　三	3988	4247

	羅　正	4894	
	羅　五	1303	
	羅雨霽	5199	
	羅天緒	6136	
	羅　云	4894	
12	羅延齋	6599	
17	羅　瑤	1127	
21	羅上會	1297	
	羅　伍	2687	
	羅　縉	5000	
22	羅　山	1714	
23	羅允朝	2017	
24	羅　先	1303	
	羅德富	2017	
30	羅　富	4747	
34	羅汝聲	4719	
37	羅鴻刻	5361	
38	羅啓昱刻	2017	
	羅啓旻	2017	
40	羅大紘	5199	
	羅堯敦	2017	
	羅嘉陵	4583	4585
	羅　奇	1303	
	羅　壽	4894	
	羅　雄	4747	
	羅　森	1759	
44	羅萬先	5363	

	羅萬化	3057			
	羅萬象	5363			
	羅　葵	5199			
	羅世佛刊	3586			
	羅　林	3988			
46	羅　恕	3221			
	羅　相	5335			
47	羅　朝	4254			
50	羅　貴	4747			
51	羅振玉	1282	1283		
		1284	1285		
		2991	4640		
52	羅　哲	4885			
77	羅　鳳	4894			
	羅　興	4747			
80	羅　全	1303	4131		
87	羅　欽	5335			
88	羅　鑑	6451			
90	羅懷祖	3575	5363		
	羅懷敬	5363			
	羅懷本	3575	5363		
	羅懷智	3575	5363		
	羅尚綱	5128			
	羅尚會	1297			

6101$_4$　旺

	旺	3827

6136$_0$　點

10	點石齋	688	2604
		4365	
60	點易山房	1431	

6201$_4$　睡

20	睡香庵	5740

6211$_4$　踵

26	踵息書屋	1069

6240$_0$　別

10	別下齋	4500
	別下齋校本	3473

6280$_0$　則

21	則經堂藏板	6236

6292$_2$　影

17	影翠軒藏板	2210
22	影山草堂	4158

6386$_0$　貽

21	貽經書屋	3405
	貽經堂	632
30	貽安堂	3130

47　貽穀堂　　　　4363

6400₀　叶

　　叶　　　　　　1485
90　叶　堂　　　　1999
　　叶　棠　　　　1999

6401₁　曉

60　曉　園　　　　4888

6403₁　囈

77　囈覺堂藏板　　3920

6404₁　時

　　時　　　1110　2494
02　時　新　　　　2017
21　時　行　　　　6540
　　時術堂　　　　160
22　時　制　　　　772
　　時　利　　　　3100
44　時　楚　　　　2017
50　時　中　　　　4254
　　時中書局　4416　5742

6421₀　魁

　　魁　　　2494　6346

6486₄　賭

44　賭棋山莊　1709　2284

6502₇　晴

22　晴　崖　　　　6230
37　晴　湖　　　　2224
76　晴陽堂　　　　5434

嘯

77　嘯　閣　1893　6560
80　嘯　翁　　　　2182

6503₀　映

10　映雪山房　　　1431
　　映雪老人寫　　3702
40　映南軒　　　　4998

6509₀　味

21　味經書屋　1605　2537
　　　　　　　2549　2551
　　　　　　　2557
　　味經堂　　　　6043
26　味憩樓　　　　6115
40　味古書屋　　　1272
44　味芹堂　　　　6625
　　味菜廬　　933　1069

50　味書軒　　2592

6603₂　曝

50　曝書亭　　1824　3742

6604₄　嚶

67　嚶鳴館　　5625

6606₄　曙

38　曙海樓　　4109

6621₄　瞿

23　瞿允孚　　5614
24　瞿德宣　　6712
　　瞿德潤　　6712
　　瞿德恭　　6712
34　瞿汝稷　　5294
43　瞿式耜　　4942

6624₈　嚴

01　嚴　龍　　4894
07　嚴調御　　2240
13　嚴武順　　2240
22　嚴　嵩　　3341
23　嚴允斯　　4084
　　嚴我斯　　4084
30　嚴　沆　　780

33　嚴　治　　5287
　　嚴　演　　1670
34　嚴汝茂　　5401
　　嚴汝泰　　5401
35　嚴　清　　5209
38　嚴　澂　　5475
　　嚴遂成　　6208
40　嚴　太　　2019
　　嚴有俊　　1575
43　嚴式誨　　566　1077
50　嚴　春　　2315
54　嚴　勑　　2240
82　嚴鍾瑞　　5287
88　嚴　�　　5191
90　嚴少萱　　1044
94　嚴慎行　　2926
　　嚴慎成　　2926

6650₆　單

24　單　升　　5423
26　單　和　　351　3104
　　　　　　4301
　　單和刻　　5363
30　單守信　　1034
　　單　宇　　6713
　　單良禮寫　1350
44　單　葵　　2986　2995

60	單　星	4301	
	單星刊	5363	
90	單惟和	2926	

6666₃　器

| | 器 | 5041 | |
| 30 | 器　之 | 4933 | 6447 |

6682₇　賜

09	賜麟堂	4474	
16	賜硯堂	6779	
21	賜緋堂	5497	5499
		6285	
50	賜書樓	2549	4927
	賜書樓藏板	6039	6242
	賜書堂梓行	6039	
	賜書堂板	5966	
	賜書堂藏板	5966	
80	賜金樓藏板	5871	
88	賜餘堂	109	

6701₆　晚

20	晚香堂藏板	6100	
35	晚清軒	4637	
77	晚聞軒藏板	2711	

6702₀　明

	明	1137	1436
		1485	2400
		2494	3013
		4229	4588
		5041	5299
		5499	
00	明　立	6470	
	明　府	6197	
	明　孝	6418	
10	明玉刊	5054	
	明　五	2011	
12	明　廷	5622	
24	明德書院	1027	
	明德堂	2722	3129
50	明　中	6159	
53	明　甫	3574	4784
80	明善堂	1133	2676
84	明鎮刊	5054	

6702₂　嘐

| 48 | 嘐槎和真堂藏板 | 5819 |

6702₇　鳴

| 10 | 鳴玉館 | 3355 | 4443 |
| 17 | 鳴　珮 | 6271 | |

57	鳴野山房	2555	6210
		6771	
	鳴野山房藏板	6135	
77	鳴　卿	982	

6704₇　眠

| 10 | 眠雲精舍 | 2581 |

6706₁　瞻

| 44 | 瞻芑堂 | 5945 |

6706₂　昭

| 67 | 昭　明 | 1062 |

6710₇　盟

| 77 | 盟鷗館 | 6414 |

6711₄　躍

| 00 | 躍齋家藏 | 5654 |

6712₂　野

20	野香堂	6605	6643
47	野　鶴	5904	5521
71	野　臣	5145	
88	野　竹	6706	
	野竹齋	3504	

6712₇　鄑

| 10 | 鄑雪書林 | 5191 |

6716₄　路

22	路崇敬	3697
50	路東羊	50
	路東陽	50
90	路小洲	4772

6722₀　嗣

| 35 | 嗣　清 | 4297 |

6722₇　鄂

22	鄂　山	3716
41	鄂垣撫署	2910
44	鄂輦堂	4026

6732₇　鷺

| 40 | 鷺　來 | 5791 |

6733₆　照

38	照　裕	2202	
60	照曠閣	1	2676
		2995	3410
		3422	3942
		4169	4171

	4641	6683	
	6802₁ 喻		
	喻	4249	
10	喻震孟	5199	
27	喻繩祖	6346	
40	喻希學	2487	
60	喻　晟	5009	
	喻　景	5009	
80	喻義齋藏本	749	
82	喻鎧寫	1977	
	6802₇ 吟		
20	吟香館	1344	
40	吟　樵	5776	
	6804₀ 攽		
	攽	3338	
	6805₇ 晦		
00	晦　齋	4455	4581
	6832₇ 黔		
44	黔藩官舍	6089	
	7021₄ 雅		
10	雅雨堂	2803	

78	雅鑒齋	1952	
	雕		
50	雕蟲館	6461	
	雕蟲館藏板	6462	
	7121₁ 阮		
	阮	1023	5442
00	阮　亭	4533	5831
		5896	
10	阮　元	5786	6312
26	阮　峴	5579	
31	阮　福	2543	
34	阮　達	2022	
53	阮　成	2022	
	歷		
43	歷城劉人傑	6205	
	7121₂ 陋		
44	陋巷居士	4621	
	7121₄ 雁		
60	雁里草堂	1939	
	7122₀ 阿		
00	阿　序	2787	

7122₇　厲

| 33 | 厲　心 | 4583 | |

7123₄　厭

| 71 | 厭原山館 | 3219 | |

7124₇　厚

| 40 | 厚　存 | 3675 | |

7128₆　顧

00	顧　立	3977	
	顧　彦	1714	
	顧　文	1714	4254
	顧文耀	2441	
	顧　言	484	1620
	顧言刊	6424	
17	顧子美	2441	
20	顧　信	1714	4254
23	顧　俊	6392	
24	顧　德	4254	
27	顧　修	484	
	顧　脩	1714	
	顧紹勳鐫	5538	
30	顧　濟	5159	
	顧　憲	1714	4254
34	顧　洪	5954	
40	顧　堯	4254	
	顧　杰	4254	
44	顧　植	4252	6424
48	顧　敬	1607	3977
64	顧時中	6424	

願

04	願讀書室	1214	
47	願好堂	6283	
	願起廬	6249	

7129₆　原

10	原一魁	4130	
30	原　良	4747	
35	原　禮	4747	

7132₇　馬

	馬	146	1027
00	馬　立	2022	
	馬文煒	3980	
01	馬　龍	2581	6325
	馬龍刻	4998	
12	馬弘儒	3129	
	馬廷聘刊	92	
21	馬　仁	1435	
	馬行健	6416	
	馬處幽	4640	

22	馬崧	4929	
23	馬允登	2793	
24	馬德灃	1440	
27	馬尔楷	60	
28	馬徵	2164	
	馬從聘	2129	
30	馬之駿	821	1282
		1284	1285
		1378	1379
		1380	1381
		4438	4521
		5288	5289
		5290	5291
	馬之騏	5595	
	馬良	2022	
34	馬凌雲	648	4128
	馬凌雲刻	3569	3570
37	馬逸姿	5029	
	馬逢乾	5125	
38	馬祥	6575	
	馬祥生	3248	
40	馬士奇	338	
	馬圭	4583	
43	馬載	1999	
44	馬華	6418	
	馬攀龍	5341	
46	馬相	3759	3824

		5180	5234
47	馬均梁梓	4732	
48	馬松	3338	
50	馬忠	1679	2022
57	馬抱一	4640	
	馬邦良	3002	
60	馬思刻	4998	
	馬恩刻	3570	
	馬思贊	1797	4816
67	馬明卿	2167	
68	馬暾	6769	
86	馬錫鵬	5106	
	馬錦	335	
88	馬符録	2225	
90	馬常沛	2929	
91	馬炳然	1523	

7138₁　驥

32	驥溪世綸堂	6174

7171₆　區

40	區大相	949

7171₇　巨

	巨	2130	
31	巨源	4610	
53	巨甫	4375	5954

臣

臣	1147	1436
	2494	3318
	3827	6346
40 臣古齋	4313	

甌

| 17 甌郡梅姓師古堂鐫 | 1504 |

7173₂　長

長	1870	
12 長水書院	1022	2610
	6438	
長水書院刻	6392	
26 長　白	5648	
長白福申	4030	
長白鄂山	3716	
長白榮氏	3975	
長白榮譽	3744	
27 長　久	5367	
30 長安李智	5353	
32 長洲章沉刊	1306	
長洲刘廷憲寫並刻	6565	
長洲張鼎思	3002	
長洲張士楸刻	5509	
長洲張惇刻	5509	
長洲何一金刻	5314	
長洲後學倪鰲士仿內府錄本謹書	856	
長洲徐普書	5341	
長洲馮嗣昌刻	5509	
長洲顧槐寫	1874	
	3263	4252
	4439	
長洲顧氏	194	370
長洲沈咸書	5348	
長洲尤汝鵬刻	5509	
長洲尤泰宇刻	5558	
長洲趙邦賢鐫	4013	
長洲□廷憲寫	2040	
長洲吳倫刻	4128	
長洲吳曜寫	2029	5180
	5220	
長洲吳曜書	3570	5404
	5448	6728
長洲劉廷獻寫	70	
長洲劉廷憲	1027	
長洲劉溥卿刻	1649	
長洲陳元素書	949	2453
長洲周肇基刻	5509	
長洲俞約齋錄	4494	
39 長沙張允執鐫	940	
47 長鶴刊	2004	

48	長松館藏板	3573	
60	長恩閣	1313	4181
		5803	
80	長谷川和三郎	482	

7178₆ 頤

22	頤　仙	6353	
60	頤　園	1527	

7210₀ 劉

	劉	1137	3577
		4006	5212
		6341	
00	劉　亭	4275	
	劉　序	25	
	劉　高	6456	
	劉　庚	586	
	劉慶之鐫	96	
	劉　寫	1655	
	劉　文	2576	
	劉文斗	6607	6608
	劉文壽	1092	
	劉文孝	5082	
	劉文開	6629	
	劉文煥	2257	
	劉襄祚	1323	
	劉　六	3988	

	劉　京	3988	
01	劉龍田	6526	
03	劉誠甫	6776	
07	劉望臺	4295	
	劉　歆	1137	
08	劉謙吉	3450	
09	劉麟長	1708	
10	劉　一	3988	
	劉一龍書	5324	
	劉一魁	1612	
	劉一焜	2358	5363
	劉　二	3988	
	劉二典	6472	
	劉三介	5082	
	劉　正	6575	
	劉玉成	4921	
	劉　五	4586	
	劉　元	1655	
	劉元琬	196	
	劉元吉	2576	
	劉元卿	5367	
	劉元卿刻	1894	
	劉　霞	1999	
	劉　雯	2520	
	劉天惠	484	
	劉可大	3675	
12	劉　瑞	2017	

	劉瑞生	4117	
	劉瑞寫	2017	
	劉瑞宇	1948	
	劉 弘	4756	
	劉弘毅	1092	1858
		2576	4785
	劉弘宰	1964	
	劉弘振	2831	
	劉廷璣	3877	
	劉廷獻寫	70	
	劉延鳳	798	
13	劉 琬	4948	
	劉 璸	5854	
14	劉 珙	5302	
17	劉乃大	3449	
	劉承幹	839	850
		2862	4471
	劉子云	6629	
	劉子和	4747	
	劉子有	4894	
	劉子熙	6629	
	劉子美	203	
	劉君臣	1465	
18	劉 玠	5199	
	劉 孜	6325	
20	劉 喬	3731	
21	劉能立	16	

	劉能亭	16	
	劉能亢	16	
	劉能亮	16	
	劉能齊	16	
	劉能高	16	
	劉能育	16	
	劉能袞	16	
	劉能永	16	
	劉能鏡	16	
	劉行秉	2931	
	劉師培	1564	1575
	劉 穎	5574	
22	劉 鼎	1427	
	劉 嵩	4894	6472
	劉 山	3988	
	劉 稱	4920	
23	劉 允	5568	
	劉允功	6629	
	劉 伏	4747	
	劉 然	5865	6546
	劉 岱	766	
	劉 稼	4920	
24	劉仪卿梓	4313	
	劉仕任	1303	4285
	劉仕智	2010	
	劉德華	6629	
	劉侍者	4747	

	劉　佑	2374	2491		劉宗器	4221	
25	劉　伸	1440		31	劉馮信	2931	
	劉佛貴	2031			劉　禎	1670	
	劉　傳	5059		32	劉　遜	4918	
	劉傳經堂藏板	724		33	劉溥卿	1649	
	劉　朱	1110			劉溥卿刻	5331	
26	劉伯壎	895		34	劉　斗	1759	
	劉　佃	1737			劉　漢	4894	
	劉　保	4747			劉汝潔	5997	
	劉　和	5122			劉汝恩	1642	
27	劉　魯	5043			劉禕亮	5331	
	劉組曾	5991			劉達甫	4313	
	劉紹武	16		35	劉　清	5122	
	劉紹先	2500			劉　溱	5191	
	劉紹鸚	16		36	劉溫良	4856	
28	劉　儆	6325		37	劉鴻英	4250	
30	劉　宣	4747			劉次泉刻	3367	
	劉宣人	5702			劉次公	5837	
	劉永祚	4017			劉祖拼	2831	
	劉永日	6612		38	劉海雕刻	215	
	劉永昌	3623			劉　祥	642	1137
	劉永令	6629			劉道生	6629	
	劉　宇	3085		40	劉大德	4531	
	劉　安	2576			劉大本	632	
	劉良弼	5300			劉大年	5702	
	劉　賨	5473			劉　友	3994	
	劉　宗	2031	4747		劉友夾	3994	

	劉士奇	1993			劉世進	16	
	劉直士	6629			劉世遠	16	
	劉塙	5507			劉世達	16	
	劉堯晦	2679			劉世選	16	4226
	劉有	3988				4920	
	劉希言	3092			劉世樞	2800	
	劉希賢刻	2247			劉世楷	2800	
	劉志熙	6629			劉世標	2800	
	劉燾	2831			劉世棟	2800	
	劉喜海	2544	2549		劉世昌	1653	
		2551	2557		劉贄	5991	
	劉奇	642	1303		劉藥生	5930	
	劉壽	3988			劉菊	1436	4130
	劉森	2576			劉林	1575	4894
43	劉載鳴	6629		46	劉觀	4735	
	劉戩之	5644			劉如松	6629	
	劉越千	6629		47	劉鶴冲	5283	
44	劉花	5082			劉超崢	5059	
	劉芹	1436		48	劉乾一	6629	
	劉芳聲	1663			劉敬祖	2831	
	劉燕庭	2549	2551		劉松年寫圖	3421	
	劉恭	4275		50	劉泰	4890	
	劉孝	4275			劉青云	1670	
	劉萬傳	385	386		劉本	4747	
	劉世珩	2570	4060		劉本元	5082	
		4616			劉惠生	6629	
	劉世瑗	5152			劉忠	1513	

	劉　貴	1655　2031	
		3697	
	劉貴高	3697	
52	劉採山	6629	
53	劉　成	5082	
	劉　威	1670	
54	劉　拱	2576	
57	劉　邦	1670	
	劉邦胤	1679	
	劉邦孝	4275	
60	劉　旦	4747	
	劉國樫	2800	
	劉國用	6728	
	劉　四	5122	
	劉思智	5082	
	劉昆理工	1980	
	劉景僑	5757	
	劉景伊	6629	
	劉景宸	2929	
	劉景中	4747	
61	劉顯孜	6325	
64	劉時勉	4911	
	劉時昇	1027	
67	劉嗣昌	4301	
71	劉辰生	2931	
	劉願人	3586	
	劉　長	3988	

	劉長明	3988	
72	劉　岳	1984	
75	劉體元	4926	
77	劉　堅	3719	
	劉鳳鳴	6485	
	劉　卿	1731	
	劉　鵬	5032	
	劉履芬	1194　1212	
		1939　4794	
	劉際清	613　1788	
	劉熙臺	335	
	劉賢刊	3319	
	劉　貫	4747	
80	劉　八	4747	
	劉人傑	6205	
	劉　金	1670	
	劉　義	1137	
81	劉　釫	3313	
83	劉　銳	4931	
86	劉錫玄	5591	
	劉錫齡謄録	215	
	劉錫之	2999	
	劉　智	1670	
	劉智刻	4248	
88	劉管刻	6728	
90	劉惟學	4313	
	劉懷川	4317	

	劉懷恕	5385			
	劉　堂	5122			
	劉光晉	899			
	劉　肖	1655			
	劉尚文	6670			
91	劉　炳	895			
92	劉　剡	1133			
96	劉　燡	2931			
	劉　煜	850	5758		
97	劉　耀	5568			
	劉耀椿	2929			
99	劉　榮	1655			

7210₁　丘

10	丘　二	5128
12	丘　瓊	926
31	丘　江	587
44	丘　老	4747
50	丘本高	632
	丘東昌	1438
53	丘成陶泮	4292
77	丘　岡	2017
90	丘　常	4441

7220₀　剛

	剛	1110

7242₂　彤

86	彤錫堂	5802

7277₂　岳

02	岳　端	3191
24	岳儲精督刊	2484
25	岳生堂	2925
40	岳　木	3830
44	岳世瞻	1247

7280₆　質

21	質行堂	6271
72	質　所	5207

7323₂　脉

07	脉望書樓	304

7370₀　卧

10	卧雲山房	4877
77	卧月樓	810

7421₄　陸

	陸	1137	1380
		3977	4017
		4582	4588
		5212	

00	陸齊賢書	5655	
	陸文進	3274	
	陸　章	2031	
	陸　讓	1354	
04	陸　詩	2802	
08	陸　謙	96	
10	陸　一	4247	
	陸　二	3988	
	陸天濤	5894	
	陸雲龍	6559	
12	陸弢書	3796	
	陸廷珪	5819	
	陸廷相	4735	
	陸廷燦	6490	
	陸廷枝	642	4410
15	陸建瀛	1077	
16	陸　程	1999	
17	陸羽漸	2154	
	陸　琭	1110	
	陸子遹	3468	
18	陸　孜	587	
20	陸　信	4735	
	陸信甫	3648	
21	陸　鑒	6325	
	陸　貞	1110	
22	陸　稑	4126	
24	陸　付	4747	

	陸　先	6325	
	陸　科	2040	
25	陸　生	3988	
28	陸　倫	1875	
30	陸　宣	6325	
	陸　淮	6325	
	陸瀛齡	5051	
	陸家刊	4857	
	陸守仁	1137	
	陸　富	1927	
	陸　定	1868	5180
	陸宗華	3824	
31	陸福進	3274	
32	陸　澄	1999	
33	陸心源	3415	
34	陸　漢	1868	
37	陸　潮	6325	
38	陸肇鼎	97	
40	陸士仁	6420	
	陸　奎	6325	
	陸　有	4247	4573
	陸嘉穎	1212	
	陸奇刊	1964	
44	陸基忠	2157	
	陸夢祖	3468	
	陸孝刻	5341	
	陸華刊	1999	

46	陸如刊	1964	
	陸如林	1964	
	陸 楫	1174	1229
		1230	1240
		1585	1613
		1660	1912
		1937	2118
		3733	3743
		3754	4389
		4393	4394
		4396	4399
		4406	4423
		4424	4425
		4426	4427
		4428	4552
		4558	4559
47	陸 好	4247	
	陸起龍	5051	
50	陸寿進	3274	
	陸 本	52	4254
	陸忠翊書	6562	
	陸 表	4939	
58	陸 敖	587	
60	陸 呈	1999	
	陸呈寫	1999	
	陸 四	4573	
	陸景得	3274	
61	陸 旺	632	4721
	陸旺刊	4770	
	陸 顥	1062	
63	陸貽典	5801	6304
71	陸 頎	1062	
	陸長春	1739	
72	陸 岳	1137	
75	陸體元	207	4701
77	陸 興	2031	
80	陸 八	1086	
	陸八郎	3274	
81	陸 鈤	4976	
82	陸鍾煇	2564	
86	陸錫熊	6221	
88	陸 鑰	1137	
90	陸光宅	1110	
91	陸 烜	1209	1324
		3738	
99	陸 榮	4998	

7422₇　勵

60	勵 昌	5721

7423₈　陝

10	陝西布政司	1858	2484
	陝西學務公所	598	

7521₈ 體

10	體　元	4247	
	體元堂	1953	

7529₆ 陳

	陳	1110	1137
		2045	4249
		4588	5212
		5299	5336
		6440	6489
00	陳　亮	4173	
	陳彥甫	6460	
	陳　高	2010	
	陳高刊	2135	
	陳應誠	2800	
	陳應誥	2800	
	陳應元	4759	
	陳應祥	4487	
	陳應芳	3002	
	陳應泰	2800	
	陳應時	1435	
	陳　廉	1868	
	陳　唐	4762	
	陳　文	1861	3988
		4759	5201
		5335	

	陳文烈	4508	
	陳文刊	1536	
	陳文在	2220	
	陳文譽	4883	
	陳文燭	5343	
	陳　章	741	6418
		6644	
	陳　六	4721	
01	陳龍正	2482	5020
	陳訏謨	3414	
03	陳　斌	4247	
05	陳請試	2769	
	陳　講	3104	
	陳　諫	2129	
08	陳　於	5180	6418
10	陳一心	5341	
	陳一貫	1435	
	陳一夔	5863	
	陳　二	1861	
	陳　正	60	1536
	陳玉陛	5096	
	陳　五	4724	
	陳　元	763	1388
		2830	3104
		4175	4759
		5180	
	陳元龍	6099	

陳元寫	352					2344	2346
陳元素	949	2453				2430	2431
	2801	5569				2436	2438
陳元明	459					3751	3752
陳　丙	6418					3758	3764
陳雨峯	2987					3784	3786
陳于京	2584					3804	3825
陳于廷	1098	1127				4131	4407
	1135	1219				4414	4417
	1220	1221				4422	4423
	1223	1229				4424	4433
	1230	1233				4438	4504
	1234	1235				4508	4513
	1237	1239				4514	4665
	1240	1241				5199	
	1242	1243		陳天禎	1108		
	1245	1251		陳天禎刊	1478		
	1252	1254		陳天禄	1086		
	1256	1262		陳天祥	2004	6685	
	1282	1283		陳　云	5524		
	1284	1285		陳云十	5524		
	1346	1348		陳　雲	4759		
	1611	1617	11	陳廼蓉	5779		
	1628	1638	12	陳　瑞	587	1373	
	1649	1660			2022		
	1827	1912		陳　弘	2031		
	2016	2277		陳弘謀	610	613	

		2706	2722			陳禹謨	1169		
	陳　烈	1510	3518	21	陳　仁	1860		
	陳廷概	2831				陳仁錫	498	841
	陳孔頊	2575					1106	1108
	陳孔淦	3198					1109	1484
14	陳　珪	1086	3274				2841	4753
	陳　琦	3084					4942	5426
15	陳　翀	5035				陳睿謨	1669		
16	陳　碧	3988				陳　師	3788		
	陳聖如	6255				陳　貞	1642	4286
	陳聖俞	115				陳經國	5182		
17	陳乃乾	2564	4856	22	陳　鼎	1763		
	陳子文	4439				陳山彀	3028		
	陳子性藏書	3323				陳繼高寫	92		
	陳君仲	5953			23	陳允衡	5772		
	陳君美	202	459		陳允升	632		
	陳君錫	6286				陳允培	4508	5569
	陳翼子	3415				陳　俊	585		
18	陳　瑜	3577	4285	24	陳　德	451		
	陳　玫	5736				陳德雲	2802		
20	陳重光	402				陳德滋	3856		
	陳舜錫	2929				陳德士	1045		
	陳　鱣	3900				陳德全	3221		
	陳千瑞	344	5375		陳　科	1998		
	陳千祥	344			25	陳仲遵	1212		
	陳千培	344				陳佛榮	2701		
	陳千城	344			26	陳　自	632		

	陳伯道	344			陳良珍	4894	
	陳　和	2604	4248		陳良甫	1023	
		4747			陳　賓	6486	
27	陳象瀚	2575			陳寶璜	1044	
	陳解元書籍鋪	4798		31	陳　潭	4902	
	陳彜則	806			陳　禎	4285	4286
	陳　魯	4747		32	陳　溮	2576	
	陳尓工	321			陳添福	5262	
	陳　約	632	1868		陳礼一刊	1350	
28	陳以誠	6558			陳礼二刊	1350	
	陳以忠	5413			陳　迁	6418	
	陳以躍	4894		33	陳　心	5266	
	陳作楫	4933			陳心齋	5565	
	陳　復	5123		34	陳　斗	6399	
30	陳　宣	1110			陳　澍	6801	
	陳　滚	1868			陳汝元	2541	
	陳　汶	1868	4609		陳汝昂	4439	
		4735	5335		陳汝怀	2800	
	陳汶刊	4609			陳凌雲刊	2802	
	陳之伸	1538	1560	37	陳　鴻	1328	
		4270			陳　通	4065	
	陳之蓮	5394			陳　資	1536	
	陳守泉	6695		38	陳　祥	344	
	陳宏謀	2722			陳　道	2040	
	陳　富	413	5128		陳道堅	4586	
	陳宅書籍鋪	4789			陳道光	6170	
	陳　良	1137			陳肇慶	5123	

	陳肇文	4223			陳克昌	6394
	陳　啓	2247			陳　南	47
40	陳大章	5041			陳希孟書	1308
	陳大科	955	5422		陳希孝	5699
	陳大緯	4866			陳　志	6418
	陳大紀	2984			陳志望	2031
	陳大來	1928			陳志刊	4725
	陳大益	5589			陳志潤	3567
	陳　太	130			陳　幸	1670
	陳　友	1086	3541		陳嘉言	2800
		3852	4212		陳嘉訓刻	69
		4432	4747		陳嘉謀	5123
	陳友刊	1350	2004		陳嘉夢	5123
	陳友孫	1086			陳嘉猷	2800
	陳士元	1140	4242		陳嘉敏	2800
		4243			陳　吉	5186
	陳士達	4747			陳　奇	3002
	陳士通	3221			陳奇源	3002
	陳士奇	4297			陳　真	1861
	陳士芳	385	386	41	陳　楨	1642
		664		42	陳　墫	3954
	陳士隆	1612		43	陳載興	2575
	陳　奎	587	1940	44	陳夢斗	611
		5033	6577		陳茂園	6644
	陳垚刊	4609			陳　蓮	1868
	陳　才	5267			陳　蕙	6363
	陳堯佐	5422			陳懋德	5363

	陳莘學	5976	
	陳　孝	1435	
	陳孝友	6575	
	陳　著	2701	
	陳世寶	4247	4573
	陳世彭	1938	
	陳世泉	5257	
	陳其功	977	
	陳其柱	4883	
	陳其愫	6538	
	陳楚高督刻	611	
	陳　黄	50	
	陳黄中	2473	
	陳　荣	1714	
	陳植槐	3773	
	陳　林	319	3274
45	陳　坤	2441	
46	陳加訓	2129	
	陳如誠	2129	
	陳如升	184	
	陳　槐	3750	
47	陳聲遠鈔	2045	
	陳　朝	5341	
	陳　好	5253	
	陳起泰	4866	
	陳起鵬	2800	
48	陳增刻	4609	

	陳增遠	418	
	陳敬之	1023	
	陳敬授	5123	
	陳敬銘	6807	
	陳　松	5385	
50	陳忠寫	1642	4286
	陳忠士	1303	
	陳　春	1127	
	陳　貴	2687	
53	陳　盛	4586	
	陳　甫	5180	
57	陳邦綸	5437	
	陳邦范	3830	
	陳邦泰	46	1032
		1928	3350
60	陳　昱	3567	
	陳國祥	1868	
	陳　四	4747	
	陳見龍	4724	
	陳冕世	6129	
	陳　甲	6440	
	陳　昌	4586	
	陳　昂	4439	6171
	陳　呆	6171	
	陳　景	6171	
61	陳　顯	1107	
64	陳時敏	2040	

67	陳　明	1860	
	陳明善	6043	
	陳　鳴	1435	
	陳　照	5092	
70	陳　璧	4214	6460
71	陳臚聲	5133	
	陳長卿	3087	4306
72	陳氏山㲋	3028	
	陳氏伊廬	441	
	陳氏書堂	3074	3075
		3080	
77	陳　堅	1108	2787
		3404	4609
	陳同恩	6251	
	陳　熙	2031	
	陳闇㦛	3155	
	陳印登	2604	
	陳　賢	3244	
79	陳　勝	2701	
80	陳　八	413	
	陳　益	5404	5448
	陳　金	4747	
	陳　鏞	1077	
	陳　弟	2031	
	陳念本	6139	
	陳　美	1948	
	陳　羊	3994	

	陳　合	3191	
	陳　善	1901	5254
83	陳　鋐	5664	
86	陳錦刊	3104	
87	陳欽堯	5123	
88	陳　簡	2621	6364
	陳　第	2031	5571
	陳　節	4735	
	陳簣山	5925	
	陳　策	1008	
90	陳　堂	1868	
	陳　光	5335	
	陳尚志	1027	
	陳尚用	1435	
	陳　省	2528	
91	陳炳文	1069	
95	陳性學	3992	
97	陳　輝	1504	
	陳輝吾	3060	3063

7622₇　陽

26	陽泉山莊	4500	
37	陽湖孫道甫鋟梓		1601
50	陽春園	4248	
77	陽印龍	2604	

7680₈　悶

30	悶進齋	1969

7710₄　圣

	圣	5363
10	圣玉	6066

7710₇　叠

22	叠山書院	3532

7712₇　邱

08	邱敦美	6130
64	邱時彬	2164
95	邱性善	5884

7713₆　閩

10	閩晉安格古齋藏板	1647
22	閩縣葉氏	181
60	閩羅松	4131
80	閩人熊刻	3569
	閩人朱珍刊	1964
	閩人游子建寫刻	1870
	閩人余錦秀刊	1964
	閩人余錦綉刊	1964
90	閩省葉見刊	4131

7720₇　尸

77	尸學	5475

7721₀　几

	几	3092

風

77	風月堂	4574

鳳

	鳳	1110	1137
		1373	5033
28	鳳儀書院	5958	
34	鳳池書院	5131	
40	鳳臺書院藏板	884	
41	鳳梧樓	2218	
42	鳳橋別墅	4504	
44	鳳嬉堂藏板	2208	
60	鳳晨堂	5763	
65	鳳嘯軒	6614	

7721₄　尾

11	尾張風月孫助	4702
37	尾郎刊	2004

隆

	隆	5499	
00	隆文堂	3129	
67	隆略堂	5709	5762

7721₆ 覺

	覺	1143	
30	覺 寧	957	
91	覺 恒	957	1043

閱

28	閱微草堂	5676	
47	閱帆堂	5426	

7721₇ 肥

52	肥靜齋	5772	

7722₀ 月

	月	1036	3013
		3827	
40	月 樵	1796	6379
67	月 明	2019	

同

00	同文堂	3060	4110
	同文堂藏板	733	1074
24	同德堂	3115	
60	同邑沈玄易刻	5386	
80	同人書舍	5191	
	同人堂	1953	
	同義興	3152	

用

	用	5363	

周

	周	91	1137
		3026	4017
		4290	6346
00	周 亭	1714	
	周亨刊	3274	
	周亮工	4161	5892
	周 彦	4747	
	周高刻	5252	
	周應麐	5552	
	周應爵	1984	
	周應治	6464	
	周應期	4918	
	周應鰲	3955	5471
	周應時	1027	2040
	周 府	2446	
	周慶胤	4251	
	周慶增	5097	

	周文孝	1297			周　元	5347	5381
	周文舜	1303			周元孚	6464	
	周文鼎	3942			周元鼎	1783	
	周文伯	5032			周元恭	2019	
	周文名	961			周万表	2019	
	周文儀	4961			周于德	2129	
	周文啓	4175			周于德刊	92	
	周文光	5475			周天健	1010	
	周文炉	5385			周可順寫	6427	
	周文煒	4577	5552		周雲虬	1736	
	周　章	1965		11	周碩勳	1414	
	周交甫	6544		12	周　廷	1948	
	周　奕	3191			周廷棟	5347	
	周　言	4967		13	周　瑄	6320	
	周玄暐	5237			周武功	4082	
	周　六	413	4894	14	周　瓚	4235	
01	周　龍	1670		17	周承芳	5382	
04	周詩雅	1886			周承超	4898	
10	周　一	3988	5122		周子文	6734	
		5347			周子愚	3155	
	周　二	5122	5253	18	周　玲	3028	
	周二刊	6685		20	周千秋	2866	4079
	周　三	3988			周秉彝寫	4541	
	周　正	1303	4759		周維新	385	386
		6340				4924	
	周正洪	3697		21	周　仁	587	1965
	周　玉	1886				4275	5335

	周　能	1999			33	周心如	1313	4759
	周　巳	1999					5803	
	周師旦	1931				周必大	3731	4747
22	周鼎立	1848				周治壘督刊	541	
	周　崐	2258			34	周對峰	2631	4302
	周　山	1948	5253			周沈珂	1556	1557
		5347				周汝登	1679	
23	周　俊	2019				周汝達	4898	
24	周　先	4747				周汝啓	4898	
	周　德	1642	4285		35	周　禮	5523	
		4286			37	周　潮	1999	5151
	周德宣	3722				周　深	4573	
	周德輔	4898				周　逸	4254	
	周德光	4898				周　通	2017	
	周　升	974				周通寫	2017	
	周　科	2129			38	周啓友監刻	693	
25	周　生	5954				周　祥	1642	4285
	周　仲	320					4286	
	周傳誦	974	3836			周道仁	5691	
28	周　徐	4247				周道員	1086	
30	周　宣	6363				周肇祥	2179	
	周永年	736				周肇基	5509	
	周之屛	5162				周　榮	3773	
	周　寅	4669			40	周　友	1861	
	周　實	4747				周士章	668	
	周宗孔	3995				周士邃	3955	
32	周兆蘭	2264				周士遴	3955	

	周士顯	1042	2092		周　蒙	4898	
	周　在	632			周　華	5568	
	周在延	808	4594		周世先	2576	
		4641	4656		周其永	4721	
		4659	4674	46	周如溟	5579	
		4675		47	周　朝	2031	
	周在浚	5722	6443		周　妸	3274	
	周在都	4161		48	周敬素	3071	
	周有光	3438	4027	50	周中可	4747	
	周　南	4956			周　申	974	
	周　希	451			周本正	1287	
	周希元	6331			周本厚	1848	
	周希聖	4032			周忠炘	6076	
	周希孟	6320		52	周　挺	5046	
	周希哲	5120		53	周盛時	2756	2757
	周希旦	3071	4783			5067	
	周希夔校梓	6320			周　甫	2441	
	周嘉胄	3841		55	周　贊	5180	
	周　壽	4747	5122	57	周邦明	3028	
42	周　橋	451		60	周曰校	628	1112
43	周　尤	5347				1303	1861
	周　尨	5253	5381			2631	2994
44	周　藩	4651	4659			3071	3112
		4674	4675			4216	4273
		6341				4302	6443
	周莊後樂堂	5894			周國南	5036	
	周　蘭	1435			周　四	1086	5122

	周易寫	1147	
	周　昊	5253	5347
		5381	
	周　昌	4747	
64	周時泰	1104	1300
		5454	6480
67	周　明	1027	4292
		5568	
	周明徵書	6504	
71	周長年	2193	
72	周氏萬卷樓藏板		6443
77	周鳳起	5026	
	周　用	320	1303
	周　同	4747	
	周　卿	4301	
	周殿一	847	
	周居岐	2746	
	周　熙	451	
	周　開	321	
	周與爵	1556	1557
	周與行	2820	
80	周　全	6363	
	周金然	6346	
	周　鎬	5040	
	周　錞	4887	
	周　夔	5642	
	周　令	3028	

86	周錫圭	5631	
87	周　欽	1868	2787
88	周　鑑	5185	5186
90	周　堂	1435	6325
	周光啟	5482	
	周光鎬	5639	
	周尚文	2441	
96	周　燦	5540	
97	周　恪	1033	

陶

	陶	6545	
00	陶應霖刊	92	
	陶應林刊	92	
	陶　文	674	1714
		5201	
01	陶　諧	3252	5017
03	陶　誠	6424	
07	陶望齡	2612	
10	陶　一	4254	
	陶　可	6424	
12	陶　珽	2625	
17	陶承孝	2129	4292
	陶承學	6728	
	陶子麟	1857	
	陶子英	4302	6424
20	陶　秀	1868	

21	陶　仁	4285					2542	2679
	陶師文	3118	3119				2715	3459
22	陶崇道	5017					3506	3507
23	陶允成	2129					3510	3512
	陶允成刊	92					3513	3731
	陶然齋	5595					3735	3737
24	陶　仕	4292					3739	4489
	陶仕紀	2129					4520	4547
25	陶　仲	2395					4741	4788
	陶仲信寫	1642	4286				4792	4844
	陶仲仁	4286					6282	
	陶仲仁刻	1642		37	陶漱藝齋	2677		
	陶仲良	6418		39	陶　泮	4292		
	陶仲礼	4285		40	陶大順	6418		
	陶仲禮寫	1642			陶士銓	5893		
	陶仲智	4285			陶在國	2129		
27	陶　魯	4867			陶嘉書屋	2557		
	陶　紹	1642	4285	43	陶　越	1739		
		4286		44	陶莊敏	5017		
29	陶秋英	4706			陶蘭臺	2326	3226	
30	陶　良	6418			陶　英	6424		
31	陶福履	576			陶英刻	1168	2621	
	陶　禎	6545				5267	6424	
33	陶　冶	4175		45	陶　坤	2129		
35	陶　清	1027			陶坤刊	92		
	陶　連	2129		50	陶　惠	2129		
36	陶　湘	1477	1480		陶　忠	1868		

	陶	春	2031	
53	陶	成	2129	
	陶成器		2005	
60	陶國臣		4255	
	陶	見	1642	4285
			4286	
	陶	昂	674	2621
			4302	6424
77	陶風樓		1596	5913
	陶	卿	1868	
	陶	賢	5341	
80	陶	参	43	
86	陶	智	4181	
87	陶欽皋		5064	
94	陶	娃	1868	

阧

	阧		2045	6440
			6489	
00	阧	文	4254	
27	阧	魯	763	
48	阧	敬	763	
60	阧	思	763	5180
80	阧	善	321	401

冈

	冈		1110

冋

	冋		2494	
60	冋	思	2626	5614

卪

	卪		4725

7722₇　閒

52	閒拙齋		743	4518
65	閒味齋藏板		5902	

7723₂　展

60	展	園	1062
90	展卷堂		1106

7723₇　腴

38	腴道堂		5900

7724₇　叚

21	叚	經	5614
40	叚	志	1435
44	叚	蓁	5033
50	叚	本	6418
	叚	惠	1435
97	叚	輝	5033

屢

16　屢硯齋　　　2544

履

08　履謙子　　　4492
　　履謙堂藏板　5106
77　履　周　　　6199

7726₄　居

21　居仁堂　　　　13　2726
　　　　　　　4375　6414
32　居業堂藏板　708
48　居敬堂　　　4582
60　居易齋　　　231　6281
　　居易堂藏板　4710

屠

　　屠　　　　　1133
10　屠震光　　　5371
17　屠豫禎　　　4965
20　屠維德　　　4965　5371
22　屠嶽光　　　5371
25　屠仲律　　　5371
26　屠臬刊　　　92
27　屠繩德　　　4965　5371
30　屠安民　　　1612

46　屠　觀　　　4965
50　屠本畯　　　6522
77　屠　隆　　　4271

7726₇　眉

32　眉州三蘇祠　1484
40　眉壽堂藏板　390

7729₁　際

26　際　和　　　6065
91　際恒堂　　　6633

7732₀　駒

80　駒谷書屋　　3178

7733₁　熙

50　熙春樓藏板　769　1035
80　熙　人　　　6189

7734₀　馭

60　馭　晨　　　6119

7736₄　駱

40　駱奎曙　　　5563
50　駱忠胤　　　5563
　　駱忠懋　　　5563
　　駱忠明　　　5563

90	駱光啟	1194	

7740₀　又

00	又　序	6066	
11	又　張	145	
27	又　嵋	5913	
48	又敬堂藏板	5783	
51	又　軒	1108	
71	又　馬	763	
90	又　懷	5079	

閔

	閔	5499	
00	閔齊伋	412	493
		535	803
		6468	
10	閔一范	4952	5232
	閔元衢	3829	4018
		4508	6548
	閔于忱	1542	2982
		4054	
12	閔弘慶	4952	
24	閔德慶	4952	
30	閔宜力	4952	
34	閔邁德	6491	
38	閔道孚	5232	
44	閔世楨	4952	

	閔世譽	4952	5232
	閔世翔	4952	
47	閔　聲	2125	
51	閔振業	1870	
	閔振聲	2982	6502
60	閔昌道	3982	
77	閔　聞	4952	
80	閔念修	5818	

7740₁　聞

17	聞子韶	6184	6185
27	聞　修	6492	
38	聞啟祥	1086	2240
40	聞喜溫守志印行	5353	
51	聞振業	6502	

7740₇　學

04	學詩堂	6201	
07	學部圖書局	4110	
38	學海堂	392	688
		1472	
40	學古齋	6368	
	學古樓	6646	
	學古堂	1007	
44	學　芳	1858	
	學　林	1858	
60	學易堂	5927	

| 80 | 學　義 | 4877 |
| | 學奞堂 | 4347 |

7744₀　丹

22	丹　崖	1165
67	丹　鳴	5936
76	丹陽姜寶刊	5228
87	丹鉛精舍	6817

7744₁　開

30	開　之	5578	
44	開萬樓	333	810
		697	1041
		1227	

7744₇　段

00	段文彬	846	
	段　孛	5335	
10	段一讓	6457	
	段可久	2701	
21	段虎威	3191	
24	段　佑	5335	
27	段　争	1999	
40	段　右	5335	
44	段　蓁	1999	2374
90	段　光	1999	
97	段　輝	1999	

7748₂　闕

| 53 | 闕成章 | 1653 |
| 94 | 闕慎齋 | 1850 |

7755₀　毋

| 26 | 毋自欺齋 | 6077 | 6078 |

7760₁　闇

| 45 | 闇　樓 | 5538 |

7760₂　留

20	留香室	646	
48	留松閣	5798	5831
		6788	
50	留春書館	3502	
55	留耕草堂	1003	
	留耕堂	4856	
	留耕堂周殿一藏板		847
65	留畊堂藏板	847	
72	留髡堂	4478	

7760₆　閶

| | 閶 | 5400 |

7760₇　問

| 62 | 問影樓 | 5801 | 6008 |

間

00	間 府	6702

7771₇　巳

巳	72	2580

7772₀　印

20	印 秀	2604
37	印鴻緯	2557

7772₇　鷗

00	鷗 亭	5777

7777₂　關

50	關中書院	2810	5064

7777₇　門

30	門守朋	1465

閭

22	閭循霖	6259	
26	閭伯子	4219	
36	閭湘蕙	5521	
40	閭志廉	2871	2872
		2873	2874
44	閭茂溶	243	474

77	閭學林	3718

7778₂　歐

10	歐至海	3221

歐

31	歐 江	3191	
40	歐大任	6376	
76	歐陽席	1485	
	歐陽衡	3731	
	歐陽保極書	2604	
	歐陽榮	3466	6771
	歐陽照	1888	

7780₁　與

26	與 白	3141
65	與畊堂	1093

興

	興	1137
00	興方伯振	2031
	興方振	2031
	興文堂	3152
	興讓堂	5574
	興讓堂藏版	5574
02	興劉邦文	2031
09	興麟堂	977

10	興正書堂	1092
24	興化郡齋	1602
31	興顧伯達	2031
	興顧達	2031
	興顧巽	2031
44	興勤助刻	2248
	興林司德	2031
	興林漢臣	2031
75	興陳璽	2031
	興陳志望	2031
87	興鄭孫石	2031
	興鄭勿	2031

呉

	呉	2769
40	呉　培	5375
	呉　七	3541

7780₆　賢

	賢	1110　5363
		5499
00	賢亦樓	5017
17	賢　予	5482

貫

| 66 | 貫器堂 | 4461 |

7780₇　尺

40	尺木堂	132
	尺木堂發行	5047

閃

| 00 | 閃應靄 | 2024 |

7790₄　桑

07	桑調元	6093
40	桑大協	4958
54	桑拱陽	846
77	桑學夔	1048

閑

21	閑止樓	6397
40	閑存堂	541
	閑存堂藏板	2951

7790₆　闌

| | 闌 | 4719 |

7810₇　鹽

| 33 | 鹽冶芳兵衛 | 2676 |

7870₀　臥

| 10 | 臥雪盧 | 1194 |

7876₆　臨

30	臨濠別業	6562
67	臨野堂藏板	4538

7922₇　勝

10	勝　二	4247
32	勝　業	2017
40	勝　吉	5742

7923₂　滕

77	滕　卿	958

8000₀　人

	人	90	2494
		5515	6341
00	人　言	5128	
25	人　傑	5423	

八

	八	1137	4796
03	八詠樓	4700	
20	八千卷樓	5077	5700
34	八斗堂	6682	
42	八杉齋	1872	1873
		1874	3726
		4192	4252

		4258
77	八尾勘兵衛	4221

8010₁　仝

	仝	90	5515

8010₄　全

32	全州府	4657
	全州蔣良騏書	2473
44	全茂堂	3060
47	全朝獻	4416
	全椒於鰲刻	3999

8010₇　益

	益	955
00	益　府	2728
10	益元書局	3063
	益吾齋	1952
37	益　郎	4419
44	益　藩	2771
51	益　軒	5576

8010₉　金

	金	1086	1110
		1303	4262
		5095	6446
00	金　立	1868	

	金應珉	4223					409	
	金應兆	2805		30	金 濂	2604		
	金 文	1868	4275		金永昌	6065		
	金文明督梓	1439		32	金 淵	344		
	金文煒	1615			金淵摹	5047		
09	金 麟	1108	1478		金兆蕃	1777		
10	金三枝繕寫	6285		34	金汝南	1868		
	金玉樓	3129	3132	37	金祖彭	5703		
	金 元	4275			金 通	2576		
	金元慶	5434			金 郎	4747		
	金石居	3678		40	金十刊	1350		
	金 粟	5715			金九皋	5254		
12	金 水	2576			金有華	3505		
	金 刊	585			金 南	1108		
13	金武祥	3835	6721		金 賁	6609		
17	金子重	321	401	43	金 城	3274		
20	金舜臣	2581		44	金薤閣	1894		
21	金上震	4959			金世科	6447		
23	金俊明	2541			金 孝	1297	4571	
24	金佳石好樓	2557	2568	45	金 棟	558		
25	金仲明	36		47	金 聲	442		
	金 律	1750	6305	50	金泰卿寫	5538		
	金純甫	548			金泰卿寫刊	6785		
26	金 侃	4818	4820	53	金成棟	6805		
		4834		58	金 鑒	6575		
	金吳瀾	5954		60	金 恩	3824		
28	金豰王氏	319	408		金昌大來堂梓	6800		

金景初寫　　　1641

74　金陵卞大有刻　1267

金陵卞大有刊　1700

金陵廣慶堂督刊　　　5543

金陵刻手徐安封　　　5371

金陵刻經處　4621

金陵譚韜　　　788

金陵三山街陳守泉刊行

　　　　　　　6695

金陵王鳳翔刊　5498

金陵于珂臣書　459

金陵張一鳳督刊　　　5235

金陵吳雲□刻　4255

金陵徐爾章鐫　6676

金陵徐登督刊　5595

金陵徐登督梓　3841

金陵徐智督刊　1143　3350

　　　　　　　5324　6461

金陵顧子英梓　2711

金陵十大有　　　949

金陵大業堂　　　808

金陵荆山書林　1647

金陵博古堂　　1104

金陵戴應試　　5279

金陵韓仕鉉刻　4457

金陵楊應元刻　649

金陵書林李少泉　　　3840

金陵書坊胡賢梓　　　2604

金陵書林　　　5203

金陵書肆毛少池　　　5325

金陵書局　　　4110

金陵曹君平書　839

金陵劉序刊　　　25

金陵劉鳳鳴刻　6485

金陵陳元明書　459

金陵饒氏錦溪繡梓　　3698

77　金　鳳　　　　642

金學曾　　　　5467

金閶文翰樓梓　6503

金閶張叔籟梓　2326

金閶孝友堂藏板　　　676

金閶葉碧山梓　6544

金閶桐石山房　3060

金閶書業堂梓行　　　6293

金閶書林　　　3808

金閶劉汝潔梓　5997

金閶陳君美　　202

金賢刻　　　　6574

80　金谷園　　　　1001

88　金竹山房　　　1632

金　簡　　　　1868

89　金　鏜　　　　1229

90　金尚束　　　6607　6608

93　金愻齋　　　　2929

釜

31	釜江書局	5209

8011₆　鏡

12	鏡水堂	2212
20	鏡秉鑑	4807
44	鏡芙精舍	2678

8012₇　翁

00	翁方綱	4774	
	翁文溪	4777	
03	翁斌孫	2341	
10	翁　元	4292	
17	翁子□	961	
24	翁倚山	3094	
30	翁憲祥	4958	
	翁良瑜	5393	
34	翁汝明	2543	
42	翁　彬	6575	
44	翁萬達	5015	
72	翁隱之刊	1023	
77	翁同書	2108	
	翁同龢	1235	5823
80	翁曾源	2108	
90	翁少麓	4712	6548

翕

60	翕園藏板	799

8022₀　介

30	介安堂	6044

8022₁　前

	前	1027	
22	前川六左衛門	647	
50	前書樓	3835	4020
		6721	
60	前田安宅	3125	

俞

00	俞　庭	1108	1603
		2787	5151
	俞文龍	1898	
	俞文忠刊	1260	
	俞　京	3028	
02	俞　端	4890	
07	俞　翊	1485	
12	俞　廷	1108	1603
	俞廷翀	917	
20	俞秀山	419	436
23	俞　允	1435	
	俞允諧	6417	

27	俞向葵	2168	
	俞約齋	4494	
29	俞　嶙	5023	
30	俞寬甫	3752	
	俞　憲	5240	
	俞憲祥	1286	
	俞安期	4299	4390
	俞良瑜	5393	
34	俞汝霆	1109	
	俞汝廷	1109	
	俞汝廷刻	820	
	俞　洪	4494	
37	俞鴻馨	1473	
44	俞　蓋	4856	
61	俞顯謨	6440	
77	俞　卿	227	
	俞學海	6629	
88	俞　策	5256	
90	俞　堂	2129	

8022₇　弟

	弟	1304	3451

剪

00	剪　六	4247	
60	剪　四	4247	

8023₇　兼

22	兼山堂	6070

8024₇　夔

10	夔　震	4716

8025₁　舞

50	舞蛟軒	4763

8030₇　令

	令	1110
24	令德堂藏板	3323
42	令狐鏓	2676

8033₁　無

04	無　謀	147	
31	無　涯	5552	
37	無逸軒藏板	6115	
47	無怒軒	2935	2936
50	無蛟軒	1539	
77	無　膠	5079	
86	無錫張本刻	1108	
	無錫張邦敬刊	1603	
	無錫邵承范書	3199	
	無錫何鑰刻	3263	
	無錫縣	6438	

無錫侯臣寫　344

無錫江南雋書　820

8033₂　念

	念	1147
26	念　皇	6115
30	念宛齋	3214
37	念初堂	1143
80	念茲堂藏板	1444

8033₃　慈

	慈	1304
22	慈山居士	6258
77	慈母堂	3632

8034₆　尊

10	尊　王	385	386
21	尊行齋	1163	
	尊經閣	5568	
	尊經閣藏板	5527	
22	尊樂堂	5752	
25	尊生齋	6442	
38	尊道堂	6626	
40	尊古堂	628	
52	尊拙堂	4451	
77	尊賢堂藏板	452	

8040₄　姜

	姜	1676	5299
		5394	
10	姜　二	5252	
	姜　正	1137	
	姜雲龍	4017	
13	姜球刊	2777	
17	姜　召	1535	
24	姜　付	5252	
25	姜　俸	1137	1373
		2315	3104
		4759	
	姜俸刻	5252	
	姜俸刊	5140	
26	姜　伯	4759	
	姜伯勝	4759	
	姜伯勝刊	2358	5343
30	姜　良	2777	
	姜良刻	1147	1946
	姜　寶	5228	
	姜寶節	5672	
34	姜　達	1373	
40	姜　垚	93	
	姜希轍	93	
43	姜　求	3104	
	姜求刊	1946	

71	姜厚初	3221	
	姜　原	3221	
	姜原良	4747	
79	姜　勝	4759	
	姜勝刊	5104	
80	姜　全	5475	5524
	姜全刻	2283	
	姜全刊	1946	
87	姜　欽	3104	4301

8043₀　美

	美	1110	
12	美　刊	3274	
44	美蔭堂	3430	
50	美　中	4297	

8050₁　羊

43	羊城書局	2412

8051₃　毓

20	毓秀齋	4217
46	毓　加	766
77	毓　隆	2375
	毓賢堂	1143

8055₃　義

	義	1304	6718

10	義　二	4247	
60	義　四	4247	
77	義　門	2853	
80	義　八	4247	

8060₁　合

	合		90　1676
27	合衆圖書館	1357	

首

10	首　百	5648

8060₂　含

22	含山縣儒學	3982
44	含　華	5079
	含英閣藏板	4110
67	含暉閣藏板	5714

8060₄　舍

	舍	4017

8060₅　善

	善	2494	4796
		5363	
00	善慶堂	3592	
22	善樂堂藏板	1081	
24	善德堂	4641	

33	善 述	4877			24	曾 魁	2031	
53	善成堂	177	598		28	曾 鑒	4248	
		721	733		30	曾 良	1137	
		1074	3057		31	曾 遷	1977	
		3060	3061		32	曾 洲	4019	
		3073	3132		34	曾汝元	1371	
		3138	3177			曾祐刊	1927	
		4734			37	曾 選	5009	
71	善 長	4246				曾 郎	4247	
80	善 會	1615			40	曾 九	2004	
88	善餘堂	6251				曾士彥	5071	

8060₆　曾

	曾	1137	4290			曾大有	2576	
10	曾 一	3988	5300			曾 志	4248	
	曾 二	5300				曾 雄	1977	
	曾 玉	2031				曾 七	413	
	曾 五	4573			45	曾 椿	2004	
	曾可久	385	386		47	曾 朝	1137	
12	曾 弘	3731			48	曾 松	130	
	曾廷試	5527				曾 梅	4900	
17	曾乃呉	2004			51	曾 振	1946	
	曾承業	2675				曾振宣	6472	
20	曾 秀	2031	4248		57	曾 邦	2031	
21	曾衍緒	1164			60	曾 □	5252	
	曾步蟾	4784				曾 唯	4251	5473
22	曾 崇	632				曾國荃	367	683
						曾 四	1946	
					64	曾時燦	6773	

72	曾剛甫	1212	
77	曾熙丙	319	
	曾 昗	2004	
	曾 巽	130	1946
79	曾 勝	5300	
80	曾善和	4784	
82	曾 釗	1137	2421
87	曾 翔	2031	
90	曾光祖	4886	
	曾省吾	1127	

會

00	會文堂書局	3092	3979
22	會山樓	112	5571
23	會稽郡齋	3511	
27	會 侯	5784	
37	會通館	3929	

8060₇　倉

	倉	3090

8060₈　谷

22	谷繼宗	5069
80	谷 年	3878

8073₂　公

	公	955	1137

		2580	5273
00	公 裔	320	
21	公 卓	2017	
22	公樂堂	4110	
24	公 化	5954	
67	公 路	5064	
80	公 善	401	
	公善堂	1491	

養

00	養 庵	2179	
10	養正堂	4298	
	養雲書屋	147	
26	養和堂	3522	3953
		4871	
33	養心齋	4474	
40	養直堂	2623	
50	養素堂	577	
	養素堂藏板	2574	6757
52	養拙堂藏板	4109	

8090₁　佘

30	佘永寧	3599	3990
40	佘嘉詔	5153	
44	佘夢鯉	2426	
60	佘 昱	2820	
90	佘 光	2820	

8090₄　余

余		90	1110
		4796	5499
余　立		1027	
余彥揆		3858	
余彥文		3221	
余　高		1137	
余應虬		427	820
余應虬		820	
余　庭		1108	
余　唐		3028	
余　廣		1086	
余　文		2017	4759
余文一		4759	
余文龍		1663	1898
		3224	
余文曉		4721	
余　六		1137	
余　京		3028	
余彰德		772	1042
		2623	
余　一		4747	
余一龍		5422	
余　二		413	5300
余　三		4721	5122
余　五		542	

余　元		1861	5347
余元長		2994	
余天壽		2004	4747
余天青		4747	
余　廷		585	1108
余廷啓		3274	
余廷柱		3803	
余廷昭		3274	
余延熹		6556	
余　聘		2017	2426
余　環		4747	
余環刊		1350	
余碧泉		5316	5578
		6283	
余孟德		4286	
余　珊		4285	
余乃祐		3098	
余　子		1964	
余子刊		2010	
余子木		36	
余子茂		1964	
余君聘		2017	
余君爵		2017	5422
余　信		1927	
余　爵		2315	5199
余　采		2315	
余　集		3744	4500

21	余肯堂	4248	
	余 卓	4184	
22	余 嵩	4894	
	余 崇	3988	
23	余獻可	6414	
24	余仕刊	2123	
	余仕林刊	2315	
25	余 冲	1948	
	余 積	3988	
26	余伯元	4894	5347
	余伯清	3221	
	余 得	4229	
	余得珠	4721	
27	余象斗	1042	4007
	余紹堂	4248	
30	余 宣	4759	
	余永寧	3793	
	余之梅	4853	
	余 守	5486	
	余 寶	4721	
	余寶珠	4721	
	余 宗	632	3002
		5122	5253
		5347	
31	余还刊	2004	
32	余兆胤	1885	
	余添寿刊	1350	

	余 滔	983	201(
	余近泉	1092	
	余 業	3988	
34	余汝霆	4735	
35	余 清	2004	
	余清刊	1350	
	余 連	3988	
36	余泗泉	519	772
		3003	4527
	余 暹	3098	
	余 還	4747	
37	余 迎	1137	
38	余 海	1027	1086
		3988	6418
	余 祥	1027	
	余肇鈞	4806	
40	余 十	4894	
	余 太	5524	
	余 才	488	
	余 有	2576	
	余有仙	4065	
	余有才	3274	
	余 志	2017	
	余 七	1861	
43	余 埴	1861	
44	余 芳	1027	
	余懋孳	2807	

余　世　1110
余　荣　1435　3274
5199
余　林　1137　1670
2010　2123
2315　3988
46　余加六　5524
余如鐘　4248
47　余圯儒　4445
余　朝　5199
48　余　乾　3988
余　敬　2031
余　松　5363
50　余　中　5300
余　寿　3541
余寿山　3221
余本立　632　1086
2004
余　奉　6418
53　余　成　5300
余成廣　1086
余　甫　2739
55　余　農　1086
60　余　四　2031　3852
4747
余思泉　4039
余昌祚　3803
余昌年　5538
余昌會　5538
余　睘　3274
余　員　632　1086
2739
66　余　賜　4721
67　余　明　3002
71　余長壽　4747
72　余氏甫齋　6366
77　余　堅　1137
余　風　3988
80　余　八　3002
余八十刊　1350　2004
余　全　1861　3988
余毓浩　1422
余毓湘　1422
86　余錦綉刊　1964
88　余　策　5199
90　余　光　1137
余光寫　5104
余　肖　4065

8111_7　鑪

鑪　6426

8141_7　瓶

44　瓶花齋　328　332

		503	619	71	鍾　原	6325	
		625	804	74	鍾陵傅經書	1009	
		807	2421	80	鍾人傑	1147	2849
		4174				5423	
	瓶花書屋	3136		86	鍾　錫	1134	

8211₄　鍾　　　　　　　　8280₀　劍

| 10 | 鍾一元 | 542 | | 77 | 劍閒齋 | 3021 |
| 12 | 鍾登甲 | 537 | 967 | 90 | 劍光閣 | 4368 |

12	鍾登甲	1175	1797
		1912	2577
		3182	3353
		3520	3688
		3919	4227
		4228	4229
		4568	6368
		6370	

8313₂　鈜

| 鈜 | 5400 |

8314₀　鈇

| 鈇 | 6426 |

	鍾瑞先	5423
20	鍾季升	2576
23	鍾允謙	5078
30	鍾良駿	1956
40	鍾大受	5213
44	鍾　華	4441
	鍾其粹	2800
50	鍾　惠	1169
67	鍾明粹	2800
	鍾鳴道	3397

8315₀　鐵

11	鐵琴銅劍樓	1941	2141
		2188	5662
16	鐵硯齋	3341	3342
46	鐵如意館	4980	

鉞

| 鉞 | 5400 |

8315₃　錢

| 00 | 錢應樂 | 2775 |

	錢應兆	69			36	錢湯刻	1388	
	錢應兆刻	5462			40	錢士明	418	
	錢唐顧文振雅氏鑴	6561				錢塘郭志學寫	3469	
02	錢端暎	5235				錢塘王又華靜齋校鈔	6810	
08	錢謙益	1591	4799			錢塘顧文鑴	6561	
10	錢三	488				錢培名	712	
	錢晉刊	92				錢來御刊	4275	
	錢貢	970			44	錢蕭	5075	
11	錢頂	1137				錢英	484	2040
17	錢孟潘	4777					2441	
20	錢禹	1714				錢世傑	2358	4759
21	錢能	327				錢世堯	4938	
	錢經國	5507				錢世英	484	2441
22	錢繼登	3795					3570	4439
23	錢允治	5569					4721	5376
	錢俊民	483				錢世英刊	5611	
24	錢德洪	1917				錢世周	338	
	錢德默	1856			46	錢如京	2595	
	錢科	5180			47	錢朝肅	6304	
30	錢濟世	74	75		50	錢中	2129	
	錢宏	3084				錢中道	4292	
	錢寶瑛	6278				錢泰階	6441	
	錢宗道刊	92				錢忠	2022	2129
32	錢淵	6441			60	錢昌	6325	
	錢泓	146			64	錢時	607	
	錢礼	2129	4292		73	錢駿祥	4789	
34	錢沈	5376			74	錢陞	1707	

77	錢周雕造	5242	
	錢熙祚	2069	
80	錢　普	1612	2494
	錢　曾	1582	2118
		2243	3415
84	錢　鎮	4126	
90	錢　焞	5235	
92	錢　燔	5235	

8318₁　錠

| | 錠 | 4947 |

8412₇　鋤

21	鋤經樓藏板	3891
77	鋤月種梅室	5954
	鋤月吟館	5954

8414₁　鑄

| 07 | 鑄記書局 | 3063 | |
| 77 | 鑄學齋 | 2136 | 5993 |

8418₁　鎮

	鎮	1868
10	鎮　西	957
26	鎮粵堂	1031
30	鎮　定	957
31	鎮江許良	1137

| | 鎮江余高 | 1137 |
| 97 | 鎮　燦 | 957 |

8471₁　饒

10	饒玉成	3364
	饒平余肯堂	4248
21	饒仁卿	3698
60	饒星曜	586
	饒景暐	4065
86	饒錦溪	4777

8519₆　鍊

| | 鍊 | 6426 |

8612₇　錫

12	錫　刊	4176
16	錫環堂藏板	1012
22	錫山施惟誠寫	5151
	錫山何之澣梓	5293
53	錫　甫	2069

　錦

00	錦章書局	3057	3063
		4071	4110
10	錦雲閣	3152	
27	錦峰書屋	5553	
31	錦江書院	2706	

錦江堂　　　3961

鍔

44　鍔蓮山房　　5716

8640₀　知

10　知不足齋　1201　1798
　　　　　　　1850　1938
　　　　　　　2549　3046
　　　　　　　3340　3364
　　　　　　　3900　4207
　　　　　　　4500　4764
　　　　　　　4798　4799
　　　　　　　4803　4805
　　　　　　　4806　4817
　　　　　　　4824　4832
　　　　　　　4843　4844
　　　　　　　5449　6329
　　　　　　　6712　6767
11　知非樓　　5696
16　知聖道齋　1205　1909
　　　　　　　1938　2343
　　　　　　　2347　2421
　　　　　　　2990　3217
　　　　　　　3301　4745
　　　　　　　4794　4799
　　　　　　　4877

21　知止草堂　　5857
26　知白齋　　　3189
60　知足齋藏板　2803

8660₀　智

24　智　科　　　2017
34　智　達　　　2241

8712₀　銅

73　銅駝坊書華堂　6307
　　銅駝坊書肆　　4302

8712₇　郘

20　郘愛四刊　　5054
67　郘明鎮刊　　5054
86　郘錦刊　　　5054
　　郘錦七刊　　5054

鄋

30　鄋　安　　　5253
　　鄋安刊　　　5104
60　鄋国賓刊　　5140
　　鄋国臣　　　5140
77　鄋　奐　　　5140

8714₇　鍐

　　鍐　　　　　1868

8716₀　銘

| 02 | 銘　新 | 3002 |

8716₂　鎦

| 00 | 鎦應遇 | 994 |
| 90 | 鎦光信 | 2257 |

8718₂　欽

| | 欽 | 6426 |
| 67 | 欽　明 | 5954 |

歆

10	歆西黄文善刊	6339
	歆西王充刊	2592
	歆西黄文敬刊	6339
22	歆縣黄鑪刻	5337
	歆縣虬村諸黄	644
60	歆邑朱府藏板	4849
	歆邑黄愛刊	1868
	歆邑黄池刻	5403
	歆邑黄汝清鐫	3803
80	歆人黄繼宗	4291

8718₇　釟

| | 釟 | 1868 |

8742₇　郑

10	郑　一	1536
21	郑　何	3098
24	郑　佐	3098

鄭

	鄭	5212	
00	鄭　雍	5499	
	鄭應齡	4926	
	鄭文熊	2831	
	鄭文貴	6111	
	鄭　六	1948	
07	鄭望雲	1092	
10	鄭　一	1948	
	鄭　二	2031	
	鄭　五	1536	
	鄭　元	1655	2621
	鄭元善	1589	
	鄭西刻	1948	
	鄭雲竹	1029	4719
	鄭雲鑒	5244	
11	鄭　琥	6316	
	鄭　瑚	6316	
12	鄭孫石	2031	
17	鄭子和	3221	
20	鄭　重	5747	

	鄭維桓	3186			1530	3577
	鄭維翰	2227			5180	6429
22	鄭任鑰	806		鄭　梁	5742	
	鄭鼎臣抄録	4770	35	鄭　瀟	3461	
	鄭仙弢	131	40	鄭大經	3626	4361
	鄭　利	1948　5568		鄭大節	5742	
24	鄭　先	5335		鄭　在	3988	
	鄭　德	2031		鄭志昌	293	
	鄭德仁	1077		鄭　杰	1948	4500
	鄭偉慶	5871		鄭　七	1948	
25	鄭傳緒	4739　6759		鄭　梓	2731	2745
27	鄭　佩	2031			2747	2752
	鄭　勿	2031			2758	2779
	鄭　名	3221			3518	3519
	鄭　絅	27			3520	3523
28	鄭以在	3988			3524	3526
	鄭以厚	4132			3531	3535
30	鄭之僑	610　613			3538	3543
	鄭之梅	5871			3561	3562
	鄭宏經	3415			3750	3755
	鄭定遠	2125　2349			3757	3962
		2350　2351			3965	4124
		2498　2499			4127	4408
31	鄭　祐	5742			6720	6725
	鄭福林	3274	45	鄭　椿	1670	
32	鄭　澄	4750	46	鄭　相	2031	
33	鄭心材	818　1138	47	鄭起泓	2125	2126

		2348	2498	95	鄭　性	2853	5742
		2499		96	鄭　煜	917	
50	鄭　春	2031					

郑

60	鄭國祥	1868	5448				
	鄭圃居士	3635		10	郑西刊	90	
	鄭思椠	6657		12	郑孫郎	3274	
	鄭思鳴	6479		25	郑　生	413	
64	鄭　曉	2996	2997	40	郑　七	413	
67	鄭　明	1670	1948	57	郑邦傑刻	3104	
	鄭昭服	5434			郑邦達刻	3104	

8752₀　翔

70	鄭　璧	1593					
71	鄭長瑞	5736		22	翔鸞社	4806	

8762₂　舒

77	鄭　閩	3002					
	鄭　風	6037		01	舒　龍	4292	
	鄭履淳	1138	6429		舒龍□刊	2172	
	鄭履洵	1530		10	舒一泉	4042	
	鄭際唐	6253			舒石泉	4247	
	鄭學遠	6657		17	舒承溪	820	
	鄭學有	6657		24	舒化民	4767	
80	鄭　八	4894	5347	26	舒　伯	3191	
	鄭余合	4065		43	舒　龙	4292	
87	鄭　銘	6225			舒城王府	2676	
88	鄭　竺	2560		44	舒　芬	6696	
	鄭節倫	4894			舒世忠	4523	
90	鄭少齋	2986		60	舒日敬	4765	
	鄭　尚	4894					
	鄭尚經	5011					

| | 舒四泉 | 6283 | |
| 7 | 舒　瞻 | 6197 | |

8762₇　鴿

| 22 | 鴿峯草堂 | 1804 | 5801 |
| | | 6817 | |

8768₂　欲

| 22 | 欲　仙 | 5552 | |

8782₇　郑

	郑	5499	
07	郑調元	5341	
10	郑　元	1027	
12	郑　廷	5253	
	郑廷相	5341	
27	郑　侯	4724	
45	郑　椿	5347	
50	郑　青	6418	
60	郑　晶	6486	
	郑　四	5253	

8794₀　叙

| 90 | 叙　堂 | 1194 | |

8800₀　从

| 14 | 从政山房 | 1048 | |

8810₁　竺

| 47 | 竺　塢 | 1721 | |

8811₆　鋭

| | 鋭 | 1868 | |

8811₇　鎰

| | 鎰 | 1868 | |

鑑

22	鑑懸堂	2580	
40	鑑古堂	4799	5831
90	鑑堂藏板	6669	

8812₁　鋪

| | 鋪 | 1868 | |

8812₇　筠

| 00 | 筠　亭 | 5565 | |
| 76 | 筠陽吳文充寫 | 5252 | |

8821₁　籠

50	籠春堂	1283	1284
		1285	1378
		1379	1380
		1381	4438

		5288	5289
		5290	5291
	籠春堂藏板	821	

8822₀　竹

26	竹泉莊	5004	
27	竹　嶼	3449	3456
		3477	4045
		4169	
36	竹裡亭藏板	5284	
40	竹　友	5077	
	竹友艸堂藏板	4371	
44	竹林堂	5579	
50	竹書堂	4390	6661
	竹素齋	5430	

8822₁　箭

| 22 | 箭山鐵鐙軒 | 6045 |

8822₇　簡

00	簡　齋	2224
	簡方新	2017
	簡應龍	2129
44	簡　菴	3675

第

| | 第 | 1036 |

8824₃　符

22	符山堂	954
30	符永培	143

8854₀　敏

	敏	4262	
27	敏修齋	3142	
50	敏事齋	1804	1805

8860₄　箸

| 00 | 箸庵藏書 | 4755 |

8872₇　節

	節	5033
30	節　之	4461

8877₇　管

00	管庭芬	947	953
		1091	2066
		2233	3155
		3366	3431
		3432	3470
		3477	5662
		6683	
06	管竭忠	369	
40	管士珍	823	

| 77 | 管覺僊 | 5643 |

8879$_4$　餘

00	餘慶堂	1093	4785
	餘慶堂藏板	227	
	餘慶書堂	3311	
40	餘杭王祺助刻	2248	
	餘杭丁應標助刻		2248
42	餘姚王以道刊	2022	
	餘姚王道南刊	1	
	餘姚王思賢刊	2022	
	餘姚夏仁書	25	
	餘姚宋愷寫	3498	
	餘姚黄治刊	25	
	餘姚史章隸古	5023	

8890$_3$　繁

| 10 | 繁露堂 | 2744 |

9000$_0$　小

	小	1147	3092
10	小西山房	3132	
	小雲社	4760	
	小雲林藏板	6660	
	小 賈	957	
13	小琅嬛僊館	2543	
18	小玲瓏山館	1493	5991

21	小紅屋喜兵衛	3079	
22	小 任	957	
	小山館	4291	
	小山堂	1114	2120
		2543	3965
		4402	4758
		4778	4790
		4798	4806
		4844	
26	小 皋	5747	
27	小島彌龍衛門	3112	
	小島質	3078	
30	小瀛山閣	570	6137
	小瀛山閣藏本	465	
	小宛堂	994	995
31	小漚巢	1214	
33	小心齋	2812	
40	小九曲山房藏板		2156
44	小草齋	5553	
47	小嬭嬟山館	869	4227
		4228	6767
50	小書樓	6128	
	小東軒藏板	6231	
88	小 笏	6602	

9001$_4$　惟

| | 惟 | 5435 |

02	惟 新	385	386
10	惟 一	5102	5298
		5337	
30	惟 宗	2799	
86	惟 錫	5064	
90	惟 光	2247	

9003₂ 懷

02	懷新閣	240	
	懷新堂藏板	900	
04	懷謝堂	6624	
10	懷天堂藏板	5703	
24	懷德書堂	1133	
	懷德堂	1161	3060
		3074	3075
		3080	3207
		3239	3242
		3243	3245
		3246	
	懷德堂藏板	6304	
	懷德榮	6262	
	懷 劬	5166	
27	懷紹中	6069	
37	懷潤堂藏書	1754	
40	懷古堂	5919	
41	懷標中	6069	
77	懷 月	6189	

| | 懷用中 | 6069 | |

9010₄ 堂

	堂	6426	
88	堂策檻	947	
	堂策檻藏板	496	

9020₀ 少

	少	91	4290
22	少 山	2561	
26	少泉李潮	65	
30	少室山房	6737	
	少 安	2017	
33	少 濱	5174	
80	少谷山房	4585	
	少谷草堂	642	

9021₁ 光

	光	2031	3338
		3955	
10	光霽敬業堂	6304	
	光霽堂	482	3898
	光霽堂藏板	2671	4384
16	光碧堂	1715	3060
32	光州儒學	1119	
38	光裕堂	2849	2988
		4132	4616

	4702	5239	
	6103		
光裕聚錦堂	2849		
光啟堂	441		
44 光華堂	3087		

9022₇　肖

00	肖　亮	5453	
	肖　應	1027	
	肖應元	1027	
	肖　羍	4750	
	肖羍刊	4065	
10	肖一卿	4262	
22	肖山王時初刊	4002	
	肖山湯仁寫刻	5599	
30	肖　寄	4747	
	肖　良	1714	
53	肖　成	1143	
57	肖邦魯	5098	
77	肖　舉	2088	

尚

	尚	2686	4290
00	尚　文	1435	2441
		2687	
	尚言刊	92	
08	尚論齋藏板	5239	

21	尚　貞	5760	
24	尚　德	1137	
	尚德堂	6636	
26	尚白齋	1211	1661
		2633	3366
		3522	3644
		3645	3843
		3844	3845
		3911	3917
		3918	4044
		4045	4046
		4047	4463
		4464	4681
	尚白齋藏板	3310	
27	尚綱館	647	
28	尚儉堂	3104	
30	尚　汶	491	
31	尚　还	1388	
40	尚友齋	2919	
	尚友堂	1066	
	尚友堂藏板	1067	
	尚希圣	1303	1435
	尚志堂	897	3051
		4158	5757
44	尚　荣	1388	1435
47	尚朝柱	4099	
48	尚擎一	4099	

50	尚 忠	43
	尚忠堂	6149
60	尚景元	6696
67	尚 明	2017
77	尚 圣	6418
	尚卿居	4764
79	尚 勝	6418

常

	常	6718
00	常 序	5113
	常文魁	2052
04	常熟縣學	6374
	常熟吕虚舟書刻	6374
10	常 于	5082
17	常郡程君恩梓	1669
24	常 德	5012
30	常守信	586
	常定遠	759
32	常州府	587　607
	常州日新書莊	721
40	常 在	2484
	常 吉	3722
60	常 愚	5082
77	常鳳翔	231

9025₉　舜

舜	5400

9040₇　学

学	2494

9050₀　半

16	半硯齋	4266　5004
44	半壄堂	3510　3511
		3692　3733
		3739　4180
		4186　4187
47	半 桐	3820
48	半松齋	3138
60	半園學人倪鬻編次並書	
		6653
	半園學人倪鬻校字並書	
		6653
77	半學齋刻本	2212

9060₃　眷

10	眷西堂藏板	3718

9060₆　當

27	當歸草堂	2770　6257

9073_2　養

養　　　　　　1436

9080_0　火

　　火　　　　　1436
45　火　坤　　　4233
48　火　增　　　5041
83　火　錢　　　6307

9080_6　賞

34　賞　洪　　　4292

9090_4　米

44　米　芾　　　3732

棠

22　棠　山　　　40
44　棠蔭館　　　319　　2676
　　　　　　　　2677　3238
　　　　　　　　3501
78　棠陰館　　　3049

9101_6　恒

　　恒　　　4582　5299
33　恒心堂　　　3132
34　恒遠堂　　　3079

9106_1　悟

37　悟澹齋　　　5401

9181_4　煙

10　煙雨樓　　　5442
27　煙嶼樓　　　1481
50　煙畫東堂　　5742

9206_4　恬

80　恬養軒　　　1609
　　恬養齋　　　4794

9280_0　剡

44　剡藻堂　　　223
77　剡周汝登書　1679

9281_8　燈

22　燈崖閣　　　2471

9284_7　煖

　　煖　　　　　3090

9305_0　懺

44　懺華盦　　1135　2344
　　　　　　　3804　4513
　　　　　　　6762

9306₀　怡

	怡	4588	
01	怡顔堂	1182	4902
10	怡雲居士	4656	
44	怡蘭堂	5759	
50	怡素堂	920	
93	怡怡堂	6028	
98	怡　愉	1501	

9408₁　慎

03	慎詒堂藏板	803	
07	慎記書莊	1130	1952
24	慎德堂藏板	1580	
27	慎修堂	3637	
	慎脩書屋	5751	
28	慎　儀	6189	
	慎儉堂	4040	
44	慎　蒙	2316	
46	慎獨齋	1092	1247
		1858	2576
		4182	4224
		4785	
60	慎墨堂	6628	
	慎思堂	1047	
88	慎餘堂	3057	

9501₀　性

	性	3013
32	性　澄	2241
92	性　燈	957

9503₀　快

77	快閣藏板	319	
90	快　堂	3609	3772
		4149	

9592₇　精

10	精一閣書局	1150

9601₄　惺

33	惺心樓	1815

9602₇　惕

00	惕　齋	292

9703₂　恨

10	恨不讀書堂	2043

9705₆　懼

27	懼紹龍	6283

9782₀　炯

23	炯然亭	5171

9783₄　煥

00	煥文書局	887
60	煥園藏板	2257

9786₂　炤

	炤	1485

9801₆　悦

00	悦六齋藏板	530

9805₇　悔

90	悔堂老人	1830	1831
		1832	1833
		2197	2329
		2463	4481

		4482	

9940₇　變

26	變和精舍	3061

9942₇　勞

44	勞　權	1798	6817

9990₄　榮

	榮	955	
27	榮　名	3994	
32	榮洲祉	70	
40	榮壽堂	3522	
44	榮桂堂	4694	
46	榮觀堂	2410	3177
77	榮　譽	3744	
86	榮錦堂	2804	
	榮錦堂藏板	4773	
90	榮光樓	3504	3702

四、藏書家及藏書印鑒索引

0010₄　主

80　主人素喜藏書,奈家貲無
　　多,未能廣置,僅此數種,
　　以備參考。親友借觀,豈
　　敢自祕。第性魯不能強
　　記,每有所憶,時愛翻閱。
　　凡借去者,希於旬日内擲
　　還,則深感原諒之雅。附
　　觀書四戒:勿以唾拈書,
　　切忌垢污紙,慎毋爪侵頁,
　　莫將篇折角。閱者其知
　　此,則收書家不致有□敬
　　仲之惋惜矣。戊戌秋仲朋
　　壽室主人謹告。　　2111

童

10	童石塘	4934
51	童振藻印	4232
72	童氏石塘	4934

0010₈　立

00	立庭藏玩	3914	
22	立　峯	1754	4923
		5386	
48	立教館圖書印	3350	3351

0011₄　癱

| 36 | 癱　禪 | 2484 | 6697 |

0021₁　鹿

22	鹿巖精舍	1832	2179
		2216	2248
		2259	2270
25	鹿傳霖	5602	
43	鹿城書肆	2572	
60	鹿園林氏藏書	3934	
71	鹿原林氏藏書	3214	

龐

| 23 | 龐　俊 | 27 |

32　龐淵如　　　4301

42　龐　塏　　　5989

0021₄　塵

23　塵外軒　　　1978

0021₆　竟

21　竟　優　　　3919

競

40　競　存　　　3919

0021₇　盧

31　盧江何氏適齋　1399

0022₂　彥

58　彥歊珍賞　　5152

80　彥　合　　　811　1182

　　　　　　　1601　1996

　　　　　　　4493　4799

　　彥合珍玩　　996　1177

　　　　　　　1856　4493

　　　　　　　6794

　　彥合珍存　　1177　1856

　　　　　　　1861　4406

　　彥合珍藏　　1856　1861

　　　　　　　6794

廖

70　廖雅亭　　　6702

序

22　序樂堂　　　5540

0022₃　齊

27　齊魯大學圖書館藏書

　　　　　　　839　4349

0022₇　方

10　方一峰　　　3338

　　方夏私印　　4420

11　方冀道　　　221

14　方功惠　　　353　486

　　　　　　　766　4718

　　　　　　　4747　4781

　　　　　　　5572　6390

　　　　　　　6419　6461

　　方功惠藏　　350　3705

　　　　　　　3778　4031

　　　　　　　4724

　　方功惠藏書之印

　　　　　　　1108　4235

　　方功惠藏書印　517　649

　　　　　　　672　844

		1516	3002
		3351	4127
		4713	4720
		5497	6453
	方功惠印	3213	4720
		6429	6637
20	方維甸	6220	6640
22	方　山	1978	
27	方　綱	1194	
30	方家書庫	353	672
		4713	4720
		5497	6637
40	方　赤	1194	
44	方茗衡	3159	
	方樹本	6713	
72	方氏茗衡曾觀	3159	
80	方　義	2167	5270
87	方　朔	1917	

高

27	高郵董伯純所藏善本圖記		
		3942	
	高仰山印	6627	
34	高凌霨澤畬甫收藏印		
		1103	
	高凌霨印	1103	
40	高士奇印	2676	

44	高苑張畫船家藏圖書		
		5306	
	高世異	6292	
	高世異圖書	2345	
	高世異圖書印	5298	6349
	高世異印	4869	5858
	高世異鑑賞章	5035	
60	高見龍印	357	
72	高氏家藏	4869	
	高氏華陽國士祕笈子孫寶		
	之	2345	
	高氏吹萬樓所得善本書		
		431	436
76	高陽郡圖書印	1860	
88	高銓之印	4854	
91	高恒懋印	5722	

商

31	商河王	998	
72	商丘宋筠蘭揮氏	1747	
	商丘宋犖書畫府印	1860	

育

| 00 | 育　亭 | 2062 | |

席

| 90 | 席尚謙 | 1449 | |

庸

00	庸　庵	4416
88	庸　笙	4800

0023₁　應

31	應禎之印	4308	
	應禎鳳起	4308	
44	應樾私印	4782	
71	應　陞	1218	2148
		2252	3090
		4403	
	應陞手記印	1212	6770

0023₂　康

	康	3819	
20	康千里	6085	
	康千里守藏子孫宜永壽		
		6085	
27	康修其藏書記	4723	6491
	康　侯	2238	
38	康　祚	2493	
40	康有爲	1825	4221
88	康符果印	2062	

0023₇　庚

17	庚子翰林	745

50	庚申第六人	6561

庚

22	庚嶺分枝	4959
51	庚　虹	955

廉

10	廉晉經眼	4296
21	廉　貞	3919

0024₁　庭

44	庭芬經眼	2233

0024₇　慶

48	慶增氏	1177	1716
		3215	
80	慶　善	221	
	慶善字叔美印	2784	5947

廋

80	廋　羊	4794

0026₁　磨

60	磨墨亭	4102	
77	磨兜堅室	2001	4402

0026₄　麿

12	麿　孫	4794	
	麿孫印	221	
40	麿嘉館印	124	432
		587	612
		667	930
		1102	1141
		1237	1387
		1612	1959
		2064	2389
		3257	3364
		3483	4174
		4808	4939
		5230	5257
		5275	6121
		6349	6708
		6758	

0026₇　唐

10	唐一麟印	293	
	唐元素所得	3900	
	唐百川	1221	1245
	唐百川收藏印	1188	
30	唐寅私印	2994	
37	唐鴻學	1637	
38	唐祚印	4066	

41	唐栖朱氏結一廬圖書記		
		4121	4764
		4796	5701
47	唐鶴徵印	2801	
48	唐翰題	2140	3856
		6320	
	唐翰題審定	2140	
53	唐成之家寶藏	3130	
62	唐則趙祕笈印	6388	
77	唐風樓	2489	2559
		2991	
	唐　卿	1850	
80	唐　人	3130	
	唐普善	6388	

0028₆　廣

24	廣德堂呂氏珍藏書畫印		
		745	
31	廣　沅	3372	
37	廣運之寶	3224	3946
38	廣道意齋收藏圖籍印		
		1803	
50	廣東肇陽羅道關防	4471	
	廣東□陽羅道關防	2615	
74	廣陵江洵鑑藏印	3638	
99	廣榮長壽	3903	

0033₀　亦

18	亦政堂	972	
60	亦足齋	47	
77	亦　陶	4780	4818
		4820	4834

0033₁　忘

10	忘憂艸堂藏書印		
		134	776
		3828	

0033₆　意

| 00 | 意　文 | 2618 | |

0040₀　文

00	文府之記	71	
	文　度	1012	
02	文端公遺書	4503	
10	文正曾孫	1605	2549
		2990	3301
	文霱之印	2662	
	文雪吟	3914	
	文元發印	4830	
	文石子印	4064	
	文石朱象玄氏	1860	
12	文登于氏小謨觴館藏本		

		4488	
	文瑞樓	3466	3828
		4769	4798
		4799	4807
		4829	4846
		4877	4902
		4984	5036
		6308	6771
	文瑞樓主人	4984	5036
	文瑞公遺書	2510	
	文廷式	4215	
17	文　孟	3224	
	文弨讀過	2574	
	文弨之印	3756	
	文　子	2787	
24	文德堂	69	
26	文　伯	5360	
	文　泉	694	
28	文徵明印	4642	
	文　儀	248	
30	文字大蟲	1022	
31	文　潚	3914	
	文潚之印	2138	3914
32	文淵閣大學士章		
		27	836
	文淵閣印	957	
37	文禄堂	3702	

	文選樓	3505	4824
		4971	
40	文　嘉	2676	
	文杏館	921	
43	文　博	3371	3378
44	文　莊	2549	
	文　若	6485	
46	文　如	4610	5703
		5838	5854
47	文愨公	1825	
50	文惠家風	5602	
	文素松印	71	130
		212	4372
71	文原仲子	5748	
77	文卿孺子	2549	
	文卿珍藏	5065	
	文學侍從	1212	
	文學侍從之臣	6009	
	文學侍從之印	1287	
88	文筆鳴鳳	1258	
91	文　炳	5719	
97	文恪後人	4782	

0040₁　辛

10	辛酉選拔朝貢一等		1702
24	辛德勇	390	4117
		5021	5798

26	辛白甫	4869	
38	辛道人	3928	
50	辛夷館印	1861	
77	辛卯劫後所得	1214	1739
		2897	3467
		6430	

0040₄　姜

34	姜池玉	1914	1973
		6712	

0040₆　章

12	章　登	4065	
13	章武高氏	1103	
21	章紫伯	4402	
	章紫伯鑑藏	1959	
22	章綬銜	1959	2001
		4402	4769
		4800	
	章綬銜印	1959	4800
		5490	
29	章秋蟾青箱長物		6387
30	章寄芬書畫印	2202	
43	章式之讀書記	2543	3856
	章城善印	4439	
72	章氏珍藏書畫	293	
80	章全手校	1601	

86	章鐸私印	2168	
95	章 懍	4402	

0040₈　交

00	交慶堂印	4409	
37	交通部贈	1117	

0044₁　辨

00	辨 齋	1290	2416
		3118	3574
		5082	5584

0060₁　言

00	言言齋	2986	3034
		3345	3641
		4207	4669
		4930	5094
	言言齋善本圖書	3345	

0073₂　衣

24	衣德樓	5907	

玄

30	玄守閣	1561	
	玄 宰	337	
32	玄冰室珍藏記	319	1109
		4779	6718
		6779	6812
34	玄對樓	5306	
78	玄覽中樞	1797	
80	玄 谷	2720	

襄

40	襄 七	3825	

裒

02	裒新館	2319	4064
	裒新館藏	4064	
	裒新館藏書記	4064	5475
40	裒古田舍	1212	

褒

51	褒軒珍藏	4230	
60	褒蜀廬	3299	

衺

00	衺(表)章經史之寶	337	

0080₀　六

10	六一山房	5670	
	六一山房藏書	5670	
	六一社主人	2395	
	六石居士	6095	
25	六積堂王氏珍藏	3996	

27　六　舟　　　5423

80　六合徐氏孫麒珍藏書畫印

　　　　　　1490　1684

　　　　　　3619　5390

　　　　　　5415

88　六篆山堂　　3214

　　六篆樓　　　3214

　　六篆樓所藏書　5360

94　六慎齋　　　2493

0090₆　京

21　京師圖書館收藏之印

　　　　　　2491　4786

　　　　　　4846

　　京師圖書館藏書記

　　　　　　1033　1093

　　　　　　2023　2027

　　　　　　2047　4003

　　　　　　5884

31　京江盛氏珍藏　1521

32　京兆季子　　1027

40　京　大　　　4209

53　京甫手鈔　　2138

0121₁　龍

21　龍仁世家　　4461

　　龍虎將軍侯繼國　　3001

22　龍山許氏　　1689

　　龍山查氏珍藏書帖印記

　　　　　　　4521

　　龍山慤廬藏書之章

　　　　　　516　3727

　　　　　　5258　6640

31　龍江釣叟　　4434

34　龍池山房秘本　2549

0164₆　譚

10　譚而成曾過眼　4760

40　譚吉璁　　　6318

77　譚學敏　　　1601

0166₁　語

40　語　古　　　6794

　　語樵曾讀　　6812

諧

40　諧　九　　　2847

0180₁　龔

22　龔鼎孳印　　2049

40　龔樵豐藏書印　972

90　龔少文收藏書畫印

　　　　　　410　920

　　　　　　1034　1052

		1272	1485
		1810	2750
		3155	3695
		4500	4669
		4832	5596
		5837	6119
		6374	

0212₇　端

00	端　方	3643	4230
		4310	4322
		4449	4485
		6739	
77	端居室	6562	

0292₁　新

00	新齋珍藏書畫之章	2750
10	新　吾	6607
22	新豐鄉人庚申以後所聚
		1908
24	新化歐陽銘字慧虛印
		6643
30	新安朱氏勤貽堂收藏圖書
	印	1709
	新安吳氏書畫之印	1035
	新安江	4985
	新安汪氏	4829	4856

		4899	5479
		5792	
44	新坡卿校	1446	2049
	新若手未觸	4830

0363₂　詠

10	詠　霓	3589	4890
		5014	5161
		5862	
44	詠花軒書畫記	6713

0365₀　誠

| 10 | 誠一堂 | 6040 |
| 33 | 誠心可以裹遠 | 4487 |

0366₀　詒

10	詒晉齋	811
21	詒經堂張氏珍藏	1732
44	詒莊樓	488	653
		764	1655
		4508	4721
		5604	
	詒莊樓藏書印	6350

0391₄　就

| 90 | 就　堂 | 4858 |

0460₀　謝

30	謝　家	1723
	謝　宿	4021
	謝寶樹印	3460
	謝宗陶藏書印	6596
33	謝浦泰	4958
38	謝道承印	5596
40	謝在杭藏書印	1267
	謝希曾	4719
47	謝朝元	4656
60	謝昌賢	5758
72	謝剛主	1473
	謝剛國印	3455
	謝氏珍藏	6762
	謝又紹	5596

0461₁　詵

80	詵　兮	3036

0462₇　訥

21	訥術(道)人	448

0463₄　謨

24	謨　偉	6263

0464₁　詩

00	詩裏求人，龕中取友，我襄如		
	何，王孟韋柳	1157	5095
		5429	
30	詩房珍藏印記	549	
36	詩　禪	1022	
80	詩龕書畫印	2551	2596
		3694	3710
		4068	4121
		4506	5095
		5177	5183
		5429	5900
		6741	
	詩龕居士存素堂圖書印		
		6177	6262
	詩龕鑑藏	6177	6262
90	詩卷長留天地間	4728	

0466₄　諸

86	諸錦私印	3825

0468₆　讀

10	讀五千卷書室	1266	1691
		1692	1696
		2771	
40	讀有用書齋(文氏)	3914	

讀有用書齋(韓氏)

		1212	1242
		1512	1807
		1858	2148
		2150	2252
		2549	3090
		4499	4780
		6311	6392
		6770	
50	讀史精舍	2544	
	讀書臺	3618	
	讀書養氣	6243	
60	讀易艸堂	6529	
	讀易樓	1267	
	讀易樓藏書記	1267	
	讀異齋藏	2283	
77	讀騷如齋	2001	4800

0512₇　靖

12	靖　廷	2424	3329
		4607	5032
		5119	5889
		6275	
	靖廷讀過	3329	
	靖廷圖書	5032	
26	靖　伯	4181	
	靖伯氏	3904	

0564₇　講

17	講習堂	70

0668₆　韻

00	韻齋長壽	510
	韻齋所藏	5155
45	韻　樓	5870

0669₄　課

44	課花庵	1973
55	課耕山莊	2629

0710₄　望

21	望儇山房	2769	5376
22	望山樓	93	

0724₇　毅

00	毅庵主人藏書	1682

0742₇　郭

10	郭可光	6119	
26	郭白易	4724	6119
	郭伯陽	6119	
44	郭兼秋	1720	2031
46	郭柏蒼	1720	
72	郭氏珍藏	4724	6119

　　郭氏白陽藏書 6119

0　郭金玉印　　　2022

0762₀　調

7　調運齋　　　　1022

訥

44　訥　菴　　1622　3828
　　　　　　　4495　4850
　　　　　　　5679　6016

　　訥菴珍藏　　2238
　　訥菴居士　　2587　4842

0762₇　誦

44　誦芬室　　　1914　6737
　　　　　　　4495
　　誦芬室藏書記 1194
　　誦芬堂印　　3415

0764₇　謏

77　謏聞齋　　　2189　3817
　　　　　　　4064　4409
　　　　　　　4559　4563

　　謏聞齋主人　1022
　　謏聞齋藏祕籍 1022

0766₂　詔

10　詔平所藏　　4231

0821₂　施

17　施子頎　　　3977
27　施紹和　　　637
35　施禮耕　　　6391
51　施振成　　　2631
72　施氏子頎　　3977

0823₃　於

74　於陵張氏爾梅鼎臣父珍藏
　　　　　　　3593　4500

0824₀　放

33　放浪山水間　1926
95　放情山水之間 1582

0844₀　效

10　效吾知齋但氏珍藏　5302

敦

28　敦倫堂　　　5797
　　敦　復　　　12　　94
　　　　　　　667　　697
　　　　　　　804　　1991

　　　　　　　　　　　2421

　　敦復堂珍賞　　898

77　敦夙好齋　　4796

0862₇　龡

44　龡蓮家藏　　6192

　　龡蓮書記　　6192

0863₇　謙

　　謙　　　　　1446

10　謙吾圖書　　4928

28　謙牧堂　　　4876

　　謙牧堂書畫記　1194　1200

　　　　　　　　1212　1324

　　　　　　　　2243　2575

　　　　　　　　3217　4791

　　　　　　　　4876　4920

　　　　　　　　6575　6577

　　謙牧堂藏書記　1212　1324

　　　　　　　　2243　2575

　　　　　　　　3217　4712

　　　　　　　　4791　4858

　　　　　　　　4862　4920

　　　　　　　　5194　6575

　　　　　　　　6577

0864₀　許

10　許元溥印　　1605

17　許乃普　　　152

　　許子詠　　　2421

21　許卓然印　　5968

25　許繻曾印　　5811

27　許久印　　　2543

30　許宗彥印　　1939　672⁹

38　許道菴印　　4207

43　許博明　　　1858　2676

　　　　　　　　4181

52　許虬竹隱　　4967

60　許星瑞　　　6321

　　許星臺　　　4362

　　許星臺藏書印　2736

72　許隱之印　　146

　　許氏子詠　　2421

　　許氏行素軒收藏書畫記

　　　　　　　　3207

　　許氏星瑞　　6321

　　許氏星臺藏書　4362　5968

　　　　　　　　6067　6092

90　許　焞　　　1632　3529

　　　　　　　　3535　3859

　　　　　　　　4443

　　許焞收藏　　2720

1000₀ 一

00	一　齋	6695	
07	一氓讀書	1807	1813
		2320	2521
		6822	
	一氓五十後所得		1807
10	一粟山房	6643	
	一粟洲	4799	
12	一瓢顔巷	4102	
22	一　山	2672	
27	一名人杰字昌英		
		2031	5553
30	一字德啓	5035	
	一字秋寮	3916	
	一字述菴別號蘭泉		
		1150	2994
		3914	
	一字尌珊	5204	
	一字莊	2528	
	一字思岩	1022	1917
		3977	
	一字榮公	6526	
	一官常憎處非才		2592
44	一帶閣	3974	
71	一厴十駕	2078	2549
		3048	
74	一肚皮不合時宜		1542

1010₀ 二

10	二百蘭亭齋	6709	
	二酉齋	1697	
	二　雲	3341	
26	二自山房	5759	
	二泉精舍藏書之記		1133
40	二十八宿研齋	1	1194
		1601	1739
		2138	3639
		3977	4582
	二十八宿硯齋	3639	
	二十八宿硯齋主人		273
44	二萬石齋	5109	
	二萬卷，書可貴。一千通，金石備。購且藏，劇勞勩。願後人，勤講肆。敷文章，明義理。習典故，兼游藝。時整齊，勿廢墜。如不材，敢賣借，是非人，犬豕類，屏出族，加鞭箠。述菴傳誡。	1150	3914
	二老閣	35	38
	二樹書畫之印	969	
46	二如居士	3934	
48	二槎藏本	1195	

80　二金蜨堂藏書　3213

1010₁　三

17　三刖書屋　　1999　2041
　　　　　　　　　2080
22　三山陳氏居敬堂圖書
　　　　　　　　　1698　3996
　　三山陳居敬堂圖書　5113
23　三　峨　　　680
30　三　寶　　　22
40　三十六硯居　5757
　　三十六峰主人　6320
　　三十五峯園主人　　1132
　　三十五峯園主人所藏　1104
44　三世醫廬　3078
50　三事道人　6561
77　三鳳堂　　1861

正

11　正　孺　　1723
27　正修堂　　666　1023
　　　　　　1127　1214
　　　　　　1645　1960
　　　　　　1989　2281
　　　　　　2354　2897
　　　　　　3790　3938
　　　　　　5375　6385

　　　　　　6430　6819
　　正　叔　　4760
30　正定經文　　290
50　正青之印　4669
　　正青洙雲　4669
　　正蕭亭　　1702
53　正　甫　　2167
76　正陽藏書子孫法守　493
77　正　闇　　6308
　　正　民　　2750

䷍

䷍　　　　　2536

1010₃　玉

00　玉　齋　　4210
10　玉雨堂印　3509　3563
　　　　　　3856　4068
　　　　　　4836　4858
　　玉函山房藏書　764　2847
　　　　　　5167　5317
　　　　　　5521
11　玉研堂　　769　2001
16　玉硯堂　　6741
18　玉玲瓏閣　2049
22　玉峯張氏世守　6778
23　玉參差館　6817

35　玉連環室　　　2520

38　玉海樓　　　　3488　3507
　　　　　　　　　3512　3556
　　　　　　　　　3685　3731
　　　　　　　　　3743　3901
　　　　　　　　　3936　4389
　　　　　　　　　4399　4489
　　　　　　　　　4494　4792
　　　　　　　　　4869　5393

40　玉壺冰清　　　4246

44　玉蘭堂　　　　1861　3292
　　　　　　　　　4496

　　玉樹臨風　　　2536

47　玉　堚　　　　2404

　　玉　奴　　　　1914　1973
　　　　　　　　　1996　3807
　　　　　　　　　6574　6712
　　　　　　　　　6713

50　玉書山房　　　6778

53　玉　甫　　　　　631

67　玉照樓孫氏金石書畫印
　　　　　　　　　5898

88　玉鑑堂　　　　1623

　　玉簡齋　　　　2489

　　玉　符　　　　5426

　　玉　笋　　　　2541

　　玉　筒　　　　3822

1010₄　王

00　王鹿鳴　　　　1155　1478
　　　　　　　　　1926

　　王　言　　　　4836

01　王　龍　　　　4063

02　王端履字福將號小穀
　　　　　　　　　4413　5007

10　王雪澂經眼記　4451

12　王引之　　　　2421

　　王延雒印　　　3187

17　王瓊宴　　　　1478　1926

　　王乃昭　　　　5152

　　王乃昭氏　　　1512

　　王子信　　　　2881　5014

20　王季歡　　　　 488　 759
　　　　　　　　　4721

　　王秉信字執誠　6507

　　王秉宣珍藏書畫印　　1861

21　王禾子　　　　2549

23　王獻唐　　　　5385

　　王獻唐讀書記　5809

24　王德之印　　　3415

　　王德森　　　　5738

　　王德森印　　　 273

25　王仲道印　　　4869

26　王崐之印　　　5984

27	王　修	488	
	王修之印	652	759
	王修鑑藏書畫	4721	
28	王以成印	1264	
29	王秋濤	2549	
30	王永清	5826	
	王守仁印	5336	
	王寶明	1267	1807
		4338	
	王宗炎	1591	3505
		4850	
	王宗炎所見書	3439	3638
		3792	4807
		4858	6427
	王宗炎印	6688	
32	王兆騏	5259	
	王兆鈺	4967	
33	王必誠印	3953	
34	王澍之印	3112	
	王汝嘉	149	
35	王禮培	212	1685
36	王　昶	176	1150
		2994	3914
40	王士禛	1212	4720
	王士禛印	1287	
	王存一	3341	
	王培孫	2209	2258

		2471	2674
		4833	4836
		4877	5309
		5709	
	王培孫紀念物	30	128
		219	552
		917	972
		1009	1065
		1230	1363
		1392	1684
		1974	2319
		3057	4588
		5595	5871
		5878	5880
		6001	6013
		6053	6634
44	王協信印	3930	
	王協夢印	5999	
	王藻私印	4128	
	王蔭嘉	273	
	王蓮涇	2549	
	王孝詠印	4799	
	王茗孫印	1723	
	王世德	2781	
	王芑孫	1182	1582
	王　棻	1433	
	王　植	3880	

46	王　相	825	1562
		5497	
47	王懿榮	1723	5054
		5428	6318
	王懿榮印	588	1934
		5428	
52	王靜宜	1361	1399
		1404	1807
		2101	2528
		3816	4338
	王靜宜印	1399	
54	王　耤	3431	3432
		3744	4228
59	王　揆	4183	
60	王國維	6817	
64	王時敏	955	4760
67	王鳴盛印	1939	2078
		3215	
	王嗣奭印	1652	
71	王阮亭氏	4176	
	王原祁	4760	
	王　臣	1707	
	王臣敬觀	2424	
72	王氏二十八宿研齋祕笈		
		3977	
	王氏二十八宿研齋祕笈之		
	印	1	1194
		1601	1739
		2138	4582
	王氏二十八宿硯齋藏書之		
	印	3639	
	王氏乃昭	5152	
	王氏子信珍藏	2881	5014
	王氏珍藏印信	6539	
	王氏信芳閣藏書印		
		825	1562
		2041	5363
		6061	
	王氏收藏	5948	
	王氏世德	2781	
	王氏籀鄦諮藏書記	5032	
77	王堅字又白	1	
	王鳳岡	4211	
	王同愈	80	107
		2794	
	王鵬運	2283	
	王履吉印	3292	4496
	王際華	267	872
		948	1097
		1135	1217
		1220	1221
		1223	1229
		1239	1245
		1262	1263

		1273	1274
		1608	1853
		1854	2069
		2074	2375
		2495	2996
		2997	2998
		3529	3530
		3534	3560
		3879	4125
		4665	4715
		5890	5893
		6053	6060
		6211	
	王　熙	912	
	王又華	6810	
	王聞遠	3718	
78	王臨川	6175	
80	王金鋕印	702	5479
83	王鐵夫閱過	1182	
86	王錫元	4818	
88	王鑑之印	6579	
	王篴愚印	6052	

至

90	至　堂	1856	1861
		6794	

1010₇　五

16	五硯樓	4809	
	五硯樓袁氏收藏金石圖書印	4809	
	五硯樓藏	2701	
27	五　峰	3353	
	五峰樵客	3292	
31	五福五代堂寶	1109	1399
		1858	4198
		6575	
	五福五代堂古稀天子寶		
		1861	
	五福堂收藏明版善本書		
		3615	
40	五十萬卷樓	2736	4406
		4777	
	五右齋	2536	
44	五萬卷藏書樓	1194	1275
77	五隝山房	1218	

孟

00	孟齋藏書	1759

亞

50	亞東沈氏抱經樓鑒賞圖書印		
		1194	1253

| | | 4419 | 4491 |

1010₈　靈

10	靈石王臣恭觀	1707	
21	靈虛寶藏	4590	
32	靈溪精舍藏書之印	3208	
44	靈芬館圖書記	4948	
	靈蘭室圖書記	4031	

1010₉　丕

12	丕　烈	4181	4491
		4967	5152
		6794	
	丕烈之印	4877	6794

1011₁　霏

| 10 | 霏玉樓較正無訛 | 3487 | |

1014₁　聶

| 46 | 聶如璋 | 5757 | |

1017₇　雪

00	雪廬珍藏	1003	
	雪廬居士	1003	
10	雪霞氏	1258	
38	雪　滄	1	
	雪滄所得善本	1	

40	雪　樵	4933	5980
44	雪苑王瓊宴家藏書		
		1478	1926
	雪苑宋氏蘭揮藏書記		
		186	644
		1277	1850
		2590	4243
		4409	4633
		5074	6318
		6718	
65	雪映廬	241	
68	雪　吟	2138	
	雪吟過眼	2138	
87	雪　鋒	6644	
89	雪鈔露購	4876	

1020₀　丁

00	丁立誠	2287	
	丁立中	1960	
	丁　丙	290	533
		741	2189
		2281	2374
		2380	2579
		2899	3436
		3744	4500
		4972	4996
		5098	5199

		5244	5246
		5260	6472
		6706	6729
		6793	6817
17	丁丑劫餘	241	
22	丁山氏朮	955	
	丁崇城	4488	
25	丁佛藏	3182	
28	丁復丁	2374	
31	丁福保讀書記	2793	5491
		6528	
	丁福保四十後讀書記	4769	
	丁福保印	1067	2793
		4769	5491
	丁福保鑑藏經籍圖書		
		4871	5491
37	丁祖蔭	5079	
40	丁士源	6561	
44	丁菊甦藏書印	2574	
50	丁　申	533	2579
		3221	6817
60	丁日昌字靜持號禹笙	4494	
	丁田樹	3682	
	丁　晏	6785	
72	丁氏菊甦	2574	
	丁氏八千卷樓藏書記		
		533	1023

		1260	1965
		2101	2158
		2493	2558
		3505	3643
		3771	3859
		3971	4029
		4416	4449
		4454	4485
		4511	4580
		4790	4791
		4820	4831
		4833	4845
		4858	4867
		4960	5011
		5029	5030
		5070	5095
		6282	6317
		6352	6730
77	丁卯劫後所得	6817	

1021₁　元

00	元　方	1166	1996
		2078	2342
		2549	
	元方審定	3048	
	元方心賞	3788	
	元方難爲兄	5712	

| 01 | 元　龍 | 2493 | | |

| 04 | 元　謹 | 1177 | | |

| 12 | 元　刊 | 2140 | | |

| 14 | 元功之章 | 4923 | | |

| 22 | 元　鼎 | 3719 | | |

| 26 | 元和王同愈 | 80 | 107 |
| | | 2794 | | |

| 37 | 元　通 | 319 | | |

| 38 | 元澂之印 | 4725 | | |

| 50 | 元　肅 | 5414 | | |

| | 元　本 | 1132 | 1499 |
| | | 1586 | 4720 |

| | 元　忠 | 6778 | | |

| 67 | 元照私印 | 1094 | | |

| 90 | 元尚齋吳氏藏 | 6197 | | |

| 98 | 元悔齋藏 | 1996 | | |

1022₃　霽

| 67 | 霽　野 | 2576 |

1022₇　丙

| 50 | 丙中氏 | 584 |

雨

| 50 | 雨　春 | 5762 |

| 80 | 雨　公 | 3837 |

兩

| 30 | 兩淮鹽政李質穎送書木記 | 4579 |

| | 兩淮鹽政李質穎送到某家藏禹貢山川郡邑考壹部計書壹本 | 341 |

31	兩江總督端方爲江南圖書館購藏	3643	4230
		4310	4322
		4449	4485
		6739	

| | 兩江總督採購備選書籍 | 4382 |

| 32 | 兩浙左伯,清俸所貽 | 2288 | 2472 |

爾

| 43 | 爾　載 | 1194 |

| 44 | 爾　逢 | 4816 |

| 90 | 爾　忭 | 3837 |

扃

| 35 | 扃津草堂 | 4370 |

1023₀　下

| 40 | 下大夫章 | 2556 |

1023₂　震

60　震　甲　　　2130
66　震　器　　　4933

1024₇　夏

17　夏承燾　　　4706

霞

20　霞秀景飛之室　2576　4824
　　　　　　　　　　　　　4830
22　霞山林仲懿山甫氏識　4708
30　霞　房　　　2572
　　霞房散人　　2572

1040₀　于

00　于文定公所著書　　5454
02　于端之印　　5375
40　于右任　　　　955
　　于木手翰　　3828
　　于木所藏金石書畫　3828
60　于昌進　　2536　2539
　　于昌進珍藏　3916
72　于氏南樓藏書　5375
　　于氏東始山房印記　3848
　　于氏小謨觴館　3916
77　于熙學　　　5099

88　于敏中　　　295　605
　　　　　　　　3928
90　于省吾印　　1601

耳

17　耳　豫　　　5454
22　耳　山　　　1197

1040₆　覃

28　覃　谿　　　6548
　　覃谿鑑藏　　4719
32　覃　溪　　　3930

1040₉　平

25　平生減產爲收書,三十年
　　來萬卷餘,寄語兒孫勤雒
　　誦,莫令棄擲飽蟫魚。堯
　　友氏識。　　　3159
26　平泉山人　　4691
31　平江汪憲奎秋浦印記　2140
　　平江黃氏圖書　1499　2192
　　　　　　　　2549　3504
　　　　　　　　4409　4444
　　　　　　　　4488　4494
　　　　　　　　4582　4877
　　　　　　　　5152　6778
　　　　　　　　6817

平江陳氏右鈞珍藏金石書

畫　　　　1872　1873

71　平原中子　2984

平原陸氏壽椿堂藏書印

　　　　　917　3938

平原陸氏藏書印　3938

76　平陽季子收藏圖書　2420

平陽汪氏　　1132　4179

平陽汪氏家藏書畫法帖圖

記　　　　2287

平陽汪氏藏書　1914

平陽汪氏藏書印

　　　　　3292　4488

1041₀　无

00　无竟先生獨志堂物

　　　　　1103　2222

　　　　　2421　2614

　　　　　3314　5035

　　　　　5104　5142

　　　　　5297　5757

　　　　　5837　5983

　　　　　　　　6695

1043₀　天

10　天　一　　2736　4777

天一閣　　　16　　21

　　　　　37　　116

　　　　　403　628

　　　　　641　644

　　　　　650　745

　　　　　967　972

　　　　1026　1100

　　　　1132　1134

　　　　1175　1178

　　　　1182　1183

　　　　1184　1189

　　　　1212　1219

　　　　1222　1224

　　　　1228　1234

　　　　1236　1237

　　　　1242　1243

　　　　1251　1252

　　　　1254　1255

　　　　1257　1259

　　　　1261　1264

　　　　1265　1266

　　　　1268　1270

　　　　1277　1278

　　　　1279　1300

　　　　1305　1349

　　　　1352　1367

　　　　1438　1452

　　　　1454　1479

2535	2550	3259	3266
2575	2577	3268	3269
2587	2596	3286	3289
2597	2599	3290	3291
2603	2680	3292	3294
2700	2730	3302	3304
2731	2759	3306	3307
2760	2764	3308	3309
2776	2847	3312	3314
2856	2866	3316	3320
2971	2981	3327	3343
2985	2994	3348	3353
2999	3012	3368	3401
3038	3047	3412	3435
3081	3084	3460	3509
3089	3090	3528	3540
3092	3102	3541	3542
3151	3156	3556	3557
3159	3160	3558	3559
3162	3185	3570	3577
3210	3211	3663	3685
3216	3218	3701	3708
3222	3230	3715	3732
3231	3232	3733	3740
3233	3234	3750	3751
3235	3236	3753	3754
3257	3258	3760	3761

3768	3775	4595	4664
3790	3793	4672	4679
3824	3852	4695	4697
3853	3899	4698	4717
3900	3905	4735	4814
3907	3921	4824	4846
3926	3936	4852	4856
3945	3947	4870	4877
3958	4064	4887	4909
4067	4068	4950	4999
4124	4154	5024	5073
4155	4170	5077	5078
4174	4176	5091	5111
4178	4198	5132	5137
4216	4395	5170	5191
4398	4401	5198	5248
4405	4409	5327	5398
4413	4414	5421	5618
4415	4418	6300	6308
4420	4421	6317	6318
4422	4429	6326	6327
4432	4435	6337	6344
4436	4488	6348	6356
4490	4504	6387	6389
4511	4550	6390	6392
4559	4563	6397	6400
4569	4594	6408	6410

		6412	6416
		6433	6436
		6573	6699
		6702	6711
		6717	6719
		6726	6735
		6779	6804
12	天瑞珍賞	4063	
	天水尹氏家藏書畫	6548	
	天水趙氏	2676	
	天水趙氏珍藏	6510	
20	天香庭院	680	
23	天然圖畫樓收藏典籍記		
		5000	
25	天生我才必有用	5734	
26	天白閣陳癸丑年查	1787	
30	天寧禪寺	4588	
31	天涯老	6504	
35	天津市人民圖書館珍藏圖書	1361	
	天津市人民圖書館藏任氏天春園捐贈圖書之章		
		1966	1999
		2041	2050
	天津日本圖書館藏書	2062	
	天津圖書館注銷章	1361	
	天津劉氏研理樓藏	758	
37	天禄琳琅	805	1109
		1858	1861
		2420	2575
		4198	6575
	天禄繼鑑	1109	1399
		1858	1861
		1978	2420
		2575	
	天禄閣	1211	1652
		3942	
38	天游居士	1194	
40	天壹下丕余氏恒齋書籍印		
		1858	
	天壤閣	6318	
	天壤閣收藏章	1723	
	天壤閣藏	5054	
	天　柱	3618	
	天柱氏	3618	
41	天垣秘書之章	4750	
43	天弋閣	1961	2004
44	天葆堂	4318	
50	天春園	511	1966
		1999	2001
		2041	2050
		2288	6569
60	天□都吳氏承雅堂圖籍		
		4211	

77	天尺樓	5152	
88	天籟閣	3264	3303
		4769	

1044₇　再

17	再　殤	2574	
34	再爲蒼水使前掌廣陵濤		
		2025	

1050₆　更

25	更　生	2572	4066
		4221	
80	更年審定	2646	

1060₀　石

00	石　庫	1637	
11	石　琴	3488	
	石研齋秦氏印	1154	1850
		2043	
17	石承藻	4102	
	石　君	1177	1211
		4799	
22	石川張氏崇古樓珍藏印		
		1861	
31	石渠家藏真本	4246	
	石渠閣藏板	4246	
37	石湖詩孫	4721	5220

		5655	
	石湖王臨川珍藏圖書	6175	
	石湖張子	2784	
40	石　塘	4934	
44	石董狐	4790	
	石蓋年先生所贈書	5748	
	石　菴	4967	
	石蓮校勘	2960	
	石蓮閣	1908	4325
	石蓮閣所藏書	415	1612
		1908	5154
	石蓮盦	4325	6713
	石村書屋	6772	6774
		6775	
	石藥籛藏書印	3934	
	石蘊玉以山輝水含珠而川		
	媚	5107	
	石林後裔	967	1698
		1886	3716
		6316	
45	石棣陳氏伯愚藏書	6072	
60	石　田	4182	4563
71	石　臣	3618	
77	石卿珍藏	6003	
	石　閶	6262	
	石門蔡小硯家藏	2001	
80	石　鏡	3446	

	石倉手校	1194	3744
		4441	
	石倉老人	1194	
87	石銘珍藏印	5701	
	石銘收藏	631	
	石銘祕笈	2580	
	石銘考藏	6759	
99	石榮暲蓉城仙館藏書	5742	

西

00	西齋	1861	2543
		3794	
	西諦	426	1634
		2654	2687
		3155	3343
		3386	3429
		3436	3475
		3792	3930
		4144	4170
		4720	5049
		5386	5394
		5882	6244
		6427	6434
		6524	6615
		6697	6705
		6783	6786
	西京文獻世家	5258	

07	西郭草堂	6575	
22	西崖	3014	
	西岩山人	4493	
	西山	3353	
	西山樵子	4887	
26	西吳文獻世家	2549	
28	西谿藏書	6040	
31	西河	4878	
	西河張氏	1534	
38	西泠吳氏	2421	
	西泠釣徒	2551	
42	西橋黃葉樓藏書印	5982	
44	西垈	2420	
	西莊居士	1939	2078
		3215	
	西村書隱	4811	
60	西圃	3466	5401
		6771	
	西圃藏書	3891	4782
63	西畯	4370	
88	西	5986	
	西祕笈	4760	
90	西堂	3504	
	西堂藏書畫印	5631	

百

04	百詩	2646	

14	百耐眼福	1212	1218
		1237	1512
		2148	2150
		2192	2252
		4403	4719
		6770	
21	百歲堂	3303	
30	百宋一廛	1591	4488
		4799	
31	百福盦主人印	1375	
40	百嘉室	5234	
43	百城侯	6113	
	百城樓藏板	4445	
	百城樓藏書記	3184	
44	百花萬卷樓	4455	
	百華邨農	1393	
67	百瞻樓	3104	
85	百鍊盦	3455	

酉

| 22 | 酉山手校 | 6526 | |

面

43	面城樓	582	1952
		2421	4410
		5050	
	面城樓藏書印	1026	1264

		2352	2421
		2451	2769
		2820	3303
		5360	

1060₁　晉

00	晉府書畫之印	957	1093
	晉府圖書	3930	
25	晉生心賞	3299	3934
30	晉　之	319	
	晉安何氏珍存	1485	1810
		4500	
	晉安何氏珍藏	3934	3553
	晉安徐興公家藏書	3934	
37	晉　瀾	1499	
67	晉明氏	1092	

雪

| 32 | 雪溪許氏申申閣章 | 2676 | |

1061₇　醯

| 80 | 醯無精舍 | 6729 | |

1062₀　可

| 46 | 可　楫 | 6470 | |

1064₈　醉

00　醉六珍藏　　　　6372
　　醉六經齋　　　　1679
21　醉經樓　　　　　3688
　　醉經軒　　　　　3942
55　醉耕堂藏板　　　5552
77　醉月樓　　　　　6773
88　醉竹軒　　　　　5742

1066₁　磊

10　磊磊道人　　　　6095
　　磊磊落落　　　　4610

1071₇　瓦

80　瓦缶齋　　　　　1653

1073₁　雲

22　雲山一帶閣主人李朝棟一
　　字承菴圖書記　3974
　　雲山一葉閣李氏藏書　607
26　雲自在龕　　2274　2543
　　　　　　　　　　　　4497
　　雲皋氏　　　　　　298
44　雲　藍　　　　　4721
50　雲　青　　　　　549
58　雲輪閣　　　1245　4441

　　　　　　　　4487　4824
　　　　　　　　5140　5152
　　　　　　　　5294　5989
　　　　　　　　6225　6680
77　雲　岡　　　　　2140
　　雲　間　　　　　5095
　　雲間僧善學海閣圖書　319
　　雲間宋源餘氏收藏　6821
　　雲間韓氏考藏　2192
　　雲間韓氏所藏　336
　　雲間趙氏藏書　353
　　雲間陸耳山珍藏書籍　1197
　　雲間姜筱湄藏　2987
　　雲間第八峯山下周氏藏書
　　　　　　　　992　3648
　　雲間第八峯周氏藏書
　　　　　　　130　617
　　　　　　　992　6177
91　雲煙過眼　　　　2750

1077₂　画

77　画眉岡外史　　　5375

1090₀　不

00　不夜于氏藏書印
　　　　　　　2536　2539
　　　　　　　　　　4488

30　不寐道人收藏 4799

34　不　遠　　　5777

44　不薄今人愛古人

549　　2236

2423　　4451

5160　　5740

不其山人　　6262

1099₄　霖

57　霖邨李氏珍藏 6374

1110₁　██

00　██(復)齋　1661　2520

1111₀　北

00　北京市文化局文物調查研
究組藏書印　6243

10　北平謝氏藏書印

2990　　3301

3460　　3924

北平孔德學校之章

1884　　2640

4972　　5523

5779　　5783

5900　　5907

5935　　6491

6622

北平孫氏珍藏書畫印

3371　　3378

北平孫氏硯山齋圖書 5677

北平邵氏家藏 1861

北平黃氏萬卷樓圖書

1154　　1900

3974　　4471

北平劉氏　　1096

26　北泉草亭　　　631

38　北海孫承澤字思仁晚號退
翁　　　3371　3378

北海姜氏家藏 1143

1111₁　非

21　非此不行　　2560

23　非我有齋　　3215

44　非昔元賞　　5152

非昔珍祕　　5152

非昔軒　　　5152

1111₄　班

27　班　侯　　　1588

1113₂　璩

00　璩　亭　　　1306

1118₆　項

05	項　靖	4277
10	項元汴印	3264
17	項子京珍藏	3264
	項子京家珍藏	2994　3264
40	項士元	4953　5208
		6422
44	項藥師	4277
60	項墨林父祕笈之印	
		3264　4769
	項墨林鑑賞章	3264
72	項氏萬卷堂圖籍印	
		1366　4198
88	項篤壽	4198

項

| 21 | 項　儒 | 1754　3163 |
| | | 5397 |

1120₇　琴

22	琴川張氏小琅環福地藏書	
		3159
	琴川萬成公二十五世孫	
		3159
30	琴　客	5035
77	琴隝舊廬	1510

1121₁　麗

00	麗　慶	1862
55	麗農精舍藏書	1952
60	麗　圃	6526
	麗圃審定	6526
85	麗　鉢	4274

1121₆　彊

07	彊　諮	1747　1939
		6009　6598
21	彊行及齋	2496
57	彊　邨	4395
60	彊圉柔兆	2579
	彊圉湼灘	2579　6817

1123₂　張

	張	5510
00	張文粹	3488
04	張謹夫圖書印	1065
07	張訒菴	4495
10	張正岳印	6570
	張元濟	959　1501
		1860　2510
		2551　2576
		3504　3908
		4563

	張爾梅	3593	4500			張繼曾印	4760	
	張石琴	3488	4971			張縄芳印	1044	
11	張 珩	1146	1850	23		張允清印	1861	
		4441	4496			張獻翼章	1978	
		5209				張 綏	6181	
	張珩私印	2551	3090	24		張德榮	1601	
		4496		27		張凱私印	969	
12	張發千印	4313				張凱印	969	1920
	張廷璲	1485				張名樟氏	1759	
	張廷臣元忠印	6778				張叔平	341	1104
17	張乃熊	1582	2582				1335	1547
		3345	5523				5040	5256
		6341	6392				5300	6262
	張乃熊印	1739	3217			張紹仁	1622	4171
		3688	3913				4495	
		4720	4824			張紹仁印	2238	2283
		6306	6311				2587	4582
		6817					4842	4850
	張翼庭	2784		28		張以□	6685	
20	張 位	4806				張作楠	3519	3520
21	張師亮	955	4536				4669	
		5082	5143	29		張秋月	1094	
	張紫琳	2572		30		張宸文	5167	
22	張鼎臣	4500				張之銘珍藏	5363	
	張 繼	2299				張之銘古驤室藏書印		
	張繼藏書	4732					2138	5082
	張繼超	5997					5363	

	張之銘藏書記	2138	5363
	張容園藏書印	6190	
	張寶德印	6190	
	張宗祥	2404	
31	張迺熊	6759	
34	張祺祕藏	3942	
36	張渭漁珍藏書籍印	2154	
	張祝三	134	776
37	張次溪	2288	
38	張道源	5991	
40	張志剛印	3120	
	張嘉謀	3783	
	張壽鏞	1628	3541
		5523	
	張壽鏞印	22	1261
		1664	3589
		3778	4890
		4931	5014
		5341	6066
43	張載華印	1739	
44	張芹伯	955	3268
		5076	
	張燕昌印	1588	3913
	張蔥玉	4496	
	張蔥玉觀	6770	
	張　英	1065	
	張若溎	6084	
	張若溎	1034	1098
		1216	1232
		1238	1241
		1253	1275
		1280	1281
		1295	1346
		1507	1540
		1633	1660
		1714	2413
		2430	2431
		2438	3989
		4219	4474
		4847	6349
		6385	6386
	張蓉鏡	2580	2676
		3856	3919
		4183	5079
		6575	6817
	張蓉鏡印	1855	4183
		4769	6306
		6817	
	張菊生	3965	
47	張桐生	6163	
50	張畫船	5306	
	張春霆	1886	
54	張拱乾印	4958	
60	張曼漪	6684	6686

	張景栻	6263					5731	5732
64	張曉漁	1009	1065				5792	5859
		2064	2642				5873	5878
		4536	5035				5953	5986
		5082	5143				6223	6496
		5527			張學安	4850		
67	張鳴垣印	1759			張學良	1682		
	張昭潛印	4516	4979	80	張金石	1732	6308	
72	張氏文梓	3488				6779		
	張氏翼庭	2784			張金吾藏	1855	6575	
	張氏珍藏書畫	3224			張羲年	3175	6234	
	張氏秋月字香修一字幼憐					6244	6250	
		1094		87	張鈞衡印	631	957	
	張氏祕笈	2283				2580	2676	
	張氏藏書	3090	6685	88	張筱漁	1009		
	張氏蔥玉	4496		90	張惟之印	405		
	張氏圖書	6341			張少虞	5662		
	張氏國籍	1855	3159		張光第	2154		
	張氏學安藏本	4850		91	張炳翔	5662		
	張氏少虞	5662		94	張慎和	6129		
77	張月霄	6306	6817					
	張熙民	5826						

1128₆　預

58	預　掄	304

	張聞三	1092	1958
		2615	5032
		5090	5244
		5266	5284
		5336	5552

1144₈　羿

77	羿　卿	6306

1162₇　礦

90　礦堂藏書　　1577

1164₀　研

16　研理樓　　　　758　　2528
　　　　　　　　3816　　4952

　　研理樓劉氏倭劫餘藏
　　　　　　　　1361　　1404
　　　　　　　　1807　　2101
　　　　　　　　3816　　4338
　　　　　　　　5954

　　研理樓劉氏藏　52　　1361
　　　　　　　　1399　　1404
　　　　　　　　1807　　4338
　　　　　　　　3816　　4952

26　研泉讀過　　　1835

32　研　溪　　　　6678

40　研古樓鈔本　　1739
　　研　樵　　　　5676

55　研　農　　　　127

60　研易樓　　　　248　　926
　　　　　　　　1562
　　研易樓藏書印　248　　825
　　　　　　　　3803　　5363

87　研録山房　　　4736　　5445
　　研銘審定　　　5152

1165₂　礴

71　礴頤堂印　　4502

1166₀　喵

00　喵齋印　　　　3909

30　喵宋樓　　　　1093　　1094
　　　　　　　　2576　　3460
　　　　　　　　4789　　4794
　　　　　　　　6306　　6684

1168₆　碩

00　碩庭所藏　　　1920

1190₄　耒

21　耒上氏　　　　4457

1210₈　登

00　登府手校　　　5113
　　登府之章　　　1035

1211₄　耺

10　耺(聽)雨樓查氏有谷珍賞
　　圖書　　　　　2510

1212₇　瑞

20　瑞鱸之印　　　809

30　瑞安孫仲容珍藏書畫文籍

　　之印　　　　1610

　　瑞安孫仲容斠讀六部群書

　　之印　　　　1610

44　瑞　花　　　4803

51　瑞　軒　　4346　4451

　　　　　　　　6001

72　瑞瓜堂　　　2551

1217₂　聯

44　聯芳之印　　3224

1223₀　水

10　水西林氏珍藏　549

11　水北閣　　　824

88　水筠山房　　4413

　　水竹邨人藏書記

　　　　　5987　6048

弘

10　弘　正　　　5464

55　弘　農　　　4055

1224₇　弢

00　弢齋世昌　　4835

發

23　發　俊　　　5826

1240₁　廷

10　廷元印章　　1542

　　廷霖之章　　5494

40　廷　杰　　　2793

44　廷橋之印　　4809

46　廷　相　　　3942

77　廷　用　　　6526

97　廷燦之印　　917

延

00　延　慶　　　5757

40　延古堂李氏珍藏

　　　　　450　　553

　　　　　588　　967

　　　　1179　1542

　　　　1904　2076

　　　　2238　2676

　　　　2713　2772

　　　　3514　4068

　　　　4183　4243

　　　　4284　4471

　　　　4806　5415

　　　　6318　6321

	6566	6700
68	延曦樓	2994
80	延令張氏三鳳堂印	1861

1241_0　孔

22	孔繼涵	1193	1488
		1794	1795
		1804	1859
		2138	3353
		4798	4844
	孔繼涵印	1859	2108
		2341	3214
		4207	5194
		5611	5757
		5811	6757
24	孔德學校	1884	2640
30	孔憲培	2421	
67	孔　昭	554	
	孔昭煥	483	814
		815	1136
		1453	1778
		1859	1934
		2723	2742
		2746	2751
		2796	3344
		3376	4106
		4121	4790

		4941	6350
72	孔氏家藏	2933	

1241_3　飛

10	飛雲閣	4308	
37	飛鴻堂	1206	2566
50	飛青閣藏書印	6521	

1243_0　癸

50	癸未進士	2144

孤

37	孤鴻和尚	556

1249_3　孫

03	孫詒讓	4869	
04	孫麒氏使東所得		
		1684	3619
		5390	5415
10	孫元塏	77	
17	孫承澤	48	3371
		3378	
20	孫　季	4209	
21	孫虔之印	3415	
22	孫胤伽	1850	
24	孫壯藏書印	12	66
		447	617

	5415	5423	31	孫潛審定	1288	
	5427	5428	34	孫　達	2574	
	5440	5446	37	孫祖基印	368	1623
	5456	5457	40	孫志周	3338	
	5458	5463		孫嘉駒字幼魯	6585	
	5476	5480		孫嘉駒印	6585	
	5481	5483		孫華卿印	3808	5707
	5502	5524			5976	
	5525	5532	51	孫振麟	241	
	5539	5543	60	孫星衍印	539	3439
	5549	5552			4252	
	5554	5555	67	孫明志	3927	
	5558	5566	72	孫氏唐卿	6819	
	5573	5579		孫氏志周	3338	
	5596	5612		孫氏萬卷樓印	55	5474
	5627	5628	80	孫人和	4174	6233
	5629	5630		孫　鎬	1855	
	5633	5635		孫毓修	4861	
	5636	5645		孫毓修印	6531	
	5646	5657		孫毓漢	298	
	5664	5691	87	孫翔熊	4698	
	5694	5710	97	孫炳之印	3371	3378
	6376	6407				

1313₂　琅

28	孫從添	1704			
	孫從添印	1177	2676	46	琅嬛僊館	955	3505
		3215			4971
30	孫憲儀	4209	60	琅園祕笈	3536	4825

		5070	5386
77	琅 邪	1212	

1314₀　武

14	武功郡稦氏珍藏之章	4560	
26	武穆王孫	1023	
30	武進盛氏所藏	6715	
44	武林盧文弨手校	6684	
	武林葉氏藏書記	5497	
	武林葉氏藏書印	1685	
		2200	3777
		3913	4382
		5044	5279
		6257	6396
60	武昌柯逢時收藏圖記	714	
		1673	1721
		1781	2160
		2461	5774
		5831	
74	武陵世家	319	

1323₆　強

46	強恕堂	1697	

1412₇　功

50	功惠珍藏	6364	
53	功 甫	3504	

1413₁　聽

10	聽雨樓查氏有圻珍賞圖書		
		3788	4494
		4796	6708
	聽雨樓查氏有圻珍賞畾書		
		6708	
	聽雨樓查氏有谷珍賞圖書		
		2510	
30	聽 安	2238	
31	聽 江	5762	
47	聽桐軒印	548	
99	聽鶯後人	1022	3828

1413₄　瑛

30	瑛 寶	3473	

1418₆　璜

22	璜川吳氏收藏圖書		12
		60	223
		419	542
		974	1512
		1745	1850
		2040	2421
		2521	2594
		2855	3014
		3219	3790

		3828	4000
		4172	4181
		4493	4494
		4836	4959
		5315	5376
		6320	6391
		6447	6823

1420₀　耐

| 60 | 耐　圃 | 4705 |
| 72 | 耐隱山房 | 5808 |

1461₄　確

| 44 | 確　菴 | 2010 |

1561₈　醴

| 74 | 醴陵文雪吟珍藏印 | 3914 |
| | 醴陵文瀋讀有用書齋藏書印 | 3914 |

1610₄　聖

10	聖雲愛日之居	740
30	聖之徒	3504
35	聖清宗室盛昱伯羲之印	
		5785　6296

1611₄　理

| 00 | 理齋曹秉章印 | 796 |
| 77 | 理卿珍藏 | 606 |

1613₂　環

16	環碧山房	1946
22	環山樓藏書印	1715　1729
		5190
32	環溪草堂藏板	2881

1660₁　碧

10	碧玉壺蔣鴻鑑校書讀書之印	4696
	碧玉盦	5738
	碧玉盦珍藏金石書畫記	5738
	碧玉盦祕篋	5738
	碧雲居士	996
14	碧琳琅館	353　386
		4713　4720
		4724　4781
		5497　6364
		6390　6637
	碧琳琅館主人	6390
	碧琳琅館珍藏	4724　4781
	碧琳琅館珍賞	5572

碧琳琅館藏書之印

　　　　　　1871　4720

20　碧香閣主人珍藏印記 3104

22　碧山居珍賞　4790

　　碧巢祕笈定本 4792

41　碧梧翠竹山房　539

　　碧梧棲老鳳皇枝　　5237

44　碧葉館藏　6067

1661₀ 硯

10　硯石山樵　2168

22　硯山齋　5677

60　硯　圃　5676

　　硯田留与子孫耕　2439

87　硯録山房藏書善本 5445

97　硯鄰藏版　6578

1661₃ 醜

88　醜簃長年　1212

1710₇ 孟

01　孟龍私印　921

10　孟晉齋主人　1400

　　孟　霖　4182

12　孟延平生所好 5877

17　孟子湘秋樹根齋藏　3372

21　孟　顥　5742

25　孟生蕙　5804

31　孟河丁氏藏書 3078

67　孟　昭　1510

72　孟氏珍藏　3182

77　孟　舉　1858

80　孟　慈　2544　4487

88　孟筱泉　1707

1710₈ 翌

77　翌鳳之印　2544

　　翌鳳鈔藏　1850

1712₀ 羽

00　羽　文　1102

聊

28　聊復得此生　4198

43　聊城楊承訓鑒藏書畫印

　　　　　　4493

　　聊城楊氏所藏 1258

1712₇ 弱

27　弱　侯　4920

鄧

21　鄧仁聲　6733

30　鄧之誠　2536　5784

		5962	
	鄧之誠文如印	4610	5703
		5838	5854
	鄧　實	2551	
44	鄧基哲印	4313	
57	鄧邦述	2543	
72	鄧氏所藏	1063	6650
74	鄧尉徐氏藏書	2319	4064
		4967	4972
		5475	
82	鄧鍾嶽印	4313	

瑯

16	瑯環別館	4574	
46	瑯嬛清閟	6817	

1713₂　璩

00	璩　亭	3364	

1714₀　珊

17	珊瑚閣珍藏	1864	
	珊瑚閣珍藏印	3317	4455
22	珊　嶠	3460	

1714₇　瓊

47	瓊　奴	1973	

1717₂　瑤

00	瑤　章	6040	

1718₀　玖

15	玖　聘	4806	5035
	玖聘審定金石書畫之印		
		5035	
17	玖　珊	2727	

1720₂　予

00　予席先世之澤，有田可耕，有書可讀，自少及長，嗜之彌篤。積歲所得，益以青緗舊蓄，插架充棟，無慮數十萬卷，暇日靜念，差足自豪。顧書難聚而易散，即偶聚于所好，越一二傳，其不散佚殆盡者亦鮮矣。昔趙文敏有云："聚書藏書良非易事，善觀書者，澄神端慮，淨几焚香，勿卷腦，勿折角，勿以爪侵字，勿以唾揭幅，勿以作枕，勿以夾刺"。予謂吳興數語，愛惜臻至，可云篤矣，而未能推而計之于其終，請更衍曰：

"勿以鸎錢,勿以借人,勿以貽不肖子孫。"星鳳堂主人楊繼振手識並以告後之得是書而能愛而守之者。予藏書數十萬卷,率皆卷□□整,標識分明,未敢輕事丹黃,造劫楮素。至簡首卷尾,鈐朱纍纍,則獨至之大癖,不減墨林,竊用自喜,究之于書,不爲無補。

607

1720₇　了

| 25 | 了生居 | 5054 | |

1722₇　乃

48	乃乾校勘	5878	
	乃乾毓英共讀	177	4856
67	乃昭	5152	

甬

| 21 | 甬上 | 5882 | |
| | 甬上林集虛記 | 2089 | 6175 |

務

| 08 | 務旃 | 5609 | |

鸎

| 17 | 鸎及借人爲不孝 | 6526 | |

酈

| 00 | 酈亭 | 1939 | 2573 |

1723₂　承

36	承澤堂	2905	
44	承菴	3974	
48	承幹鈐記	836	977
	承幹長壽	1267	1763
70	承雅堂	4211	
	承雅堂藏書	5070	5497

聚

| 60 | 聚星堂 | 2662 | |

豫

| 34 | 豫波 | 1093 | |

1740₇　子

00	子康	2238	
	子文	628	6262
	子京世昌	3264	
	子京所藏	3264	
	子京父印	3264	3303

03	子　詠	6729	

10	子　晉	955	1482
		2421	2676
		3819	4416
		4764	4789
		4798	4809
		4985	6817

	子晉之印	4789	4798
	子晉書印	3900	
11	子冀家藏	4806	
12	子孫保之	5027	
	子孫永珍	2344	
	子孫永保	4414	4824
	子孫寶之	836	
	子孫世珍	1300	
	子孫世守	2288	2472
17	子子孫孫永寶用		
		1065	1093
20	子　重	4181	
	子　受	1619	
	子雝金石	4191	
21	子　衡	4724	
	子　睿	37	
26	子　和	1989	
	子　穆	6060	
	子穆手翰	6526	
	子穆校藏	6526	

	子穆父	6526	
30	子寶寓目	4487	
32	子　淵	4861	
35	子　清	4902	
38	子祥心賞	4755	
40	子　培	4563	
	子培父	2576	2579
		3638	4806
		4824	
	子　壽	1072	1073
		5782	
43	子式珍藏	2750	
60	子　冕	1582	
	子固經眼	4511	
66	子　嚴	2615	
70	子　璧	5718	
72	子剛經眼	1678	
77	子　鵬	3187	
80	子　年	71	
88	子　簪	4926	
91	子　悱	4830	

1740₈　翠

88	翠　竹	3625
	翠竹齋	3292

1742₇　邢

30　邢之襄印　　32　1513
　　　　　　　　6757
44　邢村文若范氏家藏　6485

1750₆　鞏

00　鞏彥斌　　5826

1760₂　召

17　召弓手校　　235

習

34　習池居士真賞之印　2315

1760₇　君

10　君平父　　3827
51　君振氏　　2168
60　君恩祖惪　　4231

1762₀　司

24　司徒之章　　3187
45　司隸校尉章　　3092

1762₇　邵

00　邵庚曾　　6790
　　邵　章　　4445　6763

　　邵章長壽　　3299
10　邵雪樵　　5980
　　邵晉涵　　290　789
　　　　　　　1106
　　邵晉涵印　　1861
12　邵弘仁印　　6417
47　邵懿辰　　4445
60　邵恩多　　3501
72　邵氏二雲　　290

1771₀　乙

10　乙酉年收藏圖書記　1862
18　乙　群　　2043
80　乙盦檢書記　　955

1771₇　己

17　己丑進士　　1850
　　己丑進士大史圖書　2590

己

34　已爲沈均齋有　2544

1780₁　翼

27　翼　魯　　5366
44　翼　蒼　　3639
53　翼威氏　　1218
67　翼　明　　5831

71　翼　臣　　　　1601
80　翼盦鑑藏　　　4871

1790₄　柔

42　柔橋隱居　　　1433

1814₀　致

24　致德堂　　　　3502
30　致之讀過　　　　221

1817₂　珺

24　珺德堂藏書　　2061

1865₁　群

10　群玉山房　　　3182
16　群碧廎　　　　2994
　　群碧樓　　　2543　3783
　　　　　　　　4497　4825
　　　　　　　　6308　6683
　　群碧樓印　　　2994
70　群雅齋　　　　3997
　　群雅書堂珍藏　4760

1918₀　耿

00　耿　庵　　　　4799
40　耿大光印　　　3445

2010₄　壬

30　壬　寅　　　　5892
44　壬　林　　　　5292
53　壬戌科第弍人　6009

重

27　重　叔　　　　6707
40　重熹鑑賞　　　2049
53　重威將軍　　　2240
90　重　光　　　　3090

2010₇　盍

22　盍　山　　　　6320

2021₄　住

10　住雪山房　　　1163

2021₆　覓

27　覓向軒主人小印　　3808

2022₁　停

10　停雲閣　　　　5082

2022₇　秀

12　秀水章氏考藏書籍之印
　　　　　　　　　　1601

秀水王相　　825　1562
　　　　　　5497
秀水王氏珍藏之印　　1
秀水朱氏潛采堂圖書
　　　　　1127　1304
　　　　　2049　2739
　　　　　4862　5125
秀水莊氏蘭味軒收藏印
　　　　　4563　5595
秀水暴書亭朱珍藏印　4782
22　秀　峯　　　959
32　秀州王氏珍藏之印　4582
秀州姚氏收藏之印
　　　　　1739　1857
秀州范氏清宛堂藏　1539
秀州陳銑　　3720
44　秀埜艸堂顧氏藏書印
　　　　　2013　5075
　　　　　5462　6434
秀埜曾孫　　5462

2023₂　依

27　依緑軒　　　2549
48　依樣壺盧山館　3355　3358
　　　　　3359　3360
　　　　　3362　3372
　　　　　3376　3381

77　依　閣　　　4772
88　依竹堂書畫　　4521

2024₇　愛

10　愛不釋手　　　607
60　愛日樓　　　4233
愛日館收藏印　1107　3695
　　　　　3826　4948
　　　　　5633
愛日館藏書印　5986　6449
愛日館金石書畫印
　　　　　3826　5633
愛日精廬　　6306　6308
　　　　　6779

2026₁　信

10　信天廬　　　212　1154
40　信古堂印　　1861
44　信芳閣　　　825　1562
　　　　　2041　5363
　　　　　6061
74　信陵君後　　4216
88　信　符　　5263　6487

2031₆　鱸

04　鱸　讀　　　1893

2033₁　焦

22　焦　循　　　4472

72　焦氏藏書　　　58

雠

30　雠安校勘書　　415

2040₀　千

21　千頃齋　　　4449

　　千頃堂　　　2358　6320

29　千秋里人　　4928

　　千秋鑑　　　6387

40　千古文章　　5451

60　千墨莽　　　6257　6531

77　千　月　　　3399

2040₇　季

17　季　子　　　1441

38　季滄葦　　　2521　6778

　　季滄葦藏書印　1093

　　季滄葦圖書記　3746

44　季村所藏六篆樓藏書　3214

45　季姝氏　　　4799

47　季　歡　　　4721

51　季振宜　　　2582　3415

　　　　　　　　4824

季振宜字詵兮號滄葦　3036

季振宜藏書　　1861　2576

　　　　　　　2595　3292

　　　　　　　4496　4582

　　　　　　　4636　4712

　　　　　　　6296　6575

季振宜藏書印　4583

季振宜印　　　1194　1200

　　　　　　　1582　1861

　　　　　　　1978　2067

　　　　　　　2576　2595

　　　　　　　3292　3338

　　　　　　　4249　4496

　　　　　　　4636　4769

　　　　　　　4829　5075

受

38　受澂氏　　　2458

孚

00　孚　庵　　　2994

雙

10　雙玉堪　　　6649

　　雙玉龕藏書記　6649

26　雙泉草堂珍賞印　　6037

35　雙清閣　　　6797

43	雙垞	3639
47	雙聲	6817
48	雙松書屋珍藏	694
58	雙榆書屋	5926
88	雙鑑樓	1188	2144
		2626	3702
		4233	4583
		6328
	雙鑑樓珍藏印	1300	2171
		2353	3299
		3934	4233
		4497	4516
		6049	6081
	雙鑑樓藏書記	3648
	雙鑑樓藏書印	1860	2544
		3702	3891

2042₇　禹

50	禹書	2572
77	禹門	4030
88	禹笙	4494

2043₀　奚

| 27 | 奚疑居藏書印 | 2528 |

2060₉　香

| 22 | 香山居士 | 3804 |

25	香生	1022	1850
		2575	2579
		2701	4413
		4488	4772
	香生珍藏	1022
27	香修	1094
34	香港圖書館管理	3268
40	香士	1872	1873
		1874
	香南侍讀	1914
66	香嚴書屋	6308

番

| 60 | 番禺梁氏葵霜閣捐藏廣東圖書館 | 440 |

2071₄　毛

00	毛慶善印	221
	毛褒	1608
10	毛晉	1587	2421
		3735	3900
		4184	4636
		4791	4798
		4985	6695
		6817
	毛晉私印	1194	1205
		2421	3746

		4633	
	毛晉之印	2421	5503
	毛晉過眼	2676	
	毛貢之印	1361	
17	毛子晉	955	1482
		2421	4764
		4789	4798
		4985	
27	毛叔美	4402	
30	毛扆私印	1856	
	毛扆之印	2676	4633
		4789	6817
40	毛古愚藏	4878	6684
50	毛 表	4786	6706
72	毛氏子晉	955	2421
		4789	4798
		4985	
	毛氏收藏子孫永保	4984	
	毛氏家鈔	58	
	毛氏汲古閣藏書印	920	
80	毛斧季	1482	

2074₆　爵

| 10 | 爵天藏書 | 5779 |

2074₇　嶟

| 22 | 嶟縣陳監先藏書 | 5973 |

2078₂　峧

| 67 | 峧 瞻 | 4563 |

2090₄　禾

| 50 | 禾中汪伯子大經藏 | 3914 |
| 77 | 禾 興 | 2576 |

采

| 10 | 采雲別業 | 904 |
| 44 | 采薇堂 | 4799 |

集

| 77 | 集賢堂書坊 | 1194 |

2090₇　秉

30	秉 之	241
32	秉 淵	1446
96	秉燭老人藏書印	3880

2091₄　維

00	維摩侍者	2574
07	維郭申堂家藏	5195
34	維祜之印	1038

2108₆　順

| 00 | 順庵經眼 | 1689 |

24　順德溫君勒所藏金石書畫
　　之印　　　　1026　1297
　　　　　　　　3214　3303
　　順德李氏藏書 1944　2613
　　　　　　　　2743　2771

2110₀　上

38　上海李氏古香閣珍藏 4721
44　上村幸次　　　4546

止

20　止航藏書　　　5387
30　止適齋藏書　　1177
80　止鏡山房藏書　4486

2110₃　衍

16　衍聖公私印　　5146

2111₀　此

00　此　亭　　　　4102
50　此中有真意　　4984
　　此書畫曾在邵雪樵家 5980
60　此是左公所置田　3856

2120₁　步

30　步　瀛　　　　5965

2121₀　仁

00　仁齋眼福　　　4719
26　仁和孫氏壽松堂藏書　794
　　仁和朱後廬校藏書籍 2906
44　仁者長壽　　　3215
60　仁圃藏書　　　　836
77　仁　叟　　　　1109

2121₁　能

52　能靜居　　　　539

儽

25　儽生閱過　　　3916

2121₂　僊

31　僊　源　　　　4181

2121₇　虎

11　虎頭後裔　　　3977
　　虎頭式　　　　680

虛

00　虛　齋　　　　5638
27　虛　舟　　　　3112
50　虛　中　　　　3215
52　虛靜齋　　2986　5620

		6402	

盧

00	盧文弨	2541	4796
		6684	
	盧文弨字紹弓	2574	
17	盧弼	1127	1652
26	盧吳謙印	2238	
33	盧皷長壽	3373	
38	盧遂	6241	
41	盧址	3162	3504
		3848	4820
		6378	
	盧址抱經樓	3416	
48	盧松安	63	136
		234	241
		304	
80	盧鎬	2138	

2122₀　何

00	何文星印	6522	
10	何元錫印	2184	2579
		3934	6296
		6380	6819
27	何假南面百城	5948	
44	何蒙孫藏書印	680	
60	何日章購自扶溝縣	3808	

	何曼盦鑒藏	5122	
63	何默之印	3648	
72	何氏仲公	6090	
	何氏敬社	3934	
90	何堂	6329	
91	何焯之印	760	3353
		4563	4958
96	何煜私印	6654	

2122₁　行

10	行可	1090	
	行可珍祕	2835	
50	行素軒	3207	
	行素堂藏書記	4033	

2122₇　儷

88	儷笙	2111	
	儷笙閱過	2111	

2123₄　虞

22	虞山王乃昭圖書	5152	
	虞山張蓉鏡芙川私印	6575	
	虞山張蓉鏡鑒定宋刻善本		
		2676	
	虞山張蓉鏡鑒藏		
		3856	4183
	虞山毛氏汲古閣收藏	6817	

虞山徐子讀書記　　6568

虞山徐璘茞史氏印　6568

虞山汲古閣主毛晉圖書
　　　　　　　　6695

虞山瞿紹基藏書之記
　　　　1132　4191

虞山陸裘冶先氏之印　6770

虞山周大輔字左季印
　　　　3856　6817

虞山周大輔左季藏書
　　　　407　6083

虞山周氏鴿峯草堂寫本
　　　　1804　3856
　　　　6817

虞山周氏鴿峯艸堂藏書
　　　　　　　2308

虞山周氏鈔藏　1804

虞山翁同龢印　1166

虞山錢牧齋藏書　　6491

虞山錢曾遵王藏書
　　　　1211　1582
　　　　1898　3224

40　虞壺茞敦書堂　2960

2124₁　處

48　處梅　　　　319

2124₄　佞

30　佞宋　　　　319

2128₆　穎

22　穎川郡印　　5194

80　穎谷　　　　5945

2133₁　熊

00　熊立　　　　3992

07　熊毅過目　　3457

40　熊志契　　2893　5865

2140₆　卓

20　卓信　　1754　3163

46　卓觀樓　　　4802

99　卓犖觀群書　　353

2142₀　舸

77　舸月讀書記　2167

2143₀　衡

10　衡平　　　　4717

76　衡陽常氏潭印閣藏書之圖
　　記　　　999　2248
　　　　3625　4729
　　　　5278

2150₆　衛

00　衛應斗印　　5360

2155₀　拜

21	拜經樓	1939	1988
		2140	3817
		4314	5240
		5489	
	拜經樓吳氏藏書		415
		925	1908
		4876	6713
	拜經樓吳氏藏書印		
		105	1921

2160₁　衜

22　衜　山　　2458

2164₇　皈

00　皈章敢管之年　4799

2172₇　師

22	師山後學鄭旻	1225
37	師澹古齋藏書	134
88	師竹齋圖書	2743
90	師米齋	1591

2180₆　貞

10	貞　一	336	510
		575	836
		921	1022
		1036	1289
		1336	1378
		1379	1456
		1461	1538
		1547	1663
		1702	1716
		1949	1970
		1989	1999
		2006	2073
		2166	2167
		2170	2220
		2391	2395
		2414	2446
		2484	2494
		2513	2631
		3036	4128
		4519	4770
		4777	4904
		5082	5155
		5160	5167
		5194	5208
		5213	5236

		5237	5238
		5270	5292
		5336	5371
		5387	5394
		5463	5566
		5678	5764
		5782	5799
		5839	5888
		6069	6075
		6079	6109
		6137	6145
		6162	6296
		6734	6821
26	貞白里人	2893	
40	貞吉齋	4748	
88	貞節堂	3215	4633
	貞節堂圖書印	1212	

2190₃　紫

10	紫雪山房	3399	
	紫霞堂	4267	
	紫雲青華硯齋	2352	
17	紫　珊	4576	
26	紫　伯	1959	2001
		4402	4800
		5490	
	紫伯收藏	1959	2001
		4402	4800
	紫伯祕翫	2001	
27	紫峰主人	4801	
42	紫荊花館	4669	
44	紫藤華館	6526	
	紫薇閣	3903	
	紫芝白龜之室	2342	
88	紫符長壽	5108	

2190₄　柴

| 44 | 柴夢魁印 | 6169 | 6258 |
| 77 | 柴門老樹村 | 1022 | |

2191₀　紅

10	紅豆齋	3338	5749
	紅豆山房校藏善本	3300	
	紅豆書樓	5947	
	紅豆書屋	3913	
	紅雨軒	4006	
16	紅碧山房	1542	
44	紅蕋吟館吳氏藏書		
		3796	3942
		4868	
	紅樹館主	2750	
	紅藥山房	4495	
	紅藥山房收藏私印		
		415	2049

紅藥山房□□　1287

紅葯山房　　6583

47　紅欄書屋　1096　1267

77　紅犀吟館　2987

2191₁　經

02　經訓堂　　6526

84　經鋤堂　　　304　2537

　　　　　　　5142　6779

87　經鉬堂　　6083

2198₆　穎

71　穎長氏　　5712

2210₈　豈

34　豈爲功名始讀書　2106

豐

00　豐府藏書　　5119

43　豐城歐陽氏藏書

　　　　　　　　384　440

44　豐華堂　　3913

豐華堂齎贉書　3834

豐華堂書庫寶藏印

　　　　　　　351　357

　　　　　　　769　1138

　　　　　　1880　2706

　　　　　　　2929　3178

　　　　　　　3189　3769

　　　　　　　3794　3834

　　　　　　　4023　4267

　　　　　　　4280　4337

　　　　　　　5394　5508

　　　　　　　5509　5763

　　　　　　　6414　6657

2211₄　舿

10　舿(聽)雨樓查氏有圻珍賞
　　嘼書　　6708

2221₄　任

00　任亮儕　3058　5973

40　任大椿　6126　6260

　　　　　　6668

43　任城孫毓漢雲皋氏章　298

任城魏氏家藏　3268

51　任振采　　511　1966

　　　　　　1999　2001

　　　　　　2041　2050

　　　　　　2080

72　任氏家藏　5926

任氏振采　1966　1999

　　　　　　2001　2041

　　　　　　2080

77	任邱邊葆恕印川氏藏書	811	
	任邱邊氏	362	

2222₁　鼎

00	鼎　文	4610	
10	鼎　雲	4210	
24	鼎峙原板	3487	
53	鼎甫王氏珍藏	5948	
71	鼎　臣	3593	

2222₇　嵩

22	嵩　峯	336
28	嵩　齡	2179

2223₄　嶽

10	嶽雪樓	4702	4772

2224₄　倭

44	倭劫殘餘	4732

2224₇　後

80	後八千卷樓	5163	5965

2226₄　循

00	循　齋	6091

2227₀　仙

27	仙　舟	634

2238₆　嶺

40	嶺南大學圖書館藏書	1026
	嶺南李氏藏書	1090

2244₇　艸

00	艸亭藏	3641	
	艸廬手校	3825	
22	艸艸亭藏	5589	5647

2271₁　崑

22	崑山項氏延曦樓藏書印	2994	
	崑山徐氏	1762	
	崑山徐氏家藏	1491	2576
		4972	
	崑山徐氏之書	3943	
	崑山徐氏鑒藏	805	
	崑山圖書館收藏印信	5411	
	崑山圖書館藏印	5056	
	崑山鄭氏珍藏	4720	

2272₁　斷

22	斷斷齋	3827

23　斷編殘簡伴閒居　　3680

2277₀　山

40　山右王郎　　5748
　　山右孟氏珍藏圖書　1707
50　山東省立圖書館點收海源
　　閣書籍之章　1047　2358
　　　　　　　　2560　2604
　　　　　　　　3014　3833
　　　　　　　　3972　4252
　　　　　　　　4302　5814
　　　　　　　　6498　6506
　　　　　　　　6594
　　山東省圖書館珍藏之印
　　　　　　　　　　3865
53　山　甫　　4708
60　山口上村　　4555
76　山陽丁晏藏書　6785
　　山陽朱氏珍賞圖書　319
78　山陰沈仲濤珍藏祕籍　2672
　　山陰祁氏藏書之章
　　　　　　　　57　　70
　　　　　　　　321　1300
　　　　　　　1493　2344
　　　　　　　4833

2290₁　崇

00　崇文書堂　　6695
24　崇德呂氏大雅山房心文家
　　藏　　　　　5236
40　崇古樓　　1861
43　崇城私印　　4402
44　崇枝山戲讀　2403

2290₄　樂

00　樂意軒吳氏藏書　　2541
38　樂道堂　　3208
60　樂昌欽州南海英德長樂學
　　博　　　　　1702
77　樂賢堂藏書印　6508
82　樂　饞　　4799
86　樂鐸之印　　3159

2291₃　繼

31　繼　涵　　1267
33　繼　梁　　1850　2192
　　　　　　　4760
34　繼　遠　　2750
37　繼祖之印　　680　4933
　　繼祖所藏善本　964
51　繼　振　　607

2291₄　種

48　種松山房　　2485

2294₇　綏

17	綏珊六十以後所得書畫	
	407	2986
	3536	5073
	5286	5386
	5501	5589
	6585	
	綏珊經眼	4191
	綏珊收藏善本 3536	4825
	5073	5386
	5390	

2300₀　卜

71　卜臣氏　　3214

2321₀　允

00	允立氏	3501
27	允叔藏書	5779
40	允　嘉	3744
90	允堂之印	1267

2323₄　獻

00　獻　唐　　3865

13	獻唐劫後所得	5385
	獻唐長物	5809
	獻玗堂	1698

伏

64	伏跗室	1969
	伏跗室藏	5742

2324₂　傅

10	傅王露印	1194	
22	傅山印	2484	
31	傅沅叔	1557	2353
		3517	3702
		4233	6328
		6494	
42	傅斯年圖書館	2991	
48	傅增湘	959	1557
		1591	1860
		2435	2544
		2575	2732
		3299	3517
		3648	3702
		3816	3837
		3934	4215
		4233	4487
		4488	4497
		4521	4635

	4662	4710
	4719	4768
	4784	4795
	4800	4877
	4958	5662
	6296	6318
	6683	
	傅增湘讀書	1557　2626
	傅增湘印	3977
50	傅忠謨	3299　3702
		4233

2324_7　俊

67	俊明之印	4799

2325_0　臧

12	臧廷鑑印	2458

2332_7　鷟

37	鷟湖華氏寫經書屋審定繕本	3353

2333_3　然

44	然藜書屋珍藏	1288
	然藜閣藏	6138
48	然松書屋	5662　6753

2345_0　戟

77	戟門藏書印	2559

2355_0　我

00	我齋	694
21	我師古人	2320
77	我周旋室	4406

2361_1　皖

31	皖江馬氏素行居藏	4611
40	皖南張師亮筱漁氏校書於篤素堂	955　4536
		5082　5143
87	皖歙程守中藏書	1689　3796

2390_0　私

00	私立滬江大學圖書館印	6051

2393_2　稼

12	稼孫	6358
60	稼田所藏	3317
80	稼翁	3786

2396₁　稽

12	稽瑞樓	1587	1960
		2102	2179
		2184	2549
		3046	4493
		6128	6819

2420₀　付

94	付　怙	112	

2421₀　仕

72	仕　隱	2933	

2421₁　佐

26	佐伯文庫	60	419
		649	2615
		3592	3705
		3778	4031
		4223	4527
		4724	5262
		6453	

2421₇　仇

64	仇時古印	3438	

2422₁　倚

00	倚　文	3913	
82	倚劍樓	5729	

2423₁　德

08	德謙之印	4050	
24	德化李氏凡將閣珍藏		
		124	1215
		3190	
	德化李氏凡將閣藏	6779	
25	德生收藏	273	
	德　純	221	
26	德　保	890	3372
31	德福壽安寧署齋周氏珍藏		
		904	
	德福壽安寧署周氏珍藏		
		3996	
35	德清許氏家藏	1194	
	德清許氏陔華堂藏書		
		2441	6729
	德清堂湯氏收藏印	680	
38	德　啟	4869	5035
		5858	
47	德均審定	1807	6770
	德均所藏	1212	1807
53	德　甫	1150	2994

		3914	
97	德　輝	1601	1862
	德輝之印	1862	

2423₈　俠

17	俠　君	2013	4570
		5462	
20	俠香文劍之印	4794	

2424₁　侍

50	侍史方云所掌	6133

2426₁　借

10	借一瓻館	4760	
22	借艸宦	2501	
50	借書園印	4825	5109
		6578	

牆

50	牆東小印	1512

2426₄　儲

02	儲端華重	1258

2429₀　休

17	休　承	2676
30	休寧朱之赤珍藏圖書	3504

休寧汪季青家藏書籍

	1147	1180
	1212	1258
	1582	2732
	3088	3221
	3744	4276
	4768	4856
	5121	5631
	5701	6321

休寧李氏允泉子子孫孫永寶用享　　1211

76	休陽汪氏裘杼樓藏書	4792

2441₂　勉

00	勉　齋	6361
40	勉　士	5050
77	勉學書樓	998

2451₀　牡

77	牡丹主人	4921
80	牡盒藏	6741

2471₆　崦

10	崦西艸堂	1920	2283

2472₇　幼

10	幼　于	1978

幼平珍祕　　1324

17　幼　珊　　1297

27　幼　魯　　6585

60　幼　圃　　5757

幼圃藏書之印　5757

99　幼　憐　　1094

2480₆　贊

60　贊　思　　357

2492₁　綺

32　綺衫過眼　　6675

2492₇　納

00　納　齋　　4824

44　納蘭成德　　1864

2494₇　穫

80　穫　人　　5738

2495₆　緯

77　緯　卿　　2374

2496₁　結

10　結一廬　　4121　4764
　　　　　　　4796　5701

結一廬主　　4808　5701

結一廬藏書印　717　1921
　　　　　　　2723　5486
　　　　　　　5990

34　結社溪山　　4984　5155

2498₆　續

27　續修詞林典故　3299

2510₀　生

34　生沐祕藏　　3221

2520₆　仲

仲　　　　2501

04　仲　謀　　5670

21　仲　衡　　6817

24　仲　先　　680

27　仲　魚　　3900　6759

仲魚圖象　　1918　1960
　　　　　　2544　3900
　　　　　　4197　5035

仲魚小象　　1893

仲約手鈔　　1691

32　仲淵校讀一過　1850

38　仲　裕　　1163

40　仲　垍　　811

44　仲　韓　　4173

仲　華　　4232

	仲　蕃	3919	

2522₇　佛

| 80 | 佛弟子陳廷照敬藏印 | 4590 |

2523₂　儂

| 71 | 儂長荷花三日生 | 2676 |

2524₀　健

44	健　菴	1491	1861
		4499	4972
80	健公爲書延壽	1	
88	健符曾觀	5676	

2524₃　傳

21	傳經樓	6589	
	傳經樓藏書印	6479	
	傳經堂印	5078	
	傳經堂鑒藏	1194	5078
50	傳書堂	4856	
	傳　素	2989	
60	傳是樓	49	805
		2994	6296

2590₀　朱

| | 朱 | 4928 | |
| 00 | 朱應槐 | 4782 | |

10	朱石樵	982	
	朱晉之章	4249	
21	朱儒暹印	6822	
22	朱鼎煦	106	323
		1704	4260
	朱後廬	2906	
	朱稻孫	3786	
27	朱象玄	1860	
	朱象玄氏	4064	
	朱彝尊	405	450
		634	1119
		1451	1799
		2432	2441
		2694	2726
		2996	3085
		3088	3536
		3572	3840
		3856	3971
		4183	4231
		4263	4324
		4370	4439
		4876	4886
		5018	5081
		5173	5261
		5506	5507
		5582	6399
		6819	

　　　朱彝尊印　　1493　1861
　　　　　　　　　3350　3825
　　　　　　　　　4862　5140
　　　朱彝尊錫鬯印　3365
　　　朱彝尊錫鬯父　1194　1212
　　　　　　　　　4876
　　　朱久珊　　　1031
30　朱之赤　　　6819
　　　朱之赤印　　3504　4928
33　朱梁任　　　6320
34　朱邁之印　　4816
38　朱澂之印　　5990
　　　朱　海　　　2672
　　　朱遂翔所見善本　　4414
40　朱士楷　　　　1
　　　朱士楷藏書章　　1
　　　朱士楷印　　　1
　　　朱嘉賓　　　6262
46　朱樫之　　　2727　5035
　　　朱樫之印　　1031　2791
　　　　　　　　　4806　5035
47　朱柳塘　　　4036
51　朱振祖　　　954
57　朱邦衡　　　2544
60　朱昆田　　　1799　2996
　　　　　　　　　4370
　　　朱昆田曾觀是書大略　1637

62　朱別宥收藏記　106　3092
63　朱　豌　　　5831　6008
71　朱頤年所藏法律書籍
　　　　　　　　　2410　2424
　　　　　　　　　2426
72　朱氏珍藏　　319
　　　朱氏家藏　　628
　　　朱氏錫鬯　　1180
73　朱卧庵　　　3504
　　　朱卧菴收藏記　1499
　　　朱卧菴收藏印　4830
74　朱陸祕笈　　1723
77　朱學勤修伯甫　4121　4796
　　　朱學勤印　　　7　4808
　　　　　　　　　5701
86　朱錫庚　　　3505
　　　朱錫庚印　　4764
88　朱　筠　　　404　810
　　　　　　　　　1556　1557
　　　　　　　　　3215　4712
　　　　　　　　　4764
　　　朱筠竹君　　5892
　　　朱竹君　　　810　974
　　　　　　　　　1513　2294
　　　　　　　　　2713　3215
　　　　　　　　　4808

2591₇　純

00	純　齋	4878	
26	純白齋	3466	6771
	純白齋印	2801	

2592₇　繡

80	繡　谷	1939	3794
		4127	
	繡谷亭	760	2421
		3524	3744
	繡谷亭續藏書	223	634
		667	804
		1991	
	繡谷薰習	4799	

2598₆　續

01	續語堂印	2550	

積

60	積四萬軸留子孫讀勤翻勤		
	曝勿借勿鬻	1702	
77	積學齋	2238	5415
	積學齋徐乃昌讀		
		497	967
		1013	1146
		4629	

積學齋徐乃昌藏書

		1146	1612
		1856	2140
		2199	2550
		2676	3159
		3355	4794
		5415	6087
		6676	
88	積餘齋	4794	

積餘祕笈識者寶之

		967	1146
		2238	4794

2599₆　練

22	練川林於山房藏書		
		3888	3972
31	練江陳昂之印	5194	

2600₀　白

00	白鹿山房鑒藏	5075	
10	白雲深處	4875	
21	白　虎	2994	
22	白岩竹樓主人寰滔氏周浩		
	印	1730	
30	白崔山房	4433	
31	白河文庫	3350	3351
33	白濱過目	136	

44　白蓮社　　　3848

46　白堤錢聽默經眼

　　　　　333　1939

　　　　4284　4857

67　白眼看他世上人　1850

76　白　陽　　6119

77　白岡山人　　5551

自

00　自立門石　　1858

26　自得居士　　4984

27　自修氏　　　146

43　自求堂范氏賞鑑書畫之印

　　　　　　4109

　　自求堂書畫印　4109

44　自莊嚴堪　　5662

93　自怡齋　　　5995

2610₄　皇

67　皇明進士錦帶里范之篋書

　　　　　　4759

　　皇明宗室　　2676

2620₀　伯

08　伯　敦　　1154　1467

　　　　1468　1850

　　　　2043

10　伯　元　　2421　3215

19　伯　裘　　　6763

　　伯裘七十以後作　3299

22　伯鼎賞心　　3092

　　伯岸六十以後所作書　5363

　　伯啚圖書　　3372

25　伯　純　　　3942

27　伯繩祕笈　　2986　5620

　　　　　　6402

30　伯寅經眼　　4928

　　伯寅藏書　　1499　4865

32　伯淵家藏　　539

44　伯蘇珍藏　　5201

50　伯　申　　　2421

60　伯　愚　　　6072

66　伯暘圖書　　6119

67　伯　明　　　4583

72　伯　剛　　　452

77　伯卿甫　　　3942

80　伯　羲　　5785　6296

2621₀　但

04　但讀離騷可無酒　4402

2622₇　偶

60　偶　園　　4448　6470

2623₂ 泉

00	泉唐丁氏收藏		3953
	泉唐丁氏竹舟申松生丙辛		
	酉以後所得	533	2579
			3221
	泉唐嘉惠堂丁氏收藏善本		
	書圖記		4754
	泉唐戴氏珍藏		1330

2624₁ 得

10	得一居珍藏印		5082
21	得此書費辛苦		1966
	得此書，費辛苦，後之人，		
	其監我。	1893	1918
		1960	2544
			3900
44	得尌樓藏書		4876
	得囍		6817

2626₀ 侶

11	侶硏齋		4985

2629₄ 保

10	保三圖書翰墨之印		556
14	保琦		4231
27	保彝私印	1258	4179

2633₀ 息

55	息耕堂	5424

2640₃ 皋

00	皋亭	5035

2641₃ 魏

00	魏唐金氏隅園珍藏		
		835	4448
			6470
08	魏謙		135
40	魏士觀印		6431
72	魏氏圖書		4720
86	魏錫曾		2551
	魏錫曾印		6358

2643₀ 吳

	吳	4582	4902
10	吳玉墀	2	7
		10	12
		13	23
		26	34
		49	52
		57	64
		66	71
		77	80

	3988	3997		6817
	4017	4036	吳翌鳳枚庵氏珍藏	
	4037	4127		1178	1194
	4164	4174		4636
	4181	4229	吳翌鳳印	2544
	4236	4253	吳郡張紹仁學安氏印	1622
	4284	4291	吳郡沈率祖家藏圖書	4719
	4312	4314	吳郡城隍神廟東偏寶是堂	
	4402	4448	徐氏書畫記	1940	3350
	4457	4474	吳郡金庚	3504
	4646	4691	20	吳重熹	1908	1939
	5662	6370		4020	6320
	6379	6751	吳重熹印	1612	5154
	6756		吳航謝氏治江家藏	1267
吳玉墀印	1861	2543	21	吳卓信	6397
吳元鼐印	1999	3200	吳卓信印	1754	4923
吳丙湘校勘經籍印	1152			5386
吳下蔣郎	1022	2701	22	吳川敬恕堂陳	493
吳平齋讀書記	1300		吳　胤	3214
吳石君壬子後所得物	4233	吳山周氏鑒藏	3891
吳雲表	6817		吳繼寬	4500
11	吳玨如	1236	吳縣潘氏圖書	5080
14	吳琪之印	2781	5615	23	吳允嘉	1194	3744
17	吳翌鳳	3934	4403			4441
		4799	6706	吳允嘉印	3744
吳翌鳳家藏文苑		24	吳偉業印	4876
	1850	2592	25	吳　岫	1978	3961

		4800	6784
	吴岫家藏	2676	
	吴岫書籍	1978	
27	吴伊仲藏書	2544	
	吴兔牀書籍印	959	1988
30	吴家長物	3502	
	吴家鏾印	4504	
	吴　騫	4834	
	吴騫之印	1035	
	吴宫華印	4926	
31	吴江史氏藏書	4370	
37	吴湖颿	1212	
	吴湖颿珍藏印	1212	
	吴湖颿印	1212	
38	吴裕德印	5343	
40	吴士玉印	4719	
	吴士安	3214	
	吴熹子冕	1582	
	吴壽格	3020	
	吴壽昌	296	6176
		6208	
	吴壽暘	5803	
41	吴桓審定金石書畫印	2171	
43	吴　城	12	94
		223	667
		804	2421
	吴城字敦復	1991	

	吴越程銘敬藏	6133	
44	吴蘭林西齋書籍刻章		
		1861	2543
		3792	
	吴其濬印	2543	
47	吴朝棟寶藏	607	
	吴趨姚紫垣藏	3504	
	吴趨蔣硯溪圖書記	2592	
48	吴枚庵校定本	1850	
	吴　梅	5234	5920
50	吴束山	2447	
55	吴　典	5391	6714
60	吴貝塘審定之印		1022
67	吴鶚長壽	4233	
71	吴陛杲	3744	
	吴原精校	1637	
72	吴氏二滴	856	
	吴氏兔牀書畫印		1939
	吴氏寶庫	1212	
	吴氏藏書之印	5615	
	吴氏圖書記	1212	
	吴氏堅之	1949	
74	吴陵陸魯言藏書之印	1288	
77	吴門陸儇之印	3904	
	吴門陸儇字尌蘭之印	3904	
	吴　興	3034	
	吴興許博明氏懷辛齋藏書		

印　　　　　1858　2676
吳興許氏懷辛齋藏　　2543
吳興張迺熊鑒定　　　6759
吳興張氏珍藏 2345　2395
　　　　　　　2494
吳興張氏適園收藏圖書
　　　　　631　957
　　　　　　2580
吳興張氏韞輝齋曾藏 3090
吳興張氏圖書記　　　6380
吳興沈氏萬卷樓珍藏 5155
吳興姚氏邃雅堂鑑藏書畫
圖籍之印　2510　4928
吳興世家　6697
吳興藥盦　1375　3589
　　　　　5117
吳興翰墨圖記 1194
吳興抱經樓藏 1098　1275
　　　　　　3589
吳興劉氏嘉業堂藏
　　　　　2345　2604
　　　　　4127　4441
　　　　　4719　4869
　　　　　4885　4949
　　　　　5007　5040
　　　　　5051　6262
　　　　　6818

吳興劉氏嘉業堂藏書記
　　　　　292　336
　　　　　341　684
　　　　1104　1258
　　　　1335　1336
　　　　1538　1560
　　　　1611　2494
　　　　2544　2604
　　　　2636　2732
　　　　2746　2751
　　　　2774　2805
　　　　2906　3036
　　　　3450　3502
　　　　3758　3807
　　　　3813　3819
　　　　3820　3834
　　　　3835　3890
　　　　3907　3930
　　　　3954　3988
　　　　4326　4409
　　　　4410　4441
　　　　4577　4582
　　　　4721　4777
　　　　4818　4853
　　　　4863　4880
　　　　4883　4888
　　　　4894　4895

吴興劉氏嘉業堂藏書印

		5463	5566
		5678	5764
		5888	6075
		6137	
	吳興周越然藏書之印		4207
	吳興周氏亦足齋藏		47
	吳興周氏珍藏善本		
		4579	5491
	吳尺鳧	4817	
83	吳鋐之印	996	
88	吳竹宣印	1703	
90	吳惟寅印	959	
	吳省欽印	1068	
91	吳　焯	12	23
		34	223
		1939	1940
		1997	4799
		4817	
	吳焯字尺鳧	3997	

2671₀　峴

22	峴　山	5783

2671₁　崐

22	崐山馬氏	1641

2690₀　和

30	和室老人	4811
50	和　中	5984

2691₄　程

10	程晉芳	24	370
		395	400
		443	580
		655	737
		910	1080
		1083	1174
		1191	1192
		1193	1276
		1329	1333
		1446	1447
		1498	1567
		1585	1648
		1799	1824
		1851	1905
		1906	1913
		1916	1925
		2066	2099
		2109	2112
		2137	2279
		2280	2284
		2289	2290

2306	2307	3524	3526
2321	2322	3531	3535
2323	2360	3543	3585
2370	2407	3688	3741
2428	2448	3743	3745
2450	2454	3747	3748
2460	2475	3776	3821
2476	2478	3893	3902
2480	2508	3912	3915
2511	2514	3962	4085
2517	2534	4116	4156
2539	2588	4188	4279
2619	2648	4309	4393
2735	2745	4399	4400
2747	2752	4406	4411
2758	2773	4431	4518
2779	2785	4552	4558
2843	2889	4576	4644
2903	2908	4649	4652
2968	3000	4655	4667
3007	3030	4682	4688
3039	3043	4689	5574
3051	3106	6093	6114
3158	3462	6226	6230
3465	3489	6231	6232
3491	3507	6686	6687
3519	3520	6689	6690

		6698	6709
		6710	6716
		6718	6720
		6722	6724
		6725	6730
		6736	6740
		6746	6752
		6755	6760
		6807	6808
		6820	
26	程保兹	52	
30	程家栩	6695	
	程守中	1689	3796
33	程濱遺	5929	
44	程世繪印	4836	
50	程本山讀書記	4563	
60	程日榮印	4754	
	程固安印	1003	
	程景伊	2468	
72	程氏家栩字殿材号枝雲之		
	章	6695	
77	程鵬舉印	3870	
87	程銘敬	6133	
88	程銓之印	4724	

2693₀　總

| 00 | 總辦處閱定擬存目 | | |

			447	904
			1166	2342
			2597	
57	總　擬	2597		

2694₁　緝

| 77 | 緝熙殿書籍印 | 3299 |

釋

03	釋就堂	4858
30	釋宗邕	4875
60	釋杲朗	6531
72	釋氏宗邕	4875

2712₇　歸

30	歸安章綬銜字紫伯印		
		1959	2001
		4402	4800
	歸安吳氏二百蘭亭齋藏書		
	之印	6709	
	歸安沈均瑝校藏金石祕籍		
	印	3057	
	歸安陸樹聲藏書之記	1653	
40	歸有光印	1608	
	歸來草堂	1177	
43	歸求艸堂訂本	176	
44	歸　莊	5393	

鄺

| 25 | 鄺　生 | 6190 |

2713₂　黎

| 77 | 黎覺人 | 5772 |

2721₀　佩

| 80 | 佩　兼 | 1739 |

2721₇　倪

17	倪承寬	6180
32	倪兆蛟	5861	6278
44	倪黃山館	3364
	倪　模	304
	倪模之印	5142

2722₀　向

22	向山閣	954	3923
25	向穋守之	549	4500
34	向　達	2343

仰

| 77 | 仰周所寶 | 1452 |

御

| 00 | 御府圖書 | 3299 |

50	御史之章	1978	4249
	御史振宜之印	3292	4829
66	御賜清愛堂	3301
	御賜萱瑞堂	2661
	御賜教忠堂	6620
	御賜抗心希古	4863	4883
		4902

豹

| 72 | 豹隱廬 | 6173 |

2722₂　修

00	修文堂	6727
21	修緪堂主人	6727
26	修　伯	7	4796
		4808	5701
	修伯甫	4121
40	修直藏書	6040
48	修敬堂畫書圖書		5107
50	修本堂	2374
80	修盦所藏	1996
88	修竹書室	2839

2722₇　鄉

| 57 | 鄉邦文獻 | 241 |

鄘

| 44 | 鄘燕緒攷藏經籍印 | 579 |

2723₂　象

22	象　山	2536
42	象　荆	2662
44	象　蕃	3214

2723₃　佟

| 80 | 佟　年 | 5889 |

2723₄　侯

22	侯繼國	3001
30	侯官藍氏藏書	6390
	侯官楊浚	4019
	侯官楊氏	1
	侯官劉筠川藏書印	6012
	侯官鄭氏藏書	2153	4065
		4500	5837

2724₀　將

| 40 | 將　南 | 1163 |

2724₇　殷

| 26 | 殷　泉 | 2138 |

2726₁　詹

| 34 | 詹汝槐 | 4844 |

2730₃　冬

10	冬函保□	4488
31	冬　涵	2559	2567
	冬涵閲過	4057	5958
40	冬樵行式	1861

2731₂　鮑

00	鮑　康	71
12	鮑廷博	3913
17	鮑子年	71
28	鮑以文	1150	4402
		4803	5007
		6817	
	鮑以文藏書記	4764
40	鮑士恭	4	102
		114	540
		680	720
		770	919
		1027	1037
		1088	1093
		1144	1147
		1150	1190
		1282	1327

1511	1512	3340	3350
1526	1582	3351	3358
1588	1591	3364	3394
1601	1610	3445	3474
1662	1718	3565	3566
1755	1760	3578	3605
1892	1904	3625	3627
1911	1945	3695	3697
1946	1947	3703	3705
2126	2166	3709	3720
2208	2218	3737	3758
2320	2327	3777	3779
2353	2357	3780	3786
2358	2423	3796	3813
2444	2471	3827	3830
2556	2558	3835	3836
2567	2595	3837	3914
2609	2642	3959	4020
2644	2660	4042	4131
2748	2770	4142	4153
2783	2815	4172	4346
2991	3000	4359	4361
3049	3161	4390	4402
3164	3213	4408	4410
3331	3334	4416	4419
3335	3336	4448	4455
3337	3339	4503	4519

4531	4570		22	烏山圖書館珍藏	5571	
4668	4745		26	烏程龐淵如校閱祕藏本		
4758	4760				4301	
4769	4772			烏程張氏適園藏書印	5701	
4773	4774			烏程蔣祖詒藏書		
4784	4785				2551	4181
4789	4790		40	烏臺總憲	4759	

鴛

4791	4794		37	鴛湖姚氏頌南珍藏	1227	
4795	4800					

鵁

4802	4803		30	鵁安校勘祕籍	1939	2140
4805	4806				6713	
4807	4808					

2733₆ 魚

4809	4813		10	魚元傅	1632	4942
4818	4822					

2740₀ 身

4829	4830		21	身行萬里半天下	2049	
4832	4833					

2741₃ 兔

4834	4843		24	兔牀	4834	6713
4844	5681			兔牀手校	1939	2543
6330	6368			兔牀經眼	1918	
6391	6490			兔牀山人	1	1940
6692	6708				3303	3817
6741	6745					
6762						

| 72 | 鮑氏覺圍珍賞 | 2727 |

2732₇ 烏

| 10 | 烏石山房 | 1194 |

2742₇　鄒

21	鄒儷笙讀書記	2111
40	鄒在淦印	2111
72	鄒氏所藏	2111
77	鄒同光印	6455

2743₀　奐

| 28 | 奐份審定 | 1601 |

2744₀　舟

| 21 | 舟　虛 | 130 |

2744₉　彝

80	彝　尊	2580
	彝尊私印	12　223
		1861

2752₇　鵝

37	鵝湖華開榮修復古籍印
		101
43	鵝城釣徒	2398
44	鵝龍生	80

2760₀　名

| 60 | 名曰祖修 | 1703 |

2760₁　響

| 26 | 響泉齋圖書印 | 4861 |

2760₃　魯

00	魯　言	1288
10	魯王之寶	3930
51	魯軒珍藏	2793

2760₄　督

| 16 | 督理通州草場稅務關防 |
| | | 1862 |

2762₀　句

| 26 | 句吳曹氏收藏金石書畫之印 |
| | | 1996 |

甸

| 35 | 甸清過眼 | 3899　4808 |

2762₇　郎

| 60 | 郎　園 | 3350 |

2771₂　包

| 17 | 包子莊秘笈印 | 4833 |
| 21 | 包虎臣藏 | 3888　4833 |

		4854	
22	包山真逸	2994	
30	包宜仲	1267	6534

2772₀　匋

36	匋　温	759

2772₇　島

60	島田翰	4824

2773₂　餐

10	餐霞軒	5696

2780₀　久

00	久　庵	4402

2790₁　禦

77	禦兒呂氏講習堂經籍圖書		
		70	77

2790₄　彙

44	彙英堂	2536

2791₇　紀

64	紀曉嵐圖書印	4779	
67	紀　昀	232	493
		535	623

		803	878
		1077	1511
		1646	1688
		1844	2020
		2051	2232
		2335	2466
		2547	2570
		2940	3140
		3263	3686
		3728	3731
		3733	3781
		3813	4113
		4390	4642
		4744	4779
		4782	5566
		5584	5676
		5932	6117
		6291	6292
		6576	6583
		6586	
72	紀氏藏書之印	3563	4447
		4449	

2791₇　繩

00	繩齋識	2746
13	繩　武	5540
27	繩繩齋	5146

2792₀　約

51	約　軒	6707	
60	約　園	22	1673
		2697	3589
		3778	4890
		4931	5014
		5135	5341
		5613	6066
		6486	
	約園珍藏	4890	4931
	約園藏書	3589	4082
		5862	
	約園善本	4890	

2792₂　繆

38	繆遵義印	6175	
44	繆荃孫	956	5742
		5989	6779
	繆荃孫藏	5699	5989
		6225	
	繆藝風	4181	
60	繆曰藻印	2787	

2793₂　綠

10	綠雲樓	1197
88	綠筠堂	4416

	綠竹山房藏圖書記	1042

2793₃　終

60	終日與寶書古人相對	1739

2794₀　叔

00	叔　言	2489	2991
		4413	
12	叔　弢	4789	
37	叔　潤	2541	
	叔潤藏書	3822	
44	叔　芷	2676	
	叔　華	80	
67	叔　明	2287	4835
80	叔　美	2784	5947
	叔美心賞	221	

2795₃　穉

12	穉登私記	4719
55	穉　農	4808
	穉農祕笈	3899
	穉農藏書	2713

2796₂　紹

00	紹廉經眼	1971
	紹　庭	1161
17	紹　弓	2574

21	紹仁之印	1622	
26	紹　泉	4235	
	紹　和	1177	1182
		1861	
	紹和筑岩	1258	1861
30	紹　安	6165	
40	紹　南	3702	
	紹　李	3214	
77	紹卿所得	1063	

2810₀　以

| 35 | 以禮審定 | 4764 |
| | 以禮曾觀 | 4181 |

2821₁　作

| 80 | 作人長壽 | 6415 |

2822₀　价

44	价　藩	336	1212
		2192	3090
		4414	4719
		6380	
	价藩所藏	336	

2824₀　徵

| 10 | 徵雲之印 | 4799 |

2824₇　復

00	復　齋	5995	
	復齋校讀古籍印記	1237	
	復　京	3341	
80	復盦善本	1747	
	復　翁	2238	4495
		4799	4877
		6531	

2825₃　儀

| 28 | 儀徵劉氏 | 6212 |

2826₆　僧

| 30 | 僧實月伯明印 | 4583 |

2828₁　從

| 40 | 從古堂藏書 | 1194 |

2829₄　徐

00	徐康私印	4809	
	徐玄植印	4719	
10	徐元夢印	3930	
	徐元輅	6773	
	徐天柱	5965	6056
		6166	
	徐石卿印	5266	

11	徐彊詝	4991	6598
12	徐孫麒	1490	1684
		3619	5390
		5415	
17	徐乃昌	497	967
		1013	1146
		1490	1612
		1856	1904
		2140	2199
		2338	2550
		2676	3159
		3355	4629
		4794	5415
		6087	6676
	徐乃昌讀	7	1146
		1490	1856
		3509	4794
		6087	
	徐乃昌暴書記	5415	
	徐乃昌馬韻芬夫婦印	4794	
	徐乃昌印	2238	3509
	徐弨詝藏閱書	5470	
19	徐璘	6568	
20	徐信符藏	4990	
21	徐步瀛	6558	
	徐仁山	605	808
		4002	4971
25	徐健菴	1861	2576
		3338	4786
	徐傳經	607	
27	徐紹榮	1813	5237
		5263	5298
		6487	
	徐紹薪	2649	
	徐紹閜	4926	
30	徐安	3695	3904
		4887	
	徐賓之印	1743	
32	徐兆瑋	6205	
35	徐潛之印	4819	
36	徐渭仁印	4576	
	徐湯殷	1813	4926
		5237	5298
37	徐鴻寶觀	1825	
	徐祖正印	6816	
40	徐坊	659	1327
	徐坊印信	4835	
	徐克謙觀	2544	
44	徐孝餘	796	
	徐萬鵬印	1163	
	徐世禎印	2315	
46	徐恕	3778	5846
	徐恕讀過	163	4991
		6804	

48	徐乾學	1491	3415
	徐乾學印	4499	
	徐　松	2459	
57	徐邠藏書	4183	
60	徐日晉印	4327	
	徐星伯	1582	1886
64	徐時棟	824	5523
72	徐氏傳是樓藏書		2994
	徐氏舊家□□	1163	
	徐氏星伯藏書	1886	
	徐氏興公	2153	3695
		6374	
77	徐堅仲	2056	
	徐堅藏本	2319	4064
		4967	5475
	徐興公	3934	
82	徐　鍾	4933	
84	徐　釚	2283	4174
		6778	
87	徐鈞印	3695	4887
		4948	5633
	徐鈞印信	3826	
90	徐惟起	1996	3695
		5596	
	徐惟起印	6374	
94	徐　燉	2592	
	徐燉私印	6374	

| | 徐燉之印 | 2153 | 4832 |
| | 徐燉字惟起一字興公 | 6358 | |

2833₄　悠

| 23 | 悠然樓 | 6102 | |
| 77 | 悠閒居士 | 5510 | |

2834₀　敘

| 30 | 敘　客 | 4181 | |

2835₁　鮮

| 10 | 鮮　于 | 4198 | |

2846₈　豀

| 40 | 豀南尤氏所藏 | 1258 | |

2854₀　牧

00	牧　齋	3370	6491
25	牧　仲	186	
80	牧　翁	1511	3338

2864₇　馥

| | 馥 | 959 | |

2874₀　收

| 44 | 收藏書籍 | 2646 | |

2921$_2$　倦

60	倦　圃	1591	1598
		1825	4820
		5662	6321
		6384	

2925$_0$　伴

37	伴　漁	5345

2992$_0$　紗

80	紗　谷	3794

2998$_0$　秋

12	秋水園圖書	1104	
20	秋香閣寄藏印	2574	
33	秋　浦	2140	
37	秋　潯	2185	
44	秋尌齋藏書記	6490	
	秋　蓀	2777	
	秋樹根齋	3372	
55	秋　農	3078	
57	秋　蟾	4725	5738
71	秋原子	4504	
72	秋　岳	1591	
88	秋籟閣	5208	

3010$_1$　空

17	空翠閣藏書印	5075

3010$_4$　窒

53	窒　甫	583

3010$_6$　宣

43	宣城李氏瞿硎石室圖書印		
	記	1861	2412
		4308	4798
		4806	4807
		4830	6261

3010$_7$　宜

00	宜齋文府	1861	
17	宜子孫	319	3371
22	宜川杏溪余欽止氏了生居		
	藏書	5054	
25	宜仲氏	6534	
26	宜和堂印	3445	
29	宜秋館	4791	
	宜秋館藏書	1392	4313
	宜秋館藏書之印		497
44	宜黃杏溪余欽止氏了生居		
	藏書	5054	
47	宜都楊氏藏書記		6521

77　宜興任氏天春園所有圖書

511　2288

6569

3011₄　注

44　注韓居　　410　1194

1810　1883

2031　2750

3155　3695

3934　4228

4500　4669

4806　4933

4956　5553

6374　6390

6511

注韓居士　5837　6374

淮

40　淮南心賞　5385

76　淮陽張氏宗素堂藏書　969

1920

78　淮陰丘氏雙清閣書畫　6797

3011₇　瀛

38　瀛海紀氏閱微草堂藏書之

印　　2574

瀛海僊班　1861　4179

3012₁　淳

32　淳溪老屋　2354

3012₃　濟

40　濟南王士禛印　4720

濟南王氏珍藏　4500

濟南王氏之通齊收藏圖記

788

濟南朱氏紅雨軒藏　4006

濟南周氏藉書園印

6342　6684

6737

76　濟陽文府　2579

濟陽經訓堂查氏圖書　6526

3012₇　滂

40　滂喜齋　　4991　6263

6308

滂喜困　3090

滂喜堂　2727

3013₂　濠

60　濠園藏書　4835

3019₆　涼

77　涼月館　2572

3020₁　寧

17	寧子堅	4967
34	寧遠節度後裔	1
37	寧澹齋	3224
72	寧氏子堅珍藏	4967

3021₁　完

01	完顏希曾晴雪堂圖書印		
		4786	4795
	完顏景賢精鑒	3299	
26	完伯	1772	

3021₂　宛

10	宛平王氏	6341	
	宛平王氏家藏	912	1155
		4982	5666
	宛平查禮恂叔氏圖書	3436	
	宛平查氏藏書印		
		3436	6797
	宛平惲氏所藏	1721	
12	宛登	5314	
74	宛陵李之郇藏書印		
		1861	4308
		4806	4807
		4830	6261
	宛陵李氏藏書印	2412	

3021₃　寬

| 50 | 寬夫 | 2551 |

3022₇　廖

| 60 | 廖因 | 3503 |

3023₂　永

21	永仁	2676	
	永耒	992	
	永耒氏	992	
30	永寶用之顧子剛贈		
		1678	3416
35	永清朱久珊藏書記	1031	
	永清朱檉之字淹頌號玖珊		
	澹喜堂藏經籍金石書畫記		
		2727	
	永清朱檉之字淹頌號九丹		
	玖珊一號琴客又號皋亭行		
	四居仁和里叢碧簃所蓄經		
	籍金石書畫印信	5035	
60	永思堂	4721	
97	永耀樓	119	299
		434	925
		1970	2234
		2405	4531
		4619	5303

　　　　　　　　5945

家

40	家在二勞峯下	5167	
	家在元沙之上	5142	
	家在雲間	6523	
	家在水道街澤村氏		348
	家在江南第一鄉		3816
	家在清風明月間		
		694	6047
	家在弌西莊	1103	
	家在黃山白岡之間		
		4984	5155
	家在春江第弍樓		4054
	家在昭明臺下	584	

3026₇　启

| 40 | 启　南 | 4182 |

3029₄　寐

77	寐　叟	955
	寐叟藏書	4209
80	寐　翁	3508

3030₁　進

| 24 | 進德館印 | 667 |
| 30 | 進　之 | 2784 |

| 77 | 進學齋 | 319 |
| | 進學齋藏書記 | 5029 |

3030₂　適

43	適　戡	1399	
60	適　園	631	957
		1221	1228
		1242	2580
		5701	
	適園秘篋之印	6759	

3030₃　寒

10	寒　雲	4832	6349
		6817	
	寒雲鑒賞永鉢	319	
40	寒士精神	3504	

3030₇　之

| 03 | 之誠讀本 | 5742 |
| 40 | 之　赤 | 4928 |

3032₇　寫

| 21 | 寫經書屋 | 3353 |

3033₆　憲

| 00 | 憲　章 | 1300 |
| 14 | 憲　珪 | 4803 |

28	憲儀藏之行篋	4209	
40	憲　奎	2140	4488

3034₂　守

20	守香子	4563	
22	守山閣	1212	1512
		1807	1858
		2148	2150
		2252	2421
		2549	3090
		4499	4780
		6392	6770
50	守中讀書	1689	
60	守墨道人	1864	
70	守燮齋藏書	6257	

3040₄　安

	安	628	
10	安平彭氏收藏金石書畫記		
		5108	
18	安政七改	4434	
21	安　貞	2777	
22	安山謝希曾審定		4719
	安樂窠	768	
	安樂堂藏書記	202	1039
		1249	1639
		1667	1725

		1825	2173
		2391	2412
		2423	2449
		2489	2604
		2613	2624
		2660	3639
		4179	4295
		4413	4442
		4725	4758
		4806	4807
		5063	5742
		6341	6461
		6560	6702
24	安化陳浴新氏收藏金石書畫		
		1986	
28	安徽巡撫採購備選書籍		
		3999	
	安儀周	4928	
43	安城任亮儕氏藏書		
		3058	5973
	安越堂藏本	6252	
72	安丘張氏寶墨樓圖書	2257	
	安氏儀周書畫之印	4928	
76	安陽張氏藏書	492	

3040₇　字

00	字方叔明菽民	2561	

12	字弘正	5464
17	字孟霖	4182
	字子晉	1205
25	字仲謀	5670
30	字宛登	5314
	字定九	5930
40	字士貞	6570
44	字樹蘭	4181
48	字敬思	1582
60	字曰靖伯	3904
	字曰子清	4902
	字曰定宇	1258　3300
	字曰定遠	1036
	字曰思叙	6678
	字思治號象荆	2662
71	字原餘	6821
80	字益齋號□谷	4050
88	字筠川行十一	2031

3043₂　宏

| 55 | 宏農楊氏世家 | 607 |

3060₆　富

| 30 | 富察昌齡 | 4635 |
| 77 | 富岡氏之印 | 1062 |

3060₈　容

00	容齋	2672
22	容川氏珍藏印	6346
30	容家書庫	1258　3538
		5121
38	容肇祖	2881　2904
	容肇祖印	2139
40	容壽之印	1951
76	容駟堂	1623

3062₁　寄

| 10 | 寄石山房藏書 | 3221 |
| 28 | 寄傲 | 4811 |

3073₂　良

40	良士珍藏	4488
	良士眼福	1132　3292
		4191
44	良尌珍藏	5738
53	良輔	360

寰

| 32 | 寰滔 | 1730 |

3077₂　密

| 06 | 密韻樓 | 1242　4181 |

		4764	4856
47	密均樓	1212	1582
		2551	6311
		6712	6770

3080₁　定

13	定武楊氏素園藏書印 6499	
25	定生所寶	4033
27	定　侯	3716
	定侯流覽所及	424
	定侯審定	967　2459
	定侯所藏	1698　5719
		6316　6613
30	定　宇	1258　1493
		3300　3913
	定宇氏	4337
40	定　九	5930
44	定　菴	2022
80	定　父	4582
	定父過目	2173

3080₂　穴

16	穴硯齋	3505

3080₆　寅

00	寅　齋	212　4372
44	寅　恭	917　6320

賓

10	賓　王	2572

實

50	實事求是齋	3260
53	實甫氏	5686

寶

22	寶鼎香濃繡簾風細綠窗人	
	靜	4794
	寶山樓	3311
24	寶德堂藏書	1858　2414
28	寶繪堂	5811
	寶繪堂藏書記 4487	
	寶繪堂書畫記 4610	
	寶繪堂書畫圖記	5385
	寶繪堂印	4487
35	寶禮堂	319
44	寶芝堂印	2537
	寶芸齋	3509
48	寶翰樓藏書記 6809	
50	寶素堂	5423
60	寶日閣	2520
	寶墨樓	2257
	寶田堂書畫記	12
	寶是堂	1940　3350

| 65 | 寶晴簃主王靜宜所得祕笈記 | 1361 | 1404 |
| 77 | 寶鳳樓 | 2138 | |

賽

| 90 | 賽尚阿印 | 6465 | |

賣

| 77 | 賣　月 | 4583 | |

3090₁　宗

10	宗元鼎印	5930	
15	宗建私印	5152	
22	宗　邕	4875	
28	宗儀之印	3186	
30	宗室文恭公家世藏	2421	
	宗室文慤公家世藏	1825	5785
	宗室盛昱藏圖書印	1255	
38	宗　道	5462	
45	宗櫹之印	1022	1917
		3977	
50	宗素堂	969	1920
80	宗　美	3090	

3090₄　宋

00	宋慶遠印	6821	
10	宋　至	3415	
12	宋刊奇書	2580	
26	宋侶之印	1027	
30	宋定國	2572	
	宋賓王	4503	4984
31	宋源餘	6821	
40	宋存書室	811	996
		1177	1182
		1258	1601
		1861	2587
		4493	6794
44	宋蘭揮	55	186
		644	650
		1277	1747
		1850	2590
		2592	4243
		4276	4409
		4523	4633
		5074	6318
		6718	
	宋蔚如	2572	
50	宋　本	955	1939
		3292	3338
		4488	4789
		4798	
72	宋氏蘭揮藏書善本	55	650

		2590	4523
83	宋鉞私印	6644	
	宋鉞之印	6644	
88	宋筠	55	644
		650	1277
		1747	2592
		4243	4276
		4409	5074
		6318	
99	宋犖	1491	1860
	宋犖之印	186	6465

案

| 11 | 案頭遺集有先生 | 5877 |

3111₀　江

10	江雨來	4181
	江夏張氏	6372
	江夏徐氏文房	2835
	江夏徐氏藏本	6804
	江天遠章	6544
	江西新城汪石琴珍藏先代遺書	2164
	江西汪石琴藏手收書籍	842　5110
22	江山劉履芬觀	1939
30	江安傅沅叔攷藏善本	

		2353	4233
		4497(收)	6328(收)
	江安傅沅叔藏書記		
		1557	3702
		6494	
	江安傅增湘字沅叔號藏園		
		1557	3648
	江安傅增湘沅叔珍藏		3299
	江安傅忠謨晉生珍藏		3299
	江安傅氏洗心室藏		6328
	江安傅氏藏園鑑定書籍之記		
		3934	4497
		4516	5728
		6597	
37	江洵		3638
40	江左	1850	1861
		3292	
	江左陶生		319
43	江城如畫樓	1861	4308
44	江蘇巡撫採購備選書籍		
		617	2579
	江蘇學院頒行	887	
	江蘇第一圖書館善本書之印記		
		1645	6688
	江蘇省立第一圖書館藏書		
		1838	
47	江鶴亭		4985

江鶴亭曾觀　4985

江都秦更年曼青之印　3934

江都秦恩復校　1211

50　江　東　　　　　1

江東包氏天禄閣藏書

　　　　　1211　1652

江東包氏天禄閣藏書印

　　　　　3942

江東老芝　955

江東羅氏所藏　2551　4794

　　　　　5422

江東俞氏怡古堂印章　448

72　江氏隨月讀書樓藏書記

　　　　　4985

78　江陰繆荃孫鑑藏書籍金石

印　　　956

江陰劉氏　767　961

　　　　2208　4390

　　　　5894　6761

3111₁　沅

27　沅　叔　1557　2353

　　　　3299　3517

　　　　3648　3702

　　　　3977　4233

　　　　4497　6328

　　　　6494

沉叔手校　3702

沉叔審定　2421　3299

沉叔藏宋本　4583

涇

22　涇川查氏紫藤華館藏書之

印　　　6526

3111₄　汪

00　汪文柏　4820　4861

汪文柏印　4856

汪文曙　3834

10　汪石琴　842　2164

　　　　5110

17　汪承禎印　1030

18　汪璲之印　248

20　汪季青　1147　1180

　　　　1212　1258

　　　　1582　2732

　　　　3088　3221

　　　　3744　4276

　　　　4768　4856

　　　　5121　5631

　　　　5701　6321

27　汪魚亭　1704

汪魚亭藏閱書　1214　1564

　　　　1632　1709

		2011	2158		3770	3778
		2170	2308		3818	3868
		2855	3149		4259	4453
		3350	3859		4637	4638
		4172	4503		4648	4653
		4513	4765		4745	4849
		4772	4778		4856	4879
		4790	4803		4895	4897
		4813	4820		4901	4902
		4863	4875		4903	4906
		4881	4909		4911	4917
		4960	5003		4919	4923
		5009	5070		4924	4925
		5088	5155		4928	4931
		5633	6005		4935	4936
		6317	6362		4940	4943
		6817			4946	4954
30	汪憲奎	2140			4959	4965
	汪憲奎印	4488			4971	4976
32	汪兆鏞印	5122			4977	4978
34	汪汝瑮	1056	1057		4979	4985
		1086	1210		4986	4987
		1248	2145		4988	4990
		2151	2236		4994	5013
		2275	2356		5016	5026
		2739	3563		5027	5028
		3592	3659		5030	5033

5035	5036			5453	5462
5037	5052			5473	5485
5053	5064			5497	5499
5066	5075			5500	5504
5077	5092			5518	5522
5101	5102			5541	5572
5110	5112			5578	5611
5115	5117			5616	5620
5125	5129			5626	5767
5154	5165			5768	5769
5174	5184			5770	6420
5185	5190			6429	6723
5199	5209			6756	
5228	5229		汪濤之印	4816	
5236	5246	38	汪啟淑	17	22
5249	5255			39	41
5256	5262			62	76
5272	5277			81	92
5278	5288			98	99
5320	5323			106	236
5326	5327			331	341
5329	5345			344	346
5371	5384			353	489
5400	5409			523	537
5416	5422			550	554
5426	5431			640	643
5439	5444			649	650

2150	2155	3420	3429
2160	2164	3430	3438
2167	2172	3446	3450
2175	2195	3639	3691
2196	2200	3904	3929
2201	2202	3952	3998
2203	2212	4070	4173
2215	2216	4197	4214
2224	2225	4219	4224
2242	2259	4235	4242
2303	2316	4243	4249
2374	2375	4276	4335
2393	2397	4354	4559
2453	2455	4568	4573
2456	2503	4603	4633
2504	2510	4666	4788
2561	2582	4858	4863
2593	2610	4869	4874
2614	2626	4888	4893
2631	3018	4904	4936
3168	3197	4958	4989
3203	3244	5015	5064
3247	3254	5082	5095
3303	3354	5119	5147
3363	3365	5177	5203
3374	3377	5238	5242
3388	3415	5279	5287

		5341	5363		印	2701	3345
		5396	5681			4183	4488
		6311	6319		汪士鐘藏	2421	2518
		6363	6368			4959	4967
		6374	6396		汪士鐘印	996	2140
		6423	6424			3353	4806
		6427	6440			4984	6308
		6445	6448			6757	
		6451	6460		汪士鋐印	1682	
		6489	6497		汪喜孫	2544	4487
		6511	6543		汪　森	4799	
		6570	6590		汪森私印	5965	
		6607	6608	44	汪夢鸞	1542	
		6639	6655	46	汪如藻	333	1050
		6669	6695			1063	1177
		6728	6737			1194	1200
		6783	6804			1218	1493
		6806	6810			1505	1526
		6811	6813			1680	1797
		6814	6815			1808	1908
		6823				1917	1937
	汪啟淑印	959	5679			1943	2247
		6016				2288	2320
40	汪大經	3914				2542	2554
	汪士鐘讀書	1132	1586			2559	2592
		1939				3398	3478
	汪士鐘字春霆號朗園書畫					3882	3953

		3992	4123
		4207	4343
		4375	4394
		4396	4402
		4416	4434
		4485	4757
		4759	4768
		4770	4771
		4772	4783
		4798	4805
		4810	4811
		4821	4828
		4832	4845
		4854	4876
		5054	5436
		5441	6206
		6313	6368
		6423	6778
		6781	6793
51	汪振勳印	3345	4829
60	汪 昉	2561	
	汪昉字叔明長生安樂		4835
70	汪辟疆	1669	
77	汪閬源	1856	2771
		3903	4759
		4790	4829

3112₀　河

11	河北王兆鈺鳳山藏書記	
		4967
50	河東席尚謙記	1449

3112₁　涉

60	涉園（陶氏）	22	1380
		1582	1735
		2697	3268
		3429	3517
		3619	3831
		4229	4449
		4586	5012
		5028	5160
		5167	5184
		5229	5294
		5423	5453
		5523	6233
		6311	

3112₇　馮

10	馮　平	3919
	馮可鏞	2167
13	馮　武	6706
17	馮　羣	1969
20	馮　雒	2784

27　馮名祖　　　2416
34　馮汝玠　　　　66
40　馮雄之印　　2496
　　馮雄印　　　2496
44　馮華渚讀書記　539
46　馮恕讀過　　1894
72　馮氏辨齋藏書　1290　2416
　　　　　　　　3118　3574
　　　　　　　　5082　5584
80　馮金聲　　　5870
　　馮念周印　　3341

沔

76　沔陽歐陽蟾園珍藏印　3217

3114₀　汗

88　汗竹巢　　　4933

3114₆　潭

77　潭印閣　　　999　2248
　　　　　　　　3625　4729
　　　　　　　　5278

湨

76　湨陽張氏書畫記　　6181

3114₇　浟

27　浟　伊　　　5267

3114₉　溏

40　溏南書舍　　3506　3507
　　　　　　　　3512　3513
　　　　　　　　3685　3686
　　　　　　　　3735　3739
　　　　　　　　3742　3743
　　　　　　　　3744　3901
　　　　　　　　3936　4393
　　　　　　　　4399　4487
　　　　　　　　4489　4490
　　　　　　　　4494　4549
　　　　　　　　4550　4792

3116₁　潛

00　潛　廬　　　5216
　　潛廬藏過　　　27
11　潛研堂藏　　1214
　　潛研堂藏書記　　　4949
20　潛采堂　　　3786　3856
　　　　　　　　4876
　　潛采堂(朱氏)　1127　1194
　　　　　　　　1212　1304
　　　　　　　　1857　2049

	2739	4862
	5125	
31	潛江甘鵬雲藥樵收藏書籍	
	章　27	1861
	4216	5216
45	潛　坤　3090	

3116₈　潠

21	潠　師　2615

3117₂　涵

20	涵　千	4721	
44	涵芬樓	959	1501
		1860	2551
		2576	2586
		3338	3733
		3908	4563
		4794	4829
		6296	6300
	涵芬樓藏	959	1860
		2576	3908
80	涵養性中天	113	

3126₆　福

00	福　齋	4002
	福　庭	2543
	福唐葉子冀藏書印	4806

14	福功堂	4488	
15	福建鰲峰書院藏書		
		1532	2670
		2911	5045
		5863	
22	福山王氏正孺藏書	1723	
27	福　將	4413	5007
	福緣蓮社藏經	4590	
32	福州何氏珍藏	6390	
50	福　申	4030	
	福申之印	4030	
78	福　胙	4789	

3128₆　顧

08	顧敦淳	1022	
12	顧廷龍	1290	
17	顧子剛	1678	3416
20	顧千里	4850	4858
	顧千里印	996	
22	顧鼎冕	2536	
34	顧汝修印	319	
	顧　渚	6531	
40	顧克紹	4705	
44	顧　葵	1393	
	顧蒓峴	1855	
60	顧　愚	6649	
67	顧嗣立印	2013	4570

5462　6434

72　顧氏敦淳珍藏　1022

77　顧開增字康侯號聽安一號
　　子康藏書之印　2238

86　顧　錫　　　3904

3130₄　迁

48　迁松閣　　　4820

3130₆　迺

67　迺昭印信　　4799

3190₄　渠

44　渠夢翔　　　1304

72　渠丘曹愚盦氏藏書

　　　　　839　1436
　　　　2931　4979
　　　　5024　5089
　　　　5552　5991

3200₀　州

40　州來氏藏書記　1194　4441

3210₀　測

38　測海樓　　　1596

淵

40　淵古樓　　2541　3822

46　淵　如　　1682

67　淵照樓藏書記　5779

70　淵雅堂　　　1582
　　淵雅堂藏本　2510

3211₃　兆

60　兆　昇　　5314

3211₈　澄

60　澄　園　　5139

80　澄　谷　　5740
　　澄谷道人　4588

3212₁　浙

31　浙江盧氏寶鳳樓藏書印
　　　　　　　2138

50　浙東沈德壽家藏之印
　　　　1253　2420
　　　　4419

3213₀　冰

20　冰香樓　　4784　4825
　　　　　　4878　4959
　　　　　　6684

| 44 | 冰薆閣 | 4807 |
| | | |

3213₄　濮

| 35 | 濮洙之印 | 5631 |

3214₇　浮

| 10 | 浮雲書屋珍藏書畫章 | 3651 |
| | 浮雲軒 | 5968 | 6040 |

叢

16	叢碧簃	5035
50	叢書樓	1601
	叢書堂	3685	3691
		3735	3742
		3744	3928
		3964	4178
		4393	4487
		4490	4494
		4549	4559

3216₄　湄

| 32 | 湄溪後裔 | 4777 |

3216₉　潘

17	潘弼私印	3311
	潘承弼	1290
	潘承弼藏書印	486

	潘承湛	4939
27	潘叔潤圖書記	3822
31	潘涵之印	5630
37	潘祖蔭	6263	6308
	潘祖蔭藏書記	4496
38	潘道根	3716	5693
		6368
40	潘士岩	134
42	潘彬卿藏書記	4176
44	潘芷洲	4455
	潘茂弘印	2986
	潘世恩印	1298
	潘世兹	1861
	潘茉坡圖書印	452	1920
		2283	4759
		4959	5152
71	潘　厚	1512
72	潘氏珍藏	6040
	潘氏承湛長壽	4939
	潘氏淵古樓藏書記		
		2541	3822
	潘氏桐西書屋之印		
		452	1229
		4759	4959
		5152	
	潘氏井養齋所藏		1194
77	潘印志萬長壽	1920

80　潘介祉　　　2541
　　潘介祉印　　3822
82　潘鍾瑞　　　4794
90　潘光旦先生贈 5968　6181

3300₀　心

00　心　齋　　　1523
10　心吾氏　　　135
　　心醇曾讀　　4173
　　心不負人而無怍色　1739
20　心香書屋　　1236
40　心太平軒主人之記 1194
　　心存萬古　　1558
55　心井盦　　　4806
77　心與古人會　5107
90　心賞齋　　　5631

3311₁　浣

33　浣心藏書　　　701　703
　　　　　　　　　946
44　浣花谿屋祇藏書　3436

3311₇　滬

38　滬海引谿王氏倚劍樓藏書
印　　　　　5729

3312₇　浦

10　浦玉田藏書記 2420
26　浦伯子　　　2420
76　浦陽戴意園家藏書籍 3890

3313₂　泳

37　泳初堂　　　5670

3314₇　浚

28　浚　儀　　　1219

3315₃　淺

22　淺艸文庫　　4223

3316₀　冶

24　冶　先　　　6770

3316₈　溶

22　溶川氏珍藏印 4022

3320₀　祕

77　祕殿紬書　　3159
　　祕閣校理　　1861
　　祕閣圖書之章 2017　2030

3322₇　補

90　補　堂　　　5854

繭

90　繭　堂　　　5414

3330₃　邃

70　邃雅齋　　1637　2521
　　邃雅堂　　2510　4928

3330₉　述

00　述　廬　　　6431
30　述之父印　　4811
40　述古堂　　1582　2192
　　　　　　　2456　2544
　　　　　　　2560　3046
　　　　　　　3456　3459
　　述古堂圖書記　4769
44　述　菴　　1150　2994
80　述善珍藏　　4500
　　述善珍賞　　4500
87　述鄭盦　　　3856

3390₄　梁

14　梁　礎　　　5298
20　梁雠之印　　4811

21　梁上國　　6253　6533
22　梁鼎芬印　　4365
24　梁德謙印　　4050
26　梁伯鼎　　　3092
28　梁谿滕茂之珍藏書畫章
　　　　　　　　3214
32　梁溪孟氏　　　959
　　梁溪秦玉齋藏書印　4210
35　梁清標　　3846　4944
　　　　　　　　4998
　　梁清標印　5111　5420
72　梁氏伯鼎　　3092
　　梁氏藏書　　5786
77　梁　叟　　　336
90　梁小雲　　　5128
　　梁小雲過眼　　5128

3411₁　洗

33　洗心室　　　6328
47　洗桐齋藏書　1194

3411₂　沈

00　沈意文　　　2618
　　沈率祖　　　4719
　　沈辨之　　　3504
　　沈裒一　　　1591
06　沈韻齋藏書記　1205

10	沈一貫	55
	沈雲麾字翼蒼字雙垗 3639
11	沈非熊印	510
12	沈廷芳印	4173　4798
16	沈聖岐印	3504
21	沈熊毅印	3457
24	沈德壽	1098　1253
		2420　4419
	沈德壽秘寶	5117
	沈纘之印	4731
25	沈仲濤	2672
	沈仲濤讀書記	248
	沈仲熹祕寶	1562
	沈仲濤印	926
	沈仲壽鑒藏金石書畫印
		1562
	沈仲荇	5497
27	沈侯經眼	2584
	沈侯藏書	2584
32	沈兆昇印	5314
34	沈汝璐印	3954
37	沈祖謀	4723
40	沈大寧	2555
	沈壽榕所藏金石圖書 2618
42	沈圻	3372
44	沈燕謀	2606　4033
		4794

	沈燕謀以字行	4292
	沈世德印	2043
	沈世甲印	2043
	沈樹鏞印	2543
47	沈均齋	2544
	沈均瑢	3057
	沈均初所得古刻善本 4809
72	沈氏研易樓所得善本書
		926
	沈氏山樓藏書記	749
	沈氏仲荇	5497
	沈氏家藏	1275
	沈氏祖牟藏書 4723　5553
	沈氏鳴野山房圖籍印
		200　1698
		4895
	沈氏粹芬閣所得善本書
		825　3803
		5363
77	沈閬崐印	4280
	沈與文印	3504
80	沈善登印	1601
	沈曾植	4209
90	沈光寧	5422

池

| 11 | 池北書庫 | 1212　2642 |

3411₄ 瑾

27　瑾身藏宋元明板書後之得
　　者其寶之　　　5054

3411₆ 淹

81　淹　頌　　　1031　　2727
　　　　　　　　　　5035

3411₈ 湛

00　湛　廬　　　5479
　　湛廬藏書　　　702
　　湛廬藏書記　　5479
60　湛恩珍藏　　　1970

3412₁ 漪

44　漪蘭舊業　　1022　　3828

3412₇ 滿

32　滿州使者丁士源印　　6561
　　滿洲國立中央圖書館藏書
　　印　　　　　　1577
43　滿城張氏藏書印　　5494

灣

80　灣　盦　　　4875

3413₁ 法

35　法律館　　　2421
40　法　樟　　　5783
43　法式善　　　1157　　2596
　　法式善印　　6262
97　法輝祖　　　6591

3413₄ 漢

00　漢鹿齋藏書印　2615　2713
　　　　　　　　　4818　5286
　　　　　　　　　5589　6787
　　漢鹿齋金石書畫印
　　　　　　　　　3899　4808
　　漢唐齋　　　1623　1983
　　　　　　　　　3338
10　漢晉齋印　　1195
　　漢晉唐齋　　3221　3938
76　漢陽徐氏南園珍藏之印
　　　　　　　　　5755
　　漢陽葉名琛名灃同讀過
　　　　　　　　　4500
　　漢陽葉名灃潤臣甫印
　　　　　　　　　4496　5755
　　　　　　　　　5944
　　漢陽葉氏敦夙好齋印　4796
　　漢陽葉氏藏書　3370　4500

5394

漢陽劉氏文房　1747　3574

3414₀　汝

00	汝　文	3343
18	汝玠長壽印信	66
22	汝川孚庵	2994
30	汝　濟	6470

3418₁　洪

72	洪氏寶藏	5416	
	洪氏藏書萬卷	1861	1971
87	洪鈞之印	5065	

滇

25	滇　生	152
	滇生乃普	4779

3430₁　達

10	達　玉	3954

3430₃　遠

16	遠碧樓	4772
22	遠山堂印	4504
67	遠　略	1036

3430₄　達

20	達　受	5423
50	達夫珍藏	5991

3490₄　染

44	染　蘭	6817
50	染素齋	5265

3510₇　津

34	津沽張氏藏善本醫書	3120
77	津門王鳳岡鳴篕館收藏印	
		4211

3512₇　清

11	清玩草堂	293	
17	清歌斯村	1989	
20	清愛堂	3301	
24	清德堂	3071	
25	清俸寫來手自校	2179	
	清俸買來	4488	
26	清白吏子孫	2123	
30	清宛堂	1539	
	清宗堂	2618	
31	清　河	1104	1582
	清河詩禮之家	3919	
	清河伯子	1855	

34	清遠書屋	4811
37	清逸書屋	6591
44	清苑王植	3880
	清苑陳氏同山收藏印	4050
	清芬閣藏書印	5481
	清蔭堂	5032
50	清奉買來手自校,子孫讀 之知聖教,鬻及借人爲不 孝。唐杜暹句。	1861
67	清暉館	6770
68	清吟閣	4207

瀇

| 00 | 瀇　庸 | 2484 |

3516₃　潛

| 45 | 潛　樓 | 1714 | 5821 |

3519₄　溱

| 37 | 溱湖李氏家藏 | 2774 |

3520₆　神

38	神游心賞	3264
47	神超氏	1218
60	神　品	4064

3521₈　禮

07	禮部員外郎吳郡楊儀校		4563
40	禮培私印	212	644
		1103	1194
		1685	1907
		1914	1921
		1939	2138
		2541	3776
		3777	4452
		4494	4500
		4585	4794
		4806	4829
		4877	4948
		4991	5167
		5340	5777
55	禮耕所藏	6321
	禮耕堂珍藏	5985
77	禮邸珍玩	1194	1200
		1227	3856
		4920

3526₀　袖

| 38 | 袖海堂印 | 448 |
| 77 | 袖　閒 | 2536 |

3530₈ 遺

30　遺安堂　　　　720

3610₀ 湘

10　湘　靈　　　　1022
　　湘雲館　　　　1860
16　湘　碧　　　　6579
27　湘鄉王氏秘籍孤本
　　　　　　644　　1914
　　　　　　1939　　2138
　　　　　　4500　　4585
　　　　　　4794　　4806
　　　　　　4877　　5167
　　　　　　5643
　　湘鄉劉氏伯子晉生珍藏金
　　石書畫印　　　1104
　　湘鄉陳毅鑒藏　3997
　　湘　舟　　　　6321
　　湘舟過眼　　　3505
31　湘潭袁氏滄州藏書
　　　　　　319　　1109
　　　　　　4779　　6718
　　　　　　6779　　6812
37　湘　漁　　　　4054
64　湘　畦　　　　3702

洎

12　洎水張氏棣華園珍藏 5161

3611₀ 況

80　況翁歡喜　　　3455

3611₇ 溫

17　溫君勒　　　1026　1297
　　　　　　3214　　3303
24　溫德端　　　　5224
44　溫葆淳讀　　　6296
　　溫樹樑印　　　1297
74　溫陵張氏藏書 2013　3680

3612₇ 渭

37　渭　漁　　　　2154

湯

26　湯穆居士　　　3214
38　湯　溢　　　　3214
　　湯溢之印　　　3702
72　湯氏滬父　　　4414
　　湯氏溢　　　　3702

3614₁ 澤

40　澤存書庫　　　71　340

		1350	1654
		1749	1999
		2435	3200
		3224	3445
		3505	3697
		3807	3942
		4303	4791
		5211	
	澤古堂藏書印	5177	
80	澤 畲	1103	

3621₀　祝

22	祝胤私印	319	
24	祝德麟	4957	4980
32	祝淵印信	1446	
40	祝壽慈	3899	

3630₂　遇

44	遇者善讀	7	17
		2740	3301
		4582	4769
		5701	

邊

| 35 | 邊連寶印 | 6235 |
| 44 | 連葆恕 | 811 |

3630₃　還

| 04 | 還讀廬藏書記 | 5553 |

3712₀　洞

| 00 | 洞庭山人 | 4869 |

潤

20	潤 千	760	
32	潤州唐氏珍藏	2123	
	潤州蔣氏藏書	875	2870
		2938	
71	潤 臣	2906	4496
		5755	5944

泑

| 26 | 泑穆齋 | 3214 |

3712₇　鴻

| 41 | 鴻 梧 | 5201 |
| 43 | 鴻博世家 | 4782 |

3713₂　淥

90	淥小芸	5064	
	淥小芸珍藏	5064	
	淥小芸過眼	5064	6805

3713₆　漁

38	漁洋山人	1287	
80	漁　父	4666	

3714₀　淑

27	淑躬堂藏書	1152

3714₆　潯

60	潯易陶氏藏書畫之章	6804

3714₇　汲

40	汲古閣	920	959
		1205	1212
		1482	1591
		1856	1965
		2243	2421
		2676	4179
		4559	4633
		4764	4789
		4794	4809
		4836	4876
		4985	6291
		6695	6774
		6817	
	汲古主人	955	2421
		2676	3735

		3900　4184
		4416　4633
		4636　4789
		4798　6817
	汲古閣收藏	3159
	汲古閣藏書記	1194

3715₆　渾

31	渾源田氏所藏	187

3716₁　澹

00	澹齋家藏之章	3974	
25	澹生堂	32	57
		1352	2344
		4833	4861
	澹生堂經籍記	57	70
		321	1300
		1493	4833
	澹生堂藏書記	2344	

澹生堂中儲經籍,主人手
校無朝夕,讀之欣然忘飲
食,典衣市書恒不給,後人
但念阿翁癖,子孫益之守
弗失。曠翁銘。　　　4833

30	澹寧堂	2403

3716₄　潞

60　潞國世傳　　1730

3718₁　凝

10　凝雲深處清暇奇觀

583　3221

凝雲樓　　583　3221

67　凝暉堂　　4416

3718₂　次

47　次柳所藏祕本　969

77　次　陶　　4979

次　歐　　3291　4809

5345

3719₃　潔

00　潔　庵　　3371　3378

27　潔　躬　　1825　3629

4807　4758

5063

3719₄　深

67　深　明　　4819

3721₀　祖

00　祖　庚　　1850

03　祖詒之印　　1990

祖詒審定　　1212

27　祖　修　　1703

33　祖述孔孟憲章程朱　　579

92　祖綖書畫　　3214　4732

3721₄　冠

77　冠　周　　1542

3722₇　祁

00　祁奕慶圖書印　4504

16　祁理孫　　5423

祁理孫印　　4504

90　祁惇裕堂寶護　4949

3730₁　逸

44　逸　埜　　4877

80　逸　父　　2056

3730₂　通

00　通　齋　　788

08　通議大夫　　3215

28　通　復　　5777

通復之印　　5777

過

77　過周屏印　　5366

3730₃　退

00	退　廬	2803	
10	退一步想書屋	1729	
	退一居珍藏印	6387	
30	退　密	3264	
44	退藏于密	4613	
55	退耕堂藏書記	2106	4982
		4992	5087
		5948	
60	退思廬	1258	
	退思堂藏書印	3942	
80	退　翁	2179	3371
		3378	

3730₄　退

00	退庵經眼	6311	
44	退　菴	1580	2146
		2150	2202
		2252	

3730₈　選

77	選學齋藏書印	1332

3752₇　鄆

33	鄆梁氏恩榮堂書畫記	5298

3772₀　朗

00	朗　齋	5040

3772₇　郎

77	郎邪山人	4063

3812₇　汾

38	汾　祥	4210

瀹

00	瀹　齋	2543

3814₀　潄

10	潄石枕流	990
27	潄綠樓藏書印	2352
44	潄芳齋	856

3814₇　游

44	游埶仙館	2049
60	游思竹素堂	5553

3815₇　海

10	海天秋月上人	3904
21	海上醉六經齋藏書之章	
		1679
	海上寶日閣梅氏藏書	2520

海上釣鼇客　4721

海上懷清石室珍藏印　3828

海虞毛表奏叔圖書記　4786

海虞沈氏師米齋藏書　1591

海虞楊儀夢羽圖書記　4563

海岵　　　　127

22　海豐吳重熹印　1908　1939
　　　　　　　　4020　6320

海豐吳氏　　1908　4211

海豐吳氏石蓮盦　　6713

海豐吳氏家藏　2049　5366

海山　　　3956

30　海寧孫氏蘭枝館藏　5832

海寧沈氏匏尊珍藏　4173

海寧陳鱣觀　1918　1960
　　　　　　2591　3900
　　　　　　3923　4197
　　　　　　5035

海寧陳氏珍藏書畫金石之
印　　　5965

海寧陳氏向山閣圖書
　　　　954　3923

海寰　　5128

31　海瀕逸民平泉鄭履準凝雲
樓書畫之印　583　3221

海源閣　　　241　　611
　　　　　　788　1047

1177　1182

1258　1952

2358　2560

2604　2701

3014　3077

3214　3833

3972　4179

4252　4302

4493　4799

5454　5749

5814　5867

6498　6506

6594

海源殘閣　4493

海源閣楊氏珍藏　　5454

32　海州分司之印　1956

40　海內孤本　1452

60　海日樓　2576　3508
　　　　　　4806　4824
　　　　　　4830

海昌張光第渭漁父　2154

海昌馬氏味吾味□藏書
　　　　2049

海昌陳琰　4487　4497

海昌管庭芬讀　1749

71　海原閣　1861　6794

74　海陵張氏石琴收藏善本

		3488	4971
	海陵張氏考藏善本		4971
76	海陽隸生審藏	4759	
	海　隅	3299	
78	海鹽張元濟經收		
		959	1860
		2551	2576
		3908	4563
	海鹽徐氏夢錦樓珍藏印		
		2544	
	海鹽陳德大藏書		2672
80	海　翁	1801	
90	海棠仙館	221	

3816₇　滄

23	滄然閣	1441	
44	滄　葦	1093	1194
		1582	1861
		1978	2067
		2521	2576
		2595	3036
		3292	3338
		3746	4249
		4496	4583
		4636	4769
		5075	

3826₈　裕

46	裕如祕笈	2408	2971
		6737	
90	裕　堂	4949	

3830₃　遂

37	遂初堂	3217	
	遂初堂圖書記	4750	
87	遂翔經眼	4414	
	遂翔眼福	6710	

3830₄　遵

10	遵　王	1211	1582
		1898	2192
		3224	5152

3830₆　道

21	道行仙	3504	
40	道古樓鈔藏	4798	
90	道光辛卯歲武原馬氏漢齋 收藏書籍		1983

道光甲辰自京寄楚,咸豐壬子由楚寄粵,再閱一過仍復寄楚。葉志詵識於廣督署。

3864₀　啟

12	啟發心賞	3716	
37	啟淑信印	3828	4584
		4762	4829
		4856	4899
		5479	5792

3912₀　沙

| 37 | 沙隖何氏 | 5263 |

3918₉　淡

25	淡生堂	3466	3750
		4462	
26	淡　泉	583	3221
	淡泉書屋	2996	2997
	淡泉居士	336	
60	淡　園	3625	

3930₂　逍

| 32 | 逍遙生 | 4493 |

3930₉　迷

| 40 | 迷古軒主人 | 5108 |

3940₄　娑

| 60 | 娑羅華樹館周氏藏書 | 2216 |

4000₀　十

44	十萬卷樓	3505	3744
	十萬卷樓(王氏)		
		1591	4858
		4860	
	十萬卷樓藏書	4413	5007
60	十四萬卷樓	3803	
	十四閒書樓	1561	2636
		3186	4070

4001₁　左

20	左　季	407	3856
		6083	6817
43	左　弎	4439	
44	左鼓右旗山人	5576	

4001₇　九

07	九　韶	2631	
22	九仙西裏人家	4714	
	九峯三泖之間	319	
	九峯山房書記	992	
27	九峰舊廬	93	407
		1946	2586
		2672	2746
		3533	3536
		3713	3796

		4311	4414
		4585	4825
		5121	5286
		5386	5423
		5811	
	九峰舊廬珍藏書畫記		
		3536	4825
		5121	5286
		5390	5501
		6585	6709
	九峰舊廬珍藏書畫之記		
		2986	5121
		5286	5386
		5589	
40	九　來	1361	4877
48	九松迂叟	4208	
77	九　丹	5035	
	九丹一字淹頌	1031	2727

4003₀　大

00	大方无隅	5892	
10	大酉山房(林氏)		1523
	大雷經鋤堂藏書		
		304	5142
17	大司寇章	583	3221
	大司寇兼御史中丞藍氏私		
	印	631	

18	大　憨	3200	
37	大通樓藏書印	410	920
		1034	1052
		1194	1272
		1485	1810
		2344	2750
		3155	3695
		4500	4669
		4832	5596
		5837	6119
		6374	6390
44	大某山民	5738	
	大某山館姚氏	5738	
	大楳山館	5738	
48	大梅山館珍藏	539	
50	大丈夫擁書萬卷,何假南		
	面百城。	2288	2472
	大中丞章	6759	
	大本堂書	3299	
53	大輔私印	1804	
60	大田朱氏獻卦堂藏書	1698	
67	大明貴池鎦氏藏書		
		2536	2539
70	大　雅	4064	
	大雅山房	5236	
77	大隆審定	3977	
	大學士之章	1803	

大學堂藏書樓之章

		60	1156
		1376	6419
			6453

大關唐氏怡蘭堂藏書 4768

大興孫達字少春號再彌鑑藏金石書畫經史圖籍心賞之印章　2574

大興傅氏　　4764

大興朱氏竹君藏書之印

		810	974
		1513	2294
		2713	3215
		4808	5033

大興劉氏校經堂藏書印

　　　　1472

大興惲毓鼎收藏之印　2881

80	大公圖書館藏	2829
90	大　光	3445

太

17	太子少保	5394
21	太上皇帝	4198
	太上皇帝之寶	1109	1399
		1858	1861
			6575
37	太湖劉叟	2275

50	太史圖書	1850
	太史氏印	4064
71	太原叔子藏書記		
		4441	4954
		4960	4971
		5027	5056
		5176	5510
			5568

4004₇　友

10	友　于	273
40	友古堂圖書記	1247
44	友　蘭	6070
	友芝私印	810
80	友年所見	4487
88	友竹書室	4799
	友竹軒	4243

4010₀　士

10	士　可	1772	2991
21	士　貞	6570	
32	士礼居藏	1022	1807
		2238	2549
		3953	4444
		4563	6392
		6794	
34	士禛私印	2642	

35	士禮居	1212	2192
		2580	3029
		3929	5152
		6308	6392
		6531	
80	士　鐘	3292	4183

4010₄　圭

| 35 | 圭　禮 | 5676 |

奎

| 44 | 奎藻堂 | 1332 |

4010₆　查

17	查子穆	2316	
	查子穆父祕笈之印	6526	
35	查　禮	3436	
40	查有圻	3788	4494
		4796	6708
	查有谷	2510	
44	查　樹	5738	
48	查松森	2316	
60	查日華	6526	
	查日華子穆父審定群籍金石書畫之印	6060	6526
	查日華印	6316	
64	查暎山	4521	

65	查暎山	1918	6708
	查暎山讀書記	4755	
72	查氏松森家藏	2316	
	查氏暎山珍藏圖籍印		
		4521	6708
	查氏暎山	1918	
77	查又聲	5701	
94	查慎行印	4876	
99	查瑩章	6708	
	查瑩之印	1857	4755
	查瑩藏本	4796	

4010₇　直

| 45 | 直隸等處提刑按察使司兼管驛傳事印 | 4471 |
| 50 | 直　夫 | 760 |

盍

| 00 | 盍齋珍藏書畫之印 | 6548 |

壺

| 00 | 壺　齋 | 1582 |

4010₈　壹

00	壹庵長宜	4830	
60	壹是堂讀書記	1214	3934
		4559	4799

4012₇　塘

塘　　　　4582

4013₆　蠢

27　蠢魚活計　　810

4016₁　培

44　培　蘭　　1654　1749
　　培蘭一字芷湘　1654

4020₇　麥

28　麥谿張氏　　3807
32　麥溪張氏　　4121

4021₄　在

22　在山主人　　5712
44　在林鑒古　　6510
50　在　中　　3470

4021₆　克

00　克文與梅真夫人同賞
　　　　　　6308　6817

4022₇　内

00　内府之章　　3224
　　内府藏書　　546　554

		5073	6429
77	内殿文璽	3299	
	内閣文庫	2017	

有

00	有文堂珍藏	4730	
20	有爲堂	3457	
31	有福讀書堂	11	94
		231	241
		523	835
		1958	1981
		1993	2005
		2024	2414
		2541	2849
		2952	4055
		4495	4864
		5157	5207
		5308	5909
		6231	6341
		6470	6537
		6553	6610
		6682	6821
42	有嬀之後	687	
50	有書自富貴,無病即神仙		
		1361	1404
		1807	2101
		3816	4338

63	有貽子	4434	
80	有美堂	327	
90	有懷堂	4359	

南

00	南齋讀書處	4834	
30	南安天白閣陳璧堂藏	1787	
	南宮邢氏珍藏善本		
		32	6757
	南宮葆真堂陳氏珍藏書畫		
	印	4250	
32	南州後人	1813	
	南州書樓	4926	4990
		6487	
	南州書樓所藏	1813	5237
		5298	
37	南澗草廬	6290	
	南通馮氏景岫樓藏		
		1013	2496
		2784	
	南通沈燕謀印	4033	
	南通沈氏藏書	4292	
	南通楊元植藏	3695	
38	南海康有爲更生珍藏		
		4221	
	南海康氏萬木草堂藏		
		324	1825

		4262	6288(珍藏)
40	南塘程保茲珍藏圖書	52	
	南 樵	3503	
43	南城發兌	3487	
44	南埜艸堂	1960	
	南枝堂	2541	
	南林劉氏求恕齋藏	5256	
		5300	6011
		6170	6171
		6438	
50	南書房史官	4876	
57	南邨老人	3186	
60	南昌彭氏	7	17
		2740	3301
		4582	4760
		5701	6758
	南 園	5755	
70	南陔草堂圖籍	4816	
71	南匯顧克紹耐圃敬觀	4705	
74	南陵徐乃昌校勘經籍記		
		1146	1490
		1904	2199
		2338	2676
		4794	5415
	南陵徐氏	2238	5415
	南陵徐氏仁山珍藏		
		605	808

		4003	4971
	南陵徐氏孝餘珍藏書畫之		
	印		796
76	南　　陽		1427
	南陽講習堂	4809	6779

希

00	希齋所得善本	5415
04	希詥讀過	6128
21	希仁號文若	6485
22	希任齋	4943	5152
		6400
	希任齋祕笈	5152
37	希　　逸	1146	2345
		2395	2494
		3090	4496
	希逸讀過	5209	5633
	希逸藏書	1850	2192
40	希古右文	1622	2236
		2423	4451
		5160
44	希世之珍	4798
58	希　　轍	2022

4024₇　存

00	存　　齋	3224

03	存誠堂藏書印	3315
50	存春廬陳珍藏	3772
	存素堂	6177	6262
60	存　　目	2342	4579
70	存雅樓弘農氏珍藏		4055
			5095
	存雅樓藏書之章		5230

4033₁　志

50	志　　青		66
88	志餘堂董氏圖章		6816

赤

26	赤泉楊氏圖書	2518
48	赤松樵夫黃河漁者		2713
60	赤甲司馬	3992

惠

88	惠　　符	5300

憙

17	憙　　忑		319

4040₀　女

00	女文羅鳳	4669

4040₇　李

00	李鹿山	410	549
		637	813
		1114	2086
		3777	4416
		4871	6319
	李文藻	3865	6671
	李文藻印	3866	
	李文田	1691	3541
		3850	3934
		6550	
	李文田印	1690	1692
		1695	1696
		1944	2743
		2771	
08	李放	2994	
	李放嗣守	2994	
10	李一氓	1149	1807
		2319	2320
		2521	4799
	李一氓五十後所得		
		1813	2521
		6822	
	李玉隄	667	1215
		1446	2232
		3031	4930

		5275	
	李璋煜印	1194	
	李元鼎印	3014	
11	李北枝	5757	
12	李廷榮	5211	
14	李瓚煜	5445	
	李琳	4799	
17	李承祖印	5540	
20	李千里	4231	
	李維	4212	
	李維極印	1306	
21	李卡子審訂	4308	
22	李鼎文	4610	
23	李允泉	1211	
25	李仲約藏	2744	
	李傳模印	4939	5275
26	李泉山	5983	
27	李象謙印	3215	
	李冬涵	3638	
28	李作楳	549	
	李作梅	4500	
	李馥	1114	
30	李宣龔印	2686	
	李滂	124	1215
		1237	1446
		2232	3190
		3297	4637

		6404		1175	1180
	李之郇	1861	4308	1582	1861
		4806	4807	1863	2723
		4830	6261	2725	2938
	李之郇印	4830		2987	3014
	李　實	974	2144	3017	3023
31	李源進印	4461		3162	3178
32	李澄中印	5989		3214	3215
36	李遇孫	1446		3217	3220
38	李　瀚	4809		3224	3249
40	李友棠	318	583	3257	3261
		780	4107	3301	3303
		6512		3338	3372
	李士棻	6707		3483	3716
44	李夢弼氏圖書	1132		3744	3920
	李莊仲讀書記	3974		4031	4095
	李莊仲圖書記	607		4171	4181
	李芋仙	6537	6707	4206	4406
47	李朝棟	3974		4500	4640
50	李中簡	6212		4656	4669
53	李拔可	2686		4746	4758
	李盛鐸	3	17	4790	4794
		95	124	4795	4806
		483	587	4835	4963
		628	705	4998	5022
		908	930	5035	5110
		1022	1141	5386	5662

2185	2219	4519	4577
2220	2245	4582	4611
2246	2264	4719	4721
2319	2345	4770	4777
2385	2391	4803	4818
2395	2414	4853	4863
2416	2446	4869	4880
2484	2494	4883	4885
2513	2544	4888	4894
2604	2631	4895	4899
2636	2672	4902	4904
2732	2743	4921	4939
2746	2751	4949	4958
2774	2805	4979	4984
2809	2906	4992	4995
3036	3212	5011	5012
3450	3502	5013	5035
3695	3702	5038	5040
3758	3807	5041	5051
3813	3819	5077	5082
3820	3834	5125	5128
3835	3890	5131	5143
3907	3930	5155	5194
3954	3988	5208	5211
4127	4128	5212	5213
4179	4326	5236	5273
4409	4410	5279	5292

		5337	5345			4792	4820
		5354	5387			4836	
		5414	5448		嘉樹軒	4128	
		5463	5475	50	嘉惠堂	252	702
		5486	5491			1429	1463
		5492	5494			1989	2258
		5516	5523			2380	3200
		5535	5549			3827	4000
		5566	5568			4754	4785
		5588	5595			6793	
		5622	5634		嘉惠堂丁氏藏	3771	5163
		5644	5655			5965	
		5670	5678		嘉惠堂丁氏藏書	68	1463
		5701	5764			2579	4276
		5782	5799			5188	6469
		5839	5888		嘉惠堂丁氏藏書之記		
		5933	6069			1390	1429
		6075	6079			1963	2014
		6109	6137			2147	2254
		6145	6162			2258	2283
		6196	6262			2818	3001
		6306	6696			3827	3998
		6734	6818			4000	5218
44	嘉蔭簃	2354	2544			5375	6739
		6779			嘉惠堂丁氏藏書之印		
	嘉蔭簃藏書印	2354	2990			343	4785
		3265	4788			5105	5120

		5420	5965
			6778
	嘉惠堂丁氏藏書印記		2230
	嘉惠堂藏書記	252	4785
	嘉惠堂藏閱書	547	652
		702	1023
		1281	2158
		2493	3221
		3710	3953
		3971	5367
		6341	6361
		6423	6523
77	嘉興唐翰題藏書畫記		2140
	嘉興新豐鄉人唐翰題收藏印		6320
80	嘉會堂嵇氏珍藏		935

4050_6　韋

| 08 | 韋謙恒 | 887 |
| 11 | 韋　孺 | 6181 |

4060_0　古

16	古硯齋	4457	
17	古司馬氏	2484	4216
		5327	6387
20	古香山房	3303	
	古香樓	1180	1194

		1212	1258
		1582	1850
		2732	3224
		3744	4768
		4820	4856
		5631	5701
			6321
	古香書屋	2341	
	古香閣	4721	
	古香簃珍藏記	2238	
21	古紅梅閣	4794	
26	古吳鹿城楊氏景陸軒珍藏圖書之印	3505	
	古吳王氏	1861	4582
	古吳潘介祉叔潤氏收藏印記	2541	
	古吳梅氏珍本	4959	
27	古　魚	6510	
	古色古香	5152	
30	古瀛施振成九韶氏所見	2631	
31	古潭州袁臥雪廬收藏	43	483
		1281	1337
		1921	3054
		3953	4032
		4174	4452

		4540	4585			3592	5288
		4719	4811		古　愚	4152	4784
		6708	6712			4825	4873
		6778				4959	
40	古杭董醇	2287		70	古雅堂	1104	
44	古燕查氏家藏	3436		74	古驪室	5082	5363
	古莘陳氏子子孫孫永寶用				古驪室藏	2138	5363
		5258		77	古陶唐氏	4422	
	古執金吾	3092		78	古鹽張氏	1917	3977
	古萬川溫氏藏	4933			古鹽官州馬思贊之印	4798	
	古芸書屋	3291			古鹽馬氏笏齋珍藏之印		
47	古歡書屋	4822				1623	
	古歡堂	2544		83	古猷州查子穆藏書印		
	古歡堂印	3762				2316	6526
	古歡堂鈔書	4403		87	古歙遺民	1225	
	古柳郭氏珍藏	5415		94	古懽齋	6702	
50	古婁韓氏應陞載陽父子珍				古懽室	127	
	藏善本書籍印記				古懽室祕匽	127	
		336	1212				
		1218	1237		**右**		
		2148	2252	25	右　仲	1652	
		4403	4780				
		6392	6712		**4060$_1$　吉**		
		6770					
	古書流通處	956	3415	10	吉　云	3434	
		4487	4497				
					4060$_5$　喜		
60	古里瞿氏	1300	2254	38	喜　海	2354	

| 80 | 喜　曾 | 4173 |

4060₉　杏

44	杏花春雨樓	1258
	杏　莊	3505
79	杏　塍	2287

4062₁　奇

| 30 | 奇字齋 | 4172 |

4064₁　壽

10	壽　平	4560	
12	壽　孫	4719	
34	壽祺經眼	4830	
40	壽梓之印	2618	
43	壽榕印章	2618	
44	壽華軒	670	2404
		5734	5785
	壽華盦	5426	
45	壽椿堂	917	3938
	壽椿堂王氏家藏		
		1707	5748
		6275	
47	壽　格	3020	
48	壽松堂	794	2274
71	壽　階	1212	
80	壽　鏞	94	4082

| | | 5161 | 5862 |

4071₀　七

16	七硯書堂	4484
44	七葉山房珍藏書畫之印
		796
67	七略盦	2544

4073₁　去

| 00 | 去　病 | 4504 |

4073₂　袁

12	袁廷檮印	1212	2701
31	袁江人	2463	
40	袁士驤	4878	
	袁克文	4832	6349
		6817	
44	袁芳瑛	43	
50	袁忠徹	4191	
72	袁氏又愷	4809	
77	袁又愷	4809	

4080₁　真

30	真適齋藏	3345
	真定梁氏清遠書屋	4811
32	真州吳氏有福讀書堂藏書
		11	94

		231	241			2545	4721
		523	835			5220	5655
		1958	1981			6695	
		1993	2005	71	木雁齋	6271	
		2024	2414	77	木犀軒	4746	4795
		2541	2849			5106	
		2952	4055		木犀軒藏書	432	587
		4495	4864			607	612
		5157	5207			613	667
		5308	5909			1022	1042
		6231	6341			1102	1180
		6470	6537			1215	1237
		6553	6610			1387	1446
		6682	6821			1612	2064
55	真　慧	2536				2079	2232
90	真　賞	4488	6371			2389	3031
						3190	3297
						4637	4918
						4930	5275
						6121	6404
						6700	

4090₀　木

00	木　齋	1237	2232
		4799	4806
		5110	6404
	木齋讀過	607	4824
	木齋審定	3217	
	木齋審定善本	1215	1446
		3031	
35	木　洙	4002	
47	木樨香館范氏藏書		

4090₈　來

44	來燕齋	5647	
	來燕廚珍藏圖籍		1427
	來燕榭珍藏記	1258	3538
		5121	5752

| 50 | 來青閣 | 6772 | 6794 |
| 80 | 來禽館 | 3825 | |

4091₇　杭

17	杭邵章伯裘收藏書籍記		
		6763	
32	杭州王氏九峰舊廬藏書之		
	章	93	407
		1946	2586
		2672	2746
		3533	3536
		3713	3796
		4311	4414
		4825	5286
		5386	
	杭州王氏九峰舊廬書畫章		
		3796	
	杭州葉氏藏書	1154	1685
		1820	1918
		2200	2755
		3777	3913
		4382	5044
		5497	6396
	杭州趙之玉完伯父印 1772		

4092₇　橋

| 40 | 橋　李 | 5777 | |

橋李項樂師藏 4277

橋李沈氏有爲堂鑑定 3457

橋李蔣石林藏書畫印記

		4991	5009
		5220	
橋李曹溶		4772	
橋李曹氏		1591	3300
		5965	

橋李曹氏收藏圖書記

		1591	1917
		3300	4493
		4494	

| 橋李曹氏倦圃藏書 | | 1598 | |

橋李曹氏藏書印

		1179	1586
		3710	6321
		6341	

4093₁　樵

| 10 | 樵雲閣章 | 1534 | |

4094₈　校

| 21 | 校經堂 | 1472 | |
| 50 | 校書堂 | 337 | 5631 |

4099₄　森

| 10 | 森玉審定 | 1825 | |

72	森氏開萬册府之記	3079	

4191₀　枇

47	枇杷館	5257

4191₆　樞

71	樞　原	176

4192₀　柯

00	柯　庭	4856	
	柯庭流覽所及	1582	3744
		5777	
32	柯溪藏書	4414	4488
37	柯逢時	714	766
		1673	1721
		1781	2160
		2461	5774
		5831	
	柯逢時收藏印	6627	
	柯逢時印	766	1267
		3208	3220
		4471	4488
		5267	6545
72	柯氏珍玩	766	1673

4196₀　柘

83	柘　館	2781	5615

4196₁　梧

77	梧　門	1194

4212₂　彭

10	彭玉璐印	1499	
	彭元瑞	4794	
21	彭紫符氏	5108	
26	彭伯丹	5334	
27	彭叔華	80	
	彭紹升印	6175	
	彭紹觀	4115	
28	彭　齡	3217	
36	彭澤汪辟疆藏	1669	
37	彭祖庚同壬癸	1022	
40	彭志信印	5108	
43	彭城楚殷氏讀書記	2576	
	彭城開國	1965	
45	彭棣高氏印	80	
50	彭奉之印	4878	
72	彭氏珍藏叔華收集	80	

4223₀　瓠

00	瓠廬藏書	3913

4240₀　荆

10	荆石山房	5662

22	荆川太史紙	1093	
	荆　　山	4719	

4241₃　姚

17	姚　鼐	1295	
	姚子正	6817	
20	姚舜咨	3090	
	姚舜咨圖書	1188	
21	姚紫垣	3504	
26	姚伯印	1663	4174
		5336	5548
27	姚叔子	5256	
37	姚　咨	3090	3505
		3900	4488
40	姚希孟印	6338	
44	姚茂善	3942	
	姚蓉春經眼印	1689	
45	姚　椿	3424	
46	姚覲元	4818	
51	姚振宗	4391	
63	姚畹真	5152	6817
72	姚氏汝積	3942	
	姚氏祕笈之印	972	
	姚氏畹貞	6817	
81	姚頌南	1227	
90	姚光祐印	5256	

4282₁　斯

22	斯樂堂	6800	

4291₃　桃

40	桃李園裏人家	1759	

4292₁　析

27	析疑奇賞	749	

4293₄　樸

77	樸學齋	1211	2173
		3054	4799
		4956	
	樸學齋藏書印	744	

4294₁　梃

25	梃　生	5980	

4301₀　尤

21	尤貞起	1258	

4304₂　博

22	博　山	1512	
40	博古齋收藏善本書籍		
		3930	5013
		6817	

43　博求文獻　　　5982
67　博明氏　　　　2543
　　博明鑑藏　　　2543
74　博陵彭氏　　　5108

4310₀　式

40　式古訓齋藏書　1152
44　式　芬　　　　4582

4313₂　求

08　求放心齋　　　3903
17　求己室　　　　3221
46　求恕齋　　　　5256　5300
　　　　　　　　　6011　6170
　　　　　　　　　6171　6438
　　求恕齋藏　　　4441
60　求是齋　　　　241
　　求是室藏本　　2111

4315₀　城

10　城西艸堂　　　824
　　城西草堂　　　5523
40　城南艸堂鑒藏圖書記　1492
　　城南居士　　　4861

4345₀　戟

77　戟　門　　　　5211

4355₀　載

25　載　積　　　　5454

4373₂　裘

47　裘杼樓　　　　4788　4792
　　　　　　　　　5631

4380₅　越

23　越　然　　　　3034　5094
32　越溪盧氏藏書　2238
44　越勤軒　　　　407
60　越國裔孫　　　4571

4385₀　戴

00　戴意園　　　　3890
　　戴文燦　　　　5799
10　戴二蕉　　　　4948
　　戴　震　　　　1674　5619
　　　　　　　　　6500
　　戴石臣　　　　3618
　　戴石臣印　　　3618
44　戴范雲　　　　4805　4818
　　戴芝農收藏書畫印　4563
53　戴成芬　　　　2153　2575
72　戴氏從父　　　1218
　　戴氏芝農藏書畫印　4563

| 77 | 戴　熙 | 1330 |
| | 戴印光曾 | 2404 |

4402₇　協

| 77 | 協卿讀過 | 811 |

4410₀　封

| 25 | 封仲可 | 6018 |
| 35 | 封　漣 | 6138 |

尌

17	尌　珊	5204
44	尌　蘭	3904
50	尌　本	6713

4410₁　芷

36	芷　湘	1654	2354
	芷湘子	2233	
55	芷　農	2153	2575
60	芷　園	1861	
	芷園圖籍	1739	

4410₄　荃

12	荃　孫	1245	2672
		3415	4441
		4487	4824
		5140	5152
		5294	5378
		5989	6225
		6680	

埜

| 00 | 埜鹿園書藏 | 4063 |
| 20 | 埜秀堂 | 2238 |

董

00	董　康	1914	2421
		3783	4495
		6318	6574
		6712	6713
		6737	
	董康暨侍姬玉奴珍藏書籍記	1914	1973
		1996	3807
		6574	6712
		6713	
10	董　醇	2287	
26	董伯尃收藏圖籍記	3942
40	董士學	11	
44	董其昌	7	
	董其昌印	3824	
48	董增儒印	3942	
60	董思翁	7	
72	董氏玄宰	337	

90 董光庭　　　11

堇

00 堇　齋　　904　1084
　　　　　　　1306　2510
　　　　　　　2537　3264
　　　　　　　3329　3849
　　　　　　　4494　4802
　　　　　　　5044　5619
　　　　　　　6708

　　堇齋收藏印　3264
　　堇齋圖書　　4640

4410₆ 萱

12 萱瑞堂　　　2661
44 萱蔭樓　　　　58

4410₇ 藍

00 藍　章　　　631
35 藍溓之印　　6390
60 藍　田　　　631
72 藍氏白玉翁　631　1027
81 藍　鈺　　　5334

4411₂ 范

00 范文若　　　6485
17 范承謨印　　3930

26 范伯子子受　1619
30 范之箴　　　4759
40 范大沖　　　1619　6575
　　范希仁　　　4758　4794
　　　　　　　4806　6485
44 范懋柱　　　　16　　21
　　　　　　　　27　198
　　　　　　　325　327
　　　　　　　330　403
　　　　　　　644　650
　　　　　　　745　967
　　　　　　　972　1026
　　　　　　　1113　1132
　　　　　　　1134　1175
　　　　　　　1178　1182
　　　　　　　1183　1184
　　　　　　　1189　1212
　　　　　　　1219　1220
　　　　　　　1222　1224
　　　　　　　1225　1228
　　　　　　　1234　1236
　　　　　　　1237　1239
　　　　　　　1242　1243
　　　　　　　1251　1252
　　　　　　　1254　1255
　　　　　　　1257　1259
　　　　　　　1261　1264

1265	1266	1878	1910
1268	1270	1914	1949
1277	1278	1960	1963
1279	1305	1965	1975
1349	1352	1979	1981
1367	1438	1987	1989
1452	1454	1990	1995
1479	1481	2002	2068
1502	1504	2070	2075
1508	1513	2077	2081
1520	1523	2082	2085
1529	1593	2087	2091
1594	1597	2125	2127
1598	1599	2132	2133
1607	1609	2134	2148
1613	1614	2149	2156
1619	1623	2180	2238
1625	1628	2239	2273
1629	1630	2336	2337
1632	1633	2339	2340
1643	1644	2341	2342
1645	1651	2345	2347
1657	1660	2348	2349
1674	1675	2350	2351
1800	1804	2354	2375
1807	1812	2377	2378
1863	1871	2387	2389

2390	2433	3159	3160
2434	2435	3162	3185
2437	2445	3210	3211
2479	2484	3216	3218
2489	2493	3222	3224
2497	2498	3230	3231
2499	2501	3232	3233
2531	2535	3234	3235
2550	2575	3236	3257
2577	2587	3258	3259
2592	2596	3266	3268
2597	2599	3269	3274
2603	2604	3286	3289
2680	2700	3290	3291
2730	2731	3292	3294
2759	2760	3302	3304
2764	2776	3306	3307
2847	2856	3308	3309
2866	2971	3311	3312
2981	2985	3314	3316
2994	2999	3320	3321
3012	3038	3327	3343
3047	3081	3348	3353
3084	3089	3368	3401
3090	3092	3412	3416
3102	3103	3435	3460
3151	3156	3509	3528

3540	3541	4395	4398
3542	3556	4401	4403
3557	3558	4405	4409
3559	3570	4412	4413
3577	3663	4414	4415
3685	3701	4418	4420
3708	3714	4421	4422
3715	3732	4429	4432
3740	3750	4433	4435
3751	3753	4436	4488
3754	3760	4502	4504
3761	3768	4506	4511
3770	3771	4515	4550
3775	3790	4551	4563
3793	3824	4569	4594
3852	3853	4595	4664
3899	3905	4671	4672
3907	3921	4674	4679
3926	3936	4695	4697
3945	3947	4698	4717
3957	3958	4735	4814
4064	4067	4819	4824
4068	4124	4846	4852
4154	4155	4870	4877
4170	4174	4887	4908
4176	4178	4950	4999
4198	4216	5024	5073

翁

10	翁　雲	1267	

4413₂　菉

11	菉斐軒藏書記	4784	5152
88	菉筠軒	6785	
	菉竹堂	990	1264
		2549	2676
		3265	

藜

67	藜照廬	2654	4144
		5131	5316
		6089	

4413₆　蟄

00	蟄　廬	5258

4414₀　葑

32	葑溪劉大生源泉藏書記
	3055

4416₁　墻

50	墻東鐘氏	4750

4416₄　落

51	落拓書生	1542

4420₂　蓼

00	蓼　亭	4714

4420₇　夢

10	夢雲石山房珍藏書籍	1065	
17	夢　羽	4563	
36	夢禪手鈔	3473	
37	夢鼎之印	5302	
	夢選慶胡氏宗㭗藏		
		1637	3880
		6445	
	夢選樓	6359	6543
44	夢蓮居士	6531	
	夢華館藏書印	4406	6380
		6819	
	夢華館	2184	2579
		4402	3934
	夢林所藏書籍	413	
50	夢中丘壑物外文章	4713	
68	夢曦主人藏佳書之印	1352	
86	夢錦樓	2544	

蕚

44　蕚　村　　　5211

4421₁　薆

60　薆　圃　　　2549　2580
　　　　　　　　4967　5152
　　　　　　　　6380　6604
　　　　　　　　6770　6778
　　薆圃手校　　4403　4495
　　薆圃翁　　　4494
80　薆翁手校　　1182　4181

麓

40　麓　臺　　　4760

麓

40　麓　樵　　　5265
57　麓　邨　　　4831
71　麓原瓣香　　6510
　　麓原氏　　　6510

4421₂　苑

82　苑鍾山印　　6561

4421₄　花

32　花溪查氏　　5701

42　花橋水閣　　1911
47　花好月圓人壽 1914　1973
　　　　　　　　1996　3807
　　　　　　　　6712
64　花曉齋圖書印 3505

莊

72　莊氏珍藏　　4958

4422₁　芹

26　芹　伯　　　1739　3217
　　　　　　　　3688　3913
　　　　　　　　4720　4824
　　　　　　　　6306　6817
　　芹伯手校　　6759

4422₇　芳

32　芳　洲　　　4441
37　芳潤閣　　　4669
47　芳椒堂　　　1094

莆

77　莆　卿　　　492

蕭

00　蕭齋藏書　　4714
03　蕭誠之印　　6695

20	蕭焦椿印	1161				26	蘭 泉	1150	2994
22	蕭山王氏十萬卷樓藏書							3518	3914
		1591	4860			44	蘭若氏	3953	
	蕭山朱鼎煦收藏書籍						蘭枝館	5832	
		106	323				蘭 林	2404	
		1704	4260			57	蘭 揮	55	186
	蕭山朱氏所藏善本	4871						644	650
	蕭山汪氏環碧山房珍藏							1277	1747
		1946						1850	2590
26	蕭 穆	5742						2592	4243
44	蕭夢松	4714						4276	4409
	蕭夢松印	925	1506					4523	4633
		4714						5074	6318
	蕭 芝	375	704					6718	
		884	3602			65	蘭味軒	5595	
		5379	5805			67	蘭暉堂	5371	
		5896	6149			80	蘭谷藏書	4098	
		6183	6216						

帶

47	蕭穀斠讀	6526							
58	蕭勥政	541	1557			21	帶經堂	4832	
		1948	5390				帶經堂陳氏藏書印		4771
77	蕭際韶	334	819						

4422₈ 芥

蘭

20	芥 航	4291
20	蘭 舫	5913				60	芥 園	1715
22	蘭艸山房	3916
25	蘭 生	4818

4423₁　蔭

10	蔭玉閣	6422	
27	蔭綠軒書畫印	2649	
40	蔭　嘉	273	1739
		4977	
80	蔭普珍藏	6070	
90	蔭　堂	2847	

4423₂　蒙

26	蒙泉藏書	4402	

藤

60	藤田藏書	1062	

4423₇　兼

29	兼秋藏書	1720	
	兼秋圖書	1720	

4424₀　蔚

44	蔚　芝	4382	
52	蔚挺搜存	6672	

4424₇　蔣

00	蔣　唐	3893	
	蔣玄蒲字廖因號南樵	3503	
10	蔣石林	4991	5009

		5220	
16	蔣硯溪	2592	
20	蔣香生	4772	
	蔣香生秦漢十印齋收藏記		
		4772	
	蔣維基	321	
	蔣維鈞印	6678	
29	蔣秋蟾青箱長物	5738	
34	蔣汝藻	2543	
37	蔣鴻鑑	4696	5738
	蔣祖詒	2549	2551
		4181	6392
	蔣祖詒讀書記	1218	1237
		6311	6392
	蔣祖詒印	2549	6770
72	蔣氏家藏	4991	
	蔣氏所藏	5340	
77	蔣鳳藻	1850	2575
		2579	2701
		4413	4488
	蔣鳳藻印	1022	
80	蔣曾塋	2579	4174
		4764	4816
82	蔣鍾尹印	6287	
86	蔣錫震	6102	
87	蔣銘頊印	5696	
90	蔣惟龢	4934	

蔣光煦　　　　3221

4424₈　薇

44　薇華館主　　　2439
　　薇華館圖書　　2439

4425₃　茂

44　茂苑香生蔣鳳藻秦漢十印
　　齋祕篋圖書　　1850　　2575
　　　　　　　　　2579　　2701
　　　　　　　　　4413　　4488
　　茂　桂　　　　4933

藏

27　藏修堂　　　　1739
30　藏之名山　　　3702
50　藏書室　　　　4416
60　藏　園　　　　1188　　1557
　　　　　　　　　3299　　3648
　　　　　　　　　3702　　3934
　　　　　　　　　4233　　4497
　　　　　　　　　4516　　5728
　　　　　　　　　6597
　　藏園祕笈孤本　3299
　　藏園老人　　　3299

4428₉　荻

28　荻谿章紫伯珍賞　　4402

4429₄　葆

40　葆真堂　　　　4250

4430₂　莐

26　莐　白　　　　3345
　　莐　伯　　　　6341
60　莐圃收藏　　　105　　　631
　　　　　　　　　957　　　969
　　　　　　　　　1093　　1177
　　　　　　　　　1194　　1205
　　　　　　　　　1212　　1218
　　　　　　　　　1237　　1258
　　　　　　　　　1380　　1582
　　　　　　　　　1603　　1653
　　　　　　　　　1739　　1851
　　　　　　　　　1862　　1907
　　　　　　　　　1914　　1918
　　　　　　　　　1939　　1971
　　　　　　　　　2138　　2148
　　　　　　　　　2236　　2421
　　　　　　　　　2543　　2549
　　　　　　　　　2561　　2580
　　　　　　　　　2582　　2586

3029	3215				6817	
3217	3268					
3300	3456		**4430₃　蘧**			
3460	3514	00	蘧　廬		3788	
3688	3913		**4430₄　蓮**			
3919	3928					
3929	3942	12	蓮孫墨緣		3694	
4127	4181	31	蓮　涇		5027	5056
4182	4183				5176	
4449	4494		蓮涇珍藏		2549	
4497	4500	40	蓮塘方冀道所藏經籍記			
4720	4764				221	
4780	4809	44	蓮花博士後人	3502		
4824	4829	60	蓮　圃		1989	
4833	4844	80	蓮　公		607	
4877	4933		**4430₇　芝**			
4967	5167					
5184	5348	20	芝香讀過		3502	
5366	5403	44	芝蘭書屋		2275	
5513	5516	55	芝農珍藏		1194	
5523	5701	80	芝人過眼		955	
5777	6306		**4433₁　蕉**			
6308	6311					
6321	6338	30	蕉　寢		6526	
6419	6705	44	蕉林梁氏書畫之印		4928	
6706	6712		蕉林藏書		3846	4127
6759	6779				4918	4920

		4944	4979
		5077	5111
		5139	5187
		5209	5394
		5420	5427
		5617	6381
	蕉林書屋	5734	
	蕉林居士	6350	

燕

00	燕市酒徒	5035	
	燕　庭	1513	2549
		3301	4764
		4820	5164
	燕庭收藏	5164	
	燕庭藏書	1513	1605
		2549	5503
	燕京大學圖書館		
		1389	1896
		4963	
03	燕詒堂	4370	
22	燕山呂氏	745	
	燕山鎦氏鑑藏書畫印	3090	
24	燕　緒	579	
40	燕南陳永壽同山氏之印		
		4050	

熱

00	熱　廬	516	3727
		6640	

4433₂　葱

10	葱玉張氏	3090

4433₃　慕

00	慕齋鑒定	912	1155
		4982	5666
		6341	
36	慕　湘	4466	
	慕湘藏書樓	5851	5878
		6171	
60	慕晨審定	3512	

蕙

41	蕙　坪	6561
60	蕙　圃	3919

4433₆　蔥

10	蔥　玉	4496
50	蔥青居	1989

4433₈　恭

21	恭綽長壽	2150

80　恭　父　　　　954

4439₄　蘇

15　蘇甦道人　　　3104
22　蘇繼廎　　　　1704
　　蘇縣聶氏澹寧堂藏書 2403
32　蘇州天寧禪寺 4588
　　蘇州淵雅堂王氏藏書 1582
40　蘇臺逸史　　　2238
　　蘇南區文物管理委員會藏
　　　　　　　　　1722
65　蘇畊虞書畫記 4760

4440₁　芋

22　芋　仙　6537　6707

莘

60　莘田氏　　　　5553

4440₆　草

82　草創大還堂　　1022

4440₇　孝

40　孝友堂　　　　676
44　孝　劼　　　　319
　　孝劼收藏宋元舊槧　319
53　孝感秦氏家藏 6278

74　孝　陸　　839　1436
　　　　　　　5991
80　孝慈慶藏　1747　3574
　　孝慈堂　　　　2549

4440₈　萃

35　萃清齋　　　　6394
40　萃古齋　　2537　2544
　　　　　　　6321
77　萃閔堂所有書籍記　4054

4440₉　苹

27　苹鄉文氏舟虛鑑藏　130

4441₇　執

03　執誠真賞　　　6507
21　執經堂　　1622　2587
　　　　　　4842　4850
　　執經堂印　　　1622
44　執菴主人　　　3827

4442₇　萬

00　萬　育　　　　5464
　　萬育之印　　　5464
　　萬廉隅室藏書 2385
40　萬木草堂　　324　1825
　　　　　　4262　6288

77	萬學詩常倫氏 2107	37	莫　祁　　　4519
88	萬竹山莊　　6654	38	莫祥芝　　2421　3819
	萬竿煙雨庵主人　　2572		4409
90	萬卷樓　　　1739	40	莫友芝藏書印 3215
	萬卷樓主人　6443		莫友芝圖書印　1　1547
	萬卷樓(孫氏)　55　5474		3372　6366
	萬卷樓(沈氏) 5155		莫培樾印　4777
	萬卷樓藏　　1641　5816	50	莫書農正肅亭所藏　　1702
	6370	72	莫氏德保　3372
	萬卷樓(黃氏) 1154　1900		莫氏繩孫　　　1
	3974　4471		莫氏祕笈之印 6366
	4544	80	莫年光景,水軒南浦,筆硯
	萬卷樓圖書記 1194		精良,人生一樂。　1022
	萬卷樓(鄭氏) 4500	88	莫等閒齋　4724　6119
	萬卷堂　　1366　4198	90	莫　棠　　　1　1478
	萬卷堂藏書記 4277		1588　2421
			3345　3835
	4443_0　莫		4409　4410
			4451　4519
10	莫天麟印　　3345		5622
12	莫瑞堂字書農家粵東 1702		莫棠嶺外所收 1218
21	莫經蓂字筱農 3372		莫棠字楚生印 2421　3345
23	莫俊農　　　3372		3835　4409
24	莫科莫祁莫棠之印　4519		4410　6082
26	莫伯驥　　2736　4777		莫棠楚生　4409
27	莫彝孫印　　3372		莫棠楚生父印 4451
	莫繩孫　　　1　3372		莫棠所藏　　1　1478
	莫繩孫印　　3372		

4582

葵

10	葵石子	4811
	葵霜閣	440
60	葵　園	4754

樊

31	樊　㴋	6190
44	樊榭山房	3934
60	樊恩照印	1003

4443₂　菰

60	菰里瞿鏞	1132

4445₆　韓

00	韓應陛	336	1212
		1218	1237
		2148	2192
		2252	4403
		4764	4780
		6392	6712
		6770	
	韓應陛鑒藏宋元名鈔名校		
	各善本于讀有用書齋印記		
		1807	1858
		4499	4764

6311

10	韓天受珍藏印	4841	
22	韓　崇	2404	
24	韓德均	336	1212
		1218	1237
		1512	1807
		1858	2148
		2150	2192
		2252	2421
		2549	3090
		4403	4414
		4499	4719
		4764	4780
		6311	6380
		6392	6712
		6770	
	韓德均所藏善本書籍	1807	
	韓勉公藏書印	1379	
27	韓繩大一名熙字价藩讀書		
	印	336	2192
	韓繩大印	1212	1512
		3090	4414
		4719	6380
40	韓左泉	1799	
43	韓載陽	336	1212
		1218	1237
		2148	2252

		4403	4780
		6392	6712
		6770	
57	韓邨古雅堂書籍之章	1104	
72	韓氏藏書	1258	2537
		3509	3563
		3856	4068
		4836	4858
		5095	5816
		6370	
77	韓履卿藏經籍金石書畫之印	2404	
	韓　熙	336	2192
		4414	
80	韓夔章印	1898	
86	韓錫私印	319	

4446₀　姑

44	姑蘇吳岫塵外軒讀一過		
		1978	
	姑蘇吳岫家藏	1978	3961
		4800	6784
	姑蘇吳氏家藏	1499	
88	姑餘山人沈辨之家藏	3504	

茹

| 30 | 茹實齋 | 5696 | |

4450₄　華

00	華亭朱氏	1860	
	華亭查樹良樹稚人父校藏		
		5738	
	華亭封溓	6138	
	華亭封溓校藏經籍金石印		
		6138	
	華亭封氏賣進齋藏書印		
		6138	
10	華西協和大學圖書館	5437	
22	華山馬南操印	5712	
26	華　伯	1608	
28	華以忠氏	6562	
30	華宜館	6197	
32	華溪查氏	4211	
34	華潢之印	3517	
44	華藏主人	6729	
67	華鄂堂著录	1698	2459
72	華隱軒	4816	
76	華陽高世異	6292	
	華陽高氏	6292	
	華陽高氏藏書子孫保之		
		4869	5035
	華陽高氏鑒藏	5035	
	華陽林氏清宗堂藏	2618	
	華陽書屋	2672	

華陽耕者　　　5167

華陽國士　　　2345　6349

華陽國士珍祕之印　2430

華陽鄭氏百瞻樓珍藏圖籍

　　　　　　　3104

77　華開榮　　　101

90　華貟劉氏家藏　5078

4453₀　芺

22　芺　川　　　6306　6575

　　　　　　　　6817

　　芺川聚好　　5426

　　芺川鑒定　　2580

37　芺初女史　　5152　6817

英

00　英　廉　　　1328　1330

　　　　　　　　1341　1835

　　　　　　　　1837　1842

　　　　　　　　1845　2056

　　　　　　　　2291　2292

　　　　　　　　2296　2297

　　　　　　　　2300　2302

　　　　　　　　2305　2332

　　　　　　　　2333　2359

　　　　　　　　2364　2365

　　　　　　　　2650　3132

　　　　　　　　3133　3717

　　　　　　　　3721　3723

　　　　　　　　3860　4532

　　　　　　　　4534　4539

　　　　　　　　4540　4542

　　　　　　　　4543　4544

　　　　　　　　4545　4581

　　　　　　　　4593

82　英龢私印　　6508

4460₁　昔

17　昔司馬溫公藏書甚富,所
讀之書終身如新。今人讀
書恒隨手抛置,甚非古人
遺意也。夫佳書難得易
失,消一殘缺,修補甚難。
每見一書或有損壞,輒憤
惋浩歎不已。數年以來,
蒐羅畧備,卷帙頗精。伏
望觀是書者倍宜珍護,即
後之藏是書者,亦當諒愚
意之拳拳也。謢聞齋主人
記。　　　　　1022

4460₂　苕

21　苕上散人　　4833　4854

32　苕溪許氏　　6729

苕溪沈氏所藏　5237

50　苕　史　　　　6568

4460₄　苦

10　苦雨齋藏書印　3888　5017
　　　　　　　　　5552　6415

若

32　若　淵　　　　5630
60　若愚所藏善本　4989
　　若愚鑒賞圖書　3399

4460₇　茗

22　茗仙耿氏藏印　1697

蒼

22　蒼巖子　　　3846　4977
　　　　　　　　　5077
　　蒼巖山人書屋記
　　　　　　　　　1685　4833
　　　　　　　　　4920　4944
　　　　　　　　　4998　5012
　　　　　　　　　5135　5139
　　　　　　　　　5187　5209
　　　　　　　　　5374　5394
　　　　　　　　　5481　5524
　　　　　　　　　5617　6381

　　蒼　山　　　　2549

44　蒼茫齋高氏藏書記　　5858
　　蒼茫齋收藏精本　　　4869
　　蒼茫齋藏善本　4869　5858
　　蒼茫齋所藏鈔本
　　　　　　　　　2345　6349
　　蒼芒齋　　　　6349
　　蒼芒齋高氏藏書記　　6349

52　蒼虬經眼　　1582　2138
　　　　　　　　　4582
　　蒼虬心賞　　　　　　1
70　蒼璧齋述　　　4500

4460₈　蓉

31　蓉　汀　　　　5160
43　蓉城仙館　　　5742
80　蓉鏡珍藏　　1855　6306
　　　　　　　　　6338
　　蓉鏡過眼　　　5426
90　蓉裳收藏印　　2501

4462₇　藹

40　藹士父　　　　5479

4471₁　老

36　老況欣賞　　　3455
77　老屋三間,賜書萬卷　2549

老　學　　4835
83　老　鐵　　3372

4471₂　也

47　也趣軒　　4758　4794
　　　　　　　4806
60　也是園　　3079

4471₆　莅

55　莅　農　　1720　2153
　　莅農珍賞　　2153

4471₇　世

30　世濟美堂項氏圖籍　　959
60　世　恩　　4967
　　世恩堂印　　2746
　　世異長壽　　5035
　　世異印信　　2345
77　世學樓　　905　3415
　　　　　　　3459　3472
　　　　　　　3506　3507
　　　　　　　3510　3512
　　　　　　　3513　3685
　　　　　　　3686　3688
　　　　　　　3731　3735
　　　　　　　3739　3742
　　　　　　　3743　3744

　　　　　　　3753　3899
　　　　　　　3901　3928
　　　　　　　3936　4178
　　　　　　　4387　4389
　　　　　　　4393　4394
　　　　　　　4399　4434
　　　　　　　4487　4489
　　　　　　　4490　4494
　　　　　　　4547　4549
　　　　　　　4550　4551
　　　　　　　4558　4559
　　　　　　　4792　4969
80　世美堂印　　4830

4472₇　葛

10　葛雲薛印　　6308
20　葛香士　　1872　1873
　　　　　　　1874
38　葛祚增　　1872　1873
　　　　　　　1874
40　葛士鼎　　6400
　　葛鼐翼魯氏書籍之章　5366

劫

40　劫木道士際衍　4209
　　劫木莽　　4209
88　劫餘長物友聲暫有　　5809

萄

44	萄莊徐氏藏書 2283	

4473₁　芸

17	芸　子	6067
45	芸　樓	263

藝

38	藝海樓	4772	
	藝芸書舍	4794	
60	藝圃藏書	4519	
77	藝風審定	2672	4809
	藝風堂	956	6779
	藝風堂藏書	1245	2986
		5699	

4474₁　薛

44	薛世熹	5105

4477₀　甘

26	甘泉書藏	1023	
72	甘氏復廬所藏	4472	
77	甘鵬雲	27	1861
		4216	5216

4477₇　舊

10	舊雨樓書畫印	1772	2170
22	舊山樓	2078	3270
		3835	4020
		5152	
	舊山廎	3270	
	舊山樓秘医	6397	
	舊山樓藏	6575	
50	舊史徐釚	2283	4174

4480₀　奠

40	奠　堯	4967

4480₁　共

04	共讀樓	4856	5878
	共讀樓藏書記	5878	

其

30	其　永	4721

楚

25	楚　生	2421	3345
		3835	4409
		4410	4451
		6082	
	楚生第三	5622	

27	楚　殷	2130	

4480₂　荚

80	荚　盦	2313	
	荚盦曼士鑑藏	1549	

4480₆　黄

10	黄丕烈	1182	2421
		2580	3504
		3716	3929
		4181	4403
		4488	4495
		4563	6308
		6392	6819
	黄丕烈印	2238	2549
		5152	6380
		6604	6770
		6778	
	黄百家	35	
12	黄登賢	117	183
		213	317
		428	461
		488	555
		649	670
		707	729
		769	777
		785	816

835	912
1099	1152
1163	1231
1297	1322
1442	1574
1601	1612
1746	1747
1755	1900
1944	2392
2394	2426
2452	2459
2494	2560
2568	2615
2620	2627
2634	2643
2732	2737
2754	2755
2799	2802
2803	2811
2813	2857
2860	2881
2916	2917
2918	2925
2929	2930
3328	3330
3360	3362
3451	3453

		3461	3567	21	黄虞稷印	6320	
		3593	3725	22	黄任之印	5553	
		3758	3786		黄　循	2610	
		3791	3973		黄山詩訥	2574	
		4006	4050	26	黄白山房	5379	
		4062	4126	27	黄叔琳	213	707
		4165	4244		黄紹齋家珍藏	3615	
		4325	4452	28	黄復翁	6531	
		4463	4471	34	黄爲兆印	6758	
		4544	4708	40	黄　九	1441	
		4769	4777		黄培芳印	3695	
		4800	4815		黄惪堂吕氏珍藏書畫印		
		4816	4837			3215	
		4945	5041	42	黄彭年	3299	
		5064	5107		黄彭年印	1072	1073
		5128	5167			5782	
		5180	5289	44	黄填黄氏滄然閣珍藏書畫		
		5831	6359			1441	
		6363	6460		黄葉邨莊	4410	6487
		6464	6527		黄葉樓	5982	
		6550	6610	57	黄握墾印	216	
		6615	6645	60	黄星海太史圖書記		681
		6715	6728	71	黄厚齋	216	
		6739	6742	72	黄氏丕烈	2580	
		6788	6812		黄氏借艸宦藏書		2501
		6813			黄氏伯昭珍藏書畫印		839
20	黄受益	6531			黄氏世貥	839	

黃氏憶江南館珍藏印 6070

77　黃岡劉氏紹炎過眼

337　5631

黃岡劉氏校書堂藏書記

337　5631

80　黃美鎏印　　6338

87　黃　鈞　4809　5345

90　黃　裳　3695　3772

4841　5589

5752　5811

5997

黃裳百嘉　1258　3538

黃裳珍藏圖書印記　5589

黃裳珍藏善本 5589

黃裳私印　4764

黃裳容氏珍藏圖籍

769　1532

3811　3812

5589

黃裳藏本　1258　1532

2208　3641

3811　3812

5589　5647

5752　6271

黃裳藏書　5589

黃裳青囊文苑 1427

黃裳鑑藏　5589

黃裳小雁　5647　5752

97　黃　�　1720　1883

黌

25　黌　仲　　4933

賈

30　賈進齋　　6138

4480₉　焚

50　焚書讀衛經　3187

4490₀　樹

26　樹　伯　　3488

44　樹　蘭　　4181

樹　蓮　　4799

90　樹堂軒珍藏　4030

4490₁　蔡

10　蔡玉家藏　4563

12　蔡廷楨印　3942　6308

蔡廷舉　　528

28　蔡綸書　　2374

蔡綸書印　2374

30　蔡家駒　　4325

31　蔡潛谷藏　3387

40　蔡南萬　　2743

| 72 | 蔡氏家藏 | 4563 | | |
| 90 | 蔡小硯 | 2001 | | |

苕

44	苕坡過眼	1920		
	苕坡藏書	4759		
	苕華吟館	5033		

4490₄　茶

| 22 | 茶　山 | 6531 | | |
| 44 | 茶夢齋 | 3505 | 4390 | |

某

44	某　村	4876		
80	某會里朱氏潛采堂藏書			
		1194	1212	
		3856		

葉

00	葉文莊公	2549		
	葉奕之印	6575		
12	葉廷琯	6257		
17	葉承丙	6346		
	葉子冀	4806		
	葉子寅	2549		
22	葉繼雯印	4500		
24	葉德輝	1862	3331

		3333	3350	
		5199	5317	
	葉德輝印	1601		
	葉德輝煥彬甫藏閱書			
		3038	5317	
		5719	5878	
		6653		
	葉德榮	2549		
27	葉向高印	5451		
	葉名琛	4500		
	葉名灃	2906	4496	
		4500	5755	
		5944		
30	葉定侯	4066		
37	葉退菴	1580	2146	
		2150	2252	
38	葉啟發讀書記	424	1698	
		1886	4856	
		5719	6613	
		6805		
	葉啟發家藏書	424		
	葉啟發藏	6316		
	葉啟發藏書記	424	1886	
		2459	4066	
		5719	6613	
	葉啟發東明審定善本			
		967	6316	

	葉啟發所藏書	1698	
	葉啟發閱藏書	1886	
	葉啟勳	4856	5719
		6316	
	葉啟蕃	967	
	葉啟勛	424	967
		1698	2459
		6613	6805
40	葉夾大	3300	
	葉志銑	2520	5394
	葉志詵印	4500	
44	葉恭綽奉捐	2202	
	葉恭綽奉贈	1580	2146
		2150	2252
	葉萬	4799	
	葉樹廉	1211	
	葉樹廉印	1177	
53	葉盛	2676	
60	葉景葵印	1918	2128
		5044	5497
64	葉時	4799	
	葉疇	4799	
72	葉氏天葆堂印	4318	
	葉氏麗廔藏書	1862	
	葉氏德輝鑒藏	1862	5199
	葉氏名澧	2906	

	葉氏家藏	4877	
	葉氏進學齋藏書記		319
	葉氏定侯紬書	3716	
	葉氏啟勛讀過	424	1698
		2459	5717
		6613	6805
	葉氏蓉竹堂藏書		990
		1264	3265
	葉氏雅好	1698	3716
	葉氏鐵研齋珍藏書畫印		
		6373	

藥

40	藥	樵	27	1861
			4216	5216
80	藥	盦	1375	3589
	藥盦珍玩宋元祕本			
			2420	4419
			4491	

4490₈　萊

76	萊陽張氏桐生藏書之印	
		6163

4491₀　杜

00	杜庭珏	4228

20	杜　季	2555	
36	杜澤遜	2696	2904
		5809	5851
		5852	5963
		6264	6599
53	杜甫草堂	4734	
60	杜　甲	5854	
74	杜　陵	5340	

4491₁　菸

80	菸　谷	1267	1804
		1859	2108
		2138	2341
		3214	4207
		5194	5611
		5811	

4491₂　枕

| 16 | 枕碧樓藏書記 | 970 |
| 21 | 枕經胙史 | 1258 |

4491₄　桂

00	桂廬藏書	5303
20	桂香小苑	674
22	桂巖松雪	895
44	桂林胡氏書巢圖書	6212

蘿

57	蘿邨蔣氏手校藏書		
		2288	2676
		3758	

4491₇　植

| 植 | | 2576 | 3508 |
| | | 4806 | |

4491₈　椹

| 10 | 椹雪堂珍藏書畫圖章 | 6448 |

4492₇　菊

| 15 | 菊甦讀過 | 2574 |
| | 菊甦審定善本 | 2574 |

4493₄　模

| 22 | 模㟅閣 | | 839 | 1436 |
| | | | 4927 | 5991 |

4494₇　枝

| 10 | 枝　雲 | 6695 |

菽

| 71 | 菽　原 | 4128 |

4496₁　藉

50	藉書園	1095	4777
		6342	6684
		6737	
	藉書園本	2584	4777
	藉書園印	6737	

4498₆　橫

21	橫經閣收藏圖籍印	1860
67	橫野洲草堂	3341

4499₀　林

08	林於山房	3888	3972
10	林下閑人	3292	
12	林登鼐	1989	
20	林集虛	2089	3772
	林集虛印	1523	2654
21	林虛貞印	1949	
22	林山腴收藏記	2618	
23	林允瞻家藏	1267	
24	林佶	811	4806
	林佶之印	3934	
25	林仲懿	4708	
	林仲懿印	4708	
34	林澍	256	

35	林洙雲氏	4669	
37	林汲山房	4231	4764
		4825	
	林汲山房藏書	2140	4777
40	林吉人	4806	
60	林思進印	2618	
	林景和印	4235	
72	林氏倫洲	4065	
77	林印登鼐	1989	

枺

28	枺復之印	6131	6510

4499₄　楳

26	楳泉	4829
40	楳鼐	4959
44	楳花屋	3292

4593₂　棣

44	棣華書屋	3938
	棣華園	5161

4594₄　樓

26	樓儼之印	1582

4596₀　柚

90　柚　堂　　　1096　3928

4596₃　椿

44　椿蔭書屋　　5234

4599₆　棟

00　棟亭曹氏藏書　1084　1306
　　　　　　　　　2510　2537
　　　　　　　　　3264　3849
　　　　　　　　　4494　4802
　　　　　　　　　6708

　　棟亭曹氏藏書畫記　3264

4601₀　旭

44　旭　華　　　3834
48　旭　敬　　　6822
50　旭東過目　　5786

4611₀　覩

86　覩　錫　　　1456

4621₀　觀

23　觀我生齋　　2288
38　觀　海　　　549
40　觀古齋藏　　4629

　　觀古閣印　　　71
　　觀古堂　　　1862　3038
　　　　　　　　5199
44　觀其大略　　3846　4127
　　　　　　　　4979　5077

4622₇　獨

22　獨山莫祥芝圖書記
　　　　　　　　2421　3819
　　　　　　　　4409
　　獨山莫氏藏書　1178　1180
　　　　　　　　1212　1327
　　　　　　　　1588　3819
　　　　　　　　4409　5622
　　獨山莫氏銅井文房　4582
　　獨山莫氏銅井文房之印
　　　　　　　　4899
　　獨山莫氏銅井文房藏書印
　　　　　　　　2421　3345
　　　　　　　　4410　5920
　　獨山莫棠　　1588　5622
27　獨榮鄭言　　3104
31　獨馮主人　　2444
40　獨志堂　　　1103　2222
　　　　　　　　2421　2614
　　　　　　　　3314　5035
　　　　　　　　5104　5142

		5297	5757
		5837	5983
		6695	
	獨志堂印	6107	

4624₇　幔

| 00 | 幔　亭 | 917 | |

4640₀　如

00	如　京	628	
10	如　石	974	
	如不及齋	5204	
26	如皋祝壽慈印	4808	
40	如南山之壽	1542	
44	如菴書畫印	3694	
	如菴氏	4717	
	如　廿	1090	

4643₄　娛

| 60 | 娛園藏書 | 548 | 4967 |

4651₇　韞

97	韞　輝	4755	
	韞輝齋	4441	4496
		6341	6380
	韞輝齋圖書印	2551	3090
	韞輝堂記	5431	

4680₆　賀

00	賀唐虞印	1907	1921
12	賀　瑗	967	4948
	賀廷赤印	5980	

4690₀　相

| 50 | 相畫主人藏書印 | 5000 | |

柏

| 20 | 柏　香 | 221 | |

4691₃　槐

| 44 | 槐蔭公館 | 293 | |
| | 槐蔭堂王氏珍藏 | 4934 | |

4692₇　楊

00	楊彦和讀書記	1182	
	楊齊之印	4274	
	楊　庭	6817	
	楊慶簪藏	6548	
	楊文瑩	769	
02	楊端勤公仲子	4500	
08	楊效曾	3913	
10	楊雪滄	1	4933
	楊元吉	1227	2986
		3037	3090

	楊元植	3695	
14	楊　瓚	3470	
	楊瓚私印	3470	
17	楊承訓	4493	
	楊承訓印	4493	
19	楊璘私印	2676	
22	楊繼振	607	
23	楊稼軒	2646	
27	楊紹和	811	1601
		1996	4493
		4799	
	楊紹和讀過	1861	4179
	楊紹和審定	811	1258
	楊紹和藏書	4179	
	楊紹和印	1856	6794
28	楊以增字益之又字至堂晚		
	號冬樵行式	1861	
	楊以增印	1177	1258
		1856	6794
	楊　儀	4563	
30	楊守敬	2541	
	楊守敬印	1858	6521
	楊寶鏞	2549	
31	楊灝之印	1850	2192
		4760	
32	楊兆瑛	3354	3363
33	楊　浚	1	4019

38	楊　榮	3415	
40	楊希銓字仲衡	6817	
	楊壽枏	3517	
50	楊　擁	4382	
	楊肅之印	40	
60	楊　晨	2173	
	楊昌國印	40	
67	楊明儒印	4455	
	楊嗣漢部山印	2484	
72	楊氏硯芬	6817	
	楊氏珍藏章	2549	
	楊氏稼軒	2646	
	楊氏海源閣藏	1182	1258
		4493	4799
	楊氏海原閣藏	6794	

4712₀　均

00	均齋祕笈	1608	2342

4712₇　埽

00	埽塵齋	3221	
	埽塵齋讀書記	1685	1921
		4500	
	埽塵齋積書記	212	644
		1103	1194
		1907	1914
		1939	2138

2541　3776
3777　4494
4585　4806
4829　4877
4991　5167
5777
44　埽華菴藏書　4251
　　埽葉山房　1623

鄞

00　鄞六一山房董氏藏書 5670
28　鄞徐時棟柳泉甲子以來所
　　得書畫藏在城西艸堂及水
　　北閣中　　824
44　鄞林氏藜照廬圖書
　　　　　2654　4144
　　　　　5131　5316
　　　　　6089
57　鄞蝸寄廬孫氏藏書
　　　　　1194　1275
　　　　　3538　4419
　　　　　4491　4698
71　鄞馬廉字隅卿所藏圖書
　　　　　2581
　　鄞馬裕藻藏書　957　1043
　　鄞馬氏廉隅卿所珍藏書
　　　　　5935

4721₂　鲍

46　鲍如珍藏書籍私記　1911
80　鲍　尊　4173

4722₇　郁

48　郁松年　3810
　　郁松年印　1622　5757
　　　　　6575
50　郁泰峯　6713

鶴

22　鶴巢藏書　6113
39　鶴沙宋氏史奉堂珍藏書畫
　　章　　1027

4732₇　郝

31　郝福田印　977
72　郝氏仲子敬堂珍藏　1703
　　郝氏敬堂　1703

4742₀　朝

30　朝　宗　4719

4744₇　好

40　好　古　3914
44　好　夢　1022

77　好學爲福　　3913
　　好學爲福之齋　2459　5676

4748_6　嬾

72　嬾　髯　　1512　5152

4752_0　鞠

60　鞠園藏書　　2013　3680

4762_0　胡

00　胡　廬　　4064
10　胡爾榮印　　1093
24　胡德琳　　6212
30　胡宗琳　　1637　3880
　　　　　　　　6445
31　胡江之印　　1104
50　胡惠孚印　　3408　4174
60　胡　量　　1177
71　胡長泰印　　2774
72　胡氏豫波家藏圖書　1093
　　胡氏所藏宋本　4583
88　胡篴江　　3408　4174

4762_7　都

00　都玄敬家敬古刻善本　1940
26　都　保　　943
　　都　穆　　6683

4772_0　切

77　切問齋藏　　2984

4791_0　机

20　机信鍾福　　2720

楓

20　楓香艸堂藏書　6160
　　楓香堂　　6160
32　楓溪戴二蕉珍藏書畫之章
　　　　　　　　4948
44　楓林氏　　4849

4792_0　桐

10　桐西書屋　　452　1229
　　　　　　　　4759　4959
　　　　　　　　5152
20　桐香館　　2287
22　桐山張氏藏書　1065
　　桐山張筱漁氏手鈔祕笈
　　　　　　　　1009
27　桐鄉傳經樓沈氏藏書　6589
　　桐鄉曹氏吹雲閣珍藏　4413
43　桐城張氏謹甫所藏　2064
　　桐城姚伯印氏藏書記
　　　　　　　1663　4174

		5336	5548
44	桐蔭館	1064	6650
51	桐　軒	1861	
	桐軒主人	4064	
	桐軒主人藏書記		4971
	桐軒主人藏書印		
		4064	5510
		5568	
77	桐風高繙笒疏録之書		
		1090	1096

栩

27	栩緣所藏	80	107
		2794	

柳

00	柳棄疾	5961	
10	柳亞子	5961	
26	柳　泉	824	4353
		5882	
	柳泉書畫	824	5882
32	柳溪堂	4619	
	柳溪堂藏書	4619	
40	柳大中	6683	
42	柳　橋	353	4720
		5572	6419
		6429	6461

		6462	6637
	柳橋讀過	4724	
44	柳蓉邨	684	1180
		1212	3345
		3502	
	柳蓉邨經眼印	3930	4904
		5013	6817
	柳林馮氏藏書	2062	
60	柳圃堂藏書記	3619	

4792₇　栘

00	栘庵所藏金石文字		1096
80	栘盦珍□		1096
	栘盦藏書		3090

橘

44	橘蔭主人收藏		107

4794₀　椒

44	椒坡祕翫	1920	
	椒花吟舫	4764	
60	椒　園	4173	4798

4794₇　穀

12	穀　孫	2549	
	穀孫祕笈	1212	1582
	穀孫校讀	2551	

榖孫鑑藏　　　2549

71　榖臣一字研農別號海岈

　　　　　　　　127

80　榖　人　　5718

4814₀　救

21　救虎閣主　　2342

4816₆　增

36　增　湘　　1188

4840₀　姒

80　姒兼山　　　1195　4680

　　　　　　5909　5942

4841₇　乾

77　乾隆三十九年正月江蘇巡
　撫薩載送到蔣曾瑩家藏紀
　年總辦壹部計書肆本 2579
　乾隆三十九年正月江蘇巡
　撫薩載送到蔣曾瑩家藏
　［類要壹部計書貳拾本］

　　　　　　4174

　乾隆三十九年正月江蘇巡
　撫薩載送到周厚堉家藏六
　書泝原直音壹部計書壹本

　　　　　　992

　乾隆三十九年正月江蘇巡
　撫薩載送到周厚堉家藏華
　鄂堂詩稿壹部計書壹本

　　　　　　6080

　乾隆三十九年五月浙江巡
　撫三寶送到歷代宰輔彙考
　壹部計書壹本 2408

　乾隆三十□年□月山東巡
　撫徐積送到范德機集壹部
　計書三本　　4825

　乾隆三十□年□月山東巡
　撫徐積送到蕭氏世集一部
　計書三本　　6578

　乾隆三十八年六月翰林院
　編修勵守謙交出硯北易鈔
　壹部計書拾本　212

　乾隆三十八年五月衍聖公
　孔昭煥送到家藏研幾圖壹
　部計書壹本　2723

　乾隆三十八年五月衍聖公
　孔昭煥送到家藏東漢精華
　壹部計書壹本 1859

　乾隆三十八年浙江巡撫三
　寶送到范懋柱家藏畫志壹
　部計書壹本　3368

　乾隆三十八年浙江巡撫進
　書木記　　　3804

乾隆三十八年十一月江蘇
巡撫薩載送到周易觀玩篇
壹部計書拾貳本　　　　299

乾隆三十八年十一月浙江
巡撫三寶送到孫仰曾家藏
蘇山選集壹部計書貳本
　　　　　　　　　　5343

乾隆三十八年十一月浙江
巡撫三寶送到吳玉墀家藏
文園漫語壹部計書壹本
　　　　　　　　　　3629

乾隆三十八年十一月浙江
巡撫三寶送到吳玉墀家藏
官爵志壹部計書壹本　2404

乾隆三十八年十一月浙江
巡撫三寶送到吳玉墀家藏
邱陵學山壹部計書拾本
　　　　　　　　　　4127

乾隆三十八年十一月浙江
巡撫三寶送到吳玉墀家藏
周易象通壹部計書壹本
　　　　　　　　　　　66

乾隆三十八年十一月浙江
巡撫三寶送到吳玉墀家藏
周易闡理壹部計書叁本
　　　　　　　　　　　223

乾隆三十八年十一月浙江

巡撫三寶送到鮑士恭家藏
戲瑕壹部計書叁本　　3709

乾隆三十八年十一月浙江
巡撫三寶送到鮑士恭家藏
續宋編年資治通鑑壹部計
書肆本　　　　　　　1093

乾隆三十八年十一月浙江
巡撫三寶送到鮑士恭家藏
才鬼記壹部計書伍本　4531

乾隆三十八年十一月浙江
巡撫三寶送到鮑士恭家藏
南北史續世說壹部計書肆
本　　　　　　　　　4390

乾隆三十八年十一月浙江
巡撫三寶送到鮑士恭家藏
南宋書壹部計書拾本　1150

乾隆三十八年十一月浙江
巡撫三寶送到鮑士恭家藏
易說壹部計書貳本　　　4

乾隆三十八年十一月浙江
巡撫三寶送到汪汝瑮家藏
碧溪叢書壹部計書八本
　　　　　　　　　　1210

乾隆三十八年十一月浙江
巡撫三寶送到汪汝瑮家藏
洞天福地嶽瀆名山記壹部
計書壹本　　　　　　4637

乾隆三十八年十一月浙江
巡撫三寶送到汪汝瑮家藏
存笥稿集壹部計書拾本
　　　　　5262
乾隆三十八年十一月浙江
巡撫三寶送到汪啟淑家藏
孔孟事蹟圖譜壹部計書貳
本　　　　1450
乾隆三十八年十一月浙江
巡撫三寶送到汪啟淑家藏
群書集事淵壹部計書貳拾
伍本　　　4224
乾隆三十八年十一月浙江
巡撫三寶送到汪啟淑家藏
名家詞鈔壹部計書捌本
　　　　　6804
乾隆三十八年十一月浙江
巡撫三寶送到汪啟淑家藏
滄洲集壹部計書肆本　4954
乾隆三十八年十一月浙江
巡撫三寶送到汪啟淑家藏
古今廉鑑壹部計書肆本
　　　　　1655
乾隆三十八年十一月浙江
巡撫三寶送到汪啟淑家藏
歷代黨鑑壹部計書貳本
　　　　　1743

乾隆三十八年十一月浙江
巡撫三寶送到汪啟淑家藏
周易説翼壹部計書壹本
　　　　　22
乾隆三十八年十一月浙江
巡撫三寶送到范懋柱家藏
講學壹部計書壹本　2971
乾隆三十八年十一月浙江
巡撫三寶送到范懋柱藏玉
唾壺壹部計書壹本　3708
乾隆三十八年十一月浙江
巡撫三寶送到范懋柱家藏
山樵暇語壹部計書壹本
　　　　　4064
乾隆三十八年浙江巡撫三
寶送到范懋柱家藏實賓錄
壹部計書壹本　　4178
乾隆三十八年十一月浙江
巡撫三寶送到范懋柱家藏
禮賢錄壹部計書壹本　1219
乾隆三十八年十一月浙江
巡撫三寶送到范懋柱家藏
遺忠錄壹部計書壹本　1619
乾隆三十八年十一月浙江
巡撫三寶送到范懋柱家藏
南征錄壹部計書壹本　1236
乾隆三十八年十一月浙江

巡撫三寶送到范懋柱家藏
南城召對壹部計書壹本
　　　　1255
乾隆三十八年十一月浙江
巡撫三寶送到范懋柱家藏
南夷書壹部計書壹本 2342
乾隆三十八年十一月浙江
巡撫三寶送到范懋柱家藏
朝鮮雜志壹部計書壹本
　　　　2345
乾隆三十八年十一月浙江
巡撫三寶送到范懋柱家藏
事始壹部計書壹本　3685
乾隆三十八年十一月浙江
巡撫三寶送到范懋柱家藏
感應類從志一部計書一本
　　　　3899
乾隆三十八年十一月浙江
巡撫三寶送到范懋柱家藏
蜀漢本末壹部計書壹本
　　　　1132
乾隆三十八年十一月浙江
巡撫三寶送到范懋柱家藏
月河所聞集壹部計書壹本
　　　　4395
乾隆三十八年十一月浙江
巡撫三寶送到□□家藏國

朝典彙壹部計書壹拾肆本
　　　　2423
乾隆三十八年十一月浙江
巡撫三寶送到銅馬編壹部
計書貳本　　5600
乾隆三十八年十一月浙江
巡撫三寶送到鄭大節家藏
大象觀壹部計書壹本　57
乾隆三十八年十一月浙江
巡撫三寶送到管窺小識壹
部計書壹本　4462
乾隆三十八年十二月浙江
巡撫三寶送到范懋柱家藏
竹下寱言壹部計書壹本
　　　　3542
乾隆三十八年十二月大學
士兩江總督高晉送到東原
集壹部計書壹本　　5152
乾隆三十八年七月兩淮鹽
政李質穎送到二梅公年譜
壹部計書壹本 1492
乾隆三十八年七月兩淮鹽
政李質穎送到張鳴鳳西遷
注壹部計書壹本　　1814
乾隆三十八年七月兩淮鹽
政李質穎送到樂史廣卓異
記壹部計書貳本　　1582

乾隆三十八年七月兩淮鹽
政李質穎送到朱善繼一齋
集壹部計書六本　　4857
乾隆三十八年七月兩淮鹽
政李質穎送到綠天耕燕鈔
壹部計書貳本　6748
乾隆三十八年七月兩淮鹽
政李質穎送到終南仙傳壹
部計書壹本　4661
乾隆三十八年七月兩淮鹽
政李質穎送到安南使事紀
要壹部計書壹本　　1335
乾隆三十八年七月兩淮鹽
政李質穎送到李蓘黃谷讝
談壹部計書壹本　　3783
乾隆三十八年七月兩淮鹽
政李質穎送到韋煥雅樂考
壹部計書陸本　　921
乾隆三十八年七月兩淮鹽
政李質穎送到菉竹堂稿壹
部計書陸本　4927
乾隆三十八年七月兩淮鹽
政李質穎送到華夷花木考
壹部計書柒本　3916
乾隆三十八年七月兩淮鹽
政李質穎送到黃俁卿倭患
考原壹部計書壹本　　1302

乾隆三十八年七月兩淮鹽
政李質穎送到明虐政集壹
部計書貳本　1315
乾隆三十八年七月兩淮鹽
政李質穎送到鄭仲夔耳新
壹部計書壹本　4522
乾隆三十八年七月□淮鹽
政李質穎送到徐浦春秋四
傳私考壹部計書貳本　646
乾隆三十八年翰林院編修
勵守謙交出□□硯北雜録
一部計書肆本　4102
乾隆三十八年□月兩淮鹽
政李質穎送到翊聖保德傳
壹部計書壹本　4643
乾隆三十八年□月兩淮鹽
政李質穎送到西湖高僧事
略壹部計書壹本　　4584
乾隆三十八年□月□□□
家藏讀禮偶見□□計書□
本　　　617
乾隆三十八年四月兩淮鹽
政李質穎送到□□□藏雅
樂發微壹部計書貳本　904
乾隆三十八年四月兩淮鹽
政李質穎送到馬裕家藏王
鰲春秋詞命壹部計書叁本

6346

乾隆三十八年四月兩淮鹽
政李質穎送到馬裕家藏釋
宗淨徑山集壹部計書壹本
2241

乾隆三十八年四月兩淮鹽
政李質穎送到馬裕家藏徐
日炅爛柯山洞志壹部計書
壹本　　　2184

乾隆三十八年四月兩淮鹽
政李質穎送到馬裕家藏內
閣行實壹部計書叁本　1643

乾隆三十八年四月兩淮鹽
政李質穎送到馬裕家藏杭
州府志壹部計書貳拾本
1960

乾隆三十八年四月兩淮鹽
政李質穎送到馬裕家藏姚
廣孝逃虛子集壹部計書肆
本　　　　4877

乾隆三十八年四月兩淮鹽
政李質穎送到馬裕家藏劉
敬純詩意壹部計書四本
447

乾隆三十八年四月兩淮鹽
政李質穎送到馬裕家藏周
應賓普陀山志壹部計書陸

本　　　2161

乾隆三十八年四月兩淮鹽
政李質穎送到馬裕家藏俞
策閣阜山志壹部計書壹本
2189

乾隆三十八年四月編修勵
守謙交出家藏墨蹟集覽壹
部計書壹本　3371

乾隆三十八年四月都察院
左副都御史黄登賢交出家
藏讀史蒙拾壹部計書壹本
1900

乾隆三十八年四月翰林院
筆帖式都保交出家藏黄鍾
通韻壹部計書貳本　　943

乾隆五十有七年遂初堂初
氏記　　　3217

乾隆御覽之寶　805　1109
　　　　　1399　1858
　　　　　1861　1978
　　　　　2420　2575
　　　　　4198　6575

乾隆朝採進遺書原本之
一，豐華堂恭藏　　3913

乾隆四十三年正月翰林院
編修周永年交出家藏冰壑
詩集壹部計書貳本　6228

乾隆四十三年正月翰林院	804	825
侍讀紀昀交出家藏經書性	904	907
理類輯精要録壹部計書陸	921	943
本　　　2940	961	992
乾　學　1861　2576	996	1093
3338　4786	1114	1132
4972	1150	1154
乾學之印　1491	1166	1193
	1195	1210

4842₇　翰

00	翰文齋	4998	
40	翰爽閣藏書記	2594	4857
44	翰林承奉	588	
	翰林供奉	588	1934
	翰林院印	4	12

1219	1231
1236	1255
1257	1269
1292	1302
1314	1315
1332	1335
1352	1371
1450	1452
1457	1492
1528	1562
1582	1618
1619	1643
1655	1660
1663	1703
1716	1730
1739	1743
1813	1814
1820	1859

22	35
57	66
69	70
80	130
212	223
299	328
341	407
447	479
543	617
645	646
659	667
680	697

1862	1900	3651	3685
1911	1918	3708	3709
1960	1971	3783	3794
1975	2014	3804	3816
2041	2043	3851	3854
2161	2169	3859	3868
2184	2189	3899	3913
2236	2241	3916	3928
2243	2252	3934	3999
2254	2285	4033	4063
2342	2345	4064	4089
2354	2357	4102	4121
2404	2408	4127	4174
2423	2424	4178	4224
2429	2492	4297	4382
2531	2540	4390	4395
2551	2577	4416	4433
2579	2594	4454	4462
2595	2597	4467	4471
2723	2940	4488	4505
2971	3084	4519	4522
3371	3396	4528	4531
3416	3471	4544	4559
3483	3486	4579	4584
3488	3508	4637	4643
3509	3542	4661	4662
3629	3648	4717	4799

		4825	4857	1461	1538
		4865	4869	1547	1560
		4877	4927	1663	1702
		4954	4971	1716	1949
		5036	5086	1970	1989
		5095	5109	1999	2006
		5152	5177	2073	2166
		5183	5229	2167	2170
		5242	5246	2220	2391
		5262	5337	2395	2414
		5343	5429	2446	2484
		5435	5600	2494	2513
		5648	5676	2631	3036
		5699	6080	4128	4519
		6228	6359	4770	4777
		6437	6533	4904	5082
		6578	6592	5155	5160
		6741	6748	5167	5194
		6779	6804	5208	5213
60	翰墨奇緣	3338		5236	5237
61	翰題讀過	2049		5238	5270
93	翰　怡	336	510	5292	5336
		575	836	5371	5387
		921	1022	5394	5463
		1036	1289	5566	5678
		1336	1378	5764	5782
		1379	1456	5799	5839

		5888	6069
		6075	6079
		6109	6137
		6145	6162
		6296	6734
		6821	
	翰怡欣賞	3695	

4844₀　教

21	教經堂	4869	
	教經堂錢氏	1193	1236
		2236	2345
		3928	4637
		4869	
50	教忠堂	2444	6620

嫩

| 44 | 嫩菴居士 | 1093 |

4850₂　擎

| 40 | 擎士 | 6166 |

4864₀　敬

00	敬亭	6627
	敬亭書畫之章	6627
10	敬一子	1044
24	敬德堂圖書印	1093

27	敬修	1264	
	敬修堂	3692	3827
		4499	
30	敬之	4869	
46	敬恕堂	493	
60	敬思	1582	
79	敬勝堂孟氏珍藏		3758
90	敬堂	1703	

4891₁　槎

| 30 | 槎客 | 3303 | 4833 |

4892₁　榆

| 25 | 榆生珍藏 | 4395 |

4893₂　松

10	松雪古夢	4714	
	松石齋	2341	
	松靄	5701	
22	松崖	4495	
25	松生	533	2579
		3221	
	松生印	652	
31	松江讀有用書齋金山守山閣兩後人韓德均錢潤文夫婦之印	1212	1512
		1807	1858

		2148	2150
		2252	2421
		2549	3090
		4780	6392
		6770	
32	松溪草堂	1516	
33	松浦	4109	
40	松森居士家藏	6526	
44	松夢簃主人	2574	
60	松園文庫之記	4302	
74	松陵朱柳塘珍藏		4036
	松陵柳棄疾藏書之印		5961
	松陵史蓉莊藏	4996	
	松陵陸氏有美堂圖書記		
		327	
76	松陽	4444	
77	松風	4370	
	松風老人	4174	
	松門藏書	4317	
80	松年	1150	

4894₀　枚

00	枚庵	1178	1194
		1850	2544
	枚庵流覽所及	1850	4403
		4636	6817
44	枚菴居士	2544	

4895₇　梅

22	梅仙	6817	
26	梅泉	3345	
27	梅墾散人	5662	
28	梅谿精舍	1850	1861
		3292	
40	梅真	6308	6817
44	梅莊楊氏家藏印		4047
	梅華草堂	3788	
60	梅景書屋	1212	
80	梅益徵印	1661	2520
	梅會里朱氏潛采堂藏書		
		4876	

4942₀　妙

60	妙因居士	5135	5187
		6381	

4980₂　趙

	趙	2421	6397
03	趙詒琛	134	
10	趙元方	1166	1996
		2078	2342
		2549	3629
		3788	5177
		6574	6741

　　　趙元方氏　　3048
　　　趙雯私印　　5258
　　　趙　霆　　　6531
12　趙烈文讀書記　758
14　趙琦美印　　　2341
17　趙孟頫印　　　2676
18　趙　珍　　　　6235
22　趙　彪　　　　1093
　　　趙鼎植印　　4719
28　趙以仁氏　　　4183
29　趙秋谷　　　　2646
30　趙永子貞　　　1000
　　　趙之玉　　　1772　4805
　　　　　　　　　4822
34　趙汝師藏書印　659
36　趙泏之印　　　3709
37　趙鴻梧印　　　5201
　　　趙次公真賞　5152
　　　趙逢玉印　　5190
40　趙在林印　　　6510
　　　趙在田印　　6510
43　趙　弌　　　　1619
　　　趙弌不窮　　1219　1619
44　趙某泉　　　　4822
51　趙虹之印　　　5945
56　趙輯寧印　　　1850　4822
72　趙氏元方　　　2078　2549

　　　趙氏家藏　　　1591
　　　趙氏模㟆閣收藏圖籍書畫
　　　印　　　　　839　1436
　　　　　　　　　4927　5991
　　　趙氏青泥志百家　4063
　　　趙氏鑑藏　　　5314
74　趙慰蒼　　　　670
77　趙學南劫後藏書　　134
80　趙鈁珍藏　　　2078　2549
　　　　　　　　　3048
87　趙録績印　　　4927
90　趙光藻氏　　　3399
　　　趙光照　　　2544

5000₆　中

10　中函之章　　　549
22　中峯氏　　　　293
26　中吳沈氏珍藏　1864
　　　中吳葉啟蕃啟勳啟發兄弟
　　　珍藏書籍　　967
　　　中吳錢氏收藏印　　4909
30　中憲大夫　　　1960
　　　中憲大夫章　　5385
37　中郎遺脈　　　5738
60　中國科學院武漢分院圖書
　　　館藏　　　　3963
96　中　懌　　　　1612　5154

99　中　榮　　　　6526

史

01　史語所收藏珍本圖書記
　　　　　　　　　　2991
44　史蓉莊　　　　4996
　　史樹駿印　　　4416
50　史奉堂省齋氏　1027

申

10　申璋之印　　　1290
30　申　實　　　　2247
34　申祐慶長壽康永福昌宜子
　　孫　　　　　　836
50　申申閣　　　　2676

5001₄　擁

10　擁百堂　　　　2543
50　擁書萬卷亦足以豪　4121
　　擁書抵百城　　4960

5002₇　摘

44　摘藻堂　　5701　5777
　　摘藻堂藏書印　2420　4276
　　　　　　　4322　5121

5003₂　夷

26　夷白堂　　　　1949
　　夷白堂印　　　1949

5004₄　接

10　接　三　　　　4327

5013₂　泰

22　泰　峯　　　19　1926
　　　　　　　2631　4278
　　泰峯借讀　　　353
26　泰　白　　　　3834
　　泰和蕭敷政蒲邨氏珍藏書
　　籍之章　　　541　1557
　　　　　　　1948　5390
27　泰　峰　　1150　1622
　　　　　　　2421
32　泰州新華書店古舊部傳鈔
　　　　　　　　　　6421
80　泰　曾　　　　5462

5013₆　重

37　重祖齋　　　　4181

5014₈　蛟

22　蛟川方義路正甫氏所藏金

石書畫之印　2167　5270

5022₇　青

00　青　主　　　　5484
22　青巖洞藏書印　836
30　青宮太保　　　5064
33　青浦王昶字曰德甫
　　　　　　1150　2994
　　　　　　3914
　　青浦陳氏藏書　3998
60　青易州　　　　760
77　青門居士　　　6817
88　青箱書屋　　　4934
90　青棠山館校本　3998

　肅

30　肅寧劉春霖藏書之印　4286

5033₃　惠

10　惠震之書　　　3054
30　惠定宇手定本　1258　4799
45　惠　棟　　　　4495
　　惠棟之印　　　1258　1493
　　　　　　3300　3913
　　惠棟印信　　　4337
48　惠松崖　　　　4495
80　惠父寓目　　　2518

5033₆　忠

04　忠謨繼鑑　　　3299　3702
　　　　　　3934　4233
32　忠州李芋仙隨身書卷
　　　　　　6537　6707
44　忠孝傳家　　　6388

5043₀　奏

27　奏　叔　　　　4786

5060₁　書

00　書庫褒殘生　　533　1023
　　　　　　2579
20　書香千載　　　4789
22　書　巢　　　　6212
34　書灌齋珍藏　　4939
40　書直白金三百兩　1861
　　書有未曾經我讀,事無不
　　可對人言。　1407
　　書存徐卿丁氏　2574
44　書帶草堂　　　1225
50　書史之記　　　3903
55　書　農　　　　1702
60　書呈欽定四庫全書館採入
　　提要　　　　　395

5060₃　春

10	春玉圃人	2549	
	春雨草堂	1288	
	春　霆	2701	3345
		4183	4488
	春霆印信	6455	
29	春秋七十又八歲		2049
34	春漪齋	2572	
44	春草堂印	3292	
60	春星帶艸堂	6263	
67	春暉堂藏板	6175	
77	春　岡	2720	
97	春　輝	6067	

5071₇　屯

| 00 | 屯　齋 | 2520 |

5073₂　表

| 00 | 表章經史之寶 | 641 |

5080₆　貴

26	貴得樓藏弆印	348	
76	貴陽趙氏壽華軒藏		
		670	2404
		5785	
	貴陽陳昌穀審定真蹟	2750	

5090₀　未

| 17 | 未已書癡,頗有山癖 | 4902 |

5090₃　素

10	素王子孫	4207
21	素行居	4611
60	素　園	6499

5090₄　秦

10	秦玉齋	4210	
	秦更年	3934	
	秦更年印	907	1314
		1492	2421
		2646	4662
20	秦季公	4493	
22	秦鼎雲	4210	
26	秦伯敦父	1154	1467
		1468	1850
		2043	
34	秦漢十印齋	1022	1850
		2575	2579
		2701	4413
		4488	4772
	秦漢十印齋藏	1022	
60	秦恩復	1154	1210
	秦恩復印	1467	1468

	秦曼青	907	1314
		1492	2421
		2646	4662
64	秦時昌印	4978	
66	秦嬰闇	907	1314
		1492	4662

5090₆　東

00	東方文化事業總委員會所藏圖書印	1730	1731
		2154	2991
		3184	
	東京第一家	4313	
10	東亞同文書院大學圖書館印	5157	6369
11	東北圖書館所藏善本	2991	
13	東武劉氏味經書屋藏書印	2549	2990
		3301	
17	東郡耿氏家藏	3445	
	東郡楊二	1258	
	東郡楊紹和彦合珍藏	811	1601
		4799	
	東郡楊紹和字彦和藏書之印	4493	

	東郡楊氏宋存書室珍藏	4493	
	東郡楊氏海源閣藏	788	
	東郡楊氏鑑藏金石書畫印	1177	1601
		4493	6794
22	東山外史肖岩沈氏珍藏書畫	4280	
	東山藏書	327	
26	東皋黄氏珍藏	3415	
	東吳王蓮涇藏書畫記	2549	
	東吳朱海家藏	2672	
	東吳世家	336	
	東吳小痴	6531	
27	東魯觀察使者	3439	
30	東官莫伯驥所藏經籍印	2736	4777
	東官莫氏五十萬卷樓劫後珠還之一	2736	4777
37	東湖饒氏古懽齋珍藏	6702	
38	東洋文庫	4794	
	東海波臣	3353	
40	東木	2130	
43	東始山房	3848	
	東始山房圖書記	5099	
44	東莞莫伯驥号天一藏		

		2736	4777
	東莞莫氏五十萬卷樓	4406	
	東莞莫氏福功堂藏書	4488	
	東　莊	1212	
	東華殘客	2574	
55	東井文庫	5143	
60	東昌楊氏海原閣藏書記		
		1861	
	東昌鄧氏	4313	
	東園遺澤	2793	
67	東明審定	6316	
	東明楹書	1698	
	東明所藏	1698	1886
70	東壁圖書	4824	
71	東　原	1674	
76	東陽趙伯蘇印	5201	
77	東周世家	990	

5103₂　振

00	振　唐	4791	4803
24	振綺堂	3483	4810
		6772	
	振綺堂兵燹後收藏書		
		4778	4875
		4893	5155
		5436	6005

		6362	6434
		6524	6783
37	振　祖	954	
44	振藻私印	4232	
90	振常印信	3292	

5106₀　拓

| 44 | 拓　菴 | 972 | |

5111₀　虹

| 72 | 虹隱樓 | 6205 | |

5114₆　蟬

72	蟬隱廬	1	
	蟬隱廬祕籍印	6349	
	蟬隱廬所得善本		
		1575	1989

5203₄　揆

| 44 | 揆　萬 | 1264 | |

5204₇　授

21	授經樓藏書印	1194	1253
		1275	2420
		3589	4419

5206₄　括

00	括　齋	1969

5207₂　拙

40	拙　存	3618
44	拙　菴	4582
80	拙翁所藏	1090

5225₇　静

00	静　齋	6810	
17	静　君	925	1506
		4714	
30	静宜王寶明	1267	1807
		4338	
	静宜王氏印	3816	
33	静補齋	1214	
34	静　遠	758	
	静遠齋果郡王圖書記	2661	
	静遠堂主	3816	
	静遠堂鑒藏寶書之印	6371	
48	静檢堂印	2051	
54	静　持	4494	
79	静勝堂藏板	6290	
90	静懷閣藏書記	6680	

5300₀　戈

23	戈　岱	185	895
		5916	5975
31	戈　源	6235	
48	戈枚之印	3214	

5310₇　盛

60	盛　昱	1255	1327
		5785	6296

5315₀　蛾

21	蛾術齋藏	3807	4121

5320₀　成

30	成　之	3130	
44	成芳私印	1720	2153
47	成都顧印愚印伯一字所特記	6649	
	成都李一岷	1813	2521
		6822	
	成都李氏收藏故籍		
		1149	1807
		1813	2521
		6822	

咸

| 76 | 咸陽弌布衣 | 4493 | |

5333₀　感

| 27 | 感峰樓 | 4933 | |

5408₁　拱

| 70 | 拱　璧 | 2288 | |

5500₀　井

| 80 | 井養齋 | 1194 | |

5503₀　扶

| 57 | 扶搖館 | 4807 | |
| 67 | 扶　照 | 3938 | |

5533₇　慧

00	慧　音	4799	
15	慧珠常自照	5155	
21	慧　虛	6643	
38	慧海樓藏書記	4285	
	慧海樓藏書印	4521	

5560₆　曹

| 10 | 曹元忠印 | 1996 | |
| 19 | 曹　琰 | 2541 | 6697 |

20	曹秀先	964	1822
		1823	2743
		3360	3361
		3820	4160
		4361	5189
		6486	
	曹秉章	796	
	曹秉章印	6741	
22	曹巢南	3971	5400
30	曹　寅	770	3810
33	曹　溶	1	1179
		3300	3710
		4493	4494
		4772	4804
		4820	6341
	曹溶私印	1917	3300
		3629	4414
		4758	4807
		5701	
	曹溶之印	48	1586
		1591	1825
		4494	5063
	曹　鼐	5870	
40	曹大鋏家珍藏	3270	
60	曹愚盦	839	1436
		2931	4979
		5024	5089

		5552	5991
72	曹氏巢南	3971	5400
77	曹學閔	1849	4119
86	曹錫齡	480	4114
90	曹　炎	6712	

5580₆　費

| 30 | 費　寅 | 5995 |
| | 費寅之章 | 5995 |

5590₀　耕

| 71 | 耕　厓 | 1446 |

5602₇　揚

00	揚　庭	3504
32	揚州季氏	1861
	揚州汪喜孫孟慈父印	
		2544	4487
	揚州阮氏文選樓墨莊藏書	
	印	4824
	揚州阮氏琅嬛僊館藏書印	
		955	3505
		4971	

5604₁　輯

| 10 | 輯五經眼 | 1876 | 3217 |
| | | 3577 | 3903 |

擇

| 60 | 擇是居 | 631 | 2580 |

5608₆　損

| 90 | 損堂藏書善本 | 3848 |

5615₆　蟬

| 44 | 蟬　華 | 1558 | 1587 |
| | | 4127 | 4799 |

5621₀　靓

| 40 | 靓　士 | 1446 |

5701₂　抱

21	抱經樓(盧氏)	37	407
		553	769
		921	1027
		1098	1275
		1389	1481
		1608	1637
		1896	2076
		2138	2246
		2314	2338
		2446	2484
		2494	2614
		2743	2772

2809	3162
3416	3470
3505	3514
3589	3744
3848	3889
4284	4471
4820	4885
4888	4902
5035	5041
5051	5090
5125	5194
5273	5279
5475	5491
5549	5600
5643	5837
5888	5933
6321	6378
6700	6806
6821	

抱經樓(沈氏)	1194	1253
	4419	4491
抱經樓藏書印	4491	5117
抱經樓藏善本	4491	
抱經堂	235	5428
抱經堂手校	3756	
抱經堂寫校本	3756	
抱經堂校定本	2574	

40	抱　真	3217
88	抱竹居藏書記	2994

5702$_7$　掃

00	掃塵齋積書記	1907	4794
		4452	4948
		5340	
	掃塵齋藏	1600	

5712$_7$　蝸

00	蝸廬藏書	2089	
30	蝸寄廬	1194	1275
		3538	4419
		4491	4698

5798$_6$　賴

40	賴古堂藏書	1000

5806$_1$　拾

21	拾經主人	967	
	拾經樓	424	967
		3716	4066
	拾經樓丁卯以後所得		
		424	967
		2459	4066
	拾經樓著録	3716	
35	拾遺補闕	4487	

5844_0　數

77　數間草堂藏書 2574

5871_7　鼇

27　鼇峰書院　　1532　2670
　　　　　　2911　4216
　　　　　　5045　5863

6000_0　□

26　□泉珍祕圖籍 4064
30　□寧縣儒學記 2575
38　□海樓藏書印 1133
60　□□于氏藏書印　2536
　　□□陸僎　3904
　　□□陳景元字子文號石閭
　　又號不其山人 6262
77　□閒居士　　4064
80　□　谷　　　4050

6008_6　曠

44　曠劫以後所得 4233
80　曠翁手識　　70　1493
　　　　　　2344　4833

6010_0　日

21　日熊本書鋪,上通二丁目,

川口屋又次郎　348
22　日　利　　　4933
44　日華私印　6060　6526
　　日華園主人　4816
　　日華印信　　6526
46　日觀山人記 1893　4816
50　日本政府圖書 2017

旦

33　旦　心　　　3834

6010_1　目

65　目盱堂易氏藏書印
　　　　　1519　5723

6010_4　星

10　星吾海外訪得祕笈
　　　　　2541　6521
26　星　伯　　1582　1886
40　星　臺　　5968　6067
　　　　　　6092
77　星鳳閣　　4805　4822
　　星鳳堂　　4697
　　星鳳堂主人　607

墨

30　墨寶樓　　　2404

37　墨漪廎珍藏書畫鈐記

77	621
838	1303
1558	1668
2098	2169
4109	4257
5977	6378
6408	

38　墨海樓　　176　4696
　　　　　　　6387

44　墨　莊　4824　6758
　　墨林山人　2994　3264
　　墨林祕玩　3303

6012_7　蜀

17　蜀　丞　4174　6233

觚

31　觚祉虔介　4571

6013_2　暴

50　暴書亭　4782

6015_3　國

00　國立北平圖書館珍藏　4724
　　國立北平圖書館收藏　1639
　　國立中央圖書館收藏

　　　　　　　3268　4244
　　國立暨南大學圖珍藏　6707

17　國子祭酒　2642
　　國子監　　2459
　　國子監印　2374　3303
　　　　　　　6620

47　國朝登州第弍祭酒　5315

6021_0　四

00　四庫坿存　　29　252

290	333
341	601
666	702
1127	1214
1364	1390
1463	1620
1645	1767
1960	1965
1989	2147
2158	2167
2254	2258
2281	2354
2374	2380
2458	2493
2558	2579
3001	3200
3221	3638

3643	3710			6688	6730
3790	3827			6739	6817
3859	3928			6819	6823
3953	3971		四　麿	6770	
3998	4000	20	四　香	1194	
4276	4310	21	四經四史之齋	1258	1856
4416	4449	40	四古堂	5738	
4454	4485	46	四如山樓	6431	
4495	4511	55	四替廬	3709	
4580	4754	60	四田畊夫	5602	
4791	4796	67	四明西郭范氏一字莊	2528	
4803	4818		四明西郭范氏寶藏	6575	
4820	4831		四明張氏約園藏書		
4833	4845			4890	4931
4858	4867			5014	6486
4960	5011		四明張氏約園藏書之印		
5029	5030			22	1673
5070	5095			2697	3778
5105	5188		四明張氏約園藏書印	5341	
5218	5367		四明張氏古懽室藏書印		
5375	5410			127	
5420	5479		四明碧玉盒蔣鴻鑒秋蟾父		
5489	6282		印	5738	
6306	6317		四明盧氏抱經樓珍藏	5600	
6340	6352		四明盧氏抱經樓藏書記		
6341	6385			3470	
6423	6469		四明盧氏抱經樓藏書印		

	37	407
	553	769
	921	1227
	1389	1481
	1608	1637
	1896	2076
	2138	2246
	2314	2338
	2614	2743
	2772	2809
	3889	4471
	4885	4888
	4902	5051
	5090	5273
	5475	5491
	5549	5837
	5888	5933
	6321	6806

四明山房	5799
四明山人	37
四明朱氏敝帚齋藏	1452
四明沈氏雙泉草堂珍賞印	
	6037
四明范氏圖書記	641
四明林氏大酉山房藏書之	
印	1523
四明墨海樓蔣氏鈐記	4696

見

17	見君子閣	4994

6022₇　易

00	易　廬	63	234
		241	304
12	易水趙氏藏書	1000	
22	易山珍藏	3090	
	易山經眼	3090	
37	易漱平印	2183	
44	易　藏	136	
77	易學清	5723	
90	易　堂	2022	

6023₄　羆

30	羆(願)流傳勿損污	223

6033₀　思

03	思誠齋藏書	6425	
06	思誤書齋	1695	
21	思　仁	3371	3378
33	思　治	2662	
	思補齋	5965	
	思補堂	3834	
37	思深堂印	2893	
67	思明齋	3457	

87	思　叙	6678	
88	思竹素園	3695	
	思簡樓	130	
	思簡樓主人	4372	

恩

28	恩　復	1154	1850
		2043	
36	恩　澤	4967	
99	恩榮堂	5298	

6033₂　愚

00	愚齋圖書館藏	1249	2096
		4157	4912
		5712	5493
		6480	
	愚齋鑑藏	6715	
32	愚　溪	6287	
80	愚　公	1861	

6040₀　田

32	田兆棫印	5141	
55	田耕堂藏	353	1622
60	田易之印	2022	

旻

| 24 | 旻徠氏馬之驪印 | | 2025 |

6040₇　曼

| 50 | 曼青手校 | 3934 | |

6042₇　禺

| 22 | 禺山黃氏 | 6070 | |

6050₀　甲

	甲	1939	4636
		4789	
17	甲子丙寅韓德均錢潤文夫婦兩度攜書避難記		
		336	1212
		1218	1237
		1512	1807
		1858	2148
		2192	2252
		2421	2549
		4403	4414
		4719	4764
		6311	6380
		6712	6770
	甲子次公重歸舊山樓後所得		5152
53	甲戌榜眼	3215	

6050₄　畢

53　畢盛鉅耳豫藏書　　　5454
77　畢際有載積氏藏書　　5454

6060₀　呂

33　呂心文　5236
38　呂海寰　　　1934　5128
　　呂海寰印　　2743　3499
45　呂　坤　　1300
67　呂鳴瑒　　4215
70　呂雅山家藏圖書
　　　　　　　5003　5236
72　呂氏講習堂　　　70
　　呂氏典籍,傳家讀書,子孫
　　共守,不許損失借讀,違者
　　堂祠除名。萬曆七年坤
　　記。　　　　1300
80　呂無隱　　6779

昌

28　昌　齡　　　904　1084
　　　　　　　1306　2510
　　　　　　　2537　3264
　　　　　　　3329　3810
　　　　　　　3849　4494
　　　　　　　4635　4802
　　　　　　　5044　5619
　　　　　　　6708
30　昌進收藏　　4488
44　昌　英　　　2031　4500
　　　　　　　5553
　　昌英珍祕　　3155　3934
　　　　　　　4806
53　昌　甫　　3020

6060₄　固

30　固安劉持珍藏印記　1917
43　固始張氏鏡菡榭印　1996
77　固學齋　　5523
　　固　叟　　4854

圖

50　圖史富書生　　2031　3934
　　圖書發古香　　3502

6071₁　昆

22　昆山趙詒琛号學南印　134

毘

74　毘陵張氏圖籍　3224
　　毘陵汪氏所藏　4835
　　毘陵董康鑒定金石書籍之
　　印　　　6713

毘陵董康鑒藏善本　　3783
毘陵周廷吹氏裝潢印識
　　　　　　　　811
毘陵周氏九松迁叟藏書記
　　　　　3029　4208

6072₇　昂

44　昂　茗　　　4325

6073₂　畏

00　畏齋藏書　　1582　1659
10　畏天齋藏板　　5729
44　畏　菴　　　6262

6080₀　貝

25　貝　生　　　4582
40　貝墉既勤曾讀　3891
　　貝墉印　　　2701

6080₁　足

00　足廬珍藏書畫金石印　3512

是

00　是亦樓藏書印　3971
40　是士山房藏書印　3415
44　是　菴　　　4382
50　是中有深趣　4121

6080₆　圓

39　圓　沙　　　1022

6090₁　罘

76　罘陽外史　　5757

6090₄　杲

37　杲　朗　　　6531

果

06　果親王府圖書記
　　　　　2661　2805
　　　　　4041　4984

困

77　困學齋　　3688　3913
　　　　　　　4198
　　困學樓　　6762

6090₆　景

21　景行維賢　　319
22　景山艸堂　　810
25　景岫樓　　1013　2496
　　　　　　　2784
44　景葵祕笈印　1437　2755
　　　　　　3913　5279

	景　韓	5995
62	景　則	1107
74	景陸軒	3505
77	景興讀本	4461
80	景曾所藏金石書籍印	4221
86	景錫氏	319
87	景鄭祕笈	5080
	景鄭埶文	3311
	景鄭題記	1512
	景鄭眼福	4996

6091₄　羅

14	羅　琳	1013
22	羅繼祖	680
27	羅叔言	680
28	羅以智	2551
32	羅浮莫瑞堂書農所藏	1702
51	羅振玉	2559	4441
	羅振玉印	2489	2494
		4413
72	羅氏嘉文私印	955
77	羅　鳳	3343
90	羅惇曧印	1825

6101₀　毗

| 74 | 毗陵毛氏珍藏 | 1703 |
| | 毗陵董康審定 | 1914 | 6574 |

| | | 6712 | 6737 |

6104₀　盱

| 31 | 盱江曾氏珍藏 | 955 |

盱

23	盱台王氏十四閒書樓藏書印	1561	2636
63	盱眙王氏十四間書樓藏書印	3186	4070
	盱眙王錫元蘭生收藏經籍金石文字印	4818
	盱眙吳氏藏書	5742

6121₇　號

| 27 | 號象山 | 2536 |
| 80 | 號食叟黃循珍藏金石書畫 | 2610 |

6148₆　顯

| 07 | 顯　望 | 6431 |

6180₈　題

| 21 | 題紅館圖書印 | 1013 |

6240₀　別

| 10 | 別下齋 | 4500 |

別下齋藏書　1960　3221
　　　　　　3473
別下齋印　5808
30　別宥齋　1704
別字幼于　1978
61　別號秋潯　2185

6280₀　則

40　則古昔齋　4835

6292₂　影

22　影山草堂　3215

6303₂　咏

10　咏　霓　94　4082

6384₀　賦

77　賦月館　6534

6386₀　貽

23　貽我子孫善爲護持　3899

6401₁　曉

10　曉　霞　3826　4887
　　　　　4948　5633
　　　　　6449
曉霞收藏　3695　3826

曉霞藏本　1107　3826
　　　　　5633　6449
曉霞所藏　4887　4948
44　曉　林　3880

6404₁　時

17　時習館圖書之印記　1684
40　時大昕蕙坪氏印　6561
88　時　敏　955

6482₇　勛

30　勛　宗　4207

6500₀　畊

79　畊隣經眼　6163
88　畊餘樓　442　841
　　　　　1290　2416
　　　　　3118　3574
　　　　　5082　5267
　　　　　5584　5574

6502₇　晴

10　晴雪堂　4786　4795

嘯

60　嘯　園　6308
82　嘯劍山房　5035

6503₀　映

| 22 | 映　山 | 1857 |

6509₀　味

10	味吾味□	2049	
21	味　經	5152	
	味經書屋	1605	2537
		2549	2551
		2557	2990
		3301	
22	味乳居士	1861	
60	味因居藏	3817	

6603₂　曝

50	曝書亭	405	418
		450	634
		1119	1344
		1451	1462
		1539	1668
		1857	2123
		2421	2432
		2441	2694
		2726	3085
		3088	3197
		3365	3536
		3572	3574
		3710	3742
		3840	3856
		3971	4136
		4231	4263
		4324	4370
		4439	4499
		4886	4938
		5018	5081
		5169	5173
		5261	5363
		5418	5447
		5503	5506
		5507	5582
		6399	6547
	曝書亭珍藏	1851	3856
	曝書亭印	3350	

6604₃　暳

| 77 | 暳民藏書 | 4871 |

6621₄　瞿

12	瞿硎石室	1861	2412
		4308	4798
		4806	4807
		4830	6261
20	瞿秉淵印	4191	
	瞿秉沂印	1132	

瞿秉清印　　4191
27　瞿紹基　　1132　4191
30　瞿安眼福　　5234
37　瞿潤印　　4191
38　瞿啟甲印　　4191
72　瞿氏鑒藏金石記　　5694
77　瞿鳳起校勘記　1982
80　瞿　鏞　　1132

6624₈　嚴

10　嚴正澹遠　　6707
　　嚴元照　　1094
27　嚴修能　　1094
　　嚴繩孫印　　1682
30　嚴寶枝　　2572
71　嚴長明用晦甫圖書記　176
72　嚴氏修能　　1094

6640₄　嬰

30　嬰寧館儻來之物　　4231
77　嬰闇秦氏藏書　907　1492
　　　　　　4662

6650₆　單

80　單父袁士驤藏書之章 4878

6682₇　賜

11　賜研堂藏書印 1857
16　賜硯堂　　6779
　　賜硯堂圖書記 4285
　　賜硯堂圖書印 1918
47　賜均堂　　4939
50　賜書堂　　2549
　　賜書堂孫氏藏　794
　　賜書堂藏閱書　363

6701₄　曜

21　曜貞瑉館所收 3638

6701₆　晚

20　晚香老人　　3159
65　晚晴樓　　6221
　　晚晴軒　　4637
　　晚晴閣　　4836
77　晚聞道人　　2140
　　晚聞居士　　6181
　　晚學齋　　5574

6702₀　明

10　明露齋　　4315
13　明武康駱氏泳初堂藏書之
　　印　　5670

21　明經別駕,書經解元,臨濟
　　三十四,彭祖九十七庚。
　　　　　　　　　　1022
28　明倫館印　　4434
40　明　古　　4799
47　明墀之印　　1215　　1446
　　　　　　　　2232　　3031
　　　　　　　　4930　　5275
80　明善堂　　6318
　　明善堂珍藏書畫印記
　　　　　　　　1557　　1639
　　　　　　　　1861　　2412
　　　　　　　　2606
　　明善堂覽書畫印記
　　　　　　202　　1039
　　　　　　1249　　1667
　　　　　　1725　　1825
　　　　　　2096　　2173
　　　　　　2391　　2423
　　　　　　2449　　2489
　　　　　　2613　　2624
　　　　　　2660　　3199
　　　　　　3214　　3478
　　　　　　3639　　3920
　　　　　　4179　　4295
　　　　　　4413　　4442
　　　　　　4586　　4725
　　　　　　　　4758　　4806
　　　　　　　　4807　　5063
　　　　　　　　5742　　6341
　　　　　　　　6461　　6527
　　　　　　　　6560　　6702

6702_7　鳴
10　鳴玉之印　　612　　613
67　鳴野山房　　200　　290
　　　　　　　　1698　　1908
　　　　　　　　2555　　3407
　　　　　　　　4172　　4895
　　　　　　　　6210　　6423
　　　　　　　　6771
88　鳴篁館　　4211

6704_7　眠
10　眠雲精舍　　2581

6706_2　昭
23　昭　代　　1300
67　昭明之印　　6817
88　昭餘渠夢翔圖籍訪古印
　　　　　　　　1304

6708_2　吹
10　吹雲閣　　4413

44　吹萬樓　　　431　　436

6712₂　野

48　野梅居士　　2202
88　野竹齋　　　3504

6716₄　路

10　路　工　　　5211
　　路　正　　　5270
40　路志霄　　　5826

6722₇　鄂

34　鄂渚徐氏經籍金石書畫記
　　　　　　　　　1561

6732₇　黟

43　黟城汪文曙字旭華氏一字
　　旦心號泰白　3834

6733₂　煦

00　煦　齋　　　6508

6802₇　吟

44　吟芬館珍藏　　955

6805₃　曦

26　曦　伯　　　1588

6806₁　哈

25　哈佛大學漢和圖書館珍藏
　　印　　　　　4361

6832₇　黔

22　黔山李氏藏書　263

7010₃　璧

90　璧　堂　　　1787

7021₄　雅

10　雅正山房　　6009
　　雅爾哈善　　4231
26　雅泉柯氏藏書之印　6492
38　雅游軒　　　3504

7028₂　陔

44　陔華堂　　2421　6729

7064₁　辟

11　辟疆讀過　　1669

7121₁　阮

00　阮　亭　　　4174
10　阮　元　　4764　6308
　　　　　　　　　6312

　　　阮元伯元父印　3215
　　　阮元芑印　　　4710
72　阮氏藏書　　　　2515

歷

44　歷劫不磨　　　　1747

隴

10　隴西友蘭氏審定書畫　6070

7121₄　雁

37　雁湖陶勝叔珍藏印　　319

7123₃　脥

60　脥園　　　　　6190

7126₁　階

25　階生衡平　　　4717

7129₆　原

27　原名昆楮　　　3618
77　原居甬水寄寓吳山　3890

7131₁　驪

43　驪城徐氏家藏　2649

7132₇　馬

00　馬　廉　　　2581　5935
06　馬韻芬　　　4794
10　馬二槎　　　1850
　　馬玉堂　　　1623　3338
　　馬玉堂印　　1983　2001
　　馬元澂印　　4725
17　馬翼贊印　　1258
21　馬處幽　　　4640
30　馬宛山　　　4725
　　馬之驪　　　2025
　　馬之驪字旻倈　2025
38　馬　裕　　　　3　　　8
　　　　　　　　　9　　 27
　　　　　　　　75　　 79
　　　　　　　　95　　124
　　　　　　　126　　164
　　　　　　　167　　179
　　　　　　　407　　432
　　　　　　　447　　484
　　　　　　　492　　496
　　　　　　　499　　582
　　　　　　　585　　600
　　　　　　　614　　628
　　　　　　　645　　651
　　　　　　　659　　711

770	825	1959	1960
904	908	1961	1962
949	965	1964	1965
966	970	1968	1971
1004	1028	1972	1980
1043	1049	1982	2000
1052	1065	2014	2022
1102	1161	2023	2029
1201	1298	2033	2034
1351	1432	2042	2043
1455	1461	2047	2059
1465	1467	2060	2073
1493	1521	2076	2088
1532	1543	2090	2092
1545	1558	2098	2102
1601	1634	2103	2131
1639	1643	2139	2141
1665	1673	2148	2152
1679	1716	2153	2154
1717	1720	2157	2158
1721	1753	2161	2168
1764	1767	2174	2179
1777	1801	2183	2184
1816	1820	2185	2188
1866	1930	2189	2191
1931	1935	2204	2205
1938	1946	2209	2222

2233	2236	3974	3990
2240	2241	4000	4011
2243	2245	4042	4141
2248	2249	4179	4228
2250	2252	4229	4233
2254	2255	4234	4250
2259	2262	4440	4454
2265	2266	4467	4519
2311	2313	4557	4573
2315	2319	4580	4590
2368	2385	4637	4653
2399	2400	4666	4745
2442	2447	4751	4763
2458	2461	4778	4785
2484	2487	4808	4817
2488	2506	4820	4822
2589	2590	4829	4831
2591	2701	4832	4850
3197	3215	4851	4856
3438	3567	4858	4860
3583	3674	4865	4867
3714	3736	4872	4877
3778	3818	4878	4879
3841	3848	4881	4884
3857	3914	4890	4891
3919	3925	4902	4918
3928	3969	4920	4936

4938	4942			6380	6390
4955	4971			6394	6398
4978	4992			6402	6421
4998	5009			6431	6432
5060	5065			6434	6437
5067	5070			6465	6472
5087	5093			6473	6482
5135	5139			6493	6521
5154	5184			6531	6542
5199	5294			6550	6555
5312	5331			6570	6571
5336	5342			6593	6620
5387	5390			6695	6700
5404	5492			6708	6712
5538	5572			6729	6737
5734	5786			6745	6797
5815	5945			6805	6819
5961	6035		馬裕藻	957	1043
6047	6061	40	馬南操	5712	
6113	6128	50	馬泰榮印	2185	
6213	6296	57	馬抱一	4640	
6299	6303	60	馬思贊	4769	4798
6323	6328		馬思贊印	4173	
6333	6339	72	馬氏叢書樓珍藏圖記	1601	
6345	6353	77	馬興安印	4472	5803
6362	6374	80	馬首孟氏筱泉珍藏	1707	
6376	6377	90	馬常沛	2929	

7133₁　忞

29　忞秋花館　　6702

7171₁　匡

40　匡　九　　3719

匪

10　匪　石　　4850

7171₇　臣

00　臣庭芬印　　1654
　　臣慶善印　　221
07　臣郭柏蒼　　1720
08　臣許乃普　　152
10　臣玉之印　　2494　2991
　　臣元龍印　　2493
　　臣爾蓬　　4816
12　臣延慶　　5757
20　臣壬林之印　　5292
21　臣卓信印　　1754　3163
23　臣　參　　2123
27　臣佟年　　5889
　　臣紹和印　　1177　1182
　　　　　　1861
30　臣　濂　　4934
　　臣進之印　　2784

31　臣濬師　　2615
38　臣滏之章　　3702
　　臣澂私印　　4902
　　臣海寰印　　5128
40　臣圭禮　　5676
42　臣樅祕藏國朝名集之印
　　　　　　5877
43　臣　裘　　6770
44　臣藻之印　　6669
　　臣　植　　4563
60　臣恩復　　1154　2043
67　臣昀臣錫熊恭閱　　447
　　　　　　904　1166
　　　　　　2342　2597
80　臣翁心存恭藏　4015
　　臣鏞之印　　2549
92　臣爆敬識　　1300

7173₂　長

10　長　元　　4902
12　長水胡氏藏書　1914
　　長水駱天斿朗齋珍賞　5040
　　長水錢伯子名廷元字曰冠
　　周　　1542
22　長樂鄭振鐸西諦藏書
　　　　　　426　1634
　　　　　　2654　2687

	488	653	575	836
	764	1655	921	1022
	4508	4721	1036	1289
	5604		1336	1378
長興王氏季歡藜臂夫婦印			1379	1456
記		4721	1461	1538
80　長　公		319	1547	1560
			1663	1702
7210₀　劉			1716	1949
			1970	1989
劉		2549	1999	2006
00　劉亨地	291	313	2073	2166
	515	1414	2167	2170
	1848	3208	2220	2391
	6173	6187	2395	2414
	6188	6191	2446	2484
	6245		2494	2513
10　劉　雯		2520	2631	3036
劉天授		3816	4128	4179
劉天成		6004	4519	4770
劉示松印		2031	4777	4904
11　劉琴之印		895	5082	5155
17　劉承幹	770	4448	5160	5167
	4869	5079	5194	5208
	5098	5331	5213	5236
	5346	5386	5237	5238
劉承幹字貞一號翰怡			5270	5292
	336	510		

		5336	5371		劉之泗印	1582
		5387	5394		劉　準	1267　1807
		5463	5566		劉　富	4181
		5678	5764	34	劉汝寬印	1813
		5782	5799	38	劉啟瑞	1093
		5839	5888	40	劉大生	3055
		6069	6075		劉嘉偉	4231
		6079	6109		劉嘉偉印	4231
		6137	6145		劉喜海	1513　2544
		6162	6296			2551　2557
		6734	6821			3301　4764
	劉承幹印	4441				5164
20	劉位坦	2551			劉喜海印	1605　2549
	劉千里	3909	5572			3301　4820
		6371		44	劉世瑗	5152
	劉千里所藏金石書畫	3909			劉權之	877　4733
22	劉仙洲印	3372		48	劉翰怡印	836　977
	劉鸞翔印	634		50	劉青田	3227
26	劉程字蓊雲	1267			劉春霖	4286
27	劉紹炎	337	5631	54	劉　持	1917
28	劉　復	767	4390	60	劉昌潤讀書記	3574
	劉復私印	2208			劉昌潤考藏□後歸經籍	
	劉復所藏	767	961			1747
		2208	5919		劉昌譽印	2631
		6414	6761	67	劉明陽	52　1267
30	劉家書庫	6414	6761			1399　1404
	劉之泗	1582				2101　2528

		3816	4338
		4952	
	劉明陽王靜宜夫婦讀書之		
	印	1361	1399
		1404	1807
		3816	4338
	劉明陽字靜遠	758	1807
	劉明陽所得善本		4338
	劉明陽鑒藏	1807	
	劉鳴玉印	613	6534
72	劉氏文房	1747	
	劉氏伯子	634	
	劉氏家藏	4610	
	劉氏喜海	1513	
	劉氏喜海一字燕庭藏書		
		5164	
	劉氏晚晴閣收藏圖書記		
		4836	
	劉氏鐵雲	4844	
	劉氏小墨莊藏	2031	
	劉氏惟吉鑒賞珍藏印	5385	
	劉氏惟喆珍藏	4610	
77	劉履芬	1109	1194
		1939	3501
	劉駒賢印	5572	6371
80	劉午亭	4669	
83	劉鐵雲	4844	

88	劉銓福印	4181	
	劉筠川	2031	6012
90	劉惟吉	5385	
	劉惟喆	4610	
	劉半農藏書	2208	3017
		4390	5919
96	劉惺常	5078	
97	劉耀椿	2929	

7210₁　丘

00	丘文耿印	4457	

7220₀　剛

23	剛伐邑齋藏書	319	1109
		4779	

7222₁　所

24	所　特	6649	

7222₂　彫

50	彫蟲館	6190	

7223₀　瓜

10	瓜爾佳氏	3214	
21	瓜纑外史	1959	4402
		4800	

7242₂　彤

51	彤　軒	3903
71	彤臣氏印	6009

7323₂　腺

25	腺倩汲古所及	4765	
60	腺　園	2701	3345
		4183	4488

7370₀　卧

10	卧雪廬	43	483
		1281	1337
		1921	3054
		3953	4032
		4174	4452
		4540	4585
		4719	4811
		6708	6712
		6778	
	卧雲山房	4877	
44	卧菴所藏	4928	

7421₄　陸

	陸	2602	
00	陸康稷印	6427	
05	陸靖伯珍藏印	3904	

10	陸爾昭	1712	
	陸耳山	1197	
	陸　雲	2602	
12	陸廷燦印	3938	6320
	陸　飛	235	
17	陸羽儀印	4229	
	陸承昊印	3625	
20	陸秉笏	6221	
	陸維垣印	3804	
21	陸上瀾印	4441	
27	陸候辰印	4370	
	陸　撰	3904	4181
	陸魯言	1288	
	陸紹良印	917	6320
30	陸　沆	4181	
	陸沆私印	3904	
	陸沆之印	3904	
32	陸巡之印	4710	
33	陸心源	1094	2576
		3303	4789
		4794	5888
	陸　治	3159	4183
40	陸憙悉	319	
43	陸　裘	6770	
44	陸㔉蘭	3904	
	陸樹聲	1653	2582
55	陸費墀	607	609

63	陸貽裘印	6770			2814	2905
72	陸氏文房	319			3169	3270
	陸氏珍玩	1288			3371	3372
86	陸錫熊	279	1197		3378	3383
		1798	5798		3502	3505
		5846	6221		3596	3842
		6227	6767		3922	3974
		6799			3981	4005
90	陸惟鎣印	241			4025	4052
97	陸　燦	1022			4102	4162
	陸燦之印	1022			4321	4425
					4426	4427
					4428	4439

7422₇　勵

30	勵守謙	48	143		4455	4483
		173	212		4566	4670
		315	319		4748	4749
		352	510		4753	4807
		577	641		5039	5080
		851	1134		5142	5730
		1148	1154		6316	6466
		1475	1758		6485	6585
		1828	1846		6695	6750
		2294	2572		6757	6821
		2573	2574		6823	
		2662	2663	60	勵　昌	5722
		2706	2711			
		2715	2743			

7423₂　隨

77　隨月讀書樓　4985

7433₀　慰

44　慰蒼收藏善本　670

7521₈　體

21　體　仁　4370

40　體　才　6060

7529₆　陳

00	陳立炎	3415	4487
		5152	
	陳應佐印	2022	
	陳文述印	6175	
	陳文東印	2994	
	陳文卿	3772	
	陳率祖	2580	
07	陳　毅	2991	
	陳毅鑒藏	3997	
08	陳敦禮	6680	
12	陳廷照	4590	
17	陳乃乾	177	4856
19	陳　瑣	4487	4497
20	陳　鱣	1893	1918
		1960	2591
		3900	3923
		4197	5035
		6759	
	陳鱸疏記	954	
22	陳稻孫印	434	
24	陳德滋	3586	
	陳德大	2672	
25	陳仲魚	1850	
	陳仲魚家圖書	6706	
26	陳伯愚	6072	
28	陳以謙印	3998	
	陳作楫	4933	
30	陳永壽	4050	
	陳之達印	1036	
	陳守吾	5930	
	陳　寅	5409	
	陳寶琛	5571	
34	陳染蘭	6817	
36	陳澤寰珍藏	6290	
38	陳浴新	1986	
	陳道復	2676	4182
40	陳右鈞	1872	1873
41	陳　垣	2421	4161
44	陳尌洋印	4771	
	陳　芳	2047	
	陳恭甫藏楊雪滄得	4933	
	陳恭溥印	2049	

　　陳世杲　　　　5257
　　陳其難圖書記　811
　　陳其榮　　　　4023
　　陳樹滋印　　　1247
48　陳松山　　　　2283
50　陳書崖　　　　5070
　　陳書崖讀書記　4211
60　陳國仕　　　　1787
　　陳國智原板督印□□　2062
　　陳昌穀　　　　2750
　　陳　昂　　　　5194
　　陳景元　　　　6262
67　陳嗣科印　　　4861
72　陳　氏　　　　2463
　　陳氏齊嚴寶玩　6575
　　陳氏文卿　　　3772
　　陳氏敦禮　　　6680
　　陳氏珍藏　　992　3219
　　陳氏守吾珍藏金石書畫之
　　印　　　　　　5930
　　陳氏述廬癸丑劫後所得
　　　　　　　　　6431
　　陳氏道復　　　4182
　　陳氏藏書　　　5070
　　陳氏藏書子孫永寶　5070
　　陳氏其榮　　　4023
　　陳氏書崖手閱善本　5070

　　陳氏書籍,子孫是教,鬻及
　　借人,斯爲不孝　　1891
77　陳同山　　　　4050
78　陳監先　　　　5973
82　陳鍾英　　　　1591
84　陳　銑　　　　3720
86　陳錫琛　　　　2579
88　陳鋭之印　　　5712
90　陳光榮　　　　6702
91　陳炳之印　　　6175
96　陳惕堂圖書記　3848

7622₇　陽

37　陽湖陸爾昭藏　1712
　　陽湖陶氏涉園所有書籍之
　　記　　　　　22　1380
　　　　　　1582　1735
　　　　　　2697　3217
　　　　　　3268　3429
　　　　　　3619　3831
　　　　　　4229　4449
　　　　　　4586　5012
　　　　　　5028　5160
　　　　　　5167　5184
　　　　　　5229　5294
　　　　　　5423　5453
　　　　　　6233　6311

隅

60　隅　園　　　835
77　隅　卿　　　2581　5935

7680₈　咫

30　咫進齋　　　4818

7710₀　且

21　且止庵居　　　680
28　且復游心翰墨間　　5152

7710₄　闉

77　闉閣鼜珍　　1762

7710₇　盬

44　盬　蒙　　　4173

7713₆　闓

07　闓郭白易藏書　4724　6119
22　闓山劉氏珍藏　2031
　　闓縣陳寶琛捐藏　　5571
40　闓南黃熰肖巖圖籍　　1883
43　闓戴成芬芷農圖籍　2153
　　　　　　　　　　2575
46　闓楊浚雪滄字悔堂藏本　1
50　闓中謝又紹鑑藏經籍圖史

之章　　　5596
闓中郭兼秋藝文金石記
　　　　1720　2031
闓中督學使者　6296
闓中徐惟起藏書印
　　　　1996　3695
　　　　5596
闓中蓼亭蕭夢松靜君氏鑑
藏　　　4714

7721₀　凡

27　凡將閣　　　124　1215
　　　　　　3190　6779

風

10　風雨樓　　2423　2551
　　　　　　6363　6604
30　風流刺史　　4050
31　風涇奎藻堂陶氏書籍記
　　　　　　　1332
　　風涇陶崇質家藏善本　1332
40　風木庵　　　2579

鳳

00　鳳章之印　　1102
22　鳳　山　　　4967
　　鳳山藏書　　4967

26	鳳皇專齋	5552
37	鳳初珍賞	6221
44	鳳　菴	1759
	鳳　苞	1966
47	鳳　起	4308
61	鳳　嗒	2078

7721₄　隆

00	隆慶壬申夏提學副使邵晒	
	理書籍關防	955
47	隆　朝	3992

7721₆　覺

| 60 | 覺　園 | 2727 |
| 77 | 覺民書社 | 6320 |

閱

| 28 | 閱微草堂 | 2574 |
| 40 | 閱古堂 | 4582 |

7722₀　月

10	月　霄	6575
25	月生曾讀	6773
31	月汀讀過	1194
	月汀過眼	1194
	月潭朱氏	4760
34	月波樓畔漁師	5981

用

10	用　王	1743
26	用和陸憙忞	319
27	用　侯	4934
28	用儀盥讀	1891
68	用　晦	176

同

07	同　郊	1247
22	同　山	4050
36	同澤館主	1682
82	同穌珍祕	1608
99	同榮堂	3457

周

00	周亮工	5242
	周亮節印	6308
	周廣業	1446
10	周玉齊金漢石之館	2544
	周天球印	3159
12	周璠之印	5426
	周廷吹	811
17	周承烈印	4183
22	周利坤印	2777
23	周允元印	6308
24	周德宣	3722

130	152		2423	2446
163	194		2512	2616
196	348		2629	2675
411	424		2678	2775
427	441		3020	3021
445	459		3042	3254
482	559		3648	3875
617	622		3978	4007
672	686		4015	4072
690	768		4274	4292
773	830		4304	4371
841	844		4601	4622
849	857		4676	4692
983	992		4716	4732
1039	1111		5049	5168
1112	1120		5193	5225
1170	1286		5234	5237
1360	1371		5254	5298
1388	1395		5311	5328
1420	1427		5338	5349
1510	1542		5376	5385
1756	1763		5386	5424
1766	1891		5434	5513
2106	2177		5675	5679
2181	2187		5698	5709
2206	2251		5712	5718
2346	2396		5738	5752

6591

7722₇　閒

08	閒於白鶴心	990
60	閒田張氏閒三藏書	1092
		1958	2615
		5032	5090
		5244	5266
		5284	5336
		5552	5731
		5732	5792
		5859	5873
		5878	5953
		5986	6223
		6496

鵬

| 10 | 鵬雲 | 4216 |

7724₇　殿

| 44 | 殿材 | 6695 |

屐

11	屐研齋	1582
16	屐硯齋	2544	3744
	屐硯齋圖書印	4276	4322
		5121

履

40	履吉	3415
77	履卿	2404
82	履龢	5152

7725₃　犀

80	犀盦	1193
	犀盦藏本	1132	1236
		1660	2236
		2345	3685
		3928	4637
		4869

7726₄　居

| 48 | 居敬堂 | 1698 | 3996 |
| | | 5113 |

屠

| 17 | 屠孟昭 | 1510 |
| 21 | 屠倬孟昭父印 | 1510 |

7726₇　眉

21	眉耒	1400
22	眉峯	1177
28	眉似	6558
80	眉公	1682

7727₂　屈

72	屈氏望儼山房藏		
		2769	5376

7729₁　際

00	際唐之印	640	
21	際　衍	4209	

7736₄　駱

10	駱天㫫	5040	
	駱雲程印	5040	
12	駱弘珪	5670	
	駱弘珪印	5670	
73	駱駝書屋所藏閩閫叢珍		
		3943	

7740₀　又

00	又玄齋收藏圖書印	4493	
10	又雲齋	607	
	又雲齋所藏古槧本	607	
	又雲祕笈	607	
27	又名曰若	3914	
	又紹氏	5596	
92	又　愷	2701	

閔

10	閔一櫓印	1107	
90	閔惇大	861	

7740₁　闓

22	闓川計氏曦伯所藏	1588	
34	闓　遠	2549	
47	闓榫軒	1605	

7740₇　學

00	學齋居士	319	
07	學部圖書之印	605	808
		1033	4786
	學部圖書館印	4003	
21	學須靜室	5917	
23	學然後知不足	974	
	學稼軒	3303	
30	學　窩	221	
	學　安	1622	2238
		2283	2587
		4582	4842
		4850	
40	學士樓	539	
	學　南	134	
	學古之道	6817	
	學古堂	4877	

44　學　邁　　　　967

7744₀　丹

24　丹徒何氏蘭舫藏書　　5913
　　丹徒嚴氏藏書　645
87　丹　鉛　　4933
　　丹鉛精舍　　6306　6817

双

88　双竹軒　　1277

7744₁　開

44　開萬樓　　　697　1041
　　　　　　　　　4603
　　開萬樓藏書　3680
　　開萬樓藏書印　1582　1717
　　　　　　　　　2018　3996
　　　　　　　　　4055　4580
60　開國元勳　　4849
90　開卷一樂　　1132　2536

7760₁　闇

45　闇　樓　　5538
90　闇堂藏書　　1640

7760₂　留

34　留爲永寶　　4064

50　留春之室　　1707
55　留耕堂　　　847
　　留耕堂印　　1499
77　留與軒浦氏珍藏　　　2420
88　留餘艸堂　　5152

7760₇　問

60　問景廬記　　2484

7771₇　巴

74　巴陵方氏功惠柳橋甫印
　　　　　　　　353　4781
　　　　　　　5572　6390
　　　　　　　6419　6461
　　　　　　　6462
　　巴陵方氏碧琳瑯館藏書
　　　　　　　4713　5497
　　　　　　　6637
　　巴陵方氏碧琳瑯館珍藏古
　　刻善本之印　1871　4720
　　　　　　　6364　6429
　　巴陵方氏碧琳瑯館珍藏祕
　　笈　　　　　353
　　巴陵方氏碧琳瑯館藏書之
　　印　　　　　6390
　　巴陵方氏珍藏　350　　844
　　　　　　　3705　3778

		3920	4031
		5262	
巴陵方氏傳經堂藏書印			
		1516	
巴陵方氏藏書印			
		672	844
		1108	4724
		6419	

7772₀　印

22	印　川	811	
	印崗居士	4669	
26	印　伯	6649	
31	印潭亦号千月	3399	
	印潭珍賞	3399	
37	印鴻緯	2557	
60	印　愚	6649	

7773₂　閭

| 31 | 閭源真賞 | 2140 | 6308 |
| | 閭源父 | 3292 | |

7774₇　民

| 60 | 民國七年由清監移藏圖書館 | 2374 | |

7777₂　關

| 10 | 關西節度系關西 | 1861 | |

7777₇　閻

| 44 | 閻若璩印 | 2646 | |

7778₂　歐

76	歐陽蟾園	3217	4224
	歐陽鳳熙之印	4458	
	歐陽銘	6643	

7780₁　與

| 50 | 與　中 | 2676 | |

興

01	興龍齋	1862	
80	興　公	2153	3695
		6358	6374
	興公□	3909	
	興公氏	4832	

7780₆　賢

| 00 | 賢亦樓 | 5017 | |

7780₇　尺

| 27 | 尺　鳧 | 3997 | 4799 |

4817

7790₄　閑

21　閑止樓　　6397

7810₇　鹽

22　鹽山劉千里藏書
　　　　　　3909　5572
　　　　　　6371
43　鹽城孫人和蜀丞珍藏
　　　　　　4174　6233

7876₆　臨

22　臨川李氏　　4063
30　臨安志百卷人家　　4834
31　臨江府印　　4246
37　臨湖王氏兆騏鑑藏圖籍之
　　印　　5259

7923₂　滕

44　滕茂之　　3214
　　滕　燕　　3214

7928₆　賸

80　賸盦手校　　1194
　　賸　翁　　1194

8000₀　八

03　八詠樓　　353
20　八千卷樓　　39　　68
　　　　　　341　　533
　　　　　　652　　664
　　　　　　741　　905
　　　　　　911　　990
　　　　　1023　1127
　　　　　1195　1260
　　　　　1390　1493
　　　　　1553　1564
　　　　　1591　1620
　　　　　1623　1632
　　　　　1665　1739
　　　　　1767　1861
　　　　　1908　1918
　　　　　1989　2076
　　　　　2147　2158
　　　　　2167　2230
　　　　　2258　2354
　　　　　2374　2380
　　　　　2412　2543
　　　　　2551　2574
　　　　　2725　2787
　　　　　2818　2994
　　　　　3001　3221

八千卷樓藏書之記

　　　　29　　252
　　　1364　　1429
　　　1963　　2014
　　　2380　　2784
　　　4495　　5218
　　　5765　　6385

八千卷樓藏書印

　　　601　　1960
　　　3407

八千卷樓藏書籍

　　　2458　　5489

八千卷樓藏閲書

　　　1281　　2010
　　　2158　　2189
　　　2241　　2341
　　　6135

八千卷樓所藏　333　3001
　　　6093

28　八徴耄念　4198

　八徴耄念之寶　1109　1399
　　　1858　　1861
　　　6575

51　八甎書堂　2555

人

25　人生一樂　2549

40　人　杰　3934

8010₁　企

79　企驤軒　3934

8010₄　全

80　全美私印　6361

8010₇　益

00　益　齋　4050
30　益　之　1861
33　益浦張氏珍藏之印　5551
40　益志堂藏書　1051

8010₉　金

10　金玉滿堂　1989
　金元功藏書記　4441　4806
　　　4923　　4967
　　　4991　　6329
　　　6729
11　金孺化　3504
21　金上震　4959
23　金俊明　2541
25　金生閣　5415
26　金　侃　4818　4820
　　　4834
　金侃私印　4780

	金侃之印	4818	4820
		4834	
40	金友芷長壽	1393	
	金　檀	5209	
	金　森	4036	
44	金蓉鏡	4370	
47	金聲玉振	6616	
50	金東曄印	2720	
60	金星軺藏書記	3828	4877
		4960	4971
		4984	4996
		5003	5036
		5155	5209
		6308	
	金恩燾讀	1393	
71	金匱蔡氏醉經軒攷藏章		
		3942	
72	金氏孺化	3504	
	金氏家藏	1926	
88	金鑑堂印	2154	6812
	金竹山房	6397	

8011₄　鐘

| 96 | 鐘煜校正 | 1624 |

8011₆　鏡

| 22 | 鏡　川 | 4759 |

26	鏡泉過眼	2551
30	鏡　之	1132
	鏡　宇	1934	2743
		5128	
	鏡宇長壽	3159	
37	鏡湖陶渚字去病一字公紀		
	別號秋原子	4504	
44	鏡菡樹	1996	

8012₇　翁

00	翁方綱	2566	
	翁方綱印	3930	
03	翁斌孫	2341	
	翁斌孫印	1608	2543
		3215	3505
		3709	4102
		4860	
10	翁覃溪	4858	
26	翁白子	810	
33	翁心存	4015	
34	翁汝明	2543	
44	翁萬戈	2679	
	翁楚私印	3341	
60	翁見章印	4324	
72	翁氏藏書	4503	
77	翁同書字祖庚	1850	
	翁同書印	810	

翁同龢　　　　1166　1194
　　　　　　　1212　1235
　　　　　　　1608　2347
　　　　　　　2679　4102
　　　　　　　5823
翁同龢校定經籍之記　2342
翁同龢印　　　2510　3708
　　　　　　　4503

鈁

鈁　　　　　　2078

8022₁　前

80　前分巡廣東高廉道歸安陸
　　心源捐送國子監書籍　3303

俞

34　俞　洪　　　4494
41　俞　楷　　　2047
80　俞介禧印　　6608

斧

20　斧　季　　　1482　2676
　　　　　　　　4789　6817

8022₇　夰

22　夰山文獻　　　836

8025₃　義

26　羲皇上人　　　3807

8031₇　忥

77　忥閒居士　　　5302

8033₁　無

20　無　雙　　　4488
60　無量卷樓藏書印　　1835
　　無是樓　　　1807　2320
　　　　　　　　　　6822
　　無是樓藏書　1149　1807
　　　　　　　　1813　2521
77　無用書生　　5602
86　無錫國學專修學校圖書館
　　藏　　　　　6602
　　無錫鄔氏藏書　5267
90　無黨較正圖書　1601
98　無悔齋校讀記　3788　4570
　　無悔藏書　　2078　2549
　　　　　　　　3048

8033₂　念

00　念　廬　　　6591
30　念宛齋　　　3214

8033₃　慈

27	慈舟祕笈	3455
28	慈谿馮可鏞藏書	2167
	慈谿李氏藏書	6486
	慈谿畊餘樓	1290　5267
		5584
	慈谿畊餘樓藏	442　841
		2416　3118
		3574　5082
		5584　5574
52	慈授父	1218

8034₆　尊

17	尊孟閣	961
21	尊經閣	4993　5126
		5201　5205
		5356　5363
		5387　5439
		5532　5566
58	尊敕堂	4972
88	尊餘堂印	659

8040₄　姜

36	姜　渭	4808
57	姜輅之印	4986
60	姜國翰印	5414

72	姜氏家藏	2022
	姜氏家藏	4808
77	姜間岐印	3078
80	姜公銓鑒藏圖書	5122
88	姜銓燮	6548
	姜筱湄	2987

8043₀　美

80	美人香草	6817

8044₆　弇

32	弇州山人珍藏	4769

8051₃　毓

40	毓　奇	6458
44	毓　英	177
47	毓　桐	5980
50	毓　本	5609

8055₃　義

32	義州李放鑑藏	2994

8060₁　合

27	合衆圖書館藏書印	
		1154　1580
		1685　1777
		1820　2051

	2128	2146
	2150	2200
	2202	2252
	2686	3913
	4382	6257
	6396	
77	合肥李氏藏書 926	1582
	1597	4494
	合肥范毓瑞窦堯珍藏 4967	

8060₅　善

24	善化賀瑗學蓮珍藏之印	
	967	
	善化賀瑗鑒藏之章	4948
38	善　道 5237	
50	善　本 4488	
	善本書室 68	290
	341	533
	652	2720
	2818	3001
	3407	3467
	3505	3771
	3827	3938
	3998	4276
	6296	

8060₆　曾

17	曾子家藏	5777
20	曾鯨之印	3353
21	曾經我眼即我有	3371
	曾經滄海	4902
	曾經蓺風勘讀 3415	
	曾經東山柳蓉邨過眼印	
	684	1180
	1212	3345
	3502	
	曾經劉筠川讀 2031	
	曾經八千卷樓所得	
	290	343
	601	1023
	2720	5088
	曾經鐵嶺王氏珍藏	4855
	曾經鴿峰艸堂周氏所得	
	407	
26	曾和江印	6785
27	曾歸徐氏彊誃 1747	1939
	4991	6009
	6598	
30	曾寄申江郁氏處	4278
34	曾爲雲間韓熙鑑藏	
	336	2192
	4414	

曾爲繡衣使者 3928

40　曾在施紹和處　637

曾在王鹿鳴處 1155　1478
　　　　　　　　1926

曾在丁山處　955

曾在張祝三處　134　776

曾在張春霆處 1886

曾在孫翔熊處 4698

曾在上海郁泰峯家　6713

曾在朱石樵處　982

曾在吳玨如處 1236

曾在吳興丁崇城家　4488

曾在鮑子年處　71

曾在潛樓　1714　5820

曾在海虞沈氏希任齋
　　　　　　4943　6400

曾在海昌管庭芬芷湘處
　　　　　　2354

曾在海隅任氏之希任齋
　　　　　　5152

曾在李鹿山處　410　549
　　　　　　　637　813
　　　　　　1114　2086
　　　　　　3777　4416
　　　　　　4871　6319

曾在古豐李泉山處　5983

曾在董氏誦芬室中

　　　　　　1914　6737

曾在黄厚齋處　216

曾在趙元方家 1166　1996
　　　　　　2342　2549
　　　　　　3629　3788
　　　　　　5177　6574
　　　　　　6741

曾在秦嬰闇處　907　1314
　　　　　　1492　4662

曾在東山劉惺常處　5078

曾在陸尌蘭處 3904

曾在陽湖惲氏 4967

曾在周叔弢處　579　1860
　　　　　　5429

曾在周卧雲處 1052

曾存王氏家過來　4296

44　曾協均印　955

曾藏唐普善家 6388

曾藏新媵朱氏家過　1

曾藏張蓉鏡家 3919

曾藏汪閬源家 1856　2771
　　　　　　3903　4759
　　　　　　4790　4829

曾藏沈燕謀家 2606

曾藏洞庭葛香士家
　　　　　　1872　1873
　　　　　　1874

曾藏查又聲家 5701

曾藏蔡南萬處 2743

曾藏葉氏遐菴 1580　2146
　　　　　　　2150　2202
　　　　　　　2252

曾藏羅叔言處　680

曾藏毗陵胡氏豹隱廬 6173

曾藏周亮工家 5242

曾藏八千卷樓 2354

曾藏錢夢廬家 2404

77　曾居無悔齋 2549

曾留吳興周氏言言齋
　　　　　　　2986　3034
　　　　　　　3345　3641
　　　　　　　4207　4669
　　　　　　　4930　5094

80　曾　鏞　　1237

82　曾　釗　　 582　1952
　　　　　　　2451　4410
　　　　　　　5050

曾釗之印　1026　1264
　　　　　　2421　2769
　　　　　　2820

會

23　會稽謝宿圖書 4021

會稽包氏宜仲家藏
　　　　　　　1267　6534

會稽姒兼山藏 1195　4680
　　　　　　　5909　5942

會稽周氏鳳皇專齋藏
　　　　　　　5552　6415

會稽金森珍藏 4036　5765

會稽鈕氏世學樓圖籍
　　　　　　　 905　3415
　　　　　　　4969

40　會古堂　　　 17

8073₂　公

17　公　弼　　　1090

22　公山氏藏書之章　　4280

27　公　魯　　　1582

公魯校讀　　1582

公　紀　　　4504

公約過眼　4182　6688
　　　　　　6817

30　公字木洙　　4002

食

77　食　叟　　　2610

養

00　養　庵　　　2179

37　養初字　　　1152

44	養菴鑑藏	2168	2248
50	養春室	5676	
	養素堂	6757	

8077_2　缶

00	缶　廬	5612	

8090_4　余

00	余亦能高臥	5961	
60	余國縉	2556	
	余景初	6706	
87	余欽止	5054	

8141_7　瓶

22	瓶山閣	3264	
44	瓶花齋	328	625
		807	1740
		1909	2421
		3869	4174

8211_4　鍾

76	鍾颺韶	2847

8229_4　龢

48	龢松菴	55	644
		2590	4243
		4523	

8280_0　劍

77	劍膽琴心	3303

8315_0　鐵

10	鐵　雲	4844	
11	鐵琴銅劍樓	982	1093
		1132	1205
		1300	1586
		1587	1858
		1982	1990
		1991	2018
		2140	2153
		2179	2188
		2254	2421
		2725	2987
		2989	3163
		3292	3504
		3518	3592
		3903	4191
		4402	4444
		4488	4636
		4760	4829
		4842	5288
		5694	6205
		6308	6380
		6819	

	鐵研齋	6373	
16	鐵硯齋	3341	
25	鐵　牛	1022	
46	鐵如意館	4980	
50	鐵　史	1062	
55	鐵　農	3372	
88	鐵　笛	415	

8315_3　錢

00	錢唐丁氏正修堂藏書		
		666	1023
		1127	1214
		1645	1739
		1960	1989
		2281	2354
		2897	3790
		3938	5375
		6385	6430
		6819	
	錢唐丁氏藏書	68	601
		1023	1620
		1645	1960
		1965	2189
		2241	2374
		3638	3938
		4310	6817
	錢唐何氏夢華館嘉慶甲子		

	後所得書	3934	
08	錢謙益	1511	4799
	錢謙益印	3370	4799
		6817	
10	錢二十枋字爾載		1194
	錢爾復印	964	
12	錢廷元	1542	
14	錢聽默	333	1939
		4284	4857
20	錢受之	3338	
27	錢叔寶	6531	
	錢叔寶父子	3504	
28	錢牧齋	6491	
30	錢寶璵	6278	
31	錢江何氏夢華館藏		
		2184	2579
		4402	
	錢　沅	2130	
37	錢潤文	336	1212
		1218	1237
		1512	1807
		1858	2148
		2150	2192
		2252	2421
		2549	3090
		4403	4414
		4499	4719

		4764	4780
		6311	6380
		6392	6712
		6770	
38	錢遵王述古堂藏書	2192	
40	錢大昕	1214	2421
	錢大昕印	4949	
	錢塘篆玉藏書	1960	
	錢奇武印	1036	
	錢 枋	1194	
44	錢夢廬	2404	
	錢燕喜印	4760	
	錢桂森	1236	2236
		4869	
	錢桂森辛白甫	4869	
72	錢氏竹汀	5152	
74	錢陸燦	1022	
77	錢覺士	2572	
	錢犀盦珍藏印	1660	4637
	錢學泗印	2989	
80	錢 曾	1211	1237
		1582	1898
		2192	2560
		2676	3079
		3212	3224
		3415	4769
		5152	
88	錢竹汀	5152	

8412₇ 鋤

| 77 | 鋤月種梅室 | 5954 |

8414₁ 鑄

| 77 | 鑄學齋 | 5993 |

8418₁ 鎮

| 44 | 鎮麓山人 | 3092 |

8471₁ 饒

| 25 | 饒秩敦印 | 6702 |
| 76 | 饒陽縣儒學記 | 5948 |

8511₇ 鈍

| 60 | 鈍 園 | 1288 |

8513₂ 銕

11	銕研齋	3292	4496
22	銕崖曾觀	3803	
	銕嶺鍾氏家藏	3924	
77	銕 閑	3450	

8612₇ 錫

00	錫庚閱目	1760	
22	錫 鬯	1180	1194

		1212	1861
		2580	3365
		4876	
	錫山龍亭華氏珍藏		959
25	錫　　生	6047	
80	錫曾校讀	2551	

錦

27	錦峰書屋	5552	
31	錦江春色	1873	1874
44	錦帶吳句	1177	
50	錦蠹雖富不傷廉		2062

8640₀　知

10	知不足齋	340	1093
		1150	1188
		1201	2543
		2549	4402
		4500	4798
		4803	4805
		4822	4824
		4832	4843
		4844	6329
		6531	6712
	知不足齋主人所貽		
		1588	3913
	知不足齋鮑以文藏書		

		4803	5007
16	知聖道齋	2343	2347
		2421	4745
		4769	4794
		4799	4877
	知聖道齋藏書	7	17
		2740	3301
		4582	5701
30	知之堂		554

8711₀　鉏

44	鉏菜翁		1

8711₅　鈕

44	鈕樹玉		4850

8712₀　銅

11	銅研山房		4967
22	銅山張氏小來禽館		3819
55	銅井文房	2421	3345
		4410	4582
		4899	5920
		6082	
	銅井寄廬		5622

鈎

00	鈎玄室印		4063

8712₇　鋪

10　鋪　一　　　　3924

8716₀　銘

28　銘作之印　　　6608
48　銘　敬　　　　6133

8716₂　鎦

17　鎦承幹印　　5256　5300
　　　　　　　　　　6011
30　鎦家書庫　　5894　5919
34　鎦漢臣字麓樵　5265
　　鎦漢臣麓樵父印　　5265
43　鎦城鑑藏　　2536　2539
77　鎦鳳子　　　612

8718₂　欽

00　欽文之寶　　1350
02　欽訓堂書畫記　1117　6576
27　欽獎世守陳編之家　3215
66　欽賜商河王勉學書樓之記
　　　　　　　　　　998

歊

10　歊西長塘鮑氏知不足齋藏
　　書印　　2549　4822

26　歊吳栻三藏書　2447
27　歊鮑氏知不足齋藏書
　　　　　　　340　1188
43　歊城凌氏書籍印記　3778

8742₇　鄭

02　鄭端生書畫記　3186
07　鄭毅謀印　　492
22　鄭豐穀印　　492
25　鄭傳緒　　4739　6759
31　鄭　祐　　5742
36　鄭澤民　　920
40　鄭大節　　22　　32
　　　　　　35　　38
　　　　　　57　　73
　　　　　　78　　131
　　　　　　133　　138
　　　　　　417　　608
　　　　　1133　1195
　　　　　1377　1482
　　　　　1491　1627
　　　　　1827　2071
　　　　　2072　2740
　　　　　2750　2791
　　　　　3070　3261
　　　　　3267　3342
　　　　　3346　3476

	3523	3525			5386	5394
	3696	3774			5422	5647
	3932	4449			5882	6244
	4499	4528			6427	6434
	4562	4964			6524	6615
	5224	5239			6697	6705
	5336	5433			6783	6786
	5613	5840	60	鄭　旻	1225	
	6378	6784	64	鄭　曉	583	1799
鄭　杰	2592	4500			2996	2997
鄭杰之印	1194	1883	72	鄭氏注韓居珍藏記		
	2031	2750			410	1194
	3155	3695			1810	1883
	3934	4500			2031	2750
	4669	4806			3155	3695
	4933	4956			3934	4500
	5553	6374			4669	4933
	6390	6511			4956	5553
51　鄭振鐸	426	1634			6374	6390
	2654	2687			6511	
	3155	3301		鄭氏萬卷樓本	4500	
	3343	3386	77	鄭履準	583	3221
	3429	3436		鄭際唐	53	491
	3475	3792			5750	5943
	3930	4144			6239	
	4170	4214	80	鄭人杰	2031	5553
	4720	5049		鄭盦辰生安樂	3104	

95　鄭　性　　　　35　5742

8762₂　舒

43　舒城王圖書　　2676

8762₇　鴿

22　鴿峯草堂　　1804　6083
　　　　　　　　　　　　6817
27　鴿峰艸堂　　407　2308
　　　　　　　　　　　3856
　　鴿峰艸堂鈔傳祕冊　3856
　　鴿峰草堂　　5801

8810₄　坐

50　坐中弋榻松風樂琴書以消
　　日　　　　　　3371

篁

44　篁菴氏　　　4719

8811₇　鑑

21　鑑止水齋　　2421
37　鑑湖珍藏　　4207

8812₇　筠

　　筠　　　　55　2590
　　　　　　　4409　4523

22　筠川　　　　2031
60　筠圃　　　1287　6546
　　筠圃藏書　　1104
　　筠圃書畫　　1256
76　筠陽朱氏小滄溟館藏書圖
　　記　　　　　4730

8815₃　籛

22　籛後人　　　2560

8822₀　竹

10　竹下書屋　　2140
　　竹石軒　　　6683
　　竹西書屋　　3866
17　竹　君　　　810　974
　　　　　　　1513　2294
　　　　　　　2713　3215
　　　　　　　4808　5017
　　　　　　　5033　5892
26　竹　泉　　　1022
　　竹泉珍秘圖籍　2189　4409
　　　　　　　4559　4563
　　竹泉莊　　　5004
27　竹　舟　　　533　2579
　　　　　　　3221
31　竹　汀　　　5152
　　竹汀居士曾觀　1481

40	竹友軒	1850			80	簡鏡私印	3159
	竹南藏書	4521	6708		87	簡 緣	3900
41	竹 坪	6713					

笐

43	竹 垞	634	667		00	笐 齋	1623	1983
		1194	1493				2001	3338
		2580	3825		22	笐山國緝	2556	
		5140			80	笐 盒	1920	
	竹垞藏本	27	1035					
		1180						

8823₂ 篆

| | 竹垞老人 | 5131 | | | 10 | 篆 玉 | 1960 |
| 44 | 竹林中人 | 4173 | | | | | |

8824₃ 符

| 47 | 竹 塢 | 1861 | 3292 | | 60 | 符果育亭 | 2062 |
| 50 | 竹書堂 | 3467 | | | | | |

8824₈ 筱

	竹素堂	5553			26	筱泉過目	1707
51	竹 軒	811			28	筱谿	6138
57	竹 契	2171			37	筱 漁	955
60	竹景盒	1772			55	筱 農	3372
78	竹陰館	5167					

8825₃ 箴

| | 竹陰堂 | 3893 | | | 00 | 箴言書院藏書 | 5064 |
| 87 | 竹銘藏書之印 | 5139 | | | | | |

8822₇ 簡

8830₃ 簽

20	簡香藏書	2701			31	簽 江	3408	4174
26	簡白父	2701						
44	簡 莊	2544						
	簡莊藝文	2544						
51	簡 軒	3214						

8832₇　篤

25	篤　生	4771	
50	篤素堂	955	4536
		5082	5143

篤素堂張曉漁校藏圖籍之
章　　　1009　1065
　　　　2064　2642
　　　　4536　5035
　　　　5527

篤素堂藏書　5082

8856₂　籀

87	籀鄦諆	5032

8860₃　笛

31	笛　江	2001

8862₇　笥

31	笥河府君遺藏書記	4836

8872₇　節

17	節子辛酉以後所得書	4764

8877₇　管

00	管庭芬	1749　2233
		2354　3366
		3431　3432
		3477　5662
	管庭芬印	1654　1749
16	管理中英庚款董事會保存
	文獻之章	3303
81	管領蓬山	1850

8879₄　餘

42	餘姚謝氏永耀樓藏書
		119　299
		434　925
		1970　2234
		2405　4531
		4619　5303
		5945
	餘姚黃氏石庫藏書記	1637

8890₃　纂

27	纂修梁上國	5343

8896₁　籍

60	籍圃主人	3807　4121

9000₀　小

04	小謨觴仙館	2536　2539
		3916
	小謨觴館	4488

10	小三昧	1212	
	小雲巢主人	2555	
12	小延年室	5638	
17	小瑯環福地祕笈		3159
18	小玲瓏山館	5991	
20	小重山館	4174	
22	小峯氏珍藏	1009	
	小山文庫	2541	
	小山堂	37	2120
		2421	4402
		4758	4806
	小山堂書畫印	2158	2404
		3816	
	小稱意齋	4571	
24	小仇池	1825	
26	小泉	3828	
27	小名弄玉小字瓊奴		1973
	小綠天藏書	6531	
37	小湖鑑賞	4063	
38	小滄溟館	4730	
40	小李山房	507	1908
		3187	
	小李山房圖籍	1116	4488
	小來禽館	3819	
41	小顛鑑賞	5292	
44	小蓬萊主人	3828	
	小草	2283	
	小草齋	5553	
	小萬卷樓	221	
47	小桐溪上人家	2049	
	小毅	4413	5007
48	小松	1960	
57	小招隱館	4991	
60	小墨莊	2031	
70	小雅	1194	
	小雅偶得之	1194	
71	小長蘆印	3214	
77	小學齋	5345	
80	小谷	1861	2543
88	小築	5360	

9001₄　惟

30	惟之	1803
40	惟吉藏書	5385
47	惟起	6358
80	惟善	4571

9003₂　懷

00	懷辛齋	1858	2543
		2676	
	懷辛祕笈	2543	
	懷辛居士	2543	
30	懷寧方朔收藏	1917	
35	懷清石室	3828	

9003_6　憶

31	憶江南館	6070

9010_4　堂

27　堂名拱璧,惟書是寶,無意
　　无必,隨得隨校,惟蔣氏子
　　孫,永以爲好。　　　2288

9020_0　少

10	少　靈	2720	
17	少司寇兼御史中丞藍氏私		
	印	1027	
	少司農章	4939	
21	少　衡	1730	
	少衡一字寰滔	1730	
28	少　微	1215	1237
		1446	2232
		3190	4637
		6404	
	少谿私印	4198	
31	少　河	4764	
35	少　連	4228	
38	少　游	221	
48	少梅珍藏	3977	
50	少　春	2574	

9021_1　光

00	光享貞吉	6510	
24	光緒庚寅嘉惠堂所得	1463	
	光緒庚辰嘉惠堂所得		
		702	2380
	光緒辛卯嘉惠堂丁氏所得		
	書	252	1429
		2258	3200
	光緒辛巳所得 1023	2354	
	光緒癸巳泉唐嘉惠堂丁氏		
	所得	1989	3827
		4000	4785
	光緒壬辰錢塘嘉惠堂丁氏		
	所得	2014	2720
	光緒十年以後所得書 2574		
	光緒戊子湖州陸心源捐送		
	國子監之書匯藏南學		
		3303	
37	光祿卿章	3215	
	光祿卿之章	2078	
77	光熙珍藏	4022	
	光熙之印	2408	2971
		6737	
	光熙所藏	2408	5340

9022$_7$　肖

22	肖　巖	1883
	肖岩具眼	1720
60	肖嵒圖書	5576

尚

27	尚多齋	5947
30	尚寶少卿袁氏忠徹印	4191
40	尚友主人	1267
	尚友齋圖書印	1218
	尚友齋印	221
	尚古堂圖書印	4208
50	尚史齋印	2784
	尚書之章	1934
77	尚同讀書	2345
	尚同點勘	2345

常

04	常熟周左季家鈔本書		3856
	常熟翁生生於虋洲長游京		
	師		810
	常熟翁同龢藏本		
		1166	1194
		1212	1235
		1608	2347
		3416	4102

17	常郡蔣惟龢印	4934
28	常　倫	2107
96	常惺惺齋藏書	809

9050$_0$　半

22	半巢書屋	5054
55	半農讀書	5894
	半農藏書	767
60	半園藏書	535
67	半　野	1025
72	半隱園	4785

9060$_2$　省

00	省　齋	1027	
24	省　餕	3372	
33	省心閣珍藏	926	1597

9060$_6$　當

37	當湖孫振麟字秉之雪映廬
	珍藏金石書畫之印記　　241
	當湖徐步瀛眉似父之印
	6558
	當湖徐氏思補齋珍藏　5965
	當湖胡篴江珍藏　　　3408
	當湖陸氏求是齋藏印　241
	當湖小重山館胡氏篴江珍
	藏　　　　　　　　4174

9071₂　卷

80　卷盒六十以後所收書

　　　　　　　6159　6396

　　卷盒六十六以後所收書

　　　　　　　1512　1777

　　　　　　　2128　5497

9080₆　賞

33　賞心樂事　　5385

40　賞奇析疑　　2001

9094₈　粹

44　粹芬閣　　　507　　825

　　　　　1663　2041

　　　　　3803　5363

　　　　　6061

　　粹芬閣藏　　1562

9101₆　恒

00　恒　齋　　　1858

02　恒訓閣珍藏印　1773　2847

9181₄　煙

10　煙雨樓　　　5442

　　煙霞逸史　　3214

30　煙　客　　　955　4251

50　煙畫東堂　　5742

9206₄　恬

38　恬裕齋　　　3224

　　恬裕齋鏡之氏珍藏　1132

40　恬存讀　　　3538

60　恬眆秘藏　　4458

80　恬養齋　　　4794

9280₀　剡

22　剡川寛印　　972

9306₀　怡

00　怡府明善堂　6318

01　怡顏堂　　　4902

06　怡親王府　　2679

　　怡親王寶　　1861　2606

40　怡古堂　　　448

44　怡蘭堂書畫印　1221　1245

　　　　　　　2342

　　怡蘭堂　　　4768　5759

　　怡菴後裔　　2536

72　怡隱軒盧氏藏　136

93　怡怡堂珍藏　687

9406₁　惜

00　惜　庵　　　1562

| 57 | 惜抱軒珍藏 | 1295 |
| 78 | 惜陰書屋 | 3914 |

9408₁　慎

24	慎德堂藏書	6128
37	慎初堂	177
44	慎莫厭清貧	4002

9502₇　情

| 30 | 情之所鍾 | 5155 |

9503₀　快

| 23 | 快　然 | 4064 |

9602₇　惕

| 53 | 惕甫經眼 | 1182 |
| | 惕甫借觀 | 1182 |

9680₀　烟

| 30 | 烟　客 | 4760 |

9702₀　恂

| 00 | 恂庵病僧 | 3719 |
| 27 | 恂　叔 | 3436 |

9703₂　恨

| 10 | 恨不讀書堂 | 2043 |

9705₆　惲

| 80 | 惲毓鼎 | 2881 |
| | 惲毓鼎印 | 1721 |

9706₄　恪

| 00 | 恪　庭 | 6685 |

9782₀　炯

| | 炯 | 3378 |

9783₄　煥

28	煥　份	1601
42	煥　彬	3038　5317
		5719　5878
		6653
	煥彬父	1601

9801₆　悦

| 44 | 悦　蒲 | 1247 |

9805₇　悔

80	悔盦長物	4989
90	悔　堂	1
	悔堂老人	2463　4481
		4482
	悔堂居士	2993

9824₀　敝

17　敝帚齋　　　1452

9910₃　瑩

46　瑩　如　　1914　1973

9932₇　鶯

37　鶯湖外史　　　856
　　鶯湖吳氏漱芳齋藏書畫之

記　　　　　856

9942₇　勞

44　勞　權　　　6817

9990₄　榮

40　榮木山房　　6415
70　榮　陔　　　3711
80　榮　公　　　6526
90　榮光樓　　3504　3702

圖書在版編目（CIP）數據

四庫存目標注：附索引 / 杜澤遜撰；程遠芬編索引. -- 上海：上海古籍出版社，2025. 5. -- ISBN 978-7-5732-1593-2

Ⅰ. Z833

中國國家版本館CIP數據核字第2025T4Z789號

ISBN 978-7-5732-1593-2

9 787573 215932 >

四庫存目標注（附索引）

（全八册）

杜澤遜　撰

程遠芬　編索引

上海古籍出版社出版發行

（上海市閔行區號景路 159 弄 1-5 號 A 座 5F　郵政編碼 201101）

（1）網址：www.guji.com.cn

（2）E-mail：guji1 @ guji.com.cn

（3）易文網網址：www.ewen.co

上海世紀嘉晉數字信息技術有限公司印刷

開本 850×1168　1/32　印張 172.875　插頁 43　字數 3,754,000

2025 年 5 月第 1 版　2025 年 5 月第 1 次印刷

印數：1—600

ISBN 978-7-5732-1593-2

K·3847　定價：998.00 元

如有质量問題，請與承印公司聯繫